Heterogene Netzwerke mit Windows NT

Klaus Ebner

Heterogene Netzwerke mit Windows NT

Tewi Verlag GmbH

Alle Rechte vorbehalten. Ohne ausdrückliche, schriftliche Genehmigung des Herausgebers ist es nicht gestattet, das Buch oder Teile daraus in irgendeiner Form durch Fotokopie, Mikrofilm oder ein anderes Verfahren zu vervielfältigen oder zu verbreiten. Dasselbe gilt für das Recht der öffentlichen Wiedergabe.

Der Verlag macht darauf aufmerksam, daß die genannten Firmen- und Markennamen sowie Produktbezeichnungen in der Regel marken-, patent-, oder warenzeichenrechtlichem Schutz unterliegen.

Die Herausgeber übernehmen keine Gewähr für die Funktionsfähigkeit beschriebener Verfahren, Programme oder Schaltungen.

Dieses Buch und der Umschlag wurden auf chlorfrei gebleichtem Papier gedruckt. Die Einschrumpffolie (zum Schutz vor Verschmutzung) ist aus umweltfreundlicher und recyclingfähiger PE-Folie.

99   98   97
10   9   8   7   6   5   4   3   2   1

©1997 by TLC Tewi Verlag GmbH,
Postfach 50 06 47, 80976 München

Umschlaggestaltung: TypoConcept, München
Satz: Reemers EDV-Satz, Krefeld
Produktion: Michaela Koller
Druck: Druckerei Kösel, Kempten
Printed in Germany

ISBN 3-89362-571-2

Inhaltsverzeichnis

V	Vorwort	13
1	**Einführung**	**15**
1.1	Interoperabilität und Konnektivität?	16
1.2	Heterogene Netzwerkumgebungen	16
1.2.1	Gewachsene Netzwerkumgebungen	17
1.2.2	Vorteile verschiedener Plattformen	18
1.3	Anwendungsprogramme	19
1.4	Positionierung von NT	20
1.4.1	Die Server-Plattform	21
1.4.2	NT als High-End-Workstation	22
1.4.3	Clients für den Massenmarkt	22
1.4.4	NT-Plattformen	23
1.4.5	Unterschiede auf den Plattformen	24
2	**Verbindung zu anderen NT-Maschinen**	**27**
2.1	Übersicht Windows NT	27
2.1.1	Die Benutzeroberfläche	28
2.1.2	Die Verwaltung	29
2.1.3	Konfigurationsdaten	30
2.1.4	Unterstützte Client-Plattformen	30
2.2	NT-Clients	30
2.2.1	Peer-Dienste	32
2.2.2	Mitglied einer Domäne	33
2.2.3	Verwaltung des Windows NT-Servers	36
2.3	Windows NT Workstation als Server	39
2.4	NT-Server	40
2.4.1	Benutzerverwaltung	41
2.4.2	Der Server-Manager	46
2.4.3	Weitere Verwaltungsprogramme	47
2.5	Was ist Clustering?	48
2.5.1	Shared Disk Model	49
2.5.2	Shared Nothing Model	49
2.5.3	Voraussetzungen	50
2.5.4	Clustering für Windows NT	50
2.6	Netzwerk-PCs	51
2.6.1	Die Software	51

2.6.2	Anwendungsprogramme	51
2.6.3	Belastungen	52
3	**Integration in heterogene Netzwerke**	**53**
3.1	Gemischte Client-Umgebungen	53
3.2	Gemischte Server-Umgebungen	54
3.3	Lokale Benutzerkonten	54
3.4	Netzwerkverkabelung	56
4	**Verbindung zu Windows 95-Clients**	**57**
4.1	Übersicht Windows 95	59
4.2	Identifikation der Maschinen	61
4.3	Installation des Netzwerks	62
4.4	Peer-Dienste	63
4.5	Windows 95-Clients an NT	66
4.5.1	Benutzerverwaltung	67
4.5.2	Kennwortänderung	69
4.5.3	Freigaben unter Windows 95	70
4.5.4	Benutzerprofile	72
4.5.5	Systemrichtlinien für Windows 95	75
4.5.6	Fernwartung von Windows 95	78
4.5.7	Ressourcen-Zugriff in der Domäne	80
4.5.8	Drucken	81
4.6	Verbindung über TCP/IP	85
4.7	Verwaltung des Windows NT-Servers	87
4.7.1	Verwaltungsprogramme für Windows NT	87
4.7.2	Web Administrator für Windows NT Server	88
5	**Verbindung zu Windows für Workgroups**	**91**
5.1	Übersicht Windows für Workgroups	91
5.2	Identifikation der Maschinen	95
5.3	Installation und Konfiguration	96
5.4	Windows für Workgroups als Peer-Partner	98
5.4.1	Freigabe von Ordner-Ressourcen	98
5.4.2	Freigabe von Drucker-Ressourcen	100
5.5	Windows für Workgroups-Clients an NT	100
5.5.1	Vervielfältigung der Konfiguration	103
5.5.2	Ressourcen-Zugriff	104
5.5.3	Drucken	105
5.5.4	Profile, Richtlinien und Anmeldeskripten	107
5.6	Verbindung über TCP/IP	107
5.7	Verwaltung des Windows NT-Servers	112
6	**Verbindung zu IBM OS/2 Warp**	**113**
6.1	Übersicht OS/2 Warp	114
6.1.1	OS/2-Arbeitsplatzsystem	115

6.1.2	OS/2-Server	117
6.2	Peer-Netzwerke	121
6.3	OS/2 Warp Clients an NT Server	129
6.3.1	Domänen-Verwaltung	131
6.3.2	Sind lokale Benutzerkonten sinnvoll?	143
6.3.3	Anmeldeskripte	143
6.3.4	Systemrichtlinien laufen nicht	145
6.3.5	Kennwortänderung	146
6.3.6	Windows-Programme unter OS/2	147
6.3.7	Verwaltung des Windows NT-Servers	149
6.4	NT Clients an Warp Server	157
6.4.1	Domänen-Verwaltung	157
6.4.2	Direkte Ressourcen-Anbindung	167
6.4.3	Trimmen Sie den Browser auf OS/2!	168
6.4.4	IBM Windows NT Clients für Warp Server	169
6.4.5	Benutzerprofile über Warp Server	179
6.4.6	Anmeldeskripte in einer OS/2-Umgebung	180
6.4.7	Systemrichtlinien über Warp Server	181
6.4.8	Warp Server als Applikationsserver	182
6.4.9	Warp Server von NT aus verwalten	184
6.5	Verbindung über TCP/IP	186
6.5.1	Installation	187
6.5.2	Client-Dienste	188
6.5.3	Serverdienste	191
6.6	NT-Server und OS/2-Server	193
6.7	IBM Directory and Security Services	194
6.7.1	DSS für Warp Server	195
6.7.2	DSS für Windows NT Server	199
6.8	Microsoft OS/2 1.x	199
6.8.1	Microsoft OS/2-Clients	200
6.8.2	Microsoft LAN Manager für OS/2	201
6.8.3	Das OS/2-Subsystem von NT	202
6.8.4	Erweiterung Presentation Manager	202
6.9	Migration LAN Server zu Windows NT	203

7 Verbindung zu Novell NetWare ... 209

7.1	Übersicht NetWare	209
7.1.1	Betriebssystemebene	210
7.1.2	Die Konsolenebene	211
7.1.3	Merkmale der Verwaltung	211
7.1.4	Der Systemverwalter	212
7.1.5	Sicherheit mit Novell	212
7.1.6	Start des NetWare-Servers	216
7.1.7	Standard-Verzeichnisse	217
7.1.8	Netzwerkprotokolle	219
7.1.9	Unterstützte Plattformen	220
7.1.10	Novell NetWare für OS/2	220
7.2	Directory Services und Domänen	221

7.3	Verwaltung eines NetWare-Servers	222
7.4	Client-Services für NetWare-Server	224
7.4.1	Der Microsoft-Client	224
7.4.2	Der Novell-Client	228
7.5	Verbindung über TCP/IP	233
7.6	Benutzerverwaltung unter NetWare	234
7.6.1	Benutzerprofile	236
7.6.2	Anmeldskripte und »Login Scripts«	236
7.6.3	Systemrichtlinien	237
7.7	Ressourcenzuordnung unter NetWare	238
7.8	NetWare-Gateway-Dienst	239
7.8.1	Installation	239
7.8.2	Ressourcen-Freigabe	240
7.8.3	Einsatz des Gateway-Dienstes	241
7.9	NetWare-Clients an NT-Domänen	241
7.9.1	File und Print Services für NetWare	242
7.10	Gemeinsame Domänen-Verwaltung unter NT	259
7.10.1	Directory Services für NetWare	260
7.10.2	DSMN oder FPNW?	267
7.11	Gemeinsame Domänen-Verwaltung unter NetWare	267
7.12	Migration zu Windows NT	271
7.13	Migration zu Novell NetWare	276
8	**Verbindung zu Apple Macintosh**	**277**
8.1	Übersicht MacOS	277
8.2	Macintosh und Windows NT	281
8.2.1	File and Print Services für Macintosh	281
8.2.2	Das AppleTalk-Protokoll	282
8.2.3	Das TCP/IP-Protokoll	282
8.3	Netzwerknummern und Zonen	284
8.4	Macintosh-Clients an Windows NT Server	285
8.4.1	Anmeldung an der Domäne	285
8.4.2	Ordner-Freigaben	289
8.4.3	Drucker-Freigabe	294
8.4.4	Dateinamen	297
8.4.5	Datenaustausch	298
8.4.6	Macintosh-Clients an Windows NT Workstation	299
8.4.7	Die Befehlszeile	299
8.4.8	Verwaltung von Windows NT-Servern	302
8.5	Windows NT-Clients an Macintosh	304
8.5.1	Macintosh-Drucker	304
8.5.2	Datenfreigabe?	306
8.6	Routing mit Windows NT	306
8.6.1	Einstellungen	307
8.6.2	Seed Router	308
8.7	Die Open Transport-Architektur	308
8.7.1	Anschlüsse	308
8.7.2	Kompatibilität	309

8.7.3	Wählverbindungen	309
8.7.4	MacPPP und FreePPP	310
8.8	Thursby DAVE	310
8.9	Windows-Programme auf dem Mac	312
8.9.1	Insignia SoftWindows 95	312
8.9.2	Citrix WinFrame	313
8.9.3	NCD WinCenter Pro	314
9	**Verbindung zu UNIX**	**315**
9.1	Übersicht UNIX	315
9.1.1	IBM AIX	318
9.1.2	SCO OpenServer	321
9.1.3	Linux	323
9.1.4	FreeBSD	325
9.1.5	SCO UnixWare	325
9.1.6	Sun Solaris	326
9.1.7	DEC Unix	327
9.2	Standard TCP/IP-Verbindungen	327
9.2.1	Telnet	328
9.2.2	FTP	329
9.2.3	Weitere Befehle	330
9.2.4	Drucken	335
9.3	Das POSIX-Subsystem	335
9.3.1	POSIX.1	336
9.3.2	POSIX.2 mit OpenNT	336
9.4	NT-Clients für UNIX-Server	342
9.4.1	Hummingbird Maestro NFS Client	343
9.4.2	SCO VisionFS	346
9.4.3	Intergraph DiskAccess	347
9.4.4	Sun Solstice NFS Client	351
9.4.5	WRQ Reflection	355
9.4.6	Interdrive Client NFS	355
9.4.7	Chameleon UNIXLink 97	356
9.5	X-Server für Windows NT	358
9.5.1	Funktion des X-Servers	359
9.5.2	Hummingbird Exceed	359
9.5.3	SCO XVision Eclipse	363
9.5.4	Intergraph eXalt	369
9.5.5	Attachmate KEA! X	372
9.5.6	MicroImages MI/X	372
9.5.7	XWin32	373
9.6	UNIX-Clients für NT-Server	373
9.6.1	Hummingbird Maestro NFS Server	374
9.6.2	Intergraph DiskShare	378
9.6.3	InterDrive Server	381
9.7	X.500-Verzeichnisdienste von HP	381
9.8	Gateway zu UNIX	381
9.9	SCO Advanced File and Print Server	384

9.10	Verwaltung des Windows NT Servers	387
9.11	Windows-Programme unter UNIX	390
9.11.1	Windows-Installation	390
9.11.2	Sun WABI	390
9.11.3	Linux WINE	391
9.11.4	Citrix WinFrame	391
9.11.5	NCD WinCenter Pro	392
9.11.6	Exodus NTerprise	393
10	**Verbindung zu Banyan Vines**	**395**
10.1	Übersicht Banyan Vines	395
10.2	Einbindung von NT-Maschinen	395
10.3	Banyan Enterprise Client	396
10.4	Streettalk for Windows NT	396
10.5	Administration von Vines-Servern	397
10.6	Migration Vines zu Windows NT	398
11	**Verbindung zu DOS-Clients**	**399**
11.1	Übersicht DOS	399
11.2	Netzwerkunterstützung	400
11.3	Benutzer und Ressourcenverwaltung	401
11.4	Microsoft LAN Manager 2.2c für MS-DOS	401
11.5	Microsoft Netzwerk Client 3.0	406
11.6	Ressourcen-Anbindung	408
11.7	Verbindung zu Windows 3.x-Clients	409
11.7.1	Übersicht über Windows 3.x	409
11.7.2	Netzwerkanbindung an Windows NT	413
11.7.3	Peer-Dienste	414
11.8	Verwaltung des Windows NT-Servers	415
11.9	NTFSDOS	415
12	**Web-Administration für NT Server**	**419**
12.1	Installation	420
12.2	Zugriffsberechtigungen	420
12.3	Die Benutzerverwaltung	422
12.3.1	Benutzer	422
12.3.2	Gruppen	424
12.4	Ressourcen	425
12.4.1	Datenressourcen	425
12.4.2	Druckerressourcen	426
12.5	Server-Verwaltung	427
12.5.1	Dienste	427
12.5.2	Hardware-Einstellungen	428
12.5.3	Zusätzliche Werkzeuge	429
12.5.4	Ereignisanzeige	432
12.5.5	Statistik	433
12.6	Welche Web Browser taugen?	436

12.7	Internet Server	436
12.7.1	Der Microsoft Internet Information Server	436
12.7.2	Der IBM Internet Connection Secure Server	439
12.7.3	Netscape FastTrack Server	439

13	**Mini und Mainframe**	**441**
13.1	Verbindung zu AS/400	442
13.1.1	IBM Client Access	442
13.1.2	AS/400 über Web Browser	448
13.1.3	Windows NT auf der AS/400	449
13.2	Verbindung zu Mainframes	449
13.2.1	Microsoft SNA Server	449
13.2.2	IBM Communications Server	451
13.2.3	IBM Personal Communications	452
13.2.4	Andere Programme	454

14	**Eine Tasse Melange gefällig?**	**457**
14.1	Ein heterogenes Beispiel	458
14.2	Was ist Terra Flora?	460
14.3	Zum Abschluß	460

15	**Anhang 1: Netzwerk-Überblick**	**463**
15.1	Netzwerkeigenschaften von Windows NT	463
15.1.1	UNC-Namen	465
15.1.2	Installation und Konfiguration	466
15.1.3	Einrichten eines Druckservers	477
15.2	Windows NT-Netzwerkarchitektur	490
15.2.1	Der Redirector	491
15.2.2	VxD-Treiber	491
15.2.3	Das Client-Server-Modell	492
15.2.4	Netzwerk-Schnittstellen	492
15.3	Netzwerk-Protokolle	494
15.3.1	NetBEUI	497
15.3.2	IPX/SPX – NWLink	498
15.3.3	TCP/IP	501
15.3.4	PPTP	513
15.3.5	DLC und 802.2	514
15.3.6	AppleTalk	515
15.3.7	Streams	516
15.4	Netzwerk-Befehlszeile	516
15.4.1	Der Befehl NET	517
15.4.2	Andere relevante Befehle	535
15.4.3	FTP	539
15.4.4	Wichtige TCP/IP-Befehle	550
15.5	Server- und Peer-Netzwerke	556
15.6	Domänen und Verzeichnisdienste	558
15.7	Sicherheit mit Windows NT	559

15.7.1	Sicherheits-Richtlinien	559
15.7.2	Das Sicherheits-Subsystem von Windows NT	560
15.7.3	Das Sicherheitsmodell	560
15.7.4	C2-Spezifikationen	561
15.7.5	Verschlüsselung der Benutzerkontendatenbank	562
15.7.6	Signierte Server Message Blocks	564
15.7.7	X.509 Digitale Zertifikate	565
15.8	OSF DCE Distributed Computing Environment	566
15.8.1	DCE-Architektur	567
15.8.2	Die Komponenten im einzelnen	567
15.8.3	Organisation von DCE-Netzwerken	571
15.8.4	Implementierungen	571
16	**Anhang 2: Software und Internet-Adressen**	**573**
16.1	Software von Microsoft	573
16.1.1	Betriebssysteme	573
16.1.2	Zusatzprogramme	573
16.2	Software von IBM	573
16.2.1	Betriebssysteme	573
16.2.2	Zusatzprogramme	574
16.3	Software von Novell	574
16.3.1	Betriebssysteme	574
16.3.2	Zusatzprogramme	574
16.4	UNIX-Hersteller	574
16.4.1	Betriebssysteme	574
16.4.2	Zusatzprogramme	575
16.5	Software von Apple und anderen Herstellern	575
16.5.1	Betriebssysteme	575
16.5.2	Zusatzprogramme	575
16.6	Andere Programme	575
16.7	Internet-Adressen	576
16.8	Die CD-ROM zum Buch	577
I	**Index**	**579**

V Vorwort

Windows NT ist Microsofts Betriebssystem für Netzwerkserver sowie für Arbeitsplatzrechner, die hauptsächlich im High End-Bereich angesiedelt sind. Allein die Kombination von NT Server und NT Workstation mag ein ideales Arbeitsumfeld darstellen, doch verfügen viele Unternehmen heute über heterogene Netzwerkumgebungen.

Die Gründe dafür sind vielfältig: jede Plattform hat ihre spezifischen Vor- und natürlich auch Nachteile. Davon bildet auch Windows NT keine Ausnahme. Warum sollte man also nicht die Vorteile der verschiedenen Plattformen miteinander kombinieren? Andererseits haben sich die firmeneigenen Netzwerke mit der Zeit als heterogene Umgebungen herausgebildet, und Fusionen und Übernahmen geben da noch einiges dazu.

Windows NT Server als Basis für SAP R/3, AS/400 als Datenbank, OS/2 Warp als Entwicklungsplattform, UNIX als Firewall zum Internet, ein paar Macintosh-Rechner für die Grafiker der Marketing-Abteilung und Windows 95 und Windows NT Workstation als Endbenutzergeräte. Warum auch nicht?

Blättert man diverse Handbücher und die von Microsoft und anderen Herstellern erhältlichen technischen Unterlagen durch, stellt man einen gehörigen Mangel an Informationen zum plattformübergreifenden Einsatz von Windows NT fest. Zwar bietet das Terra Flora-Fallbeispiel des Windows NT Server Resource Kit einen interessanten und überaus empfehlenswerten Einstieg in diese Materie, doch gibt auch Microsoft zu, daß damit bisher erst an der Oberfläche gekratzt wurde.

Dieses Buch behandelt die Möglichkeiten, die Windows NT in Zusammenarbeit mit anderen Plattformen bietet, gibt Anleitung und Hilfestellung zur Implementierung und Wartung heterogener Umgebungen und zeigt Probleme auf, denen Systembetreuer gegenüberstehen, wenn sie verschiedene Computerplattformen unter einen Hut bringen müssen.

Was dieses Buch nicht bietet, ist eine Einführung in Windows NT und in die Administration. Sie sollten über fundierte NT-Kenntnisse verfügen, Erfahrung sowohl mit Windows NT Workstation als auch Windows NT Server haben und vor allem nicht nur an der Oberfläche interessiert sein, sondern auch hinter die Kulissen des Systems schauen wollen. Gute Netzwerkkenntnisse sind ein großer Vorteil, aber keine zwingende Voraussetzung. Außerdem sollten Sie auch mit der oder den anderen Plattform/en vertraut sein, die Sie vorhaben, mit Windows NT zu kombinieren.

Ich möchte mich bei den Mitarbeitern des tewi-Verlages und speziell bei meinem Lektor, Herrn Johannes Wiele, für ihre Unterstützung beim Zustandekommen dieses Buches bedanken.

Selbstverständlich freue ich mich über Reaktionen auf dieses Buch. Sie erreichen mich unter der EMail-Adresse »kebner@ibm.net«.

Klaus Ebner, Wien, August 1997

1 Einführung

Zielsetzung dieses Buches ist es, Windows NT einmal unter einem anderen, vielleicht etwas ungewohnten Licht erscheinen zu lassen. Oft geht cs ja nur um eine einzige Betriebssystemumgebung, und die vielen mehr oder weniger offenen Grabenkämpfe der großen Software-Hersteller können so gut wie jeder Zeitschrift entnommen werden. In vielen Fällen aber geht es nicht nur um ein einziges System, weil aus historischen und rechnerischen Gründen auch andere Programme zum Zug kommen.

Microsoft selbst positionierte NT als Betriebssystem, das verschiedene Plattformen miteinander verbinden kann; das Terra Flora-Fallbeispiel im Resource Kit zu Windows NT Server spricht da eine deutliche Sprache. Windows NT eignet sich daher als Bindeglied in heterogenen Netzwerkumgebungen. So gesehen ist Windows NT nicht ein Betriebssystem, das anderen den Garaus macht, sondern das als gleichberechtigter oder vielleicht sogar verbindender Partner eingebunden werden kann.

Die Amerikaner sprechen von der »interoperability« des Systems. Diese »Interoperabilität« bezeichnet die Fähigkeit, mit anderen Systemen und Plattformen zusammenzuarbeiten. Was diese Zusammenarbeit so interessant macht, ist zweierlei: erstens werden bestehende Investitionen gewahrt, und zweitens können auch weiterhin die Vorteile aller Systeme miteinander verbunden und genutzt werden.

Womit wir uns schon mitten im Anwendungsgebiet befinden. Viele könnten ja meinen, es hätte keinen Sinn, mehrere Betriebssysteme miteinander zu kombinieren. Wozu auch? Warum sollte eine Firma sich die vielen Probleme aufhalsen, die mit der Wartung heterogener Umgebungen verbunden sind? Warum etwa IBM Warp Server und Novell NetWare in der EDV-Abteilung, während die Anwender mit Windows für Workgroups, Windows NT Workstation und OS/2 Warp zu tun haben, die allesamt unterschiedliche Oberflächen aufweisen. Jedes System ist anders zu bedienen, und der alte 16-Bit-Programm-Manager hat mit einer Windows 95-Oberfläche genauso wenig zu tun wie diese mit der Workplace Shell. Systembetreuer müßten auf mehrere Systeme eingeschult werden, und Anwender, die von einem System zum anderen springen, irren sich zumindest bei den Tastenkürzeln.

Diese Argumente sind nicht ganz von der Hand zu weisen. Wo es möglich ist, wird eine EDV-Abteilung sich bemühen, die Systemumgebungen so einheitlich wie möglich zu halten.

Jetzt kommen allerdings zwei Faktoren ins Spiel: Erstens bestehen viele Umgebungen bereits, sind historisch gewachsen und enthalten Plattformen, die von DOS über Windows NT bis hin zu Novell und Mainframe reichen; jeder Wechsel kostet sehr viel Geld, weil einerseits in Hardware- und Software-Anschaffungen und andererseits in die Ausbildung der Benutzer investiert werden muß. Und seien Sie doch ehrlich: wer hat schon Geld ...?

Zweitens hat jedes System so seine Nachteile. Wer etwa meint, die Benutzerverwaltung von Windows NT Server sei das Gelbe vom Ei, hatte wohl noch nie mit NetWare oder Warp Server, geschweige denn mit größeren Rechnersystemen wie AS/400 oder Mainframe zu tun. Und genauso leicht ist es, Beispiele in umgekehrter Konstellation zu finden.

Die Hintergründe für den Betrieb von heterogenen Netzwerkumgebungen liegen somit auf der Hand. Neben der äußerst interessanten Möglichkeit, die Spezialitäten jedes Systems auszunutzen, liegt es häufig am Geld, die Unternehmen zu einer solchen Lösung greifen lassen.

1.1 Interoperabilität und Konnektivität?

Interoperabilität – welch ein unmögliches Wort! Ein Zungenbrecher, werden Sie vielleicht sagen, oder: schon wieder ein Fremdwort. Wie so oft in der EDV, wurde dieses Wort aus dem Englischen übernommen. Mit *interoperability* bezeichnen die Amerikaner die Fähigkeit einer Software bzw. eines Betriebssystems, mit anderen Programmen zusammenzuarbeiten. Interoperabilität ist somit die Fähigkeit eines Systems, sich mit anderen Systemen zu verbinden. Diese Verbindungsmöglichkeit ist in sogenannten *heterogenen Netzwerkumgebungen* notwendig.

Die technische Möglichkeit, ein Betriebssystem mit anderen zu verbinden, ist die eine Seite. Wie gut diese Interoperabilität in der Praxis funktioniert, ist jedoch eine andere Seite, und es liegt auf der Hand, daß dies von der jeweiligen Software bzw. von der Plattform abhängt.

Windows NT ist *interoperability* gewohnt, denn Microsoft hat diese Fähigkeit in das Betriebssystem eingebaut. Deshalb kann Windows NT ein Partner sein, der Sie bei der Zusammenbindung Ihres Netzwerkes unterstützt. Ob Sie nun mit OS/2 Warp, UNIX oder Macintosh zu tun haben, immer gibt es mindestens eine Möglichkeit, Windows NT zum Netzwerk hinzuzufügen und entweder als gleichberechtigten Partner einzusetzen oder dem System eine Art Gesamtverwaltung zu übertragen, die dann in alle anderen Plattformen hineingreift.

Selbstverständlich ist kein Betriebssystem perfekt, und so muß auch bei NT ganz genau abgewogen werden, wozu diese Interoperabilitätsfähigkeit nun reicht oder nicht. Dieses Buch beschäftigt sich mit den vielen Möglichkeiten und Unmöglichkeiten, die Windows NT in Sachen Interoperabilität bietet. Dabei werden nicht nur die standardmäßig ins Betriebssystem eingebauten Funktionalitäten untersucht, sondern auch Zusatzprogramme von Microsoft und anderen Herstellern. Diese Zusatzprogramme stellen zwangsläufig eine Auswahl dar, denn erstens ist es kaum möglich, einen vollständigen Überblick über solche Programme zu bewahren, und zweitens erscheint Woche für Woche neue Software auf dem Markt.

In diesem Zusammenhang werden Sie sehr oft mit einem zweiten Wort konfrontiert, nämlich *Konnektivität* oder zumeist auf Englisch *Connectivity*. Damit ist generell dasselbe gemeint wie mit Interoperabilität. Betrachtet man die Semantik dieser Wörter, so hat hingegen *Connectivity* mehr mit der technischen Verbindungsmöglichkeit zu tun, während *Interoperability* einen Schritt weiter geht und das Zusammenwirken der Systeme anspricht.

1.2 Heterogene Netzwerkumgebungen

Heterogene Netzwerkumgebungen sind Netzwerke, die nicht nur ein einziges Betriebssystem enthalten – dies wäre eine *homogene Netzwerkumgebung* –, sondern mindestens zwei verschiedene. Zwangsläufig sind heterogene Netze vor allem in größeren Unternehmen anzutreffen, denn eine sehr kleine Firma wird sich wohl kaum auf die Komplexität mehrerer Betriebssysteme einlassen.

Bis zu einem gewissen Grad wird ein solches Zusammenspiel sogar von Microsoft selbst vorgelebt, denn Microsoft setzt neben Windows NT und Windows 95 auf AS/400.

Wie man an diesem Beispiel sehr gut sieht, sind heterogene Netzwerke oft bei international tätigen Firmen anzutreffen.

Wie kommt es zu heterogenen Netzwerkumgebungen? Immerhin weiß jeder, der sich mit verschiedenen Plattformen beschäftigt, wie vielfältig und komplex Verwaltung und Probleme sein können. Da heterogene Umgebungen jedoch durchaus etwas Normales sind, muß es Gründe für deren Entstehung geben.

Wie bereits erwähnt, gibt es zwei Varianten für das Entstehen solcher Netzwerke. Einerseits kann eine historisch gewachsene Firma zu einer heterogenen Netzwerkumgebung kommen, andererseits könnten Unternehmen die Vorteile der verschiedenen Plattformen zu nutzen versuchen.

1.2.1 Gewachsene Netzwerkumgebungen

Investitionen in Hard- und Software sind mitunter immens, und vor allem stehen sie in Größenordnungen, die auch große Unternehmen nicht so einfach auf die leichte Schulter nehmen können.

Bei Firmen, die schon seit Jahrzehnten tätig sind, wird alles einmal im Mainframe-Bereich begonnen haben. Hier kommen verschiedene Architekturen in Frage, allen voran IBM Mainframes, dann Digital Equipment, Siemens bzw. heute Siemens-Nixdorf, Wang und so weiter.

Eine Spezialität der Großrechner-Welt war stets, daß sie mit anderen (Großrechner-)Systemen nicht kompatibel ist. Somit konnte die Software-Schiene eindeutig festgelegt werden. Das Betriebssystem definierte sich über die Maschine, denn es hatte kaum Sinn, mehrere Betriebssysteme für ein und denselben Rechner anzubieten.

Die erste Bresche in die dominante Stellung der Mainframes riß wohl UNIX. Dieses Betriebssystem wurde Ende der 60er Jahre entwickelt und existiert heute auf Mainframes, Minis und PCs. Was UNIX hauptsächlich versprach, war Kosteneinsparung, denn die Hersteller propagierten gleiche Leistung zu günstigeren Konditionen.

Viele begannen mit *Downsizing* und versuchten, vorhandene Mainframes durch UNIX zu ersetzen. Da die Verwaltung von UNIX-Netzwerken auch keine einfache Aufgabe ist, wurde an manchen Orten bald die Notbremse gezogen. So kam es aber zu Umgebungen, die plötzlich Mainframes und UNIX-Rechner, zumeist auf RISC-Workstations, besaßen.

Die 80er Jahre brachten schließlich mehrere Revolutionen. Da war einmal 1981 das Erscheinen des ersten IBM PCs. 1983 erblickte die erste einem größeren Markt zugängliche grafische Benutzeroberfläche in Form des Apple Finders das Licht der Welt. 1985 kam die AS/400 auf den Markt, die auf den ersten Blick eher der Mainframe-Welt zuzuordnen ist, allerdings in den letzten Jahren mit interessanten Konzepten der Betriebssystemverschmelzung aufhorchen ließ und plötzlich als Server-Plattform für PC-Netzwerke vermarktet wurde.

In vielen Fällen stellte sich die Frage: was tun mit den alten Geräten? Wegwerfen? Das ist teuer. Beibehalten? Bedingt, denn manches war schlechtweg völlig veraltet und bereits unbrauchbar. So ergab sich ein Mittelweg aus teilweiser Aufrüstung, teilweisem Zukauf von Neugeräten und teilweiser Weiterverwendung bewährter Systeme.

Die meisten Unternehmen besitzen heute zumindest zwei Plattformen. Diese sind für gewöhnlich Mainframe bzw. AS/400 und ein PC-System. Das Betriebssystem für die PCs ist praktisch wahlfrei, und man kann beobachten, daß die Unternehmen diese Wahlfreiheit ernst nehmen. Mitte 1997 dürfte bei Europäischen Unternehmen das Hauptgewicht wohl auf Windows für Workgroups liegen, gefolgt von Windows 95 und IBM OS/2. Windows NT, DOS und PC-UNIX erscheinen viel seltener, und Apple Macintosh kommt überhaupt nur eine marginale Rolle zu. Als Aufsteiger könnte man zu diesem Zeitpunkt Windows 95 und Windows NT bezeichnen, während die anderen Systeme entweder stagnieren oder zurückgehen.

Das Zusammenwachsen vorhandener Systeme ist die eine Seite. Die andere besteht darin, daß Unternehmen größer werden, expandieren, mit anderen Firmen fusionieren oder diese übernehmen. Bei jeder Fusion und bei jedem Firmenkauf wird eine komplette EDV-Landschaft übernommen. Ob diese Landschaft aber in die eigene paßt, die seit Jahren aufgebaut wurde, steht auf einem anderen Blatt.

Wie leicht kann es passieren, daß Firma A, die seit Jahren mit Microsoft-Produkten wie Windows für Workgroups und Windows NT arbeitet, eine Firma B übernimmt, die ausschließlich mit Sun Solaris und AS/400 zu tun hat!

Niemand wird auf die Idee kommen, in einem solchen Fall die vorhandenen Geräte bzw. Plattformen zu entfernen. Vermutlich werden sie nicht einmal reduziert werden, obwohl auch das infolge von Spar- und Konzentrationsmaßnahmen eintreten könnte.

Was passiert also? Ein Status Quo mag gewisse Probleme auferlegen, denn von einer Windows für Workgroups-Maschine auf Solaris zu kommen, ist ja nicht so einfach.

In solchen Fällen ist eine gute EDV-Abteilung gefordert, gute Techniker und Systembetreuer, die eine notwendige Infrastruktur und die Hilfsmittel bereitstellen können, die in einer solchen Umgebung unerläßlich sind. Wahrscheinlich wird ein gemeinsames Netzwerkprotokoll eingeführt, um die Verwaltung zu vereinfachen, Zusatzprogramme oder ein Gateway werden die Verbindung zwischen den Welten herstellen.

Um es also gleich einmal klarzustellen: Möglichkeiten gibt es viele; es ist nur eine Frage des Wissens und der Implementierung.

Wenn Ihre Software-Umgebung eine traditionell gewachsene ist, werden Sie in diesem Buch eine Menge Tips zu den verschiedenen Systemen finden und zahlreiche Varianten einer plattformübergreifenden Netzwerkadministration sehen.

1.2.2 Vorteile verschiedener Plattformen

Manchmal entscheiden Firmen ganz bewußt, auf mehrere Plattformen zu setzen. Vor der Anschaffung neuer Hard- oder Software kann wohl nur ein ausgiebiger Test sinnvoll sein. Solche Testergebnisse kennt wohl jeder von uns. Leider fallen sie in den seltensten Fällen so aus, wie man sie gerne hätte. Am Ende der Testläufe wünschen sich viele, die Goldkörner aus jedem der Systeme zu picken und zu einer neuen Gesamtheit zusammenzubinden.

Das geht natürlich nicht. So bleibt eine schwierige Entscheidung: entweder sie fällt zugunsten eines Systems, mit dem man zwangsläufig auch Nachteile einkauft, oder sie fällt zugunsten mehrerer Systeme. Was spricht denn dagegen, alle Vorteile einzukaufen und die Programme so zu kombinieren, daß die Anwender den größtmöglichen Nutzen daraus ziehen?

UNIX ist als hervorragender Applikationsserver bekannt, und es mag sich als großer Vorteil erweisen, beispielsweise SAP R/3 auf einem UNIX-Cluster zu installieren. Vorhandene NetWare-Server sind ausgezeichnete Druckserver, und obwohl zukünftige Druckserver mit Windows NT ausgerüstet werden, können die NetWare-Maschinen in Betrieb bleiben und mit Hilfe von Microsoft Directory Services für NetWare in eine NT-Domäne eingebunden werden. Notebooks mit i486-Prozessoren fahren wohl am besten mit Windows 95 oder sogar mit Windows für Workgroups. Und wenn eines der besten professionellen Multimedia-Autorensysteme unter OS/2 Warp läuft, könnte die betroffene Abteilung doch damit ausgestattet werden.

Ja, Möglichkeiten gibt es viele, und wer sich für eine Kombination mehrerer Systeme entscheidet, hat wohl nur mehr die Qual der Wahl, sogar wenn es sich lediglich um zwei Systeme handelt wie beispielsweise Windows NT und AS/400.

Dieses Buch könnte ein Anstoß zur Entscheidung sein, mehrere Plattformen in seinem Unternehmen einzusetzen. Außerdem finden Sie viele Hinweise, wie die Betriebssysteme am besten miteinander kombiniert werden und was man tun kann, um Probleme schon im vorhinein auszuschließen bzw. zu minimieren.

1.3 Anwendungsprogramme

Recht verbreitet scheint das Mißverständnis, es könnte sich bei »Interoperabilität« um die Zusammenarbeit von Programmen, speziell auf verschiedenen Plattformen, handeln.

Gewiß ist die Zusammenarbeit der Programme und die Kompatibilität der Produkte auf verschiedenen Plattformen ein wichtiges Thema für jeden Benutzer. Mit der Interoperabilität von Windows NT hat sie im allgemeinen aber nichts zu tun.

Wenn die Zusammenarbeit der Anwendungsprogramme im Vordergrund steht, sollten Sie bei der Auswahl der Produkte große Sorgfalt walten lassen. Nicht alles gibt es auf verschiedenen Plattformen, und je größer die Übereinstimmung ist, desto weniger Probleme wird es in der Praxis geben.

Jedem sollte klar sein, daß es nur auf die Anwendungsprogramme selbst ankommt, ob sie mit entsprechenden Versionen auf anderen Plattformen kompatibel sind und wie gut der Datenaustausch funktioniert. Ein Betriebssystem wie Windows NT kann hier nicht mitreden, denn diese Datenkompatibilität wird auf einer völlig anderen Ebene definiert und fällt nicht in den Aufgabenbereich eines Betriebssystems.

Am Beginn der Hit-Liste stehen Office-Pakete wie jene von Microsoft, Lotus, Star Division oder Corel.

Wenn Sie ausschließlich Windows-Plattformen einsetzen, sind Sie mit Microsoft Office sehr gut beraten. Sie sollten allerdings bedenken, daß heute eigentlich nur mehr zwei Plattformen von Microsoft hundertprozentig unterstützt und weiterentwickelt werden, das sind Windows 95 und Windows NT. Es gibt nur ein einziges Office, das unter beiden Systemen läuft. Office gibt es auch für Apple Macintosh, hinkt dort in der Regel immer ein wenig hinterher, weil die Entwicklung dafür nicht mit demselben Volldampf betrieben wird wie für die 32-Bit-Windows-Umgebungen. Windows für Workgroups ist hingegen fallengelassen worden. So ist Office für Windows 3.x inzwischen veraltet und hängt der aktuellen Version 97 um zwei Generationen nach. Der Datenaustausch ist zwar nach wie vor relativ problemlos möglich, allerdings muß in den neuen Versionen jeweils in einem alten Format abgespeichert werden[1], damit die Dateien lesbar bleiben. Daß dabei unter Umständen Formatierungen und Merkmale der neuen Versionen verlorengehen können, liegt auf der Hand. Microsoft Office enthält Word als Textverarbeitung, Excel als Tabellenkalkulation, Access als Datenbank (nur in Office Professional!), Powerpoint als Präsentationsgrafik und Outlook als Kommunikationszentrale mit Zeitplanung.

---

1. Bei Office 97 unterlief Microsoft der Fehler, daß kein Word 6.0 bzw. Word 95-Format gespeichert werden konnte. Wenn Sie dieses Problem haben, finden Sie auf der Microsoft-Seite im Internet Word 6/95-97-Filter zum Herunterladen.

Eine komplette Windows- und teilweise OS/2-Unterstützung haben Sie mit Lotus SmartSuite. Die Produkte werden für Windows 95 und NT sowie für Windows 3.x und teilweise für OS/2 entwickelt und vermarktet. Die Dateiformate sind jeweils völlig identisch, da auch die Versionsnummern in der Regel übereinstimmen. Lotus SmartSuite enthält WordPro als Textverarbeitung, 1-2-3 als Tabellenkalkulation, Approach als Datenbank, Freelance Graphics als Präsentationsgrafik und Organizer als Zeitplanungssystem. Eine Besonderheit der SmartSuite-Programme ist die enge Zusammenarbeit mit Lotus Notes/Domino.

Die breiteste Plattform-Unterstützung finden Sie bei StarOffice der deutschen Firma Star Division. Dieses Office-Paket gibt es für Windows 95 und NT, für Windows 3.x, für OS/2 Warp, für Apple Macintosh, für Linux und für Sun Solaris. Eine Version für AIX ist geplant. Die Dateiformate sind auf allen Plattformen völlig identisch, und es gibt keinerlei Probleme bei der Übernahme. Star Division StarOffice enthält StarWriter als Textverarbeitung, StarCalc als Tabellenkalkulation, StarBase als Datenbank (erst ab Version 4.0), StarDraw als Präsentations- und Illustrationsgrafik und StarImage als Fotobearbeitung.

Corel kaufte eine Reihe von Produkten auf und macht den Großen seit einiger Zeit den Office-Markt streitig. In den Vereinigten Staaten konnte die kanadische Firma bereits beachtliche Erfolge vorweisen. CorelOffice gibt es grundsätzlich nur für Windows 95 und NT. Darüber hinaus existiert jedoch eine eigene Java-Version des Produktes, die generell auf allen Systemen lauffähig ist, die Java unterstützen. Zur Zeit gehören dazu Sun Solaris, JavaOS, Windows 95 und NT (mit Zusätzen), OS/2 Warp und Apple Macintosh. CorelOffice enthält WordPerfect als Textverarbeitung, Quattro Pro als Tabellenkalkulation, Paradox als Datenbank, Presentations als Präsentationsgrafik und Time Line als Zeitplanungssystem.

Diese Hinweise haben natürlich keinerlei Anspruch auf Vollständigkeit. Sie sollen Ihnen lediglich einen gewissen Überblick über die Möglichkeiten im Office-Bereich geben. In diesem Buch wird davon nicht mehr Rede sein, denn die Plattform-Verbreitung und Kompatibilität der einzelnen Anwendungsprogramme hat mit dem Begriff Interoperabilität grundsätzlich nichts zu tun.

1.4 Positionierung von NT

Wer sich mit Windows NT beschäftigt, sollte wissen, wie dieses Betriebssystem von Microsoft und von Unternehmen, die es bereits im Einsatz haben, positioniert wird. Ausreichende Kenntnisse um die Positionierung lassen Sie das System richtig und gewinnbringend einsetzen.

Schließlich hat es keinen Sinn, seiner Tochter oder seinem Sohn einen Computer zu kaufen, damit sie/er darauf die vielen tollen Spiele spielen kann, von denen die Klassenkameraden reden, und darauf Windows NT Workstation zu installieren. Genauso wenig Sinn hat es, wenn Sie einen Server für Notebooks mit DFÜ-Unterstützung einrichten und darauf Windows 95 fahren. Natürlich funktioniert beides. Aber eben nur bedingt, denn für die genannten Anwendungsgebiete sind weder Windows NT noch Windows 95 besonders geeignet.

Ganz gewiß ist Ihnen klar, wie die Lösung für diese beiden Umgebungen aussieht: Tochter/Sohn erhält am besten Windows 95, und auf dem Server fahren Sie am besten mit Windows NT Server oder IBM Warp Server, je nach dem, welches System auf den Notebooks zum Einsatz kommt.

Es sollte niemals passieren, daß Windows NT in einem bestimmten Umfeld ein anderes Betriebssystem ablöst, das die gestellten Aufgaben viel besser meistert. Eine solche (falsche!) Entscheidung sorgt für Schwierigkeiten bei der Verwaltung und vielleicht sogar für unlösbare Probleme; außerdem werden die Anwender damit nicht glücklich, sondern sie werden sich ganz im Gegenteil bei jeder Gelegenheit über die Entscheidung beklagen.

Einführung

Damit Windows NT in passenden Umgebungen eingesetzt wird, sollten Sie die Positionierung von Windows NT einmal in Ruhe überlegen. Die folgenden Abschnitte mögen ein gewisser Leitfaden sein.

1.4.1 Die Server-Plattform

Auf der Server-Seite gibt es grundsätzlich keine Diskussion. Für Microsoft ist und bleibt Windows NT Server das geeignete Server-Betriebssystem und somit auch Netzwerkbetriebssystem. Microsoft hat nur ein einziges Server-Betriebssystem, und das ist eben Windows NT.

Daß die Server, wenn Ihre Entscheidung zugunsten von Windows NT gefallen ist, mit Windows NT Server ausgestattet werden, ist klar.

Nicht so ganz klar ist, daß Windows NT vielleicht nicht in jeder Konstellation das passendste Betriebssystem ist. Die Konkurrenten heißen Novell NetWare, UNIX in mehreren Varianten, Banyan Vines, IBM OS/2 Warp Server und nicht zuletzt AS/400. Jedes System hat seine Vor- und Nachteile, darüber besteht kein Zweifel. Die große Kunst eines EDV- oder Netzwerk-Verantwortlichen besteht darin, möglichst viele Vorteile aus seiner Software-Umgebung herauszuholen.

Und noch ein Tip: Scheuen Sie sich nicht, jedes System ausgiebig zu testen. Vergleiche sind nützlich, denn schließlich sind Sie der Kunde der Software-Industrie.

Windows NT Server 4.0 gibt es in zwei Varianten. Gleichzeitig mit Windows NT Workstation 4.0 erschien auch die Server-Version, die man jetzt als »Standardversion« bezeichnen könnte. Die zweite Version ist die *Windows NT Server 4.0 Enterprise Edition*.

Im Gegensatz zur Standardversion enthält die *Enterprise Edition* mehrere Erweiterungen. Man könnte diese Version auch als eine Art Vorgriff auf Windows NT 5.0 bezeichnen. Diese Erweiterungen umfassen:

- Integration des *Microsoft Cluster Server* mit Phase 1-Clustering.
- Standardmäßig werden bis zu acht Systemprozessoren unterstützt.
- Anwendungen können bis zu 3 GB Hauptspeicher verwenden. Der ohnehin sehr wenig genutzte Systembereich ist auf 1 GB gekürzt.
- Integration von *Microsoft Transaction Server* und *Microsoft Message Queue Server*.

Die *Enterprise Edition* zielt auf große Netzwerke und intensive Nutzung von Netzwerkapplikationen ab. Die genannten Merkmale werden zum Standardumfang von Windows NT 5.0 gehören.

Microsoft plaziert Windows NT am oberen Ende der Leistungsskala. Das inkludiert den Einsatz von Windows NT als verbindendes Betriebssystem. Windows NT könnte der gemeinsame Nenner einer heterogenen Systemumgebung werden. Genau davon und wie Sie es am besten anstellen, handelt dieses Buch.

1.4.2 NT als High-End-Workstation

Windows NT, und zwar in der Workstation-Variante, wird von Microsoft am oberen Ende der Leistungsskala von Client-Betriebssystemen plaziert.

Windows NT eignet sich somit laut Microsoft am besten für den Einsatz von Hochleistungsgrafikprogrammen wie Foto-Retusche und CAD. Für Anwendungen im Multimedia-Bereich ist Windows NT grundsätzlich wunderbar geeignet, allerdings gibt es bis dato kaum professionelle Multimedia-Software. Die meisten Programme dieser Sparte zielen auf den Massenmarkt ab und werden überdies für Windows 95 geschrieben.

Ein zweites Standbein bei der Positionierung von NT ist ganz gewiß die Sicherheit. Wenn Sie Clients mit hohen Sicherheitsansprüchen benötigen, sollten Sie an Windows NT denken. In diesem Zusammenhang ist die NTFS-Sicherheit ein großer Vorteil, mit deren Hilfe es möglich ist, Geräte so herzurichten, daß mehrere Benutzer mit dem Computer arbeiten können, ohne die Dateien der anderen je zu Gesicht zu bekommen.

Im Massenmarkt und Office-Client-Bereich positioniert Microsoft zur Zeit vor allem Windows 95 bzw. Windows 98. Hierher gehören alle Office-Programme, Multimedia, Internet-Anbindungen und DFÜ. Nicht vergessen dürfen wir außerdem die Spiele!

Bedenken Sie, daß diese Positionierung die offizielle Empfehlung von Microsoft ist. Das ändert jedoch nichts an der Tatsache, daß Sie Windows NT auch als Plattform für den Office-Einsatz verwenden können. In vielen Fällen wird die Alternative Windows NT und Windows 95/97 eine überaus schwierige Entscheidung sein.

Persönlich entscheide ich in solchen Fällen recht gerne für Windows NT, und zwar hauptsächlich wegen des NTFS-Dateisystems, des besser funktionierenden Multitaskings und Multithreadings sowie wegen der lokalen Sicherheit.

1.4.3 Clients für den Massenmarkt

Auf der Client-Seite vermarktet Microsoft zur Zeit zwei Systeme, nämlich Windows NT Workstation und Windows 95. Das Hauptgewicht liegt dabei eindeutig auf Windows 95.

Microsoft plaziert Windows 95 einerseits für den Home-Markt, als ideale Plattform für alle, die daheim mit einem Computer spielen und vielleicht ihre Schallplattensammlung verwalten wollen. Andererseits wird Windows 95 auch als Basisbetriebssystem für die Anwender von Firmen angeboten. Es geht um Geräte, an denen Textverarbeitung und Tabellenkalkulation gemacht wird, eventuell noch eine Großrechneranbindung für die Buchhaltung.

Ebenso wird Windows 95 als Betriebssystem für Notebooks vermarktet. Windows NT wird erst dann erwähnt, wenn die Rede auf Sicherheit oder hohe Stabilität kommt.

Insgesamt ergibt sich somit die folgende Schichtung:

Windows NT Server Enterprise
⟶ Windows NT Server
⟶ Windows NT Workstation
⟶ Windows 95

1.4.4 NT-Plattformen

Gerade im Zusammenhang mit Interoperabilität ist es wichtig, die verschiedenen Plattformen zu kennen, die Windows NT selbst abdeckt. Immerhin wurde dieses Betriebssystem für verschiedene Hardware-Plattformen entwickelt, da Microsoft NT nicht nur auf die Intel-Welt beschränkt sehen wollte.

Interoperabilität ist keineswegs eine Software-Spielerei, sondern eine Notwendigkeit, die durch das Vorhandensein verschiedener Hardware-Plattformen entstand. Viele dieser Plattformen bringen ihre eigenen Betriebssysteme mit sich, und ein OS/400 oder ein Sun Solaris wird so bald wohl niemand ersetzen. Dennoch kann es ein großer Vorteil sein, wenn auf mehreren Hardware-Plattformen dasselbe Betriebssystem läuft, wie es bei Windows NT bis zu einem gewissen Grad möglich ist.

Neben der Intel-Variante gibt es NT in mehreren RISC-Varianten. Die unterstützten Systeme ändern sich interessanterweise je nach Versionsnummer des Betriebssystems, und sogar die Weiterentwicklung mit NT 5.0 ist inzwischen kein Geheimnis mehr.

Windows NT 3.1 unterstützte die drei Plattformen Intel, MIPS und DEC Alpha.

Windows NT 3.5 und 3.51 unterstützten die vier Plattformen Intel, MIPS, DEC Alpha und PowerPC.

Version 4.0 unterstützt dieselben vier Plattformen Intel, MIPS, DEC Alpha und PowerPC, allerdings fielen im Herbst 1996 zwei tiefgreifende Entscheidungen:

Die zukünftige Version Windows NT 5.0 wird nur mehr Intel und DEC Alpha unterstützen.

Somit wurde die Entwicklung sowohl der MIPS- als auch der PowerPC-Variante eingestellt. Windows NT für MIPS wurde von Microsoft mit dem Hinweis darauf eingestellt, daß MIPS-Rechner eine kaum nennenswerte Marktverbreitung haben. Windows NT für PowerPC wurde kurz darauf von IBM und Motorola in Absprache mit Microsoft eingestellt, nachdem bekannt war, daß Motorola seine Geräte fast ausschließlich mit dem Apple Betriebssystem und IBM die Maschinen mit AIX verkaufen.

Der Hauptteil der Entwicklung von Windows NT für den PowerPC wurde von IBM, in Gemeinschaftsarbeit mit Microsoft, getragen. Mit der geringen Nachfrage nach NT auf den PowerPC-Maschinen von IBM und Motorola hatte jedoch niemand gerechnet.

Die Firma Digital Equipment spielt bei der gesamten Entwicklung von Windows NT eine nicht unbedeutende Rolle. Nachdem der VMS-Chefentwickler Dave Cutler von DEC abgeworben wurde, damit er NT entwickelt, half DEC bei der Entwicklung von NT 3.5 mit und konnte eine Reihe von Erweiterungen und Verbesserungen einbringen.

Für Digital stellen die Alpha-Rechner die Nachfolge der bekannten VAX dar, und das bevorzugte Betriebssystem ist Windows NT. Kein Wunder, daß DEC großes Interesse an der Weiterentwicklung von NT hat. So gesehen braucht auch niemand zu befürchten, daß Windows NT für DEC Alpha dasselbe Schicksal treffen könnte wie die anderen Plattformen. Eine Investition in Backoffice-Software auf Alpha-Maschinen scheint mir zur Zeit eine sichere Entscheidung zu sein.

Gerade im Netzwerk- und Backoffice-Bereich sollten Sie immer auf die Verfügbarkeit Ihrer Anwendungssoftware auf den verschiedenen Plattformen achten.

Zu glauben, ein Windows NT-Programm liefe auf allen Hardware-Plattformen, ist nämlich leider ein Irrtum. Ein NT-Programm, das für Intel-Rechner geschrieben wurde, ist auf Alpha oder PowerPC nicht lauffähig. Die Programme müssen vom Hersteller für die jeweilige Plattform zumindest neu kompiliert werden. Das klingt zwar alles einfach, doch die Tatsache, daß dies in den wenigsten Fällen geschieht, läßt darauf schließen, daß es bei der Neukompilierung offensichtlich doch gröbere Probleme geben kann.

Wichtig für Sie: achten Sie beim Kauf jeweils darauf, für welche Plattform das bewußte Programm eigentlich geschrieben wurde. Nichts ist unangenehmer, als bei der Installation zu erkennen, daß eine Software völlig unbrauchbar ist, weil sie einen völlig anderen Computer voraussetzt.

Die meisten Programme gibt es zweifelsohne für Intel-Rechner. Jedes Programm, das für Windows NT auf den Markt kommt, erscheint vorerst einmal für Intel-Prozessoren. Ob auch andere Plattformen abgedeckt werden, kommt sehr auf den Hersteller an.

Während etwa die Microsoft Backoffice-Produkte für alle Versionen auf der CD stehen, denken andere Firmen diese Ausdehnung auf die RISC-Plattformen mitunter nicht einmal an.

Im übrigen gibt es die meisten Nicht-Intel-Programme für NT für den Alpha-Chip. Da die anderen Plattformen jetzt ohnehin eingestellt wurden, braucht man sich in der Regel um Programme für MIPS und PowerPC gar nicht erst erkundigen.

Da der Alpha-Chip eine sehr wichtige Plattform ist, gibt es hier eine Erweiterung. Digital verkauft die Geräte mit einer Zusatzeinrichtung, die für Intel geschriebene NT-Programme binärkompatibel macht. Das bedeutet, daß Sie potentiell alle Programme, die für die Intel-Plattform entwickelt wurden, unverändert auf einer Alpha-Maschine mit Windows NT einsetzen können.

Niemand sollte allerdings den Fehler machen, aufgrund dieser Emulation einen Alpha-Rechner zu kaufen. Alpha-Chips sind zwar deutlich schneller als Pentium-Prozessoren, doch mit der Emulation sind Anwendungsprogramme um keinen Deut schneller als auf Pentium-Rechnern.

Alpha-Geräte sind für den Server- und Backoffice-Bereich gedacht. Wenn Sie Windows NT als Applikationsserver für Datenbanken wie SQL Server, DB2 oder Oracle oder für Transaktionsgeschäfte wie mit SAP R/3 oder IBM Concorde einsetzen wollen, dann sollte eine Alpha-Maschine überlegt werden.

1.4.5 Unterschiede auf den Plattformen

Trotz des Namens und der Grundarchitektur ist Windows NT nicht auf allen Plattformen identisch aufgebaut. So unterscheidet sich vor allem die Intel-Variante von den RISC-Versionen. Diese Unterschiede betreffen vor allem die Installation und die Software-Subsysteme.

Installation auf Intel

Wie die Intel-Version installiert wird, ist wohl hinlänglich bekannt. Drei Startdisketten initialisieren die Installation von CD-ROM. Wer keine Disketten hat bzw. wenn diese beschädigt wurden, können unter einem beliebigen DOS-System neue Startdisketten mit dem Befehl **winnt/ox** erstellt werden. Für größere Netzwerkumgebungen empfiehlt sich natürlich die Installation über einen Installationsserver. In diesem Fall verwenden Sie eigens zurechtgeschnitzte DOS-Startdisketten, die das Netzwerklaufwerk anbinden und wiederum WINNT starten. Sie können hierbei Antwortdateien verwenden und die Installation damit quasi unbeaufsichtigt lassen.

Auf Intel-Rechnern könnte übrigens direkt mit der CD gestartet werden. Alle notwendigen Boot-Informationen wurden von Microsoft auf die CD gebrannt. Der Haken ist allerdings, daß dies nur auf den wenigsten Geräten funktioniert. Die Start-Funktionalität einer CD muß nämlich sowohl vom BIOS des Computers als auch vom BIOS des SCSI-Controllers unterstützt werden.

Installation auf RISC

Auf RISC-Plattformen sieht die Installation anders aus. Alpha- und MIPS-Rechner besitzen ein sogenanntes Multiboot-Menü in der Firmware. Die Firmware ist fest eingespeicherte Software im ROM des Computers. Dort befinden sich mehrere Systemroutinen, unter anderem auch dieses Multiboot-Menü. Das Multiboot-Menü erlaubt Ihnen den Start mit einer Befehlszeile, die im Grunde einer DOS-Befehlszeile ähnelt. Über die Firmware müssen Sie auch eine kleine FAT-Partition erstellen. Dazu 2 MB Speicher. Auf dieser FAT-Partition müssen der OSLOADER sowie die Hardware-Abstraktionsschicht HAL.DLL abgelegt werden. Das WINNT-Verzeichnis kann dann selbstverständlich auf einer NTFS-Partition stehen. Beachten Sie, daß es für RISC-Maschinen keine eigene BOOT.INI gibt. Alle notwendigen Informationen werden beim Systemstart ermittelt und vom OSLOADER bereitgestellt.

PowerPC-Rechner benötigen eine sogenannte ARC-Startdiskette. Sie ersetzt das Multiboot-Menü der anderen RISC-Plattformen, weil die Firmware von PowerPC-Geräten anderes konzipiert ist. Eine solche ARC-Startdiskette wird entweder mit der Maschine ausgeliefert oder kann vom Internet kostenlos heruntergeladen werden.

Unterschiede in den Subsystemen

Das *OS/2-Subsystem* ist auf den RISC-Plattformen nicht vorhanden. Der Hintergrund ist wohl, daß es viel zu aufwendig wäre, Intel-Prozessoren dafür zu emulieren. Darüber hinaus wurde dieses Subsystem von Microsoft aus Kompatibilitätsgründen zu LAN Manager und SQL Server für OS/2 integriert, und diese Programme gab es ohnehin nur auf Intel. Im OS/2-Subsystem von Windows NT können ausschließlich zeichenorientierte 16-Bit-Programme verwendet werden. Versuchen Sie nicht, ein 32-Bit-Programm zum Laufen zu kriegen; es funktioniert nicht!

DOS verwendet auf INTEL den Realmodus des INTEL-Microprozessors, genaugenommen den virtuellen 86-Modus, während auf RISC die Umgebung komplett emuliert wird. Dazu holte sich Microsoft die Hilfe der Firma Insignia, die bereits die bekannten Programme SoftPC und SoftWindows für den Macintosh entwickelte. Vor allem auf die Arbeitsgeschwindigkeit der Programme könnte sich dieser Unterschied auswirken. Lauffähig ist grundsätzlich dieselbe Software, denn Hardware-Zugriffe, die auf RISC-Rechnern sowieso ins Leere gehen, sind auch in der Intel-Version nicht zulässig, da alle Kontrolle dem Betriebssystem vorbehalten ist.

Das *POSIX-Subsystem* ist auf allen Plattformen vorhanden, die entsprechende Software muß jedoch für den jeweiligen Prozessor kompiliert worden sein. Es genügt also nicht, irgendein POSIX-konformes Programm zu haben. Wenn Sie solche Programme auf Intel-Rechnern verwenden wollen, müssen sie auf einer PC-Version von UNIX lauffähig sein. Hier werden Sie wahrscheinlich zahlreiche Programmbeispiele für die RISC-Prozessoren finden.

Das *Win32-Subsystem* ist das zentrale Subsystem von Windows NT. Es unterstützt nicht nur die 32-Bit-Windows-Programme, sondern stellt die grafische Oberfläche zur Verfügung. Bei jedem Fenster, das auf dem Bildschirm angezeigt wird, ist das Win32-Subsystem involviert.

Grundsätzlich gibt es zwischen den Win32-Subsystemen keine Unterschiede auf den verschiedenen Plattformen. Wichtig ist jedoch der programmtechnische Hintergrund. Jedes Anwendungsprogramm, das Sie einsetzen wollen, muß für die entsprechende Plattform kompiliert worden sein. Es wird nichts bringen, wenn Sie beispielsweise einen PowerPC mit Windows NT besitzen und Corel Draw! kaufen, denn dieses Programm ist nur auf Intel-Rechnern lauffähig. Kurioserweise würde aber eine alte 16-Bit-Windows-Version von Corel Draw! auf dem PowerPC laufen.

Wenige Programme sind für mehrere NT-Plattformen verfügbar. Manche Firmen weigern sich überhaupt ganz offen, ihre Software auch für die anderen Plattformen zu kompilieren. Offensichtlich ist der Markt dafür nicht vorhanden.

Aus diesem Grund gibt es Technologien, welche die Verwendung von Win32-Software auf RISC-Plattformen ermöglichen. Solche Technologien gibt es von Microsoft und von Digital. Die Microsoft-Variante heißt X86 und kann vom Internet heruntergeladen werden. Mit Hilfe dieser Technologie laufen die meisten Win32-Programme auch auf Alpha-, MIPS- und PowerPC-Maschinen.

Da Windows NT für Digital Equipment äußerst wichtig ist, wurde eine Erweiterung zur Alpha-Version von Windows NT geschrieben, die alle Programme, die für Intel-Rechner geschrieben wurden, binärkompatibel machen. Diese Erweiterung ist automatisch inkludiert, wenn Sie einen Alpha-Rechner mit Windows NT kaufen. In der Praxis heißt das, daß Sie alle NT-Programme sorglos auf Alpha-Rechnern weiterverwenden können. Wundern Sie sich aber nicht, daß diese Programme trotz Alpha-Chip nicht schneller laufen! Die Emulation und Umsetzung der Befehle frißt die Überlegenheit des Prozessors praktisch weg. Zum Glück arbeiten die Programme aber auch nicht langsamer als auf Pentium-Rechnern.

2 Verbindung zu anderen NT-Maschinen

Klarerweise ist die Verbindung von Windows NT zu anderen NT-Maschinen am einfachsten, und da dieses Buch die Zusammenarbeit mit anderen Plattformen als Zielsetzung hat, während die Verwaltung einer reinen NT-Umgebung als allgemeine NT-Verwaltung bezeichnet werden kann, möchte ich an dieser Stelle nur einen Überblick geben und die wichtigsten Arbeitsweisen herausgreifen.

Windows NT Workstation wird für Arbeitsmaschinen empfohlen, während NT Server dem Netzwerkserver-Bereich vorbehalten ist. Erfahrungsgemäß gibt es gerade bei Netzverwaltern immer wieder Abweichungen dieses Konzeptes, denn daß ein Administrator auch auf seiner Arbeitsmaschine mit Windows NT Server fährt, ist wohl nichts besonders Ungewöhnliches.

Betrachtet man die Aufteilung in Workstation und Server genauer, so fällt auf, daß in beiden Versionen beide Funktionalitäten vorhanden sind. Mit Windows NT Server kann wie mit einer ganz normalen Workstation gearbeitet werden, wobei man selbstverständlich die etwas höheren Hardware-Anforderungen beachten sollte. Windows NT Workstation besitzt hingegen auch Server-Funktionalität, und bis zu zehn Clients können gleichzeitig mit diesem Workstation-Server arbeiten.

NT Workstations können so konfiguriert werden, daß sie an einer Domäne angemeldet werden oder innerhalb einer »Arbeitsgruppe« unter sich sind. Gerade Firmen greifen üblicherweise zum Domänenkonzept, weil hier die Verwaltung zentralisiert und somit vereinfacht werden kann. In einer Arbeitsgruppe muß jede Maschine gesondert verwaltet werden.

Bei NT-Servern muß man zwei Gruppen unterscheiden. *Domänen-Controller*, dazu gehören *Primäre* und *Sicherungs-Domänen-Controller*, sind die Träger einer Domäne. Sie bilden das Rückgrat der Domäne und müssen sogar neu installiert werden, wenn sie die Domäne wechseln sollen. Alleinstehende Server verhalten sich hingegen in vielen Situationen genauso wie Workstations. Sie können ebenfalls so konfiguriert werden, daß sie einer Domäne angehören oder innerhalb einer Arbeitsgruppe laufen.

2.1 Übersicht Windows NT

Während Windows NT Workstation als Client gedacht ist, fungiert Windows NT Server als Netzwerk-Server. Die beiden Versionen differieren hauptsächlich bei der Kapazität und beim Leistungsumfang. Obwohl es durchaus möglich ist, reine Windows NT-Netzwerke im Unternehmen einzusetzen, eignet sich Windows NT auch zur Integration von anderen Plattformen bzw. kann selbst in bestehende Netzwerke integriert werden.

Die gesamte Verwaltung des Betriebssystems und des Servers ist grafisch. Zwar existiert auch eine Kommandozeile mit einer Reihe von Befehlen, doch tritt diese immer mehr in den Hintergrund. Die von Microsoft eindeutig bevorzugte Bedienung des Systems läuft über die grafische *Windows 95-Oberfläche*.

Diese grafische Bedienung macht nicht nur die Verwaltung an sich, sondern auch die Installation des Systems relativ einfach. Windows NT besitzt in Version 4.0 noch kein Plug and Play, ist aber doch in der Lage, eine Reihe von Hardware-Komponenten eigenständig zu erkennen. Dieser Vorteil wirkt sich auch bei automatisierten Netzwerk-Installationen aus.

Standardmäßig verfügt Windows NT, ähnlich den UNIX-Systemen, über mehrere Sicherheits-Mechanismen. So muß ein Benutzer sich am System anmelden, bevor er irgend etwas tun kann, und jeder Zugriff durchläuft das gesamte Sicherheitssystem, das die Authentizitat und Überprüfung aller Benutzer gewährleistet. Das Windows NT-Betriebssystem könnte so konfiguriert werden, daß es den amerikanischen C2-Sicherheitsrichtlinien entspricht. Einzelne Merkmale der Windows NT-Sicherheit stammen sogar aus höheren Sicherheitsrichtlinien.

Die Netzwerktopologie basiert auf *Domänen*. Diese sind ein Zusammenschluß von mehreren Servern und den dazugehörigen Client-Computern. Mehrere Domänen können mit Hilfe von *Vertrauensstellungen* zusammengeschlossen werden. Mit der entsprechenden Konfiguration ist auch die übergreifende Verwaltung mehrerer vertrauter Domänen möglich.

Benutzer brauchen sich auch bei vertrauten Domänen nur ein einziges Mal anmelden, allerdings müssen Sie, um auf eine bestimmte Ressource zugreifen zu können, immer auch den Namen des Servers und somit den Standort der Ressource kennen.

2.1.1 Die Benutzeroberfläche

Microsoft verwendete von Windows NT 3.1 bis 3.51 die von Windows 3.x her bekannte Oberfläche mit Programm-Manager und Datei-Manager, während Windows NT 4.0 die sogenannte *Windows 95-Oberfläche* verwendet. Diese zeichnet sich durch eine *Task-Leiste* und einzelne Objekte auf der Arbeitsoberfläche aus, zu denen vor allem die Objekte *Arbeitsplatz* und *Netzwerkumgebung* gehören.

Trotz vieler Anlagen im System und in der Programmierschnittstelle arbeitet die Windows 95-Oberfläche kaum objektorientiert. Die Objekte der Oberfläche sind allesamt Dateien, und das gilt sogar für die sogenannten *Verknüpfungen*, bei denen es sich in Wirklichkeit um relativ unabhängige Dateien mit der Namensendung LNK handelt.

Windows NT 5.0 wird die Oberfläche von Windows 98 erhalten. Diese nähert sich der Bedienung von Web Browsern an. Die gesamte Oberfläche könnte dann als eine Art Web Browser verstanden werden. Vor allem wird der Doppelklick obsolet, da alle Objekte mit einem Einfachklick gestartet werden können.

Die Windows NT-Benutzeroberfläche arbeitet mit einer von allen Systemen her gewohnten Fenstertechnik, was das Hin- und Herwechseln zwischen verschiedenen Systemen vereinfacht (siehe Bild 2.1).

Ein typisches Merkmal der Bedienung ist das Kontextmenü, das mit der rechten Maustaste aufgeklappt werden kann. Kontextmenüs wurden ursprünglich von OS/2 übernommen und sind heute so gut wie in allen Anwendungsprogrammen anzutreffen.

Verbindung zu anderen NT-Maschinen 29

Bild 2.1:
Windows NT in
hoher Bildschirm-
auflösung

2.1.2 Die Verwaltung

Die Netzwerk-Verwaltung fußt auf der Domäne. Jede Domäne hat ihre eigene Verwaltung und enthält maximal 15.000 Benutzer. Wenn Sie die Verwaltung zentralisieren wollen, müssen Sie mit VERTRAUENSSTELLUNGEN arbeiten.

NT-Domänen können einander vertrauen. Ist eine solche Vertrauensstellung eingerichtet, dann benötigen Benutzer nur mehr eine einzige Anmeldung, um auf die Ressourcen mehrerer Domänen zugreifen zu können, sofern ihre Zugriffsberechtigungen es erlauben.

Da jede Domäne höchstens 15.000 Benutzer verwalten kann, besteht eine zentralisierte Verwaltung im Grunde aus einem Trick. Auch bei vertrauten Domänen kann diese Grenze nicht aufgehoben werden, allerdings ist es möglich, den Administratoren in allen betroffenen Domänen Administratorrechte zuzuordnen.

TIP

Damit Administratoren auch in einer vertrauenden Domäne Administratorrechte erhalten, machen Sie die Gruppe DOMÄNEN-ADMINS der vertrauten Domäne zu einem Mitglied der lokalen Gruppe ADMINISTRATOREN der vertrauenden Domäne.

Im BENUTZER-MANAGER FÜR DOMÄNEN kann jeweils auf eine andere Domäne umgeschaltet werden.

Die Ressourcen kann ein Administrator, der Administrator-Berechtigung in mehreren Domänen besitzt, zentral mit dem SERVER-MANAGER verwalten.

Für die Benutzer sind die Ressourcen-Freigabenamen nicht völlig transparent, da sie, wenn sie die Anbindung selbst durchführen, immer auch den Servernamen kennen müssen. Sowohl im Explorer als auch in der Befehlszeile müssen UNC-Namen verwendet werden, und diese geben nicht nur den Freigabenamen, sondern auch den Servernamen an.

Aus diesem Grund kann die Suche nach einer bestimmten Ressource in einer Umgebung mit zahlreichen Servern zu einem mühevollen Unterfangen ausarten.

Es steht zu hoffen, daß die für Windows NT 5.0 geplante *Verzeichnisstruktur*, die X.500-Richtlinien folgt, mit dieser Einschränkung aufräumt.

2.1.3 Konfigurationsdaten

Alle Daten der Konfiguration befinden sich in der *Registrierungsdatenbank*. Diese Datenbank setzt sich aus mehreren Dateien zusammen, die im Verzeichnis \WINNT\SYSTEM32\CONFIG stehen.

Jede Windows NT-Maschine besitzt eine solche Registrierungsdatenbank. Informationen über die Domäne und die gesamte Benutzerdatenbank sind ebenfalls Teile der Registrierung. Diese Informationen stehen auf dem PRIMÄREN DOMÄNEN-CONTROLLER, werden jedoch automatisch auf alle SICHERUNGS-DOMÄNEN-CONTROLLER kopiert. Deshalb kann ein Sicherungs-Domänen-Controller die Verwaltung der Domäne übernehmen, wenn der Primäre Domänen-Controller ausfällt.

Die Registrierungsdatenbank wird mit eigenen Dienstprogrammen bearbeitet. Dafür gibt es kurioserweise zwei verschiedene, nämlich REGEDIT.EXE und REGEDT32.EXE. Letzteres ist zwar das ältere, aber auch das leistungsfähigere Programm. REGEDIT.EXE besitzt hingegen die bessere Suchfunktion.

Die Registrierungsdatenbank enthält Informationen zur Hardware und zur Software. Es werden die Konfigurationsdaten aller unterstützten Systeme, also auch von 16-Bit-Windows- und DOS-Programmen eingetragen.

Zusätzlich gibt es auch noch die Dateien CONFIG.SYS, AUTOEXEC.BAT, WIN.INI und SYSTEM.INI, diese werden jedoch ausschließlich von 16-Bit-Windows- und von DOS-Programmen benötigt.

2.1.4 Unterstützte Client-Plattformen

Als Server-Betriebssystem unterstützt Windows NT Server eine Reihe verschiedener Client-Systeme. Zur standardmäßigen Unterstützung gehören Windows NT, Windows 95, Windows für Workgroups, Apple Macintosh und DOS. Zwar nicht offiziell, aber doch faktisch wird auch OS/2 Warp als Client-Plattform unterstützt.

Die notwendige Netzwerksoftware ist entweder in Windows NT Server enthalten oder in den Client-Systemen selbst.

Mit Hilfe von Zusatzprogrammen können noch weitere Clients eingebunden werden. Dazu gehören vor allem Novell-Clients und UNIX.

2.2 NT-Clients

Wenn die Rede von NT-Clients ist, dann dreht es sich immer um Windows NT Workstation. Einen Server als Client einzusetzen, macht im Normalfall keinen Sinn, obwohl ich einräumen muß, daß dies auf Administrator-Maschinen sehr wohl der Fall sein könnte. In diesem Spezialfall gelten prinzipiell die Regeln für Server, auf die ich im nächsten Abschnitt eingehen möchte.

Windows NT Workstation ist für den Arbeitsplatz gedacht. Microsoft positioniert das System heute nur für High-End-Workstations, da zur Zeit ja Windows 95 (und bald Windows 98) massiv vermarktet und propagiert wird. Aufgrund der deutlich überlegenen Systemeigenschaften von NT gegenüber Windows 95 sollte dieses System jedoch auf breiterer Linie diskutiert und in Erwägung gezogen werden, als dies heute der Fall ist. In meinen Augen gibt es nur zwei Gründe, Windows 95 vorzuziehen: erstens zu schwache Hardware und zweitens die hauptsächliche Verwendung von Multimedia-Programmen und DOS-Spielen.

Da Windows NT Workstation und Server identisch aufgebaut sind, gibt es grundsätzlich zwei Möglichkeiten der Verbindung. Einerseits sorgen Peer-Dienste auf beiden Seiten für eine ausreichende Ressourcen-Freigabe, andererseits kann eine Workstation Mitglied einer NT-Domäne werden und auf die Ressourcen der Domäne zugreifen, sofern die Rechte des Benutzers dafür ausreichen.

Entsprechend dazu kann NT Workstation auf zwei verschiedene Arten installiert werden. Entweder gehört das System zu einer Arbeitsgruppe oder zu einer Domäne.

Diese Auswahl treffen Sie normalerweise bereits bei der Installation. Innerhalb der grafischen Installation wird der Benutzer nach dem Namen der Arbeitsgruppe oder der Domäne gefragt. Wichtig ist, daß nur eine Variante möglich ist. Eine NT Workstation kann unmöglich zur selben Zeit einer Arbeitsgruppe und einer Domäne angehören.

Bei Angabe einer Arbeitsgruppe wird praktisch jeder Name akzeptiert, sofern dieser nicht bereits als Domänenname im Netzwerk vorhanden ist (in diesem Fall erfolgt eine entsprechende Fehlermeldung, und es muß ein neuer Name angegeben werden).

Wird eine Domäne angegeben, so überprüft NT diese Angabe sofort. Dazu gibt es jetzt zwei Möglichkeiten. Entweder die Arbeitsmaschine wurde in der Domäne bereits mit dem Server-Manager definiert, oder das Computer-Konto wird erst zu diesem Zeitpunkt der Installation erstellt, wozu allerdings ein gültiger Administratorname und sein Kennwort angegeben werden müssen. Falls der Name oder das Kennwort nicht stimmen bzw. kein Domänen-Controller erreicht werden kann, lehnt NT die Aufnahme in die Domäne ab und schlägt wieder eine Arbeitsgruppe vor.

Somit gilt: ein Benutzer ohne Administrator-Rechte kann Windows NT Workstation nur dann vollständig selbst installieren, wenn die Arbeitsmaschine zu einer Arbeitsgruppe gehört oder das Computer-Konto in der Domäne bereits durch einen Administrator erstellt wurde.

Die Zugehörigkeit zu einer Arbeitsgruppe oder Domäne kann übrigens jederzeit verändert werden. Dazu öffnen Sie die Netzwerkeinstellungen entweder unter NETZWERKUMGEBUNG (KONTEXTMENÜ)-EINSTELLUNGEN oder unter START-EINSTELLUNGEN-SYSTEMKONFIGURATION-NETZWERK. Auf der Registerseite IDENTIFIKATION können Sie den Namen der Arbeitsgruppe bzw. der Domäne ändern oder auch von der einen Variante auf die andere überwechseln.

Wird eine Arbeitsmaschine in eine Domäne aufgenommen, bedeutet das natürlich, daß sie nicht mehr Mitglied der vorherigen Domäne oder Arbeitsgruppe sein kann.

Auf derselben Registerseite kann auch der Maschinenname geändert werden. Windows NT läßt es grundsätzlich nicht zu, daß Sie beides gleichzeitig tun, also einen neuen Maschinennamen vergeben und das Gerät gleichzeitig in eine andere Domäne aufnehmen.

Man kann das System allerdings austricksen: ändern Sie beispielsweise zuerst den Domänen- oder Arbeitsgruppennamen und schließen Sie das Dialogfenster. Wenn Sie jetzt noch einmal das Dialogfenster öffnen, können Sie auch den Maschinennamen ändern.

Danach muß die Arbeitsmaschine neu gestartet werden, damit die Änderungen gelten.

2.2.1 Peer-Dienste

Von Peer-Diensten ist hauptsächlich dann die Rede, wenn Windows NT Workstation Mitglied einer Arbeitsgruppe ist. Unter Peer-Diensten ist zu verstehen, daß beliebige Ressourcen des Gerätes vom Benutzer selbst für andere Benutzer im Netzwerk freigegeben werden können.

Das betrifft Verzeichnisse und ganze Laufwerke genauso wie Drucker. Innerhalb von Peer-Netzwerken sind alle Geräte gleichberechtigte Partner.

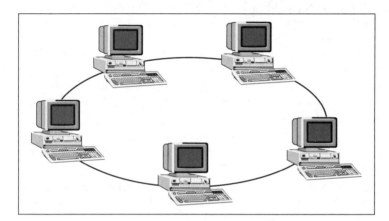

Bild 2.2:
Peer-Netzwerk

Eine Freigabe für Ressourcen erstellen Sie am einfachsten mit dem Explorer, während Sie für eine Drucker-Freigabe den Druckerordner öffnen müssen.

Klicken Sie im Explorer den Ordner, den Sie freigeben wollen, mit der rechten Maustaste an. Im Kontextmenü wählen Sie nun »Freigabe«. Sie erhalten ein Dialogfenster, in dem Sie Ihre Freigabe neu erstellen können.

Standardmäßig werden die Berechtigungen für die spezielle Gruppe JEDER auf »Vollzugriff« gesetzt. Falls Sie das nicht wollen, können Sie die Berechtigungen über die gleichnamige Schaltfläche anpassen.

Bedenken Sie allerdings, daß die Gruppen und Benutzer, deren Berechtigungen Sie hier angeben können, nur auf Ihrer Workstation existieren. In Arbeitsgruppen gibt es keinerlei allgemeine Benutzergruppen, wie das etwa in einer Domäne der Fall wäre.

Mit JEDER sind in diesem Fall alle Benutzer gemeint, die über das Netzwerk auf Ihre Maschine zugreifen können. Diese Benutzer müssen in Ihrer Benutzerdatenbank allerdings angelegt sein. Interessanterweise ist es unerheblich, ob diese Benutzer Mitglieder der Arbeitsgruppe sind oder nicht.

Falls Sie den Zugriff auch jenen Benutzern ermöglichen wollen, die zu anderen Arbeitsgruppen oder auch Domänen gehören, müssen Sie mit dem lokalen Benutzer-Manager das Gast-Konto aktivieren. Erst wenn der Gast, ein Standardbenutzer von NT, verfügbar ist, bezieht sich die spezielle Gruppe JEDER auf alle Benutzer, die eine funktionierende Netzwerkverbindung zum Gerät haben.

Den Gast müssen Sie deshalb extra einschalten, weil dieses Benutzerkonto von Windows NT bei der Installation standardmäßig deaktiviert wird.

Drucker geben Sie ähnlich frei. Dazu müssen Sie den Druckerordner öffnen, am besten über START-EINSTELLUNGEN-DRUCKER. Klicken Sie den gewünschten Drucker wieder mit der rechten Maustaste an und wählen Sie FREIGABE.

Wenn Sie auf Ressourcen anderer Geräte zugreifen wollen, gehen Sie über den Explorer oder die Netzwerkumgebung. Sie müssen die gewünschten Ressourcen unter den jeweiligen Geräten suchen, also auch im Explorer unter der Netzwerkumgebung. Befindet sich die Ressource in der eigenen Arbeitsgruppe, so sollte das Zielgerät direkt unter Netzwerkumgebung sichtbar sein. Wenn Sie das Pluszeichen neben dem Gerät anklicken, klappen die Freigaben heraus. Auf Laufwerke und Ordner können Sie auf diese Art und Weise direkt zugreifen, während der Drucker angebunden werden muß.

Einen freigegebenen Drucker können Sie aber auch direkt im Druckerordner einstellen, indem ein Netzwerkdrucker definiert wird.

Diese Peer-Funktionalität ist nicht nur zwischen Workstations vorhanden, sondern auch zwischen Servern bzw. in einer gemischten Umgebung. Auch wenn die Arbeitsmaschine zu einer Domäne gehört, können die Ressourcen des Gerätes freigegeben werden. Nur entsprechende Sicherheitseinstellungen auf einer NTFS-Partition können das bei einem Benutzer verhindern.

2.2.2 Mitglied einer Domäne

Wird eine NT Workstation in eine Domäne aufgenommen, sieht die Verwaltung viel einfacher aus. Sogar wenn Sie als Administrator oder Hauptbenutzer Freigaben auf einer Workstation einrichten, können die Gruppen und Benutzer der Domäne verwendet werden. Eigentlich macht auch nur diese Konstellation Sinn.

In einer Domäne gibt es einen oder mehrere Server. Der Server steht sozusagen an der Spitze der Hierarchie, denn in ihm sammelt sich die gesamte Verwaltung, das betrifft die Verwaltung der Benutzer ebenso wie die der Domänenressourcen.

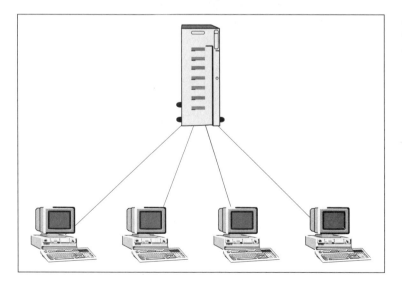

Bild 2.3:
Servergestütztes
Netzwerk

Die gesamte Benutzerverwaltung findet somit zentral in der Domäne statt. Sogar die Ressourcen-Verwaltung könnte zentralisiert werden, denn mit Hilfe des Server-Managers haben Administratoren Zugriff auf alle Geräte, die sich innerhalb der Domäne befinden.

Wieso kann der Administrator aber auf die Clients zugreifen?

Hier arbeitet Microsoft mit einem sehr nützlichen Trick. In jenem Moment, in dem eine NT Workstation in die Domäne aufgenommen wird, verändert der Domänen-Controller die lokale Sicherheitseinstellung. Die Domänen-Admins werden automatisch zu Mitgliedern der lokalen Administratorgruppe der Workstation. Damit sind alle Administratoren der Domäne auch automatisch Administratoren der Workstation.

Was bedeutet das in der Praxis?

Als Administrator haben Sie jederzeit die Möglichkeit, die Registrierung einer anderen NT-Maschine zu öffnen, zu bearbeiten und zu speichern. Dazu rufen Sie Ihren lokalen Registrierungseditor auf (REGEDIT oder REGEDT32) und wählen das Menü REGISTRIERUNG-COMPUTER AUSWÄHLEN.

Falls das gesuchte Gerät nicht automatisch in der Liste angezeigt wird, tippen Sie den Maschinennamen ein. Wenn die Administrator-Berechtigungen bestätigt werden, erhalten Sie die notwendigen Informationen.

Andere Möglichkeiten sind der Zugriff auf die EREIGNISANZEIGE und den SYSTEMMONITOR. Mit beiden Programmen können Sie NT-Maschinen überprüfen, eine Fehlerdiagnose durchführen oder auch Sicherheitsüberwachungen einstellen und abrufen.

Die beiden Grundwerkzeuge zur zentralen Verwaltung sind der BENUTZER-MANAGER FÜR DOMÄNEN und der SERVER-MANAGER.

Mit dem Benutzer-Manager für Domänen werden die Benutzer der gesamten Domäne verwaltet. Diese Benutzer müssen auf den Workstations nicht extra angelegt werden, weil die Domänen-Benutzer ebenfalls automatisch Mitglieder der lokalen Benutzergruppe werden.

Lokal gibt es allerdings immer zumindest einen, nämlich den eingebauten, Administrator. Wie Sie diesen nennen wollen und welches Kennwort er besitzt, bleibt wohl Ihrer Phantasie überlassen. Problematisch ist es, wenn ein Benutzer den Namen des lokalen Administrators kennt und sein Kennwort errät. Dann hat er nämlich die Möglichkeit, als Administrator in die eigene Maschine einzugreifen. Das ändert zwar nichts an den Domänenberechtigungen, doch auf der eigenen Maschine könnte ein unbedarfter Benutzer jetzt eine ganze Menge anrichten. Darüber hinaus kann ein lokaler Administrator die Einbindung der Domänen-Admins und der Domänen-Benutzer wieder zurückstellen. Ist das der Fall, dann kommt kein Domänen-Administrator mehr auf die Maschine.

Leider können Sie den eingebauten Administrator auch nicht löschen, und aus diesem Grund wird die genannte Problematik immer bestehen.

Im SERVER-MANAGER haben Sie Zugriff auf alle Maschinen, die Mitglieder der Domäne sind. Alle NT-Maschinen werden hier aufgelistet. In vielen Fällen werden Sie hier auch Windows 95- und Windows für Workgroups-Maschinen finden, allerdings müssen diese nicht unbedingt aufgenommen werden.

Mit Hilfe des Server-Managers lassen sich viele Systemeinstellungen verändern, wie zum Beispiel der Status von Systemdiensten. Soll ein Dienst gestartet und ein anderer bereits beim nächsten Booten geladen werden, so können Sie das im Server-Manager einstellen.

Besonders wichtig ist die Verwaltung der Freigaben eines Rechners. Dazu klicken Sie den Gerätenamen im Server-Manager an und wählen COMPUTER-FREIGEGEBENE VERZEICHNISSE.

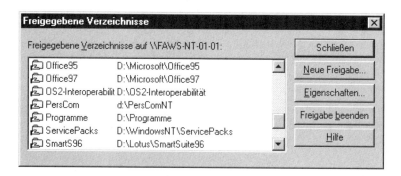

Bild 2.4:
Freigabe über den Server-Manager

Leider gibt es keine Suchfunktion für die Erstellung von neuen Freigaben. Sie erhalten lediglich eine Eingabezeile und müssen dort den Verzeichnisnamen eintippen. Selbstverständlich kann neben dem SERVER-MANAGER der EXPLORER geöffnet werden, und über die Netzwerkumgebung finden Sie wahrscheinlich die gewünschten Ressourcen. Als Administrator haben Sie immerhin alle Rechte.

Ebenfalls im SERVER-MANAGER können Sie Freigaben beenden oder die Berechtigungen für Freigaben anpassen.

Beachten Sie, daß die Freigabe-Berechtigungen lediglich für jene Benutzer gelten, die über das Netzwerk auf die Maschine zugreifen. NTFS-Berechtigungen addieren sich gegebenenfalls hinzu.

Wenn Sie ein freigegebenes Verzeichnis löschen, verschwindet die Freigabe nicht automatisch. Wenn Sie die Freigabe nicht extra vorher beenden wollen, besteht die einzige Möglichkeit, etwaigen Fehlermeldungen aus dem Weg zu gehen, darin, die Freigabe mit dem Server-Manager zu beenden.

Als letztes Werkzeug möchte ich auf die Möglichkeit hinweisen, alle Laufwerke eines NT-Clients anzubinden. Jeder Administrator hat die Berechtigung, auf die Laufwerke von NT-Maschinen der Domäne zuzugreifen. NT erzeugt nämlich standardmäßig eine administrative Freigabe, die zu diesem Zweck verwendet werden kann.

Administrator-Freigaben sind vor anderen Benutzern versteckt und haben eindeutige Namen. Diese bestehen aus dem Laufwerksbuchstaben, der von einem Dollar-Zeichen gefolgt wird.

Um das Laufwerk F der Maschine NTCLIENT als virtuelles Laufwerk X: anzubinden, müßte der Adminstrator in der Kommandozeile den folgenden Befehl eintippen:

```
net use x: \\ntclient\f$
```

So kann mit jedem Laufwerk verfahren werden. Wichtig ist bloß, daß Sie den Maschinen- und nicht den Domänennamen angeben.

Beachten Sie, daß dieses Verwaltungswerkzeug auf der Client-Seite Windows NT (oder auch OS/2 Warp) verlangt. Andere Systeme erstellen keine Standardfreigaben für Administratoren.

Die Domänenbenutzer melden sich generell von einer Arbeitsmaschine aus an. Wenn diese mit Windows NT Workstation arbeiten, liegt eine standardmäßige Anmeldung an der NT-Domäne vor. Der Benutzer findet ein Anmeldefenster vor, in das er seinen Namen und das Kennwort eintippen kann. In der dritten Zeile wird der Name der Domäne angegeben. Windows NT erstellt die Liste der Anmeldedomänen zur Anmeldung. In dieser Liste stehen auf jeden Fall die eigene Workstation und die eigene Domäne. Zusätzlich können noch Domänen angeführt sein, die zur eigenen Domäne eine Vertrauensstellung haben. Wird eine vertraute oder auch vertrauende Domäne angegeben, so kann sich der Benutzer dort nur dann direkt anmelden, wenn er auch in dieser Domäne über ein Benutzerkonto verfügt.

Die Benutzerprofile können lokal auf dem eigenen Rechner oder auf einem Server abgespeichert werden. Sinnvollerweise wird man die Benutzerprofile auf einem Server speichern, denn so können sie zentral verwaltet werden.

Alle Kontorichtlinien, die Windows NT Server bietet, wirken sich vollständig auf Windows NT-Benutzer aus. Außerdem verrichten alle Einträge genau jene Aufgabe, für die sie gedacht sind. Diese Aussage mag eigenartig erscheinen, doch werden Sie in den folgenden Kapiteln erfahren, daß dies keineswegs immer so ist, wenn Sie andere Systeme hinzunehmen.

Will ein Windows NT-Benutzer sein Kennwort ändern, so drückt er [Strg]-[Alt]-[Entf]. Im folgenden Dialogfenster wird auf die Schaltfläche Kennwort ändern geklickt. Damit wird das Kennwort jenes Benutzers geändert, der angemeldet ist. Handelt es sich also um einen Domänenbenutzer, so wird das Kennwort in der Domänenverwaltung angepaßt. Liegt eine lokale Anmeldung vor, so ändert das Benutzer nur das lokale Kennwort.

Auch wenn ein lokales und ein Domänenkonto denselben Benutzernamen und dasselbe Kennwort besitzen, handelt es sich um zwei unterschiedliche Benutzer! Windows NT verwendet eine interne ID; die Domäne verwendet eine ganz bestimmte ID für den Benutzer, während die lokale Benutzerverwaltung eine andere ID hat. Die Benutzer-ID sehen Sie in der Registrierungsdatenbank.

Im Normalfall besitzen Benutzer lediglich ein Domänenkonto, aber keine lokale ID. Das bedeutet, daß sie sich nicht direkt an der lokalen Maschine anmelden können. Die Anzeige der lokalen Maschine im Anmeldefenster können Sie als Administrator jedoch nicht unterbinden.

2.2.3 Verwaltung des Windows NT-Servers

Windows NT-Domänen können auch von Windows NT-Clients aus verwaltet werden, allerdings müssen Sie die jeweiligen Verwaltungsprogramme auf den Windows NT Workstation-Maschinen installieren. Voraussetzung für die Verwaltung ist, daß der jeweilige Benutzer Administratorrechte besitzt. Für manche Dinge genügt es auch, wenn er Mitglied einer bestimmten Operator-Gruppe ist.

Es stehen zwei unterschiedliche Möglichkeiten zur Verfügung, die NT-Server zu verwalten. Auf der einen Seite werden mit Windows NT Server mehrere Dienstprogramme ausgeliefert, die auf Workstations installiert werden können. Diese Möglichkeit ist standardmäßig von Microsoft vorgesehen.

Auf der anderen Seite können Sie mit einem beliebigen Web Browser auf den WEB ADMINISTRATOR für Windows NT zugreifen, der von Microsoft zwar nicht standardmäßig, aber kostenlos ausgeliefert wird.

Sie können sich, je nach Geschmack und Aufwand, für eine der beiden Möglichkeiten entscheiden oder beide vorsehen.

Verwaltungsprogramme für Windows NT

Die Verwaltungsprogramme, die Sie für die Verwaltung eines NT-Servers benötigen, befinden sich auf der CD von Windows NT Server.

Im Verzeichnis \CLIENTS\SRVTOOLS\WINNT befinden sich die notwendigen Programme für alle NT-Plattformen. Als Installationsprogramm ist SETUP.BAT gedacht. Rufen Sie dieses Programm auf, um die Installation in Gang zu setzen.

Im Grunde handelt es sich bei dieser Batch-Datei um eine simple Kopie. Alle Dateien werden ins Systemverzeichnis von Windows NT Workstation kopiert, und Sie erhalten eine, ebenfalls zeichenorientierte, Meldung, daß die Programme installiert wurden und in der Task-Leiste eingerichtet werden können. Um die Objekte in der Task-Leiste müssen Sie sich nämlich selbst kümmern.

Die wichtigsten Programme sind der SERVER-MANAGER und der BENUTZER-MANAGER FÜR DOMÄNEN. Diese beiden und ein paar weitere Programme werden vom Installationsprogramm eingerichtet.

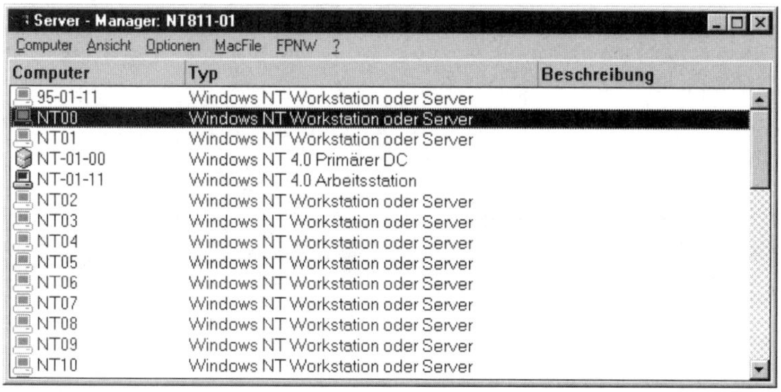

Bild 2.5:
Der Server-Manager

Mit dem SERVER-MANAGER können Sie die in der Domäne enthaltenen Geräte überwachen und warten. Neben einem Zugriff auf die Systemdienste können Sie mit diesem Programm Freigaben erstellen, verwalten und wieder löschen.

Mit dem BENUTZER-MANAGER FÜR DOMÄNEN haben Sie Zugriff auf die gesamte Benutzerverwaltung der Domäne. Wenn Vertrauensstellungen eingerichtet sind, haben Sie hier nicht nur Zugriff auf die eigenen Benutzer, sondern auch auf die Benutzer aller vertrauten Domänen.

Die EREIGNISANZEIGE ermöglicht die Anzeige der Systemmeldungen, die automatisch mitgeschrieben werden. Mit diesem Werkzeug können Sie sozusagen jede beliebige Windows NT-Maschine zu sich holen. Welche Einträge geschrieben werden, hängt auch von der Konfiguration der Server ab. Ein SICHERHEITSPROTOKOLL gibt es etwa nur dann, wenn die ÜBERWACHUNG aktiviert wurde (siehe Bild 2.6).

Ein Status als Administrator oder Server- bzw. Konto-Operator ist selbstverständlich Voraussetzung. Gewöhnlichen Benutzern wird der Zugriff verweigert, den in diesem Fall Windows NT steuert.

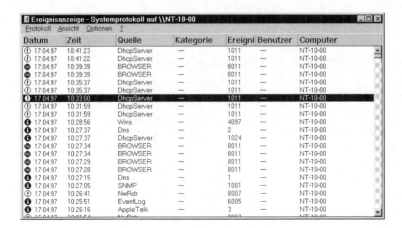

Bild 2.6:
Die Ereignisanzeige

Web Administrator für Windows NT Server

Eine zweite Art der Verwaltung von Windows NT-Servern ist der WEB ADMINISTRATOR FÜR WINDOWS NT SERVER, der von Microsoft entwickelt wurde und sowohl dem Resource Kit beiliegt, als auch vom Internet kostenlos heruntergeladen werden kann.

Der WEB ADMINISTRATOR ist ein kleines Zusatzprogramm, das auf Windows NT Server mit dem Internet Information Server installiert wird.

Sie können jetzt mit jedem beliebigen Web Browser auf die Maschine zugreifen, sofern auch auf dem Client das TCP/IP-Protokoll verwendet wird.

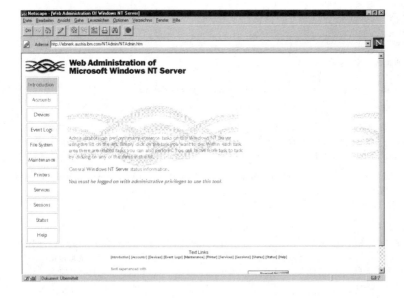

Bild 2.7:
Web Administrator

Unter Windows 95 können Sie in der Regel dieselben Web Browser verwenden, die es auch für Windows NT gibt. Das sind also der Microsoft Web Explorer, Netscape Navigator und Communicator, CompuServe Information Manager, Mosaic usw.

Web Administrator gibt einem Administrator alle Werkzeuge in die Hand, die er für die Verwaltung eines Windows NT-Servers bzw. einer Domäne benötigt. Genaugenommen enthält das Programm sogar mehr Hilfsmittel, als mit den Standardprogrammen geliefert werden. Zum Beispiel können Sie mit dem Web Administrator auch Maschinen herunterfahren.

Darüber hinaus kann ein Administrator mit Hilfe dieses Dienstprogramms alle Informationen und Protokolle des Servers prüfen. Die Funktionalitäten von Systemmonitor und Ereignisanzeige sind zur Gänze enthalten.

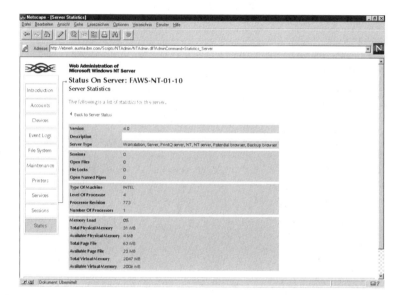

Bild 2.8:
Server-Informationen

Weitere Informationen zum Web Administrator erhalten Sie in Kapitel 12.

2.3 Windows NT Workstation als Server

Windows NT Workstation kann bis zu einem gewissen Grad als Server eingesetzt werden. Wie Sie wissen, sind die entsprechenden Server-Funktionalitäten vorhanden. Es gibt einen Server- und einen Anmeldedienst, Sie können Verzeichnisressourcen und Drucker freigeben, es gibt eine eigene Benutzerverwaltung, und Sie können sogar eine RAS-Verbindung zur Workstation herstellen.

Alle diese Fähigkeiten sind vorhanden, aber begrenzt. Insgesamt können maximal 10 Clients auf eine NT Workstation zugreifen. Bei RAS-Diensten ist der Zugriff sogar auf eine einzige Verbindung begrenzt, was etwa im Heimbereich durchaus genügt.

Anders als in der Domäne sehen die Anmeldungen aus. Eigentlich meldet man sich nur lokal an der Maschine an. Der Benutzer kann sich zwar an anderen Maschinen, wiederum lokal, anmelden, doch das hilft nichts, wenn eine NT Workstation als Server eingesetzt wird.

Zugriffe auf Ressourcen sind selbstverständlich möglich; es können Ordner und Dateien sowie Drucker verwendet werden.

Wichtig ist jedoch, daß die Benutzer auch auf der Workstation angelegt wurden. Mit Hilfe des BENUTZER-MANAGERS müssen alle in Frage kommenden Benutzer eingestellt werden. Selbstverständlich müssen die Namen und Paßwörter auf den verschiedenen Maschinen übereinstimmen, damit ein Zugriff überhaupt möglich wird.

Diese Konstellation zeigt sehr deutlich die Nachteile eines Peer-Netzwerks: die Verwaltung kann nicht zentralisiert werden. Es gibt plötzlich eine große Anzahl von Maschinen, wo die Benutzerverwaltung mit Null beginnt. Sobald ein Benutzer ein Kennwort verändert, fangen die Probleme aber erst so richtig an, denn man muß für eine Synchronisierung auf allen Maschinen sorgen. Daß das nicht automatisch geht, liegt auf der Hand.

Die Server-Funktionalität geht durchaus so weit, daß Benutzer auch von anderen Systemen aus auf eine NT Workstation zugreifen können. Egal ob Sie Windows 95 oder OS/2 Warp einsetzen, Sie können mit Hilfe der entsprechenden Befehle oder Netzwerk-Browser auf die freigegebenen Ressourcen der NT Workstation zugreifen.

Voraussetzung ist auch hier, daß Benutzername und Kennwort übereinstimmen. Wird etwas geändert, dann muß wieder an mehreren Stellen geändert werden, damit keine Inkonsistenzen entstehen.

Falls Sie eine Windows NT Workstation in einem kleinen Netzwerk als Server einsetzen, gibt es nur eine einzige Möglichkeit, die genannten Schwierigkeiten beim Ressourcenzugriff zu vermeiden: Sie können Ordner oder Drucker für die Gruppe *Jeder* freigeben und auf der Workstation das Gästekonto aktivieren. Diese beiden Aktionen bewirken, daß jeder, der über das Netzwerk auf diesen Computer zugreifen kann, freien Zugriff auf die Ressourcen hat.

Um nicht jede Sicherheit über Bord zu werfen, empfiehlt es sich, der Gruppe *Jeder* nur Leseberechtigung zu geben. Die Benutzer können dann Dateien ansehen, kopieren und Programme aufrufen, doch sie können weder löschen noch neue Dateien oder Ordner dazuspeichern.

Wichtig ist, daß Zugriffe auf Ressourcen auch dann möglich sind, wenn NT Workstation als Peer-Server verwendet wird. Nicht möglich ist jedoch die Installation anderer Anmeldedienste (beispielsweise von IBM oder Novell), welche Arbeitsmaschinen direkt an die NT Workstation anmeldeten. In einer Arbeitsgruppe können Sie sich nämlich nur lokal an NT anmelden, aber nicht über das Netzwerk.

2.4 NT-Server

Windows NT Server ist die zweite Variante von NT. Der Einsatzbereich liegt auf der Hand, und in heterogenen Netzwerken spielen NT Server oft die wichtigere Rolle als NT Workstation.

Im Gegensatz zur Workstation gibt es keine Beschränkung für gleichzeitige Zugriffe, und die RAS-Zugriffe sind auf 256 erweitert. Das NTFS-Dateisystem wird im Kernel Mode verwaltet, was für höhere Sicherheit sorgt.

Standardmäßig unterstützt die Software bis zu 4 Systemprozessoren, wobei deren Anzahl theoretisch bis auf 32 erhöht werden kann. Bei mehr als 4 Prozessoren benötigen Sie allerdings eine eigene HAL.DLL, die vom Hardware-Hersteller ausgeliefert wird.

Windows NT Server 4.0 Enterprise Edition ist eine eigene Version, die standardmäßig bis zu 8 Prozessoren unterstützt und den Microsoft Cluster Server enthält. Damit ist es möglich, zwei Geräte zusammenzuschließen und ein Fehlertoleranz-Clustering einzurichten. Eine höhere Skalierbarkeit soll frühestens mit Windows NT 5.0 erreicht werden.

Windows NT Server kann als allgemeine Server-Plattform in heterogenen Netzwerken eingesetzt werden. Standardmäßig unterstützt das System eine Reihe von Client-Plattformen, wobei diese unter Hinzunahme von Zusatzprogrammen noch erweitert werden können.

Windows NT Server enthält im Netzwerkbereich einen noch größeren Umfang als Windows NT Workstation. Vor allem gibt es die Unterstützung für Macintosh-Clients mit Hilfe der SERVICES FÜR MACINTOSH und eine Reihe von Server-Programmen für das TCP/IP-Protokoll; darunter zählen ein DHCP, ein DNS- und ein WINS-Server. Für die Anbindung an Novell-Server enthält Windows NT Server eine Gateway-Software, die es ermöglicht, Novell-Ressourcen einem Netzwerk zur Verfügung zu stellen, dessen Clients keinen direkten Zugang zu Novell NetWare haben.

Die Verwaltung von sehr großen Netzwerken zeigt durchaus Schwächen in der Konzeption und Kapazität, allerdings kann vielen dieser Schwächen mit diversen Zusatzprogrammen von Drittherstellern begegnet werden.

2.4.1 Benutzerverwaltung

Für die Benutzerverwaltung wird der BENUTZER-MANAGER FÜR DOMÄNEN eingesetzt. Hier werden alle Benutzer angelegt, die innerhalb einer Domäne zu verwalten sind. Pro Domäne können maximal 15.000 Benutzer angelegt werden.

In großen Umgebungen dürfen Sie nicht vergessen, die Größenbegrenzung der Registrierungsdatenbank größer einzustellen. Sie finden diese in der SYSTEMSTEUERUNG unter SYSTEM-LEISTUNGSMERKMALE-ÄNDERN. Eigentlich wird hier der virtuelle Arbeitsspeicher eingestellt, doch im untersten Bereich gibt es eine Beschränkung der GRÖSSE DER REGISTRIERUNG (siehe Bild 2.9).

Wenn Ihr Netzwerk so groß ist, daß Sie mehr als 15.000 Benutzer verwalten müssen, dann bleibt nur mehr die Aufteilung in mehrere Domänen.

Auch in diesem Fall kann die Verwaltung zentralisiert werden. Dazu müssen Sie aber den Administratoren auch in der anderen Domäne Administratorrechte zugestehen. Möglich ist das nur, wenn eine Vertrauensstellung zwischen den beiden Domänen eingerichtet wird. Unumgänglich ist, daß die zweite Domäne der Heimatdomäne der Administratoren vertraut, aber in vielen Fällen ist es von Vorteil, die Vertrauensstellung gleich in beide Richtungen einzurichten.

In einer Domäne gibt es neben den lokalen Gruppen auch sogenannte *globale Gruppen*. Diese Gruppen unterscheiden sich nur in einem einzigen Merkmal: sie können zu Mitgliedern von lokalen Gruppen gemacht werden.

Diese globalen Gruppen sind also vor allem bei Vertrauensstellungen von Bedeutung. Sie erlauben eine recht einfache Weitergabe von Domänengruppen an eine andere Domäne.

Um die Administratoren der eigenen Domäne als Administratoren einer anderen, vertrauenden Domäne einzusetzen, brauchen Sie lediglich die globalen Domänen-Admins zu einem Mitglied der lokalen Administratoren-Gruppe der vertrauenden Domäne machen.

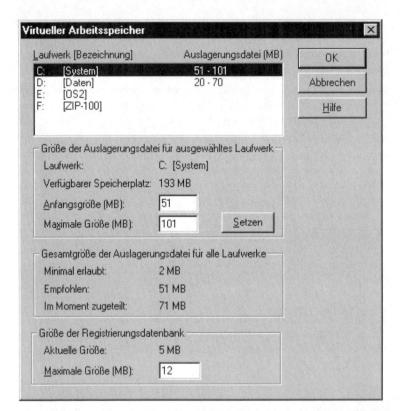

Bild 2.9:
Größe der Registrierungsdatenbank

Genauso können Sie natürlich auch mit diversen Operatoren, Domänen-Benutzern oder auch mit eigenen Gruppen verfahren. Für die Erstellung gibt es zwei verschiedene Menüpunkte.

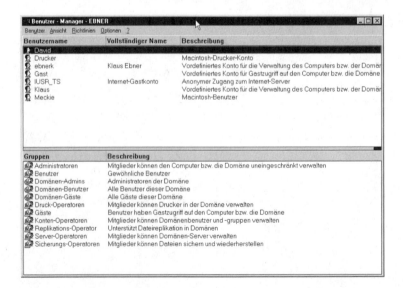

Bild 2.10:
Globale Gruppen

Client-Maschinen müssen unter Windows NT in die Domäne aufgenommen werden. Wenn das passiert, werden zwei globale Gruppen der Domäne automatisch in die Benutzerdatenbank der Windows NT-Workstation hineingeschrieben.

Die DOMÄNEN-ADMINS werden automatisch zu Mitgliedern der lokalen Gruppe ADMINISTRATOREN auf der Workstation. Die DOMÄNEN-BENUTZER werden automatisch zu Mitgliedern der lokalen Gruppe BENUTZER auf der Workstation.

Dadurch sind Domänen-Administratoren automatisch Administratoren von Windows NT Workstation. Dieses Konzept bewirkt, daß Sie als Administrator jederzeit auf die Client-Maschinen durchgreifen können.

Mit Hilfe des Registrierungseditors ist es möglich, die Registrierungsdatenbank der Workstation zu bearbeiten, mit NET USE können Sie die Laufwerke der Workstation anbinden, da automatisch verborgene Administratorfreigaben erstellt werden; diese haben immer den Laufwerksbuchstaben und ein Dollarzeichen, also C$ für das Laufwerk C, D$ für das Laufwerk D und so weiter.

Diese Art der Fernverwaltung funktioniert ausschließlich zusammen mit Windows NT Workstation oder eben anderen Windows NT-Servern. Um eine ähnliche Verwaltung auf Windows 95 zu erhalten, muß man schon deutlich nachhelfen, und auf anderen Systemen gibt es diese Möglichkeit überhaupt nicht.

Benutzer können sich grundsätzlich an der Domäne und an der lokalen Maschine anmelden. Die Anmeldung an die lokale Maschine kann nicht unterbunden werden, allerdings wird sie in den meisten Fällen nicht funktionieren, da das Benutzerkonto auch lokal erstellt sein müßte. Nur mit Hilfe der Systemrichtlinien gibt es gewisse Einschränkungsmöglichkeiten.

Benutzerprofile

Benutzerprofile bestehen seit Windows NT 4.0 aus einer ganzen Verzeichnisstruktur. Sie finden die Benutzerprofile standardmäßig auf jeder Maschine im Ordner \WINNT\PROFILES. Für jeden Benutzernamen wird ein eigener Ordner angelegt. Für den Namen EBNERK heißt der Ordner des Benutzerprofils also \WINNT\PROFILES\EBNERK.

Darin befinden sich mehrere Unterverzeichnisse. DESKTOP steht für die Arbeitsoberfläche, und alle Dateien oder Ordner, die auf der Arbeitsoberfläche erstellt werden, sind darin gespeichert. STARTMENÜ enthält die individuellen Einstellungen der Task-Leiste, und ins versteckte Verzeichnis SEND TO können Sie Programme stellen, an die Sie Objekte übergeben wollen.

In diesem Zusammenhang ist es sinnvoll, eine Verknüpfung zum Editor in den Ordner SEND TO zu stellen. Wenn Sie jetzt ein Daten- oder Ordnerobjekt mit der rechten Maustaste anklicken, finden Sie unter dem Menü SENDEN AN auch den Editor. Textdateien, die dem System aufgrund einer anderen Namensendung nicht bekannt sind, können auf diese Weise sehr rasch in den Texteditor geladen werden.

Im Hauptverzeichnis des Benutzerprofils befindet sich die Datei NTUSER.DAT. Gleich daneben werden Sie außerdem eine gleichnamige Datei finden, die zusätzlich die Namensendung LOG hat. In dieser letzteren Datei werden die Veränderungen aufgezeichnet.

Die Datei NTUSER.DAT enthält Teile der Registrierungsdatenbank. Genaugenommen handelt es sich dabei um die persönlichen Einstellungen eines Benutzers. Das können Farbeinstellungen und Netzwerkanbindungen ebenso sein wie die Tastatureinstellung und ein Bildschirmschoner.

Bei der Anmeldung wird der Inhalt der Datei NTUSER.DAT in die lokale Registrierungsdatenbank kopiert. Die Einträge eines Benutzers, der vielleicht zuvor angemeldet gewesen war, werden dadurch überschrieben.

Änderungenn, die der Benutzer in der Konfiguration vornimmt, werden im Benutzerprofil gespeichert. Eine Änderung des Dateinamens auf NTUSER.MAN bewirkt, daß die vorgenommenen Änderungen nicht gespeichert werden können. Es liegt dann ein *verbindliches Profil* vor, wobei die Endung MAN für das englische Wort *mandatory* steht, das so viel wie *verpflichtend, verbindlich* heißt.

Innerhalb einer Domäne ist es sinnvoll, *servergestützte* Profile einzurichten. In diesem Fall wird im Benutzermanager definiert, wo sich das Profil befindet. Der Standort ist in der Regel ein Server, könnte aber theoretisch auch eine Workstation oder ein Gerät mit einem völlig anderen Betriebssystem sein, sofern dieses über UNC-Namen angesprochen werden kann.

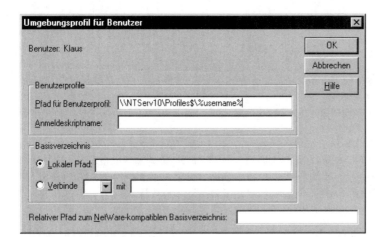

Bild 2.11:
Definition des servergestützten Profils

Ein servergestütztes Benutzerprofil kann von jeder beliebigen Maschine aus geladen werden. Das Benutzerprofil scheint dem Benutzer also zu folgen. Im Englischen spricht man in diesem Zusammenhang von *roaming user profiles*. Egal, von welcher Maschine aus sich der Benutzer anmeldet, er bekommt immer seine gewohnte Umgebung.

Sie sollten allerdings beachten, daß servergestützte Benutzerprofile immer über das Netzwerk geladen werden und der gesamte Desktop dazugehört. Wenn also ein Benutzer der Meinung ist, er müsse jetzt dreißig Megabyte an Daten auf die Arbeitsoberfläche speichern, dann jagt er jedesmal 30 MB über das Netz. Und wenn das nicht nur ein Benutzer macht, sondern zweitausend, dann ...

Es liegt auf der Hand, daß die Organisation der Benutzerprofile nicht nur Vorteile hat. Mit Hilfe von Systemrichtlinien könnte die Verwendung der Arbeitsoberfläche zwar unterbunden werden, doch würgt man dann ein nützliches und wichtiges Bedienungsmerkmal von Windows NT ab.

Wollen Sie die Verwendung der Arbeitsoberfläche auf eine bestimmte Größe limitieren, dann benötigen Sie ein Zusatzprogramm wie etwa *Diskquota* oder *Quota Manager*. Standardmäßig gibt es in Windows NT keine Möglichkeit, die Größe eines Verzeichnisses zu beschränken.

Liegt ein servergestütztes Profil vor, dann arbeitet Windows NT folgendermaßen: bei der Anmeldung erkennt das System über die Benutzereinstellungen, daß es ein servergestütztes Profil gibt. Dieses wird vom Server auf die lokale Maschine kopiert. Falls noch kein Profil vorhanden ist, wird ein solches mit Standardvorgaben neu erstellt. Meldet sich der Benutzer ab, dann wird das eventuell geänderte Profil von der lokalen Maschine ins Server-Verzeichnis kopiert.

Das lokale Profil bleibt standardmäßig stehen! Das bedeutet also, daß sich unter Umständen immer mehr Benutzerprofile auf den Workstations ansammeln; für jeden Benutzer, der sich hier jemals anmeldete, genau eines.

Die Aufbewahrung der lokalen Benutzerprofile kann mit einem einfachen Befehl in der Registrierungsdatenbank verhindert werden. Öffnen Sie die Datenbank mit einem Registrierungs-Editor. Sie benötigen dazu den Schlüssel *HKEY_LOCAL_Machine\Software\Microsoft\Windows NT \CurrentVersion\Winlogon*. Definieren Sie unter diesem Schlüssel den Eintrag *DeleteRoamingCache:REG_DWORD:0x1*. Die Benutzerprofile werden jetzt zwar nach wie vor vom Server auf die lokale Maschine geladen, jedoch von dort bei der Abmeldung wieder gelöscht.

Dummerweise muß diese Einstellung auf jeder betroffenen Workstation gemacht werden. Die einzige Erleichterung besteht darin, daß ein Administrator auf seiner eigenen Maschine mit dem Registrierungseditor auf jede Registrierungsdatenbank im Netzwerk zugreifen kann.

Die Handbücher von Windows NT sprechen an mehreren Stellen von einem »Benutzerprofileditor«. Einen solchen Editor gab es von Version 3.1 bis 3.51. Unter Version 4.0 gibt es keinen Benutzerprofileditor mehr! Bei der Erstellung der Handbücher wurde das offensichtlich übersehen.

Systemrichtlinien

Unter den Dienstprogrammen zu Windows NT Server finden Sie den Richtlinien-Editor. Dieses Programm erschien zum ersten Mal unter Windows 95 und ist seit Windows NT 4.0 auch unter diesem Betriebssystem verfügbar.

Der Richtlinien-Editor erlaubt die Erstellung von Richtlinien für Benutzer, Gruppen und Computer. Es gibt immer einen STANDARDBENUTZER und einen STANDARDCOMPUTER. Seien Sie mit diesen beiden jedoch vorsichtig, denn sie wirken sich auch auf Administratoren aus.

Sie sollten in der Praxis immer Gruppen definieren, in Einzelfällen auch spezielle Benutzer oder spezielle Maschinen.

Die meisten Einschränkungen des Systemrichtlinien-Editors sind Einschränkungen der Benutzer. Sie können verhindern, daß Benutzer ihre Grundeinstellungen zerstören, und Sie können den Zugriff auf Systemprogramm besser unterbinden, als dies standardmäßig ohnehin schon der Fall ist. Eine sehr nützliche Einstellung ist etwa das Verbot, Registrierungseditor-Programme einzusetzen. Diese sollten immerhin den Systemadministratoren vorbehalten bleiben.

Mit diesem Editor wird eine Datei erstellt, die den Namen NTCONFIG.POL tragen muß. Nur eine Datei dieses Namens wird vom System als Richtliniendatei angenommen.

Die Richtliniendatei NTCONFIG.POL muß in die NETLOGON-Freigabe der Anmeldeserver kopiert werden. Diese ist in Wirklichkeit das Verzeichnis \WINNT\SYSTEM32\REPL\IMPORT\SCRIPTS.

Anmeldeserver sind der Primäre Domänen-Controller und alle Sicherungs-Domänen-Controller.

Damit Richtliniendateien automatisch von einem Server auf alle anderen Anmeldeserver kopiert werden, empfiehlt sich die Verwendung.

Wird eine Richtliniendatei bei der Anmeldung in der NETLOGON-Freigabe gefunden, dann wird sie ausgeführt. Dahinter stecken wieder Registrierungseinträge, die über die entsprechenden Teile der lokalen Registrierung geschrieben werden.

Systemrichtlinien sind die modernste Methode, Einstellungen für Benutzer oder Gruppen zu definieren. Von Service Pack zu Service Pack gibt es hier mehr Optionen. Wenn Sie ein neues Service Pack installiert haben, lohnt es sich also durchaus, den Systemrichtlinien-Editor noch einmal aufzurufen und nachzusehen, ob sich etwas verändert hat.

2.4.2 Der Server-Manager

Der SERVER-MANAGER ist das zweite wichtige Programm in der Verwaltung von Windows NT. Hier haben Sie die Schaltzentrale der Domäne.

Wie alle anderen Verwaltungsprogramme finden Sie den SERVER-MANAGER unter PROGRAMME-VERWALTUNG. Es wird jeweils eine Domäne angezeigt, wobei eine lange Liste sehr unübersichtlich ist, da sie lediglich alphabetisch geordnet ist, aber keinerlei Struktur aufweist.

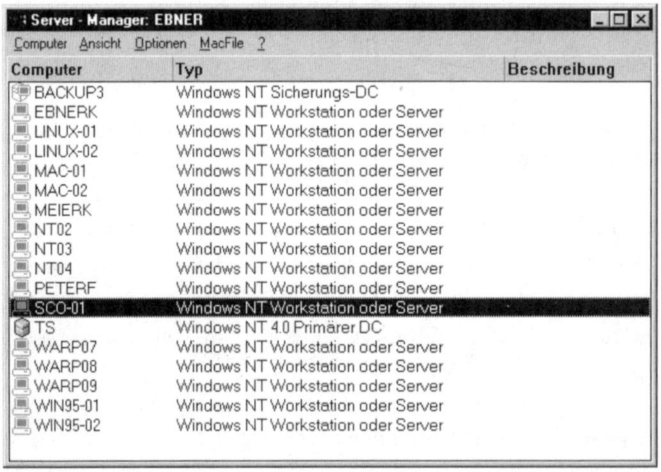

Bild 2.12:
Der Server-Manager

Aktive Geräte werden farbig dargestellt, während inaktive Geräte grau bleiben. Wenn Sie Geräte mit anderen als Windows-Betriebssystemen aufnehmen, so bleiben diese immer grau, auch wenn sie aktiv am Netzwerk teilnehmen.

Neue Geräte können auf zweierlei Art aufgenommen werden. Entweder Sie fügen die Geräte über das Menü COMPUTER-ZUR DOMÄNE HINZUFÜGEN hinzu, oder Sie wählen die entsprechende Option während der Installation von Windows NT-Clients bzw. -Servern. In beiden Fällen müssen Sie Administrator oder Server-Operator sein.

Mit dem SERVER-MANAGER können Sie eine Reihe von Einstellungen der Geräte beeinflussen. Im Menü COMPUTER gibt es die Möglichkeit, die DIENSTE anzuzeigen. Dabei können Sie Dienste starten, anhalten oder beenden sowie ihre Grundeinstellung verändern.

Diese Dienste können natürlich nur von Windows NT-Maschinen beeinflußt werden, weil andere Systeme unterschiedlich arbeiten. Die einzige Ausnahme bei den Fremdsystemen ist OS/2 Warp; dort können Sie ebenfalls Systemdienste beeinflussen, weil diese jenen von Windows NT sehr ähnlich sind.

Noch wichtiger ist die Möglichkeit, mit dem SERVER-MANAGER die Freigaben zu steuern. Dazu öffnen Sie das Menü COMPUTER-FREIGEGEBENE VERZEICHNISSE.

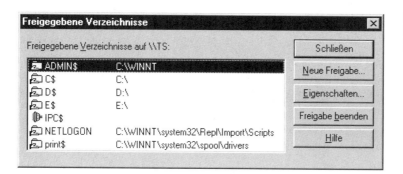

Bild 2.13:
Kontrolle der Freigaben

Hier können Sie neue Freigaben erstellen, vorhandene Freigaben beenden und die Zugriffsberechtigungen steuern. Bei der Erstellung neuer Freigaben müssen Sie den Pfadnamen wissen, da er mit dem SERVER-MANAGER nicht angezeigt werden kann. Selbstverständlich können Sie aber den Explorer in einem benachbarten Fenster anzeigen lassen und so die Verzeichnisstruktur des jeweiligen Rechners durchsuchen.

2.4.3 Weitere Verwaltungsprogramme

Die übrigen Verwaltungsprogramme von Windows NT Server sind spezieller und betreffen ganz bestimmte Funktionen. So gibt es etwa das Migrationsprogramm für NetWare-Server, den DHCP- und DNS-Server, die Verwaltung von RAS-Anbindungen und den Festplatten-Manager.

Die meisten dieser Programme müssen lokal aufgerufen werden, da es nur selten die Möglichkeit gibt, die Funktionalitäten auch von anderen Maschinen aus zu verwalten.

Grundsätzlich sind diese Verwaltungsprogramme nur in Windows NT Server enthalten. Die Workstation-Programme weichen davon ab. Wenn Sie einen Server von einer NT-Workstation aus verwalten wollen, müssen Sie die Wartungsprogramme installieren. Diese befinden sich im Unterverzeichnis \CLIENTS der Server-CD.

Wenn Sie Windows NT im großen Maßstab einsetzen, empfiehlt es sich, Zusatzprodukte von Drittherstellern zu prüfen. Es gibt viele Bereiche, wo die Verwaltung von Windows NT zu wünschen übrig läßt, und die »Zero Administration«-Initiative von Microsoft ist im Augenblick nicht mehr als ein Stück Papier. Es gibt eine Reihe von Drittherstellern, die ausgezeichnete Produkte für die Verwaltung von Windows NT anbieten.

Solche Produkte adressieren zumeist völlig unterschiedliche Gebiete. Sie reichen von der Festplattenverwaltung über erweiterte Benutzersteuerungen bis hin zu Netzwerk-Management-Programmen. Programme wie die MISS MARPLE UTILITIES erweitern eine Reihe von Standardfunktionen und stellen eine Beschränkung von Benutzerverzeichnissen bereit, andere Programme fügen Fax-Server hinzu, und CA-UNICENTER von Computer Associates ist als komplettes Verwaltungsprogramm einer Netzwerkumgebung zu betrachten.

2.5 Was ist Clustering?

Der Begriff *Clustering* taucht in letzter Zeit immer öfter auf, er wurde zu einem Schlagwort für Computerzeitschriften und, so hat man den Eindruck, auch für Microsoft. Was hat es mit diesem Begriff auf sich?

Im Grunde geht es beim *Clustering* um den Zusammenschluß mehrerer Maschinen. Vereinfacht ausgedrückt könnte man sagen, daß mehrere Maschinen sich wie ein einziger Rechner verhalten. Bei einem Clustering von vier Computern hat man optisch mit einem einzigen Computer zu tun, doch die Clustering-Software sorgt dafür, daß die Berechnungen gleichmäßig auf die vier Maschinen verteilt werden.

Cluster-Konfigurationen erhöhen die Verfügbarkeit von Server-Systemen in großen Umgebungen und stellen eine bessere Skalierbarkeit bereit.

Der Hintergrund ist, daß PCs für manche Aufgaben einfach zu schwach sind. Daran ändern auch Pentium II- oder Pentium Pro-Prozessoren nichts. Allein die Aussage einer Firma Silicon Graphics, die meint, ein mittlerer Prozessor einer Irix-Maschine entspräche etwa der Rechenleistung von 250 in Serie geschalteten Pentium-Prozessoren, muß man sich auf der Zunge zergehen lassen!

Anwendungen, die derart viele Ressourcen verlangen, sind in den Bereichen Datenbank, Transaktionen, Statistik und Grafik zu finden.

Wenn sich die Rechenleistung der Server einem Ende zuneigt, empfiehlt Microsoft, weitere Server hinzuzufügen. Wenn von diesen Servern Office-Pakete gestartet werden oder einfach zusätzlicher Speicherplatz benötigt wird, dann ist das kein Problem. Die Hinzufügung eines weiteren Rechners hätte allerdings nicht viel Sinn, wenn ein Datenbankserver in die Knie geht.

Eine Erweiterung wäre ein Mehrprozessor-Server, doch ab spätestens acht Prozessoren hätten die heutigen Versionen von Windows NT Server keinen Gewinn mehr, obwohl theoretisch bis zu 32 Mikroprozessoren unterstützt werden.

Die Idee des Clustering ist von UNIX-Umgebungen her bekannt. UNIX-Maschinen sind in der Lage, die Rechenlasten aufzuteilen. Hier können andere Geräte eingebunden werden, die einen Teil der Rechenarbeit einfach übernehmen.

Diese Auslagerung von Rechenkapazität bringt riesige Vorteile für wirklich aufwendige Anwendungen. Die vorhandenen Maschinen werden einfach zusammengespannt. Dadurch brauchen keine neuen Computer angeschafft werden. Eine Voraussetzung für den höchstmöglichen Leistungsgewinn ist natürlich eine schnelle Netzwerkverbindung zwischen den Geräten. Wo mehrere Maschinen laufend für Clustering eingesetzt werden, sollte man ruhig eine 100 Mbit-Verbindung spendieren.

Clustering bringt nicht nur eine Verteilung der Rechenlasten, sondern eine höhere Ausfallssicherheit. Wo mehrere Geräte zusammengespannt werden, ist es, mit entsprechender Software, möglich, die Verantwortung eines Servers gegebenenfalls auf eine andere Maschine zu verlagern. Deshalb gibt es auch Clustering-Möglichkeiten, wo ein zweiter oder dritter Server prinzipiell die Funktionen des erstens Servers überwacht und notfalls die Gesamtheit der Rechenlast übernehmen kann.

Diese Ausfallssicherheit ist wichtig, da Zeiten, während der die Server stehen, heute enorm viel Geld kosten. Um dieses Geld zu sparen, wird viel in Ausfallssicherheit investiert. Clustering könnte eine der Komponenten sein.

Weil *Clustering* eine recht lockere Struktur aufweist, sind viele unterschiedliche Ausformungen möglich. Im einfachsten Fall enthält ein Cluster mehrere Arbeitsplatzmaschinen, die mit Hilfe eines Ethernet- oder Token Ring-Kabels miteinander vernetzt sind. Bei Hochleistungs-Clustern werden Server-Maschinen eingesetzt, die über dedizierte Hochgeschwindigkeitskabel miteinander vernetzt sind.

Diese Konfiguration kann natürlich je nach Aufgabenstellung variiert werden. Bemerkt man bei manchen Tätigkeiten, daß die Rechenleistung nicht ausreicht, so wird eine weitere Maschine dazugeschaltet.

In der Clustering-Terminologie spricht man heute von zwei verschiedenen Arten des Clusterings. Es handelt sich um das *Shared Disk Model* und das *Shared Nothing Model*.

2.5.1 Shared Disk Model

Bei diesem Modell greifen die Computer auf dieselben oder die gleichen Daten zu. In einem Fall liegen die Daten auf zentralen Datenträgern, die von allen Rechern angesteuert werden. Im anderen Fall werden die Daten auf die anderen Maschinen kopiert, bevor damit gearbeitet wird.

Einfacher ist die Variante, die Daten zentral zu verwalten, allerdings gibt es dann gleichzeitige Zugriffe von den Mitgliedern des Clusters, und eventuell könnten Probleme mit der Datensicherheit auftreten.

Die Daten müssen in diesem Fall selbstverständlich synchronisiert werden. Es geht nicht an, daß eine Maschine einen Datensatz ändert, eine zweite Maschine denselben Datensatz gleichzeitig angreift und dann wieder die erste Maschine eine weitere Änderung vorhat. Die Software muß Sorge tragen, daß dabei kein Durcheinander herauskommt.

Der *Distributed Lock Manager (DLM)* sorgt für die Synchronisierung. DLM überwacht die Zugriffe innerhalb des gesamten Clusters und sperrt Daten, auf die bereits zugegriffen wird. Eventuelle Zugriffskonflikte werden durch den DLM gelöst.

Diese Technik bewirkt selbstverständlich einen gewissen Verwaltungsaufwand. Die Systemdienste müssen aktiv sein und benötigen Ressourcen, außerdem wird das Netzwerk belastet.

2.5.2 Shared Nothing Model

Bei diesem Modell wird der Verwaltungsaufwand reduziert. Jedes System innerhalb des Clusters besitzt einen Teil der Ressourcen, die im Cluster zur Verfügung stehen. Zu einer Zeit kann immer nur eine Maschine eine Ressource besitzen, obwohl andere Maschinen diese Daten übernehmen können, falls ein Systemfehler auftritt und die Besitzer-Maschine ausfällt.

Anfragen der Maschinen, die bestimmte Daten benötigen, werden automatisch an die richtige Maschine des Clusters weitergeleitet. Die Kommunikation verläuft sozusagen über Punkt-zu-Punkt-Verbindungen.

Das *Shared Nothing Model* wird hauptsächlich bei der Lastverteilung verwendet. Datenbankanwendungen, beispielsweise unter IBM DB/2, oder Transaktionen, etwa unter SAP R/3, sind gute Beispiele dafür.

Im übrigen können beide Clustering-Modelle auch gleichzeitig in einem einzigen Cluster ausgeführt werden. Entscheidend ist die Software, also die Anwendungsprogramme. Sie verwenden entweder das eine oder das andere Clustering-Modell.

2.5.3 Voraussetzungen

Um Clustering einzusetzen, benötigen Sie erstens ein Betriebssystem, das Cluster zur Verfügung stellen kann, und zweitens Programme, die mit Clustern arbeiten können. Damit eine Datenbank über einen Cluster arbeiten kann, muß sie erweitert werden, um diese Möglichkeiten überhaupt in Anspruch zu nehmen. Unter Windows NT ist etwa der Lotus Domino-Server bereits »clusterfähig«.

Clustering ist die Grundlage für große Anwendungen, denn nur durch die Aufteilung der Rechenlasten auf mehrere Rechner kann die Kapazität über die Grenzen der Prozessoren hinweg skaliert werden.

2.5.4 Clustering für Windows NT

Der Grundstock für Clustering ist im Betriebssystem Windows NT gelegt. Multitasking und Multithreading sind die ersten notwendigen Schritte in Richtung Clustering-Technologie. Auch die theoretischen Hardware-Höchstgrenzen von 32 Prozessoren, 4 GB RAM und 17 Millionen TB Plattenspeicher sind eine recht gute Voraussetzung. Darüber hinaus können nicht nur Intel-, sondern auch Alpha-Prozessoren eingesetzt werden.

Die Clustering-Technologie von Microsoft wurde in letzter Zeit unter der Bezeichnung *Wolfpack* bekannt. Diese Technolgie ist zur Zeit im Entstehen, und das erste Beispiel dafür befindet sich in *Windows NT Server 4.0 Enterprise Edition*. Die enthaltene Cluster-Technologie wird jetzt als *Microsoft Cluster Server* bezeichnet.

In der Enterprise Edition von Windows NT unterstützt der Cluster Server vorerst die sogenannte *Phase 1* des Clustering. Hier wird Fehlertoleranz für Server zur Verfügung gestellt. Diese Fehlertoleranz nützt das *Shared Disk Model* und läßt zwei Server auf dieselben Daten zugreifen. Wenn ein Server ausfällt, kann der andere die gesamte Rechenlast und Verantwortung übernehmen. Die Server-Umgebung bleibt für die Anwender verfügbar.

Windows NT Server 4.0 Enterprise Edition unterstützt vorerst nur zwei Maschinen, die an diesem Clustering beteiligt sind.

Mit *Phase 2*, die für die Zukunft geplant ist, werden mehr als zwei Server zu einem Cluster verbunden werden, um für höhere Rechenleistung und Verläßlichkeit zu sorgen. Wenn die Leistung zur Neige geht, wird es möglich sein, zusätzliche Server zum Cluster hinzuzufügen.

Microsoft plant, die Komponenten von Microsoft Backoffice, allen voran SQL Server und Exchange Server, mit Verfügbarkeit von Phase 2 clusterfähig zu machen. Der *Microsoft Cluster Server* unterstützt die Plattformen Intel und DEC Alpha.

Auch andere Hersteller bieten inzwischen Clustering-Lösungen für Windows NT an. Für Fehlertoleranz sorgen beispielsweise *LifeKeeper 1.0 for EnVista Servers* von Amdahl, *NT Cluster-in-a-Box* von Data General und *Vinca StandbyServer for NT*. Vinca bietet dieses Produkt für mehrere Plattformen an, darunter auch Novell NetWare und IBM Warp Server. Alle drei Produkte unterstützen ausschließlich Intel-Prozessoren.

Octopus SASO 2.0 erstellt einen Spiegel-Server. Damit entfernt sich Octopus ein wenig vom Prinzip des Clusterings. Auf der anderen Seite unterstützt die Firma mit dieser Version die Plattformen Intel, DEC Alpha, MIPS und PowerPC.

Eine sehr ungewöhnliche Lösung stellte die Firma Cubix mit *RemoteServ/IS* vor. Cubix erstellt einen *virtuellen Cluster* innerhalb einer Citrix WinFrame-Umgebung. Bei dieser Lösung werden mehrere Server zu einem Cluster zusammengespannt; diese Server stehen praktisch zwischen dem Netzwerk und den Benutzern. Der winFrame Windows NT Server versorgt zahlreiche Arbeitsmaschinen mit den Applikationen eines einzigen virtuellen Servers. Dieser Cluster stellt eine Art Puffer für das Netzwerk dar und verteilt die Netzwerklast. Außerdem geht es auch hier wieder um Fehlertoleranz.

2.6   Netzwerk-PCs

Die Computerindustrie hat wieder ihren letzten Schrei: den Netzwerk-PC. Bei diesen seltsamen Geräten handelt es sich um Computer, die nebst Monitor und Tastatur zwar Prozessor und Hauptspeicher haben, aber sonst schon gar nichts mehr. Es gibt keine Festplatte, es gibt kein Diskettenlaufwerk, und es gibt kein Betriebssystem.

Das also ist der Netzwerk-PC in Reinform. Das Betriebssystem und die gesamte Software kommen von einem Server.

Hintergründe gibt es viele. Der wichtigste ist allerdings eine zentrale Verwaltung, die durch den Einsatz von Netzwerk-PCs in einer Firma immens vereinfacht werden kann. Die gesamte Verwaltung findet auf dem Server statt, und die Client-Maschinen der Anwender sind, nun ja, *dumme Terminals*.

Diese Terminals sind natürlich nicht so dumm, wie das früher bei den Großrechnern der Fall war, denn gerechnet wird ja tatsächlich im Netzwerk-PC. Ein Prozessor und Hauptspeicher sind schließlich vorhanden.

Netzwerk-PCs gibt es heute bereits von mehreren Firmen. Microsoft unterstützt dieses Konzept mit allen Kräften, wobei es darum geht, daß ein Betriebssystem wie Windows NT auf Netzwerk-PCs verwendet werden kann.

2.6.1   Die Software

Je nach Hersteller gibt es verschiedene Betriebssystemerweiterungen. In manchen Fällen wird die Software vom Hardware-Hersteller entwickelt, während in anderen Fällen Drittersteller zum Zug kommen.

IBM bietet bereits eine ganze Palette an Netzwerk-PCs an, die nach Leistungsmerkmalen gestaffelt sind. Für Windows NT entwickelt IBM sowohl die Server- als auch die Client-Software. Das betrifft allerdings nur die Ebene des Betriebssystems.

Für den Einsatz der eigentlichen Anwendungsprogramme griff IBM auf die Firma Network Computing Devices zurück, welche einen Mehrbenutzer-Applikationsserver entwickelte.

2.6.2   Anwendungsprogramme

WINCENTER PRO von Network Computing Devices ist ein Multiuser-Applikationsserver. Das System basiert auf einem Windows NT-Server und stellt den Clients die Programme und die Rechenkapazität zur Verfügung.

WINCENTER PRO unterstützt auf der Client-Seite nicht nur Netzwerk-PCs, sondern auch UNIX Workstations und Apple Macintosh-Geräte.

Die Belastung des Netzwerks wird so niedrig wie möglich gehalten, damit beide Maschinen, also Windows NT-Server und Netzwerk-PC, das meiste aus ihrem Aufgabenbereich herausholen können.

Auch MultiMedia-Anwendungen werden von WINCENTER PRO unterstützt. Im Grunde werden alle Möglichkeiten von Windows NT übernommen. Auf dem Client, in diesem Fall der Netzwerk-PC, läuft im Betrieb ohnehin Windows NT. Das Besondere daran ist, daß dieses Betriebssystem von einem Server geladen werden muß, weil es lokal nicht einmal gespeichert werden könnte.

Auch bei WINCENTER kommt es immer darauf an, wie viele Benutzer auf den Server Zugriff haben sollen. Wenn es sich um viele Benutzer handelt, so sollten Sie eine Mehrprozessor Maschine überlegen oder die Leistung auf mehrere Server aufteilen. Der gleichzeitige Zugriff von zahlreichen Benutzern macht sich sofort bemerkbar, denn auch sehr gut ausgerüstete PCs können in der Kapazität keineswegs mit Großrechnern verglichen werden. Wenn schon die Clients weniger Rechenkapazität benötigen, dann dürfen Sie nicht an der Server-Hardware sparen.

2.6.3 Belastungen

Bei den Herstellern ist im Augenblick helle Begeisterung auszumachen, wenn die Rede vom Netzwerk-PC ist. Glaubt man manchen Presseaussendungen, dann hat die Computer-Industrie schon wieder ein Rad erfunden.

Die Versprechungen klingen ja gut, denn die Erleichterungen auf der Administratorseite und die Kosteneinsparung auf der Client-Seite sind unübersehbar. Dennoch halte ich allzu viel Euphorie für verfrüht.

Eine gewisse Gefahr besteht darin, daß Netzwerk-PCs unterdimensioniert gekauft werden. Das Angebot beschreibt die Geräte in der Regel zwar sehr genau, und es liegt auf der Hand, welches Gerät für welche Anwendung geeignet ist, doch ich sehe es schon kommen, daß Geräte für Textverarbeitung angeschafft werden, und dann kommt irgendein Abteilungsleiter auf die Idee, daß man damit ja doch MultiMedia machen möchte.

Einen solchen Netzwerk-PC kann man bei dieser Entscheidung eigentlich nur mehr wegwerfen und ersetzen. Achten Sie beim Kauf von Netzwerk-PCs unbedingt darauf, ob sie aufrüstbar sind, und wenn das nicht der Fall ist, überlegen Sie sehr genau, für welches Einsatzgebiet Sie die Geräte benötigen. Kaufen Sie unter gar keinen Umständen unterdimensionierte Geräte. Sonst wird der Ausflug in die Welt des Netzwerk-PCs ein teurer Spaß.

Darüber hinaus möchte ich auf die Belastung des Netzwerks hinweisen. In vielen Diskussionen mußte ich die Erfahrung machen, daß die meisten Firmen überhaupt nicht an das Netzwerk denken.

In den meisten Unternehmen werden entweder 10 Mbit-Ethernet- oder 16 Mbit-Token Ring-Verkabelungen eingesetzt. Für den üblichen Datenaustausch, die Zugriffe auf Datei- und Druckserver und die notwendige Netzwerkverwaltung mag das ja ausreichen, doch wie sehr ändert sich alles, wenn plötzlich ganze Betriebssysteme über das Netzwerk geladen werden und die Programme nur mehr zu einem Teil auf den lokalen Maschinen laufen?

Niemand sollte die Netzwerkbelastung bei Netzwerk-PCs unterschätzen. Eine Umgebung mit zweitausend Benutzern mit Netzwerk-PCs über 16-Mbit-Leitungen zu fahren, halte ich für einen ausgemachten Blödsinn.

Auch 100 Mbit-Leitungen müssen bei so vielen Benutzern sehr geschickt verlegt werden, daß es keine groben Probleme gibt. Und noch Schnelleres hat sowieso niemand, denn wer kann sich eine Firmenverkabelung auf ATM-Basis leisten?

Gewiß, in vielen Fällen wird man mit 100 Mbit-Leitungen auskommen müssen, doch auch bei einhundert bestehenden Benutzern stellt das Herausreißen und Ersetzen der gesamten Netzwerkverkabelung einen erheblichen Aufwand dar.

3 Integration in heterogene Netzwerke

Windows NT ist keineswegs das erste Betriebssystem, das Firmen anschaffen, und das wird vermutlich auch so bleiben. Wo Windows NT zum Einsatz kommt, gibt es bereits bestehende Netzwerke. Eingesetzt wird eine Vielzahl an Systemen, beginnend mit Großrechnern bis herab zu den Notebooks der Außendienstmitarbeiter.

Daß bestehende Netzwerke abgestellt und entfernt werden, ist wohl eine Illusion. Selbstverständlich gibt es auch Unternehmen, die einen vollständigen Umstieg auf Windows NT planen, doch wo verantwortungsvolle Netzwerkbetreuer mitreden können, wird ein solcher Umstieg gut vorbereitet und findet nicht abrupt, sondern allmählich statt.

So kommt es also, daß Windows NT entweder in einer Übergangsphase oder für immer in einem Netzwerk mitspielt, wo bereits andere sind. Jeder Administrator ist jetzt daran interessiert, Windows NT in das stehende Netzwerk so gut wie möglich zu integrieren.

Windows NT soll mit anderen Systemen zusammenspielen. Das Netzwerk soll geteilt werden, Daten müssen zwischen den Systemen ausgetauscht werden, und wenn Software eingesetzt wird, die für mehrere Plattformen zur Verfügung steht, ist das gewiß kein Fehler.

Im Idealfall kann auch die Verwaltung des Netzwerkes zentralisiert werden. Mehrere Plattformen mit jeweils eigenständiger Verwaltung fortzuführen, ist mühsam, kostet Zeit, Geld und Nerven.

Die Integration von Windows NT in bestehende oder bereits heterogene Netzwerke stellt den Administrator vor mehrere Aufgaben: es gilt, mehrere Client-Plattformen zu vereinen, verschiedene Server-Systeme zu kombinieren und die Verwaltung des gesamten Netzwerkes so einfach wie möglich zu halten.

3.1 Gemischte Client-Umgebungen

Wenn Windows NT-Maschinen als Clients eingeführt werden, bleibt eine Server-Umgebung bestehen. Es muß also Mechanismen geben, Windows NT mit anderen Netzwerkbetriebssystemen zu kombinieren.

Die Zusammenarbeit mit den anderen Clients im Netzwerk stellt dabei nur sehr selten ein Problem dar, weil die Verwaltung über die Server läuft. Darüber hinaus besitzt Windows NT so gute Peer-Fähigkeiten, daß einem Zusammenspiel mit anderen Systemen kaum etwas im Weg steht.

Grundsätzlich muß man jedoch damit rechnen, daß Windows NT nicht alle Stärken entfalten kann, wenn ein anderes Betriebssystem auf der Server-Seite eingesetzt wird. Das ist keine Schwäche des Netzwerkbetriebssystems, sondern liegt am verschiedenen Aufbau der Systeme. Windows NT Server arbeitet nun einmal am besten mit Windows NT Workstation zusammen.

Microsoft hat sich darum bemüht, daß es so ist, und deshalb kann manches nur in dieser Kombination ausgespielt werden. Trotzdem sollte man nicht vergessen, daß andere Netzwerkbetriebssysteme mitunter Funktionalitäten aufweisen, die Windows NT nicht hat.

3.2 Gemischte Server-Umgebungen

Wenn Sie Windows NT Server einführen, bleiben in der Regel die Client-Maschinen erhalten. Der Server muß also in der Lage sein, mit Clients umzugehen, auf denen andere Betriebssysteme als NT laufen.

Was die bisher verwendeten Server betrifft, gibt es verschiedene Varianten. Manche Firmen wollen Windows NT als zusätzliches Server-Betriebssystem nützen, andere wollen nach und nach auf Windows NT umsteigen, und wieder andere wollen die bestehenden Server durch Windows NT ersetzen.

Jede dieser Vorgangsweisen erfordert unterschiedliche Funktionen. Windows NT könnte verwendet werden, um mit anderen Netzwerkbetriebssystemen zusammenzuspielen oder um die Verwaltung von bestehenden Servern so komplett wie möglich zu übernehmen.

Microsoft stellt sich Windows NT Server nicht ausschließlich als alleiniges Netzwerkbetriebssystem vor. Jedes System hat seine Meriten, und eine Kombination könnte für alle vorteilhaft sein. Daß Windows NT andere Welten verbindet und zusammenschweißt, ist kein Hirngespinst, sondern eine reelle Möglichkeit, die Microsoft vorsieht und fördert.

3.3 Lokale Benutzerkonten

Wenn Sie in Ihrem Netzwerk auch Server mit anderen Betriebssystemen als Windows NT haben, also etwa Novell NetWare, IBM LAN Server oder Warp Server oder diverse UNIX-Server-Systeme, dann können Sie den Benutzern dieser fremden Systeme sogenannte *lokale Benutzerkonten* zuordnen. Diese Benutzerkonten sind sehr einfach zu definieren, weil es sich lediglich um eine Zusatzoption bei ganz gewöhnlichen Benutzerkonten handelt. Der Hintergrund dieser Variante ist, daß lokale Benutzerkonten etwas veränderte Grundrechte haben.

Lokale Benutzerkonten können nicht für die lokale Anmeldung an Windows NT Server oder Windows NT Workstation-Computern verwendet werden. Die Benutzer können sich an Windows NT in diesem Fall nie direkt anmelden. Die Anmeldung wird verweigert, egal, ob es lokal an einer Maschine oder an einer Domäne probiert wird.

Ansonsten weisen die Konten kaum Unterschiede zu anderen Benutzerkonten auf. Sie können über das Netzwerk auf Windows NT Server- oder Windows NT Workstation-Computer zugreifen, sie können globalen und lokalen Gruppen hinzugefügt werden, und es können ihnen Dateiberechtigungen und Rechte zugewiesen werden.

Ein weiterer Unterschied zu anderen Konten liegt darin, daß in einer Domäne erstellte lokale Konten nicht in Domänen verwendet werden können, die dieser Domäne vertrauen. Die Verwendung eines lokalen Kontos ist auf eine einzige Domäne beschränkt, nämlich auf jene, in der das lokale Konto erstellt wurde.

Lokale Konten werden dann erstellt, wenn Benutzer fremder Domänen Zugriff auf eine Windows NT-Domäne haben sollen, ihre direkte Anmeldung an Windows NT-Maschinen aber unterbunden werden muß. Außerdem ist die Definition von lokalen Konten notwendig, falls sich LAN Manager-Server in der Domäne befinden und die Benutzer anderer, vertrauter Domänen auch auf diese LAN Manager-Server Zugriff haben sollen.

Lokale Benutzerkonten werden in der gleichen Weise wie reguläre Benutzerkonten erstellt. Die einzige Ausnahme ist, daß Sie beim Erstellen des Kontos die Schaltfläche KONTEN im Dialogfeld NEUER BENUTZER im BENUTZER-MANAGER FÜR DOMÄNEN verwenden, um das Konto als lokales Konto zu kennzeichnen.

Integration in heterogene Netzwerke 55

Um ein lokales Konto zu definieren, rufen Sie zuerst den BENUTZER-MANAGER FÜR DOMÄNEN auf. Wählen Sie das Menü BENUTZER-NEUER BENUTZER. Im unteren Bereich des Dialogfensters stehen die Schaltflächen mit den verschiedenen Optionen.

Sie müssen nun auf die Schaltfläche KONTO klicken und erhalten ein weiteres Dialogfenster. Unterschieden wird zwischen »Domänen-Konten« und »lokalen Konten«. Letzteres wird aktiviert.

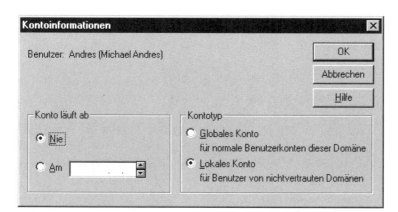

Bild 3.1:
Erstellung eines lokalen Kontos

Wenn Sie die Liste des BENUTZER-MANAGERS FÜR DOMÄNEN betrachten, werden Sie feststellen, daß lokale Konten ein anderes Symbol erhalten.

Das Symbol lokaler Benutzerkonten zeigt links hinter dem Kopf einen kleinen PC-Monitor. Damit kennzeichnet Windows NT, daß es sich nicht um ein gewöhnliches Benutzerkonto handelt.

Auf diese Art und Weise erkennen Sie auf den ersten Blick, welche Konten zur Domäne gehören und bei wem es sich um ein lokales Konto handelt. Das kann sehr wichtig sein, wenn Sie eine Netzwerkumgebung mit vielen verschiedenen Systemen haben, wo die Sicherheitseinstellungen eine große Rolle spielen.

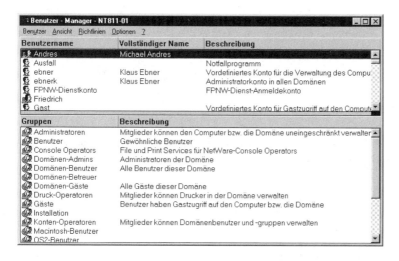

Bild 3.2:
Anzeige lokaler Konten

Versucht ein solcher Benutzer, sich direkt an einer Windows NT-Maschine anzumelden, erhält er eine Fehlermeldung. Diese sieht so aus, als hätte er sich beim Kennwort vertippt. Tatsache ist jedoch, daß ein lokaler Benutzer nur dann Zugriff auf das Gerät bekommt, wenn er sich beispielsweise in einer OS/2-Domäne anmeldet und dann über das Netzwerk auf die für ihn freigegebenen Ressourcen der Windows NT-Domäne zugreift.

Geben Sie acht, daß Sie nicht aus Versehen ein lokales Benutzerkonto definieren. Wie gesagt, lokale Benutzerkonten können sich nicht direkt an der NT-Domäne oder an der Windows NT Workstation, auf der ihr lokales Benutzerkonto definiert wurde, anmelden!

3.4 Netzwerkverkabelung

Die Verkabelung ist nicht Gegenstand dieses Buches, da man über dieses Thema ein eigenes Buch schreiben könnte.

Sie sollten jedoch wissen, inwieweit die Verkabelung jene Möglichkeiten und Techniken beeinflußt, mit denen wir uns in *Heterogene Netzwerke mit Windows NT* beschäftigen.

Heutige Netzwerke verwenden Ethernet- und Token Ring-Verkabelungen, wobei auf Apple-Seite noch Local Talk hinzukommt. Obwohl es verschiedene Topologien gibt, wird heute zumeist eine sternförmige Verkabelung verwendet.

Bei Token Ring-Netzwerken ist die Sternstruktur mit Hilfe von Hubs bereits Tradition, wobei Ethernet-Verkabelungen erst in letzter Zeit von der ursprünglichen Bus-Struktur immer mehr auf die Stern-Topologie einschwenken, um mit dem Ausfall einzelner Geräte besser umgehen zu können.

Alle diese Topologien verwenden geschirmte und ungeschirmte Drillkabel oder Koaxialkabel. Bei Hochgeschwindigkeitsverbindungen und Backbones kommt häufig eine Glasfaserverkabelung zum Einsatz. Noch schnellere Verbindungen werden heute mit ATM realisiert.

Diese Techniken sind für LAN-Verbindungen wichtig. Bei WANs sieht es teilweise anders aus, und die Standards sind unterschiedlich.

Für die Verwendung der Netzwerkbetriebssysteme gibt die Verkabelungstechnik keinen Ausschlag. Die Netzwerkverkabelung ist im OSI-Referenzmodell auf der untersten Stufe, in der *Physischen Schicht* zu finden. Entscheidend sind hier die Netzwerkkarte und der Treiber, der für diesen Adapter verwendet werden muß.

Die einzige Auswirkung, welche die Netzwerkverkabelung auf das Netzwerkbetriebssystem hat, ist die Schnelligkeit, mit der Daten übertragen werden können. Das ist natürlich sehr vereinfacht formuliert, doch alle Merkmale, die mit dem Kabel und der Übertragungstechnik zu tun haben, wirken sich letztendlich auf diese Schnelligkeit aus. Und Schnelligkeit ist das, was für den Benutzer, der vor dem Bildschirm sitzt, zählt.

4 Verbindung zu Windows 95-Clients

Im Vergleich der beiden Systeme Windows NT und Windows 95 läßt sich beobachten, daß Microsoft zur Zeit beide Systeme als strategische Plattformen betrachtet, wobei die Betonung eindeutig auf Windows 95 liegt.

Grundsätzlich bezeichnet Microsoft Windows 95 als das Betriebssystem für den gesamten Massenmarkt sowie für Endanwender in Firmen. Somit steht Windows 95 in direkter Nachfolge zu DOS/Windows und Windows für Workgroups.

Windows 95 befindet sich daher am unteren Ende der Leistungsskala der Microsoft Betriebssysteme, da Windows für Workgroups offiziell ja nicht mehr unterstützt wird.

Microsoft empfiehlt Windows 95 als System für ältere Computer, aber auch für Notebooks. Allein die Plug and Play-Fähigkeiten von Windows 95 führen zu einer besseren Unterstützung von Hardware, die nicht von großen EDV-Abteilungen gewartet werden kann.

Massenmarkt- und Endanwender-Geräte bei Firmen sind also eine gemeinsame Zielgruppe für Microsoft Windows 95. Dementsprechend intensiv sieht die Unterstützung des Herstellers aus, was sich in Produkten einerseits und einer starken Präsenz im Internet andererseits ausdrückt.

Microsoft propagiert Windows NT Workstation als High-End-Workstation, als Betriebssystem für Grafikanwendungen und Firmensoftware, die hohe Ressourcen voraussetzen. Selbstverständlich kann Windows NT Workstation auch von Endanwendern und RAS-Anwendern eingesetzt werden, doch empfiehlt Microsoft in vielen Fällen eher Windows 95.

Im Server-Bereich befindet sich Windows NT Server. Ein Betriebssystem mit robuster Architektur und zahlreichen Sicherheitsmechanismen. Hier gibt es gar keine Diskussion, und Windows NT Server ist das einzige Server-Betriebssystem, das Microsoft anbietet.

NT Server und NT Workstation sind vom Grundaufbau her identisch, allerdings gibt es Unterschiede im Leistungsumfang. NT Server enthält zusätzliche Programme und Möglichkeiten und kann beliebig viele Clients in direkter oder entfernter Anbindung verwalten, während NT Workstation hier Einschränkungen aufweist. Im direkten Vergleich mit Windows 95 steht eigentlich nur Windows NT Workstation, nicht jedoch der Server.

Für Unternehmen kann eine Kombination von Windows NT und Windows 95 eine ideale Ergänzung darstellen. Vor allem bei Neuanschaffungen sollte diese Aufteilung allerdings gut überlegt werden. Es ist keinesfalls so, daß Windows NT in jeder Beziehung das bessere Betriebssystem wäre, nein, in manchen Situationen ist es genau umgekehrt. Sie sollten ganz genau herausarbeiten, worauf es in Ihrer Firma oder in bestimmten Bereichen Ihrer Firma ankommt. Und dann müssen Sie diese Anforderungen mit dem Leistungsumfang beider Systeme, also von Windows NT Workstation und von Windows 95, vergleichen.

Windows 95 auf Client-Maschinen, die mit weniger Hardware-Ressourcen auskommen als entsprechende NT-Maschinen, und NT Server als sichere und leistungsfähige Server-Plattform mit zentraler Benutzer- und Ressourcen-Verwaltung; so könnte ein gemischter Einsatz aussehen.

Bei Notebooks kommt es darauf an, wie welcher Stellenwert der lokalen Sicherheit zukommt. Müssen empfindliche Daten geschützt werden, so ist hier Windows NT Workstation zu bevorzugen, allerdings muß berücksichtigt werden, daß in diesem Fall entsprechende Hardware-Ressourcen zur Verfügung gestellt werden. Das bedeutet also Pentium-Prozessoren (empf. ab ca. 100 MHz) und mindestens 32 MB RAM auch für Notebooks.

Windows 95 kommt auf Notebooks mit weit weniger Ressourcen aus, und die RAS-Verbindung zu NT Server kann genauso hergestellt werden wie mit NT Workstation, allerdings bietet Windows 95 keinerlei lokale Sicherheit.

Standardmäßig unterstützt Windows 95 den Stromsparmodus von Notebooks, während das bei Windows NT nicht der Fall ist. Viele Hersteller von Notebooks bieten aber die fehlenden Treiber auch für Windows NT an. Diese werden normalerweise automatisch ausgeliefert, wenn Sie ein Notebook mit vorinstalliertem Windows NT kaufen. Wenn Sie Windows NT nachträglich installieren wollen, sollten Sie sich mit dem Hersteller in Verbindung setzen, um die Treiber für den Stromsparmodus zu erhalten.

Windows 95 hat, ähnlich wie Windows NT, Netzwerkfunktionalitäten eingebaut. Im Vergleich sind diese Funktionalitäten mit jenen von Windows NT sehr ähnlich, wenn nicht sogar identisch.

Eine Reihe von Netzwerkprotokollen wird unterstützt. Darunter vor allem die drei Kernprotokolle NetBEUI, IPX/SPX und TCP/IP. Für Netzwerkdrucker und Großrechner-Anbindungen gibt es auch ein DLC-Protokoll. Die Zusammenarbeit mit Apple Macintosh ist standardmäßig nicht vorgesehen. Mit Hilfe von Windows NT Server kann jedoch auch in diese Richtung bis zu einem gewissen Grad erweitert werden. Für eine direkte Anbindung von Windows 95 an Apple Macintosh benötigen Sie Zusatzsoftware wie beispielsweise DAVE von Thursby.

Auf der Client-Seite stehen der Microsoft-Client für die Anbindung an NT sowie der NetWare-Client zur Verfügung. Weitere Unterstützungen sind für DEC VAX Pathworks und UNIX gedacht, allerdings erfordert deren Installation eine Diskette mit den notwendigen Dateien. Der Microsoft-Client kann neben der Anbindung an NT-Domänen auch für OS/2-Domänen verwendet werden, und auf der NetWare-Seite gibt es auch eine eigene Client-Software von Novell.

Standardmäßig enthält Windows 95 ein Peer-Netzwerk. Dazu werden lediglich andere Peer-Systeme benötigt. Darunter fallen Windows NT, Windows 95, Windows für Workgroups, IBM OS/2 Warp Connect und Warp 4 sowie Artisoft LANtastic. Freigaben funktionieren unter Windows 95 genauso wie unter Windows NT. Diese Freigaben können in Peer-Netzwerken kennwortgesteuert gemacht werden. Wenn Sie Windows 95 in eine Domäne geben, ist es möglich, Berechtigungen für die Benutzer und die Gruppen der Domäne zu definieren.

Über diverse Einstellungen kann Windows 95 so konfiguriert werden, daß die Überprüfung des Benutzers von einer NT-Domäne vorgenommen wird. In diesem Fall erfolgt die Anmeldung direkt in der Domäne.

Windows 95 kann NT-Domänen für den Zugriff auf Dateiressourcen sowie auf Drucker verwenden. Darüber hinaus können die beiden Systeme über eine RAS-Verbindung zusammengeschlossen werden.

Viele Funktionalitäten, vor allem im Zusammenhang mit NT-Domänen, müssen in der Regel extra in Windows 95 eingestellt werden, weil dies nicht zur Grundeinstellung gehört. So ist das Konzept quasi umgedreht. Während in Windows NT manche Funktionalitäten höchstens ausgeschaltet werden können, muß man sie in Windows 95 erst einmal dazuinstallieren.

4.1 Übersicht Windows 95

Windows 95 ist ein 32-Bit-Betriebssystem, allerdings nur, solange ausschließlich 32-Bit-Windows-Software verwendet wird. Die Systemarchitektur ist auf 32 Bit aufgebaut und ähnelt an manchen Stellen der Architektur von Windows NT.

Auch Windows 95 besitzt präemptives Multitasking und Speicherschutz für die Anwendungen. Wenn Sie jedoch 16-Windows- und DOS-Programme einsetzen, funktioniert beides nicht immer. Windows 95 wurde mit Rücksicht auf 16-Bit-Windows- und DOS-Programme entwickelt und erweist sich in vielen Situationen als derart kompatibel, daß man sich auch die Probleme der alten Systeme einhandelt.

Diese Problematik braucht Sie jedoch erst dann zu kümmern, wenn es nicht möglich ist, ausschließlich 32-Bit-Programme zu verwenden.

Die Software, die unter Windows 95 verwendet wird, ist zumeist mit jener für Windows NT identisch, weil es im Grunde nur sehr wenig originäre Programme für Windows NT gibt. Die Windows 95-Schnittstelle Win32c wurde zu Windows NT 3.51 hinzugefügt; seither laufen die meisten Windows 95-Programme auch unter NT, womit einem Software-Mangel rechtzeitig entgegnet wurde.

Als Dateisystem wird eine *File Allocation Table*, *FAT* verwendet. Zwar handelt es sich dabei um die von Windows für Workgroups her bekannte VFAT, doch weist diese lediglich Verbesserungen bei der Verwaltung auf. Die Grundprobleme, nämlich eine starke Fragmentierungsanfälligkeit der Dateien und Platzverschwendung auf großen Datenträgern, wurden beibehalten.

Der Platzverschwendung trat Microsoft mit dem FAT32-Dateisystem entgegen. Dieses ist bisher jedoch nur in OEM-Versionen von Windows 95 enthalten. Es kann auf Partitionen mit mindestens 512 MB verwendet werden und reicht bis 8 GB. Die Cluster-Größe, das ist die kleinste logische Einheit, die von einer Datei verwendet werden kann, beträgt bei FAT32 immer 4 KB.

Der Nachteil, den man sich mit FAT32 einhandelt, ist, daß ausschließlich die neueste Version von Windows 95 darauf zugreifen kann. Wenn Sie auf derselben Maschine auch Windows NT installiert haben, spricht der Festplatten-Manager lapidar von einer »unbekannten Partition«.

Den Nachteil des FAT-Dateisystems sollte man im Auge behalten, wenn eine Entscheidung zwischen Windows 95 und Windows NT getroffen werden muß.

Im Gegensatz zu Windows NT gibt es in Windows 95 viel mehr Möglichkeiten beim Multimedia-Einsatz. Dies führte dazu, daß heute auch viele professionelle Multimedia-Programme für Windows 95, aber nicht für NT entwickelt werden.

Da die Schnittstellen nicht ganz identisch sind, kommt es immer wieder vor, daß Multimedia-Programme, die für Windows 95 entwickelt wurden, unter Windows NT nicht lauffähig sind. Das trifft auch Spiele, die manchmal unter Windows NT Probleme machen oder überhaupt nicht laufen, weil sie Multimedia-Einrichtungen verwenden, die nur in Windows 95 vorhanden sind.

Windows 95 ist das Betriebssystem für den Massenmarkt. Microsoft möchte PCs, die im Heimmarkt verwendet werden, mit diesem System ausstatten. So ist Windows 95 auch ein Einbenutzersystem, das über keinerlei Sicherheitsmechanismen verfügt. Erst wenn Sie Windows 95 vernetzen und gezielt konfigurieren, können Merkmale gewonnen werden, die eigentlich für Windows NT typisch sind.

Windows 95 ist ein Betriebssystem, auf dem Spiele gut laufen. Das ist für den Massenmarkt wichtig. Das System wurde so programmiert, daß nicht nur Entwickler von Windows-Spielen alle Möglichkeiten vorfinden, die sie benötigen, sondern auch der Ablauf von DOS-Spielen gewährleistet ist, die noch immer einen riesigen Marktanteil haben. Im Extremfall kann Windows 95 sogar im sogenannten *DOS-Modus* gestartet werden. Das System sieht dann wie ein traditionelles DOS ohne grafische Oberfläche aus.

Auf der anderen Seite bewirbt Microsoft Windows 95 durchaus auch als Client-System in Firmen. Das System punktet vor allem mit niedrigeren Hardware-Anforderungen, als Windows NT sie stellt.

Programme wie Microsoft Office sind für Windows 95 optimiert. Ob sie solche Office-Programme unter Windows 95 oder unter Windows NT einsetzen, ist vom System her gesehen fast egal.

Trotzdem gibt es in der Praxis ein unterschiedliches Multitasking-Verhalten, und wenn DOS-Programme ebenfalls eine Rolle spielen, neigt Windows 95 viel eher zu Systemabstürzen, während DOS-Programme das Windows NT-Betriebssystem nicht beeinträchtigen können.

Die Oberfläche von Windows 95 ist mit jener von Windows NT 4.0 identisch. Eigentlich ist es ja umgekehrt, denn in Windows NT wird die Oberfläche als *Windows 95-Oberfläche* bezeichnet. Unter diesem System wurde sie auch erstmals veröffentlicht.

Unterschiede gibt es lediglich im Detail. Wer als Administrator beide Systeme betreut, muß damit rechnen, daß viele Einzelheiten nicht identisch sind. Das betrifft den Aufbau der Objekte in der Systemsteuerung genauso wie die Netzwerkkonfiguration oder die Einrichtung eines RAS-Dienstes.

Diese Oberfläche wird sich in den nächsten Versionen der Systeme wieder ändern. Sowohl Windows 98 als auch Windows NT 5.0 werden eine gemeinsame Oberfläche besitzen, die der Bedienung von Web Browsern nachempfunden wird.

Alle Konfigurationsdaten werden in der *Registrierungsdatenbank* gespeichert. Diese besteht aus mehreren Teilen. Auf die Registrierung kann mit dem Programm REGEDIT.EXE zugegriffen werden, das in der Bedienung dem gleichnamigen Programm unter Windows NT entspricht.

Da Windows 95 über keinerlei Sicherheitseinrichtungen verfügt, kann einem Benutzer der Zugriff auf die Registrierung kaum verwehrt werden. Die einzige Möglichkeit, die Administratoren haben, sind die Systemrichtlinien, die man auch für Windows 95-Maschinen definieren kann. Mit Hilfe von Richtlinien ist es sehr wohl möglich, den Zugriff der Benutzer auf das System einzuschränken.

Gegen die manchmal verbreitete Unart, Systeme mit Hilfe von DOS-Startdisketten zu »knacken«, helfen bei Windows 95 nur mehr ein gutes Computer-BIOS oder Zusatzhardware.

Windows 95 ist zwar das »kleinere« System, allerdings sollte man nicht dem Irrtum verfallen, es für viel einfacher als Windows NT Workstation zu halten. Es gibt zwar keine Sicherheitseinrichtungen und kein NTFS, doch ansonsten sind die Möglichkeiten sehr ähnlich, und die Einbindung einer Windows 95-Maschine ins Netzwerk kann genauso viele Probleme machen wie jene von Windows NT.

4.2 Identifikation der Maschinen

Im Netzwerk muß jede Maschine mit einem eindeutigen Namen identifizierbar sein. Windows 95 verwendet, ebenso wie Windows NT, NetBIOS-Namen, die als *Computernamen* bezeichnet werden. Sie finden die aktuellen Einstellungen in den EIGENSCHAFTEN der Netzwerkumgebung.

Diese Netzwerkeigenschaften sind optisch mit jenen von Windows NT nicht identisch. Auf der ersten Registerseite.KONFIGURATION stehen die Netzwerkkarten, die Dienste und die Protokolle. Unter Windows NT gibt es für jede Gruppe eine eigene Registerseite, während das unter Windows 95 nicht der Fall ist.

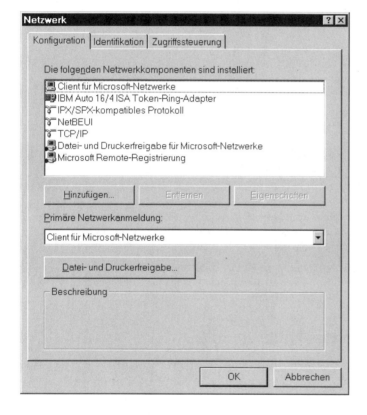

Bild 4.1:
Die Netzwerkkonfiguration

Die Registerseite IDENTIFIKATION enthält den Computernamen. NetBIOS-Namen enthalten maximal 15 Zeichen. Darunter können sich auch Leerzeichen befinden, allerdings ist es hinsichtlich TCP/IP von Vorteil, auf die Leerzeichen zu verzichten.

Die Zugehörigkeit zu einer Arbeitsgruppe wird ebenfalls auf der Seite IDENTIFIKATION eingestellt. Windows 95 könnte gleichzeitig einer Domäne und einer Arbeitsgruppe angehören.

Wenn Sie Windows 95-Maschinen in eine NT-Domäne aufnehmen, sollte der Name der Arbeitsgruppe aber mit dem Domänennamen identisch sein. Andernfalls kann es zu kleineren Problemen kommen; beispielsweise werden Windows 95-Maschinen zumeist nur dann korrekt im SERVER-MANAGER von Windows NT angezeigt, wenn diese Namensgleichheit gilt.

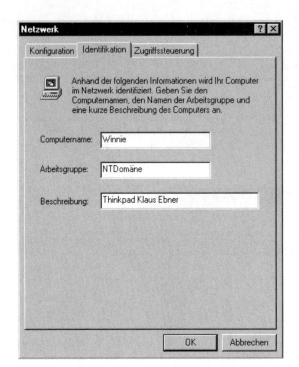

Bild 4.2:
Identifikation einer Windows 95-Maschine

Diese Einstellungen liegen auf Windows 95 offen. Mit anderen Worten: Sie können einen Benutzer nicht daran hindern, den Maschinennamen und die Arbeitsgruppe zu ändern, da eine Sicherheit ähnlich Windows NT nicht vorhanden ist.

Die einzige Möglichkeit, solche Veränderungen zu unterbinden, besteht in einer entsprechenden Konfiguration von Systemrichtlinien. Über die Richtlinien können Sie den Zugang zu den Netzwerkeigenschaften und zur Registrierungsdatenbank sperren.

4.3 Installation des Netzwerks

Das Netzwerk wird üblicherweise während der Installation des Betriebssystems eingerichtet. Wenn das nicht geschehen ist, können Sie dies mit Hilfe der Netzwerk-Eigenschaften nachholen.

Die Netzwerk-Eigenschaften rufen Sie entweder im Kontextmenü der Netzwerkumgebung unter EIGENSCHAFTEN auf oder in der Startleiste. Dort finden Sie die Einstellungen unter START-EINSTELLUNGEN-SYSTEMSTEUERUNG-NETZWERK.

Mit der Schaltfläche HINZUFÜGEN können Sie Netzwerkkarten, Protokolle oder Netzwerkdienste installieren. Viele werden bereits standardmäßig angeboten, wobei auch solche darunter sind, die eine Diskette mit den entsprechenden Treibern verlangen. Manche Dienste, die mit Windows 95 ausgeliefert werden, befinden sich nicht in der Liste, sondern müssen auf der Windows 95-CD gesucht werden. Dazu gehören etwa die Erweiterungen für Domänen, Verwaltungsmöglichkeiten durch Domänen-Administratoren und der Systemrichtlinien-Editor von Windows 95, der mit jenem von Windows NT leider nicht identisch ist.

Bei jeder Änderung im Netzwerkobjekt muß Windows 95 einen Systemstart durchführen. Das ist zwar auch von Windows NT her nicht ganz unbekannt, doch Windows 95 ist dabei unglaublich penetrant.

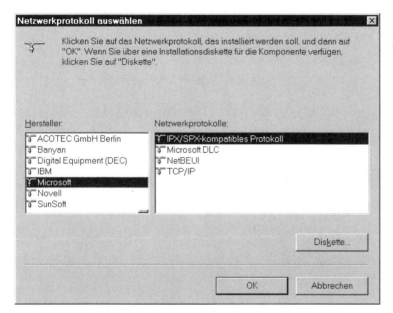

Bild 4.3:
Installation der
Netzwerk-Protokolle

Mehrere Protokolle und Clients können parallel verwendet werden, doch kann es unter Umständen zu Interferenzen kommen. Hier gilt, was auch für Windows NT gilt: deinstallieren Sie das gesamte Netzwerk und installieren Sie danach immer nur einen Teil. Danach erfolgt ein Test. Verläuft der Test positiv, dann kann der nächste Teil installiert werden.

Obwohl das sehr mühsam ist, hat es sich schon oft als die einzige Methode bewährt, Interferenzen zwischen verschiedenen Software-Modulen auf die Schliche zu kommen.

Alle Einträge zum Netzwerk finden Sie in der *Registrierungsdatenbank*. Auf diese haben Sie mit dem Programm REGEDIT.EXE Zugriff.

4.4 Peer-Dienste

Die Peer-Umgebung wird standardmäßig eingerichtet. Sie gehört heute zu Windows-Betriebssystemen genauso wie die Benutzeroberfläche. Normalerweise arbeitet die Peer-Umgebung mit dem Microsoft-Netzwerk zusammen. Unter diesen Begriff fallen aber streng genommen keineswegs ausschließlich Microsoft-Systeme.

Normalerweise eignen sich Peer-Umgebungen nur für kleine Netzwerke. Man spricht hierbei von etwa 10 Maschinen. Wird die Umgebung größer, sollte man einen Server und eine Domäne verwenden.

Interessant ist, daß die Peer-Dienste ja auch in Windows NT immer vorhanden sind. Das gilt nicht nur für die Workstation, sondern auch für den Server. Somit kann jede Windows NT-Maschine sowohl Peer-Server als auch Peer-Client sein. Für Windows 95 gilt genau dasselbe. Diese Funktionalität gewährleistet, daß die beiden Plattformen zumindest auf dieser Ebene immer zusammenarbeiten. Sogar wenn die Arbeitsgruppen bzw. Domänen unterschiedlich sind, wird es immer eine Möglichkeit geben, auf die Ressourcen des anderen mit Hilfe der Peer-Dienste zuzugreifen. Selbstverständlich muß die Konfiguration zusammenpassen; unter Windows 95 genügt zwar eine Freigabe, damit Benutzer, die eine Netzwerkverbindung haben, auf die Ressource zugreifen können, doch unter Windows NT muß unter Umständen sogar das Gäste-Konto aktiviert werden.

Damit Sie Dateiressourcen und Drucker auf Windows 95-Maschinen freigeben können, müssen Sie zuerst die DATEI- UND DRUCKERFREIGABE aktivieren. Dies geschieht in den NETZWERKEIGENSCHAFTEN.

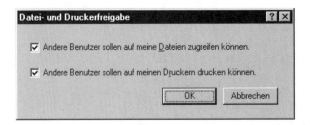

Bild 4.4:
Aktivierung der Freigabemöglichkeit

Erst wenn Sie diese Freigabemöglichkeit aktiviert haben, finden Sie die Menüpunkte FREIGABE bei Ordnern und Druckerobjekten. Nach der Einstellung muß Windows 95 übrigens neu starten.

Dateien und Ordner werden über den EXPLORER freigegeben. Der gewünschte Ordner wird mit der rechten Maustaste angeklickt, und im Kontextmenü befindet sich der Menüpunkt FREIGABE. Damit erstellen Sie einen Freigabenamen, der im Netzwerk sichtbar ist. Andere Benutzer können im Explorer entweder direkt auf die Freigabe zugreifen oder dieser einen virtuellen Laufwerksbuchstaben zuordnen.

Umgekehrt können Sie mit dem EXPLORER Freigaben anderer Rechner anbinden. Das können wiederum Windows 95- oder aber Windows NT-Maschinen sein.

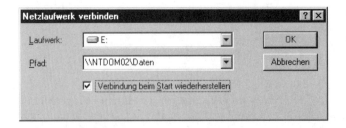

Bild 4.5:
Verbinden zu einer Netzwerkressource

Windows 95 verwendet UNC-Namen. Diese spiegeln den Servernamen und den Freigabenamen wider. Ein UNC-Name für eine Verzeichnisressource könnte etwa folgendermaßen aussehen:

\\NTServ01\Daten

Beachten Sie, daß Sie immer den Servernamen, nicht jedoch den Domänennamen angeben müssen. Mit »Server« ist in diesem Fall nicht nur Windows NT Server, sondern jede Maschine gemeint, die Ressourcen für das Netzwerk freigibt; das kann jede beliebige Windows NT-Maschine sein oder ein Computer mit Windows 95, Windows für Workgroups, Novell NetWare oder OS/2 Warp.

Drucker müssen Sie im Druckerordner freigeben. Diesen finden Sie über das Objekt ARBEITS-PLATZ oder unter START-EINSTELLUNGEN-DRUCKER. Das Druckerobjekt wird ebenfalls mit der rechten Maustaste angeklickt, und im Kontextmenü befindet sich der Menüpunkt FREIGABE.

Wie sieht es mit den Berechtigungen aus? Standardmäßig kann lediglich ein Kennwort definiert werden. Wer die Ressource verwenden will, muß das Kennwort erfragen.

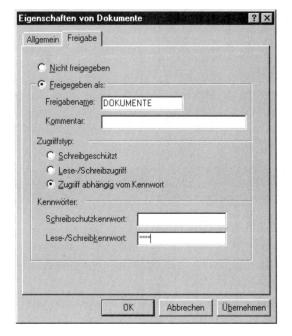

Bild 4.6:
Freigabe mit Kennwortsteuerung

Ein eigenes Sicherheitssystem ist in Windows 95 nicht vorhanden, geschweige denn eine Benutzerverwaltung. Daher ist das vom Benutzer zu definierende Kennwort die einzige Möglichkeit, Ressourcen vor unbefugtem Zugriff zu schützen.

Auf der Windows 95-CD gibt es eine Erweiterung, die den Einsatz von Benutzern und Gruppen ermöglicht. Diese Benutzer und Gruppen kommen von einer Domäne. Deshalb kann in diesem Zusammenhang nicht mehr von einem Peer-Netzwerk gesprochen werden.

Das Peer-Netzwerk überprüft lediglich ein Kennwort oder gibt Ressourcen für alle frei. Wenn Windows 95 in eine Domäne eingebunden wird, können Sie auswählen, ob Freigaben über ein Kennwort oder über die Benutzerberechtigungen der Domäne gesteuert werden sollen.

4.5 Windows 95-Clients an NT

Im NETZWERKOBJEKT wird eingestellt, daß die Überprüfung der Anmeldung von einer Domäne vorgenommen werden soll. Klicken Sie dazu die Registerseite KONFIGURATION an. Die gesuchte Einstellung verbirgt sich hinter CLIENT FÜR MICROSOFT-NETZWERKE. Aktivieren Sie die Einstellungen und tragen Sie den Namen der Domäne ein.

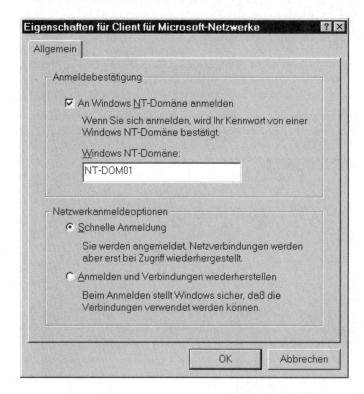

Bild 4.7:
Eintrag der Domäne

Im übrigen funktioniert diese Einstellung nicht nur mit Windows NT-Domänen, sondern auch mit LAN Server- und OS/2 Warp Server-Domänen.

Um die Einstellung zu aktivieren, müssen Sie das System neu starten. Bei der nächsten Anmeldung erhalten Sie ein verändertes Anmeldefenster und müssen sich mit Ihrem Benutzernamen und Kennwort an der Domäne anmelden.

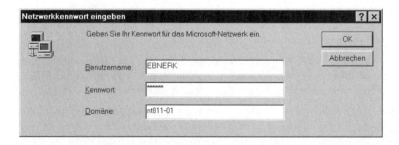

Bild 4.8:
Anmeldung an der Domäne

Wenn der Name unter Windows 95 noch nicht gespeichert wurde, werden Sie danach aufgefordert, Ihr Kennwort für Windows 95 zu bestätigen. Windows 95 legt eine Datei mit dem Namen BENUTZERNAME.PWL an, wobei der »Benutzername« durch den Anmeldenamen des Benutzers ersetzt wird.

Wenn der Name schon vor der Einrichtung der Domäne existiert hat, muß das Kennwort übereinstimmen. Andernfalls müssen Sie das Windows 95-Kennwort extra eintippen, da die Windows-Anmeldung kein zweites Kennwort akzeptiert.

Um ein solches Problem zu bereinigen, löschen Sie die PWL-Datei im Systemverzeichnis. Bei der nächsten Anmeldung müssen Sie das Kennwort zweimal eintippen, damit eine neue PWL-Datei geschrieben werden kann.

Durch die Anmeldung an die Domäne gibt es jedoch nach wie vor keine Sicherheit unter Windows 95. Lokale Sicherheit wird weder vom VFAT- noch vom FAT32-Dateisystem unterstützt, und die Anmeldung kann durch einen Abbruch ganz leicht umgangen werden. Allerdings stehen in diesem Fall keine Netzwerk-Ressourcen zur Verfügung.

Wenn Sie die Anmeldung an die Domäne erzwingen wollen, müssen Sie *Systemrichtlinien* definieren. Dazu ist es jedoch wichtig, den Systemrichtlinien-Editor zu verwenden, der sich auf der Windows 95-CD befindet. Windows 95 besitzt nämlich andere Optionen als Windows NT.

Mit dem Systemrichtlinien-Editor erstellen Sie eine Datei namens CONFIG.POL. Diese kopieren Sie in die NETLOGON-Freigabe der Anmeldeserver. Das ist das Verzeichnis \\WINNT\SYSTEM32\REPL\IMPORT\SCRIPTS. Wichtig ist, daß diese Datei nicht nur in der NETLOGON-Freigabe des Primären Domänen-Controllers, sondern auch aller Sicherungs-Domänen-Controller steht. Das automatisieren Sie am besten mit dem Replikationsdienst.

Wenn Windows 95 bei der Anmeldung eine solche CONFIG.POL findet, wird sie ausgeführt. Sie können darin die Einstellungen für einzelne Benutzer, Gruppen oder Computer definieren. Die erzwungene Anmeldung über die Domäne finden Sie unter den Computer-Einstellungen.

Ist die Anmeldung an die Domäne zwingend vorgeschrieben, dann ist es nicht mehr möglich, daß ein Benutzer beim Anmeldefenster einfach die `Esc`-Taste drückt und im System landet. Versucht er es, dann erhält er eine Fehlermeldung, die ihn darüber aufklärt, daß er sich an der Domäne anzumelden hat.

Die Anmeldung an der Domäne wirkt sich auf alle Netzwerkzugriffe aus, außerdem kommen die Einstellungen zum Zug, die für den jeweiligen Benutzer in der Domäne festgelegt wurden.

Damit gibt es Sicherheitsrichtlinien für Netzwerkzugriffe. Diese sind genauso streng und gültig wie für Anwender, die sich von Windows NT-Maschinen aus anmelden.

4.5.1 Benutzerverwaltung

Die gesamte Benutzerverwaltung wird unter Windows NT vorgenommen. Auf dem Server steht Ihnen dazu das Dienstprogramm BENUTZER-MANAGER FÜR DOMÄNEN zur Verfügung.

Windows 95 kennt keine vergleichbaren Einstellungen oder Programme. Sie haben keine Möglichkeit, Benutzer direkt unter Windows 95 anzulegen. Das gilt selbstverständlich auch für eine reine Peer-Netzwerkumgebung, in der Benutzer nicht zentral, wie etwa auf einem Server, verwaltet werden können.

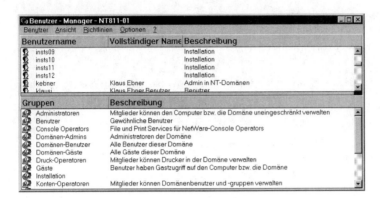

Bild 4.9:
Die Benutzerverwaltung unter Windows NT

Für Administrationszwecke kann der BENUTZER-MANAGER FÜR DOMÄNEN auch auf Windows 95-Maschinen installiert werden. Die Software finden Sie auf der Server-CD.

Grundsätzlich gelten alle Einstellmöglichkeiten, die Sie von Windows NT Server her kennen. Das gilt für Berechtigungen, die in NT-Domänen vergeben werden sowie für Systemrichtlinien, die Zusatzeinstellungen des Kennworts und für Sonderrechte der einzelnen Benutzer. Definieren Sie die Kontorichtlinien und die Grundrechte der Benutzer auf dem Server.

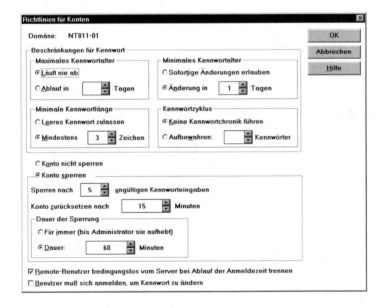

Bild 4.10:
Kontorichtlinien für Domänen-Benutzer

Darüber hinaus gibt es die Möglichkeit, Benutzerprofile und Systemrichtlinien anzulegen. Sie müssen allerdings achtgeben, denn die Benutzerprofile funktionieren nicht genauso wie unter Windows NT.

Die Freigaben werden unter Windows NT im Explorer erstellt und verwaltet. Wenn Sie die Ressourcen von einer Windows 95-Maschine aus verwalten wollen, benötigen Sie den SERVER-MANAGER, von dem eine eigene Version für Windows 95 auf der CD zu Windows NT Server gespeichert ist.

Verbindung zu Windows 95-Clients 69

Bild 4.11:
Server-Manager unter Windows 95

4.5.2 Kennwortänderung

Will ein Benutzer sein Kennwort ändern, dann kann er das selbstverständlich unter Windows 95 tun. Die SYSTEMSTEUERUNG muß aufgerufen werden. Öffnen Sie das Objekt KENNWÖRTER.

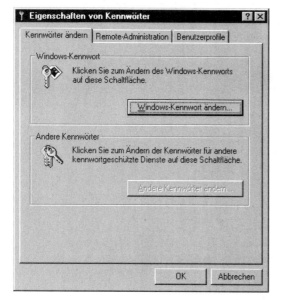

Bild 4.12:
Das Kennwort kann geändert werden

Interessanterweise wird zwischen zwei verschiedenen Kennwörtern unterschieden. Das WINDOWS-KENNWORT ist jenes, das in Windows 95 in Form einer PWL-Datei gespeichert wird. Es dient der Anmeldung an Windows 95 selbst. Wenn die Maschinen keine Clients einer Domäne sind, wird ausschließlich das WINDOWS-KENNWORT verwendet.

Unter ANDERE KENNWÖRTER fällt das Kennwort der Domäne. Je nach dem, ob Sie in einer Windows NT-Domäne, an einem NetWare-Server oder an einer OS/2 Warp Server-Domäne angemeldet sind, kann ein Benutzer an dieser Stelle sein Domänen-Kennwort ändern. Das Kennwort wird in die Benutzerdatenbank des Netzwerkbetriebssystems geschrieben.

Grundsätzlich könnte das Kennwort auch mit dem Kommandozeilenbefehl NET PASSWORD geändert werden, doch ist das in der Kombination Windows 95/Windows NT unnötig und umständlich.

4.5.3 Freigaben unter Windows 95

Zugriffsrechte werden über die Druckersteuerung und den NT-Explorer erteilt. Analog dazu funktioniert auch die Freigabe auf Windows 95-PCs, wenn diese als Peer-Server eingesetzt werden.

Beachten Sie, daß die Rechte auf NT-Geräten doppelt vorhanden sind. Einerseits gibt es die FREIGABE, die bei einem Netzwerkzugriff als erste Instanz entscheidet, und weiters die SICHERHEIT.

Kann über eine Freigabe auf ein Verzeichnis zugegriffen werden, während die NTFS-Sicherheit diesen Zugriff unterbindet, so kann der Benutzer das Verzeichnis nicht öffnen, obwohl er es in der Netzwerkumgebung als Ordner angezeigt bekommt.

Windows 95 kennt ausschließlich Berechtigungen für die Freigabe, nicht jedoch eine lokale Sicherheit. Im Grunde ist das logisch, weil die lokale Sicherheit im NTFS fußt und NTFS für Windows 95 nicht verfügbar ist.

Daß die Freigabe für Benutzer und Gruppen definiert werden kann, muß in der Netzwerkeinstellung definiert werden. Dazu öffnen Sie die NETZWERKEIGENSCHAFTEN und aktivieren die Registerseite ZUGRIFFSSTEUERUNG. Grundeinstellung ist die *Zugriffssteuerung auf Freigabeebene*. Sie benötigen jedoch die *Zugriffssteuerung auf Benutzerebene*. Die Anmeldung an eine Domäne ist dafür natürlich Voraussetzung.

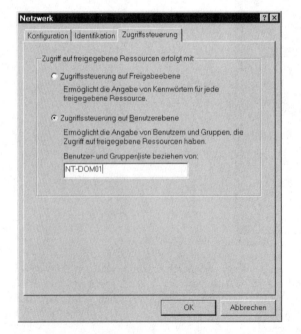

Bild 4.13:
Zugriffssteuerung auf Benutzerebene

Verbindung zu Windows 95-Clients

Hier muß auch angegeben werden, von welcher Domäne die Benutzerliste abgefragt werden soll. Aus diesem Grund können nur Benutzer und Gruppen einer einzigen Domäne berechtigt werden, nicht jedoch von mehreren Domänen und zwar nicht einmal dann, wenn Vertrauensstellungen eingerichtet wurden.

Windows 95 muß wieder einmal neu gestartet werden, doch ab der nächsten Anmeldung können Sie die neue Steuerung einsetzen.

Freigaben werden nach wie vor im WINDOWS-EXPLORER definiert, doch sieht das Dialogfenster jetzt ein wenig anders aus.

Bild 4.14:
Freigabe für Benutzer und Gruppen

Mit der Schaltfläche HINZUFÜGEN können Sie genau einstellen, für welche Benutzer und Gruppen die Freigabe gelten soll.

Windows 95 unterscheidet dabei zwischen drei Grundberechtigungen. Benutzer erhalten Vollzugriff, Lesezugriff oder eine individuelle Einstellung (siehe Bild 4.15).

Da man meistens mit Lese- und Vollzugriff auskommt, sind die Berechtigungen rasch definiert. Wenn Sie doch speziellere Einstellungen benötigen, müssen Sie die Schaltfläche BENUTZERDEFINIERT wählen.

Sie erhalten ein Dialogfenster, in dem Sie noch einmal den schreibgeschützten und den Vollzugriff einstellen können, dann aber auch individuelle Berechtigungen.

Die Berechtigungen erinnern durchaus an Windows NT, allerdings fällt auf, daß eine Einstellung fehlt: KEIN ZUGRIFF ist für Windows 95 kein Thema. Wenn ein Benutzer oder eine Gruppe keinen Zugriff haben soll, dürfen sie ihn oder die Gruppe eben nicht berechtigen. Die Flexibilität, die Windows NT mit diesem negativen Recht erzielt, ist unter Windows 95 nicht verfügbar (siehe Bild 4.16).

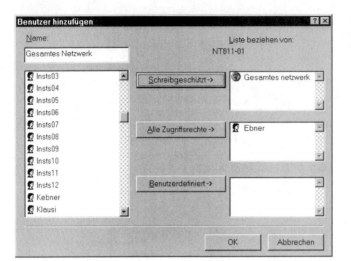

Bild 4.15:
Benutzerberechtigungen für eine Ressource

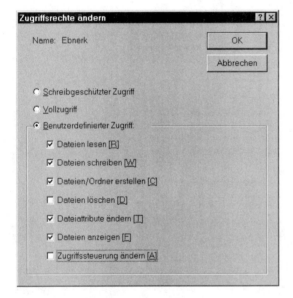

Bild 4.16:
Individuelle Zugriffsrechte

4.5.4 Benutzerprofile

Genauso wie in Windows NT gibt es auch unter Windows 95 Benutzerprofile. Nach einer Standardinstallation ist allerdings nichts davon zu bemerken, weil zuerst einmal eine einzige Einstellung für alle Benutzer gilt.

Wenn Sie individuelle Benutzerprofile ermöglichen wollen, wählen Sie SYSTEMSTEUERUNG-KENNWÖRTER. Auf der Registerseite BENUTZERPROFILE muß BENUTZER KÖNNEN DIE VORGABEN UND DESKTOP-EINSTELLUNGEN ÄNDERN. BEIM ANMELDEN WERDEN DIE INDIVIDUELLEN EINSTELLUNGEN DES BENUTZERS WIEDERHERGESTELLT. aktiviert werden. Darunter befinden sich noch weitere Optionen für die getroffene Einstellung.

Verbindung zu Windows 95-Clients 73

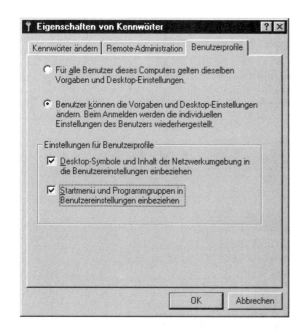

Bild 4.17:
Jedem Benutzer sein Profil

Diese Einstellung wirkt erst nach einem Neustart. Sie werden bei der neuen Anmeldung gefragt, ob Sie ab nun ein veränderliches Benutzerprofil verwenden wollen.

Die Struktur von Benutzerprofilen ist mit jener unter Windows NT identisch. Im Systemverzeichnis wird ein Verzeichnis PROFILES angelegt. Darin befinden sich Verzeichnisse mit den Namen der jeweiligen Benutzer, also beispielsweise \WINDOWS\PROFILES\HANSIK.

Servergestützte Benutzerprofile werden in der Domäne abgelegt. Die Einstellung dafür muß im BENUTZER-MANAGER FÜR DOMÄNEN definiert werden. Servergestützte Benutzerprofile folgen dem Anwender zu jedem Gerät, von dem aus er sich an der Domäne anmeldet. Gerade in großen Netzwerken machen servergestützte Benutzerprofile Sinn, denn es kommt häufig vor, daß Benutzer sich plötzlich von einer ganz anderen Maschine aus anmelden müssen.

Die Einstellung im BENUTZER-MANAGER FÜR DOMÄNEN finden Sie, wenn Sie einen Doppelklick auf dem gewünschten Benutzer machen und dann die Schaltfläche PROFIL anklicken.

Und die folgenden Absätze sollten Sie nicht überspringen, weil Sie meinen, Sie kennen das alles schon von Windows NT, sondern genau lesen.

Servergestützte Benutzerprofile werden für Windows 95-Benutzer **anders** definiert. Sie dürfen nicht den PFAD FÜR BENUTZERPROFIL verwenden, denn diese Einstellung bleibt völlig wirkungslos, wenn sich der Benutzer von Windows 95 aus anmeldet.

Sie müssen statt dessen ein BASISVERZEICHNIS definieren. Legen Sie ein Verzeichnis auf einem der Server an, in dem Sie die servergestützten Profile der Windows 95-Anwender sammeln wollen. Dieses Verzeichnis muß mit VOLLZUGRIFF für die spezielle Gruppe JEDER freigegeben werden.

Dann können Sie das Basisverzeichnis im BENUTZER-MANAGER FÜR DOMÄNEN einstellen. Verbinden Sie einen Laufwerksbuchstaben mit dem Basisverzeichnis und geben Sie den Standort mit einem UNC-Namen an.

Bild 4.18:
Basisverzeichnis
für das Benutzerprofil

Um die Sache abzukürzen, können Sie statt dem Namen des Benutzers einfach »%username%« schreiben. Bereits bei der Bestätigung des Dialogfensters wird dieser Platzhalter in den Namen des Benutzers umgewandelt. Wenn Sie dieses Konto eines Tages kopieren, erstellt Windows NT automatisch ein korrektes Benutzerverzeichnis für den neuen Benutzer.

Das Basisverzeichnis wird auf dem Server angelegt, wenn Sie das Dialogfenster bestätigen. Vergessen Sie allerdings nicht die Freigabe des Hauptverzeichnisses, denn nur so werden die Profile der Benutzer auch geschrieben.

Diese Einstellungen genügen. Wenn sich dieser Benutzer mit Windows 95 anmeldet, wird sein Benutzerkonto automatisch in das Basisverzeichnis geschrieben.

Wichtig ist allerdings, daß die Verwendung von individuellen Benutzerverzeichnissen und die Anmeldung an der Domäne auf der Windows 95-Maschine eingestellt wurden.

Wenn Sie diese Funktionsweise überprüfen wollen, vergessen Sie nicht, den Benutzer zumindest einmal vom System abzumelden. Das Benutzerprofil wird nämlich erst beim Abmelden oder Herunterfahren des Computers geschrieben, nicht jedoch bei der ersten Anmeldung.

Das Benutzerprofil eines Windows 95-Benutzers besteht aus der gleichen Verzeichnisstruktur wie jenes von Windows NT-Benutzern. Die Datei mit den Registrierungseinträgen heißt jedoch USER.DAT.

Sogenannte *verbindliche Benutzerprofile* können vom Benutzer nicht verändert werden. Dazu müssen Sie die Datei USER.DAT auf USER.MAN umbenennen.

Wenn ein Benutzer sich von Windows NT- und von Windows 95-Maschinen aus anmeldet, kann er unmöglich dasselbe Profil verwenden. Möglich ist jedoch, denselben Pfad für das NT-Benutzerprofil und das Basisverzeichnis anzugeben. Die gleichnamigen Ordner werden dann von beiden Systemen verwendet. Besonders nützlich ist das für die Arbeitsoberfläche, denn Dateien, die darauf abgelegt wurden, sind von beiden Systemen aus zugänglich.

Bei den Dateien mit den Registrierungseinträgen gibt es keinerlei Konflikte, weil sie verschiedene Namen haben. NTUSER.DAT gilt für Windows NT, während USER.DAT für Windows 95 gilt. Sie können auch getrost aus beiden verbindliche Profile machen.

Alle Einstellungen, die in diesen beiden Dateien gespeichert werden, sind jeweils nur in einem System sichtbar und können nicht übertragen werden. Ein Beispiel dafür wäre die Farbeinstellung der Oberfläche. Um sie gleich zu halten, müßte man sie jeweils von Windows NT und von Windows 95 aus einstellen.

4.5.5 Systemrichtlinien für Windows 95

Systemrichtlinien wurden zuerst für Windows 95 entwickelt, bevor sie zu Windows NT kamen. Um Systemrichtlinien für Windows 95 festzulegen, benötigen Sie einen Systemrichtlinien-Editor. Sie dürfen jedoch nicht die Version von Windows NT verwenden, da Windows 95 ein anderes Registrierungsformat besitzt.

Der Systemrichtlinien-Editor für Windows 95 befindet sich auf der Windows 95-CD und kann von dort installiert werden. In der Praxis hat es sich als vorteilhaft erwiesen, die Systemrichtlinien unter Windows 95 zu definieren, auch wenn die Richtliniendatei dann auf einen Server unter Windows NT kopiert wird.

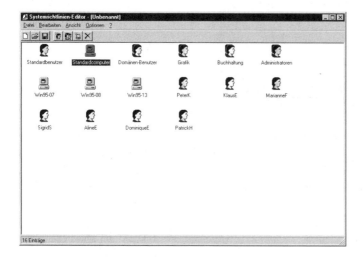

Bild 4.19:
Richtlinien-Editor für Windows 95

Mit Hilfe der Systemrichtlinien können Sie hauptsächlich die Möglichkeiten der Benutzer einschränken. Das betrifft einzelne Zugriffe und kann so weit reichen, daß nicht einmal mehr die Arbeitsoberfläche verwendet werden kann. Sie können mit Hilfe der Richtlinien definieren, daß Benutzer ihre Oberfläche nicht mehr zerstören, den Zugang zur Registrierungsdatenbank unterbinden, nur ganz bestimmte Programme zulassen, firmenweite Grundeinstellungen vorschreiben usw.

Als Administrator haben Sie die Möglichkeit, den freien Zugriff auf das Netzwerk einzuschränken, damit die Anwender nicht wie wild irgendwelche Anbindungen erstellen, die sie überhaupt nicht benötigen (siehe Bild 4.20).

Genauso können die Grundeinstellungsmöglichkeiten beschnitten werden. Die wenigsten Anwender kennen sich mit den Grundeinstellungen aus, und wenn sie wider Erwarten einmal in die Systemsteuerung oder in ein anderes Fenster gelangen, rufen sie recht gern bei der Hotline an. Werden diese Fenster mit Hilfe von Systemrichtlinien gesperrt, dann entfallen die lästigen und unnötigen Anrufe in der EDV-Abteilung.

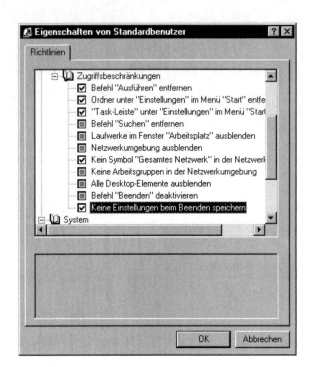

Bild 4.20:
Einschränkungen

Es gibt einen STANDARDBENUTZER und einen STANDARDCOMPUTER. Mit beiden Einstellungen sollten Sie vorsichtig umgehen, denn sie gelten auch für Administratoren, die sich, in diesem Fall, an den Windows 95-Maschinen anmelden.

Besser ist es, einzelne Benutzer, Computer oder auch Gruppen zu definieren. Wenn Sie die Gruppen einstellen, können Sie bestimmte Richtlinien für die Domänen-Benutzer einstellen, wodurch die Administratoren nicht betroffen sind.

Unter STANDARDCOMPUTER finden Sie auch eine Möglichkeit, die Anmeldung an der Domäne für die Windows 95-Maschinen zu erzwingen. Wenn dies aktiv ist, kann ein Benutzer nicht mehr die Esc -Taste drücken, um seine Anmeldung zu umgehen. In diesem Fall gibt das System eine Fehlermeldung aus (siehe Bild 4.21).

Auf diese Weise muß sich ein Windows 95-Benutzer genauso anmelden, wie das bei einem Windows NT-Benutzer der Fall ist. Die Domäne muß natürlich richtig eingestellt sein, und der Benutzer benötigt ein Benutzerkonto in der Domäne.

Daß Benutzer die Anmeldung nicht trotzdem mit einer DOS- oder Windows 95-Startdiskette umgehen, muß über das Computer-BIOS oder hardwaremäßig verhindert werden.

Mit dem SYSTEMRICHTLINIEN-EDITOR speichern Sie Ihre Richtliniendatei unter dem Namen CONFIG.POL. Diese Datei gehört in die NETLOGON-Freigabe der Anmeldeserver.

Diese Freigabe ist in Wirklichkeit das Verzeichnis \WINNT\SYSTEM32\REPL\IMPORT\SCRIPTS. Diese Pfadangabe ist auch im SERVER-MANAGER ersichtlich. Kopieren Sie die Richtliniendatei in dieses Verzeichnis des Primären Domänen-Controllers und sorgen Sie dafür, daß sie sich auch in den gleichnamigen Verzeichnissen aller Sicherungs-Domänen-Controller befindet. Mit Hilfe der *Replikation* kann das automatisiert werden.

Verbindung zu Windows 95-Clients 77

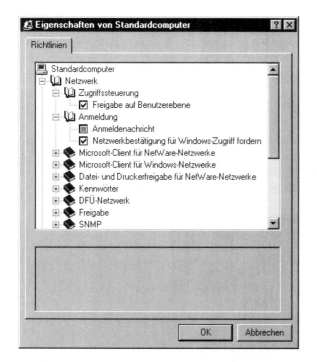

Bild 4.21:
Anmeldung an der Domäne wird erzwungen

Die Kopie auf alle Sicherungs-Domänen-Controller ist deshalb wichtig, weil Sie nicht bestimmen können, von welchem Anmeldeserver ein Benutzer authentifiziert wird.

Wird während der Anmeldung an der Domäne eine CONFIG.POL in der NETLOGON-Freigabe vorgefunden, so kopiert das System die enthaltenen Einstellungen in die lokale Registrierungsdatenbank.

Mit den Windows NT-Richtlinien gibt es keine Konflikte, da die Datei für Windows NT-Clients den Namen NTCONFIG.POL besitzt.

Die Erstellung einer Richtliniendatei müssen Sie von einer Windows 95-Maschine aus vornehmen. Zwar ist es möglich, den Systemrichtlinien-Editor auf eine Windows NT-Maschine zu kopieren, doch leider treten Konflikte auf.

Erstens scheinen die beiden Systemrichtlinien-Editor-Programme, nämlich von Windows 95 und NT, einander Konkurrenz zu machen; das merken Sie auch daran, daß die INFO der Windows 95-Version die Informationen der Windows NT-Version wiedergibt.

Zweitens versucht das Programm in die Registrierung zu schreiben, was von Windows NT verwehrt wird. Sie können allerdings die erste Fassung der Richtliniendatei auf einer Windows 95-Maschine erstellen und diese Datei von einer Windows NT-Maschine aus verwalten. Wichtig ist aber trotzdem, daß Sie den Systemrichtlinien-Editor für Windows 95 verwenden.

4.5.6 Fernwartung von Windows 95

Windows 95 kann in mehrerlei Hinsicht entfernt verwaltet werden, ähnlich wie das bei Windows NT der Fall ist. Dazu müssen allerdings die entsprechenden Vorkehrungen getroffen werden, da die Standardinstallation von Windows 95 nichts dafür vorbereitet.

Unter SYSTEMSTEUERUNG-NETZWERK-ZUGRIFFSTEUERUNG muß die ZUGRIFFSTEUERUNG AUF BENUTZEREBENE eingeschaltet sein. Bei einer Änderung müssen Sie Windows 95 herunterfahren und neu starten.

Unter SYSTEMSTEUERUNG-KENNWÖRTER-REMOTE ADMINISTRATION haben Sie die Möglichkeit, Administratoren oder Gruppen zu bestimmen, denen die Berechtigung der fernen Verwaltung eingeräumt werden sollen. Diese Einstellung ist sehr flexibel gestaltet, so daß Sie nicht unbedingt Administratoren oder Operatoren einsetzen müssen. Jede beliebige Gruppe kann verwendet werden.

Bild 4.22:
Entfernte Verwaltung

Diese Art der Verwaltung kann nicht nur von Windows NT, sondern sogar von anderen Windows 95-Maschinen aus durchgeführt werden.

Grundsätzlich ist es auch möglich, Windows 95-Maschinen fernzuverwalten, wenn diese sich in einer Arbeitsgruppe befinden. Wenn die Anmeldung nicht an einer Domäne erfolgt, sondern nur an Windows 95, dann erscheint das Dialogfenster etwas anders.

In diesem Fall können keine Gruppen oder Benutzer mehr eingestellt werden, da Windows 95 keinerlei Benutzerverwaltung besitzt.

Verbindung zu Windows 95-Clients

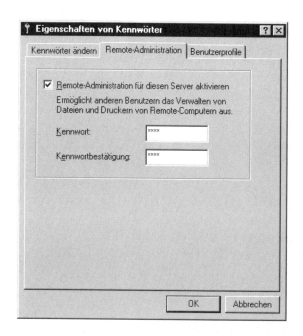

Bild 4.23:
Entfernte Verwaltung im
Peer-Netzwerk

Damit nicht jeder beliebige Benutzer den Rechner verwalten kann, gibt es auch hier die Möglichkeit, einen Kennwortschutz einzusetzen. Dieses Kennwort müssen potentielle Administratoren natürlich kennen.

Um Änderungen in der Registrierungsdatenbank vornehmen zu können, müssen Sie ein weiteres Dienstprogramm installieren, das sich auf der Windows 95-CD befindet.

Rufen Sie dazu das NETZWERKOBJEKT in der Systemsteuerung auf. Auf der Registerseite KONFIGURATION wählen Sie HINZUFÜGEN und DIENST. Geben Sie nun DISKETTE an und verwenden Sie den Pfad ADMIN\NETTOOLS\REMOTREG auf der CD-ROM von Windows 95.

Sie erhalten eine Liste, in der ein Systemdienst angezeigt wird. Wählen Sie den Dienst MICROSOFT REMOTE-REGISTRIERUNG aus.

Sie können die Registrierung von Windows 95 sogar mit den Registrierungs-Editor-Programmen von Windows NT öffnen. Aber seien Sie vorsichtig! Die Formate sind nicht identisch, und im Extremfall könnten Einstellungen zerstört werden. Besser ist es, wenn Sie eine zusätzliche Windows 95-Maschine haben, mit deren Hilfe Sie die Registrierungsdatenbanken der anderen Windows 95-Geräte verwalten (siehe Bild 4.24).

In der Datei MSBATCH.INF finden Sie Hinweise, wie dieser Verwaltungsdienst auch mit Hilfe von Anmeldeskripten eingeschaltet werden kann. Dadurch ist es möglich, zentral gesteuert eine Fernverwaltungsmöglichkeit auf allen Windows 95-Clients einzurichten.

Was leider nicht automatisch zur Verfügung steht, das sind die versteckten Administrator-Freigaben. Wenn Sie die Laufwerke Ihrer Windows 95-Clients als Administrator ansprechen wollen, so wie das bei Windows NT- und sogar OS/2 Warp-Maschinen der Fall ist, müssen Sie diese Freigaben erst einmal erstellen. Das ist zwar sehr mühsam, läßt sich aber nicht vermeiden. Wenn neue Maschinen installiert werden, sollten Sie diese Administratorfreigaben noch vor der Auslieferung an die Anwender erstellen.

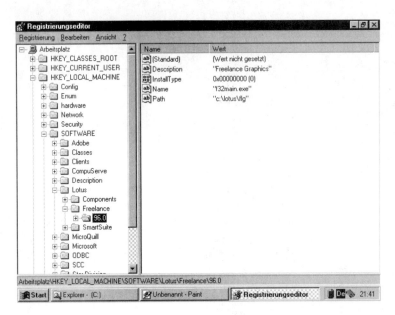

Bild 4.24:
Registrierungs-
Editor von
Windows 95

Unter Windows NT können die Administratorfreigaben automatisch über die Systemrichtlinien erstellt werden. Das ist unter Windows 95 jedoch nicht der Fall! Die entsprechende Einstellung fehlt leider.

Der Systemrichtlinien-Editor von Windows 95 kann auf eine Windows NT-Maschine kopiert werden, allerdings treten häufig Probleme beim Speichern auf. Offensichtlich versucht der Systemrichtlinien-Editor, in die Registrierung zu schreiben, was unter Windows NT verwehrt wird. Deshalb sollten Sie auch hier eine zusätzliche Windows 95-Maschine für die Verwaltung Ihrer Windows 95-Clients haben. Windows NT-Maschinen helfen lediglich bei der Verwaltung von bereits bestehenden Richtliniendateien für Windows 95.

4.5.7 Ressourcen-Zugriff in der Domäne

Die Freigabe wird auf NT-Servern mit Hilfe des Explorers erstellt. Im Kontextmenü jeder Ressource und jedes Druckersymbols finden Sie den Eintrag FREIGABE.

Sie können einzelne Benutzer oder Gruppen zum Zugriff berechtigen. Dabei sind alle Benutzer sowie lokale und globale Gruppen der eigenen Domäne verfügbar. Zusätzlich können Benutzer und globale Gruppen aus vertrauten Domänen gewählt werden.

Normalerweise genügt die Rechte-Vergabe über die FREIGABE. Dennoch kann auch NTFS-Sicherheit definiert werden, die zwar erst in zweiter Instanz zum Zug kommt, dann allerdings Rechte entweder kumuliert oder wieder aufhebt (wenn *Kein Zugriff* definiert ist).

Von einer Windows 95-Maschine aus können Sie die Ressourcen auf NT-Rechnern dann freigeben, wenn Sie die NT-Verwaltungsprogramme installieren, die sich auf der Windows NT Server-CD im Unterverzeichnis \CLIENTS\SRVTOOLS\WIN95 befinden.

Um diese Dateien auf einer Windows 95-Maschine zu installieren, öffnen Sie den Ordner \CLIENTS\SRVTOOLS. Darin befindet sich die Datei SRVTOOLS.INF. Im Kontextmenü dieser Datei klicken Sie auf INSTALLIEREN. Der Rest geht praktisch von alleine.

Ressourcen werden mit Hilfe des SERVER-MANAGERS freigegeben. Klicken Sie dazu den gewünschten Server an und öffnen Sie das Menü COMPUTER-FREIGABE ERSTELLEN.

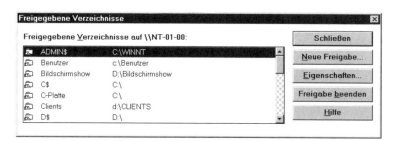

Bild 4.25:
Freigaben von
Windows 95 aus
verwalten

Sie haben als Administrator Zugriff auf alle Benutzer und Gruppen der eigenen und der vertrauten Domänen. In Wirklichkeit arbeitet der SERVER-MANAGER auf dem Primären Domänen-Controller. Die Einstellungen gelten selbstverständlich systemweit.

4.5.8 Drucken

Drucken ist eines der wichtigsten Kapitel in Netzwerkumgebungen. Fast jeder Benutzer muß seine Dokumente ausdrucken können, und in vielen Fällen muß den ganzen Tag über ausgedruckt werden. Das oft beschworene *papierlose Büro* ist zur Zeit noch eine Illusion, und spätestens wenn Rechnungen per Post verschickt werden sollen, muß ausgedruckt werden.

Um Ressourcen und Kosten zu sparen, werden Drucker zentral zur Verfügung gestellt. Das hat den Vorteil, daß Sie nicht für jedes Gerät einen teuren Drucker benötigen.

Jener Computer, der den oder die Drucker verwaltet, wird als Druckserver bezeichnet. Druckserver stehen nicht nur in servergestützten Netzwerken, sondern auch in Peer-Netzwerken. Im letzteren Fall handelt es sich um Arbeitsmaschinen, die für ein kleines Netzwerk als Druckserver fungieren. Die Einschränkung auf maximal zehn hereinkommende Verbindungen bewirkt, daß ein Gerät nicht durch übermäßige Sendung von Druckaufträgen anderer Mitarbeiter völlig blockiert werden kann.

Sowohl Windows NT als auch Windows 95 kann als Druckserver verwendet werden. Bei Windows 95 ist aus Leistungsgründen eher davon abzuraten; diese Konstellation empfiehlt sich ausschließlich bei kleinen Peer-Netzwerken, in denen dann ohnehin nur Windows 95 oder Windows für Workgroups eingesetzt wird.

Normalerweise werden die Druckertreiber in der NT-Domäne eingerichtet. Auf dem NT-Server installieren Sie vorerst einen gewöhnlichen lokalen Drucker. Dieser Drucker kann schließlich für die Clients im Netzwerk freigegeben werden.

Windows 95 hat eigene Druckertreiber, die mit Windows NT nicht verwechselt werden dürfen. Es genügt nicht, wenn auf einem Windows NT-Server ein lokaler Drucker installiert wurde, damit Sie von einer Windows 95-Maschine aus drucken können.

Was Sie benötigen, ist der Windows 95-Druckertreiber, der ausschließlich mit Windows 95 – oder mit dem Drucker selbst – ausgeliefert wird.

Sie können Druckertreiber lokal auf den Windows 95-Maschinen oder aber auf dem Server installieren. Das ist eine Funktionalität, die unter Windows 95 genauso wie unter Windows NT zur Verfügung steht.

Druckertreiber nur auf dem Server zu installieren, klingt auf den ersten Blick ungewöhnlich, doch dahinter steckt eine Vereinfachung der Administration. Wenn es nur mehr einen einzigen Druckertreiber gibt, nämlich auf dem Server, dann kann dieser unkompliziert verwaltet oder auch gegen eine neuere Version ausgetauscht werden.

Diese Druckertreiber werden dann beim Drucken über das Netzwerk in den Hauptspeicher der Client-Maschine geladen. Der Druckertreiber muß auf den Client geladen werden, damit die Anwendungsprogramme den Druckjob erstellen können. Und genau das ist der Haken! Wenn man sich vorstellt, daß zweitausend Benutzer gleichzeitig ihre Druckjobs an den Server schicken, dann wird zweitausendmal ein Druckertreiber über das Netzwerk geladen. PostScript-Druckertreiber sind ca. 150 KB groß.

Die Mathematik will ich uns ersparen, doch es liegt auf der Hand, daß die zentrale Verwaltung des Druckertreibers ziemlich viel Wind im Netzwerk verursacht. Verschlimmert wird diese Angelegenheit dadurch, daß dieses Spielchen bei jedem Druckauftrag von neuem beginnt. Wenn Sie viele Druckjobs von einer Maschine haben, empfiehlt sich die lokale Installation des Druckertreibers.

Wenn Sie den Druckertreiber nur auf dem Server speichern, ist es wichtig, daß auf dem NT-Server nicht nur der Druckertreiber für NT-Maschinen, sondern auch einer für Windows 95 geladen wird. Das kann während der Installation des Druckertreibers unter Windows NT geschehen oder nachträglich.

Um einen Druckertreiber unter Windows 95 zu installieren, öffnen Sie genauso wie unter Windows NT den Ordner DRUCKER. Ein Doppelklick auf dem Objekt NEUER DRUCKER ruft den Druckerinstallationsassistenten auf.

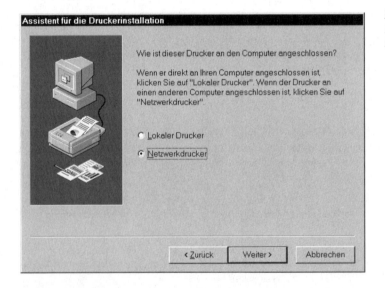

Bild 4.26:
Installation eines Netzwerkdruckers

Jetzt müssen Sie entscheiden, ob Sie den Druckertreiber lokal installieren wollen oder ob die Anbindung an einen freigegebenen Drucker auf dem Server genügt. Die Installation eines Netzwerkdruckers geht viel rascher, denn sie entspricht lediglich einer Anbindung an eine Netzwerkressource. Wird jedoch ein lokaler Drucker installiert, dann müssen Sie das Druckermodell und die Konfiguration auswählen.

Wird ein Netzwerkdrucker gewählt, so benötigen Sie den Server und den Freigabenamen. Sie können diese in Form eines UNC-NAMENS eintippen oder im Netzwerk suchen. Falls der gesuchte Server noch nicht angezeigt wird, weil der Computersuchdienst keine aktuelle Liste enthält, dann tippen Sie den Namen ein; das spart Ärger ...

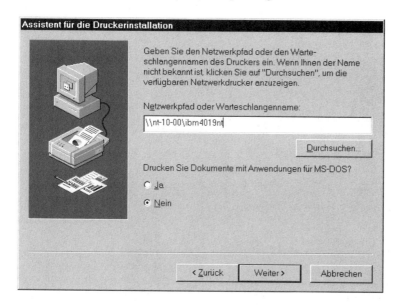

Bild 4.27:
Definition des
UNC-Namens

Wurde der Druckertreiber nicht auf dem Windows NT-Server installiert oder handelt es sich um ein ganz anderes System wie Novell NetWare oder Warp Server, dann werden Sie aufgefordert, den Druckertreiber lokal zu installieren.

Sogar wenn der Druckertreiber auf dem NT-Server existiert, steht diese Möglichkeit offen. In Netzwerken, wo viel gedruckt wird, ist diese Vorgangsweise auch zu empfehlen, obwohl sie bei einer Aktualisierung des Treibers viel mehr Arbeit bedeutet.

Die Einstellungen des Druckers können jederzeit über das bestehende Druckerobjekt aufgerufen werden. In manchen Fällen ist das auch notwendig, um die Einstellungen für den Druck anzupassen (siehe Bild 4.28).

Lokal installierte Drucker können unter Windows 95 wiederum für andere Benutzer freigegeben werden. Selbstverständlich gilt die Einschränkung auf zehn gleichzeitige Verbindungen. Ob die Druckerressource mit einem Kennwort oder über die Benutzersteuerung geschützt wird, hängt von der Konfiguration von Windows 95 ab.

Die Freigabe erfolgt im Drucker-Ordner. Bei entsprechender Domänenkonfiguration können Sie einstellen, welche Benutzer oder Gruppen auf den Drucker zugreifen können. Grundsätzlich ist diese Tätigkeit unter Windows 95 und unter Windows NT identisch.

Für die Freigabe muß ein Freigabename definiert werden. Falls in Ihrem Netzwerk auch DOS- oder Windows für Workgroups-Maschinen arbeiten, sollte der Freigabename nicht länger als 8 Zeichen sein, damit auch die »schwächeren« Partner den Drucker ansprechen können (siehe Bild 4.29).

Bild 4.28:
Einstellungen des
Netzwerkdruckers

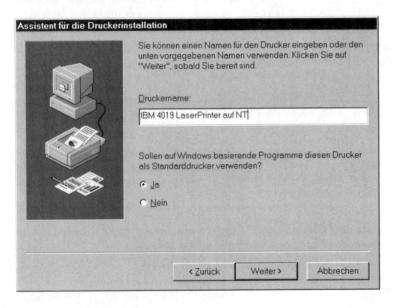

Bild 4.29:
Definition des
Druckernamens

Mit einem Doppelklick auf dem jeweiligen Druckersymbol wird die *Warteschlange* sichtbar. Jeder Benutzer kann die eigenen Druckjobs verwalten und somit auch wieder löschen. Die Jobs von anderen Benutzern können nur Administratoren und Drucker-Operatoren ändern.

Im übrigen stehen nicht nur die Netzwerkdrucker, sondern auch die lokalen Drucker im DRUKKER-Ordner. Die folgende Abbildung zeigt zwei Netzwerkdrucker, von denen sich einer auf einem Windows NT-Server und der zweite auf einem OS/2 Warp-Server befindet, sowie einen lokalen Telefax-Treiber.

Bild 4.30:
Netzwerkdrucker und lokales Fax

Die Berechtigungen für Drucker in der Domäne befinden sich im BENUTZER-MANAGER FÜR DOMÄNEN auf dem Server. Dieser kann auch, als eigene Windows 95-Version, auf Windows 95-Clients für die Fernwartung installiert werden.

4.6 Verbindung über TCP/IP

Das TCP/IP-Protokoll ist bei Windows 95 standardmäßig enthalten. Daher gibt es auch die Möglichkeit, mit Hilfe von TCP/IP-Anwendungsprogrammen mit Windows NT-Rechnern zu kommunizieren.

Windows 95 hat ungefähr den gleichen Umfang wie Windows NT, und das ist nicht besonders viel. Hauptsächlich handelt es sich um Client-Programme, mit denen Sie die Verbindung zu Systemen aufbauen können, auf denen die entsprechenden Serverdienste laufen.

So können Sie FTP und Telnet verwenden, außerdem stehen ein paar Diagnose-Befehle zur Verfügung wie beispielsweise PING.

Die TCP/IP-Protokollfamilie wird über das NETZWERK-Objekt installiert. Auf Wunsch kann das Protokoll bereits während der Installation von Windows 95 eingerichtet werden, benutzergesteuert oder unter Verwendung einer Antwortdatei.

Seien Sie sorgfältig bei der Konfiguration der Adressen. Falls Sie einen DHCP-Server in Ihrer Umgebung haben, brauchen Sie dies nur anzugeben. Andernfalls müssen statische Einträge gemacht werden, also zumindest eine IP-Adresse und eine Teilnetzmaske (siehe Bild 4.31).

Einstellungen wie Standard-Router (»Gateway«), WINS- oder DNS-Server finden Sie auf den anderen Registerseiten der TCP/IP-Einstellungen.

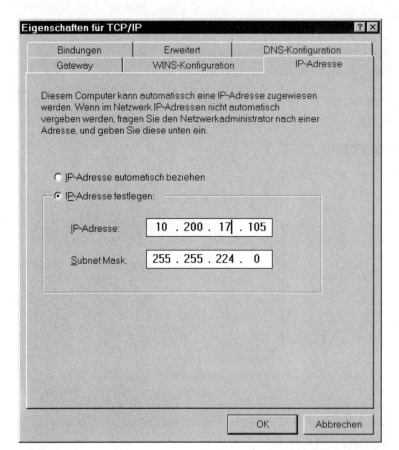

Bild 4.31:
Konfiguration von
IP-Adresse und
Teilnetzmaske

Wenn Verbindungen über TCP/IP nicht funktionieren, ist in den allermeisten Fällen eine fehlerhafte Konfiguration des Protokolls die Ursache.

Windows 95 enthält keinerlei Serverdienste für TCP/IP. Aus diesem Grund sind die TCP/IP-Anwendungsprogramme eine eher einseitige Angelegenheit. Weil mit Windows NT auch nicht viel mehr ausgeliefert wird, kann man mit den Standardprogrammen nicht allzu viel anfangen.

Falls Sie Zusatzsoftware verwenden, sieht die Sache jedoch anders aus. Auch für Windows 95 gibt es eine Reihe von Zusatzprogrammen, welche die Funktionalitäten erweitern. Sehr oft handelt es sich wieder um dieselben Programme, die auch unter Windows NT eingesetzt werden.

Wichtige Hersteller von TCP/IP-Programmen sind in diesem Zusammenhang die Firmen Hummingbird, Intergraph, Sun und NetManage.

Da Windows NT und Windows 95 ausgezeichnet zusammenarbeiten und von der Optik her praktisch identisch aufgebaut sind, stellt sich natürlich die Frage, ob der Einsatz von reinen TCP/IP-Anwendungsprogrammen überhaupt sinnvoll ist.

Vermutlich werden Sie auf eine solche Möglichkeit nur dann zurückgreifen, wenn Sie sehr viele Systeme verwenden und diese immer mit TCP/IP untereinander kommunizieren. Programme wie FTP und Telnet könnten dann den kleinsten gemeinsamen Nenner bilden. Für den Benutzer ergibt sich der Vorteil, daß er immer dasselbe Programm verwenden kann, ganz egal, auf welche Plattform er zugreift.

4.7 Verwaltung des Windows NT-Servers

Windows NT-Domänen können auch von Windows 95-Clients aus verwaltet werden. Voraussetzung ist selbstverständlich, daß der jeweilige Benutzer Administratorrechte besitzt. Für manche Dinge genügt es auch, wenn er Mitglied einer bestimmten Operator-Gruppe ist.

Es stehen zwei unterschiedliche Möglichkeiten zur Verfügung, die NT-Server zu verwalten. Auf der einen Seite werden mit Windows NT Server mehrere Dienstprogramme ausgeliefert, deren Windows NT-Varianten Sie gut kennen. Die Windows 95-Versionen müssen auf den bewußten Clients installiert werden. Diese Möglichkeit ist standardmäßig von Microsoft vorgesehen.

Auf der anderen Seite können Sie auch mit Windows 95 und einem beliebigen Web Browser auf den Web Administrator für Windows NT zugreifen, der von Microsoft zwar nicht standardmäßig, aber immerhin kostenlos ausgeliefert wird.

Welche der beiden Möglichkeiten Sie verwenden mag erstens vom Verwaltungsaufwand abhängen, der anfällt, wenn Sie die Client-Maschinen für die Administratoren einrichten, und zweitens könnte es eine Geschmackssache sein.

4.7.1 Verwaltungsprogramme für Windows NT

Die Verwaltungsprogramme, die Sie für die Verwaltung eines NT-Servers benötigen, befinden sich auf der CD von Windows NT Server.

Im Verzeichnis \CLIENTS\SRVTOOLS befindet sich die Datei SRVTOOLS.INF, mit deren Hilfe die Programme installiert werden. Am einfachsten ist es, wenn Sie die Datei mit der rechten Maustaste anklicken und den Menüpunkt INSTALLIEREN auswählen.

Das Installationsprogramm kopiert die Dateien ins Systemverzeichnis von Windows 95 und richtet gleichzeitig die notwendigen Objekte in der Task-Leiste ein.

Die wichtigsten Programme sind der SERVER-MANAGER und der BENUTZER-MANAGER FÜR DOMÄNEN. Diese beiden und ein paar weitere Programme werden vom Installationsprogramm eingerichtet (siehe Bild 4.32).

Mit dem SERVER-MANAGER können Sie die in den Domänen enthaltenen Geräte überwachen und warten. Neben einem Zugriff auf die Systemdienste können Sie mit diesem Programm Freigaben erstellen, verwalten und wieder löschen.

Mit dem BENUTZER-MANAGER FÜR DOMÄNEN haben Sie Zugriff auf die gesamte Benutzerverwaltung der Domäne. Wenn Vertrauensstellungen eingerichtet sind, haben Sie hier nicht nur Zugriff auf die eigenen Benutzer, sondern auch auf die Benutzer aller vertrauten Domänen.

Die EREIGNISANZEIGE ermöglicht die Anzeige der Systemmeldungen, die automatisch mitgeschrieben werden. Mit diesem Werkzeug können Sie sozusagen jede beliebige Windows NT-Maschine zu sich holen. Welche Einträge geschrieben werden, hängt auch von der Konfiguration der Server ab. Ein SICHERHEITSPROTOKOLL gibt es etwa nur dann, wenn die ÜBERWACHUNG aktiviert wurde (siehe Bild 4.33).

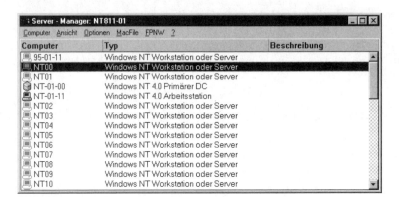

Bild 4.32:
Der Server-Manager

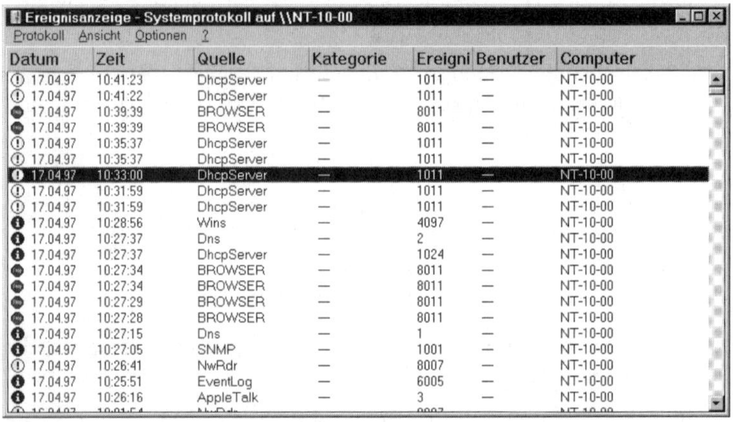

Bild 4.33:
Die Ereignisanzeige

Ein Status als Administrator oder Server- bzw. Konto-Operator ist selbstverständlich Voraussetzung. Gewöhnlichen Benutzern wird der Zugriff verweigert, den in diesem Fall Windows NT steuert.

4.7.2 Web Administrator für Windows NT Server

Eine zweite Art der Verwaltung von Windows NT-Servern ist der WEB ADMINISTRATOR FÜR WINDOWS NT SERVER, der von Microsoft entwickelt wurde und sowohl dem Resource Kit beiliegt, als auch vom Internet kostenlos heruntergeladen werden kann.

Der WEB ADMINISTRATOR ist ein kleines Zusatzprogramm, das auf Windows NT Server mit dem Internet Information Server installiert wird.

Sie können jetzt mit jedem beliebigen Web Browser auf die Maschine zugreifen, sofern auch auf dem Client das TCP/IP-Protokoll verwendet wird (siehe Bild 4.34).

Unter Windows 95 können Sie in der Regel dieselben Web Browser verwenden, die es auch für Windows NT gibt. Das sind also der Microsoft Web Explorer, Netscape Navigator und Communicator, CompuServe Information Manager, Mosaic usw.

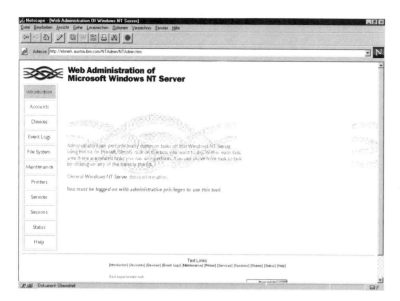

Bild 4.34:
Web Administrator

Web Administrator gibt einem Administrator alle Werkzeuge in die Hand, die er für die Verwaltung eines Windows NT-Servers bzw. einer Domäne benötigt. Genaugenommen enthält das Programm sogar mehr Hilfsmittel, als mit den Standardprogrammen geliefert werden. Zum Beispiel können Sie mit dem Web Administrator auch Maschinen herunterfahren.

Weitere Informationen zum Web Administrator erhalten Sie in Kapitel 12.

5 Verbindung zu Windows für Workgroups

Die Anbindung an Windows für Workgroups gestaltet sich bei näherem Hinsehen recht unkompliziert. Alle Netzwerkfunktionalitäten sind im System bereits enthalten. Da Windows für Workgroups Microsofts erste netzwerkfähige Windows-Variante war, die auch heute noch in vielen Firmen eingesetzt wird, wurde darauf Bedacht genommen, daß die Zusammenarbeit mit Windows NT auch funktioniert.

Selbstverständlich gibt es Windows für Workgroups nur auf der Client-Seite. Als »Server« kann das System nur dann eingesetzt werden, wenn die Peer-Funktionalitäten genutzt werden. In diesem Fall kann man selbstverständlich auch von Windows NT Workstation oder Server aus auf die Ressourcen der Windows für Workgroups-Maschine zugreifen.

Gerade in einem größeren, heterogenen Netzwerk wird Windows für Workgroups nicht als Peer-Partner eingebunden, sondern als gewöhnlicher Client. Das bedeutet, daß der Benutzer sich an seiner Maschine anmelden muß und von der Domäne, also vom NT-Domänen-Controller, überprüft wird.

5.1 Übersicht Windows für Workgroups

Windows für Workgroups ist ein 16-Bit-Windows mit der Versionsnummer 3.11. Im Grunde ist es die erste netzwerkfähige Systemsoftware, die Microsoft auf den Markt brachte.

Windows 3.x war die erste Version, die für Microsoft Erfolg brachte. Dieser Erfolg war jedoch so gewaltig, daß er gleichsam eine Revolution auslöste, etwas, das zuvor Apple nicht gelungen war. Innerhalb von zwei Jahren wurde Windows zum Standard des PCs, und es gab kaum einen Computer, der nicht mit vorinstalliertem Windows ausgeliefert wurde.

Mit Windows für Workgroups versuchte Microsoft, die Bedürfnisse von Firmen abzudecken. Diese benötigten eine Systemsoftware, die in der Lage war, die Maschinen miteinander zu vernetzen. Der Hintergrund war einerseits Datenaustausch, andererseits die gemeinsame Verwendung von Druckern.

Windows für Workgroups enthält standardmäßig auch Microsoft Mail, und daher war dieses System das erste, das Mail-Software in großem Stil unter die Leute brachte. Zwar wurde Mail in den Anfängen nur sehr selten verwendet, doch schuf Microsoft eine gewisse Sensibilität für diese Art der Software und schließlich auch einen Markt.

Windows für Workgroups ist in der Bedienung mit Windows 3.x völlig identisch. Die Zusätze betrafen eine eigene Gruppe mit Netzwerkobjekten, und die Installation umfaßte ebenfalls Netzwerkmöglichkeiten.

Der Kern dieser Bedienung wird von zwei Programmen gebildet, dem *Programm-Manager* und dem *Datei-Manager*.

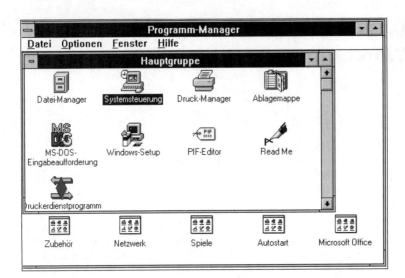

Bild 5.1:
Der Programm-Manager

Mit dem Programm-Manager werden Programme aufgerufen. Der Programm-Manager enthält sogenannte Gruppen, in denen für jedes Programm ein Symbol steht. Mit einem Doppelklick auf ein Programmsymbol wird dieses gestartet. Diese Starttechnik war von Apple übernommen worden und setzte sich jetzt auch auf dem PC als Standard für grafische Oberflächen durch. Erst in letzter Zeit versucht Microsoft, diesen Standard zu verändern, indem eine für das Internet typische Bedienung mit Einfachklicks und Hyperlinks in die Oberfläche integriert wird. Diese Oberfläche gibt es jedoch erst in Windows 98 und in Windows NT 5.0. Einen Vorgeschmack erhalten Sie jedoch im Microsoft Web Explorer 4.0.

Der Datei-Manager von Windows für Workgroups ist die Schaltzentrale für Dateien. Mit diesem Programm werden Ordner und Dateien verwaltet. Der Begriff »Ordner« wurde in Windows für Workgroups allerdings noch nicht verwendet. Er kam erst von Apple über den Umweg OS/2 in Windows 95 zum Vorschein.

Mit dem Datei-Manager können Sie Verzeichnisse erstellen, verschieben, kopieren und löschen. Auch Dateien können erstellt, verschoben, kopiert und gelöscht werden. Das Programm dient allerdings auch zum Formatieren von Disketten und neuen Festplattenpartitionen.

Der Datei-Manager von Windows für Workgroups erhielt gegenüber dem gleichnamigen Programm aus Windows 3.0 und 3.1 eine kleine Erweiterung: zum ersten Mal stellte Microsoft auch das Dateimanagement über eine Funktionsleiste bereit (siehe Bild 5.2).

Diesen Datei-Manager gibt es auch in Windows NT. Dort enthält er sogar Funktionen, die man im Explorer anscheinend vergessen hat. Zum Beispiel können Sie auf Windows NT Server nur im Datei-Manager und im Server-Manager Freigaben für Apple Macintosh-Geräte erstellen.

Für die Vernetzung stehen gleich mehrere Netzwerkprotokolle zur Verfügung. NetBEUI und NWLink werden standardmäßig ausgeliefert. Diese Protokolle brauchen lediglich installiert werden, wenn Sie sie benötigen.

NetBEUI sorgt für die Netzwerkverbindung zwischen Microsoft- und IBM-Systemen, während NWLink die Anbindung an Novell NetWare sicherstellt.

Verbindung zu Windows für Workgroups

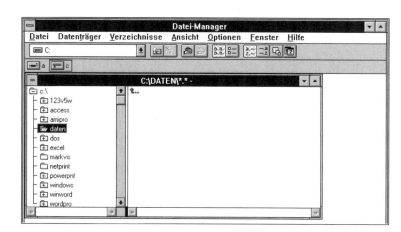

Bild 5.2:
Der Datei-Manager von Windows für Workgroups

Auf der Client-Seite werden entsprechende Redirectors mitgeliefert. Einerseits kann Windows für Workgroups in Microsoft-Netzwerke integriert werden, wozu auch Windows NT gehört, andererseits kann das System in eine Novell-Umgebung mit Bindery-Sicherheit integriert werden.

TCP/IP gibt es ebenfalls für Windows für Workgroups. Früher wurde von Microsoft eine 16-Bit-Version ausgeliefert. Wenn Sie auf Ihre Windows NT Server-CD schauen, werden Sie jedoch ein eigenes Unterverzeichnis finden, in dem sich die komplette TCP/IP-Software für Windows für Workgroups befindet.

Wenn Sie Windows für Workgroups und Windows NT Server haben, sind Sie also auch im Besitz des TCP/IP-Protokolls für das 16-Bit-Windows-System.

Wie bereits erwähnt, kann Windows für Workgroups in zwei verschiedenen Netzwerktypen verwendet werden. Standardmäßig ist ein Peer-Netzwerk vorhanden. Sobald andere Maschinen über die Netzwerkverkabelung und ein gemeinsames Netzwerkprotokoll erreichbar sind, können Ressourcen freigegeben werden. Diese Ressourcen sind Verzeichnisse, ganze Laufwerke oder Drucker.

Auf der anderen Seite kann Windows für Workgroups zu einem Client in einem servergestützten Netzwerk werden. Das müssen Sie jedoch einstellen. Die Standardkonfiguration weiß nichts von einem Server. Sie werden jedoch sehen, daß diese Konfiguration recht unkompliziert ist.

Obwohl es möglich ist, daß Windows für Workgroups-Maschinen gleichzeitig einer Peer-Arbeitsgruppe und einer Domäne angehören, sollten Sie von unterschiedlichen Bezeichnungen Abstand nehmen, wenn Sie Windows NT als Server einsetzen. Wenn die Namen der Domäne und der Arbeitsgruppe identisch sind, gibt es selten Probleme mit den Berechtigungen und bei der Anzeige im Server-Manager. Der Server-Manager von Windows NT erkennt auch Windows für Workgroups-Maschinen tadellos, wenn sie aktiv sind, und schreibt das verwendete Betriebssystem dazu. Falls die Maschine jedoch in einer Arbeitsgruppe steht, deren Name von dem der Domäne abweicht, hat der Server-Manager in der Regel die größten Probleme, die Maschine korrekt zu identifizieren. Die Verbindung klappt zwar, aber die Anzeige ist falsch.

Installiert wird mit der *Systemsteuerung* und dem Netzwerk-Objekt. Wenn das richtige Verzeichnis angegeben wird, erhalten Sie die Möglichkeit, TCP/IP zu installieren.

Windows für Workgroups enthält keinerlei lokale Sicherheit. Es gibt zwar eine Windows-Anmeldung, doch mit der `Esc`-Taste kann ein Benutzer diese leicht umgehen. In diesem Fall verschwindet das Anmeldefenster, und die Windows-Oberfläche erscheint. Es gibt keine Möglichkeit, diese Umgehung der Anmeldesicherheit zu verhindern.

Lediglich Zusatzprogramme wie etwa *DOS Guard* vermögen DOS- und Windows-Systeme abzusichern.

Windows für Workgroups ist nach wie vor kein eigenes Betriebssystem, sondern eine grafische Shell für DOS. Damit wird das DOS-Betriebssystem nach wie vor als Grundlage vorausgesetzt. Ob es sich jedoch um ein DOS von Microsoft, von IBM oder von Novell handelt, ist egal.

Daß Microsoft Windows für Workgroups auf dem Paket als *Systemsoftware* bezeichnet, liegt daran, daß Windows für Workgroups eine Menge Funktionen hat, die im Normalfall dem Betriebssystem zufallen. DOS ist in diesem Zusammenhang aber so wenig Betriebssystem, daß es Windows ein leichtes ist, zusätzliche Funktionalität zur Verfügung zu stellen.

Windows für Workgroups bietet Multitasking unter DOS. Die Technik, die dahintersteckt, wird als *kooperatives Multitasking* bezeichnet. Das bedeutet, daß die Programme zusammenarbeiten müssen. Programme beanspruchen Rechenzeit und geben diese von Zeit zu Zeit ab, damit andere Programme ebenfalls Rechenzeit beanspruchen können.

Eine »Kooperation« ist notwendig, damit das auch funktioniert. Es genügt, wenn ein einziges Programm keine Rechenzeit abgibt, um das gesamte System lahmzulegen, weil nur mehr dieses eine Programm arbeitet.

Bei kooperativem Multitasking hat das Betriebssystem, ganz egal, ob man hier DOS oder Windows für Workgroups einsetzt, keine Möglichkeit, ins Multitasking-Geschehen einzugreifen.

Das einzige gut funktionierende Multitasking gibt es in Windows für Workgroups mit DOS-Programmen. Die DOS-Fenster arbeiten bereits im virtuellen x86-Modus des Intel-Prozessors 80386.

Windows für Workgroups hat eine eigene Speicherverwaltung und arbeitet mit *DPMI DOS Protected Mode Interface*. Das ist ein DOS-Extender, der die Verwendung eines linearen Hauptspeichers bis 16 MB erlaubt. Die berühmte DOS-Grenze von 640 KB bzw. 1 MB fällt somit weg.

Die Speicherbereiche der einzelnen Programme sind jedoch nicht geschützt. Deshalb kann es vorkommen, daß eine Anwendung versehentlich in den Speicherbereich einer anderen Anwendung schreibt. Die Folge daraus ist zumeist ein Absturz beider Programme. Das relativ häufige Vorkommen dieser *General Protection Faults* läßt Windows für Workgroups relativ instabil erscheinen.

Als Dateisystem wird die ganz normale FAT von DOS verwendet. Es gibt keinerlei Erweiterungen oder Verbesserungen. Was die Verwaltung betrifft, enthält Windows für Workgroups allerdings einen eigenen 32-Bit-Zugriff. Es handelt sich dabei um die erste Version des VFAT-Dateisystems. Diese verbesserte Verwaltung macht Dateizugriffe schneller.

Wo keine Sicherheit existiert, gibt es auch keinen Administrator. Windows für Workgroups kennt keinerlei Gruppen, und eine Verzeichnis- oder Druckerfreigabe auf Windows für Workgroups-Rechnern kann höchstens mit einem allgemeinen Kennwort geschützt werden, das die jeweiligen Netzwerkbenutzer wissen und eingeben müssen.

Daß ein Administrator die Windows für Workgroups-Maschinen wartet, ist lediglich eine Konvention oder Abmachung, um nicht zu sagen: eine Vertrauensfrage.

Da es keinerlei Sicherheitsmechanismen gibt, müssen Sie damit rechnen, daß ein Benutzer unter Umständen Teile des Betriebssystems löscht. Ohne Zusatzsoftware kann dies nicht verhindert werden.

Wenn Sie Pech haben, fällt für Sie als Administrator unter Windows für Workgroups also viel mehr Arbeit an als unter Windows NT.

Da Windows für Workgroups mit heutigen Maßstäben gemessen relativ wenig Speicher- und Plattenressourcen benötigt, wird es nach wie vor von vielen Firmen und Notebook-Besitzern eingesetzt.

Manche Firmen weigern sich sogar, auf Windows 95 oder Windows NT umzusteigen, weil sie damit ihre gesamte Hardware verschrotten müßten. Dort wo alte Maschinen, 486er und oft sogar noch 386er ihren Dienst tun, leistet Windows für Workgroups seine Arbeit. Manche Stimmen meinen sogar, Windows für Workgroups sei das meistverbreitete Betriebssystem bei deutschen und österreichischen Unternehmen.

Aus diesem Grund ist die Anbindung von Windows für Workgroups an Windows NT eine wichtige Sache. Windows für Workgroups kommt natürlich nur als Peer-System und als Client in Frage. Auf der Server-Seite kann dann Windows NT eingesetzt werden. Die Frage ist, welche Möglichkeiten es gibt, Windows für Workgroups bestmöglich in Windows NT-Domänen einzubinden.

Dieses Kapitel beschreibt die Installation und Konfiguration genauso wie die Möglichkeiten der Benutzer- und Ressourcenverwaltung.

5.2 Identifikation der Maschinen

Auch Windows für Workgroups-Maschinen benötigen einen eigenen Computernamen. Dieser ist, wie bei allen anderen Systemen auch, einmalig im Netzwerk. Falls trotzdem ein doppelter Name vorkommt, wird zumindest in jenem System, das als zweites ins Netzwerk startet, die gesamte Netzwerk-Unterstützung deaktiviert.

Den Maschinennamen finden Sie in der Systemsteuerung im Netzwerkobjekt.

Der Computername ist ein NetBIOS-Name, der maximal 15 Zeichen haben kann. Prinzipiell sind hier auch Leerzeichen möglich, doch sollten Sie diese tunlichst vermeiden; bei vielen Konfigurationen ersparen Sie sich dann Probleme.

Neben dem Computernamen besitzt Windows für Workgroups auch eine Einstellung für die Arbeitsgruppe. Jede Maschine ist Mitglied einer Arbeitsgruppe, unabhängig davon, ob die Anmeldung von einer Domäne überprüft wird oder nicht.

In Zusammenarbeit mit Windows NT-Domänen empfiehlt es sich, die Arbeitsgruppe genauso zu nennen wie die Domäne. Andernfalls könnte es Synchronisierungsschwierigkeiten geben, und der SERVER-MANAGER von Windows NT würde das System möglicherweise nicht richtig anzeigen.

Sie finden in diesem Dialogfenster auch den Standard-Anmeldenamen. Dieser wird bei der Anmeldung automatisch angezeigt, und Sie brauchen nur mehr das Kennwort einzutippen.

Wenn die Windows für Workgroups-Maschine zu einer Windows NT-Domäne gehört, sollten Sie den Rechner auch im SERVER-MANAGER definieren. Damit wird gewährleistet, daß der Rechner in der Liste erscheint. Wenn Windows für Workgroups aktiv und die Anzeige des Server-Managers aktuell ist, befindet sich auch der korrekte Systemeintrag *Windows für Workgroups* in der Liste. Beachten Sie, daß es keine Möglichkeit gibt, Windows für Workgroups-Maschinen während der Installation automatisch einer Domäne hinzuzufügen.

Eine zusätzliche Identifikation gibt es, wenn Sie TCP/IP installieren. In diesem Fall benötigen Sie auch einen Hostnamen, welcher der Einfachheit halber dem NetBIOS-Namen entsprechen könnte. Insgesamt kann ein Hostname jedoch bis zu 256 Zeichen enthalten. Dieser Hostname wird ausschließlich von TCP/IP-Anwendungen verwendet.

5.3 Installation und Konfiguration

Der Netzwerkteil kann bei der Installation von Windows für Workgroups mitinstalliert werden. Wenn Sie nachträglich installieren wollen, müssen Sie das WINDOWS-SETUP aufrufen. Dieses Objekt steht standardmäßig in der HAUPTGRUPPE des Programm-Managers.

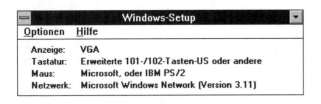

Bild 5.3:
Windows-Setup

Das WINDOWS-SETUP enthält auch eine NETZWERKINSTALLATION. Über diesen Menüpunkt gelangen Sie zu jenem Dialogfenster, in dem Sie die Elemente der Netzwerkanbindung installieren können.

Das Netzwerk besteht insgesamt aus drei Komponenten. Erstens muß ein Treiber für den Netzwerkadapter installiert werden, zweitens ein entsprechendes Protokoll und drittens der Netzwerk-Client.

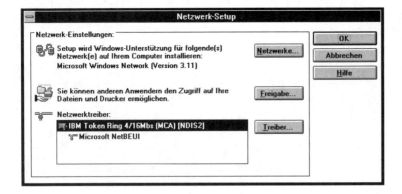

Bild 5.4:
Die Netzwerkeinstellungen

Falls für die Netzwerkkarte, die Sie verwenden, kein Treiber im Standardumfang aufgelistet ist, müssen Sie den Treiber verwenden, der mit der Karte mitgeliefert wurde. Da Windows für Workgroups ein bewährtes System ist, sollte es keine Probleme bei der Beschaffung eines Adaptertreibers geben. Notfalls mal kurz ins Internet geschaut ...

An Protokollen werden NetBEUI, NWLink (IPX/SPX) und DLC unterstützt. Eine TCP/IP-Unterstützung gibt es ebenso, allerdings nicht im Standardumfang von Windows für Workgroups, sondern auf der CD-ROM von Windows NT Server.

Verbindung zu Windows für Workgroups

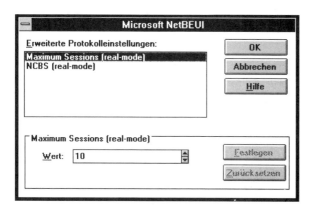

Bild 5.5:
NetBEUI-Einstellungen

Falls Sie die Windows für Workgroups-Maschinen auch mit anderen Plattformen verbinden wollen, könnte es sein, daß Sie Zusatzsoftware benötigen. Das ist etwa bei einer NFS-Anbindung der Fall.

Windows für Workgroups liefert zwei Netzwerk-Clients mit. Einer ist für die Windows-Netzwerke gedacht, während es sich beim zweiten um eine Novell-Anbindung handelt.

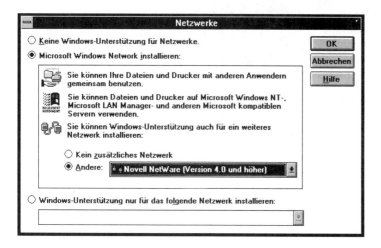

Bild 5.6:
Installation der Clients

In vielen Fällen ist das Microsoft Windows-Netzwerk die Grundlage. Es kann ausschließlich oder gemeinsam mit einem weiteren Netzwerk installiert werden. Selbstverständlich gibt es auch die Möglichkeit, das Windows-Netzwerk wegzulassen und nur einen anderen Client zu installieren. Das hat in Umgebungen Sinn, wo Windows für Workgroups-Maschinen ausschließlich auf Novell-Server zugreifen.

Wenn Sie Windows für Workgroups mit Windows NT verbinden wollen, benötigen Sie das Microsoft Windows-Netzwerk.

Die Benutzerverwaltung findet wieder unter Windows NT statt. Windows für Workgroups selbst hat mit der Benutzerverwaltung nichts zu tun, und vor allem ist eine solche unter dem 16-Bit-System gar nicht verfügbar.

5.4 Windows für Workgroups als Peer-Partner

Wie bereits erwähnt, kann von NT aus auf Ressourcen zugegriffen werden, die sich auf Windows für Workgroups-Maschinen befinden. Dabei handelt es sich einerseits um Ordner und Dateien sowie andererseits um Drucker.

Die Technik in Windows für Workgroups ist simpel und vermutlich altbekannt: über den DATEI-MANAGER werden Ordner freigegeben, während die Freigabe der Drucker über den DRUCKER-MANAGER erfolgt. Beide Programme rufen Sie im PROGRAMM-MANAGER auf.

5.4.1 Freigabe von Ordner-Ressourcen

Wenn Sie unter Windows für Workgroups ganze Verzeichnisse und Dateien freigeben wollen, damit andere Benutzer darauf zugreifen können, benötigen Sie den DATEI-MANAGER. Dieser wurde gegenüber dem gewöhnlichen Windows 3.x dahingehend angepaßt, daß die Netzwerkfunktionalitäten erstens als Symbole und zweitens als Menüpunkte zur Verfügung stehen.

Quasi als Einleitung markieren Sie den Ordner, den Sie freigeben wollen. Das kann im linken Bereich mit der Verzeichnisstruktur oder auch im rechten Bereich getan werden, wo unter den Verzeichnissen die Dateien erscheinen. Danach wählen Sie entweder das Symbol für die Freigabe, oder Sie wählen DATENTRÄGER-FREIGEBEN ALS.

Bild 5.7:
Anbindungsmöglichkeiten

Im folgenden Dialogfenster kann der Freigabename definiert werden, der jedoch standardmäßig den Namen des Verzeichnisses selbst angibt. Falls Sie einen anderen, vielleicht deutlicheren Namen für die Netzwerkteilnehmer angeben wollen, können Sie das hier tun. Bedenken Sie jedoch, daß Sie sich mit Windows für Workgroups unter DOS befinden und somit nur einen Namen angeben können, der maximal acht Zeichen enthält.

Man könnte die maximale Anzahl von Benutzern einstellen, was bei einem Peer-Server durchaus Sinn macht. Falls Sie nämlich mit Ihrer Windows für Workgroups-Maschine arbeiten wollen, während gleichzeitig zehn Benutzer Daten auf Ihre Festplatte kopieren und ihren Drucker verwenden, geht das System in die Knie. In einem solchen Fall geht praktisch nichts mehr.

Bei der Art der Freigabe unterscheidet Windows für Workgroups zwischen zwei Varianten. Entweder Sie geben das Verzeichnis ganz generell frei, dann kann jeder darauf zugreifen, der eine Netzwerkverbindung herstellen kann. Oder Sie vergeben ein Kennwort, das alle Benutzer angeben müssen, wenn sie versuchen, auf die Ressource zuzugreifen. Wem Sie das Kennwort dann sagen, ist schließlich Ihre Sache. Auf diese Weise kann man für eine gewisse Minimalsicherheit sorgen, da für gewöhnlich nur jene Benutzer auf Ihr Verzeichnis zugreifen können, denen Sie das Kennwort weitergegeben haben.

Vergessen Sie auch nicht zu definieren, mit welchen Berechtigungen die Benutzer auf Ihr Verzeichnis zugreifen dürfen. Das Schreibrecht ist eine heikle Angelegenheit. Einerseits ist es nur mit Schreibberechtigung möglich, daß andere Benutzer etwa Dateien auf Ihren Rechner schicken, andererseits werden damit auch jedem Mißbrauch alle Tore geöffnet. Sofern Windows für Workgroups in kleinen Umgebungen eingesetzt wird, etwa in Büros und kleinen Firmen, wo jeder den anderen kennt und wo ein gewisses Vertrauen zwischen den Mitarbeitern vorausgesetzt werden darf, wird dies kein Problem darstellen. Innerhalb eines größeren Netzwerkes empfiehlt sich jedoch die reine Leseberechtigung. Wenn hier Daten ausgetauscht werden müssen, sollten Sie dafür ein Netzwerkverzeichnis auf dem NT-Server wählen, auf das alle Zugriff haben. So kann ein Benutzer seine Datei in dieses Netzwerkverzeichnis stellen, während sein Kollege es abholt. Die Sicherheit der Clients ist in diesem Fall nicht gefährdet, und es muß auch keine eigene Verzeichnisfreigabe mehr auf der Windows für Workgroups-Maschine erfolgen.

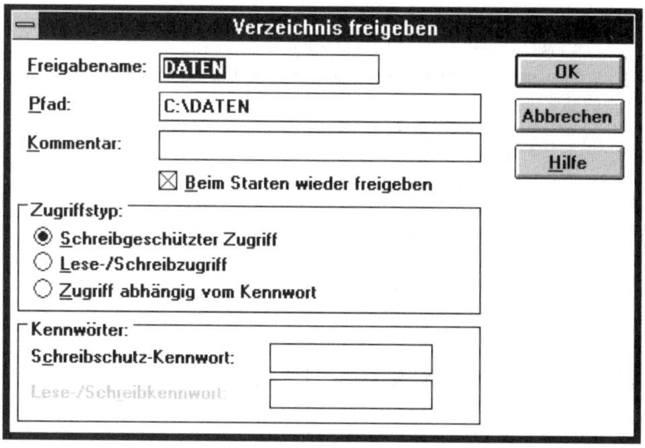

Bild 5.8:
Datenfreigabe

Interessant ist, daß unter Windows für Workgroups, dem »alten« System, ein Benutzer nicht daran gehindert werden kann, Freigaben zu erstellen, genauso wie unter Windows 95. Da dies gewöhnlichen Benutzern unter Windows NT standardmäßig untersagt ist, ergibt sich die eigenartige Situation, daß Benutzer mit den schwächeren Systemen viel mehr Möglichkeiten haben.

Gewiß wird es kaum Sinn machen, auf den in der Firma vorhandenen Windows NT Workstation-Computern jeweils Hauptbenutzer einzurichten, da diese ja Freigaben erstellen können. Falls Sie zwei oder drei der genannten Systeme einsetzen und Ihre Anwender mit den gleichen Fähigkeiten ausstatten wollen, mag es sinnvoll sein, den Domänen-Benutzern ganz generell das Recht zum Erstellen von Freigaben einzuräumen. Dann brauchen Sie sich auch nicht mehr um die neuen Rechte kümmern, wenn ein Benutzer, der bisher mit Windows für Workgroups gearbeitet hat, plötzlich ein neues Gerät mit Windows NT erhält, da bereits alle gewünschten Rechte definiert sind.

Mit NETZLAUFWERK VERBINDEN können Sie die Verbindung zu einem freigegebenen Verzeichnis herstellen. Dieses Verzeichnis kann in der Windows NT-Domäne freigegeben sein oder aber auf einer anderen Maschine. Es könnte sich somit auch auf einer anderen Windows für Workgroups-Maschine befinden.

Der Menüpunkt NETZLAUFWERK TRENNEN unterbricht eine bereits eingerichtete Verbindung wieder, wenn Sie diese nicht mehr benötigen.

5.4.2 Freigabe von Drucker-Ressourcen

Windows für Workgroups-Anwender können auch die Drucker, die an ihren Geräten angeschlossen sind, mit anderen teilen. Dazu benötigen Sie den DRUCKER-MANAGER, der ebenfalls in der Hauptgruppe des Programm-Managers zu finden ist.

Der Druckertreiber muß zuerst installiert sein. Dann markieren Sie den Drucker und können ihn für andere Benutzer im Netzwerk freigeben.

Bild 5.9:
Druckerfreigabe

Alle Maschinen, die Ihren freigegebenen Drucker verwenden wollen, müssen einen eigenen Druckertreiber installiert haben.

Auch hier gibt es keinen Schutz über einzelne Benutzer oder Benutzergruppen. Sie haben ausschließlich einen Kennwortschutz zur Verfügung. Dieses Kennwort müssen Sie allen Benutzern mitteilen, die Zugriff auf Ihren Drucker haben sollen.

5.5 Windows für Workgroups-Clients an NT

Viele Anwender, die mit Windows für Workgroups arbeiten, haben die Einstellmöglichkeiten noch nie gesehen, die dem System ermöglichen, sich direkt an eine Windows NT- oder sogar OS/2 LAN Server-Domäne anzumelden. Das liegt daran, daß diese Definitionsmöglichkeit relativ geschickt versteckt wurde.

Wie bei Windows für Workgroups üblich, benötigen Sie die SYSTEMSTEUERUNG. Starten Sie darin das Objekt NETZWERK, denn darin befinden sich die notwendigen Einstellungen. Sie erhalten ein Dialogfenster mit einer Reihe von Optionen und Schaltflächen.

Bild 5.10:
Die System-
steuerung in
Windows für
Workgroups

Dieses Dialogfenster enthält den Maschinennamen für die Identifikation im Netzwerk, den Namen der Arbeitsgruppe, den Standardanmeldenamen sowie ein paar Schaltflächen für weitere Einstellungen.

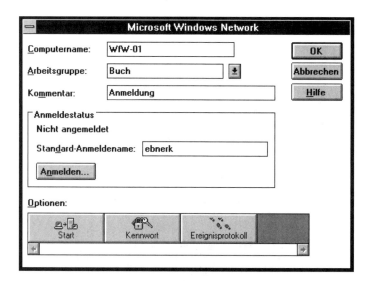

Bild 5.11:
Netzwerkobjekt

Klicken Sie auf die Schaltfläche START, wenn Sie Windows für Workgroups-Clients in einer Windows NT-Domäne verwenden wollen.

Hinter dieser Schaltfläche verbirgt sich ein weiteres Dialogfenster, das Ihnen die entsprechende Konfiguration ermöglicht.

Zuerst einmal sollten Sie die Option BEIM STARTEN ANMELDEN wählen. Nur in diesem Fall wird die Anmeldung des Benutzers von der Domäne überprüft. Fehlt diese Einstellung, dann meldet sich der Benutzer lediglich an Windows an, und für gewünschte Zugriffe auf die Domäne muß eigens eine Anmeldung aufgerufen werden (siehe Bild 5.12).

Der Name der Windows NT-Domäne wird eingetippt. Parallel dazu sollten Sie den Computer mit dem SERVER-MANAGER unter Windows NT in die Domäne aufnehmen.

Im übrigen können hier verschiedene Domänen-Welten verwendet werden. Primär geht es natürlich um Windows NT, dann aber auch um den alten Microsoft LAN Manager, wie bereits der Name sagt, und nicht zuletzt funktionieren auch OS/2 LAN Server bzw. Warp Server-Domänen.

Microsoft LAN Manager für OS/2 wird in Europa wohl kaum mehr verwendet. In den Vereinigten Staaten scheint sich dieses System jedoch noch einiger Verbreitung zu erfreuen. Das ist auch der Grund, warum auch in den NT-Handbüchern immer wieder vom LAN Manager die Rede ist.

Darüber hinaus sollte man nicht vergessen, daß Microsoft den LAN Manager auch für andere Systeme entwickelt hat, beispielsweise für UNIX. Wer also Microsoft LAN Manager in UNIX-Umgebungen verwendet, kann diese Domäne ebenfalls in Windows für Workgroups eintragen und bewirkt, daß die Maschine zu einem Client der LAN Manager-Domäne wird.

An dieser Stelle kann auch das Kennwort in der Domäne angepaßt werden. Sie klicken auf KENNWORT FESTLEGEN (siehe Bild 5.13).

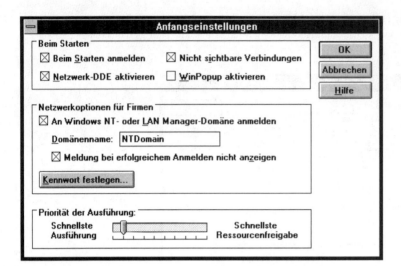

Bild 5.12:
Anmeldung an
eine Domäne

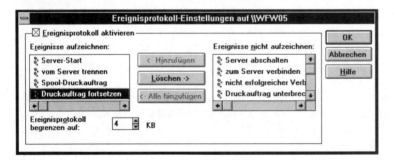

Bild 5.13:
Kennwort für die
Domäne ändern

Wenn Sie die Schaltfläche KENNWORT im ersten Dialogfenster anklicken, dann ändern Sie lediglich das Kennwort für Windows für Workgroups. Dieses wird in einer PWL-Datei gespeichert.

Zum Abschluß haben Sie noch die Möglichkeit, ein EREIGNISPROTOKOLL zu definieren. Dieses ist nicht so leistungsfähig wie das Ereignisprotokoll von Windows NT, doch haben wir es hier mit einem Vorläufer zu tun.

Wenn Sie bestimmte Aktionen aufzeichnen und in eine Log-Datei schreiben wollen, dann müssen Sie die Schaltfläche EREIGNISPROTOKOLL anklicken und die notwendigen Einstellungen treffen.

Bild 5.14:
Das Ereignis-
protokoll

Windows für Workgroups benötigt einen Neustart, damit die Änderungen gültig werden. Ist die Maschine neu gestartet, so werden Sie nach Ihrem Namen und dem Kennwort gefragt. Daß die Überprüfung an der Domäne erfolgt, ist bereits inkludiert.

Beim ersten Mal wird der Benutzer aufgefordert, sein Kennwort ein zweites Mal einzugeben. Das mutet zwar ungewöhnlich an, doch geht es nur darum, daß auch Windows für Workgroups selbst den Namen gemeinsam mit dem dazugehörigen Kennwort abspeichert. Erst jetzt wird die PWL-Datei im Windows-Verzeichnis geschrieben.

Die Anmeldung an Windows für Workgroups selbst wird damit vereinfacht bzw. erst einmal ermöglicht. Selbstverständlich könnte an dieser Stelle jedes beliebige Kennwort definiert werden, und wenn sich ein Benutzer zum ersten Mal anmeldet, dann wird eben eine neue Kennwortdatei erstellt. So kann es schon einmal vorkommen, daß ein Gerät über eine ganze Reihe von Kennwortdateien verfügt. Das ist ein Zeichen dafür, daß mehrere Mitarbeiter mit demselben Gerät arbeiten.

Bild 5.15:
Anmeldung an einer Windows NT-Domäne

Die Überprüfung an der Domäne hängt natürlich von den Einstellungen in Windows NT ab. Windows für Workgroups selbst arbeitet zwar ohne nennenswerte Sicherheit, doch sogar wenn jemand sich unbefugten Zutritt zum Windows für Workgroups-System verschafft, hat er keinen Zugang zum Netzwerk, denn die NT-Domäne verlangt einen korrekten Namen und ein korrektes Kennwort.

5.5.1 Vervielfältigung der Konfiguration

Die Definition der Netzwerkanmeldung befindet sich in der SYSTEM.INI. Die Datei ist in der Regel sehr kurz, und die Netzwerkeinstellungen sind leicht zu finden.

Aufgrund dieser Tatsache gibt es eine sehr einfache Möglichkeit, Konfigurationen von Windows für Workgroups-Maschinen in NT-Domänen auf andere Maschinen zu übertragen. Sie nehmen einfach die SYSTEM.INI und kopieren diese auf allen gewünschten Geräten ins Windows-Verzeichnis. Beim nächsten Systemstart wird der Benutzer automatisch aufgefordert, sich zu identifizieren, und die Überprüfung erfolgt über einen Domänen-Controller.

Etwas komplizierter wird die Angelegenheit natürlich, wenn die gesamte Netzwerkunterstützung erst installiert werden muß. Dann müssen Sie auf andere Methoden zugreifen, oder Sie kopieren schlichtweg das gesamte Windows für Workgroups-Verzeichnis. Unter DOS ist so etwas ja noch möglich.

5.5.2 Ressourcen-Zugriff

Der Zugriff auf Ressourcen einer NT-Domäne ist sehr einfach und, mit anderen Systemen verglichen, kaum der Rede wert.

Ausgehen muß man selbstverständlich wieder von der NT-Domäne. Dort werden die Ressourcen vom Systemadministrator freigegeben und mit den korrekten Rechten versehen. Diese Rechte definieren Sie üblicherweise in der FREIGABE, aber nicht unter SICHERHEIT, obwohl auch dies möglich ist und als zusätzliche Absicherung verwendet werden könnte. Die Entscheidung, bei freigegebenen Ordnern auch eine NTFS-SICHERHEIT zu definieren, hat aber zumeist andere Ursachen wie beispielsweise die Notwendigkeit einer lokalen Sicherheit oder zusätzliche Sicherheitseinstellungen für Benutzer, die über andere Mechanismen auf die NT-Ressource zugreifen. Ein Beispiel dafür wären UNIX-Anwender, die per Telnet oder FTP auf die Ressourcen zugreifen wollen.

Wie die Ressourcen der NT-Domäne unter Windows für Workgroups erscheinen, hängt davon ab, ob sich der Benutzer selbst um die Ressourcen kümmern muß oder ob dies einzig und allein die Aufgabe des Administrators ist.

Wenn der Benutzer selbst für die Ressourcen verantwortlich ist, auf die er zugreifen will, kommt wieder einmal der gute alte DATEI-MANAGER zum Tragen. Dieser muß aufgerufen werden, und über das entsprechende Symbol bzw. den Menüpunkt NETZWERKLAUFWERK VERBINDEN kann eine Zuordnung hergestellt werden.

Bild 5.16:
Netzwerklaufwerk verbinden

Windows für Workgroups kann ausschließlich solche Netzwerkressourcen verwenden, die als Laufwerk angebunden werden. Dies ist bereits im Dialogfenster ersichtlich.

Eine eigene Option definiert, ob die Laufwerke beim nächsten Systemstart automatisch wieder angebunden werden sollen oder nicht.

Die Ressource muß als UNC-Name angegeben werden, allerdings kann sie aus dem Listenfenster bequem ausgewählt werden. Ressourcen von Windows-Netzwerken sollten in diesem Fenster vollständig aufgelistet werden.

Eine angebundene Ressource wird im Datei-Manager sofort als Laufwerkssymbol sichtbar. Wenn die Verbindung eben erst hergestellt wurde, öffnet Datei-Manager sogar ganz automatisch ein eigenes Fenster, in dem der Inhalt des neuen virtuellen Laufwerks angezeigt wird.

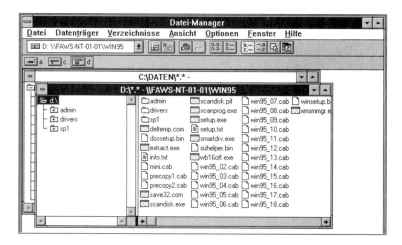

Bild 5.17:
Aktiviertes
Netzwerklaufwerk

Sollen Ordner-Ressourcen der NT-Domäne durch den Administrator zugeordnet werden, so eignet sich dafür am besten ein Anmeldeskript. Über die Benutzer-Definition könnte ja nur eine einzige Ressource, quasi ein *Basisverzeichnis* oder *Home Directory* zugeordnet werden. Die Möglichkeit, gleich mehrere Ordner in Form von virtuellen Laufwerken einem Benutzer zuzuordnen, kennt Windows NT standardmäßig leider nicht.

5.5.3 Drucken

Zum Drucken wird der DRUCKER-MANAGER verwendet. Dort kann an einen Netzwerkdrucker angebunden werden. Die Einstellungen des Druckers werden in der Domäne vorgenommen. Das heißt, daß sich der Benutzer nicht mehr darum kümmern braucht. Im übrigen hat ein gewöhnlicher Domänen-Benutzer gar keine Möglichkeit, einen Drucker komplett zu verwalten; er darf lediglich seine eigenen Druckjobs verwalten, kann die der anderen jedoch nicht angreifen.

Der DRUCKER-MANAGER zeigt auch an, ob ein Drucker verfügbar ist oder nicht. Der Drucker ist dann nicht verfügbar, wenn keine Verbindung zum Druckserver gefunden werden kann. Freilich bemerkt man dies nicht schon beim Arbeiten, sondern erst, wenn ein Druck aus dem Anwendungsprogramm fehlschlägt und der Benutzer eine Fehlermeldung erhält. Im DRUCKER-MANAGER kann er dann nachsehen, was die Ursache für diesen Fehlschlag ist (siehe Bild 5.18).

Wie sieht es nun mit dem Druckertreiber aus? Das NT-Konzept, Druckertreiber nur auf dem Server zu installieren, mag ja in kleineren Umgebungen ein recht interessantes sein. Immerhin wird auf diese Weise eine ganze Menge an Verwaltungsarbeit eingespart.

Die Möglichkeit, den Druckertreiber einfach über das Netzwerk zu laden, steht allerdings nur Windows NT selbst in allen Varianten sowie Windows 95 zur Verfügung. Für diese Systeme kann ein entsprechender Treiber auf dem Windows NT-Server installiert werden.

Bild 5.18:
Anbindung an einen Netzwerkdrucker

Eine Unterstützung für Windows für Workgroups ist nicht vorhanden. Das bedeutet, daß jede Windows für Workgroups-Maschine ihren eigenen Druckertreiber geladen haben muß. Den installieren Sie bei der Systeminstallation gleich mit. Falls Windows für Workgroups von einer Kopie erzeugt wird, ist das alles sowieso einfacher, denn in diesem Fall wird ein Referenzgerät installiert, und von diesem Referenzgerät nehmen Sie die Kopien auf alle anderen Maschinen.

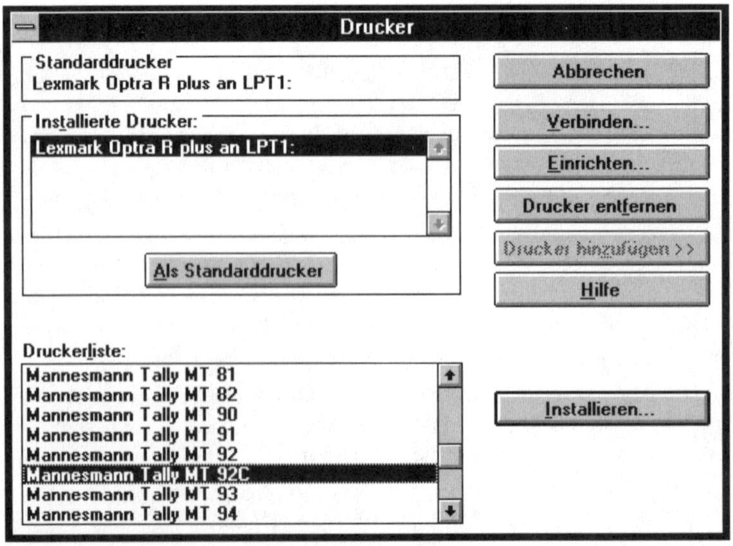

Bild 5.19:
Druckerinstallation

5.5.4 Profile, Richtlinien und Anmeldeskripten

Sowohl Benutzerprofile als auch Systemrichtlinien bleiben für Windows für Workgroups-Benutzer völlig wirkungslos, da dem 16-Bit-System solche Funktionen gänzlich unbekannt sind. Es hat also gundsätzlich keinen Sinn, etwa servergestützte Profile und spezielle Systemrichtlinien für die Benutzer bzw. Gruppen zu definieren. Falls Sie allerdings planen, die Windows für Workgroups-Maschinen eines Tages auf Windows 95 oder Windows NT umzustellen, sollten Sie die Profile und Richtlinien gleich einplanen, damit Sie sich die Arbeit für später sparen. Oder klingt es nicht angenehm, den Benutzern eine neue Maschine mit NT hinzustellen und sich um die Berechtigungen und geltenden Systemrichtlinien gar nicht mehr kümmern zu müssen?

Ganz anders sieht es mit den Anmeldeskripten aus. Diese können in NT ja auch für Fremdsysteme, sogar inklusive OS/2 Warp, eingesetzt werden. Das Anmeldskript können Sie also getrost definieren und im Benutzer-Manager für Domänen eintragen. Nach wie vor gilt, daß Sie entweder individuelle Anmeldeskripten oder auch ein generelles Anmeldeskript für alle Benutzer verwenden können. Das Zielsystem spielt dabei nämlich keine Rolle.

Es gibt nur einen einzigen Punkt, den Sie sehr wohl beachten sollten: die Namensendung muß für Windows für Workgroups-Clients selbstverständlich BAT heißen. Die zweite unter NT mögliche Endung, CMD, läßt sich ausschließlich für NT- und OS/2-Clients einsetzen. Das Betriebssystem DOS kann damit jedoch nichts anfangen, und selbstverständlich gilt das auch für Windows für Workgroups.

Wozu kann das Anmeldeskript nun verwendet werden? Nun, abgesehen davon, daß es keinen Unterschied zur Verwendung solcher Skripten für andere Clients gibt, geht es generell um zwei Dinge: erstens können Ressourcen automatisch zugeordnet werden, und zweitens könnte man mit Hilfe eines Anmeldeskripts bestimmte Programme starten. Letzteres ist eine Funktion, die beispielsweise auch von Microsofts SMS Server genutzt wird.

Laufwerkszuordnungen erstellen Sie mit dem Befehl NET USE. Soll beispielsweise die Freigabe DATEN auf einem Server Namens NTSRV05 als Laufwerk F: eingerichtet werden, dann lautet der Befehl:

```
net use f: \\ntsrv05\daten
```

Das Anmeldeskript bewirkt gleichzeitig, daß diese Anbindung bei jeder Anmeldung des Benutzers automatisch erstellt wird.

Gegenüber einer Netzwerkanbindung in der AUTOEXEC.BAT hat ein Anmeldeskript den Vorteil, daß es besser vom Server aus gewartet werden kann.

5.6 Verbindung über TCP/IP

Ein 32-Bit-TCP/IP für Windows für Workgroups befindet sich auf der CD-ROM von Windows NT Server. Mit Hilfe der Netzwerkinstallation von Windows für Workgroups wird das Protokoll installiert.

Die Dateien stehen auf der CD-ROM im Verzeichnis \CLIENTS\TCP32WFW (siehe Bild 5.20).

Entweder Sie erstellen Disketten, oder Sie installieren gleich aus dem Verzeichnis NETSETUP. Letzteres ist die einfachere und direkte Methode.

Zunächst wird unter Windows für Workgroups einmal ein neues Netzwerkprotokoll installiert.

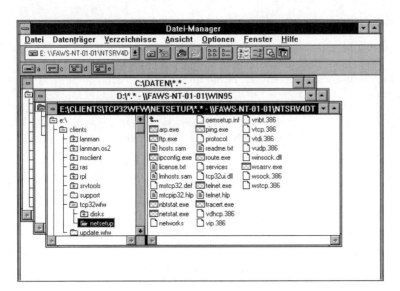

Bild 5.20:
Verzeichnisstruktur auf der NT Server-CD

Zeigen Sie die Liste der installierbaren Netzwerkprotokolle an. Da TCP/IP nicht in der Liste steht, klicken Sie auf NICHT AUFGEFÜHRTES ODER AKTUALISIERTES PROTOKOLL.

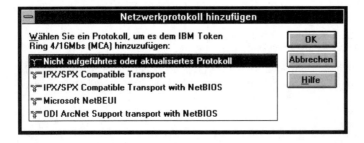

Bild 5.21:
Neues Protokoll

Danach muß der Pfad zum TCP/IP-Protokoll auf der CD-ROM angegeben werden. Selbstverständlich können Sie diese Daten auch auf einen Installationsserver speichern und direkt von dort abrufen.

Das Protokoll wird mit der Bezeichnung MICROSOFT TCP/IP-32 3.11B angezeigt. Aktivieren Sie dieses Protokoll und klicken Sie auf OK (siehe Bild 5.22).

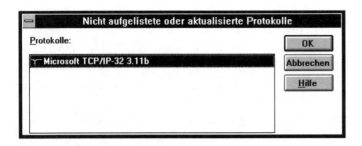

Bild 5.22:
TCP/IP für Windows für Workgroups

Das Protokoll wird ebenso wie eventuell bereits installierte Protokolle an die Netzwerkkarte gebunden. Dabei ist eines dieser Protokolle immer das *Standardprotokoll*. Ein Standardprotokoll wird als erstes angesprochen.

Dies kann für die Leistung eines Systems von Bedeutung sein. Wenn zwei Maschinen eine Verbindung miteinander aufbauen, wird zuerst das Standardprotokoll verwendet. Unter Windows für Workgroups sollten Sie also jenes Protokoll als Standardprotokoll einstellen, über das die meisten Verbindungen hergestellt werden.

In der folgenden Bildschirmabbildung ist NetBEUI das Standardprotokoll, während TCP/IP als sekundäres Protokoll fungiert. Das könnte der Fall sein, wenn das LAN mit NetBEUI arbeitet und TCP/IP für die Verbindung zu einzelnen UNIX-Rechnern und ins Internet benötigt wird.

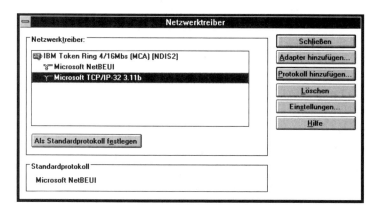

Bild 5.23:
Bindungen

Auch unter Windows für Workgroups haben Sie die Möglichkeit, einen DHCP-Server einzusetzen. Ist das der Fall, dann muß lediglich eine Frage beantwortet werden. Alle IP-Einstellungen werden dann vom DHCP-Server eingeholt.

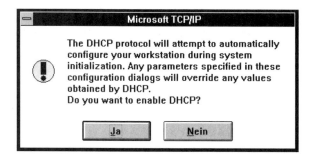

Bild 5.24:
DHCP oder kein DHCP ...?

Der Einsatz eines DHCP-Servers vereinfacht zwar die Verwaltung der Maschinen, weil Sie keine aufwendige Konfiguration mehr machen müssen, doch bedenken Sie, daß Sie Maschinen im Netzwerk nicht sehr gut identifizieren können, wenn DHCP eingesetzt wird. Sie wissen dann nämlich nicht, welche Maschine welche IP-Adresse verwendet.

Im Normalfall empfiehlt sich der Einsatz statischer IP-Konfigurationen. Das mag zwar bei der Installation aufwendiger sein, doch haben Sie später mehrere Vorteile.

Wird die Verwendung von DHCP abgelehnt, so werden Sie bei der Installation automatisch nach der statischen Konfiguration gefragt. Diese benötigt mindestens eine IP-Adresse und eine Teilnetzmaske. Selbstverständlich kann die Konfiguration auch nachträglich vorgenommen oder geändert werden.

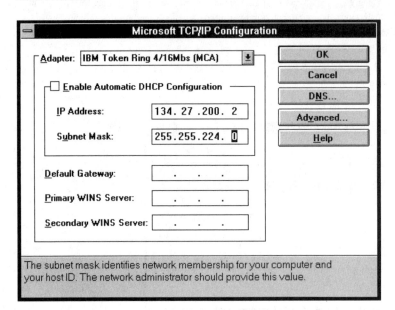

Bild 5.25:
Statische Konfiguration

Sie sollten auch gleich einen Hostnamen und die Domäne angeben, wobei die Domäne nicht verpflichtend ist. Auf dieser Seite können auch DNS-Server angegeben werden, falls vorhanden.

An Stelle von DNS könnten Sie in Ihrem TCP/IP-Netzwerk auch WINS verwenden, doch bedenken Sie, daß WINS ab Version 5.0 von Windows NT kaum mehr unterstützt werden wird. Microsoft scheint sich im Augenblick wieder auf DNS zu konzentrieren (siehe Bild 5.26).

Speziellere Einstellungen sind unter ADVANCED MICROSOFT TCP/IP CONFIGURATION zu finden. Auch Windows für Workgroups kann als *Multihomed Computer* definiert werden.

Dabei handelt es sich um Computer, die über mehrere Netzwerkadressen verfügen. Während das bei Vorhandensein mehrerer Netzwerkkarten etwas Normales ist, können Sie mit modernen Systemen auch mehrere IP-Adressen auf eine einzige Netzwerkkarte binden.

Auf derselben Seite wird der Standard-Router, mit der Bezeichnung DEFAULT GATEWAY, definiert (siehe Bild 5.27).

Die Konfiguration ist die eine Seite, und es ist klar, daß sie die wichtigere Seite ist. Wenn in der IP-Adresse auch nur eine Kleinigkeit nicht stimmt, funktioniert die ganze Kommunikation nicht. Genauere Informationen zu TCP/IP finden Sie im Anhang dieses Buches.

Neben dem Protokoll werden auch Anwendungsprogramme installiert. Im Programm-Manager befindet sich eine neue Gruppe, MICROSOFT TCP/IP.

In dieser Gruppe wurden die Programme FTP und Telnet eingerichtet. Es handelt sich jeweils um grafische Versionen, die allerdings lediglich Basisfunktionalität zur Verfügung stellen.

Verbindung zu Windows für Workgroups

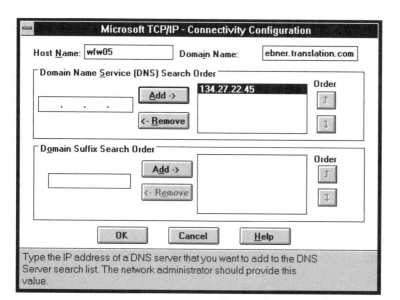

Bild 5.26:
Hostname und DNS

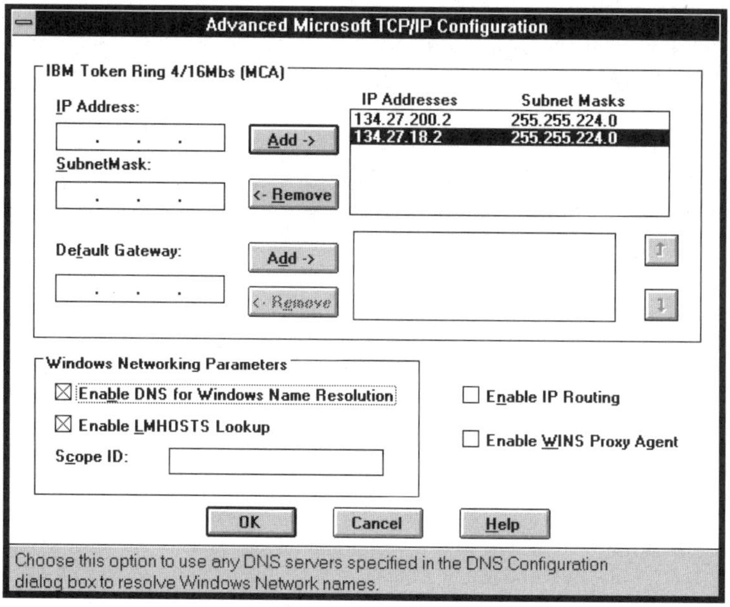

Bild 5.27:
Mehrfache IP-Adressen

Sie können mit diesen Programmen auf alle Maschinen zugreifen, die TCP/IP unterstützen. Dazu gehört also nicht nur Windows NT, sondern auch alle anderen Plattformen.

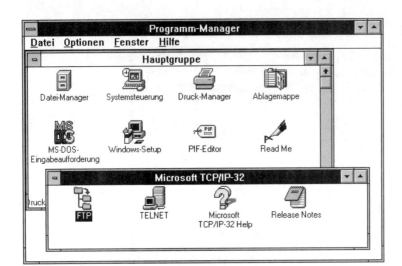

Bild 5.28:
TCP/IP-Programme

5.7 Verwaltung des Windows NT-Servers

Microsoft liefert keinerlei Verwaltungsprogramme für Windows für Workgroups aus. Es gibt also weder einen BENUTZER-MANAGER noch einen SERVER-MANAGER. Windows für Workgroups gehört bei Microsoft zum alten Eisen und wird offiziell gar nicht mehr unterstützt.

Für Windows für Workgroups gilt jedoch dasselbe wie für alle anderen Systeme. Wenn Sie eine TCP/IP-Verbindung und einen Web Browser haben, dann können Sie Windows NT-Server mit Hilfe des WEB ADMINISTRATORS verwalten.

Dieses Zusatzprogramm, das Microsoft kostenlos im Resource Kit zu Windows NT Server und im Internet ausliefert, wird auf Windows NT Server-Maschinen installiert, auf denen neben TCP/IP auch der Internet Information Server läuft.

Installieren Sie einen beliebigen Web Browser unter Windows für Workgroups, mit dem Sie auf die Server zugreifen können.

WEB ADMINISTRATOR FÜR WINDOWS NT SERVER bietet alle Funktionen, die Sie für die Verwaltung eines Servers benötigen. Selbstverständlich handelt es sich nur um Standardfunktionen von Windows NT. Doch nicht einmal das ist völlig richtig. Microsoft inkludierte sogar die Möglichkeit, den Server mit Hilfe des Web Browsers herunterzufahren bzw. eine entfernte Kommandozeile, eine *remote shell*, aufzurufen.

Als Web Browser stehen für Windows für Workgroups zahlreiche Programme zur Verfügung. Unter ihnen sind eine 16-Bit-Windows-Version von Microsoft Web Explorer, Netscape Navigator und NCSA Mosaic.

6 Verbindung zu IBM OS/2 Warp

OS/2 Warp von IBM ist vor allem bei Firmen und da besonders bei großen Firmen recht verbreitet. Vor allem von Versicherungen und Banken wird dieses Betriebssystem sehr gerne verwendet. Die Kundenstruktur von OS/2 besteht hauptsächlich aus IBM-Kunden, also aus Firmen, die entweder die gesamte oder einen großen Teil der Hardware von IBM haben. Im Massenmarkt konnte sich OS/2 aus verschiedenen Gründen nicht durchsetzen.

Am Beginn wurde OS/2 von Microsoft und IBM gemeinsam entwickelt. Verschiedene Zielvorstellungen und die unterschiedliche Struktur der beiden Unternehmen führte schließlich zu einer Trennung und zu einer seltsamen Haßliebe zwischen Microsoft und IBM, die auf der einen Seite zu den aus der Presse bekannten Grabenkämpfen, auf der anderen Seite aber zu einer intensiven Zusammenarbeit bei Betriebssystemen und sogar bei Windows NT führte.

Das in den 80er-Jahren vorgestellte 16-Bit-OS/2, das der Zusammenarbeit von Microsoft und IBM entsprang, war der Vorläufer für zwei Betriebssysteme und zwei Netzwerkserver-Systeme, mit denen wir heute zu tun haben, nämlich von IBM OS/2 Warp und IBM LAN Server bzw. Warp Server sowie von Microsoft Windows NT und Windows NT Server.

Die gemeinsamen Wurzeln lassen sich nicht verleugnen und führen vereinzelt noch immer zu der überraschenden Tatsache, daß in Windows NT plötzlich eine OS/2-Fehlermeldung auftaucht oder OS/2 Warp identische Konzepte aufweist wie NT.

Die gemeinsame Wurzel und die Marktkämpfe zwischen Microsoft und IBM führten auch zu einem zwiespältigen Verhältnis von NT und Warp zueinander.

Um es gleich vorweg zu nehmen: erwarten Sie keine Dokumentation der Zusammenarbeit in den Handbüchern von Windows NT oder von OS/2 Warp. Liest man die Handbücher, und großteils auch die Resource Kits von Microsoft, so drängt sich einem der Eindruck auf, das System des jeweils anderen würde komplett ignoriert. Die meisten Informationen finden sich noch in den IBM Redbooks, das ist die Technische Referenz der *International Technical Support Organization (ITSO)* von IBM, deren Bücher auch von Kunden bestellt werden können, doch auch diese Informationen sind keineswegs systematisch aufgebaut.

Viele Unternehmen beginnen heute, neben OS/2 Warp auch Windows NT einzusetzen. In manchen Fällen geht es um einzelne Server oder einzelne Applikationen, manchmal ist SAP R/3 ausschlaggebend, für das es keine wirklich vernünftige OS/2-Implementierung gibt, manchmal werden neue Clients mit Windows NT gekauft oder bereits vorinstalliert erworben, und manchmal steht ein kompletter Umstieg von OS/2 auf Windows NT bevor.

Was auch immer die Gründe sind, ein Nebeneinander von Windows NT und OS/2 Warp ist heute Realität, vor allem in größeren Firmen.

Kleine Firmen werden in einem solchen Fall wohl eher in der Gesamtheit von OS/2 auf Windows NT umstellen, wobei ein solcher radikaler Wechsel für große Firmen praktisch ein Jahrhundertunternehmen darstellt. Umstellungen in einem derart großen Rahmen bringen sehr viel Arbeit und hohe Kosten mit sich. Da geht es nicht nur um die neue Hardware, die benötigt wird, sondern um völlig neue Kommunikations- und Anwendungsprogramme, mitunter um eine

Erneuerung der Netzwerkverkabelung, um die Ausbildung der EDV-Mitarbeiter und nicht zuletzt um die Einschulung der Anwender auf die neue Oberfläche und die neuen Anwendungsprogramme.

In diesem Kapitel möchte ich alle Möglichkeiten durchnehmen. Es soll beleuchtet werden, wie OS/2 Warp und Windows NT in einem Peer-Netzwerk nebeneinander koexistieren, wie OS/2-Clients in eine NT-Domäne aufgenommen werden können, wie das umgekehrt mit NT-Clients in Warp Server-Domänen aussieht, ich möchte die Möglichkeiten und Unmöglichkeiten der Verbindung von NT- und Warp-Domänen inklusive der Verwaltung des jeweils anderen Systems aufzeigen, und den Abschluß bildet eine Lösung zur Migration von OS/2-Umgebungen auf Windows NT.

6.1 Übersicht OS/2 Warp

Über OS/2 zu sprechen, bedeutet, über mehrere Versionen von OS/2 zu sprechen. Da dieses Betriebssystem im Grunde seit 1987 auf dem Markt ist, gibt es inzwischen eine ganze Menge an verschiedenen Versionen, die in ihrer Verwendung vereinzelt noch immer bis zu den ersten Versionen heranreichen.

Version 1.0, die 1987 herauskam, ist relativ uninteressant. Sie hatte keine grafische Oberfläche und kann im Prinzip als ein DOS mit großem Hauptspeicher und Multitasking-Fähigkeiten bezeichnet werden.

Die Versionen 1.1, 1.2 und 1.3 waren nach wie vor 16-Bit-Versionen von OS/2. Diese Systeme wurden für den Intel-Prozessor i286 geschrieben, was vermutlich die größte Einschränkung dieses Systems war. Trotz zahlreicher Probleme und fehlender Software wurde vor allem Version 1.3 bei einer Reihe von großen Firmen eingesetzt. Diese Version ist auch die Basis des ersten Microsoft-Netzwerkbetriebssystems. Es handelt sich dabei um Microsoft LAN Manager für OS/2. Auch Microsoft SQL Server gab es zuerst für die 16-Bit-Versionen von OS/2, und auf der IBM-Seite waren dies die Extended Edition als Vorläufer zu DB2 und Communications Manager sowie LAN Server 1.0.

Version 1.3 kann vielleicht überhaupt als Angelpunkt bezeichnet werden, denn sie fällt in eine Zeit, in der IBM und Microsoft immer wieder versuchten, doch noch gemeinsam an dem Projekt zu arbeiten, und schließlich scheiterten.

Wenn Microsoft heute, das heißt also, im Umfeld von Windows NT, von OS/2 spricht, ist in vielen Fällen das alte 16-Bit-OS/2 gemeint, an dem Microsoft einen erheblichen Anteil hatte.

Diese Systeme sind zwar kaum mehr von Bedeutung, allerdings ist der LAN Manager nicht nur der Verläufer des IBM LAN Servers, sondern eben auch von Windows NT Server.

In Europa wird Microsoft LAN Manager für OS/2 praktisch nicht mehr eingesetzt. Es gibt allerdings auch eine Version des LAN Managers für die VAX von Digital und für UNIX. LAN Manager-Maschinen können immer noch in Windows NT-Domänen eingebunden werden, allerdings ausschließlich als alleinstehende Server. Diese Geräte können keine Domänen-Controller sein, da die Benutzerverwaltung eher dem heutigen Warp Server entspricht denn der Windows NT-Benutzerdatenbank.

Ab Version 2.0 wurde OS/2 auf 32 Bit umgestellt bzw. von Grund auf neu entwickelt. Ab Version 2.0 gibt es auch die sogenannte *Workplace Shell*, das ist eine grafische Oberfläche, die durch und durch objektorientiert arbeitet und sogar programmtechnisch objektorientiert aufgebaut ist. Diese Oberfläche könnte am besten mit der Macintosh-Oberfläche verglichen werden, obwohl sie auch diese hinter sich läßt.

Mehrere Konzepte der Workplace Shell, wie zum Beispiel der Einsatz von Kontextmenüs, wurden auch von Microsoft übernommen. Die Oberflächen von Windows 95 und NT 4.0 weisen zwar nur einen Ansatz an Objektorientiertheit auf, doch ist zu erwarten, daß die Zukunft viel mehr davon bringen wird.

Nach Version 2.0 kam 2.1, und danach OS/2 Warp 3.0. Letztere enthielt eine überarbeitete Version der Workplace Shell, und etwas später kam dann die eigentliche Neuerung auf den Markt, nämlich Warp Connect.

Alle OS/2-Versionen bis inklusive Warp 3.0 enthielten im Standardsystem keine Netzwerkfunktionalitäten. Warp Connect war die erste Version, die, ähnlich Windows NT, die gesamte Netzwerkfunktionalität mitlieferte.

Wer eine ältere Version als Warp Connect besitzt, benötigt für die Netzwerkanbindung den LAN Requester, der von IBM normalerweise im Rahmen des IBM LAN Servers oder Warp Servers, aber auch einzeln erhältlich ist.

Bei Windows NT Server gibt es keine Client-Software für OS/2 Warp. Machen Sie nicht den Fehler, den OS/2 LAN Manager Client für OS/2 zu installieren, der sich auf der NT Server-CD befindet, denn dabei handelt es sich um eine Client-Software für die 16-Bit-Versionen von OS/2! Auf Warp würden Sie damit scheitern.

Der Einsatz von OS/2 2.1 oder Warp 3.0 (also nicht die Connect-Version) mag Probleme aufwerfen, wenn Sie zu Windows NT Server verbinden wollen, weil bei beiden Produkten keine Requester-Software dabei ist. Wenn eine Firma jedoch den LAN Server kauft, um an die Requester-Software zu kommen, sollte man selbstverständlich die Frage stellen, was in diesem Fall der NT-Server überhaupt im reinen OS/2-Netzwerk zu suchen hat.

Anders sieht es aus, wenn Sie Warp Connect oder die aktuelle Version Warp 4 einsetzen. Wie bereits erwähnt, enthalten diese Versionen eine komplette Netzwerkfunktionalität und sind damit in diesem Punkt durchaus mit Windows NT oder Windows für Workgroups vergleichbar.

Es handelt sich im Grunde um den ursprünglichen LAN Requester, der jetzt vollständig ins System integriert wurde. Sogar der alte Name ist geblieben, was Sie bei der Installation leicht feststellen können.

Alle genannten Versionen betreffen die Client-Seite.

Auf der Server-Seite gibt es ebenfalls OS/2. Die Rede ist diesmal nicht vom alten Microsoft LAN Manager, denn der fand seinen Nachfolger in Windows NT Server, sondern vom IBM LAN Server bzw. IBM Warp Server. Dies ist das Netzwerkbetriebssystem von IBM, das auf OS/2 aufsetzt.

Heute sind vor allem LAN Server 4.0 und Warp Server im Einsatz. Warp Server hat seltsamerweise ebenfalls Versionsnummer 4.0, obwohl darin der LAN Server 5.0 enthalten ist. Sowohl von LAN Server als auch Warp Server gibt es eine Einprozessor- und eine Multiprozessor-Version.

6.1.1 OS/2-Arbeitsplatzsystem

Grundsätzlich ist OS/2 Warp als Einzelbenutzersystem ausgelegt. Das bedeutet, daß sich im Standardsystem keinerlei Sicherheitsmechanismen befinden. Der Benutzer muß sich auch nicht am System anmelden.

Für die Anmeldung gibt es nur einen Trick, der darin besteht, daß OS/2 bereits beim Starten eine Bildschirmsperre einrichtet, die mit einem Kennwort beendet werden muß. Dies ist jedoch nur ein sehr geringer Schutz, da die Benutzer jederzeit mit einem Notsystem hochfahren könnten, das beim Starten mit der Tastenkombination [Alt]-[F1] initialisiert wird, oder auch eine OS/2 Startdiskette verwenden könnten.

Dennoch kann dieser Trick ein relativ wirksamer Schutz sein, wenn er mit einem BIOS-Kennwort zum Starten des Computers kombiniert wird.

Da OS/2 als Basis das ursprünglich von Microsoft entwickelte HPFS-Dateisystem verwendet, gibt es Zusatzprodukte zu OS/2, die auf den vorbereiteten Funktionalitäten aufsetzen und sehr wohl für Sicherheit sorgen, die durchaus mit einer Sicherheit von Windows NT oder UNIX verglichen werden kann.

OS/2 Warp ist ein 32-Bit-Betriebssystem, hat in den Versionen 3.0 und 4.0 allerdings noch immer eine Komponente, die mit 16 Bit läuft, nämlich das Dateisystem HPFS. Ein 32-Bit-HPFS gibt es lediglich im LAN Server.

Multitasking und Multithreading sind unter OS/2 Alltag, wobei das Multitasking präemtiv arbeitet und insgesamt 128 Prioritätsstufen besitzt – gegenüber 32 in Windows NT. Die Vielzahl der Prioritätsstufen führte bei manchen Herstellern dazu, daß sie ihre Programme mit zu hoher Priorität austatteten, was dazu führt, daß diese Programme die Multitasking-Fähigkeit deutlich beeinflussen.

Eine einfache Nachrichtenwarteschlage (Message Queue) des Grafiksubsystems *Presentation Manager* führt immer wieder zu »Hängern« der Oberfläche, die dem Benutzer gegenüber einem Systemabsturz gleichkommen. Das dahinterliegende Betriebssystem und Netzwerk ist in diesem Fall aber nach wie vor stabil. Erst mit Warp 4 bekamen die IBM-Entwickler diese Problematik mit einem Systemtrick einigermaßen in den Griff.

OS/2 Warp bietet als Benutzerschnittstelle die *Workplace Shell*, die im Vergleich aller PC-Betriebssysteme als die modernste bezeichnet werden kann. Die Workplace Shell arbeitet mit Objekten. Objektorientiertheit zieht sich durch die gesamte grafische Oberfläche. Sie ist so modular aufgebaut, daß es Software-Herstellern ein Leichtes ist, die Funktionalität der Workplace Shell und damit von OS/2 zu erweitern. Dementsprechend gibt es Hunderte Programme, die sich als zusätzliche Objekte in die Workplace Shell einfügen. Von den Standardfunktionen, die IBM integrierte, sind diese Zusätze nicht mehr zu unterscheiden.

Viele Wurzeln von OS/2 und der Workplace Shell liegen in der Windows 3.x-Oberfläche und im Apple Finder. Dennoch gingen die Entwickler mit zahlreichen Konzepten weiter, als das bisher der Fall war. Dies bewirkte einen völlig neuen und ungewohnten Ansatz in der Bedienung von Anwendungsprogrammen.

WPS-Programme verfügen beim Aufruf unter Umständen nur mehr über eine Symbolleiste, die frei auf der Oberfläche steht. Jede Datei steht in einem eigenen Fenster, und alle Funktionen sind über Kontextmenüs und Symbolleisten verfügbar. Ein Standardmenü existiert nicht mehr. Aufgrund dieser objektorientierten Behandlung verschwimmen mitunter die Grenzen zwischen verschiedenen Programmen und Systemfunktionen. Der Benutzer hat mehr mit Objekten zu tun denn mit kompletten Programmen, wie man das von Windows her gewohnt ist.

Diese starken Unterschiede zwischen Workplace Shell und Windows 95-Oberfläche lassen richtigerweise vermuten, daß OS/2-Anwender bei Netzwerkverbindungen eigens für die Workplace Shell geschriebene Programme einsetzen sollten. Dies wäre beispielsweise mit IBM PEER verwirklicht. Solche Programme haben den Vorteil, daß OS/2-Anwender sich nicht umgewöhnen müssen.

Netzwerkfunktionalitäten gibt es bei OS/2 erst seit Warp Connect im Basissystem. Ausschließlich mit Warp Connect und Warp 4 wird das Netzwerk mitgeliefert.

Wer noch Version 2.x oder 3.0 hat, benötigt den LAN Requester, um das System an OS/2- oder Windows NT-Domänen anzuschließen.

OS/2 Warp enthält Microsoft Windows. Dabei handelt es sich um eine geringfügig angepaßte Version von Windows 3.1. Dadurch sind Windows 3.x-Programme unter OS/2 verwendbar. Sie können im *Vollbild-Modus* oder im *Fenster-Modus* verwendet werden. OS/2 unterstützt auch die Win32s-Schnittstelle, mit der 32-Bit-Windows-Programme eingesetzt werden können, die auch unter Windows 3.x mit Hilfe des Win32s-Zusatzes laufen.

Programme, die für Windows 95 oder NT geschrieben wurden, können standardmäßig unter OS/2 Warp **nicht** eingesetzt werden.

Wenn Sie solches vorhaben, gibt es allerdings ein Zusatzprodukt von der Firma Citrix.

CITRIX WINFRAME ist eine Client-Server-Applikation, die für OS/2 und für UNIX verfügbar ist. Mit Hilfe dieses Programms machen Sie aus einem Windows NT-Server einen Applikationsserver für 32-Bit-Windows-Programme. Die OS/2-Client-Maschinen stellen praktisch die Oberfläche zur Verfügung. In einem Fenster, das unter OS/2 läuft, arbeiten dann die 32-Bit-Windows-Programme fast so, als wären es OS/2-Programme.

Man kann die Funktion von WinFrame sehr gut mit dem X-Server-Konzept vergleichen. OS/2 ist in diesem Fall der Server für die grafischen Windows NT-Anwendungen, und der Windows NT Server ist der Host, auf dem die Programme in Wirklichkeit laufen.

CITRIX WINFRAME kann somit eine Lösung sein, OS/2 Warp-Maschinen beizubehalten und trotzdem 32-Bit-Windows-Applikationen wie Microsoft Office, Lotus SmartSuite oder die Corel WordPerfect Suite einzusetzen.

IBM OS/2 ist ein Betriebssystem, das nur auf einer einzigen Prozessorplattform existiert, nämlich auf Intel. Eine Zeitlang gab es zwar Bemühungen, OS/2 in einer eigenen Microkernel-Version auch für PowerPC-Prozessoren zugänglich zu machen, doch wurde die Entwicklung bereits eingestellt, bevor das Produkt fertiggestellt war.

Auf Intel wird von der Client-Version von OS/2 immer nur ein einziger Mikroprozessor unterstützt. Allerdings gibt es eine eigene Mehrprozessor-Version, die von mehreren Programmen wie beispielsweise Lotus Notes SMS oder ColorWorks als Basis für Multiprocessing vorausgesetzt wird.

Da die Nachfrage nach Mehrprozessorversionen unter OS/2 offensichtlich sehr schwach ist, hinken diese den Standardversionen fast immer um eine Versionsnummer hinterher. So gibt es bis Sommer 97 etwa noch keine Mehrprozessorversion auf Warp 4-Basis.

6.1.2 OS/2-Server

Aus dem Microsoft LAN Manager, der in der ersten Version für OS/2 erschien, ging auf der IBM-Seite der IBM LAN Server hervor. Da auch Windows NT Server seine Wurzeln im LAN Manager hat, verwundert es nicht mehr, daß LAN Manager und Windows NT Server sehr viele Gemeinsamkeiten aufweisen.

Bis zu LAN Server 3.0 lief ein Großteil der Verwaltungsprogramme noch zeichenorientiert. Seit Version 4.0 ist die gesamte Verwaltung auf die grafische Oberfläche umgestellt, wobei der Administrator mit WPS-Programmen zu tun hat, die sehr objektorientiert aufgebaut sind.

Parallel zu dieser grafischen Bedienung entwickelte IBM auch die Kommandozeile weiter. Insgesamt stellt es sich so dar, daß die grafische Bedienung und jene der Kommandozeile nicht zu 100% deckend sind, aber doch fast.

Da die Kommandozeile unter Windows NT Server im Netzwerkbereich kaum Erweiterungen gegenüber dem LAN Manager erfuhr, besitzt OS/2 LAN Server in diesem Bereich viel mehr Optionen, als unter Windows NT zur Verfügung stehen. Microsoft setzte schon viel früher auf die grafische Bedienung. Die Bedienung von LAN Server arbeitete bis Version 3.0 fast ausschließlich zeichen- und kommandozeilenorientiert.

OS/2-Netzwerke arbeiten ebenfalls mit Domänen. Im Unterschied zu Windows NT können diese Domänen allerdings standardmäßig nicht miteinander verbunden werden. Ein Ressourcenzugriff und die automatische Vereinheitlichung von Benutzername und Kennwort sind jedoch möglich.

Um die Verwaltung mehrerer Domänen zu zentralisieren, benötigt man die IBM DIRECTORY AND SECURITY SERVICES, ein Zusatzprodukt, das DCE-Standards in OS/2 implementiert. Mit diesem Produkt hat der Administrator nicht mehr mit Domänen, sondern mit *Zellen* zu tun, in denen mehrere Domänen vorhanden sein können. Die Benutzer- und Ressourcenverwaltung wird mit IBM DSS zentral zusammengefaßt.

Bereits zu LAN Server 4.0 erschien eine Mehrprozessorversion. Diese unterstützt maximal 64 Prozessoren.

Die aktuelle Version des OS/2-Netzwerkbetriebssystems ist der *IBM Warp Server*. Dieser ist im Grunde ein Zusammenschluß einer Reihe von Produkten, die bis zum Erscheinen des Warp Servers einzeln erhältlich waren.

Im Kern enthält der Warp Server den LAN Server 5.0, der sich gegenüber der Vorversion kaum geändert hat und die gesamte grafische Bedienung selbstverständlich übernommen hat. Das Betriebssystem OS/2 ist im Warp Server erstmals standardmäßig enthalten und steht auf dem Stand Warp 3.0.

Jeder Besitzer von Warp Server kann kostenlos auf die Mehrprozessorversion von Warp Server aufrüsten, die ebenso wie Windows NT auch auf Einzelprozessormaschinen installiert werden kann. Diese Version enthält Verbesserungen in der Speicherverwaltung, virtuelle Adreßräume von 3 GB pro Prozeß, erweiterte NetBIOS-Ressourcen und eine Optimierung für Pentium- und Pentium Pro-Prozessoren.

Neben dem LAN Server 5.0 enthält Warp Server eine Reihe von Erweiterungsmodulen. Dazu gehören der Lizenzmanager, der LAN Distance Connection Server für Fernzugriffsdienste, der TME10 Netfinity Server für Systems Management, der Network SignON Coordinator/2 für die Kennwortkoordinierung in mehreren Domänen und/oder Novell-Netzwerken, Dienste für Backup und Restore sowie die Erweiterten Druckdienste.

Warp Server-Domänen enthalten maximal 15.000 Benutzer. Standardmäßig ist es nicht möglich, mehrere Domänen zusammenzuschließen, allerdings kann die Anmeldung mit Hilfe der mitgelieferten KENNWORT-KOORDINIERUNG für mehrere Domänen gleichzeitig durchgeführt werden. Diese KOORDINIERUNG stellt auch sicher, daß bei einer Kennwort-Änderung das Kennwort in allen betroffenen Domänen angepaßt wird. Die KENNWORT-KOORDINIERUNG kann die Anmeldung gleichzeitig an LAN Server- bzw. Warp Server-Domänen und an Novell NetWare-Servern durchführen; Windows NT wird von diesem Werkzeug nicht unterstützt.

Die Verwaltung fußt auf der Domäne. Innerhalb der Domäne werden die Benutzer, Gruppen und verschiedene Arten von Ressourcen verwaltet. Um eine Ressource freizugeben, wird ein sogenannter *Alias* definiert. Dieser Alias arbeitet völlig transparent; das bedeutet, der Domänen-Benutzer braucht keinen Servernamen anzugeben, um auf die Ressource zuzugreifen – der Alias-Name der Ressource genügt. Daher ist es nicht notwendig, daß ein Benutzer weiß, auf welchem Server sich die gewünschten Ressourcen befinden.

Wenn Sie die Verwaltung aller Ressourcen und Benutzer über mehrere Domänen hinweg zentralisieren wollen, benötigen Sie ein Zusatzprodukt, nämlich die IBM DIRECTORY AND SECURITY SERVICES, abgekürzt DSS. Dieses Programm stellt eine X.500-Verzeichnisstruktur bereit, welche *Zellen* verwaltet. Eine Zelle kann beliebig viele Domänen enthalten, wobei die gesamte Verwaltung von DSS durchgeführt wird. Alle Benutzer, Gruppen, Ressourcen und Server werden in einer eigenen Datenbank, der REGISTRIERUNG, verwaltet, die innerhalb der Zelle verteilt ist.

Server-Arten unter OS/2 Warp

Wie Windows NT unterscheidet auch LAN Server zwischen drei verschiedenen Server-Arten, die ihre Entsprechungen in NT haben:

- Domänensteuereinheit
- Backup-Domänensteuereinheit
- Zusätzlicher Server

Die *Domänensteuereinheit* entspricht der Rolle des Primären Domänen-Controllers. Hier befinden sich die gesamte Benutzerverwaltung sowie die Zugriffssteuerlisten. Benutzer und Ressourcen werden über die Domänensteuereinheit verwaltet.

Jede Domäne hat genau einen Server als Domänensteuereinheit. Die Verwaltung ist zentralisiert, kann jedoch auch von anderen Servern oder Client-Maschinen aus vorgenommen werden.

Alle anderen Server der Domänen erhalten die Informationen zu Benutzern und Gruppen von der Domänensteuereinheit. Falls eine OS/2-Domäne nur einen einzigen Server hat, ist dieser natürlich gleichzeitig eine Domänensteuereinheit.

Auf der Domänensteuereinheit müssen die LAN Serverdienste installiert und aktiviert sein, damit sich Benutzer an der Domäne anmelden und auf die freigegebenen Ressourcen zugreifen können.

Die *Backup-Domänensteuereinheit* ist ein Server, auf dem eine Kopie der Informationen zur Definition von Benutzern, Gruppen und Ressourcen gespeichert ist. Wenn Sie eine Backup-Domänensteuereinheit definieren und starten, können sich die Benutzer bereits an der Domäne anmelden. Das gilt selbstverständlich auch dann, wenn die Domänensteuereinheit abgeschaltet oder zu stark ausgelastet ist.

Eine Backup-Domänensteuereinheit enthält eine Kopie der Benutzerattribute der LAN Serverdienste wie etwa die Anmeldezuordnungen und Netzwerkanwendungen, so daß ein Benutzer auf alle Anmeldedienste zugreifen kann, wenn er von einer Backup-Domänensteuereinheit überprüft wird.

Eine Backup-Domänensteuereinheit hat grundsätzlich zwei Funktionen: erstens werden Benutzeranmeldungen entgegengenommen und überprüft und zweitens enthält er eine Kopie der Benutzerdatenbank. Wenn die Domänensteuereinheit ausfällt, kann die Backup-Domänensteuereinheit den frei gewordenen Platz einnehmen.

Ein *Zusätzlicher Server* ist ein Server, der weder eine Domänensteuereinheit noch eine Backup-Domänensteuereinheit ist. Zusätzliche Server werden eingerichtet, wenn Sie mehr Rechenkapazität auf den Servern benötigen, aber keine Backup-Domänensteuereinheit mehr benötigen.

Ein Zusätzlicher Server erhält die Informationen zu Benutzern und Benutzergruppen von der Domänensteuereinheit oder der Backup-Domänensteuereinheit.

Zusätzliche Server eignen sich ganz besonders als Applikationsserver, weil die Anmeldelast in diesem Fall wegfällt. Anmeldeüberprüfungen werden von den Domänensteuereinheiten vorgenommen, während die Rechenlast bei den Anwendungsprogrammen dann auf Zusätzlichen Servern liegt.

HPFS386 und Lokale Sicherheit

LAN Server und Warp Server enthalten eine 32-Bit-Version des HPFS-Dateisystems. Diese Variante bietet gegenüber der 16-Bit-Variante, die bei allen anderen OS/2-Versionen installiert wird, zwei Vorteile.

Erstens wird die Systemleistung deutlich erhöht, wenn zahlreiche Zugriffe gemacht werden; genau das passiert in der Regel auf einem Dateiserver. Zweitens enthält HPFS386 eigene Sicherheitsmechanismen, die als *Lokale Sicherheit* bezeichnet werden.

Wird die Lokale Sicherheit auf dem Server eingeschaltet, dann muß sich der Benutzer, bevor er etwas im System tun kann, einmal anmelden. Außerdem sind seine Berechtigungen über Dateien und Ordner ganz genau definiert.

Diese Berechtigung ist in Form von ACLs (Access Control Lists) im Dateisystem selbst untergebracht. Das Prinzip ähnelt daher der NTFS-Sicherheit unter Windows NT.

Wurde die Lokale Sicherheit eingeschaltet, dann kann auch mit einer gewöhnlichen OS/2-Startdiskette nicht mehr auf die Platte zugegriffen werden.

Da dies für Wartungszwecke wichtig sein kann, enthält die SYSTEMKONFIGURATION von OS/2 Warp ein eigenes Symbol, mit dessen Hilfe Sie Startdisketten erstellen können. In diesem Fall wird die Unterstützung für HPFS386 mitinstalliert. Wenn Sie einen Warp Server mit diesen Disketten starten, werden Sie in der Kommandozeile aufgefordert, Ihren Benutzernamen und das Kennwort einzugeben. Nur wenn Sie Administrator sind, erhalten Sie Zugriff auf den Datenträger.

Der Aufbau von Benutzergruppen sieht unter OS/2 fast genauso aus wie unter Windows NT. Deshalb sind auch die Möglichkeiten der Sicherheit fast identisch. Alle Administratoren gehören zu einer eigenen privilegierten Gruppe. Zwischen den Administratoren kann es jedoch in beiden Betriebssystemen keinerlei Unterschiede mehr geben.

Falls jemand eine Festplatte ausbauen kann, auf die er keine Zugriffsberechtigung hat, könnte er diese Platte in ein anderes Gerät einbauen, wo er selbst Warp Server installiert hat und somit Administrator ist. Da die Administratoren eine Gruppe sind, hat er nun in diesem neuen Gerät Administratorrechte auf der ursprünglich geschützten Festplatte.

Das gilt nicht nur für die Local Security unter OS/2, sondern in gleichem Maß für die NTFS-Sicherheit unter Windows NT.

Fehlertoleranz

Die Fehlertoleranz erhöht die Verfügbarkeit eines Servers. Es gibt verschiedene Mechanismen, die unter dem Begriff Fehlertoleranz zusammengefaßt werden. In der Regel handelt es sich um *RAID-Systeme*. RAID steht für *Redundant Array of Inexpensive Disks*.

LAN Server und Warp Server kennen nur einen einzigen RAID-Mechanismus, der standardmäßig mit Hilfe der Software verwendet werden kann. Es handelt sich um RAID 1 oder *Plattenspiegelung*, englisch *Disk Mirroring*.

Bei einer Plattenspiegelung ist der gesamte Inhalt der Festplatte doppelt vorhanden. Alle Daten werden auf den zweiten Datenträger gespiegelt. Der Vorteil ist, daß weitergearbeitet werden kann, wenn eine Festplatte ausfällt.

Um die Plattenspiegelung zu verwenden, muß unter OS/2 LAN Server der Netzwerkdienst *Fehlertoleranz* installiert werden; darüber hinaus benötigen Sie zusätzlichen Hauptspeicher (der auf einem Server kein Problem darstellen sollte) und das HPFS386-Dateisystem.

Zusätzlich könnten Sie auch eine *Plattenduplizierung*, englisch *Disk Duplexing* verwenden. Das ist quasi eine Plattenspiegelung mit einer kleinen Erweiterung. In diesem Fall gibt es nämlich nicht nur zwei Festplatten, sondern auch zwei Festplatten-Controller. Damit haben Sie zusätzliche Sicherheit, weil das Gerät auch dann noch weiterarbeiten kann, wenn ein Festplatten-Controller ausfällt.

Wenn Sie auf einem OS/2-Server RAID 5 verwenden wollen, müssen Sie auf eine Hardware-Lösung zurückgreifen. Heute sind verschiedene Adapter und Konzepte verfügbar, die RAID 5 unabhängig vom Betriebssystem realisierbar machen. Im Betriebssystem selbst ist dafür gar keine Unterstützung notwendig, weil die Kontrolle vom RAID-Festplatten-Controller übernommen wird.

Die meisten dieser Lösungen sind für Computer verfügbar, die von den Herstellern als *Server* deklariert werden. Wenn Sie Desktop-Geräte als Server einsetzen, könnte es sein, daß Sie für RAID 5 ein externes Gehäuse für die Festplatten benötigen.

6.2 Peer-Netzwerke

Sehr kleine Netzwerke können mit Peer-Funktionalitäten arbeiten. Der Vorteil besteht darin, daß keine Server benötigt werden, der Nachteil, daß jeder Benutzer quasi ein kleiner Administrator ist und keine zentrale Verwaltung der Benutzer und der Ressourcen verfügbar ist.

In Peer-Netzwerken können jeweils maximal 10 gleichzeitige Verbindungen zu einem Peer-Server bestehen. Die Verbindung, die dieses Gerät nach außen hin hat, sind jedoch unbegrenzt. Die Einschränkung gilt also nur dann, wenn eine Windows NT Workstation oder OS/2 Warp als Peer-Server eingesetzt wird.

Ob diese Beschränkung ein Problem ist, hängt von der jeweiligen Konfiguration und vom Umfeld ab. In der Praxis wird empfohlen, 10 Geräte als Höchstgrenze für Peer-Netzwerke zu betrachten.

Diese Grenze hat sich durchaus bewährt. Dennoch ist es möglich, Peer-Netzwerke zu betreiben, die etwas größer sind, beispielsweise 15 oder auch 30 oder 40 Maschinen, und auf der anderen Seite könnte es sein, daß in einem Netzwerk mit fünf Geräten ein Server eingesetzt wird.

Sie sollten immer das Einsatzgebiet entscheiden lassen, den technischen Ausbildungsstand der Benutzer und die Häufigkeit der Netzwerkzugriffe. Sicherheitsaspekte könnten in sehr kleinen Netzwerken dazu führen, daß zu einer servergestützten Lösung gegriffen wird, weil sich die Benutzereinstellungen und Daten dann besser vor unbefugtem Zugriff schützen lassen.

Ein Peer-Netzwerk mit Windows NT und OS/2 Warp aufzubauen, ist grundsätzlich kein Problem.

Windows NT ist ein Betriebssystem, das die Peer-Funktionalität automatisch eingebaut hat. Sie benötigen also keinerlei Zusatzsoftware. Windows NT ist somit immer Peer-bereit, egal, ob es sich nun um Windows NT Workstation oder Windows NT Server handelt.

Bei OS/2 kommt es auf die Version bzw. die Variante des Betriebssystems an. Wenn Sie OS/2 2.1 oder OS/2 Warp 3.0 verwenden, benötigen Sie ein Zusatzprogramm, wenn Sie im Peer-Netzwerk mitspielen wollen. Das liegt daran, daß OS/2 2.1 und Warp 3.0 keine Netzwerkanbindungsmöglichkeiten mitliefern. Das Zusatzprogramm, das Sie benötigen, ist von IBM und heißt *IBM Peer*. Dieses Programm, das in neueren OS/2-Versionen Standardumfang des Betriebssystems ist, kann für die alten Versionen als Zusatzoption gekauft werden.

Mit Hilfe von IBM Peer ist OS/2 2.1 oder Warp 3.0 ein vollständiger Peer-Partner, der nicht nur zu anderen OS/2-Maschinen mit dieser Funktionalität, sondern auch zu Windows NT, Windows 95, Windows für Workgroups und Artisoft LANtastic verbindet. Die Software wurde so geschrieben, daß sie sich ohne Veränderung oder Anpassung in die Windows-Netzwerke einpaßt.

Um diese Zusatzsoftware brauchen Sie sich jedoch nicht kümmern, wenn Sie entweder Warp Connect 3.0 oder Warp 4 einsetzen. Bei diesen Systemen ist die Netzwerkunterstützung ähnlich Windows NT eingebaut, und Sie benötigen keinen Zusatz mehr. Die Arbeitsweise unterscheidet sich dabei nicht von IBM Peer, denn im Grunde ist es dieses Produkt, das in den Standardumfang von Warp Connect und Warp 4 integriert wurde.

Die Benutzer müssen sich auf beiden Systemen anmelden. Dabei gibt es jedoch Unterschiede zwischen Windows NT und OS/2 Warp. Unter Windows NT muß der Benutzer sich ohnehin am Beginn anmelden. Es handelt sich dabei um die Standard-Anmeldung von Windows NT, die in einem Peer-Netzwerk direkt an der Arbeitsmaschine erfolgt. Auf dieser Arbeitsmaschine wird der Benutzer entweder Hauptbenutzer oder gleich Administrator sein. Die Anmeldung erfolgt mit dem bekannten Kürzel [Strg]-[Alt]-[Entf]. Falls Sicherheit in einem solchen Peer-Netzwerk keine Rolle spielt, kann die Anmeldung auch über die Registrierungsdatenbank automatisiert werden. Das erreichen Sie durch die Hinzugabe von AutoAdminLogon und DefaultPassword im Schlüssel *Hkey_Local_Machine\Software\Microsoft\Windows NT\Current Version\Winlogon*.

Unter OS/2 sieht es eine Spur anders aus. Grundsätzlich ist Warp als Einbenutzersystem angelegt und zielt auch auf den Massenmarkt ab. Dort ist eine Anmeldung natürlich unüblich und wäre sogar lästig. Deshalb ist es nicht notwendig, sich auf einer OS/2-Maschine anzumelden.

Das sieht allerdings anders aus, wenn der Benutzer an einem Peer-Netzwerk teilhaben will. Dann muß er sich nämlich sehr wohl anmelden. Die Anmeldung erfolgt lokal an der Maschine selbst, wofür OS/2 ein eigenes Anmeldeobjekt zur Verfügung stellt. Sie erkennen den Unterschied zur LAN-Anmeldung daran, daß kein Domänenname angegeben werden kann und die Anmeldeart auf LOKAL gestellt ist (siehe Bild 6.1).

Der Vorteil von IBM Peer ist, daß es sich um eine auf OS/2 zugeschnittene Lösung handelt. Das bedeutet, daß dem OS/2-Anwender die Funktionalitäten der OS/2 Workplace Shell zur Verfügung stehen. Er kann auch in der Peer-Anbindung objektorientiert arbeiten und hat die meisten Funktionen über das Kontextmenü im Zugriff. Wenn er einen Ordner freigeben will, braucht er lediglich den Ordner mit der rechten Maustaste anklicken und GEMEINSAMEN ZUGRIFF STARTEN wählen (siehe Bild 6.2).

OS/2 Warp öffnet ein Dialogfenster, mit dessen Hilfe Sie die Parameter der Freigabe einstellen können. Der Freigabename ist genau wie unter Windows NT ein NetBIOS-Name, der maximal 15 Zeichen haben kann. Die Benutzeranzahl kann limitiert werden, und wenn Sie wollen, ist es möglich, eine eigene Beschreibung hinzuzufügen (siehe Bild 6.3).

Verbindung zu IBM OS/2 Warp 123

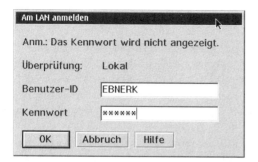

Bild 6.1:
Anmeldung ans Peer-Netzwerk unter Warp

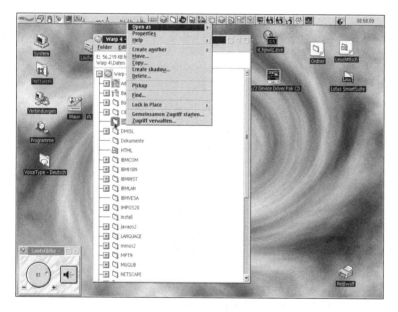

Bild 6.2:
Freigabe unter OS/2 Warp

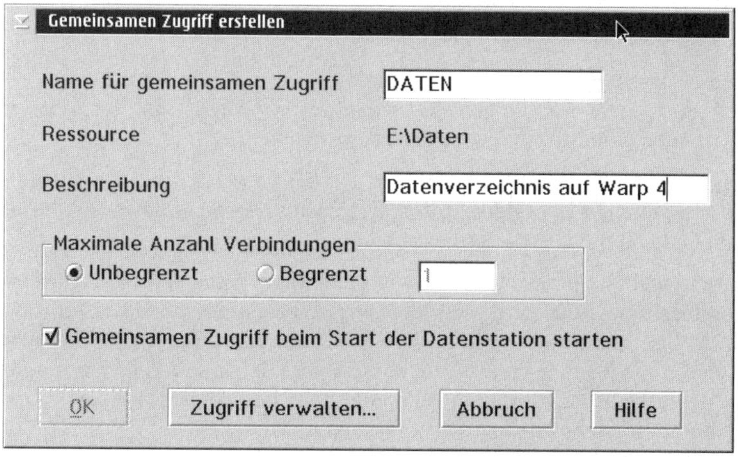

Bild 6.3:
Definition der Freigabe (Alias)

Mit der Schaltfläche ZUGRIFF VERWALTEN gelangen Sie in ein Dialogfenster, in dem die Berechtigungen eingestellt werden können.

Normalerweise wird die Basisfreigabe in Peer-Netzwerken gewählt. Diese bewirkt, daß alle Benutzer auf das Verzeichnis zugreifen können, und zwar mit gleichen Rechten. Hier kann allerdings zwischen dem reinen LESEZUGRIFF und einem LESE-/SCHREIBZUGRIFF unterschieden werden.

Soll die Ressource nur einzelnen Benutzern zur Verfügung gestellt werden, dann müssen Sie ANGEPASST wählen. Dabei handelt es sich um eine Vergabe der Zugriffsberechtigung auf Benutzerbasis. Genau wie unter Windows NT ist es jetzt natürlich notwendig, die Benutzer auf der Maschine zu definieren. Jeder Benutzer, der jetzt auf Ihr Gerät zugreift, benötigt ein Benutzerkonto auf Ihrem Computer.

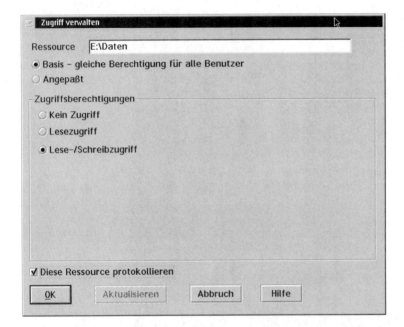

Bild 6.4:
Verwaltung von Peer-Zugriffen

Eine interessante Option ist DIESE RESSOURCE PROTOKOLLIEREN. Damit können Sie eine Log-Datei erstellen lassen, die ganz genau protokolliert, wer wann welchen Zugriff auf Ihre Freigabe macht. Eine Entsprechung unter Windows NT wäre die Überwachung.

Genauso funktioniert das auf der Windows NT-Seite. Dort hat der Anwender mit der gewohnten Windows 95-Oberfläche zu tun. Will er einen Ordner freigeben, so klickt er ihn ebenfalls mit der rechten Maustaste an und wählt FREIGABE (siehe Bild 6.5).

Die beiden Peer-Programme sind also perfekt an das jeweilige Betriebssystem angepaßt. Die einzigen Schwierigkeiten können dann auftreten, wenn Benutzer zwischen der Windows NT- und der OS/2 Warp-Oberfläche hin- und herwechseln müssen. Die Unterschiede sind nämlich recht beträchtlich, und wer keine große Routine im Umgang mit Computern hat, könnte dabei durchaus einmal verzweifeln. Geübtere Benutzer werden beim Hin- und Herspringen wohl keine Probleme haben, allerdings immer wieder mal ein falsches Tastenkürzel drücken.

Verbindung zu IBM OS/2 Warp 125

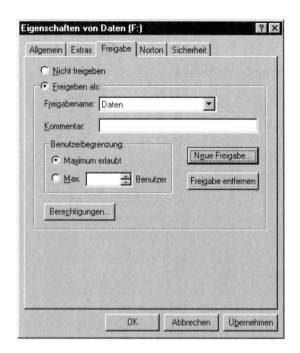

Bild 6.5:
Freigabe unter Windows NT

Die Ressourcen, die Sie im Peer-Netzwerk freigeben können, gehören zu zwei Typen. Das sind einerseits Dateiressourcen, also Ordner oder ganze Verzeichnisse, und andererseits Drucker.

Sie können mit OS/2 Warp jederzeit auf Druckern ausdrucken, die an Windows NT-Geräte angeschlossen sind, müssen den OS/2-Druckertreiber jedoch installiert haben.

Mit Windows NT können Sie jederzeit auf Druckern ausdrucken, die an OS/2 Warp-Geräte angeschlossen sind, doch muß auch hier der Windows NT-Druckertreiber installiert werden, weil von OS/2 aus kein NT-Druckertreiber über das Netzwerk geladen werden kann.

Wenn Sie unter Windows NT zu einem Drucker verbinden wollen, der an eine OS/2-Maschine angeschlossen ist, öffnen Sie den Drucker-Ordner und machen einen Doppelklick auf NEUER DRUCKER. Wählen Sie dann NETZWERKDRUCKER. Sie müssen den entsprechenden Server suchen oder angeben und den Drucker-Freigabenamen angeben, der unter OS/2 als ALIAS bezeichnet wird. Wenn der Drucker noch nicht installiert wurde, werden Sie von Windows NT gefragt, ob Sie den entsprechenden Druckertreiber auf Ihrem System installieren wollen. Diese Frage ist zu bejahen. Schließlich steht der neue Drucker im Drucker-Ordner. Wenn Sie wollen, können Sie diesen Drucker im Kontextmenü als Standarddrucker definieren.

Falls der Server bzw. der Drucker nicht angezeigt wird, dann handelt es sich um ein Browser-Problem. Wenn keine Server vorhanden sind, wird dieses Problem nicht zu lösen sein. Um trotzdem auf dem OS/2-Drucker auszudrucken, tippen Sie einfach den UNC-Namen ein. Wenn der Name richtig ist, verbindet Windows NT zum Drucker (siehe Bild 6.6).

Wenn Sie unter OS/2 Warp zu einem Drucker verbinden wollen, der an eine NT-Maschine angeschlossen ist, öffnen Sie den Ordner SCHABLONEN, der sich zumeist direkt auf der Arbeitsoberfläche befindet (siehe Bild 6.7).

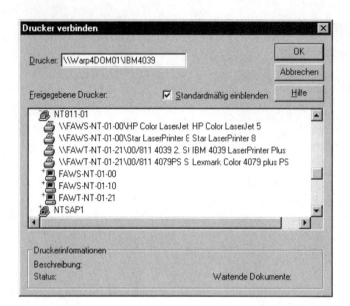

Bild 6.6:
UNC-Name für OS/2-Drucker

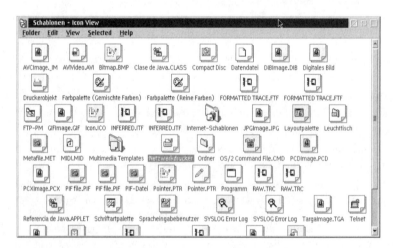

Bild 6.7:
Schablonen-Ordner

In diesem Ordner befindet sich das Objekt NETZWERKDRUCKER, eine Schablone, mit der Sie die Verbindung zu einem Netzwerkdrucker einrichten können. Ziehen Sie diese Schablone mit der rechten Maustaste auf die Arbeitsoberfläche oder in jenen Ordner, wo Sie das Druckerobjekt haben wollen. Sobald Sie die Maustaste loslassen, öffnet OS/2 ein Dialogfenster, in dem Sie nach dem Netzwerk, dem Servernamen und dem Freigabenamen gefragt werden. Sie können die Namen in den Auswahllisten anklicken. Falls sie nicht sichtbar sind, was ein Problem des Netzwerk-Browsers sein kann, tippen Sie die Namen einfach ein.

Wundern Sie sich nicht, daß als Netzwerk lediglich »LS« definiert ist, also »LAN Server«. NT-Domänen funktionieren hier genauso. Zwischen LAN Server- und NT-Netzwerken wird in der Regel nicht unterschieden. Unter OS/2 können Sie daher so gut wie immer an Stelle einer LAN Server- oder Warp Server-Domäne eine NT-Domäne eintragen, und unter Windows NT läßt sich

Verbindung zu IBM OS/2 Warp   127

fast immer eine LAN Server- oder Warp Server-Domäne eintragen, wenn eigentlich eine Windows NT-Domäne verlangt wird. Vermutlich ist diese Annehmlichkeit der engen Verwandtschaft der beiden Systeme zu verdanken.

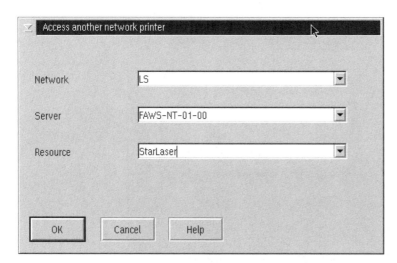

Bild 6.8:
Definition des Netzwerkdruckers unter OS/2

Auch OS/2 fordert Sie auf, den Druckertreiber zu installieren. Am Ende steht ein Druckerobjekt auf der Arbeitsoberfläche oder im Zielordner. Wenn Sie wollen, können Sie diesen Drucker im Kontextmenü als Standarddrucker definieren.

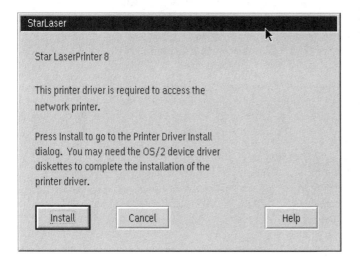

Bild 6.9:
Aufforderung zur Installation des Druckertreibers

Sie können aus dem Standardumfang von OS/2 Warp wählen oder einen Druckertreiber auf Diskette bzw. in einem Festplattenverzeichnis bereitstellen. Die Möglichkeiten sind somit mit Windows NT identisch. Die einzigen Unterschiede sind jeweils im *Look & Feel* der Programme (siehe Bild 6.10).

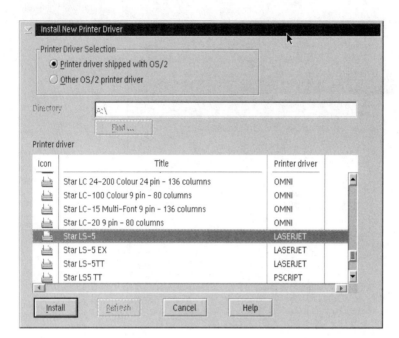

Bild 6.10:
Auswahl des
Druckertreibers
unter OS/2

Druckerobjekte können für Drag & Drop verwendet werden. Wenn Sie eine Datei drucken wollen, nehmen Sie das Dateiobjekt mit der Maus und ziehen es auf das Druckerobjekt, wo die Datei fallengelassen wird. Unter Windows NT verwenden Sie dafür die linke Maustaste, unter OS/2 Warp die rechte.

Die Datei wird ausgedruckt. Beachten Sie jedoch, daß diese Art des Druckens unter Windows NT nicht immer funktioniert. Objektorientiertheit steht unter NT erst am Beginn, und nicht alle Programme unterstützen solche neuen Möglichkeiten.

Druckerobjekte stehen unter Windows NT immer im Drucker-Ordner. Sie können die Objekte nicht auf die Arbeitsoberfläche stellen, allerdings ist es möglich, eine Verknüpfung einzurichten. Eine solche Verknüpfung kann für Drag & Drop sowie für die Verwaltung der Warteschlange nützlich sein.

Bild 6.11:
Drucker-Ordner unter Windows NT

Unter OS/2 Warp ist das Druckerobjekt völlig flexibel. Sie können das Objekt hinstellen, wohin Sie wollen. Sehr häufig werden Druckerobjekte auf die Arbeitsoberfläche gelegt, doch wenn Sie eine andere Stelle bevorzugen oder Angst haben, das Originalobjekt aus Versehen zu löschen, erstellen oder öffnen Sie einen beliebigen Ordner und legen das Druckerobjekt hinein.

Um ein *Referenzobjekt* des Druckers zu erstellen, das ist das Äquivalent zur NT-Verknüpfung, halten Sie die Tasten [Strg]-[⇧] fest und ziehen den Drucker mit der rechten Maustaste an die Zielposition. Wenn Sie den Drucker eines Tages löschen sollten, brauchen Sie sich übrigens nicht mehr um die Referenzobjekte zu kümmern. Wenn das Original gelöscht wird, verschwinden seine Referenzobjekte automatisch mit.

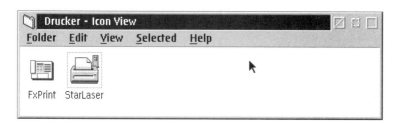

Bild 6.12:
Ordner mit Drucker-Objekten unter OS/2 Warp

OS/2 Warp kennt noch eine dritte Art der Ressource. Das sind serielle Schnittstellen. Innerhalb eines Warp-Peer-Netzwerkes oder einer LAN Server- bzw. Warp Server-Domäne können Sie auch einen Alias für eine serielle Schnittstelle definieren. Diese Schnittstelle kann auf den Clients so verwendet werden, als wäre es eine lokale serielle Schnittstelle. Nur mit dem Unterschied, daß eben über ein ganz anderes Gerät im Netzwerk gedruckt, gefaxt oder gescannt wird.

Da Windows NT keine seriellen Schnittstellen standardmäßig freigeben kann, bleibt diese Ressource den Windows NT-Clients verschlossen. Falls Sie auf einer OS/2-Maschine also eine serielle Schnittstelle freigeben, sind nur andere OS/2 Warp-Clients in der Lage, diese zu verwenden.

6.3 OS/2 Warp Clients an NT Server

In größeren Umgebungen macht es Sinn, OS/2 Warp-Maschinen als Clients in Windows NT-Domänen zu integrieren. In diesem Fall befindet sich die gesamte Server-Verwaltung unter Windows NT.

Zur Verwaltung benötigen Sie hauptsächlich den Benutzer-Manager für Domänen und den Server-Manager. Die Verwaltung wird wohl hauptsächlich auf den Servern direkt vorgenommen werden. Falls Administratoren eigene Windows NT Workstations haben, können sie die Domäne von dort aus verwalten, und mit Hilfe des Web Administrators von Microsoft ist sogar die Verwaltung von OS/2-Maschinen aus möglich.

Um eine Verbindung herstellen zu können, benötigen Sie die LAN Requester-Komponente von OS/2. Wenn Sie noch OS/2 2.1 oder Warp 3.0 verwenden, handelt es sich um ein Zusatzprodukt, das allerdings standardmäßig im LAN Server 3.0 und 4.0 bzw. im Warp Server enthalten ist.

Bei Warp Connect und Warp 4 benötigen Sie keinerlei Zusatzsoftware, weil der LAN Requester bereits im Basisprodukt enthalten ist. Sie müssen allerdings daran denken, diese Komponente auch zu installieren, da bereits die Installation von OS/2 so modular aufgebaut ist, daß Sie den gesamten Netzwerkteil, wenn Sie ihn nicht benötigen, auslassen können.

Eine besondere Einstellung ist auf den OS/2-Maschinen nicht erforderlich. Um die Anmeldung zu erleichtern, könnten Sie allerdings gleich den richtigen Domänennamen einstellen.

Dazu muß die Datei IBMLAN.INI geöffnet werden. Sie befindet sich im Verzeichnis \IBMLAN.

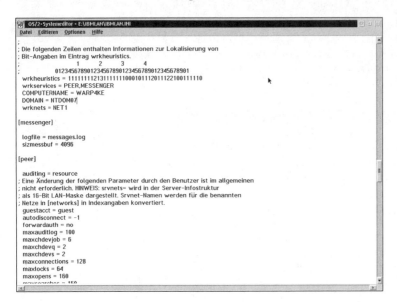

Bild 6.13:
Einstellung des Domänennamens

Daß es sich dabei im Grunde um einen LAN Server- oder Warp Servernamen handelt, ist völlig unerheblich. Zwischen einem LAN Server- und einem Windows-Netzwerk wird nicht unterschieden.

Diese Einstellung bewirkt, daß automatisch an der korrekten Domäne angemeldet wird. Das Anmeldesymbol muß dazu gestartet werden.

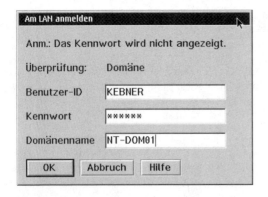

Bild 6.14:
Anmeldung eines OS/2-Clients an Windows NT

Falls eine falsche Domäne angezeigt wird oder Sie vorübergehend auf eine andere Domäne zugreifen wollen, haben Sie unter OS/2 die Möglichkeit, den angegebenen Domänennamen zu überschreiben. Die Zeile ist eine ganz gewöhnliche Eingabezeile und akzeptiert jeden Eintrag.

Natürlich muß die Domäne auch gefunden werden, und es ist notwendig, daß der Benutzer, der sich anmeldet, in dieser Domäne auch ein Benutzerkonto besitzt.

Damit sind wir bereits bei der Verwaltung. Die gesamte Verwaltung der Benutzer passiert unter Windows NT. Ohne Benutzerkonto geht gar nichts, denn ein Benutzer kann sich nicht anmelden, wenn kein Konto existiert. Da eine lokale Anmeldung unter OS/2 jedoch nicht erforderlich ist, muß der Benutzer nur ein einziges Mal angelegt werden, nämlich unter Windows NT. Die OS/2-Maschine bekommt von diesem Konto gar nichts mit und besitzt auch kein eigenes, weil es gar nicht benötigt wird.

Deswegen ist auch die Anmeldung eine einfache Sache, weil die OS/2-Clients nicht extra vorbereitet werden müssen. Auf diesen Geräten muß lediglich der LAN Requester als Netzwerk-Software laufen, der Rest ist Sache von Windows NT.

6.3.1 Domänen-Verwaltung

Der Zugriff auf Ressourcen stellt sich bereits etwas komplexer dar. OS/2 Warp besitzt zwar ebenfalls einen Netzwerk-Browser, doch werden Sie feststellen, daß der in den meisten Fällen mit Windows NT nicht funktioniert. Normalerweise werden zwar die Domänen und die NT-Server angezeigt, die im Netzwerk über ein gemeinsames Netzwerkprotokoll gefunden werden, doch damit hat es sich. Wenn Sie einen Doppelklick auf dem Objekt eines NT-Servers machen, sucht OS/2 ziemlich lange im Netzwerk, und dann erscheint eine Fehlermeldung. Der Netzwerk-Browser kann die Windows NT-Maschinen standardmäßig nicht einbinden.

Was jedoch problemlos funktioniert und somit die Lösung für unser Problem darstellt, ist die Kommandozeile. Sie können unter OS/2 genauso wie unter Windows NT mit dem Befehl NET USE arbeiten.

Verzeichnisressourcen

Um beispielsweise die Freigabe »Daten« auf dem Server »NTBOSS« als virtuelles Laufwerk F: anzubinden, geben Sie den folgenden Befehl ein:

```
net use f: \\NTBoss\Daten
```

Sie müssen immer UNC-Namen verwenden. UNC-Namen benötigen den Servernamen (nicht den Domänennamen!) und den Namen der Freigabe.

Voraussetzung für diese Anbindung ist natürlich eine ausreichende Berechtigung auf dem Server. Und weil der Netzwerk-Browser nicht funktioniert, sollten Sie die Namen der benötigten Freigaben parat haben.

Nachfolgend finden Sie ein Beispiel, bei dem gleich zwei Anbindungen hintereinander erstellt wurden. Bei der ersten mit »C$« handelt es sich um eine versteckte Administratorfreigabe, die in Netzwerk-Browsern nicht sichtbar ist (siehe Bild 6.15).

Danach können Sie selbstverständlich zur Gänze auf die Workplace Shell setzen. Wenn Laufwerke angebunden wurden, erscheinen diese im Ordner LAUFWERKE.

Im Ordner LAUFWERKE werden alle verfügbaren Laufwerke angezeigt. Das sind einerseits alle physisch vorhandenen Laufwerke wie Festplatten, Diskettenlaufwerk, CD-ROM und Wechselmedien, und andererseits alle verbundenen Netzwerklaufwerke (siehe Bild 6.16).

Auf die Laufwerke, die sich in Wirklichkeit auf Windows NT-Rechnern befinden, kann genauso zugegriffen werden wie auf lokale Laufwerke und solche, die auf OS/2-Servern stehen.

Bild 6.15:
Anbindung von
NT-Ressourcen
unter OS/2 Warp

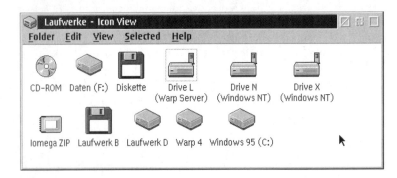

Bild 6.16:
Laufwerksobjekte
der Workplace
Shell

Die OS/2 Workplace Shell behandelt alles als Objekt, und so wird ein weiteres Fenster geöffnet, wenn Sie einen Doppelklick auf einem der Laufwerksobjekte machen.

Lange Dateinamen sind kein Problem, weil sowohl von OS/2 Warp als auch von Windows NT lange Dateinamen unterstützt werden. Die dahinterstehende Technologie ist zwar unterschiedlich, doch in diesem Fall zählt nur, daß die Namen ohne Veränderung zugänglich sind. Dafür sorgen die jeweiligen Systemschnittstellen zum Netzwerk (siehe Bild 6.17).

In größeren Umgebungen ist es interessant, Laufwerksanbindungen für die Benutzer zu automatisieren, damit sie nicht jeweils neu erstellt werden müssen. In diesem Fall sollten Batch-Dateien erstellt werden.

Verbindung zu IBM OS/2 Warp 133

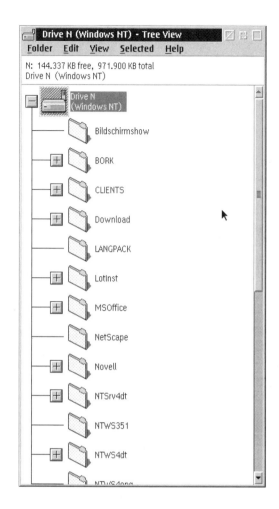

Bild 6.17:
Ordnerstruktur auf einem
Windows NT-Server

Druckerverwaltung

Die Druckerverwaltung teilt sich auf die beiden Seiten Windows NT und OS/2 Warp auf.

Auf dem Windows NT-Server, der schließlich Druckserver in Ihrem Netzwerk sein soll, müssen Sie den Druckertreiber installieren. Der neu entstandene Drucker muß freigegeben werden.

Normalerweise können Sie die Standard-Sicherheitseinstellungen verwenden, aber selbstverständlich ist es auch möglich, diese Einstellungen anzupassen.

Wenn wir spezielle Einrichtungen wie Drucker-Pools und Netzwerkdrucker einmal beiseite lassen, dann ist mit der Installation des Druckertreibers und der Freigabe bereits alles erfüllt, was unter Windows NT gemacht werden muß.

Auf allen OS/2-Client-Geräten muß der OS/2-Druckertreiber installiert werden. In der Regel wird ein solcher Treiber verfügbar sein, weil auch OS/2 Warp eine große Anzahl an Druckertreibern mitliefert, doch vor allem bei sehr neuen Druckern könnte es sein, daß noch gar kein Druckertreiber verfügbar ist oder dieser zumindest vom Internet geladen werden muß.

Die Firma IBM stellt im Internet ein *Driver Repository* für OS/2 zur Verfügung. Dieses ist sehr umfangreich und in der Regel auf dem letzten Stand. Es enthält Treiber für jeden Zweck. Fündig werden Sie unter

http://service.software.ibm.com/os2ddpak/index.htm.

Wichtig ist jetzt aber die Anbindung des Druckers. Dazu öffnen Sie den Ordner SCHABLONEN und ziehen mit der rechten Maustaste den NETZWERKDRUCKER heraus.

Sie müssen das Netzwerk, den Server und den Freigabenamen angeben. Falls der Freigabename nicht automatisch angezeigt wird, tippen Sie ihn ein.

Falls der Druckertreiber bei der Bestätigung noch nicht installiert ist, werden Sie jetzt gefragt, ob Sie ihn installieren wollen.

Eine andere Möglichkeit wäre, eine Druckerschnittstelle auf die Freigabe umzuleiten. Das machen wieder mit dem Befehl NET USE, also beispielsweise:

```
net use lpt1 \\NTSrv07\PCL5
```

Wenn das geschehen ist, verwenden Sie einen lokal installierten Drucker und lassen ihn über LPT1 ausdrucken. Da diese Schnittstelle mit der Freigabe verbunden ist, wird über das Netzwerk gedruckt.

Benutzerverwaltung

Die Benutzerverwaltung erfolgt zur Gänze in Windows NT. OS/2 hat damit nichts mehr zu tun, und es ist auch unerheblich, ob es in der OS/2-Benutzerverwaltung irgendwelche Konten gibt. Immerhin erfolgt die Anmeldung direkt an der Windows NT-Domäne, und dort entscheidet nur mehr das Vorhandensein eines gültigen Benutzerkontos.

Zur Verwaltung von OS/2-Benutzern in einer Windows NT-Domäne rufen Sie den BENUTZER-MANAGER FÜR DOMÄNEN auf, so als wollten Sie gewöhnliche NT-Benutzer definieren.

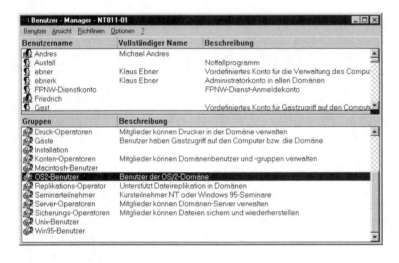

Bild 6.18:
Konten der OS/2-Benutzer im Benutzer-Manager

In der Liste wird selbstverständlich nicht zwischen jenen Benutzern unterschieden, die sich von Windows NT aus anmelden, und jenen, die das von OS/2 aus tun.

Die Objekte sind identisch, und die Einstellmöglichkeiten sind identisch, obwohl man gerade bei diesem Punkt unterscheiden muß.

Möglicherweise ist es sinnvoll, eine eigene Gruppe mit den OS/2-Benutzern anzulegen. Das könnte die Verwaltung vereinfachen.

Sie gewinnen dadurch einen raschen Überblick, wer eigentlich zur OS/2-Gruppe gehört und wer nicht. Eine solche Gruppe ist allerdings keineswegs notwendig! Wenn Sie sie anlegen, so nur, um die Administration zu vereinfachen, wenn es eine Möglichkeit geben soll, zwischen den verwendeten Systemen zu unterscheiden. Betrachten Sie das Anlegen einer eigenen OS/2-Benutzergruppe als unnötige Last, dann brauchen Sie auch keine erstellen.

Die Gruppe könnte sinnvoll sein, wenn Sie auf dem Windows NT-Server ein Verzeichnis mit OS/2-Programmen einrichten, die von den OS/2-Anwendern installiert werden können.

Solche Programme haben für Windows NT-Anwender keinen Sinn, weil 32-Bit-OS/2-Programme unter Windows NT nicht lauffähig sind. Deshalb könnten Sie die Gruppe OS/2-BENUTZER berechtigen, auf dieses Verzeichnis zuzugreifen. Die anderen Benutzer benötigen keine Berechtigung, weil sie mit den Daten nichts anfangen könnten, sondern sich höchstens darüber ärgern, daß sie auf ihrem System nicht funktionieren.

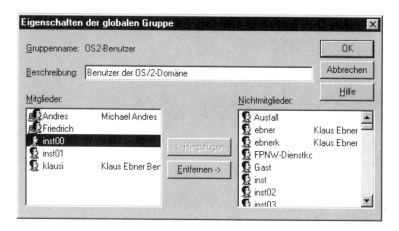

Bild 6.19: Wahlfreie OS/2-Benutzergruppe für Verwaltungszwecke

Neue Benutzer werden im Menü BENUTZER-NEUER BENUTZER erstellt. Neue Gruppen erstellen Sie im Menü BENUTZER-NEUE GLOBALE GRUPPE oder NEUE LOKALE GRUPPE.

Bei den Benutzern wird vorerst nicht unterschieden, allerdings gibt es in den Benutzereinstellungen die Schaltfläche KONTO, mit deren Hilfe Sie auch *lokale Benutzer* einstellen können.

Wichtig ist jedoch die Unterscheidung in *globale* und *lokale Gruppen*. Globale Gruppen sind ausschließlich auf Windows NT Server und somit in einer Domäne verfügbar. Wenn Sie ein paar NT Workstation-Maschinen in einer Arbeitsgruppe verwenden, dann gibt es keinerlei globale Gruppen. Dasselbe gilt übrigens auch für alleinstehende Server; dort gibt es ebenfalls keine globalen Gruppen.

Vom Namen her gewinnt man den Eindruck, daß die *globalen Gruppen* etwas Größeres seien. Das mag auch der Hintergrund dieser Definition sein, denn man könnte sagen, daß globale Gruppen immer domänenweit gelten.

In der Regel werden Benutzer jedoch dasselbe tun können, wenn sie zu einer *lokalen Gruppe* gehören. Bei den Standardgruppen gibt es sogar Verkettungen, die automatisch eingerichtet werden. Da gehören etwa die DOMÄNEN-BENUTZER automatisch in die lokale BENUTZER-Gruppe.

Und diese Aussage enthält bereits das Geheimnis: globale Gruppen können als Mitglieder in lokale Gruppen aufgenommen werden. Umgekehrt funktioniert das nicht. Eine lokale Gruppe kann niemals Mitglied einer globalen Gruppe werden.

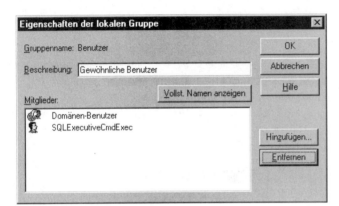

Bild 6.20:
Globale Gruppen können in lokale Gruppen aufgenommen werden

Diese Funktionalität ist die Stärke von globalen Gruppen. In der Praxis wird man sich also überlegen müssen, ob es notwendig sein kann, eine Gruppe in eine andere Gruppe aufzunehmen, um die Verwaltung zu vereinfachen. Wenn diese Möglichkeit besteht, sollte man eine globale Gruppe erzeugen.

Leider kann man eine globale Gruppe nicht in eine andere globale Gruppe aufnehmen. Die Einstellungen von globalen Gruppen erlauben lediglich die Hinzufügung von Benutzerkonten.

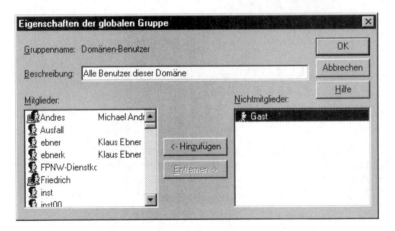

Bild 6.21:
Globale Gruppen enthalten nur Benutzerkonten

Aus diesem Grund kann es kein »Kochrezept« geben, wann welche Art von Gruppe erstellt werden soll. Ob Sie eine globale oder eine lokale Gruppe erstellen wollen, müssen Sie als Administrator entscheiden, und diese Entscheidung wird nicht immer leicht fallen.

Wenn Ihrer Domäne von einer anderen Domäne vertraut wird, sollten Sie eher globale Gruppen erzeugen. Diese können dann in die lokalen Gruppen der vertrauenden Domäne aufgenommen werden, was die Arbeit der dortigen Administratoren unter Umständen gehörig erleichtert.

Bei der Erstellung eines neuen Benutzerkontos müssen Sie die benutzerspezifischen Einstellungen definieren. Diese befinden sich als Optionen im Dialogfenster, während ein Teil der Einstellungen über die sechs bzw. sieben Schaltflächen zu treffen ist, die sich im unteren Bereich des Fensters befinden.

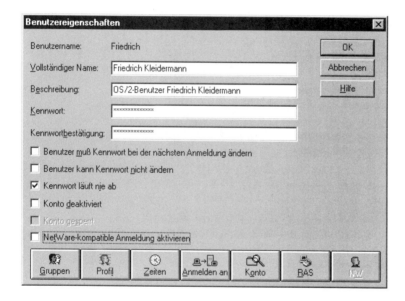

Bild 6.22: Benutzereigenschaften

OS/2-Benutzer verlangen keine besonderen Einstellungen. Sie haben dieselben Möglichkeiten wie Windows NT-Benutzer.

Trotzdem gibt es Kleinigkeiten, die Sie beachten müssen:

- OS/2-Benutzer können ihr NT-Kennwort von OS/2 aus nur in der Befehlszeile ändern. Dazu müssen sie aber bereits angemeldet sein. Deshalb dürfen Sie die Kennwort-Änderung nicht von der Benutzerdefinition aus verlangen. Vergeben Sie ein Standardkennwort und bitten Sie Ihre Benutzer, dieses bei der ersten Anmeldung zu ändern.

- Falls Sie die FILE UND PRINT SERVICES FÜR NETWARE installiert haben, hat es keinen Sinn die NETWARE-KOMPATIBLE ANMELDUNG für OS/2-Benutzer von Windows NT aus zu aktivieren. OS/2-Benutzer können über NT nur dann auf NetWare-Ressourcen zugreifen, wenn diese mit Hilfe des Gateway-Dienstes zur Verfügung gestellt wurden. Wenn OS/2-Anwender Zugriff auf Novell NetWare benötigen, sollten Sie auf deren Geräten den NetWare-Client für OS/2 installieren, der mit Warp Connect und Warp 4 automatisch mitgeliefert wird.

Weitere Änderungen gibt es dann unter den Schaltflächen. Hier kommt es immer darauf an, ob eine Einstellung mehr von Windows NT ausgeht oder eher Möglichkeiten des Benutzerkontos definiert.

So ist es zum Beispiel kein Problem, die Anmeldezeiten zu definieren. Wenn Sie einem Benutzer nur bestimmte Anmeldezeiten zuordnen, gilt das selbstverständlich auch dann, wenn sich dieser Benutzer mit einer OS/2-Maschine an Windows NT anmeldet.

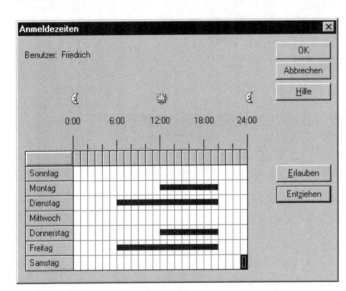

Bild 6.23:
Einstellung der Anmeldezeiten

Wenn die Anmeldezeit abgelaufen ist, kann sich der Benutzer nicht mehr anmelden. Es ist dann völlig unerheblich, ob sich dieser Benutzer von Windows NT, Windows 95 oder eben von OS/2 Warp aus anmeldet.

Ähnliches gilt für die Gruppenzuordnung. Gruppen sind ein wichtiges Verwaltungswerkzeug, und vor allem Administratoren, die mit größeren Benutzerzahlen zu tun haben, werden ihre Gruppen nicht missen wollen.

Ein OS/2-Benutzer hat hier ebenfalls keinerlei Besonderheiten. Sie können OS/2-Benutzern genauso die Gruppenzugehörigkeit zuordnen, wie Sie das bei NT-Benutzern machen.

Etwas anders sieht es unter PROFILE aus. Wenn Sie auf diese Schaltfläche klicken, erhalten Sie mehrere Einstellmöglichkeiten. Dazu gehört die Definition eines servergestützten Profils, das Anmeldeskript und ein Basisverzeichnis (siehe Bild 6.24).

Den PFAD FÜR BENUTZERPROFIL brauchen Sie gar nicht einstellen. Es wäre völlig sinnlos. Benutzerprofile sind eine Einrichtung für Benutzer von Windows NT und Windows 95. Diese beiden sind somit auch die einzigen Systeme, die Benutzerprofile kennen und verwenden.

Für einen OS/2-Benutzer hätte diese Einstellung keinen Sinn, da es unter OS/2 keine Benutzerprofile gibt. Da OS/2 sehr stark als Einzelbenutzersystem ausgelegt ist, kommen Sie dort nur dann zu benutzerspezifischen Einstellungen, wenn Sie Zusatzprogramme verwenden. Diese Programme arbeiten aber selbstverständlich auf reiner OS/2-Basis und haben mit Windows NT nichts am Hut.

Verbindung zu IBM OS/2 Warp 139

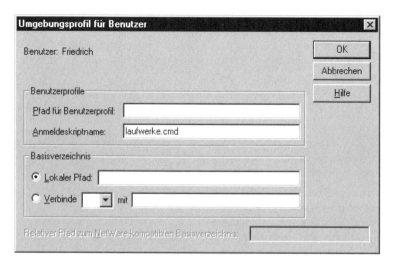

Bild 6.24:
Umgebungsprofil

Das Benutzerprofil entfällt also. Zumindest für den OS/2-Benutzer, wenn er sich ausschließlich von OS/2-Maschinen aus anmeldet. Anders könnte die Entscheidung eines Administrators ausfallen, wenn es möglich ist, daß der Benutzer sich vereinzelt auch von Windows NT-Maschinen aus anmeldet. In diesem Fall könnte er ein servergestütztes Profil bekommen, das jedoch nicht zur Verfügung stehen kann, wenn er sich wieder an einer OS/2-Maschine anmeldet.

Machen Sie Ihre Benutzer vor allem darauf aufmerksam, daß der Inhalt der jeweiligen Arbeitsoberflächen nicht übernommen werden kann. Wer ein Objekt auf die Arbeitsoberfläche legt, muß davon ausgehen, daß er dieses Objekt bei der Anmeldung von einem anderen System aus nicht mehr zur Verfügung hat.

Ein ANMELDESKRIPTNAME ist hingegen sinnvoll. Auch für OS/2-Anwender können Sie hier ein Anmeldeskript erstellen. Dabei handelt es sich, wie gewohnt, um eine gewöhnliche Textdatei, die Systembefehle enthält.

Sinnvollerweise könnten hier Netzwerklaufwerke zugeordnet werden. Dazu verwenden Sie den Befehl NET USE. Eventuell könnten auch andere Befehle aufgerufen werden. Bedenken Sie jedoch, daß es sich um Befehle handeln muß, die unter OS/2 Warp funktionieren!

Das Anmeldeskript läuft ab, ohne daß der Benutzer es mitbekommt. Für Netzwerkanbindungen ist das ideal. Die Laufwerke erscheinen automatisch im Ordner LAUFWERKE.

Falls Sie Meldungen über eine Batch-Datei ausgeben wollen, eigenen sich Anmeldeskripte nicht besonders. Wie bereits erwähnt, merkt der Benutzer gar nicht, daß ein Skript abläuft, weil alles im Hintergrund geschieht. Deshalb sieht er auch keine Meldungen, die in der Batch-Datei stehen, und sogar ein Befehl wie PAUSE wird kommentarlos übergangen.

Meldungen werden erst dann sichtbar, wenn der Benutzer seine Anmeldung an die Domäne nicht über die grafische Oberfläche, also das Anmeldeobjekt, startet, sondern über die Befehlszeile.

In der Befehlszeile kann der Befehl LOGON verwendet werden. Daraufhin erscheint wieder das grafische Anmeldefenster, und der Benutzer kann seine Daten eintragen.

Wenn diese Anmeldung über die Befehlszeile gestartet wurde, erscheinen die Meldungen, die in der Batch-Datei stehen, sehr wohl. Sie werden in der Befehlszeile angezeigt, und falls der Befehl PAUSE verwendet wurde, bleibt die Befehlszeile dort stehen und wartet, bis der Benutzer diese Befehlszeile aktiviert und eine Taste drückt. Erst dann wird das Anmeldeskript mit den übrigen Befehlen beendet.

Als letzten Eintrag gibt es im BENUTZER-MANAGER FÜR DOMÄNEN noch das BASISVERZEICHNIS. Damit kann einem Benutzer ein Verzeichnis zur Verfügung gestellt werden, in dem nur er Zugriffsrechte hat.

Innerhalb von Windows NT und vor allem Novell NetWare ist ein solches Verzeichnis nützlich oder sogar wichtig. Im Zusammenhang mit OS/2-Clients ergibt sich jedoch, daß diese Basisverzeichnisse einfach nicht funktionieren.

Bei der Anmeldung wird zwar versucht, die Verbindung herzustellen, doch schlägt dies fehl. Der Benutzer erhält die Fehlermeldung, daß das »Benutzerverzeichnis nicht erstellt« werden konnte. Das hat nichts damit zu tun, daß das Verzeichnis nicht existiert, denn wenn Sie ein Basisverzeichnis unter Windows NT definieren und einen Laufwerksbuchstaben zuordnen, wird dieses automatisch und mit den korrekten Berechtigungen erstellt.

Basisverzeichnisse können also über Windows NT einem OS/2-Benutzer nicht zugeordnet werden. Die Fehlermeldung sollte zwar deutlicher werden, doch handelt es sich offensichtlich um eine Kleinigkeit, die von Microsoft oder IBM mit sehr wenig Programmieraufwand bereinigt werden könnte.

In der Praxis sollten Sie darauf achten, daß im BENUTZER-MANAGER FÜR DOMÄNEN überhaupt keine Basisverzeichnisse für OS/2-Benutzer eingestellt sind, denn sie sorgen für unangenehme Fehlermeldungen, die speziell technisch nicht besonders versierte Benutzer irritieren.

Fairerweise muß hinzugefügt werden, daß die Einrichtung eines Basisverzeichnisses für OS/2-Benutzer im Grunde gar keinen Sinn ergibt. Es gibt keinerlei Einstellungen, die dort standardmäßig gespeichert werden müßten.

Bei Windows 95-Benutzern sieht das ja anders aus, denn Windows 95-Benutzer legen ihr servergestütztes Benutzerprofil automatisch im Basisverzeichnis ab, das vom BENUTZER-MANAGER FÜR DOMÄNEN eingestellt wird. OS/2 Warp kennt jedoch keine Benutzerprofile.

Auch für die Anmeldeskripte macht das Basisverzeichnis keinen Sinn, weil OS/2-Clients hier die standardmäßige NETLOGON-Freigabe verwenden. Das funktioniert deshalb, weil auch auf OS/2-Servern eine solche Freigabe existiert.

Wenn Sie einem Benutzer ein Verzeichnis zuordnen wollen, das nur er verwenden kann, dann ist das selbstverständlich machbar, allerdings ist etwas Handarbeit angesagt.

Erstellen Sie auf dem Server Ihrer Wahl das Verzeichnis und vergeben Sie einen beliebigen Ordnernamen; der Einfachheit halber kann dieses Verzeichnis gleich den Namen des Benutzers tragen. Vor allem im größeren Umgebungen mit zahlreichen Benutzern erleichtert dies die Verwaltung ungemein.

Erstellen Sie eine Freigabe für dieses Verzeichnis. Bei den Berechtigungen tragen Sie den Benutzer ein und geben ihm VOLLZUGRIFF. Das ist notwendig, damit der Benutzer in seinem Basisverzeichnis tun und lassen kann, was er will (siehe Bild 6.25).

Die Gruppe JEDER sollten Sie entfernen, damit nicht auch die anderen Benutzer auf diese Freigabe zugreifen können. Falls Sie das Freigabeverzeichnis im Netzwerk vor den anderen Benutzern verstecken wollen, definieren Sie es mit einem Dollarzeichen am Ende. Für den Benutzer ADI könnte der Freigabename also ADI$ heißen.

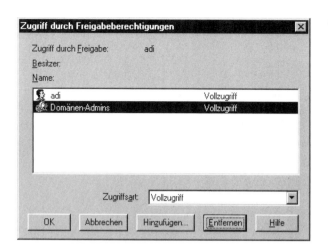

Bild 6.25:
Berechtigungen für ein geplantes Basisverzeichnis

Persönlich bevorzuge ich eine Einstellung, bei der nicht nur der Benutzer des Basisverzeichnisses Vollzugriff erhält, sondern auch die Administratoren-Gruppe, am besten die DOMÄNEN-ADMINS.

Ein Administrator kann notfalls ohnehin auf das Verzeichnis zugreifen, doch wenn Administratoren bei den Berechtigungen nicht erscheinen, erhalten sie vorerst eine Fehlermeldung und müssen die Berechtigungen erst recht wieder anpassen, damit sie den Inhalt des Ordners angezeigt bekommen.

Mit dieser Einstellung ist es natürlich noch nicht getan, denn die Berechtigung allein genügt nicht. Der Ordner muß dem Benutzer noch als Basisverzeichnis zugeordnet werden.

Das machen Sie allerdings **nicht** mit dem BENUTZER-MANAGER FÜR DOMÄNEN, sondern mit Hilfe eines Anmeldeskripts.

Schreiben Sie ein Anmeldeskript für den gewünschten Benutzer, am besten wieder mit dem Namen des Benutzers, und verwenden Sie die Endung CMD, weil nur sie als OS/2-Batch-Datei gilt. In diesem Anmeldeskript stellen Sie die Verbindung zum neu erstellten Freigabenamen mit dem Befehl NET USE her.

Jetzt müssen Sie das Anmeldekript nur mehr in die NETLOGON-Freigabeordner aller Anmeldeserver kopieren oder replizieren lassen.

Wenn ein Benutzer, für den diese Einstellungen getroffen wurde, sich nun anmeldet, läuft das Anmeldeskript im Hintergrund ab und richtet sein Basisverzeichnis ein. In diesem Basisverzeichnis hat er, wie es gewünscht war, alle Berechtigungen.

Wenn Sie die Speichermenge des Basisverzeichnisses eingrenzen wollen, benötigen Sie ein Zusatzprogramm wie beispielsweise DISK QUOTA oder QUOTA MANAGER, da Windows NT Server diese Funktionalität nicht besitzt. Wenn Sie das Basisverzeichnis auf einem OS/2-Server anlegen, können Sie es mit den Standard-Möglichkeiten des LAN Servers begrenzen.

Eine weitere Schaltfläche ist ANMELDEN AN. Sie erhalten ein Dialogfenster, in dem Sie definieren können, von welchen Maschinen aus sich ein Benutzer anmelden darf.

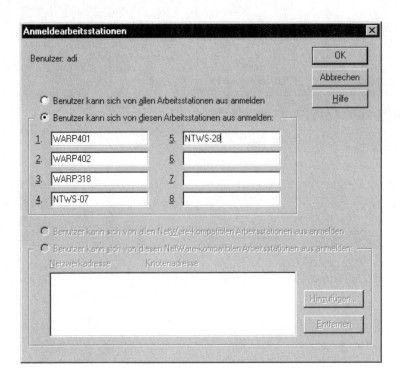

Bild 6.26:
Anmeldung von bestimmten Maschinen

Diese Einstellung gilt auch für OS/2-Benutzer und kann somit in die Definition der Benutzer einbezogen werden.

Wichtig ist natürlich immer, daß der Benutzer sich direkt an der Domäne anmeldet. Wenn er lediglich eine OS/2-Maschine startet und lokal arbeitet bzw. das Peer-Netzwerk startet oder sich an einer ganz anderen Domäne anmeldet, dann gilt diese Einschränkung nicht.

Einstellungen der Benutzersteuerungen kommen immer nur dann zum Zug, wenn die Anmeldung von der Domäne überprüft wird.

NetWare-Einstellungen gibt es in diesem Dialogfenster nur dann, wenn die NETWARE-KOMPATIBLE ANMELDUNG aktiviert wurde, doch hätte sie bei OS/2-Anwendern keinen Sinn. Daß OS/2-Anwender die OS/2-Client-Software für Novell NetWare benutzen müssen, wurde bereits erwähnt.

Eine letzte Einstellmöglichkeit bietet die Schaltfläche RAS. Leider müssen Sie auch auf diese Einstellung verzichten, wenn Sie das Benutzerkonto für einen reinen OS/2-Anwender erstellen.

Es gibt bisher keine Möglichkeit, OS/2-Maschinen in den RAS-Dienst von Microsoft einzubinden. Weder Microsoft noch IBM bieten dafür eine Client-Software an.

Wenn Sie beispielsweise Außendienstmitarbeiter mit Notebooks haben, die mit OS/2 Warp arbeiten, gibt es nur eine vernünftige Möglichkeit, diesen Geräten eine Fernanmeldung zur Verfügung zu stellen: Sie benötigen einen eigenen OS/2-Server, wo der Warp Server mit dem LAN Distance Connection Server installiert wird. Dieser kann für die telefonische Anmeldung von OS/2-Maschinen verwendet werden. Dummerweise gibt es dann die Benutzerverwaltung doppelt, weil Sie den OS/2-Server nicht mit Windows NT mitverwalten können.

Verbindung zu IBM OS/2 Warp

6.3.2 Sind lokale Benutzerkonten sinnvoll?

Lokale Benutzerkonten oder nicht, das ist eine legitime Frage. Ein lokales Benutzerkonto ist rasch erstellt, und viele Merkmale sind mit jenen eines gewöhnlichen Benutzerkontos identisch.

Die Frage ist, ob die Einschränkungen erwünscht sind.

Mit einem lokalen Benutzerkonto ist es immerhin nicht möglich, sich über eine Windows NT-Maschine an die Domäne anzumelden.

Wie sieht es in der Praxis aus?

Wenn die Domänen komplett getrennt sind, das heißt also, manche Mitarbeiter zur OS/2-Domäne gehören und andere zur Windows NT-Domäne, dann können lokale Benutzerkonten durchaus Sinn machen. Nämlich dann, wenn eine Mischung dieser Mitarbeiter vermieden werden soll.

Es könnte ja sein, daß die OS/2-Anwender für gewöhnlich in der NT-Domäne bleiben, die NT-Anwender jedoch in ihrer NT-Domäne. Für vereinzelte Durchgriffe auf die andere Domäne könnte dann ein lokales Konto eingerichtet werden kann.

Wenn die Firma in einem Übergangsstadium ist und die Benutzer eines Tages ebenfalls auf Windows NT umgestellt werden sollen, dann hat ein lokales Benutzerkonto wohl keinen Sinn, weil es nur für Probleme sorgt. Mit einem gewöhnlichen Domänen-Benutzerkonto ist gewährleistet, daß der Benutzer sehr rasch umgestellt werden kann.

Es genügt dann nämlich, wenn der neue Computer mit Windows NT geliefert wird. Die Maschine wird aufgestellt, und der Benutzer kann sich sofort wieder mit seinem Konto an der Windows NT-Domäne anmelden. An den Berechtigungen ändert sich nichts, und vor allem muß nichts mehr im BENUTZER-MANAGER FÜR DOMÄNEN umgestellt werden.

Falls dieser Benutzer zuvor ein lokales Benutzerkonto hatte, dann muß dieser Status nach Lieferung und Aufstellung der neuen Maschine verändert werden, damit der Benutzer sich wieder anmelden kann.

In vielen Fällen wird man nur dann zu lokalen Benutzerkonten greifen, wenn es erstens auch OS/2-Domänen und nicht nur einzelne OS/2-Clients gibt und wenn es zweitens nicht nur eine oder zwei, sondern gleich mehrere Domänen gibt.

Der Unterschied zwischen Domänenbenutzern und lokalen Benutzern liegt nämlich vor allem in der Sicherheit. Wo es aber nur eine einzige Domäne gibt, wird nur mehr zwischen den einzelnen Benutzerkonten bzw. Gruppen unterschieden. Ein lokales Benutzerkonto kann man sich in diesem Fall getrost sparen.

6.3.3 Anmeldeskripte

Die Windows NT-Anmeldeskripte können auch für OS/2-Clients verwendet werden. Das ist auch der große Vorteil gegenüber Benutzerprofilen und Systemrichtlinien. Anmeldeskripte gibt es praktisch auf jeder Plattform.

Dadurch können Sie die gesamte Einstellung der Anmeldeskripten unter Windows NT vornehmen. Verwendet werden ganz gewöhnliche Batch-Dateien, die im Zusammenhang mit OS/2 die Endung CMD haben müssen. Wenn Sie eine BAT-Endung verwenden, erkennt OS/2 daran ein DOS-Programm und ruft eine virtuelle DOS-Sitzung auf. Einstellungen, die systemweit gelten sollen, kommen dann aber nicht mehr durch und verursachen Fehlermeldungen.

Das Anmeldeskript wird innerhalb von Windows NT im BENUTZER-MANAGER FÜR DOMÄNEN eingetragen. Außerdem müssen diese Scripte in der NETLOGON-Freigabe gespeichert werden. Diese Freigabe ist in Wirklichkeit das Verzeichnis \WINNT\SYSTEM32\REPL\IMPORT\SCRIPTS.

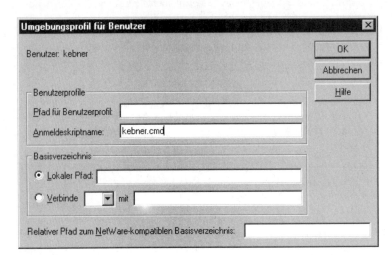

Bild 6.27:
Definition des Anmeldeskripts

Für eine Umgebung mit mehreren Servern gilt selbstverständlich, daß diese Skripte auf allen Anmeldeservern vorhanden sein müssen, also auf dem Primären Domänen-Controller und auf allen Sicherungs-Domänen-Controllern. Immerhin kann nicht dezidiert bestimmt werden, von welchem Server ein Benutzer überprüft wird.

Diese Skript-Datei wird genauso definiert, wie Sie das für Windows NT tun. Für die Netzwerkanbindungen wird ebenfalls der Befehl NET USE verwendet, der auch in OS/2 mit UNC-Namen arbeitet. Ein Anmeldeskript könnte etwa so aussehen:

```
net use f: \\NTboss\Briefe
net use g: \\NTboss\Verträge
net use h: \\NTDatenbank\Kunden
```

Der Befehl EXIT wird nicht benötigt, da die Anmeldeskipte nach Ablauf der Befehle ohnehin geschlossen werden. Wenn er jedoch am Ende des Skripts vorhanden ist, stört er nicht.

Anmeldeskripte können für einzelne Benutzer oder für mehrere verwendet werden. Dazu müssen Sie allerdings die entsprechende Angabe bei jedem einzelnen Benutzerkonto machen.

Einer Gruppe kann ein solches Anmeldeskript leider nicht zugeordnet werden. Es gibt jedoch Zusatzprogramme wie etwa die MISS MARPLE UTILITIES, die eine solche Funktionalität bereitstellen.

Auch der Microsoft SMS Server arbeitet mit Anmeldeskripten. Diese kommen auch bei OS/2-Clients zur Anwendung, die vom SMS Server mitverwaltet werden können.

Eine andere Möglichkeit, automatisch bestimmte Funktionen zu aktivieren, besteht in OS/2 selbst. Im Hauptverzeichnis einer Maschine könnte eine Datei STARTUP.CMD definiert werden. Diese Batch-Datei wird beim Systemstart automatisch abgearbeitet.

Die STARTUP.CMD läuft bereits ab, während die Workplace Shell noch nicht zur Gänze gestartet wurde. Im Normalfall starten Workplace Shell und STARTUP.CMD parallel. Möglicherweise müssen Sie dies berücksichtigen, wenn Sie nicht nur Laufwerke anbinden, sondern auch noch andere Einstellungen treffen oder Programme aufrufen wollen.

In vielen Fällen ist eine STARTUP.CMD automatisch verfügbar, wenn die Netzwerkkomponenten installiert wurden. Über diese Datei werden nämlich die Netzwerkdienste gestartet.

Etwas ähnliches wie die Systemdienste in Windows NT gibt es unter OS/2 überhaupt nicht. Deshalb ist es auch nicht notwendig, Netzwerk- und andere Dienste auf ebenso elegante Weise zu starten. Alle Dienste oder Funktionalitäten, die im Hintergrund laufen sollen, müssen mit Hilfe der STARTUP.CMD oder der CONFIG.SYS gestartet werden. Das gilt für den LAN Server Requester ebenso wie für einen Lotus Notes Server.

Verwenden Sie für die Anbindung von Netzwerklaufwerken unter OS/2 unbedingt Anmeldskripte oder die STARTUP.CMD, denn OS/2 kann sich die Verbindungen nicht automatisch »merken«.

Als dritte Möglichkeit steht ein eigener Ordner zur Verfügung, dessen Objekte beim Systemstart ebenfalls automatisch gestartet werden. Bezeichnenderweise heißt dieser Ordner gleich SYSTEMSTART. Er befindet sich standardmäßig im Ordner OS/2 SYSTEM.

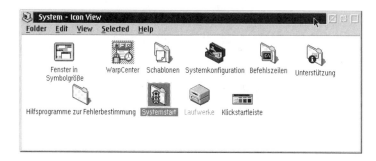

Bild 6.28:
Ordner »Systemstart«

Dieser Ordner eignet sich nicht besonders für Batch-Dateien, sondern für Programme, die zeichenorientiert oder grafisch arbeiten können.

Der SYSTEMSTART-Ordner ruft die Programme erst dann auf, wenn die Workplace Shell von OS/2 gestartet wurde. Er ist also vor allem dann interessant, wenn Sie WPS-Programme starten wollen. Auch solche Programme, immer Zusatzprogramme von Drittherstellern, können unter Umständen die Verbindung zu Netzwerklaufwerken oder Netzwerkdruckern herstellen.

6.3.4 Systemrichtlinien laufen nicht

Der Systemrichtlinien-Editor von Windows NT ist eine feine Sache. Es handelt sich jedoch um eine Funktionalität, die auschließlich Windows NT und Windows 95 betrifft. Schon bei Windows 95-Clients muß der Systemrichtlinien-Editor von Windows 95 verwendet werden, da verschiedene Formate zugrunde liegen.

OS/2 kennt keine Systemrichtlinien. Deshalb hat es keinen Sinn, Systemrichtlinien in einer Umgebung zu erstellen, in denen Windows NT Server, aber OS/2-Clients verwendet werden. Sogar wenn die Richtlinien vorhanden und im richtigen Verzeichnis abgespeichert sind, haben sie keine Auswirkungen auf die Anmeldung von Benutzern, die sich von OS/2-Maschinen aus anmelden.

Systemrichtlinien können tatsächlich nur bei Windows NT- und Windows 95-Clients eingesetzt werden. Ähnliche Einstellungen, die Sie für OS/2 treffen wollen, müssen direkt auf den Geräten eingestellt werden. Bei vielen Richtlinien, welche die Sicherheit des Systems betreffen, benötigen Sie für OS/2 überdies Zusatzprogramme, weil diese Funktionalitäten standardmäßig nicht enthalten sind.

6.3.5 Kennwortänderung

Ein Benutzer hat grundsätzliche keine Berechtigung, etwas an der Benutzersteuerung zu verändern. Es gibt jedoch eine Einstellung, die er beeinflussen und definieren kann: das ist sein Kennwort.

Jeder Benutzer muß die Möglichkeit haben, sein Kennwort frei zu definieren und je nach Grundrichtlinien auch zu verändern.

Windows NT-Benutzer ändern ihr Kennwort mit `Strg`-`Alt`-`Entf` und dann über die Schaltfläche KENNWORT ÄNDERN. Aber wie funktioniert das bei OS/2-Benutzern, bei denen die Bedienung ja völlig unterschiedlich ist?

Normalerweise können OS/2-Benutzer ihr Kennwort über die LAN Server-Verwaltung verändern. Sie haben dort lediglich die Möglichkeit, ihr eigenes Benutzerkonto anzuzeigen und das Kennwort anzupassen.

Wenn am anderen Ende des Netzwerks jedoch ausschließlich Windows NT-Server stehen, dann funktioniert das nicht. Die LAN Server-Verwaltung hilft bei der Definition des Kennworts nicht weiter.

So kann gleich gesagt werden, daß dem Benutzer überhaupt kein grafisches Werkzeug zur Verfügung steht. In Anbetracht der extrem grafisch und objektorientiert aufgebauten Oberfläche von OS/2 mutet dies eigenartig an, doch liegt die Schuld an der vielleicht ungewöhnlichen Mischung von OS/2 und Windows NT.

Das heißt jedoch noch lange nicht, daß das Kennwort nicht geändert werden könnte. Es gibt nämlich sehr wohl eine Möglichkeit, sein Kennwort zu verändern.

Die Lösung heißt: Befehlszeile.

Unter OS/2 ist die Befehlszeile recht einfach zugänglich, nämlich über die Klickstartleiste bzw. das SmartCenter, je nach dem, welche Version eingesetzt wird und wie die Oberfläche angepaßt wurde.

Die Befehlszeile von OS/2 funktioniert fast genauso wie jene von Windows NT, nur daß ein paar Befehle unterschiedlich implementiert wurden.

Benötigt wird der Befehl NET PASSWORD, mit dessen Hilfe das Kennwort geändert werden kann. Die Struktur sieht folgendermaßen aus:

```
net password Benutzername AltesKennwort NeuesKennwort
```

Dieser Befehl wird auch von Windows NT verstanden. Da der Benutzer die Berechtigung hat, sein eigenes Kennwort zu ändern, gehorcht NT.

Ab der nächsten Anmeldung gilt nun das neue Kennwort. Für OS/2-Clients, die ausschließlich mit Windows NT-Servern arbeiten, ist dies durchaus eine akzeptable Methode.

Vorsicht beim Eintippen des Kennworts, denn es wird als Text angezeigt! Wer Ihnen über die Schulter schaut, kann mitlesen. Außerdem werden Sie um keine Bestätigung des Kennworts gefragt, weil es ohnehin lesbar ist.

Anwender, die mit Warp 4 arbeiten, besitzen eine Erleichterung. Im Peer-Netzwerk-Ordner befindet sich nämlich ein »Netzwerk-Benutzer«. Dabei handelt es sich um ein Objekt, das ein Benutzerkonto darstellt. Natürlich steht dieses Objekt für den momentan angemeldeten Benutzer. Wenn Sie einen Doppelklick auf dem Objekt machen, öffnet Warp 4 eine Info-Box, die den Karteikästen von Windows NT ähnelt. Die zweite Indexzunge heißt KENNWORT. Hier können Sie, grafisch und einfach, Ihr Kennwort ändern.

Problematisch wird es erst, wenn der Benutzer mit mehreren Domänen zu tun hat. Das Kennwort wird nämlich nur in einer einzigen Domäne geändert, nämlich in jener, an die er angemeldet ist.

OS/2 LAN Server kennt zwar die sogenannte KENNWORT-KOORDINIERUNG, doch die funktioniert nur mit OS/2- und NetWare-Domänen sowie Mainframes. Mit diesem Programm kann aber keine Windows NT-Domäne angesprochen werden.

6.3.6 Windows-Programme unter OS/2

Windows-Programme erfreuen sich heute großer Beliebtheit und sie sind sehr verbreitet. Die meisten Programme, die verfügbar sind, wurden zwar nach wie vor für DOS geschrieben, doch Windows ist eindeutig auf dem Vormarsch.

Vor allem könnte man sagen, daß heute die meisten der wichtigen und guten Programme unter Windows laufen oder zumindest auch in einer Windows-Version verfügbar sind.

OS/2 Warp kennt zwei Unterstützungsarten von Windows-Software, wobei eine standardmäßig im System enthalten ist. Bei der zweiten Art handelt es sich um Zusatzprogramme von Drittherstellern, die eng mit Microsoft und IBM zusammenarbeiten.

Win-OS/2

Der Name »Win-OS/2« klingt seltsam, und doch handelt es sich um die offizielle Bezeichnung für das Windows-Subsystem von OS/2 Warp.

Bei Win-OS/2 handelt es sich in Wirklichkeit um ein komplettes Windows von Microsoft, das von IBM in Zusammenarbeit mit den Microsoft-Technikern in einzelnen Teilen an OS/2 angepaßt wurde. Win-OS/2 entsprach in OS/2 2.0 einem Windows 3.0, in den Versionen OS/2 2.1, OS/2 3.0 Warp, Warp Connect und Warp 4 entspricht es einem Windows 3.1.

So ist Win-OS/2 also ein 16-Bit-Windows. Die meisten 16-Bit-Windows-Programme sind unter OS/2 lauffähig. Diese Programme können im Ganzbildschirmmodus oder im Fenster-Modus gefahren werden. Interessant ist vor allem der Fenstermodus, denn bei dieser Betriebsart werden die Windows-Programme so eingesetzt, als handelte es sich um OS/2-Programme. Nur das typische Windows-Aussehen verrät sie.

Windows-Programme können direkt unter OS/2 installiert werden. Der Programm-Manager wird nicht mehr benötigt, da man auch Programmobjekte für Windows-Applikationen erstellen kann. Auch auf den Datei-Manager kann man getrost verzichten, weil man in diesem Fall die Dateiverwaltung von OS/2 gewinnbringend einsetzen kann.

Manche Merkmale der Workplace Shell kann man durchaus auf Windows-Programme ausdehnen. Dazu gehören Programm- und Referenzobjekte und Schablonen. Drag & Drop funktioniert nur dann, wenn dies vom entsprechenden Windows-Programm bereits unterstützt wird, was nur selten zutrifft.

16-Bit-Windows-Programme können unter OS/2 in einem gemeinsamen Speicherbereich arbeiten, wodurch sie für Abstürze genauso anfällig sind wie auf einem 16-Bit-Windows-System unter DOS. Man kann diese Programme aber auch in sogenannten *getrennten Sitzungen* starten.

Dieser Modus benötigt zwar mehr Hauptspeicher und Systemressourcen, doch sorgt er für einen perfekten Speicherschutz auch zwischen diesen Programmen sowie für ein präemtives Multitasking.

Anders als unter Windows NT können die 16-Bit-Windows-Programme unter OS/2 sogar in getrennten Sitzungen mit DDE- und OLE-Verknüpfungen arbeiten.

Neben den 16-Bit-Programmen unterstützt OS/2 Warp die Win32s-Schnittstelle, die von Version zu Version erweitert wird. Die meisten Programme, die für Win32s geschrieben sind, können unter OS/2 also ebenfalls verwendet werden, ohne daß ein Zusatzprogramm nötig wäre.

32-Bit-Windows-Anwendungen

Standardmäßig können 32-Bit-Windows-Programme unter OS/2 Warp weder installiert noch verwendet werden. Die Schnittstellen Win32c und Win32 sind nicht vorhanden.

Es gibt jedoch Firmen, die Zusatzprogramme für OS/2 entwickelt haben, mit deren Hilfe 32-Bit-Programme sehr wohl eingesetzt werden können.

Am bekanntesten ist WINFRAME der Firma Citrix, die sowohl mit Microsoft als auch mit IBM eng zusammenarbeitet. WINFRAME wird sehr häufig als Mehrbenutzer-Lösung für Windows NT bezeichnet.

CITRIX WINFRAME ist eine Client-Server-Applikation. Mit Hilfe dieses Programms machen Sie aus einem Windows NT-Server einen Multiuser-Applikationsserver für 32-Bit-Windows-Programme. Die OS/2-Client-Maschinen stellen praktisch die Oberfläche zur Verfügung. In einem Fenster, das unter OS/2 läuft, arbeiten dann die 32-Bit-Windows-Programme.

WINFRAME unterstützt übrigens nicht nur OS/2-Clients, sondern auch UNIX- und Macintosh-Maschinen. Einem plattformübergreifenden Einsatz steht also nichts entgegen.

Das Client-Server-Prinzip wurde zur Gänze eingehalten, und so ist diese Konstellation sehr gut mit X-Servern unter UNIX vergleichbar. Die Programme laufen nämlich in Wirklichkeit auf der Windows NT-Maschine. Der OS/2-Client stellt lediglich die Anzeige zur Verfügung. Deshalb gibt es auch keine Geschwindigkeitsprobleme.

Um eine Mehrbenutzer-Lösung handelt es sich deshalb, weil WINFRAME ja auf einem einzigen Server-System installiert wird, mit dem dann mehrere Clients arbeiten. Die eigentliche Rechenarbeit findet auf dem Windows NT-Server statt, während die Client-Maschinen lediglich die grafische Oberfläche, also im Grunde die Konsole, das sind Bildschirm und Eingabegeräte, bereitstellen.

Citrix entwickelte die *MultiWin Multi-User Architecture*. Mit dieser Technologie wird Windows NT erst ein richtiges Mehrbenutzersystem. Mehrere Benutzer können gleichzeitig auf derselben Maschine und zur selben Zeit Programme ausführen. Die Client-Maschinen sind in diesem Fall so etwas ähnliches wie Terminals. Jeder Benutzer läuft auf dem WinFrame/Access-Server als virtuelle Sitzung.

Verbindung zu IBM OS/2 Warp

WINFRAME arbeitet mit dem *ICA Windows Presentation Services-Protokoll*. Dieses ist die Grundlage für die Aufteilung der Server- und Client-Funktionen. Mit diesem Protokoll wurde versucht, so viel wie möglich an Leistung herauszuholen; ein Ziel dieses Protokolls war es, die Netzwerkbelastung sehr gering zu halten.

WINFRAME gibt den Client-Maschinen im Grunde ein komplettes Windows NT weiter. Das heißt, daß alle Merkmale von Windows NT vorkommen. Das gilt für die Oberfläche genauso wie für die Sicherheitsrichtlinien. Eigentlich sollte man gar nichts anderes erwarten, doch möchte ich klarstellen, daß WINFRAME nicht irgendeine Emulation ist, sondern eben ein mehrbenutzerfähiges Windows NT.

Selbstverständlich unterstützt WINFRAME auch Mehrprozessor-Maschinen. Wenn Sie eine große Zahl von Benutzern haben, die auf die Programme zugreifen, dann sollten Sie auch tatsächlich Mehrprozessor-Maschinen überlegen und das System eventuell sogar auf mehrere Server aufteilen.

Mehrere tausend Benutzer an einem Mainframe sind ja nichts Besonderes; aber bedenken Sie, daß man auch die Leistung einer Pentium Pro-Maschine nicht im mindesten mit Großrechnern vergleichen kann. Wenn Sie ähnliche Leistungen haben wollen, dann dürfen Sie zumindest an der Hardware nicht sparen.

6.3.7 Verwaltung des Windows NT-Servers

Wie kann der NT-Server von OS/2-Maschinen aus verwaltet werden? Geht das überhaupt?

Die Antwort auf diese Frage ist ein Nein und ein Ja.

Sehen wir uns zuerst das Nein an, denn diese Antwort muß gegeben werden, wenn auschließlich mit dem Standardumfang von Windows NT und OS/2 Warp gearbeitet wird.

Warp 4 liefert die komplette Domänenverwaltung mit. Natürlich ist damit eine LAN Server- oder Warp Server-Domäne gemeint. Diese Verwaltung wird im Ordner NETZWERK aufgerufen.

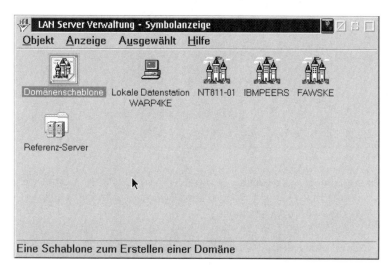

Bild 6.29:
Domänenverwaltung unter OS/2

Standardmäßig ist hier nur die aktuelle OS/2-Domäne eingetragen. Ist der Benutzer Administrator dieser Domäne, dann stehen ihm alle Funktionalitäten zur Verfügung. Ist der Benutzer ein gewöhnlicher Benutzer, dann kann er lediglich den Ordner mit den Benutzern öffnen und sieht sein eigenes Benutzerkonto, wo er gegebenenfalls das Kennwort ändern kann. Andere Möglichkeiten hat ein gewöhnlicher Benutzer nicht.

Es gibt eine sehr einfache Möglichkeit, mehr als eine einzige Domäne zu verwalten. Seit der letzten Version kann das sogar mit einer DOMÄNENSCHABLONE eingerichtet werden, ansonsten muß die Textdatei IBMLAN.INI bearbeitet werden. Diese Datei befindet sich standardmäßig im Verzeichnis \IBMLAN.

Es handelt sich um eine gewöhnliche Textdatei, die mit jedem Editor aufgerufen werden kann. Wenn Sie über die Workplace Shell gehen, brauchen Sie lediglich einen Doppelklick auf die Datei machen, um sie mit dem Standard-Editor zu öffnen.

Sie finden darin den Eintrag OTHDOMAINS. Normalerweise ist dieser Eintrag leer. Sie können jedoch bis zu 4 zusätzliche Domänen auflisten, die jeweils mit einem Komma voneinander getrennt werden. Auf diese Weise bewirken Sie, daß eventuell auch eine Windows NT-Domäne erscheint.

Auch eine Windows NT-Domäne wird in der LAN Server-Verwaltung als Domänen-Burg dargestellt. Sie können diese Domäne öffnen und erhalten ein Dialogfenster, in dem alle Möglichkeiten angezeigt werden, die auch OS/2-Domänen bieten.

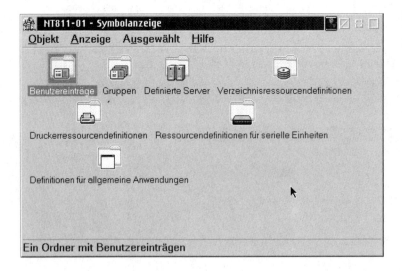

Bild 6.30:
Verwaltung der NT-Domäne ...?

Eine der interessantesten Einstellungen ist gewiß die Benutzerverwaltung. OS/2 arbeitet hier mit WPS-Objekten, die auch mit der Maus und mit Drag & Drop bedient werden können. So werden beispielsweise Benutzer einer Gruppe zugeordnet, indem man die Benutzer auf das Gruppenobjekt zieht.

Wenn Sie den Benutzer-Ordner öffnen, der in Wirklichkeit auf der Windows NT-Domäne steht, erhalten Sie ein weiteres Fenster, in dem die Benutzer der NT-Domäne aufgelistet werden.

Verbindung zu IBM OS/2 Warp 151

»Aufgelistet« ist eigentlich das falsche Wort! Die Benutzer werden als Objekte dargestellt, wie das unter LAN Server Domänen eben üblich ist. Jeder Benutzer ist ein eigenes Objekt, das in Form einer Identitätskarte dargestellt wird.

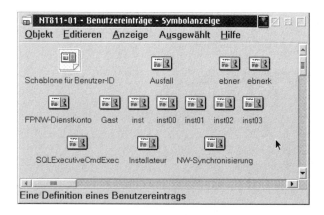

Bild 6.31:
Darstellung der NT-Benutzer

Zum Öffnen eines Benutzers muß auf dessen Objekt ein Doppelklick gemacht werden.

Ja, und damit sind wir bereits am Ende der Reise angelangt. Ein Doppelklick bringt eine Fehlermeldung hervor. OS/2 kann mit der NT-Verwaltung nicht zusammenarbeiten. Oder umgekehrt. Aber eigentlich ist das egal. Was zählt, ist, daß es nicht funktioniert. Leider.

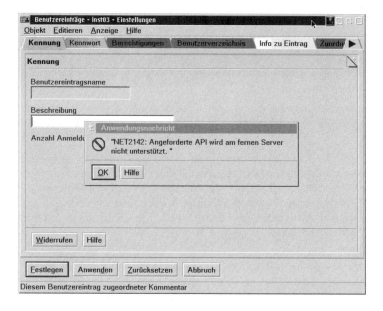

Bild 6.32:
Grenzen der Benutzerverwaltung

Interessant ist immerhin, daß OS/2 hier sehr weit in die NT-Verwaltung eindringen kann. Die Informationen werden abgefragt, von NT beantwortet und von der LAN Server-Verwaltung korrekt dargestellt. Deswegen erhält man für jeden Benutzer ein WPS-Objekt.

Wenn es jedoch darum geht, etwas zu verändern, schalten plötzlich beide Systeme auf stur. Es ist unmöglich, auf diese Art und Weise Änderungen in der Domänenverwaltung anzubringen.

Derselbe Effekt läßt sich bei den Gruppen beobachten. Auch hier bringt jeder Versuch, in die Verwaltung einzugreifen, eine Fehlermeldung hervor.

Beim Server-Ordner ist es noch schlimmer, denn hier gibt es nicht einmal eine Anzeige. Bereits der Versuch, den Ordner zu öffnen, führt zu einer Fehlermeldung.

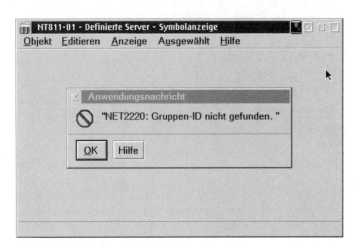

Bild 6.33:
Versuch, die NT-Server anzuzeigen

Besonders ungewöhnlich mutet dieser Effekt an, weil der Netzwerk-Browser sehr wohl in der Lage ist, NT-Server anzuzeigen. Doch auch dort gibt es keine Möglichkeit, die Freigaben der Server zu durchsuchen.

Es paßt eben nicht ganz zusammen. Das ist schade und führt, wie Sie gesehen haben, zu recht eigenartigen Effekten, doch so ist es nun einmal.

Im übrigen schaffen auch nur jene Benutzer die hier beschriebenen Anzeigen, wenn sie in der NT-Domäne Administrator-Rechte besitzen. Einem Benutzer werden die Zugriffe umgehend verweigert.

Die Systemdienste könnten mit der LAN Server-Verwaltung verändert werden. Wenn es einen Dienst in OS/2 und in Windows NT gibt, dann kann dieser von einer OS/2-Maschine aus gestartet oder angehalten werden. Handelt es sich jedoch um einen Dienst, den nur Windows NT kennt, dann bleibt der OS/2-Client stumm. Der unter Windows NT installierte Dienst wird zwar angezeigt, kann jedoch nicht verändert werden. Im Grunde ist das logisch, denn OS/2 verfügt dann nicht über die richtigen System-Befehle.

Versuchen Sie nicht, die mit Windows NT mitgelieferten Standard-Verwaltungsprogramme unter OS/2 zu installieren. Jeder Versuch ist verlorene Zeit. Microsoft liefert ausschließlich Verwaltungsprogramme für Windows NT und für Windows 95 aus. Das bedeutet aber, daß diese Programme unter OS/2 nicht laufen, weil die Win32c- und die Win32-Schnittstellen nicht unterstützt werden.

Andere Möglichkeiten gibt es standardmäßig nicht. Das heißt also, daß Sie einen Windows NT-Server und eine Domäne unmöglich verwalten können, wenn Sie ausschließlich OS/2-Clients haben und nicht bereit sind, zumindest ein kleines Zusatzprogramm zu installieren.

Ich hoffe, meine Worte machen Sie neugierig. Das sollen sie nämlich!

Zum Glück gibt es eine hervorragende Möglichkeit, Windows NT-Server von OS/2 Warp aus zu verwalten. Diese Verwaltung ist noch dazu komplett, im Grunde genommen sogar noch kompletter, als Windows NT mit seinen Standardwerkzeugen zur Verfügung stellt.

Die Lösung kommt diesmal von Microsoft selbst. Es handelt sich um den WEB ADMINISTRATOR FÜR WINDOWS NT SERVER.

»Web« klingt nach Internet. Zumindest klingt es nach HTML. Und nach Web Browser. Und genau dort wollen wir hin.

Der WEB ADMINISTRATOR ist ein Zusatzprogramm, das von Microsoft für die Server-Verwaltung entwickelt wurde. Dieses Zusatzprogramm ist sehr billig, denn es kostet Sie lediglich jenen Betrag, den Sie an Ihre Telefongesellschaft bezahlen müssen, um die Datei aus dem Internet herunterzuladen.

Falls Sie keinen Internet-Anschluß haben, gibt es immer noch die Möglichkeit, das Resource Kit zu Windows NT Server zu kaufen. Es enthält seit dem *Supplement 1* über 200 Dienstprogramme, und eines davon ist der WEB ADMINISTRATOR.

Wenn Sie die Datei von der Microsoft-Seite im Internet herunterladen, müssen Sie gar nicht mal viel Zeit dafür veranschlagen. Die Datei ist im komprimierten Zustand zirka 700 KB groß. In Anbetracht dessen, wie groß heute Web Browser und diverse Demo-Versionen sind, ist das absolut harmlos.

Die Datei installiert sich beim Dekomprimieren selbst. Die einzige Voraussetzung ist, daß der Microsoft Internet Information Server installiert sein muß. Und zwar schon, bevor Sie den WEB ADMINISTRATOR dazuinstallieren.

Im Grunde besteht der WEB ADMINISTRATOR aus einer ganzen Reihe von HTML-Seiten und den dazugehörigen Programmen. Diese Dateien werden in einem eigenen Unterverzeichnis von \WWWROOT installiert. Dieses Unterverzeichnis heißt \WWWROOT\NTADMIN. Die Programme kommen ins standardmäßig eingerichtete Programmverzeichnis.

Jedes Gerät, das einen TCP/IP-Zugang zum Windows NT-Server und einen installierten Web Browser hat, kann jetzt auf die Verwaltung zugreifen.

Das einzige Programm, das keine Anmeldung benötigt, ist der Microsoft Explorer 3.x oder 4.0, der jedoch unter OS/2 nicht läuft. Diese Browser-Versionen arbeiten mit der gewöhnlichen Windows NT-Sicherheit zusammen. Unter OS/2 muß ein anderer Browser verwendet werden, allerdings ist es unerheblich, welchen Sie verwenden. Das kann der IBM Web Explorer sein, der Web Adventurer oder Netscape Navigator.

In allen Fällen werden Benutzername und Kennwort abgefragt, da keine NT-Anmeldeüberprüfung übernommen werden kann. Falls keine zusätzliche Sicherheitsschicht (SSL) installiert wurde, werden jetzt der Benutzername und das Kennwort als Text über das Netzwerk geschickt. Mit einem Netzwerkmonitor kann man beides herausfiltern!

Falls Sie also die Verwaltung der NT-Server von OS/2 aus allgemein verfügbar machen wollen, besorgen Sie sich einen entsprechenden Sicherheits-Schlüssel für den Internet Information Server und Ihren Browser. In der Komination Microsoft Internet Information Server und Netscape Navigator sollte das kein Problem darstellen.

Bild 6.34:
Anmeldung an die
Windows NT-
Verwaltung

Wie die Anmeldung aussieht, hängt natürlich vom jeweiligen Browser ab. Die SSL-Sicherheitsschicht steht im Hintergrund und wird somit vom Benutzer kaum registriert. Beachten Sie jedoch, daß seltenere Web Browser SSL nicht immer nützen können!

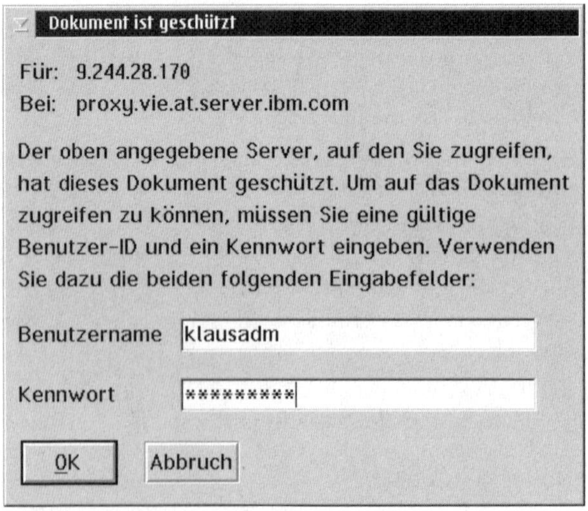

Bild 6.35:
Sicherheitsabfrage des IBM
Web Explorers

Nachdem die Anmeldung überprüft wurde, kann der Benutzer, sofern er auf dem Windows NT-Server Administrator-Rechte besitzt, auf die Verwaltung zugreifen.

Falls ein Benutzer versucht, auf den Server zuzugreifen, erhält er eine Fehlermeldung. Eine solche Fehlermeldung erscheint dann, wenn Name oder Kennwort nicht korrekt sind oder wenn es sich um einen Benutzer handelt, der keine Administrator-Rechte besitzt.

Bei erfolgreicher Anmeldung erhalten Sie den Begrüßungs-Bildschirm.

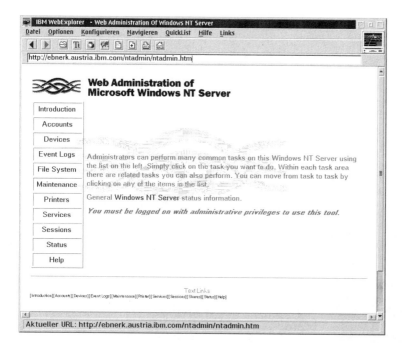

Bild 6.36: Begrüßungsbildschirm

Der WEB ADMINISTRATOR stellt eine komplette Oberfläche zur Verwaltung eines Windows NT Servers zur Verfügung. Das Interessante an den Produkt ist, daß es völlig plattformunabhängig arbeitet, weil Sie zum Verbinden lediglich einen Web Browser benötigen.

Web Browser gibt es auf allen Plattformen, und deshalb können Sie von jeder Plattform aus auf den Server zugreifen.

Im WEB ADMINISTRATOR finden sich alle Werkzeuge zur Bearbeitung von Benutzern und Ressourcen, außerdem können Sie die Dienste beeinflussen, Statistiken abrufen usw.

Es gibt sogar die Möglichkeit, einen Kommandointerpreter aufzurufen, der allerdings die zusätzliche Installation eines Serverdienstes aus dem Resource Kit erfordert (RSH), und Sie können den Server ferngesteuert herunterfahren und neu starten (siehe Bild 6.37).

Mit Hilfe von WEB ADMINISTRATOR kann ein Windows NT-Server und somit die ganze Domäne vollständig von OS/2-Maschinen aus betreut werden. Es ist also nicht notwendig, daß ein Administrator über eine Windows NT-Maschine verfügt.

Eine Kombination, in der ein Windows NT-Server und ausschließlich OS/2 Warp-Clients verwendet werden, ist somit durchaus realistisch.

Ausführliche Informationen über den WEB ADMINISTRATOR FÜR WINDOWS NT SERVER erhalten Sie im gleichnamigen Kapitel dieses Buches.

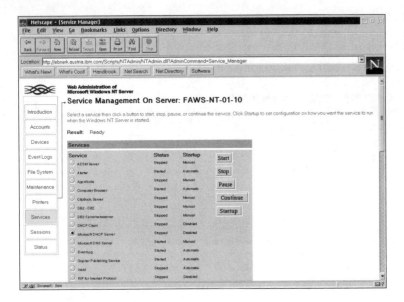

Bild 6.37:
Bearbeitung der
Serverdienste

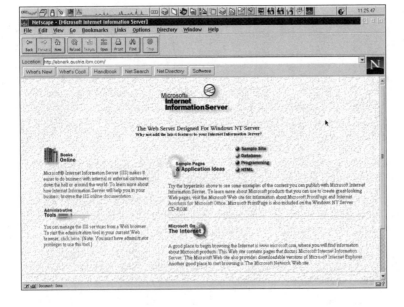

Bild 6.38:
Begrüßungsbildschirm des IIS

Beachten Sie jedoch, daß die HTML-Administration eigens installiert werden muß. Wenn Sie den IIS mit den Standardvorgaben installieren, sind die notwendigen Seiten nicht vorhanden! In einem solchen Fall sollten Sie die Installation des IIS noch einmal aufrufen (siehe Bild 6.39).

Bild 6.39:
Verwaltung des Internet Information Servers

Sie haben dieselben Möglichkeiten wie mit dem Windows NT-Programm, allerdings können keine Dienste gestartet werden. Dazu müssen Sie bereits den WEB ADMINISTRATOR einsetzen.

6.4 NT Clients an Warp Server

Wenn wir den Spieß umdrehen, dann gibt es OS/2 LAN Server oder Warp Server als Netzwerkbetriebssystem, und die Client-Maschinen arbeiten mit Windows NT.

Diese Konstellation ist vielleicht die seltenere, und dennoch kommt sie vor. Auch in meiner Schulungspraxis habe ich immer wieder mit Firmen zu tun, die auf der Client-Seite Warp Server einsetzen, obwohl ihre Clients ausschließlich mit Windows NT oder manchmal auch mit Windows 95 arbeiten.

Zudem vermarktet IBM den Warp Server als »ideales Netzwerkbetriebssystem« und sagt, daß Windows NT-Maschinen keinerlei Nachteil haben, wenn sie nicht mit Windows NT Server, sondern eben mit Warp Server kombiniert werden.

Was das in der Praxis bedeutet, wollen wir nun einmal genauer unter die Lupe nehmen.

6.4.1 Domänen-Verwaltung

Die Domänen-Verwaltung wird in diesem Fall vollständig unter OS/2 erledigt. Hier befindet sich die Benutzerdatenbank, hier werden die Berechtigungen vergeben und die Ressourcen verwaltet.

Auf dem OS/2-Server wird ein eigener Netzwerk-Ordner eingerichtet, und ein weiterer Ordner enthält die Verwaltungswerkzeuge.

Wie umfangreich die beiden Ordner sind, hängt jeweils davon ab, welche und wie viele Optionen Sie für das Netzwerk installieren.

Das Netzwerk unter Warp Server ist sehr modular aufgebaut, und Sie brauchen nur jene Komponenten installieren, die Sie tatsächlich benötigen. Alles andere lassen Sie einfach weg.

Seit LAN Server 4.0 kann das Netzwerk grafisch verwaltet werden. Obwohl viele Netzwerkbetreuer nach wie vor gerne mit der Befehlszeile arbeiten, kann man sagen, daß sich die grafische Verwaltung von LAN Server und Warp Server erfolgreich durchgesetzt hat.

Es handelt sich um ein Workplace Shell-Programm, das in der Bedienungsweise völlig an die objektorientierte Oberfläche von OS/2 Warp angepaßt wurde.

Um die LAN SERVER VERWALTUNG, so der komplette Name, aufrufen zu können, müssen Sie bereits am Netzwerk angemeldet sein. Wenn das noch nicht der Fall ist, erhalten Sie sofort die Aufforderung, Ihren Namen und Ihr Kennwort einzugeben.

Falls Sie sich nicht gleich an der Domäne anmelden wollen, können Sie eine lokale Anmeldung durchführen. Damit Sie alle Benutzer und Ressourcen der Domäne verwalten können, muß der Server allerdings der Primäre Domänen-Controller sein. Auf anderen Geräten könnte die lokale Einstellung unterschiedlich sein.

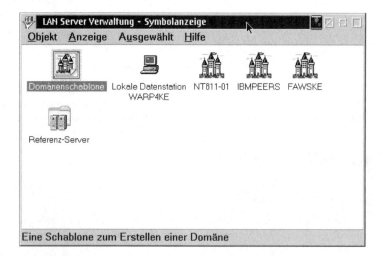

Bild 6.40:
Die LAN Server-Verwaltung

Domänen werden in der LAN Server-Verwaltung als Burgen angezeigt. Es ist mindestens eine Burg, nämlich die aktuelle Domäne, sichtbar, während je nach Konfiguration auch mehrere verschiedene Domänen angezeigt und verwaltet werden können.

Die LAN Server-Verwaltung ist optisch wie ein Ordner aufgebaut, obwohl die Möglichkeiten andere sind. Es gibt weitere Ordner, welche die verschiedenen Einstellmöglichkeiten enthalten.

Ein Ordner enthält die Benutzer, ein weiterer die Benutzergruppen, ein dritter die Ressourcen usw.

Wie im gesamten OS/2-Betriebssystem wichtig, gibt es nicht nur Ordner, die geöffnet werden können, sondern zu jedem Objekt ein Kontextmenü. Sie öffnen das Kontextmenü wie gewohnt mit der rechten Maustaste. Hier finden sich immer wieder Definitionsmöglichkeiten, die weder in Form eines Objektes noch im Menü sichtbar sind.

Die Benutzer-Verwaltung

Eines der wichtigsten Elemente ist die Benutzerverwaltung. Dazu öffnen Sie den Ordner BENUTZER.

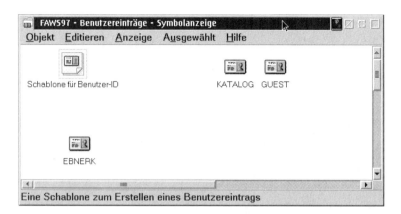

Bild 6.41:
Der Benutzer-Ordner

Die einzelnen Benutzerkonten werden in Form von Objekten angezeigt. Optisch handelt es sich um kleine Identitätsausweise, unter denen der Anmeldename des Benutzers steht.

Wenn Sie sehr viele Benutzer verwalten müssen, empfiehlt sich eine andere Darstellung. OS/2 kann die Objekte in Listenform darstellen, wie Sie das von Windows NT her kennen, oder auch als Text. Auch wenn sich die Objekte als Texte darstellen lassen, sind die Möglichkeiten der Workplace Shell weiterhin verfügbar. Das heißt vor allem, daß die Textzeilen in Drag & Drop eingebunden werden können.

Wann immer in OS/2 etwas Neues erstellt wird, benutzt man *Schablonen*. Im Grunde ist eine Schablone ein Stapel von Objekten, die heruntergezogen werden können. Interessanterweise kennt dieser Stapel aber kein Ende, denn Sie können immer neue Objekte von der Schablone abziehen.

Um einen neuen Benutzer anzulegen, zeigen Sie auf die Benutzer-Schablone, die standardmäßig als erstes Objekt im Ordner sichtbar ist, halten die rechte Maustaste fest und ziehen die Schablone an eine freie Stelle des Ordners.

Die Originalschablone bleibt stehen, aber es entsteht eine neue Benutzerkarte. Sobald Sie die Maus auslassen, erscheint ein Dialogfenster mit den Benutzereinstellungen (siehe Bild 6.42).

Der BENUTZEREINTRAGSNAME ist der Anmeldename des Benutzers. Groß- und Kleinschreibung wird nicht unterschieden, genauso wie das bei Windows NT der Fall ist.

Unter BESCHREIBUNG können Sie Bemerkungen oder auch den vollständigen Namen des Benutzers eintragen.

Das Dialogfenster ist als OS/2-Notizbuch aufgebaut. Die Indexzungen befinden sich seit Warp 4 oben und sind daher den Registerkartenbeschriftungen von Windows NT äquivalent.

Das KENNWORT ist auf einer weiteren Seite zu finden (siehe Bild 6.43).

Zuerst muß die Änderung aktiviert werden, und dann können Sie ein neues Kennwort für den Benutzer eintragen.

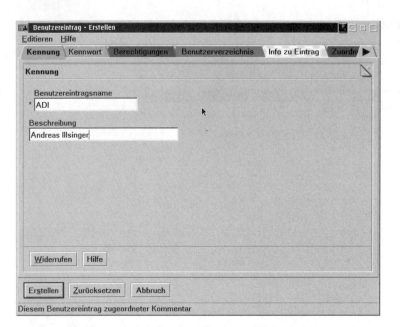

Bild 6.42:
Anlegen eines
neuen Benutzers

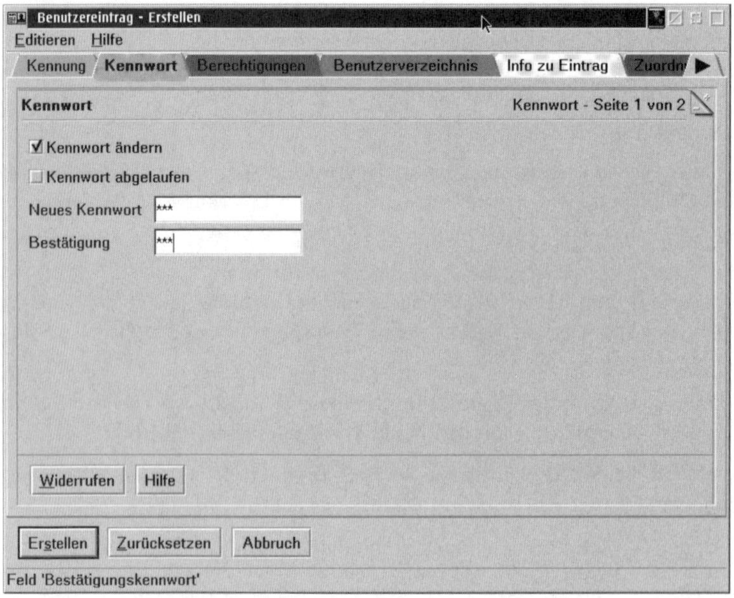

Bild 6.43:
Definition des
Kennworts

Annehmlichkeiten wie den Zwang, daß der Benutzer sein Kennwort bei der ersten Anmeldung ändern muß, gibt es nicht.

Solche Einschränkungen liegen für gewöhnlich nicht daran, daß so etwas nicht möglich ist, sondern an der Mischung der beiden Systeme. Vor allem die grafischen Programme arbeiten bei derart diffizilen Funktionen nicht sehr gut zusammen.

Grundsätzlich kann ein Windows NT-Benutzer sein Kennwort immer über die Befehlszeile ändern. Über das Dialogfeld, das er mit [Strg]-[Alt]-[Entf] erhält, kann er es nur dann ändern, wenn die IBM Anmeldung dazuinstalliert wurde.

Eine weitere Seite entscheidet über die Grundberechtigungen des neuen Benutzers. Hier geben Sie an, ob es sich um einen neuen Administrator oder einen Benutzer handelt.

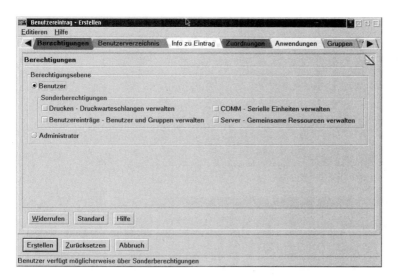

Bild 6.44:
Benutzer oder Administrator?

Sonderrechte erlauben es, daß bestimmte Personen einzelne Aufgaben des Administrators übernehmen. Sie sind das Äquivalent zu den Operatoren von Windows NT Server.

Mit Hilfe dieser Sonderrechte können Sie ebenfalls einen Drucker- oder einen Server-Operator definieren. Auch in diesen Bereichen haben diese Benutzer mit besonderen Regelungen allerdings keine Administrator-Vollmacht. Ein Benutzer-Operator kann zwar neue Benutzer, aber keine neuen Administratoren anlegen. Außerdem hat er keine Möglichkeit, vorhandene Administratoren zu löschen oder zu verändern.

Im Gruppen-Ordner befinden sich die einzelnen Benutzergruppen. Die Gruppe ADMINS enthält die Administratoren, während unter USERS die Anwender zu finden sind (siehe Bild 6.45).

Mit Hilfe der Schablone können weitere Gruppen erzeugt werden.

Es gibt mehrere Möglichkeiten, die Benutzer zu Mitgliedern einer Gruppe zu machen. Entweder Sie definieren die Gruppenzugehörigkeit in der Benutzereinstellung oder Sie machen das über die Gruppeneinstellung.

Der rascheste Weg, eine Gruppenzugehörigkeit zu definieren, liegt jedoch darin, das Benutzerobjekt mit der rechten Maustaste zu nehmen und auf das Gruppenobjekt zu ziehen. Selbstverständlich können Sie zuvor mit der linken Maustaste mehrere Benutzerkonten markieren und dann alle zusammen mit der rechten Maustaste auf das Gruppenobjekt ziehen.

Wenn Sie einen Doppelklick auf eine Gruppe machen, erhalten Sie die Gruppeneinstellungen. Hier können Sie auch überprüfen, wer aller zu dieser Gruppe gehört (siehe Bild 6.46).

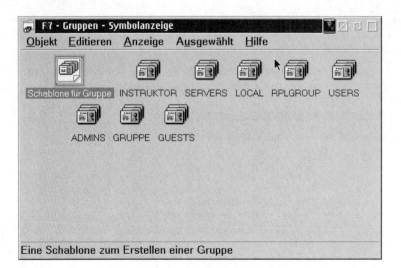

Bild 6.45:
Der Gruppen-Ordner

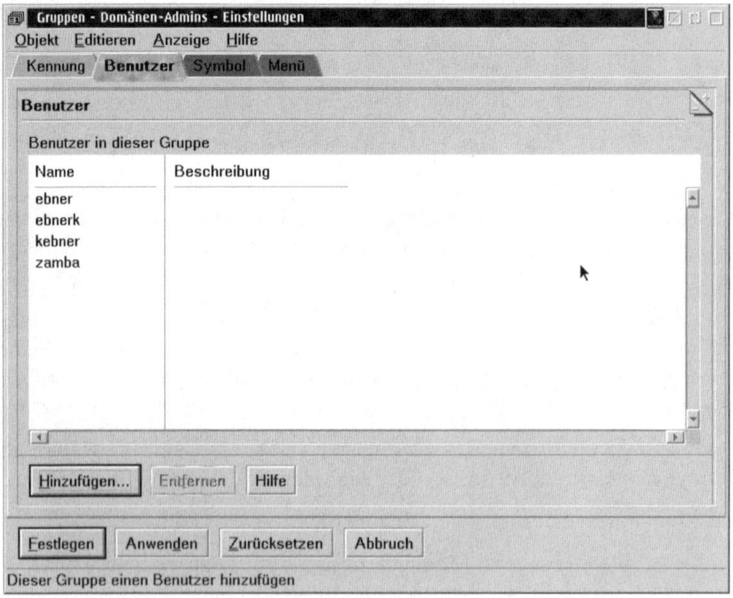

Bild 6.46:
Gruppenzugehörigkeit

Umgekehrt können Sie in den Benutzereinstellungen jederzeit überprüfen, zu welchen Gruppen der Benutzer gehört (siehe Bild 6.47).

Benutzereinstellungen enthalten noch mehr Möglichkeiten. Interessant ist vor allem die Möglichkeit, Benutzern bestimmte Ressourcen automatisch zuzuordnen. Sie benötigen dafür kein Anmeldeskript.

Zuerst benötigen Sie eine Ressource, die mit einem *Alias-Namen* definiert wird. Das entspricht dem *Freigabenamen* unter Windows NT.

Verbindung zu IBM OS/2 Warp 163

Bild 6.47:
Gruppenzugehörigkeit eines Benutzers

In der Benutzersteuerung selbst können die Ressourcen jetzt mit dem Benutzer verbunden werden.

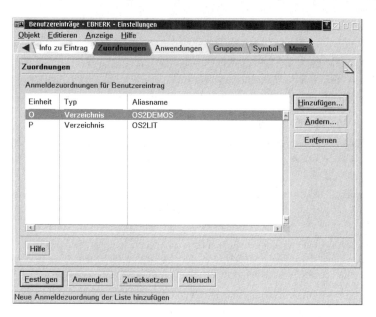

Bild 6.48:
Automatisch zugeordnete Benutzerverzeichnisse

Bei jeder Anmeldung werden diese virtuellen Laufwerke automatisch eingerichtet. Unter Windows NT ist es allerdings notwendig, daß eine der beiden IBM Anmeldungen installiert wurde. Aber wie Sie in den nächsten Abschnitten sehen werden, sind diese ohnehin die einzige Möglichkeit, sich mit Windows NT an einer OS/2-Domäne anzumelden.

Neben den automatisch zugeordneten Ressourcen kennt OS/2 selbstverständlich auch ein Basisverzeichnis. Dieses ist ganz besonders wichtig, weil es für die servergestützte Speicherung der Benutzerprofile zuständig ist.

Basisverzeichnisse werden wieder bei den Benutzereinstellungen zugeordnet. Wie von anderen Systemen her gewohnt, wird ein Verzeichnis auf dem Server mit einem Laufwerksbuchstaben für den Benutzer verbunden.

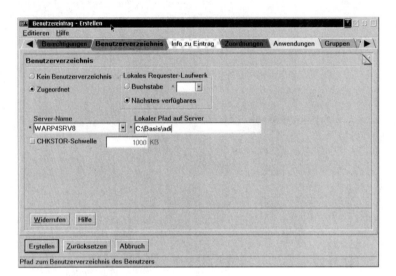

Bild 6.49:
Definition eines Basisverzeichnisses unter OS/2

Basisverzeichnisse werden unter LAN Server und Warp Server übrigens als BENUTZERVERZEICHNISSE bezeichnet. Auch hier gilt, daß die Terminologie nur im Deutschen unterschiedlich ist; im Englischen verwenden Microsoft und IBM denselben Ausdruck.

Verzeichnis- und Drucker-Verwaltung

Eine ähnliche Bedeutung wie die Benutzerverwaltung hat die Verwaltung von Ressourcen. Auch dafür wird die LAN Server-Verwaltung verwendet, und die Ressourcen werden, wie sollte es anders sein, als WPS-Objekte dargestellt.

Die Einstellung der Ressourcen sieht auf den ersten Blick noch umfangreicher aus. Der Ressourcen-Ordner enthält weitere Ordner, da die Ressourcen im Warp Server in verschiede Bereiche unterteilt sind (siehe Bild 6.50).

Grundsätzlich wird zwischen drei verschiedenen Ressourcen unterschieden. *Verzeichnisressourcen* sind Verzeichnisse oder ganze Laufwerke. *Druckerressourcen* sind freigegebene Drucker. *Serielle Ressourcen* sind serielle Schnittstellen, die vom Server aus freigegeben werden können.

Alle Ressourcen arbeiten mit Schablonen, so daß Sie lediglich eine Schablone abziehen müssen, um ein neues Objekt, also eine neue Freigabe, zu erzeugen. In der Folge erscheint ein Dialogfenster, mit dessen Hilfe die Feineinstellungen getroffen werden (siehe Bild 6.51).

Verzeichnisressourcen benötigen einen *Alias-Namen*, die Pfadangabe und die Definition, wann die Ressource zur Verfügung gestellt werden soll. Normalerweise wird eine Ressource bereits BEIM SERVER-START freigegeben.

Verbindung zu IBM OS/2 Warp

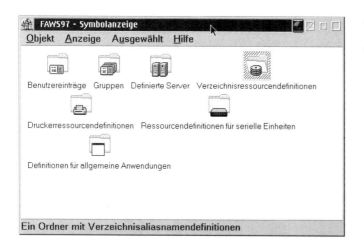

Bild 6.50:
Verschiedene Ressourcen einer OS/2-Domäne

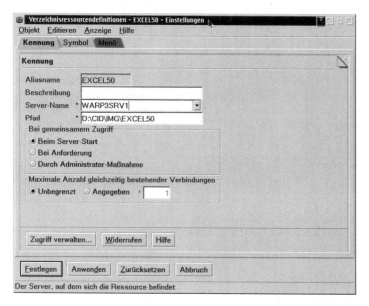

Bild 6.51:
Freigabe einer Verzeichnisressource

Unter ZUGRIFF VERWALTEN können Sie die Berechtigungen der Benutzer einstellen. Die möglichen Berechtigungen sind mit jenen, die unter Windows NT verfügbar sind, fast identisch (siehe Bild 6.52).

Im Grunde können Berechtigungen immer von zwei Seiten vergeben werden. Einerseits ist es möglich, der Ressource bestimmte Benutzer- und Gruppenberechtigungen zuzuordnen, andererseits können Sie diese Berechtigungen auch bei den Benutzern oder Gruppen einstellen.

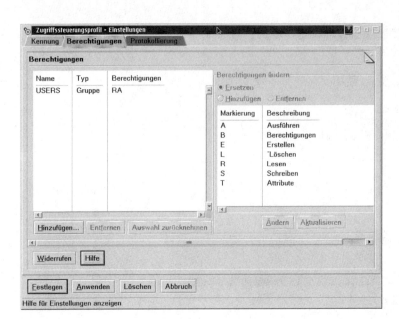

Bild 6.52:
Zugriffssteuerung einer Verzeichnisressource

Eine dritte Möglichkeit ist wieder einmal Drag & Drop. Sie könnten mehrere Benutzerobjekte markieren und sie anschließend mit der rechten Maustaste auf ein bestimmtes Ressourcenobjekt ziehen. Der Effekt daraus ist, daß diese Ressource den Benutzern zugeordnet wird. Wenn noch kein Zugriffssteuerungsprofil existiert, werden Sie von OS/2 aufgefordert, eines zu definieren.

Wo die Sicherheitseinstellungen der Verzeichnisressourcen stehen, hängt davon ab, welches Dateisystem Sie verwenden.

Falls Sie das gewöhnliche 16-Bit-HPFS verwenden, stehen diese Berechtigungen in der Datei NET.ACC auf dem Server.

Wenn Sie, was bei der Erweiterten Version von LAN Server zu empfehlen ist, das HPFS386-Dateisystem verwenden, dann befinden sich die Berechtigungen in *Access Control Lists (ACLs)*, die ihrerseits zum Dateisystem selbst gehören. Im Grunde sind ACLs Attribute von Dateien bzw. Verzeichnissen.

Die Zugriffsberechtigungen von Druckern und seriellen Einheiten befinden sich auch mit HPFS386 in der Datei NET.ACC. Das liegt daran, daß diese Berechtigungen nichts mit Dateien oder Verzeichnissen zu tun haben, sondern sich auf Hardware-Schnittstellen beziehen (Bild 6.53).

Auch bei Druckerobjekten kann sehr genau definiert werden, welche Berechtigungen die Benutzer haben. Standardmäßig können gewöhnliche Benutzer ausdrucken, während den Administratoren die gesamte Verwaltung der Drucker obliegt.

Auf Wunsch können selbstverständlich ganz spezifische Einstellungen getroffen werden. In vielen Fällen wird es jedoch vorteilhaft sein, über Gruppen zu gehen und Benutzer einzusetzen, die Druckerverwaltungsrechte haben (siehe Bild 6.54).

Verbindung zu IBM OS/2 Warp   167

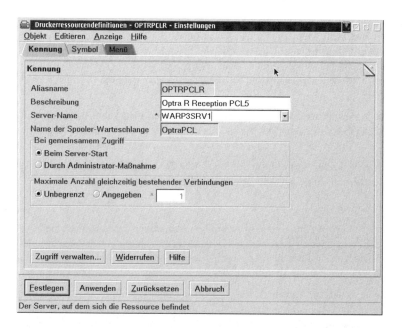

Bild 6.53:
Verwaltung einer
Druckerressource

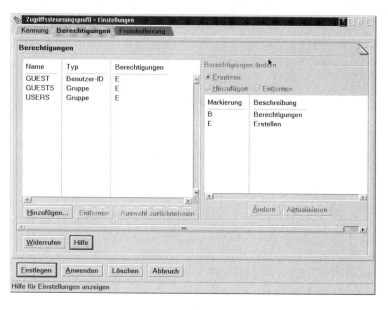

Bild 6.54:
Zugriffsberechtigungen für einen Drucker

6.4.2 Direkte Ressourcen-Anbindung

Sie können auf zweierlei Weise auf Ressourcen eines OS/2-Servers zugreifen. Die erste besteht in der Verwendung des Befehls NET USE. Die zweite ist eine Zuordnung über die Benutzersteuerung des Servers.

Eigentlich müßte man noch eine dritte Art anführen. Es gibt nämlich auch eine grafische Bedienungsweise. Sie können mit Hilfe eines grafischen Programms die freigegebenen Ressourcen durchsuchen und gegebenenfalls anbinden. Dieses grafische Programm gehört jedoch nicht zum Standardumfang von Windows NT, sondern ist Teil der Warp Server-Client-Software von IBM. Das Programm wird automatisch installiert, wenn Sie die *Koordinierte* oder die *Primäre Anmeldung* von IBM installieren.

Mit NET USE können Sie Verzeichnisressourcen oder Laufwerke, aber auch Schnittstellen anbinden. Dieser Befehl kann während der Arbeitssitzung eingegeben oder über Anmeldeskripte bereitgestellt werden.

Der Befehl NET USE wäre eine direkte Anbindung der Ressource durch den Benutzer. Er muß diesen Befehl in der Kommandozeile eingeben. Die Syntax des Befehls kennen Sie bereits:

```
net use f: \\ntserv01\Daten
```

Denselben Befehl können Sie in ein Anmeldeskript schreiben. Anmeldeskripte können Sie allerdings nur dann verwenden, wenn Sie die KOORDINIERTE ANMELDUNG installiert haben. Das Anmeldeskript liegt dann lokal vor, und der Benutzer muß ebenfalls in der lokalen Benutzersteuerung mit Hilfe des BENUTZER-MANAGERS erstellt werden.

Die einfachste Methode ist gewiß die automatische Zuordnung über die Domäne. Dazu öffnen Sie die Benutzereinstellung der LAN Server-Verwaltung und definieren für bestimmte Benutzer eine Zuordnung. Wenn es sich um mehrere Benutzer gleichzeitig dreht, so nehmen Sie die Benutzerobjekte mit der rechten Maustaste und ziehen ie auf das Ressourcenobjekt. Es könnte sein, daß Sie jetzt noch ein Zugriffsteuerungsprofil erstellen müssen.

Bei der Anmeldung über die Koordinierte oder Primäre IBM-Anmeldung werden die Ressourcen automatisch zur Verfügung gestellt. Im Ordner ARBEITSPLATZ und im EXPLORER befinden sich die virtuellen Laufwerke.

6.4.3 Trimmen Sie den Browser auf OS/2!

Wer kennt es nicht? Das Ärgernis, wenn man mit Windows NT arbeitet und genau weiß, daß eine oder mehrere OS/2-Domänen im Firmennetz vorhanden sind, doch die Netzwerkumgebung zeigt nichts an. Warp 3-Domänen und auch die alten OS/2 2.x-Domänen erscheinen in der Netzwerkumgebung von Windows NT nicht. Die einzige OS/2-Version, die automatisch angezeigt werden kann, ist Warp 4. Doch nicht einmal bei Warp 4 scheint diese Anzeige im Browser systematisch zu sein. Manchmal gibt es die Warp 4-Arbeitsgruppen in der Netzwerkumgebung und manchmal nicht.

Das Problem liegt bei den Browser-Diensten. Der NT-Browser-Dienst und OS/2 arbeiten nicht automatisch zusammen. Zum Glück kann man dem jedoch nachhelfen. Es gibt eine sehr einfache Möglichkeit, dem NT Browser auch OS/2-Domänen bekannt zu geben.

Dazu öffnen Sie das Netzwerkobjekt. Aktivieren Sie die Registerseite DIENSTE und klicken Sie auf den »Computer-Suchdienst«. Jetzt wird die Schaltfläche EIGENSCHAFTEN verfügbar. Über diese Schaltfläche erhalten Sie ein Dialogfenster, in dem Sie neue Domänen manuell definieren können. Tragen Sie alle OS/2 Warp-Domänen ein, die in ihrem Netzwerk vorkommen. Danach bestätigen Sie das Dialogfenster, schließen das Netzwerkobjekt und starten die Maschine neu.

Nach dem Neustart erscheinen die OS/2-Domänen auch in der Netzwerkumgebung. Im übrigen merkt sich Windows NT diese Einstellung!

Eine andere Möglichkeit besteht im Warp Server selbst. IBM bietet seit kurzem ein kostenloses Zusatzprogramm für den Server: einen Browser-Dienst für Windows-Umgebungen. Dabei handelt es sich um eine Erweiterung des Warp Servers. Wenn Sie dieses Programm installieren, kann ein OS/2-Server zum Browser-Server innerhalb einer Windows-Umgebung werden. Ist das der Fall, dann ist auch die OS/2-Domäne automatisch zu finden.

Sie finden das kostenlose Browser-Programm auf der Warp Server-Seite im Internet. Es ist eine Software, die direkt auf dem Server unter Warp Server oder auch LAN Server 4.0 installiert werden muß.

Gerade in einer größeren Netzwerkumgebung, in der viele OS/2- und Windows NT-Maschinen verwendet werden, erweist sich der Warp Server Browser-Dienst für Windows-Netzwerke als äußerst nützliches Hilfsmittel.

Bei der Installation ist wichtig, daß Sie lediglich auf einer Warp Server-Domäne installieren, nicht jedoch auf einem Gerät, auf dem die IBM DIRECTORY AND SECURITY SERVICES installiert wurden. DSS verwendet andere Systemdateien.

Wenn Sie auf Geräten mit DSS die Browser-Erweiterung verwenden wollen, muß letztere zuerst installiert werden. Die Reichenfolge ist also: Installation von Warp Server, dann die Browser-Erweiterung und zuletzt die DIRECTORY AND SECURITY SERVICES.

Wenn Sie auf einem Server mit DSS die Browser-Erweiterung installieren, können Sie die Maschine unter Umständen nicht mehr starten!

6.4.4 IBM Windows NT Clients für Warp Server

Für die Anmeldeüberprüfung von Windows NT-Maschinen in einer Warp Server-Domäne bietet IBM zwei verschiedene Programme. Beide sind über das Internet kostenlos verfügbar.

Es sind dies die sogenannte KOORDINIERTE ANMELDUNG und die PRIMÄRE ANMELDUNG. Es kann immer nur eines dieser Produkte verwendet werden, da die beiden Funktionen einander ausschließen. Es ist jedoch möglich, sozusagen beide Anmeldungen zu installieren und dann für die KOORDINIERTE oder eben für die PRIMÄRE ANMELDUNG zu konfigurieren.

Netzwerk-Logon-Client: Koordinierte Anmeldung

Als erstes erschien der IBM NETWORKS COORDINATED LOGON CLIENT FOR WINDOWS NT, wie gesagt kostenlos, im Internet. Dabei handelt es sich um einen NT-Dienst, der auf den gewünschten Workstations und Servern installiert werden muß.

Im Netzwerk-Objekt werden die Einstellungen des Logon Clients definiert. Das ist eine OS/2-Domäne, an der sich der Benutzer anmelden will. Tragen Sie den Namen der gewünschten Domäne ein. Eine alternative Domäne kann ebenfalls eingetragen werden, die dann zum Zug kommt, wenn zur ersten Domäne nicht verbunden werden kann.

Auf der Registerseite ADVANCED könnten Sie sogar einstellen, welcher Server die Überprüfung des Benutzers vornehmen soll. Da eine gleichmäßige Lastaufteilung auf alle Anmeldeserver für gewöhnlich sinnvoller ist, sollte dies das Betriebssystem unterscheiden.

Bild 6.55:
Domäneneinstellung im
Coordinated Client

Nur in einem Fall könnte ein Eintrag des Anmeldeservers sinnvoll sein, nämlich dann, wenn die Domäne über mehrere Orte verteilt liegt und jede Filiale der Firma einen eigenen Anmeldeserver hat. So könnte man gewährleisten, daß bei der Anmeldung eines Benutzers nicht die Verbindung in einen anderen Ort aufgebaut werden muß. Der Einsatz von Sicherungs-Domänen-Controllern verfolgt unter Windows NT in einer solchen Konstellation ja denselben Zweck, allerdings kann unter NT nicht eingestellt werden, welcher Anmeldeserver die Überprüfung übernehmen soll.

Bild 6.56:
Die Definition des OS/2-
Anmeldeservers ist möglich

Bei einer Anmeldung geschieht folgendes: einerseits wird der Benutzer an der NT-Maschine lokal oder an einer Windows NT-Domäne angemeldet, wie man das gewohnt ist; andererseits erfolgt eine gleichzeitige Anmeldung an einer OS/2 LAN Server- oder Warp Server-Domäne.

Die Überprüfung erfolgt somit doppelt. Wenn die Anmeldung an der OS/2-Domäne mißlingt, erhält man eine Fehlermeldung, doch man wird an Windows NT angemeldet. Das OS/2-Netz steht in diesem Fall nicht zur Verfügung.

Wichtig ist, daß Benutzername und Kennwort nicht nur doppelt definiert werden, sondern auch übereinstimmen müssen. Nur so kann der Benutzer gleichzeitig in beiden Welten angemeldet werden.

Falls im LAN oder Warp Server Ressourcen wie Laufwerke zugeordnet wurden, erscheinen diese nun auch im NT Explorer. Eine solche Zuordnung ist auf einem NT-Server ja nur mit Hilfe von Anmeldeskripten durchführbar.

Das Netzwerk des Coordinated Logon Clients erscheint jetzt in der Netzwerkumgebung. Eigenartigerweise kann dieses Objekt jedoch nicht als Browser verwendet werden. Wenn Sie auf OS/2-Domänen über die Netzwerkumgebung zugreifen wollen, müssen Sie mit dem *Microsoft Windows-Netzwerk* arbeiten. Dazu kann es notwendig sein, die Domänen entweder manuell einzutragen oder den Browser Service auf einem Warp Server zu installieren.

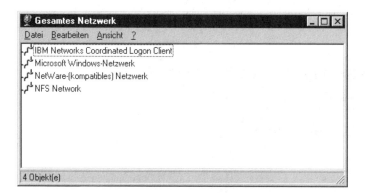

Bild 6.57:
Netzwerkumgebung mit Coordinated Logon Client

Neben der automatischen Anmeldung stellt die Installation des Coordinated Logon Clients auch ein Anwendungsprogramm zur Verfügung, mit dessen Hilfe Netzwerk- oder Druckeranbindungen sehr einfach vorgenommen werden können. Dieses Programm zeigt alle OS/2-Server an, sogar wenn diese vom NT-Browserdienst nicht gefunden werden. Sie können sehr einfach zu den verfügbaren Dateiressourcen oder Druckern verbinden.

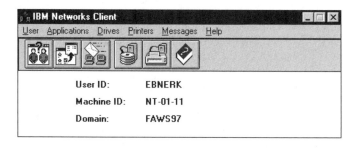

Bild 6.58:
IBM Networks-Client-Programm

Die Bedienung ist somit einfacher, und es ist nicht mehr notwendig, die Freigabe- bzw. Alias-Namen auswendig zu wissen, da diese in einer Liste angezeigt werden.

Dieses Anwendungsprogramm ist optisch übrigens völlig mit jenem identisch, das von IBM für Windows 95 angeboten wird.

Netzwerk-Logon-Client: Primäre Anmeldung

Die PRIMÄRE ANMELDUNG wurde etwas später fertig, kann jedoch ebenfalls kostenlos vom Internet geladen werden. Wie Sie bereits am Namen sehen, hat sich hier etwas getan: es gibt lokalisierte Sprachversionen. Selbstverständlich ist die Primäre Anmeldung auf Deutsch verfügbar, und sie enthält den Coordinated Logon Client, der jetzt »Koordinierte Anmeldung« heißt, gleich mit. Somit liefert IBM ein einziges Produkt aus, das zwei verschiedene Möglichkeiten bietet, je nach dem, wie Sie Ihre Anmeldung in der OS/2-Domäne durchführen wollen.

Die Installation wird wieder mit Hilfe des Netzwerkobjektes durchgeführt. Sie installieren einen neuen Dienst, klicken auf DISKETTE und geben das Verzeichnis oder die Diskette an, wo sich die Dateien befinden. NT zeigt die beiden Dienste an, die Sie wahlweise installieren können. In den meisten Fällen ist die Primäre Anmeldung zu empfehlen, weil diese ohnehin auch so installiert werden kann, daß der Benutzer zuerst in einer NT-Domäne und dann in einer OS/2-Domäne überprüft wird.

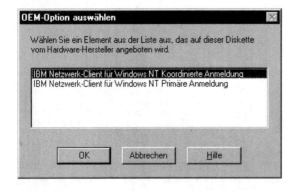

Bild 6.59:
Auswahl der Anmeldedienste bei der Installation

Die Installation der Dateien und die notwendigen Änderungen im Betriebssystem werden dann automatisch durchgeführt. Die Maschine muß allerdings neu gestartet werden, um den Netzwerk-Logon-Client zu aktivieren.

Die Primäre Anmeldung benötigt keine Benutzerkonfiguration mehr in der NT-Domäne oder Arbeitsgruppe. Daher handelt es sich um eine Netzwerkanmeldung, die ausschließlich von der OS/2-Domäne überprüft wird.

So wird als primäre Domäne eine LAN Server- oder Warp Server-Domäne eingestellt. Von dieser wird die Überprüfung der Benutzer vorgenommen (siehe Bild 6.60).

Betrachtet man die Einstellung etwas genauer, dann merkt man freilich, daß hier mit Tricks gearbeitet wird. Sehr interessant ist ein Blick in den Benutzer-Manager. Da gibt es einen neuen Benutzer namens IBMGina. IBMGina ist lokaler Administrator. Was hat ein lokaler Administrator auf der Maschine zu suchen, und wie paßt das zum Anmeldedienst?

Verbindung zu IBM OS/2 Warp 173

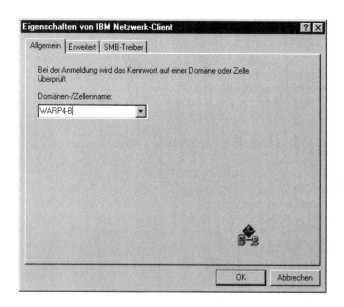

Bild 6.60:
Primäre OS/2-Domäne

Für jeden, der sich schon länger mit Windows NT beschäftigt, liegt die Lösung auf der Hand: sie ist zumindest von den Backoffice-Produkten her bekannt. Der Logon Client meldet sich im System mit einem eigenen Dienstkonto an. Dieses Dienstkonto, mit Administratorrechten ausgestattet, ist eben IBMGina.

Diese Technik verrät sich, wenn Sie die Systemsteuerung aufrufen und dort das Objekt DIENSTE. Seit der Installation des IBM Logon Clients gibt es dort einen neuen Dienst, nämlich IBM NETZ-WERK-CLIENT PRIMÄRE ANMELDUNG.

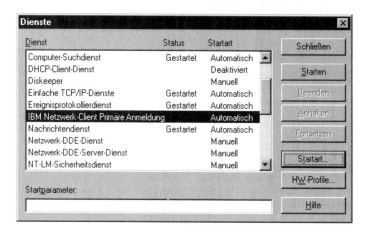

Bild 6.61:
Der IBM-Dienst

Nach alter Backoffice-Manier verwendet dieser Dienst ein eigenes Dienstkonto, das bei der Installation automatisch eingerichtet wurde. Klicken Sie auf START, um das Geheimnis dieser Einstellung zu lüften. Im unteren Bereich wurde IBMGina automatisch als Dienstkonto eingetragen, und das Kennwort wurde automatisch mit Hilfe eines Zufallsgenerators erstellt.

Bild 6.62:
IBMGina verwendet ein Dienstkonto

Diesem Konto wurde, ebenfalls automatisch, das Recht »Anmelden als Dienst« zugeordnet. Um das zu überprüfen, benötigen Sie den Benutzer-Manager. Öffnen Sie die Benutzerrechte im Menü RICHTLINIEN. Darin muß die Option WEITERE BENUTZERRECHTE ANZEIGEN eingeschaltet werden, damit Sie auf »Anmelden als Dienst« schalten können.

Wie Sie sehen, wurde IBMGina automatisch eingetragen. Falls Sie noch andere Benutzer vor sich haben, wurde vermutlich eines der Microsoft-Backoffice-Produkte installiert oder der Replikationsdienst aktiviert.

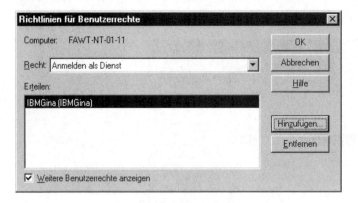

Bild 6.63:
IBMGina erhielt das Recht »Anmelden als Dienst«

Dienstkonten sind ein sehr bequemer Weg für Programme, sich im System anzumelden. Ein Vorteil ist, daß nicht auf die Rechte des Benutzers selbst Rücksicht genommen werden muß, da es sich ja um ein eigenes Konto handelt.

Unangenehm ist jedoch die Tatsache, daß automatisch ein zusätzlicher Benutzer erstellt wurde und dieser noch dazu über Administratorrechte verfügt. Stellen Sie sich vor, jemand erfährt den Namen dieses Benutzers – zum Beispiel, weil er ihn in diesem Buch liest – und probiert in der Domäne seiner Firma, ob er nicht auch als Administrator ins System kommt.

Das Kennwort wird wohl niemand ohne automatische Hacker-Programme knacken. Falls Sie entsprechende Kontorichtlinien definiert haben, gelingt es diesem Benutzer jedoch, das Konto mit seinen Anmeldeversuchen zu sperren. Windows NT geht in diesem Fall auf die Standard-Anmeldung zurück, weil die IBM-Anmeldung nicht mehr funktioniert.

Die NETZWERKUMGEBUNG zeigt nun ein neues Netzwerk an. Bekannt sind solche Einträge auch von anderen Systemen, sogar von NT selbst, denn es reicht, die Client-Software für Novell Netware zu installieren, um neben dem Microsoft Windows-Netzwerk ein zweites Netzwerk zu erhalten.

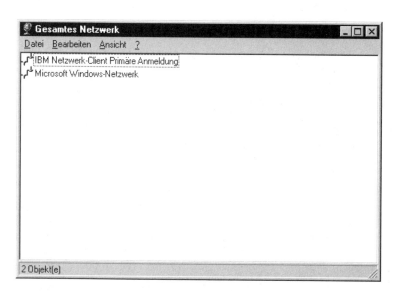

Bild 6.64:
Netzwerkumgebung mit Primärer Anmeldung

Jeder Benutzer wird annehmen, daß diese Umgebung genauso bearbeitet werden kann, wie das bei allen anderen der Fall ist. Also macht man einen Doppelklick und ... erlebt sein blaues Wunder.

NT gibt eine Fehlermeldung aus, die besagt, daß diese Anforderung überhaupt nicht unterstützt wird. Das heißt also, daß der Eintrag in der Netzwerkumgebung rein kosmetische Funktion hat, aber nichts bewirkt. Gegenüber der koordinierten Anmeldung hat man also nichts gelernt. Schade (siehe Bild 6.65).

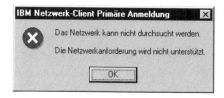

Bild 6.65:
Fehlermeldung beim Aufruf des Netzwerkeintrages

Wie sieht es nun überhaupt mit der Unterstützung von Windows NT aus? Ein Schönheitsfehler wie der eben beschriebene macht immerhin mißtrauisch.

Insgesamt können Sie mit der IBM Anmeldung zwei verschiedene Domänen angeben. In den EIGENSCHAFTEN VON IBM NETZWERK-CLIENT kann dies durchgeführt werden (siehe Bild 6.66).

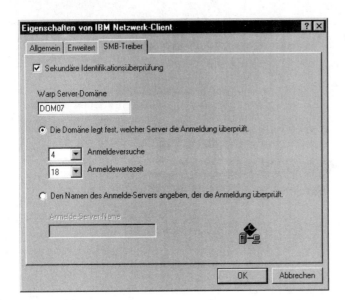

Bild 6.66:
Einstellung einer zweiten Domäne

Dieses Konzept entspricht eigentlich der KOORDINIERTEN ANMELDUNG. Wenn Sie die PRIMÄRE ANMELDUNG also installieren, haben Sie beides. Auf die KOORDINIERTE ANMELDUNG umzusteigen, ist also sehr rasch getan.

Falls es sich bei den beiden Domänen allerdings um zwei LAN Server-Domänen handelt, wird die Überprüfung nur in der ersten Domäne durchgeführt. In der zweiten Domäne müssen Name und Kennwort übereinstimmen, doch im Grunde gibt es keinerlei Verbesserung durch die IBM-Anmeldung.

Bild 6.67:
Warnmeldung

Sinnvoll ist also nur die Definition einer primären NT-Domäne und einer sekundären LAN Server-Domäne.

Bei genauerem Hinsehen erweist sich die PRIMÄRE ANMELDUNG als sehr angenehm gestaltete Programmerweiterung, die der Anmeldung im Grunde all das zur Verfügung stellt, was NT fehlt.

Nach Domänen im Netzwerk kann gesucht werden. Erster Pluspunkt. Domänennamen können frei eingetippt werden, wie viele das von OS/2 her gewohnt sind. Zweiter Pluspunkt. Falls Sie über die Registrierung definiert haben, daß der letzte Benutzername nicht angezeigt wird, gilt diese Einstellung nach wie vor (was etwa beim NetWare-Client von Novell nicht der Fall ist). Das ist ein dritter Pluspunkt.

Benutzerverwaltung der Primären Anmeldung

Die Benutzer werden ausschließlich in der Warp Server-Domäne angelegt und verwaltet. Die Frage ist aber, wie Windows NT damit umgehen kann. Wohl jedem ist klar, daß Windows NT kein Arbeiten im System ohne Anmeldung des Benutzers erlaubt.

Da sich Microsoft in diesem Punkt sehr verschlossen gibt, arbeitet IBM mit einem Trick. Der gesamte Anmeldedienst arbeitet ja mit einem Dienstkonto, das Administratorzugriff auf das Betriebssystem hat. Meldet sich nun ein Benutzer der Warp-Domäne am NT-Rechner an, so erstellt dieses Dienstkonto automatisch einen gleichnamigen Benutzer auf der NT Workstation.

In Wirklichkeit arbeitet Windows NT also mit diesem erstellten Benutzer, der selbstverständlich eine interne User ID besitzt.

Meldet sich der Benutzer wieder ab, so wird dieses Konto automatisch gelöscht. Und damit beginnen die Probleme.

Bei der nächsten Anmeldung wird nämlich ein gleichnamiger Benutzer erstellt, der jedoch eine andere, weil neue, User ID erhält. Diese neue User ID bewirkt, daß der Benutzer ein neues Benutzerprofil erhält, obwohl möglicherweise bereits eines vorhanden ist.

Mit der Zeit entstehen also immer mehr Benutzerprofile, die dann *Benutzer*, *Benutzer.000*, *Benutzer001* usw. heißen. Das braucht unnötigen Platz.

Dem Problem können Sie sehr einfach beikommen. Auch die Primäre Anmeldung verwendet Einträge in der Registrierungsdatenbank. Rufen Sie also auf der Workstation den Registrierungseditor REGEDT32 auf.

Suchen Sie den folgenden Schlüssel:

HKEY_LOCAL_MACHINE\System\CurrentControlSet\Services\IBMNeTNT\LogoffPolicy

Darin steht der Eintrag *DeleteUser:REG_DWORD:0x1*, der auf Null gestellt werden muß. Danach lautet der Eintrag:

DeleteUser:REG_DWORD:0

In Zukunft wird der Benutzer nicht mehr gelöscht, wenn er sich abmeldet. Bei einer neuerlichen Anmeldung verwendet NT automatisch das lokale Benutzerprofil.

Im übrigen ist diese Einstellung die Voraussetzung dafür, daß Sie in der Kombination NT-Client und Warp Server ein servergestütztes Profil verwenden können. Über OS/2 können nämlich keinerlei Benutzerprofile eingestellt werden. Sie haben allerdings die Möglichkeit, servergestützte Benutzerprofile zu verwenden, indem Sie ein Basisverzeichnis für die Benutzer angeben. Die Profile werden automatisch im Basisverzeichnis abgelegt. Dazu ist es jedoch notwendig, daß der Benutzer erhalten bleibt, denn andernfalls geht mit dem Löschen des Benutzers selbstverständlich auch die Verbindung zum Profil verloren.

Kennwortänderung

Und wie kann ein Benutzer sein Kennwort ändern? Ganz einfach. Im Grunde braucht er nichts mehr dazulernen, denn wenn er mit Windows NT umgehen kann, dann ist er auch in der Lage, sein Paßwort zu ändern, das in Wirklichkeit von der OS/2-Domäne verwaltet wird.

Der Benutzer ändert sein Paßwort wie gewohnt über das Anmeldetastenkürzel [Strg]-[Alt]-[Entf] und die Schaltfläche KENNWORT ÄNDERN.

Dieses Kennwort wird automatisch auch in die Benutzerverwaltung von OS/2 LAN Server oder Warp Server geschrieben.

Selbstverständlich gilt das nur dann, wenn der Benutzer an der OS/2-Domäne angemeldet ist. Wenn Sie lediglich auf die Ressourcen einer OS/2-Domäne zugreifen wollen, liegen zwei getrennte Verwaltungen vor. In einem solchen Fall können Sie das Kennwort nicht verändern.

Benutzerprogramm

Bei beiden Anmeldungsprogrammen wird ein Benutzerprogramm im System installiert. Über die Startleiste haben Sie Zugriff auf dieses Programm.

Das Benutzerprogramm erleichtert die Anbindung an Ressourcen der OS/2-Domäne. Alle freigegebenen Ressourcen werden angezeigt; das betrifft die Verzeichnisressourcen ebenso wie Druckerressourcen. Das Benutzerprogramm enthält einen eigenen Browser, womit die Problematik des Windows-Browsers umgangen wird.

Ein interessanter Punkt ist die Möglichkeit, die Begrenzung von Verzeichnissen auf den Servern zu überprüfen. Das Benutzerprogramm enthält dafür ein einfaches Werkzeug.

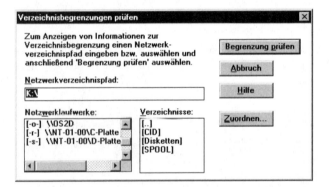

Bild 6.68:
Verzeichnisbegrenzungen

Standardmäßig können Sie mit LAN Server oder Warp Server die Verzeichnisse, die Sie Ihren Benutzern zur Verfügung stellen, begrenzen. Damit verhindern Sie, daß die Benutzer die Server zum Bersten mit Dateien anfüllen.

Ein Windows NT-Server benötigte für dieselbe Funktion ein Zusatzprogramm.

Installation von Service Packs

Was hat die Installation von Service Packs bei einer Besprechung von IBM Anmelde-Clients zu suchen? Nun, die Frage ist leider einfach: wer nicht aufpaßt, handelt sich sehr unangenehme Probleme ein.

Die KOORDINIERTE oder PRIMÄRE ANMELDUNG wird dort, wo sie notwendig oder gewünscht ist, als Standard eingesetzt. Gibt es ein neues Service Pack für das Betriebssystem, so werden Systembetreuer dieses vielleicht installieren wollen. Allzu leicht vergißt man dabei, daß längst eine andere Anmeldung verwendet wird, also eine, die nicht von Microsoft entwickelt und daher bei der Entwicklung des Service Packs auch nicht berücksichtigt wurde.

Verbindung zu IBM OS/2 Warp

Wenn die IBM Anmeldung bestehen bleibt und Sie installieren ein Service Pack, dann kommt die Maschine beim ersten Neustart mit einem Blue Screen hoch. Da geht einfach nichts mehr, und Sie können diesen Fehler nicht einmal über das Netzwerk korrigieren, weil das Betriebsystem schlicht und ergreifend nicht gestartet werden kann.

Bevor Sie ein Service Pack für NT installieren, muß der IBM Anmelde-Client deinstalliert werden. Nach einem Neustart installieren Sie das Service Pack, und nach einem neuerlichen Neustart kann die KOORDINIERTE oder PRIMÄRE ANMELDUNG wieder installiert werden. Damit funktioniert das System wieder wie zuvor.

Der Grund dafür liegt darin, daß der IBM Anmelde-Client bestimmte Systemdateien austauscht. Das Service Pack ersetzt diese Dateien durch eine Microsoft-Version, mit der das IBM-Programm aber nicht zusammenarbeiten kann. So kommt es zu den Abstürzen.

6.4.5 Benutzerprofile über Warp Server

Windows NT ohne Benutzerprofile ist undenkbar. Ebenso undenkbar wäre eine Situation, in der alle Benutzer dasselbe Profil verwenden. Ganz automatisch werden verschiedene Benutzerprofile erstellt.

Standardmäßig befinden sich diese Profile lokal auf der Maschine, und zwar im Verzeichnis \WINNT\PROFILES, wobei für jeden Benutzer ein eigenes Profil angelegt wird. Kommt ein Name doppelt vor, etwa lokal und in der Domäne, dann erstellt NT zwei verschiedene Profile, wobei das zweite eine Numerierung in der Namensendung erhält – nach **ebner** kommt **ebner.000**, dann **ebner.001** usw.

Der Nachteil von lokalen Profilen liegt auf der Hand und wird Ihnen als Administrator bekannt sein: sobald sich der Benutzer auf einer anderen Maschine anmeldet, erhält ein völlig neues Benutzerprofil mit Standardeinstellungen.

Die Lösung dieses Problems sind servergestützte Profile. Auf einem Windows NT-Server sind diese sehr einfach zu definieren, nämlich mit dem BENUTZER-MANAGER FÜR DOMÄNEN.

Unter LAN Server oder Warp Server steht dieser jedoch nicht zur Verfügung. Trotzdem können servergestützte Profile ähnlich einfach erstellt werden. Nicht schwer zu erraten ist allerdings, daß die Einstellung ganz anders gemacht wird als unter NT.

Die Lösung heißt BASISVERZEICHNIS. Mit der LAN Server-Verwaltung wird dem Benutzer ein Basisverzeichnis zugeordnet (siehe Bild 6.69).

Windows NT erkennt das Basisverzeichnis automatisch als Standort des Benutzerprofils an. Wenn Sie es kontrollieren wollen, bedenken Sie jedoch, daß das Profil erst bei der ersten Abmeldung geschrieben wird. Danach befindet sich jedoch die gesamte Struktur des Benutzerprofils auf dem OS/2-Server.

Beachten Sie, daß Basisverzeichnisse unbedingt auf einem HPFS-Laufwerk, genau genommen auf HPFS386, erstellt werden müssen. Windows NT schreibt die Berechtigungen auf die Benutzerprofile in die FNODES des Dateisystems. Diese Berechtigungen können aber ausschließlich auf HPFS386 gespeichert werden. Wenn Sie ein FAT-Laufwerk verwenden, erhalten Sie eine Fehlermeldung, die besagt, daß das Profil nicht geschrieben werden kann. In einem solchen Fall werden die Benutzerprofile gar nicht auf dem Server abgelegt.

Wollen Sie *verbindliche Benutzerprofile* bereitstellen, dann muß die Datei NTUSER.DAT umbenannt werden auf NTUSER.MAN. Die Namensendung MAN steht für *mandatory*, was so viel heißt wie verbindlich oder verpflichtend.

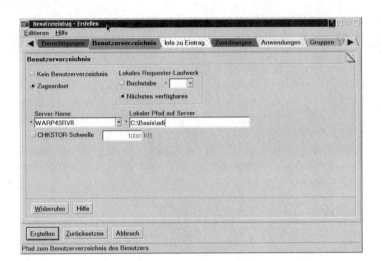

Bild 6.69:
Das Basisverzeichnis

6.4.6 Anmeldeskripte in einer OS/2-Umgebung

Wenn Sie Anmeldeskripte für Ihre Windows NT-Maschinen verwenden wollen, müssen Sie die Endung BAT verwenden an Stelle von CMD. Dateien mit der Endung CMD werden von Windows NT ignoriert. Falls Ihr Server nicht nur Windows NT-, sondern auch OS/2-Clients hat, dann schreiben Sie einfach beide Dateien in die richtigen Verzeichnisse.

Die Anmeldeskripte müssen sich an einer ganz bestimmten Stelle des Servers befinden.

Im Verzeichnis \IBMLAN\DCDB\USERS\ werden eigene Benutzerverzeichnisse angelegt. Jeder Benutzer erhält automatisch ein solches Verzeichnis, wenn ihm in der LAN Server-Verwaltung ein beliebiges Basisverzeichnis zugeordnet wird, das unter OS/2 ja »Benutzerverzeichnis« heißt.

Ein Verzeichnis für meinen Benutzernamen hieße also \IBMLAN\DCDB\USERS\EBNERK. In diesem Verzeichnis müssen Sie das Anmeldeskript unter einem ganz bestimmten Namen speichern.

Anmeldeskripte, die auf OS/2-Servern gespeichert werden, müssen PROFILE.BAT heißen. Solche Anmeldeskripte werden von Windows NT automatisch ausgeführt.

Ein Nachteil ist, daß Sie ein solches Anmeldeskript in jedem Benutzerverzeichnis speichern müssen. Das kann sehr mühsam sein, und wenn es Veränderungen gibt, die alle betreffen, dann beginnt das Spielchen von vorne.

Auch da kann man sich vorsehen. Sie könnten einheitliche Dateien mit dem Namen PROFILE.BAT definieren, in denen der folgende Befehl steht:

`\\Server\Freigabe\Skript.bat`

Auf dem angegebenen Server wurde eine Freigabe erstellt, und in dieser Freigabe steht ein einziges Anmeldeskript, das für alle Benutzer gelten soll oder eben für all jene Benutzer, in deren PROFILE.BAT diese Datei aufgerufen wird. In diesem Fall haben Sie die Möglichkeit, ein einziges Anmeldeskript für alle zu verwenden, was die Verwaltung ungemein vereinfacht.

Eine Fehlermeldung erhalten Sie, wenn diese Batch-Datei gar nicht existiert. Falls eine solche Möglichkeit besteht, sollten Sie den Fehler in den Anmeldeskripten der Benutzerverzeichnisse berücksichtigen. Verwenden Sie in diesem Fall eine etwas abgewandelte Befehlsstruktur für die Batch-Datei:

```
if not exist \\Server\Freigabe\Skript.bat goto quit
\\Server\Freigabe\Skript.bat
:quit
exit
```

Darüber hinaus gibt es jedoch noch eine zweite Methode, die zwar einen nicht dokumentierten Befehl unter OS/2 Warp verwendet, aber deutlich flexibler ist.

Sie kennen bereits die NETLOGON-Freigabe. In dieser Freigabe, die über das Netzwerk sichtbar ist, werden in einer reinen Windows NT-Umgebung die Anmeldeskripte gespeichert.

Auch wenn Sie OS/2-Server verwenden, können Sie auf die NETLOGON-Freigabe zurückgreifen, allerdings müssen Sie die Benutzerkonten, die ein Skript erhalten sollen, entsprechend einstellen. Sie benötigen dazu den Befehl NET USER. Geben Sie in einer OS/2-Kommandozeile den folgenden Befehl ein:

```
net user Benutzername /script:Scriptname
```

Die Option /script ist in den Handbüchern von OS/2 Warp nicht dokumentiert, aber sie funktioniert bestens. Diese Methode erlaubt es, Anmeldeskripte für ganz bestimmte Benutzer zu definieren. Dabei können die Skripte unterschiedliche Namen besitzen. Lediglich an die Endung BAT müssen Sie sich halten.

Zur Erinnerung: die NETLOGON-Freigabe ist das Verzeichnis \IBMLAN\REPL\IMPORT\SCRIPTS.

6.4.7 Systemrichtlinien über Warp Server

Systemrichtlinien sind eine wertvolle Einrichtung von Windows NT und dienen dazu, das System sicherer zu machen bzw. den Benutzern Möglichkeiten wegzunehmen. Im Grunde geht es um eine Absicherung, daß die Anwender nicht das Betriebssystem abschießen oder ihre Arbeitsumgebung zerstören.

Mit Hilfe des SYSTEMRICHTLINIEN-EDITORS haben Sie ein bequemes Werkzeug, solche Einschränkungen zu definieren (siehe Bild 6.70).

Damit Windows NT auf eine Richtliniendatei reagiert, benötigt diese den korrekten Namen. Die Richtliniendatei für Windows NT heißt NTCONFIG.POL.

Diese Datei, die mit dem SYSTEMRICHTLINIEN-EDITOR erstellt wird, muß in die NETLOGON-Freigabe kopiert werden. Eine solche wird auch auf OS/2-Servern automatisch erstellt, allerdings ist der Standort nicht ganz mit jenem auf NT-Servern identisch.

Der im Netzwerk sichtbaren NETLOGON-Freigabe entspricht unter OS/2 LAN Server und Warp Server das Verzeichnis \IBMLAN\REPL\IMPORT\SCRIPTS. Die Richtliniendatei muß in der NETLOGON-Freigabe jedes Anmeldeservers stehen. Genauso wie unter NT sind also nicht nur der Primäre Domänen-Controller, sondern auch die Sicherungs-Domänen-Controller betroffen.

Bild 6.70:
Automatische Erstellung versteckter Freigaben über die Richtlinien

Alle Domänen-Controller – oder Domänensteuereinheiten, wie IBM sie im Deutschen nennt – können Anmeldungen authentifizieren und besitzen dieses Verzeichnis.

Vernünftigerweise sollten Sie in der OS/2-Domäne den Replikationsdienst aktivieren. Definieren Sie den Primären Domänen-Controller, der als Schaltzentrale für Systemrichtlinien verwendet werden könnte, als Export-Server, während die Sicherungs-Domänen-Controller als Import-Server fungieren.

Zum Abschluß muß ich noch auf einen kleinen Schönheitsfehler aufmerksam machen. Der SYSTEMRICHTLINIEN-EDITOR, ein gewiß ganz tolles Dienstprogramm, wird mit Windows NT Workstation nicht ausgeliefert. Dieses Programm gehört zum Standardumfang von Windows NT Server.

Bis zu Windows NT Version 3.51 war der Systemrichtlinien-Editor im Resource Kit enthalten. Weil das Programm jetzt aber zum Standardumfang von Windows NT Server gehört, hat man es von dort herausgenommen, und die alte Version ist für unsere Zwecke unbrauchbar.

Wenn Sie Systemrichtlinien verwenden wollen, benötigen Sie also zumindest eine Server-Lizenz von Windows NT. Nur so kommen Sie an das Programm.

6.4.8 Warp Server als Applikationsserver

Es ist eine heikle Sache, Warp Server als Applikationsserver für Programme einzusetzen, die auf einer NT-Maschine laufen.

Möglich ist es natürlich schon, aber genau genommen kommt es sehr darauf an, welche Programme Sie einsetzen.

Ein echter Applikationsserver ist Warp Server für Windows NT natürlich nur dann, wenn es sich bei der Software um OS/2-Server-Programme handelt und Frontends für Windows NT verfügbar sind.

Eine solche Konstellation wäre etwa bei Lotus Notes bzw. Lotus Domino und den Datenbank-Servern IBM DB/2 oder Oracle denkbar.

Das Paradeprodukt eines Applikationsservers, nämlich SAP R/3, läuft in dieser Kombination nicht, da SAP auf OS/2 nie gut implementiert wurde. Die einzigen SAP-Anwendungen, die auf OS/2 verfügbar sind, das sind die Frontends, mit deren Hilfe auf R/3 zugegriffen wird, das auf UNIX, Mainframes oder eben Windows NT läuft.

Auf der anderen Seite kann Warp Server sehr wohl als Host für Windows-Endanwenderprogramme herangezogen werden.

Das Stichwort hierbei sind die sogenannten *Netzwerkinstallationen* der Anwendungsprogramme. Bei vielen Software-Paketen können Sie nämlich entscheiden, ob Sie das Programm lokal oder auf einem Netzwerkserver installieren wollen.

Wenn Sie auf einem Netzwerkserver installieren, steht ein Großteil der Programme auf dem Server zur Verfügung, während auf der Arbeitsstation nur mehr ein geringer Teil installiert wird.

Genau genommen kann man dabei jedoch nicht von einem echten Applikationsserver sprechen, denn das Programm, das auf diese Art und Weise installiert wurde, arbeitet zur Gänze im Hauptspeicher der Client-Maschine. Der Server im Hintergrund wird also eigentlich als Dateiserver verwendet, während der ausführbare Code in den Hauptspeicher des Clients geladen wird, um dort abgearbeitet zu werden.

Diese netzwerkgestützte Installation sieht im Grunde immer gleich aus. Sie installieren die Software, wobei Sie bei der Installation angeben, daß Sie auf einem Netzwerk-Server installieren wollen. Eine entsprechende Option haben Sie heute bei allen Office-Paketen.

Bild 6.71:
Installation der Lotus SmartSuite auf einem Server

Ein entsprechendes Netzwerklaufwerk muß dazu angebunden sein. Die Software wird also auf dem Server installiert, und danach machen Sie eine Knoten-Installation auf den Arbeitsmaschinen.

Daß der Dateiserver in diesem Fall OS/2 LAN Server oder Warp Server ist, macht keinen Unterschied. Auch mit den Dateinamen gibt es keinerlei Probleme, denn auf dem Server werden die Namen im HPFS-Dateisystem gespeichert, während Windows NT seine eigene Methode verwendet.

6.4.9 Warp Server von NT aus verwalten

Beide Systeme haben dieselbe Vergangenheit und sind einander sehr ähnlich. Dennoch gibt es keine Software, welche die komplette Verwaltung von Warp Server unter Windows NT ermöglichte. Darüber hinaus gibt es auch keinen Weg, OS/2-Server in NT-Domänen oder NT-Server in OS/2-Domänen einzubinden. So gesehen, bilden sowohl OS/2 Warp als auch Windows NT zwei eigene und völlig selbständige Welten.

Der einzige überhaupt denkbare Weg, einen OS/2-Server von Windows NT aus zu verwalten, besteht im Systems Management-Programm Tivoli Netfinity. Hier wäre es möglich, Komponenten der Tivoli-Software sowohl auf einer Windows NT-Workstation als auch auf den OS/2-Servern zu installieren. Wenn alles richtig konfiguriert ist, könnte ein Administrator auf seiner Windows NT-Maschine in einem eigenen Fenster die Kontrolle über den OS/2-Server übernehmen. Zugegeben, dieser Weg ist ziemlich umständlich und vor allem aufwendig; zur Zeit ist es jedoch die einzig denkbare Möglichkeit, OS/2-Server von Windows NT aus komplett zu verwalten.

Aufgrund der großen Nähe der beiden Systeme können einzelne Aufgaben sehr wohl vorgenommen werden. Da wäre einmal der SERVER-MANAGER. Dieses Programm muß von der Windows NT Server-CD genommen werden, weil es in Windows NT Workstation nicht enthalten ist.

Im Server-Manager rufen Sie das Menü COMPUTER-DOMÄNE AUSWÄHLEN auf und tragen den Namen der OS/2-Domäne ein.

Alle OS/2-Server werden interessanterweise als LAN Manager-Server angezeigt. Trotzdem sind die Versionsnummern korrekt, denn Warp Server wird als Version 5.0 (LAN Server 5.0) und LAN Server 4.0 als Version 4.0 angegeben.

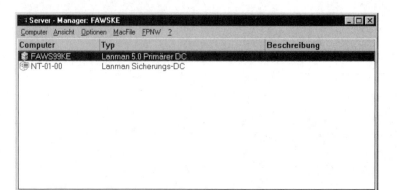

Bild 6.72:
OS/2-Domäne im Server-Manager

Verbindung zu IBM OS/2 Warp 185

Interessant wird es, wenn Sie den Menüpunkt COMPUTER-DIENSTE aufrufen. Sie erhalten eine Liste der verfügbaren Serverdienste des jeweiligen OS/2-Servers.

Die Anzeige sieht so aus, als wäre es ein Windows NT-Gerät. Trotzdem erkennt man auf den ersten Blick, daß es sich nicht um einen gewöhnlichen NT-Server handeln kann, denn alle Dienste werden in Großbuchstaben geschrieben und heißen so wie der entsprechende Name in der Kommandozeile.

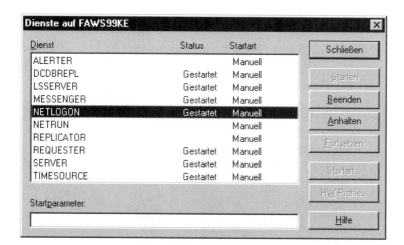

Bild 6.73:
Dienste eines OS/2-Servers

Sie können die einzelnen Dienste starten und beenden, obwohl es sich um ein anderes System handelt. Allerdings müssen Sie dazu Dienste auswählen, die es auch unter Windows NT gibt. Beispielsweise könnte der REPLICATOR-Dienst oder der NETLOGON-Dienst gestartet oder angehalten werden.

Bild 6.74:
LSServerdienst wird angehalten

Windows NT ist aber nicht in der Lage, etwa den DCDBREPL-Dienst zu beeinflussen, weil dieser unter Windows NT nicht bekannt ist.

Wenn Sie in der Liste des SERVER-MANAGERS einen Doppelklick auf einem der Server machen, wird die Server-Einstellung angezeigt.

Hier wäre es beispielsweise möglich, Verbindungen zu trennen. Es ist somit denkbar, den SERVERDIENST zu beenden und die noch angemeldeten Benutzer abzumelden, um Wartungsarbeiten vorzunehmen. Danach könnte der Dienst wieder gestartet werden (siehe Bild 6.75).

Einen Schönheitsfehler hat die Sache jedoch: für die Wartungsarbeiten werden Sie den OS/2-Server aufsuchen müssen. Von Windows NT aus ist da kaum etwas zu machen.

Und damit sind wir auch schon am Ende der Möglichkeiten angelangt!

Bild 6.75:
Freigaben und eventuelle Verbindungen

Die Liste der Tätigkeiten, die nicht funktionieren, ist leider viel länger. Sie können keine Benutzerverwaltung vornehmen, ja, der BENUTZER-MANAGER FÜR DOMÄNEN ist nicht einmal in der Lage, Benutzer anzuzeigen. Sie wissen ja bereits, daß die OS/2 LAN Server-Verwaltung die Benutzer einer NT-Domäne anzeigen kann, allerdings ist auch dort keine Verwaltung möglich.

Sie können wiederum die Kommandozeile zu Hilfe nehmen. Mit dem Befehl NET USER können Sie die Benutzerverwaltung der Domäne beeinflussen. Dieser Befehl geht bereits auf den Microsoft LAN Manager zurück, und deshalb wird er sowohl von Windows NT als auch von OS/2 Warp verwendet.

Ressourcen können in der grafischen Oberfläche nicht erstellt werden, wohl aber in der Befehlszeile. Mit dem Befehl NET SHARE ist es möglich, auch Ressourcen auf einem OS/2-Rechner freizugeben. Diese Ressourcen bleiben allerdings nur während der Arbeitssitzung erhalten. Wenn Sie den Server herunterfahren, verschwindet diese Freigabe wieder.

Eine bessere Möglichkeit als die Befehlszeile gibt es nicht, wenn Sie OS/2-Domänen von Windows NT-Clients aus verwalten wollen. Leider muß man sogar erwähnen, daß diese Verwaltung eingeschränkt ist, weil Windows NT für die Befehlszeile viel weniger Netzwerkbefehle kennt als OS/2. Ein Beispiel dafür wäre etwa der Befehl NET ALIAS, mit dem Sie eine bleibende Freigabe einrichten können. Diesen Befehl kennt allerdings nur OS/2, während Windows NT eine Fehlermeldung ausgibt.

Bisher ist mir auch keine Möglichkeit bekannt, OS/2-Server mit Hilfe von Web Browsern zu verwalten.

6.5 Verbindung über TCP/IP

Wie alle Systeme enthalten Windows NT und OS/2 Warp das TCP/IP-Protokoll. Dieses Protokoll liefert eine Reihe von Anwendungsprogrammen mit, welche die Verbindung zwischen den Systemen ermöglichen. Gewiß ist eine andere Client-Anbindung zu bevorzugen, und wie Sie gesehen haben, kann von Windows NT aus und auch von OS/2 Warp aus auf die Ressourcen des jeweils anderen Systems mit NET USE zugegriffen werden, doch es gibt auch die Möglichkeit, dies mit den TCP/IP-Programmen durchzuführen.

Auf Protokoll-Ebene gibt es zwischen beiden Systemen keine Unterschiede, denn das Protokoll gehorcht den Richtlinien für TCP/IP, und die sind zumeist in *Requests for Comments (RFCs)* definiert.

Unterschiedlich ist jedoch der Lieferumfang von TCP/IP unter Windows NT und unter OS/2, was dazu führt, daß man genau wissen sollte, was standardmäßig funktioniert und wo man ein Zusatzprogramm benötigt. Ganz generell kann man sagen, daß der Lieferumfang von TCP/IP unter OS/2 sehr komplett ist, alle bekannten Programme auf der Server- und Client-Seite umfaßt, während der Lieferumfang von TCP/IP unter Windows NT sehr unvollständig und basal erscheint. Microsoft liefert fast auschließlich Client-, aber keine Serverdienste aus, und die Programme können in der Regel nur das Allernotwendigste.

6.5.1 Installation

Unter Windows NT wird das TCP/IP-Protokoll mit Hilfe des Netzwerkobjektes installiert. Bei den Protokollen gibt es lediglich TCP/IP, aber zusätzlich haben mehrere Serverdienste mit TCP/IP zu tun.

Auf Windows NT Workstation gibt es EINFACHE TCP/IP-DIENSTE, den MICROSOFT TCP/IP DRUCKDIENST und den SNMP-DIENST.

EINFACHE TCP/IP-DIENSTE enthalten die Grundprogramme für TCP/IP, das sind vor allem FTP und Telnet. Diese Programme werden in einer Client-Version geliefert.

Die MICROSOFT TCP/IP DRUCKDIENSTE benötigen Sie nur dann, wenn UNIX-Benutzer über den Befehl LPR über Ihre NT-Workstation ausdrucken wollen. In der Kombination mit OS/2 wird dieser Dienst nicht benötigt, es sei denn, Sie wollen unbedingt den LPR-Dienst bereitstellen.

Der SNMP-DIENST ist die Grundlage für Systems Management. Es handelt sich um ein Protokoll aus der TCP/IP-Familie, das Informationen über das Betriebssystem zur Verfügung stellen kann. Sie benötigen diesen Dienst, wenn Sie beispielsweise mit dem SYSTEMMONITOR die TCP/IP-Statistiken abfragen wollen.

Auf Windows NT Server gibt es zusätzlich den MICROSOFT INTERNET INFORMATION SERVER, den MICROSOFT DNS-SERVER, den DHCP-SERVER und den DHCP-RELAY AGENT, den WINS-DIENST und RIP FÜR DAS INTERNET PROTOKOLL.

Auf OS/2-Maschinen installieren Sie TCP/IP ebenfalls im Rahmen der Systeminstallation oder in der Netzwerkinstallation, die als eigenes Objekt eingerichtet wird. Dienste werden in diesem Fall nicht extra angegeben, sondern werden ganz automatisch installiert.

OS/2 richtet einen eigenen TCP/IP-Ordner ein, in dem sich ein Objekt für die TCP/IP-Konfiguration befindet. Außerdem wird darin ein Ordner mit den TCP/IP-Dienstprogrammen eingerichtet, die Sie von hier aus starten können.

Bild 6.76:
TCP/IP Dienstprogramme unter OS/2 Warp

Die Konfigurationsdaten für TCP/IP stehen in Windows NT in der Registrierungsdatenbank. Bei OS/2 stehen die Konfigurationsdaten in der CONFIG.SYS. Während Sie in Windows NT eines der beiden Registrierungs-Editor-Programme aufrufen, genügt in OS/2 ein simpler Texteditor.

Die TCP/IP-Installation nimmt unter OS/2 viel mehr Festplattenspeicherplatz weg als unter Windows NT. Das liegt daran, daß TCP/IP unter OS/2 viel größer und umfangreicher ist als unter Windows NT. Falls Sie unter NT ein Zusatzprodukt wie etwa von Hummingbird oder Intergraph installieren, belegen die Programme ähnlich viel Speicherplatz.

Mit dem Objekt TCP/IP-KONFIGURATION stellen Sie alle Optionen für TCP/IP unter OS/2 ein. Hier finden Sie die IP-Adresse, den Hostnamen und die Netzwerkmaske, Angaben zu den DNS-Servern, zu Mail und zu den Serverdiensten, die automatisch aktiviert werden können.

Von der Gestaltung her sieht auch die TCP/IP-Konfiguration wie ein Notizbuch aus, eine unter OS/2 allgemein übliche Metapher. Warp 4 verwendet zwar eher Registerbücher wie Windows NT, doch es wurden noch nicht alle Netzwerk-Programme angepaßt.

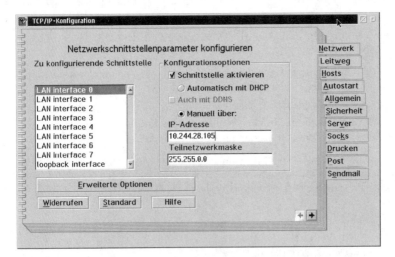

Bild 6.77: Einstellungs-Notizbuch für TCP/IP

6.5.2 Client-Dienste

Auf der Client-Seite sind unter Windows NT standardmäßig drei Programme vorhanden. Es handelt sich dabei um FTP, Telnet und den Microsoft Web Explorer.

Unter OS/2 werden fünf Programme installiert, nämlich FTP, TFTP, Telnet, Gopher und der IBM Web Explorer bzw. Netscape Navigator.

In beiden Systemen gibt es noch eine ganze Reihe von weiteren Dienstprogrammen. Dazu gehören etwa PING, IPCONFIG und andere. Während Windows NT diese Programme ausschließlich zeichenorientiert ausliefert, gibt es für OS/2 zumeist eine zeichenorientierte und eine grafische Variante.

Die Funktionalität der Programme bzw. deren Anzahl kann bei Windows NT durch Hinzufügung einer Reihe von Zusatzprodukten erweitert werden.

Bei OS/2 ist eine solche Erweiterung zwar ebenfalls möglich, aber zumeist nicht notwendig.

Verbindung zu IBM OS/2 Warp 189

Den Befehl PING gibt es unter OS/2 in einer zeichenorientierten und einer grafischen Version. Während der zeichenorientierte Befehl in seiner Verwendung mit jenem von Windows NT nahezu identisch ist, wird das grafische Programm im Ordner TCP/IP-DIENSTPROGRAMME aufgerufen.

Bild 6.78:
Grafisches PING

Gegenüber der zeichenorientierten Version hat PMPING den Vorteil, daß gleichzeitig die Verbindung zu mehreren Geräten überprüft werden kann.

Die Bildschirmabbildung zeigt zwei Einträge. Im ersten Fall wird der angegebene Host erreicht, im zweiten Fall kann keine Verbindung hergestellt werden, weil die andere Adresse in einem anderen Netzwerk steht, zwischen den beiden Netzen jedoch kein Router eingerichtet ist.

In der Befehlszeile schickt Windows NT insgesamt vier Datenpakete aus, während der Befehl PING von OS/2 so lange Datenpakete schickt, bis er mit Strg-C unterbrochen wird.

Das Anwendungsprogramm FTP arbeitet auf NT-Seite ausschließlich zeichenorientiert. Es paßt sich somit anderen Basis-FTP-Programmen an und ist genauso zu bedienen.

Unter OS/2 steht nicht nur ein zeichenorientierter Befehl FTP zur Verfügung, sondern auch ein grafisches Programm. Dieses befindet sich wieder im Ordner TCP/IP-DIENSTPROGRAMME.

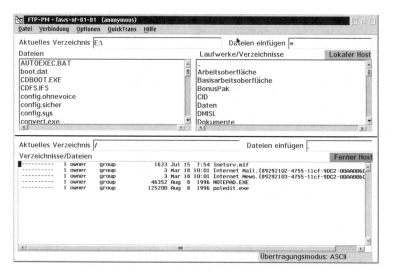

Bild 6.79:
Grafisches FTP

Das grafische Programm erleichtert die Bedienung von FTP. Der Benutzer muß sich keine Befehle mehr merken, sondern kann grafisch arbeiten. Das bedeutet, daß er die Maus und eine Menüleiste verwenden kann. Um Dateien von einem Rechner auf den anderen zu bringen, kann Drag & Drop verwendet werden. Benutzer, die zwischen Windows NT und OS/2 Warp hin- und herspringen, sollten nicht vergessen, daß unter OS/2 Dateien mit der rechten Maustaste verschoben oder kopiert werden.

FTP-PM ist zwar kein Workplace Shell-Programm, doch es wirkt nicht so steinzeitlich wie ein Befehlszeilenprogramm. So kann es sogar Benutzern zugemutet werden, die keine besonders guten Computer-Kenntnisse aufweisen.

Wie sieht es nun mit den Verbindungsmöglichkeiten aus? Die vielen Anwendungsprogramme haben wohl keinen Sinn, wenn es nicht gelingt, Windows NT und OS/2 Warp zusammenzuschließen.

Verkürzt könnte man sagen, daß alles mit der Verfügbarkeit von Serverdiensten steht und fällt. Beide Firmen liefern zwar die Client-Programme mit, doch auf der Server-Seite sieht es anders aus. In diesem Bereich gab sich Microsoft als Sparefroh.

Ein Programm wie PING ist in beide Richtungen kein Problem. Dabei handelt es sich immerhin um eine Grundausstattung für die Fehlersuche.

Bei FTP sieht es nicht ganz so gut aus. Wenn Sie von einer Windows NT-Maschine aus auf eine OS/2-Maschine verbinden wollen, gibt es keinerlei Probleme. Das einzige, was selbstverständlich passieren kann, ist, daß der Serverdienst unter OS/2 nicht aktiviert wurde. Dann läuft natürlich gar nichts.

Bei der Verbindung mit FTP an OS/2 Warp fällt allerdings auf, daß eines der Systeme mit dem Zeichensatz nicht klarkommt. Die Umlaute werden falsch angezeigt. Es sieht genauso aus, als würden Sie einen deutschen Text, der in einer Windows-Text-Datei steht, mit einem anderen Betriebssystem öffnen.

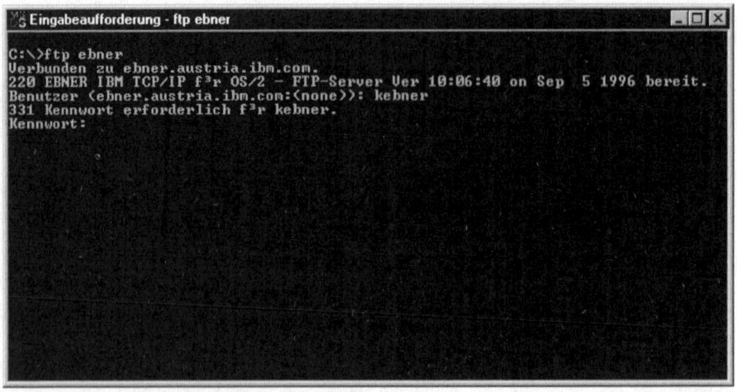

Bild 6.80:
FTP von NT auf OS/2

Welches System hier den Zeichensatz eigentlich verpatzt, ist nicht klar, denn mit UNIX hat das FTP-Programm von NT keinerlei Probleme, und wenn von OS/2 auf NT verbunden wird, paßt ebenfalls alles. Da die Befehlssprache ohnehin englisch ist, kann der Zeichensatz als geringfügiges Problem betrachtet werden.

Wollen Sie von OS/2 Warp aus mit FTP zu einer Windows NT-Maschine verbinden, dann kommt es darauf an, was Sie verwenden. Einen FTP-Serverdienst gibt es nämlich ausschließlich auf Windows NT Server und zwar auch nur, wenn der Internet Information Server installiert und entsprechend konfiguriert wurde. Denn nur im Rahmen des Internt Information Servers ist ein Serverdienst für FTP verfügbar.

Der Internet Information Server richtet ein Standard-FTP-Verzeichnis ein, das vorerst leer ist. Wenn Sie also Dateien oder Verzeichnisse bereitstellen wollen, müssen Sie diese im FTPROOT-Verzeichnis anlegen. Auf der anderen Seite ist es allerdings genauso gut möglich, ein ganz anderes FTP-Verzeichnis einzustellen.

Darüber hinaus gibt es die Möglichkeit, eine Meldung einzutragen, die all jene Benutzer angezeigt bekommen, die sich mit FTP an der Maschine anmelden.

Bild 6.81:
Begrüßungsmeldung
für FTP-Benutzer

6.5.3 Serverdienste

Bei den Serverdiensten sind die Unterschiede sehr groß, weil Windows NT diesmal fast nichts und OS/2 Warp fast alles automatisch mitliefert.

Windows NT Server enthält im Rahmen des Internet Information Servers einen FTP-Serverdienst. Für den Befehl LPR gibt es noch den MICROSOFT TCP/IP-DRUCKDIENST. Und damit sind wir bereits am Ende angelangt. Microsoft liefert standardmäßig weder Telnet noch FINGER oder etwas anderes.

Die TCP/IP-Erweiterung von OS/2 Warp ist in diesem Punkt sehr vollständig. Mitgeliefert werden Serverdienste für FTP, TFTP, TELNET, FINGER, REXEC, RSH, LPD und so weiter.

Alle diese Dienste werden von OS/2 standardmäßig installiert, sind aber nicht aktiv. Um sie jeweils automatisch zu aktivieren, müssen Sie die TCP/IP-Verwaltung aufrufen und Ihre Einstellungen machen.

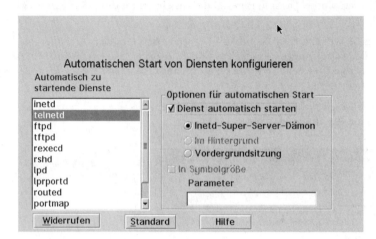

Bild 6.82:
Einstellung der Serverdienste unter OS/2

Auf der anderen Seite wird dann nur mehr der Client benötigt, damit man sich zur Maschine verbinden kann. Zwischen zwei OS/2-Maschinen oder auch OS/2 und UNIX-Maschinen funktioniert das ohne Zusatzprogramme, während Windows nicht ohne Dritthersteller auskommt.

Die fehlenden Server- und Client-Dienste werden von mehreren Herstellern geliefert, wenn Sie eine NFS-Software installieren. Dazu gehören die Programme von Hummingbird, Intergraph, Sun, NetManage, FTP und anderen. Sie alle liefern die entsprechende Software für Windows NT.

Wenn es nur um einzelne Dienste geht, sollten Sie jedoch auch ins Resource Kit von Microsoft und ins Internet schauen.

Im Resource Kit gibt es einen Telnet-Server und einen Mail-Server. Andere Dienste könnten Sie als Freeware durchaus im Internet aufstöbern. Ein heißer Tip dafür sind die Seiten des amerikanischen *Windows NT Magazine.*

Beim Telnet-Server aus dem Resource Kit handelt es sich um eine Beta-Version, doch tut das der Sache keinen Abbruch. Sie können den Treiber getrost verwenden.

Falls Sie sich wundern, daß NFS-Herstellerfirmen auch Ersatzprogramme für FTP und Telnet mitliefern, sollten Sie bedenken, daß diese Programme zumeist umfangreicher und angenehmer zu bedienen sind. Außerhalb von Microsoft gibt es auch durchaus grafische TCP/IP-Programme für Windows NT.

Bei der Bedienung über TCP/IP-Programme sollte niemals vergessen werden, daß diese Programme relativ dürftig in ihrer Ausstattung sind. Das bedeutet, daß es mit der Benutzerfreundlichkeit nicht weit her ist. Annehmlichkeiten wie eine NETZWERKUMGEBUNG finden Sie darin nicht. Wenn Sie die Laufwerke des jeweils anderen Systems im Netzwerk-Browser sehen wollen, benötigen Sie NFS-Software. Diese, die in der Regel für UNIX-Verbindungen wichtig ist, wird jedoch weder mit Windows NT noch mit OS/2 Warp ausgeliefert.

6.6 NT-Server und OS/2-Server

Dieses Kapitel ist leider ein sehr trauriges. Die Möglichkeit, Windows NT- und IBM OS/2-Server in einen Topf zu werfen, gibt es nicht.

Viele Firmen haben großes Interesse daran, OS/2 und NT auch auf der Server-Seite zu kombinieren. Diese Wunsch entstand, weil diese Firmen in der Regel OS/2 verwenden, in Zukunft aber verstärkt 32-Bit-Windows-Programme einsetzen wollen bzw. durch den Einsatz von SAP R/3 in Richtung Windows NT gedrängt werden.

Da sich große Netzwerke nicht so einfach wegwerfen lassen, wollen viele Windows NT mit OS/2 Warp kombinieren.

Auf der Client-Seite ist das, wie Sie sehen konnten, kein Problem. Man kann NT- und OS/2-Clients in jeder nur erdenklichen Situation kombinieren. Dem Benutzer wird dadurch kein Nachteil entstehen, und die Administratoren brauchen lediglich zu wissen, wo es lang geht.

Aber bei den Servern sieht die Sache anders aus.

Natürlich ist es kein Problem, Windows NT Server und Warp Server parallel einzusetzen. Solange jedes System seine eigene Benutzerverwaltung hat, kann es auch nicht zu Problemen kommen. Die Benutzer können jederzeit auf die Ressourcen des jeweiligen anderen Systems zugreifen, sofern ihr Benutzerkonto und das Kennwort in beiden Systemen parallel geführt wird.

Die Mehrarbeit haben die Administratoren. Denn sie sind dafür verantwortlich, daß die Benutzerverwaltung auf beiden Systemen identisch ist. Außerdem haben wir in diesem Zusammenhang mit mehreren Einzellösungen zu tun, weil die Anbindung der NT-Clients einmal anders aussieht als jene der OS/2-Clients.

Ein legitimer Wunsch wäre nun, die Verwaltung zusammenzufassen. Eine gemischte Domäne mit NT- und OS/2-Servern. Welch wunderbare Vorstellung!

Trotzdem müssen wir auf dem Teppich bleiben. Windows NT-Domänen haben keine Möglichkeit, LAN Server- oder Warp Server-Geräte einzubinden. Umgekehrt haben OS/2-Domänen keine Möglichkeit, Windows NT Server-Maschinen einzubinden.

Interessanterweise haben beide Systeme Lösungen für Novell NetWare. Aber miteinander können sie einfach nicht, obwohl die Zusammenarbeit von Microsoft und IBM, trotz der vielen Streiterein, nun schon viele Jahre andauert.

Bisher ist mir auch kein Zusatzprodukt bekannt, das diese Funktionalität zur Verfügung stellen könnte.

Als Lösung bleibt nur eine tatsächlich parallele Verwaltung oder eine Migration von einem System auf das andere.

Bei einer parallelen Verwaltung ist es sinnvoll, wenn Administratoren mit OS/2 Warp-Maschinen arbeiten. Hier gibt es nämlich die Möglichkeit, die OS/2-Domäne mit der LAN Server Verwaltung zu warten, und zusätzlich kann mit Hilfe des WEB ADMINISTRATORS auch die Windows NT-Domäne verwaltet werden.

Daß ein Administrator beide Systeme auf einem Gerät installiert hat, mag zwar für Testzwecke ausreichen, wenn Anwendungsprogramme auf ihren möglichen Einsatz hin überprüft werden sollen, doch sollten Sie nicht vergessen, daß der Start eines anderen Betriebssystems jeweils viel Zeit kostet. Wenn zusätzlich noch Netzwerkverbindungen aktiv sind und vielleicht eine Mainframe-Anbindung läuft, wird dieser Zeitverlust mehr oder weniger unzumutbar.

6.7 IBM Directory and Security Services

Die Directory and Security Services von IBM sind ein eigenes Produkt, das eine Domäne erweitert. Es handelt sich dabei um die X.500-Implementation der Security Services der ITU (CCITT).

Grundsätzlich dienen Security Services dazu, mehrere Domänen zusammenzuschließen. Somit geht es in die Richtung, die Microsoft auch mit der Vertrauensstellung eingeschlagen hat. Im Unterschied zu Vertrauensstellungen sind die X.500 Directory Services jedoch hierarchisch aufgebaut. Ganz oben in einer Pyramide steht eine Art Root-Verzeichnis, und alle anderen Baumstrukturen ordnen sich dieser Quelle unter.

Grundstruktur der Directory Services ist eine *Zelle (Cell)*. In diese Zelle können mehrere Domänen aufgenommen werden. Somit handelt es sich um eine Art Superstruktur. Der Kern wird als *Root*-Domäne bezeichnet, welche die oberste Hierarchiestufe darstellt. Daneben gibt es noch beliebig viele Ressourcen-Domänen.

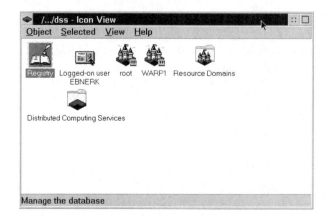

Bild 6.83:
Domänen der Zelle

Die gesamte Benutzer- und Ressourcen-Verwaltung liegen in den Directory Services in zentraler Hand. Somit ist klar, daß ein Benutzer sich nur ein einziges Mal anmelden muß, um auf alle Ressourcen der Zelle zugreifen zu können. Selbstverständlich hängt der tatsächliche Zugriff von den jeweiligen Sicherheitseinstellungen ab.

Directory Services erlauben die Einrichtung sehr großer Strukturen. Große Unternehmen können die Verwaltung ihrer Domänen auf diese Art und Weise vereinheitlichen.

Die gesammelten Einstellungen der Umgebung, also vor allem die Benutzerkonten und Gruppen sowie die gesamte Ressourcenverwaltung, werden in einer *Registrierungsdatenbank* gespeichert. Diese Registrierung kann über die gesamte Verzeichnisstruktur redundant verteilt werden (siehe Bild 6.84).

Wenn Sie mit Novell NetWare vertraut sind, wird Ihnen diese Struktur bekannt vorkommen, denn auch die NDS von Novell ist eine X.500-Implementierung.

Microsoft ist sich dessen wohl bewußt, daß Vertrauensstellungen keine wirklichen Directory Services sind, und deshalb wird an einer X.500-Erweiterung für Windows NT gearbeitet. Es ist geplant, daß Windows NT 5.0 ebenfalls Directory Services nach dem X.500-Standard besitzen wird.

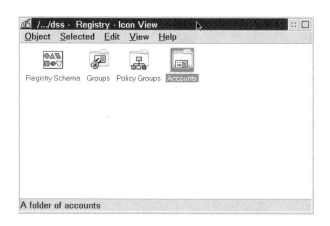

Bild 6.84:
Objekte der Registrierung

Verwechseln Sie in diesem Zusammenhang nicht X.500 mit den gleichnamigen »Security Services«, die Windows NT heute bietet. Microsoft verwendet leider diesen Begriff für eine gewöhnliche Verzeichnisstruktur. Dies ist sehr mißverständlich, und Sie sollten immer daran denken, daß Windows NT zur Zeit (Version 4.0) noch keine Directory Services gemäß X.500 hat.

Die Directory and Security Services von IBM gibt es in zwei verschiedenen Varianten, die hier von Interesse sind: DSS für Warp Server und DSS für Windows NT Server. Die OS/2-Variante ist die ältere.

Kurioserweise hat man es nicht der Mühe wert befunden, das Programm so zu gestalten, daß beide Welten integriert werden können. Eine gemeinsame Verwaltung von OS/2- und NT-Domänen ist nach wie vor ausständig.

Dieses Manko geht so weit, daß Sie in eine auf OS/2 Warp basierende Zelle keine NT-Domänen aufnehmen können, und analog dazu können Sie in eine auf Windows NT basierende Zelle keine OS/2 Warp-Domänen aufnehmen.

6.7.1 DSS für Warp Server

Die Warp Server-Variante ist hier vor allem der Vollständigkeit halber genannt. In einer Windows NT-Umgebung können wir nicht allzu viel damit anfangen, weil es keine Möglichkeit gibt, NT-Server in die Directory-Struktur einzubinden.

Wenn Windows NT eine komplette DCE-Unterstützung aufweist, wird es wohl möglich sein, NT-Domänen in die Zellenstruktur zu übernehmen. Bisher ist das jedoch nicht möglich.

DSS für Warp Server kann im Augenblick nur mit OS/2 Warp und mit IBM AIX verwendet werden. Es gibt im Augenblick keine Möglichkeit, weitere Plattformen einzubinden.

DIRECTORY AND SECURITY SERVICES werden auf einer LAN Server- oder Warp Server-Maschine installiert. Dabei kann es sich um einen beliebigen Server handeln, wobei es günstig ist, gleich auf einem Primären Domänen-Controller zu installieren.

Die Dienstprogramme der Server-Verwaltung werden teilweise ersetzt und teilweise erweitert. Beim Öffnen des Ordners gibt es auf den ersten Blick recht wenige Veränderungen.

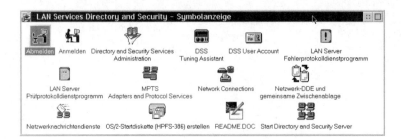

Bild 6.85:
Verwaltungsprogramme

Die Arbeitsweise ist genauso wie unter LAN Server. Für jede Domäne wird ein Symbol angezeigt. DSS verwendet andere Ikonen als das OS/2-Netzwerkbetriebssystem. Wichtig ist auch, daß die Benutzer- und Ressourcenverwaltung jetzt in der Registrierung zu finden ist.

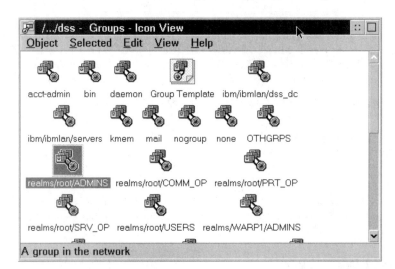

Bild 6.86:
Gruppenverwaltung

Die Benutzerverwaltung ist gegenüber LAN Server erweitert und besitzt Merkmale, die über OS/2 bereits hinausgehen. Hier ist also der erste Ansatz zu einem plattformübergreifenden System zu sehen.

Vor allem gibt es bereits eine UNIX-ID. Damit ist gewährleistet, daß die so definierten Benutzer auch auf den UNIX-Rechnern bekannt sind. Immerhin kann IBM AIX in eine Zelle eingebunden werden (siehe Bild 6.87).

Auch die Berechtigungen wurden erweitert. Sie entsprechen den DCE-Richtlinien, wobei vieles auch an UNIX-Systeme erinnert. In der Benutzerverwaltung von DSS gibt es eine eigene Anzeige für die ACL-Einträge des HPFS386-Dateisystems (siehe Bild 6.88).

Verbindung zu IBM OS/2 Warp

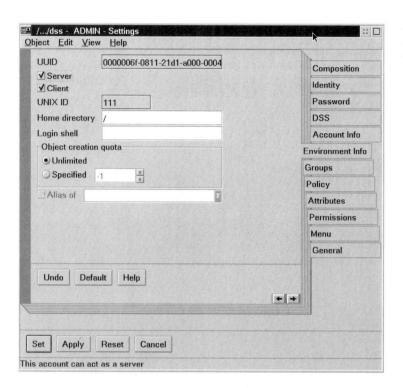

Bild 6.87:
Benutzereinstellung

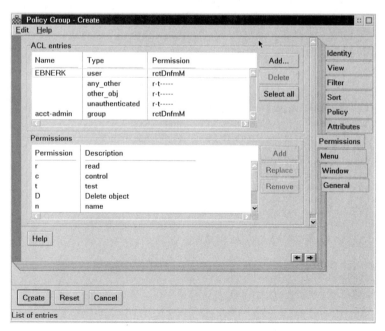

Bild 6.88:
Berechtigungen

IBM DIRECTORY AND SECURITY SERVICES sind DCE-konform. In einem eigenen Ordner der Verwaltung werden alle DCE-Dienste angezeigt, die installiert wurden. Dazu gehören die Verzeichnisdienste ebenso wie Sicherheit und ZeitServerdienste.

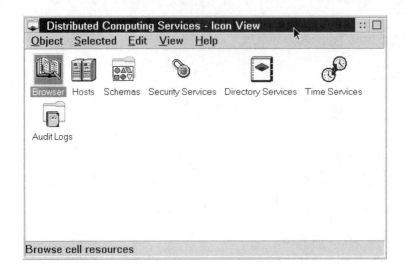

Bild 6.89:
DCE-Dienste

Typisch sind die vielen Vorlagen, die erstellt werden können. Für sehr viele Einstellungen und Objekte können Sie Vorlagen erstellen, die bei neuen Objekten nur mehr geladen werden müssen. Auch die Novell Verzeichnisdienste bieten Vorlagen an, doch scheinen die DCE-Dienste hierbei noch einen Schritt weiter zu gehen, weil es Vorlagen für fast alles gibt.

Ein wichtiger Bereich ist die *Überwachung*, ähnlich jener, die Sie von Windows NT kennen, allerdings vollständiger. Sicherheitsaspekte sind in DCE überall anzutreffen.

Der Browser muß von DSS erweitert werden, da die Objekte jetzt unterschiedlich angezeigt werden. Immerhin gibt es jetzt eine Struktur, die über die Domänen gesetzt wurde.

Im Browser finden Sie Zellen, Ressourcen-Domänen, Fremddomänen und Verzeichnisstrukturen. Jedes Objekt öffnet dabei einen weiteren Ordner (siehe Bild 6.90).

Wenn IBM, wie angekündigt, DIRECTORY AND SECURITY SERVICES FÜR WINDOWS NT auf den Markt bringt, wird die Umsetzung für Windows NT interessant sein. Die bestehenden DSS für Warp Server bauen in der Bedienung komplett auf die Workplace Shell. Für Windows NT wird man sich möglicherweise ein anderes Konzept einfallen lassen müssen.

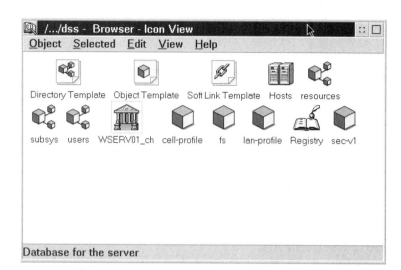

Bild 6.90:
Inhalt des Browsers

6.7.2 DSS für Windows NT Server

Bereits heutet bietet IBM ein Basis-DCE-Produkt für Windows NT an. Dieses versorgt Windows NT mit der Fähigkeit, DCE-Programme zu verwenden.

Leider werden von diesen DCE-Diensten bisher keine Verzeichnisdienste unterstützt. Aus diesem Grund ist es nicht möglich, Windows NT-Domänen in eine DCE-Zelle zu übernehmen.

IBM kündigte ein Komplettpaket von DSS für Windows NT an. Wenn dieses Produkt fertig ist, wird man Windows NT in DCE-Zellen aufnehmen können, gemeinsam mit OS/2 Warp- und AIX-Domänen und vielleicht noch mit anderen Plattformen.

Bisher gibt es jedoch noch keinen Termin für das Erscheinen dieses Produktes, außerdem wird es sich weisen, inwieweit Microsoft die eigenen Verzeichnisdienste nicht DCE-kompatibel macht.

6.8 Microsoft OS/2 1.x

Wenn Microsoft im Zusammenhang mit Windows NT über OS/2 spricht, ist sehr häufig das alte 16-Bit-OS/2 gemeint, das in Zusammenarbeit mit IBM hergestellt wurde.

16-Bit-Versionen von OS/2, die es in Microsoft- und in IBM-Varianten gibt, werden heute kaum mehr verwendet. Vor allem in Europa ist dieses System nur mehr in Ausnahmefällen anzutreffen.

Wenn eine Firma es noch im Einsatz hat, dann handelt es sich zumeist um Version 1.3. Diese hatte gegenüber den Vorversionen eine Reihe von Vorteilen, war im Ressourcenverbrauch und in der Geschwindigkeit optimiert, lieferte genügend Treiber mit und unterstützte bereits die Adobe Type Manager-Schriftentechnologie.

Für die 16-Bit-Versionen von OS/2 wurden nur ca. 300 grafische Programme entwickelt. Dazu gehörten mehrere Microsoft- und Lotus-Programme, aber auch Programme von Corel, Micrografx, Aldus, Ventura, Autodesk und WordPerfect. Alle diese Firmen sind heute auf Windows umgestiegen und haben den 32-Bit-OS/2 Markt anderen, in der Regel neuen Unternehmen überlassen.

Diese grafischen Programme sind für gewöhnlich nicht mehr wichtig, weil es längst 32-Bit-Versionen davon gibt, die meisten davon für Windows NT und Windows 95, manche für OS/2 Warp.

Auf der anderen Seite gab es ca. 2.500 zeichenorientierte Programme für die 16-Bit-Versionen von OS/2. Diese und die Tatsache, daß sehr viele Netzwerk- und Datenbankprogramme auf den alten OS/2-Versionen aufsetzten, bewogen Microsoft zur Entwicklung des OS/2-Subsystems in Windows NT.

Das alte OS/2 ist auch die erste Basis für Microsoft LAN Manager und Microsoft SQL Server, außerdem für die OS/2-Versionen von IBM DB/2 und Communications Server.

Da es immer noch amerikanische Firmen gibt, die 16-Bit-OS/2 einsetzen, kann dieses System ebenfalls mit Windows NT zusammenspielen. Das mag auch für europäische Firmen interessant sein, die eigene Programme für 16-Bit-OS/2 entwickelt haben und noch nicht umstellen können oder wollen.

6.8.1 Microsoft OS/2-Clients

Clients, die mit einer 16-Bit-Version von OS/2 arbeiten, unabhängig davon, ob diese von Microsoft oder von IBM ist, benötigen eine entsprechende Client-Software für die Einbindung in eine Windows NT-Domäne.

Auf der CD von Windows NT Server befindet sich das Verzeichnis CLIENTS. In diesem Verzeichnis finden Sie die Client-Software zu mehreren Systemen. Unter anderem gibt es darin das Unterverzeichnis LANMAN.OS2.

Es handelt sich dabei um den Microsoft LAN Manager 2.2c für OS/2-Client, den Sie auf der Arbeitsmaschine installieren können. Diese 16-Bit-Anbindung ist ausschließlich für die 16-Bit-Versionen von OS/2 gedacht und funktioniert auch nur dort.

LAN Manager für OS/2-Client enthält auch ein TCP/IP-Protokoll, damit auch die Einbindung in TCP/IP-Netzwerke realisiert werden kann. Allerdings werden weder DHCP noch WINS unterstützt. Während die WINS-Unterstützung jederzeit mit Hilfe von DNS bzw. einer HOSTS- oder LMHOSTS-Datei ersetzt werden kann, bedeutet die fehlende Unterstützung für DHCP, daß die Maschinen statische Konfigurationen benötigen.

Wichtig ist auch, daß die Anbindung an Netzwerklaufwerke von OS/2 aus eingerichtet werden muß. Wenn Sie in der DOS-Box arbeiten, müssen Sie auf die OS/2-Oberfläche umschalten und in einer OS/2-Befehlszeile den Befehl NET USE verwenden. Der eingerichtete Buchstabe kann dann auch aus der DOS-Box heraus verwendet werden.

Ebenso könnte für die Anbindung ein OS/2 LAN Requester vom IBM LAN Server 1.1 oder 1.2 verwendet werden. Denn auch mit dieser Software können Sie sich an Windows NT-Domänen anmelden.

Die Benutzerverwaltung findet zur Gänze in der Windows NT-Domäne statt. Für den OS/2-Client wird lediglich das Authentifizieren vorgenommen, und die Zugriffsmöglichkeiten im Netzwerk beruhen auf den Sicherheitseinstellungen der NT-Freigaben und des NTFS-Dateisystems.

6.8.2 Microsoft LAN Manager für OS/2

LAN Manager war das erste Netzwerkbetriebssystem, das Microsoft entwickelt hat. Dieses System wurde ursprünglich für die 16-Bit-Versionen von OS/2 entwickelt und kam auf den Markt, als OS/2 1:2 aktuell war. Mit LAN Manager verfolgte Microsoft ein sehr ehrgeiziges Ziel, nämlich den Marktführer Novell zu verdrängen, ein Unterfangen, dessen Erfolg noch nicht einmal heute mit Windows NT 4.0 abzusehen ist.

Die erste Version des LAN Managers setzt ausschließlich auf OS/2 auf. Es gab in der Folge noch zwei zweitere Versionen, nämlich LAN Manager für DEC VAX und LAN Manager für UNIX. Vor allem die UNIX-Version ist heute immer noch im Einsatz, da es speziell auf der Intel-Plattform kaum Alternativen für ein UNIX-Netzwerkbetriebssystem gibt.

LAN Manager-Server können als Zusätzliche Server in eine Windows NT-Domäne aufgenommen werden. Sie bilden somit das einzige Fremdsystem, das ohne Kniffe und Zusatzsoftware eingebunden werden kann.

Windows NT Server ist mit LAN Manager-Servern kompatibel und erweitert sozusagen die Funktionsmerkmale von LAN Manager. So baut Windows NT auf dem LAN Manager-Domänenmodell auf, wobei die Domänenverwaltung vereinfacht wurde.

An Stelle von vier Server-Typen gibt es nur noch drei, und das Konzept der Vertrauensstellungen mit einer einzigen systemweiten Anmeldung für den Benutzer ist gegenüber LAN Manager ebenfalls neu. Außerdem bauen die Sicherheitsfunktionen von Windows NT Server auf denen von LAN Manager auf.

Ein LAN Manager-Server ist nicht in der Lage, Vertrauensstellungen zu erkennen. Um den Benutzerzugriff auch auf Ressourcen von LAN Manager-Servern in Ihrer Domäne zu ermöglichen, müssen lokale NT-Benutzerkonten für alle Benutzer der vertrauten Domäne erstellt werden, die den Zugriff auf diese Ressourcen benötigen.

Die Aktualisierung der Software auf den Arbeitsstationen ist für den Übergang von LAN Manager zu einer Windows NT Server-Domäne nicht notwendig. Um jedoch sicherzustellen, daß die Anmeldeanforderung von der richtigen Domäne bestätigt wird, muß auf MS-DOS LAN Manager-Client Version 2.1 oder höher ausgeführt werden. Ist auf diesen Clients eine ältere Version der Client-Software installiert, wird der Domänenname nicht weitergegeben, sondern als Broadcast ins Netzwerk geschickt, bis ein Server den Anmeldenamen erkennt.

Im Normalfall sollten LAN Manager-Server nur als Datei- oder Druckserver innerhalb einer Windows NT-Domäne verwendet werden. Als Applikationsserver kommen sie eigentlich nur für 16-Bit-OS/2-Programme in Frage, und die werden heute mit ganz seltenen Ausnahmen nicht mehr eingesetzt.

Der *Replikationsdienst* von LAN Manager 2.x kann nicht vom SERVER-MANAGER für Windows NT verwaltet werden. Dabei können Sie die Daten auf einem LAN Manager 2.x-Export-Server nicht auf einen Windows NT-Import-Computer replizieren. Umgekehrt können Daten eines Windows NT-Export-Servers jedoch auf LAN Manager 2.x-Server repliziert werden. In der Regel können Windows NT-Export-Server und LAN Manager 2.x-Export-Server nicht in derselben Domäne verwendet werden, weil es zu Interferenzen kommt.

6.8.3 Das OS/2-Subsystem von NT

In ein Kapitel über die Unterstützung von 16-Bit-OS/2 gehört auch das OS/2-Subsystem von Windows NT. Dieses Subsystem kann für den Einsatz von OS/2-Programmen verwendet werden, die in manchen Firmen im Umlauf sind.

Daß dieses Kapitel ausgerechnet in einem Abschnitt über OS/2 1.x angesiedelt ist, verrät sogleich die wichtigste Einschränkung dieses Subsystems: ausschließlich 16-OS/2-Programme laufen unter Windows NT, und darunter eigentlich nur die zeichenorientierten. Grafische Programme können standardmäßig nicht eingesetzt werden, und dasselbe gilt für die heutigen 32-Bit-Programme.

Das OS/2-Subsystem wurde ausschließlich auf der Intel-Plattform implementiert. Unter Windows NT auf Alpha, MIPS oder PowerPC sind keine OS/2-Programme lauffähig.

Der Grund für die Implementierung eines solchen OS/2-Subsystems liegt im alten LAN Manager und in der ersten Version von SQL Server begründet. Beide waren 16-Bit-OS/2-Programme und konnten vor allem in der ersten Phase unter Windows NT eingesetzt werden. Heute ist dieser Grund wohl obsolet, da beide Produkte längst von 32-Bit-Windows-Programmen abgelöst wurden.

Vor allem im Banken- und Versicherungsbereich gibt es jedoch immer noch Firmen, die vereinzelt mit 16-Bit-OS/2-Programmen arbeiten. Diese Programme können unter Windows NT unverändert weiterverwendet werden. Ein möglicher Umstieg auf eine andere Software kann damit verzögert werden. Gerade in Unternehmen, die mehrere zehntausend Mitarbeiter und PCs haben, ist das von unschätzbarem Wert.

Interessant ist, daß Windows NT sehr häufig auch dann das OS/2-Subsystem verwendet, wenn sogenannte *Family Applications* gestartet werden. Dabei handelt es sich um Programme, die sowohl unter DOS als auch unter OS/2 lauffähig sind. Microsoft selbst produzierte mehrere solcher Programme; darunter Word 5.0 und 5.5, Multiplan und Chart. Wenn Sie Word 5.5 unter Windows NT aufrufen, startet dieses standardmäßig mit dem OS/2-Subsystem.

Wenn Sie das OS/2-Subsystem nicht benötigen und etwas Systemressourcen einsparen wollen, können Sie das ganze Subsystem ausschalten. Dazu öffnen Sie die Registrierung. Unter HKEY_LOCAL_MACHINE\SYSTEM\CurrentControlSet\Control\Session Manager setzen Sie den Eintrag *GlobalFlag* auf »20100000«. OS/2-Programme können jetzt nicht mehr aufgerufen werden, aber dafür benötigt das Subsystem keinerlei Systemressourcen.

6.8.4 Erweiterung Presentation Manager

Microsoft entwickelte eine grafische Erweiterung zu Windows NT. Damit ist es möglich, grafische 16-Bit-OS/2-Programme unter Windows NT einzusetzen. Das Programm wurde vor allem über das Developer's Kit verteilt.

Da es sich lediglich um 16-Bit-Anwendungen handelt, ist der Spielraum für den Benutzer sehr klein, denn es gibt nicht viele grafische 16-Bit-Programme für OS/2. Dennoch haben viele Firmen 16-Bit-Anwendungen selbst entwickelt und diese noch nicht auf Windows NT umgestellt.

Bei der Microsoft-Erweiterung handelt es sich um ein ganzes Subsystem, das von Microsoft entwickelt wurde. Dieses Subsystem ersetzt das standardmäßig enthaltene OS/2-Subsystem und stellt die grafische Presentation Manager-Oberfläche sowie ein paar Demonstrationsprogramme bereit.

Ursprünglich wurde das Presentation Manager-Subsystem für Windows NT 3.1 entwickelt. Zuletzt gab es eine Version für Windows NT 3.51. Diese können Sie auch unter Windows NT 4.0 installieren. Immerhin erlaubt das Presentation Manager-Subsystem, Anwendungsprogramme, die für OS/2 1.x geschrieben wurden und auf die Ihre Firma nicht verzichten kann, weiterhin einzusetzen.

Die Software in die Finger zu kriegen, stellt allerdings ein ziemlich schwieriges Unterfangen dar. Auf den üblichen CDs und im Internet wird man leider nicht fündig.

Zuletzt war das Presentation Manager-Subsystem auf den SELECT Partner-CDs und auf den Entwickler-CDs von Microsoft enthalten. Ansonsten würde ich im Falle des Falles empfehlen, gleich Ihren Betreuer bei Microsoft anzurufen ...

Von der SELECT-CD können Sie fünf Disketten mit den Daten erstellen. Danach legen Sie die erste Diskette ins Laufwerk und rufen das Programm INSTALL.CMD auf. Dieses zeichenorientierte Installationsprogramm leitet Sie durch den Kopierprozeß. Danach sollten Sie Windows NT neu starten.

6.9 Migration LAN Server zu Windows NT

Standardmäßig enthalten weder OS/2 LAN Server noch Windows NT Server ein Dienstprogramm, mit dessen Hilfe man das jeweils andere System migrieren könnte.

Ein Zusatzprogramm gibt Ihnen jedoch die Möglichkeit, OS/2-Server auf Windows NT-Server umzustellen, also die meisten bereits getroffenen Einstellungen unverändert zu übernehmen.

Für Unternehmen, die mehrere tausend Benutzer auf Windows NT umstellen wollen, ist dies gewiß eine außerordentlich positive Nachricht, denn mit den »Standardwerkzeugen« müßten sie alle Benutzer auf dem neuen System noch einmal anlegen, und dasselbe gilt für die Ressourcendefinition.

Das Programm ist der LAN SERVER MIGRATION WIZARD der amerikanischen Firma Lieberman & Associates. Mit diesem Programm, das unter Windows NT läuft, haben Sie die Möglichkeiten, die Einstellungen einer LAN Server- oder Warp Server-Umgebung zu übernehmen.

Der MIGRATION WIZARD liegt in einer amerikanischen und in einer internationalen Version vor. Von beiden können Sie die Demoversion aus dem Internet herunterladen.

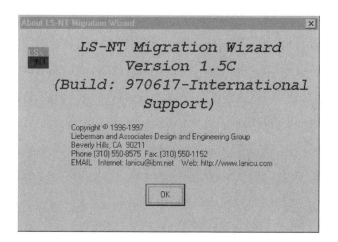

Bild 6.91:
Info

Gleich am Beginn sollten Sie die betroffenen Domänen angeben. Das sind also die OS/2-Domäne, die umgestellt werden soll, und die Windows NT-Domäne, welche die Daten übernimmt (siehe Bild 6.92).

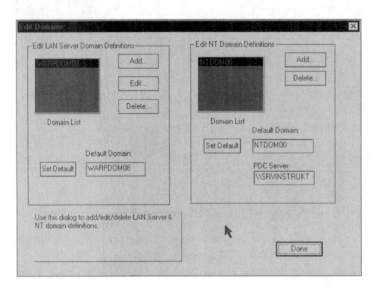

Bild 6.92:
Angabe der Domänen

Der MIGRATION WIZARD enthält eine Art Hauptbildschirm, von dem aus die meisten Einstellungen getroffen werden können. Wie Sie sich bald vergewissern können, sind diese äußerst zahlreich und vielschichtig. Bevor man dieses Werkzeug von Lieberman & Associates anwendet, sollte man sich ein paar Tage mit seinen »Innereien« beschäftigen.

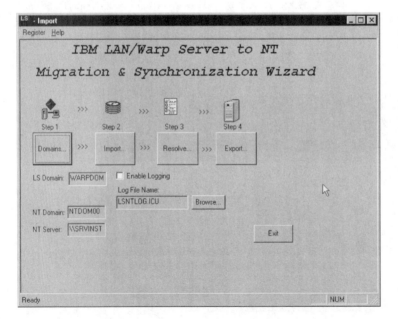

Bild 6.93:
Hauptbildschirm des Migration Wizard

Grundsätzlich können Sie Benutzer, Gruppen, Alias-Definitionen und Anwendungsprogramme umstellen. Die Alias-Definitionen werden dabei zu Freigaben.

Bei der Übernahme von Benutzern können deren Kennwörter nicht transferiert werden, da sie verschlüsselt sind. Sie haben jedoch die Möglichkeit, ein einheitliches Standardkennwort oder den Benutzernamen als Kennwort einzusetzen. Bei der ersten Anmeldung sollen die Benutzer dann ihr Kennwort ändern, wobei sie auch das zuvor unter OS/2 verwendete nehmen können.

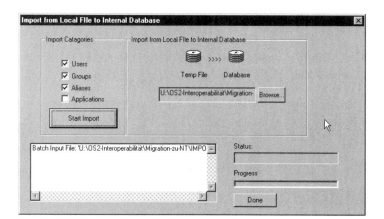

Bild 6.94:
Definition der
Übernahme

Auf LAN Server bzw. Warp Server wird in der Regel das HPFS386-Dateisystem verwendet. Dieses enthält ähnlich dem NTFS eine Reihe von Sicherheitsinformationen. Genauso wie unter NTFS werden *Access Control Lists* gemäß den B3-Sicherheitsrichtlinien verwendet. Da beide Systeme in diesem Punkt fast identisch arbeiten, ist es möglich, die Einstellungen mit Hilfe des MIGRATION WIZARD zu übernehmen.

Die Einstellmöglichkeiten sind sehr genau und sollten keineswegs übereilt werden. Das Dienstprogramm eignet sich durchaus dazu, die Einstellungen wieder übersichtlicher zu gestalten. Im Grunde können die Sicherheitseinstellungen im Dateisystem aber 1:1 übernommen werden.

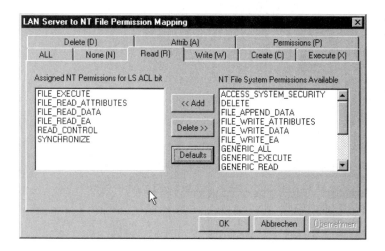

Bild 6.95:
ACL-Einstellungen

MIGRATION WIZARD arbeitet mit einer eigenen Datenbank. Alle Daten, die konvertiert werden müssen, landen vorerst in dieser Datenbank. Das macht das Programm recht flexibel und sicher. Es ist kaum zu erwarten, daß durch einen Systemabsturz die Systeme völlig zerstört sind. Das schlimmste, was einem passieren kann, ist eine unvollständige Übernahme der Daten in Windows NT. In einem solchen Fall wenden Sie das Dienstprogramm eben erneut an.

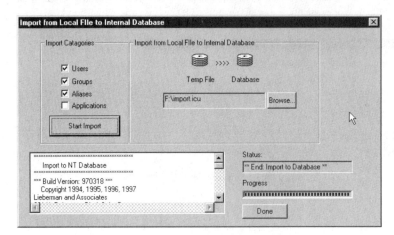

Bild 6.96:
Import in die Datenbank

Es wird eine Datei geschrieben, die wie eine Log-Datei gelesen werden kann, und beruhend auf dieser Datei schreibt MIGRATION WIZARD in die Datenbank. Sie enthält alle notwendigen Informationen der OS/2-Domäne, die auf Ihren Vorgaben beruhen.

Bevor die endgültige Migration durchgeführt wird, können Sie die Daten überprüfen. Wenn es nicht paßt, werden die Grundeinstellungen angepaßt.

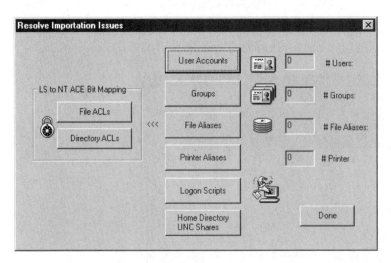

Bild 6.97:
Überprüfung

Verbindung zu IBM OS/2 Warp

Selbstverständlich müssen nicht alle Daten der OS/2-Domäne übernommen werden, sondern Sie können alles genauestens einstellen. So wäre es denkbar, nur Benutzer und Gruppen, aber keine Ressourcen zu übernehmen. Oder Sie könnten die Benutzer und die Verzeichnisressourcen übernehmen, doch unter Windows NT völlig neue Gruppen anlegen.

Der letzte Schritt mit dem MIGRATION WIZARD ist, die Daten, die in der Datenbank gesammelt wurden, in die Windows NT-Domäne zu übernehmen.

Je nach Größe der Ursprungsdomäne kann dies eine gewisse Zeit in Anspruch nehmen. Die Migration über das Wochenende vorzunehmen, ist ganz sicher ein guter Tip; da hat man auch noch Zeit, alles zu überprüfen und eventuell auftretende Fehler zu korrigieren.

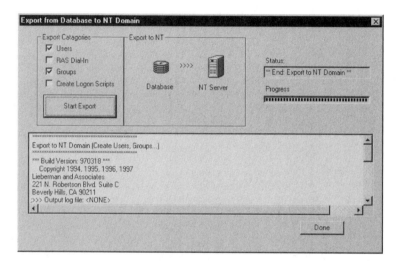

Bild 6.98:
Endgültige Übernahme

Über jeden Schritt wird peinlich genau Protokoll geführt. Man könnte mitlesen, aber vor allem wird die Migration vollständig dokumentiert. Falls tatsächlich Fehler oder Ungereimtheiten auftreten, können Sie anhand des Protokolls überprüfen, was schiefgelaufen ist.

7 Verbindung zu Novell NetWare

NetWare oder *IntraNetWare* der Firma Novell gehört zu den wichtigsten Netzwerkbetriebssystemen. Novell entwickelte das erste Server-Betriebssystem für den PC und gehört auch heute noch zu den Marktführern. In früheren Zeiten besaß Novell einen Marktanteil von über 90 Prozent. Mit einer derartigen Marktbeherrschung ist es heute zwar vorbei, doch werden nach wie vor mehr als 50 Prozent der Netzwerke mit Novell NetWare als Netzwerkbetriebssystem betrieben.

Ein Betriebssystem mit Netzwerk-Unterstützung kann es sich heute nicht leisten, keine Unterstützung für NetWare mitzuliefern. Aus diesem Grund gibt es auch in allen Microsoft-Produkten die Anbindung an NetWare. Eine solche Anbindung befindet sich in Windows NT ebenso wie in Windows 95 und Windows für Workgroups. Auch andere Systeme, wie IBM OS/2 und Apple Macintosh, aber auch PC-UNIX-Systeme, verfügen entweder standardmäßig oder mit Hilfe von Zusatzprodukten über eine NetWare-Anbindung.

NetWare ist ein reines Server-System. Das heißt, es gibt keine Client-Maschinen, die mit NetWare laufen. Die Clients verwenden andere Betriebssysteme wie DOS, Windows für Workgroups, MacOS, OS/2 oder eben Windows NT. Das ist auch der Grund, warum Novell mit der Server-CD eine Reihe von Client-Programmen mitliefert. Da es sehr häufig neue Versionen der Client-Software gibt, ist diese normalerweise vom Internet herunterladbar. Auf der Novell-Seite finden Sie auch Bugfixes zu den Produkten.

Die Kombination Windows NT mit Novell NetWare ist wohl eine der wichtigsten. Das merkt man auch am Standardumfang von Windows NT, das von Microsoft mit sehr vielen Verbindungsfähigkeiten hinsichtlich NetWare ausgestattet wurde. Von beiden Firmen, also von Microsoft und von Novell, gibt es Programme, welche diese Fähigkeiten noch erweitern.

Dieses Kapitel macht Sie mit den vielfältigen Verbindungsmöglichkeiten zwischen Windows NT und Novell NetWare bzw. IntraNetWare vertraut.

7.1 Übersicht NetWare

Ab den Versionen 2.x entwickelte sich Novell NetWare zum absoluten Marktführer bei PC-Netzwerkbetriebssystemen. Heute noch werden in vielen Firmen die Versionen 3.11 und 3.12 eingesetzt. Alle Versionen bis 3.12 waren ausschließlich zeichenorientiert, d.h. auch die Verwaltungsprogramme waren ausschließlich zeichenorientiert. Mit Version 4.0 hat sich das geändert. Seither sind viele Verwaltungsprogramme grafisch aufgebaut und erleichtern so den Zugang zur Verwaltung. Version 4.11 wird als IntraNetWare bezeichnet und enthält einen kompletten Internet-Server. Selbstverständlich kann dieser auch im Zusammenspiel mit Windows NT eingesetzt werden. Die Verbesserungen der Versionen 4.x betrafen vor allem die Sicherheit und den Aufbau des ganzen Systems. Während die Versionen 2.x und 3.x mit der sogenannten *Bindery* arbeiten, gibt es in den Versionen 4.x die *Novell Directory Services* oder kurz *NDS*.

Generell arbeitet ein Administrator unter Novell NetWare mit zwei Systemebenen, nämlich der *Konsolen-* und der *Betriebssystemebene*. Mit der Konsolenebene ist die Arbeit direkt am Server gemeint, die auch unter IntraNetWare noch zeichenorientiert ist. Die Betriebssystemebene bezeichnen die Arbeit an einer Client-Maschine. Sie benötigen eine Client-Maschine, um einen Novell-Server zu verwalten.

7.1.1 Betriebssystemebene

Auf der Betriebssystemebene gibt es zwei Arten von Programmen. Einerseits können Sie Kommandozeilenprogramme einsetzen, andererseits die Dienstprogramme von Novell, die je nach Version des Servers zeichenorientiert oder grafisch sind.

In der Befehlszeile entsprechen die Befehle jenen, die auch von DOS oder Windows NT her bekannt sind. Die Namen sind jedoch unterschiedlich.

CHKVOL oder VOLINFO überprüft den Datenträger. Dabei handelt es sich um einen von NetWare verwendeten Datenträger des Servers. NetWare verwendet ein eigenes Dateiformat.

Mit MAP können Sie Pfade definieren und Laufwerke bzw. Verzeichnisse zuordnen. Der Befehl SALVAGE dient der Wiederherstellung von Daten.

Andere Befehle funktionieren genauso wie unter DOS, also beispielsweise DIR, CD, MD, RD, DEL, COPY, MOVE oder XCOPY.

Zur Installation und Konfiguration von Datenträgern auf dem Server benötigen Sie Programme, die auf der Konsolenebene laufen. Es ist nicht möglich, etwa FDISK für die Partitionierung von NetWare-Volumes zu verwenden.

Zu den Dienstprogrammen gehören SYSCON, PCONSOLE, NETADMIN, NETUSER, NETADM32 und NDSADM. Manche dieser Programme sind zeichenorientierte DOS-Programme, andere sind Windows-Programme. Für die Versionen 2.x und 3.x von NetWare wurde vor allem SYSCON eingesetzt. Damit haben Sie die Möglichkeit, Benutzer und Ressourcen der Bindery zu definieren.

Ab Version 4.0 ist dieses Programm durch NETADMIN bzw. NETADM32 abgelöst. Das erste ist ein 16-Bit-Windows-Programm, das unter Windows 3.x, Windows für Workgroups und OS/2 eingesetzt werden sollte, während es sich beim zweiten um ein 32-Bit-Windows-Programm handelt, das unter Windows 95 und Windows NT läuft.

Bei Version 4.x laufen die zeichenorientierten Programme nicht mehr, wenn Ihr Client-System Windows NT, Windows 95 oder OS/2 Warp heißt. Sie stehen allerdings nach wie vor auf dem Server, weil sie von Novell-Clients aus verwendet werden, deren Client-Software lediglich auf die Versionen 2.x oder 3.x zugeschnitten ist.

Die zeichenorientierten Programme können jeweils mit dem Tastenkürzel `Alt`-`F10` beendet werden, während Sie bei den grafischen Programmen den bekannten Doppelklick auf das Systemfeld machen. Diese zeichenorientierten Programme sehen übrigens genauso aus wie die Konsolenprogramme und lassen sich in der Regel identisch bedienen. Mit der `↵`-Taste wählen Sie einen Punkt aus, während die Cursor-Tasten zum Weiterbewegen verwendet werden. Wenn Sie eine neue Option oder beispielsweise einen neuen Treiber einfügen wollen, verwenden Sie die Taste `Einfg`. Zum Bestätigen eines Dialogfensters wird für gewöhnlich die `Esc`-Taste verwendet, was für jemanden, der mit NetWare noch nicht gearbeitet hat, sehr ungewöhnlich ist. Mit der `Esc`-Taste können Sie auch Bildschirme verlassen. Wenn es etwas zum Speichern gibt, werden Sie von NetWare gefragt. Das »Ja« oder »Nein« muß dann allerdings mit der `↵`-Taste bestätigt werden.

7.1.2 Die Konsolenebene

Die Konsolenebene bezeichnet den Bildschirm des Servers. Auf einem Server können Sie ausschließlich Konsolenbefehle verwenden, die in der Regel mit der Konfiguration des Servers oder der Installation von servergestützten Programmen zu tun haben. Es ist hingegen nicht möglich, etwa einen Benutzer direkt am Server anzulegen. Ein Konzept also, das sich deutlich von jenem in Windows NT unterscheidet.

Normalerweise arbeiten Sie direkt am Server in der Konsolenebene. Es gibt allerdings auch die Möglichkeit, den Konsolenbildschirm auf den Client-Bildschirm zu holen. Das erreichen Sie mit dem Programm RCONSOLE.

Standardmäßig sehen Sie im Konsolenmodus einen Doppelpunkt als Bereitschaftszeichen. Aus dieser Befehlszeile heraus können Sie Novell-Programme aufrufen. Dabei handelt es sich um Programme, deren Namensendung immer NLM ist.

Diese »NLMs« stehen für *NetWare Loadable Modules* und sind die eigentlichen NetWare-Programme. Beispiele für solche NLMs wären etwa das Installationsprogramm INSTALL.NLM oder die Systemstatistik MONITOR.NLM.

Alle NLMs werden mit Hilfe des Befehls LOAD aufgerufen. Um das Installationsprogramm aufzurufen, geben Sie zum Beispiel den folgenden Befehl ein:

```
load install
```

Jetzt könnten Sie Teile von NetWare dazuinstallieren, die Client-Software auf den Server kopieren oder die Startdateien bearbeiten.

Selbstverständlich weiß auch NetWare, was *Multitasking* bedeutet, und Sie können mehrere Programme zur selben Zeit geladen haben. Wechseln können Sie mit [Alt]-[Esc]. Diese Tastenkombination ist vor allem dann sehr nützlich, wenn ein NLM geladen wurde, und Sie müssen in die Kommandozeile, um etwas zu überprüfen. Sie brauchen in diesem Fall nicht aus dem NLM aussteigen, sondern schalten einfach auf die Kommandozeile der Konsole um.

7.1.3 Merkmale der Verwaltung

Seit Version 4.0 arbeitet Novell NetWare bzw. IntraNetWare mit einer X.500 Verzeichnisstruktur, die als *NDS* oder *Novell Directory Services* bezeichnet wird.

Die NDS ist eine hierarchisch aufgebaute Baumstruktur, in der alle Objekte, damit sind Benutzer, Gruppen, Datei- und Verzeichnisressourcen, Anwendungsprogramme, Server und Drucker gemeint, zusammen verwaltet werden können. Die Struktur macht den Ressourcenzugriff völlig transparent; das bedeutet, daß ein Benutzer auf eine bestimmte Ressource zugreifen kann, indem er ihren Namen verwendet. Wo sich diese Ressource innerhalb der Verzeichnisstruktur befindet, braucht der Benutzer nicht zu wissen. Der Vorteil ist, daß der Benutzer beim Ressourcenzugriff keinen Servernamen angeben muß, da die Bezeichnung der Ressource genügt.

Wo sich diese Ressource tatsächlich befindet, verwaltet die NDS. Ähnlich funktioniert das auch mit Benutzern und Gruppen. Der NDS liegt eine Datenbank zugrunde, in der alle Objekte und ihre Berechtigungen gespeichert sind. Diese Datenbank liegt über die gesamte NDS verteilt, obwohl ihre Verwaltung zentral abläuft.

Eine einzige Anmeldung befähigt den Benutzer, auf alle Ressourcen innerhalb der NDS zuzugreifen, sofern die für ihn definierten Berechtigungen dies erlauben.

Die NDS von Novell kann standardmäßig NetWare-Server ab Version 2.x aufnehmen sowie SCO UnixWare-Rechner. Mit einem kleinen Zusatzprogramm, dem ADMINISTRATOR FÜR WINDOWS NT, ist es auch möglich, Windows NT-Server aufzunehmen.

Alle Objekte werden mit Hilfe des *NetWare Administrators* verwaltet. Jedes Objekt besitzt ein Kontextmenü und Einstellungen, über die alle Eigenschaften des jeweiligen Objektes definiert werden können.

Zur Erleichterung der Administration haben Sie die Möglichkeit, Vorlagen oder Schablonen zu definieren. Dabei handelt es sich um ein Vorlagenobjekt, das bereits alle oder die meisten der Eigenschaften besitzt, die Sie für neue Objekte definieren wollen. Der Vorteil dieser Schablonen liegt darin, daß Sie nicht jedes Mal alle gewünschten Einstellungen treffen müssen.

Darüber hinaus können Sie bei der Vergabe von Berechtigungen eine Referenz angeben. Beispielsweise könnten Sie einen neuen Benutzer anlegen; bei den Berechtigungen definieren Sie nur mehr, seine Rechte *gleichen den Rechten* des Benutzers ADMIN, und Sie haben einen zweiten Administrator erstellt.

7.1.4 Der Systemverwalter

Unter Novell NetWare gibt es einen Administrator, der alle Rechte hat. Es ist heute zwar möglich, gleichberechtigte Administratoren zu definieren, doch am Anfang stand ein Konzept, bei dem nur eine einzige Person alle Rechte hatte.

Dieser Benutzer war der SUPERVISOR bzw. in neueren Versionen der ADMIN. Mit diesen Namen werden Sie auch konfrontiert werden, wenn Sie Windows NT mit NetWare verbinden.

Der SUPERVISOR oder ADMIN muß sich selbstverständlich auch an das System anmelden, allerdings nur, wenn er ein Verwaltungsprogramm aufruft.

Im Konsolenmodus ist standardmäßig keine Sicherheit eingestellt. Der Server startet und zeigt den Konsolenbildschirm. Es ist lediglich möglich, automatisch eine paßwortgeschützte Bildschirmsperre aufzurufen.

Der SUPERVISOR oder ADMIN muß die Verwaltung des Servers vorerst einmal aufbauen. Er ist für die Konfiguration und die Einrichtung der Benutzer und Gruppen verantwortlich.

In frühen Versionen von NetWare gibt es nur diesen einzigen Administrator. Die Folge daraus ist, daß mehrere Administratoren einer EDV-Abteilung das Paßwort kennen mußten.

7.1.5 Sicherheit mit Novell

Wie sieht es mit der Sicherheit aus? Die Anmeldung gab es von Beginn an. Allerdings wurden Benutzername und Paßwort bis einschließlich NetWare 3.12 als reiner Text über das Netzwerk übertragen. Somit konnte beides zu einem leichten Opfer für Personen werden, die mit Hilfe eines Netzwerkmonitors oder Sniffers das Netzwerk abhören.

Seit Version 4.0 werden Benutzername und Paßwort verschlüsselt. Die Anmeldung verläuft dabei in mehreren Schritten. Zuerst muß der Benutzer seinen Anmeldenamen angeben. Dieser wird in verschlüsselter Form an die NDS-Datenbank übermittelt. Wenn der Benutzer in der Datenbank existiert, sendet der Server einen Schlüssel an die Client-Maschine. Danach muß das Paßwort eingegeben werden. Mit Hilfe des Benutzerschlüssels wird das Paßwort an der Arbeitsstation kodiert. Diese Kodierung wird an den Server geschickt. Wenn die Überprüfung dieser Kodierung positiv verläuft, bekommt der Benutzer Zutritt. Der Benutzerschlüssel wird wieder aus dem Speicher des Gerätes entfernt, und bei der nächsten Anmeldung sendet der Server einen anderen Schlüssel.

Wie auch in Windows NT gibt es in NetWare eine Reihe von Richtlinien für die Verwendung von Paßwörtern. Ingesamt gesehen ist NetWare dabei sogar flexibler, denn Kontorichtlinien können pro Benutzer eingestellt werden, während Windows NT dafür hauptsächlich Grundeinstellungen parat hat.

In der NDS können mehrere Administratoren eingesetzt werden, wobei NetWare auch eine Hierarchie in der Gruppe der Administratoren kennt. So ist es etwa möglich, daß ein Administrator nur in einem bestimmten Baum der NDS Administratorrechte hat. In diesem Fall hat er alle Berechtigungen für die Objekte, die unterhalb seiner eigenen Ebene stehen, doch er hat keine Rechte in höheren Strukturen oder in jenen, die zu seinem eigenen Verzeichnisbaum parallel stehen.

Administratoren sind in NetWare personalisiert. Das bedeutet, daß Sie nicht einmal dann auf die Daten einer Festplatte kommen, wenn Sie diese aus dem Server ausbauen und in eine andere NetWare-Maschine stecken. Das System weiß genau, welcher Administrator die Daten erstellt hat, und die Administratoren anderer Systeme haben keinerlei Zugriff darauf.

Unter Windows NT wäre diese Situation nicht möglich, weil die Administratoren aller Systeme völlig gleichberechtigt sind und alles dürfen.

Neue Benutzer und Gruppen erstellen Sie, wie auch andere Objekte, mit dem NETWARE ADMINISTRATOR. Das ist das Programm NETADMIN bzw. NETADM32. In diesem Programm sehen Sie die Baumstruktur der NDS angezeigt. Wollen Sie einen neuen Benutzer oder ein anderes Objekt erstellen, dann klicken Sie auf das entsprechende Symbol der Funktionsleiste, oder Sie wählen OBJEKT-NEUES OBJEKT.

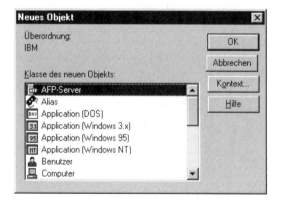

Bild 7.1:
Erstellung eines neuen Objektes

Sie können, wie in Windows NT, einen Benutzer oder gleich mehrere erstellen. Dafür bietet NetWare eine Reihe von Optionen und Einstellmöglichkeiten, grundsätzlich mehr, als unter Windows NT zur Verfügung stellen.

Da diese Optionen auch von Benutzern verwendet werden, die von Windows NT-Clients aus arbeiten, können alle Einstellmöglichkeiten beibehalten und eingesetzt werden. Selbstverständlich wirken sich manche der Einstellungen nur auf den NetWare-Servern aus (siehe Bild 7.2).

Sie können bereits bei der Benutzersteuerung die Berechtigungen für die einzelnen Ressourcen des Servers bzw. der gesamten NDS definieren. Den umgekehrten Weg, also die Definition der Rechte über die Ressource, gibt es ebenfalls.

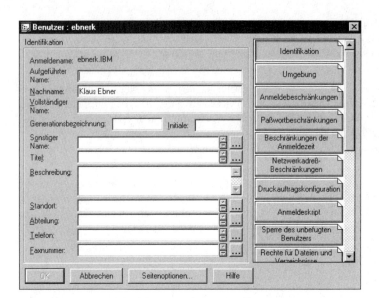

Bild 7.2:
Identifikation des Benutzers

So haben Sie freie Wahl, und das System arbeitet überaus flexibel. Wenn Sie die Ressourcen gleich beim Einrichten des Benutzerkontos mitgeben, brauchen Sie später nicht mehr daran denken. Dieses Prinzip geht mit OS/2 Warp Server konform, unterscheidet sich aber von Windows NT, wo es nicht möglich ist, Ressourcen über die Benutzersteuerung zuzuordnen.

Neben Paßwort-Einstellungen, zugeordneten Programmen und dem Anmeldeskript, das von Novell traditionellerweise *login script* genannt wird, gibt es auch zeitliche Beschränkungen. Das Dialogfenster sieht dabei jenem von Windows NT sehr ähnlich, und Sie werden bei der Verwaltung beider Welten gewiß kein Problem haben.

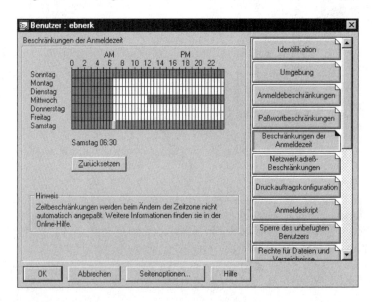

Bild 7.3:
Anmeldezeiten unter NetWare

Mit Hilfe von *Filtern* werden die Rechte für Dateien und Verzeichnisse gesteuert. Sie können Standardrechte für Dateien oder Verzeichnisse erstellen. Beim Erstellen eines neuen Objektes übernimmt dieses automatisch die Berechtigungen, die im übergeordneten Verzeichnis eingestellt wurden. Das könnte aber auch geändert werden.

Das »Vererbungsprinzip«, das Sie auch von Windows NT her kennen, bewirkt, daß Zugriffsberechtigungen automatisch auf alle nachfolgenden Unterverzeichnisse ausgedehnt werden. Damit ist es nicht notwendig, den Benutzern jeweils eigene Berechtigungen zuzuordnen.

Dateimasken ordnen ganz bestimmte Vorgaben zu. Mit Hilfe von Dateimasken ist die Definition von Rechten einfacher, weil sie die notwendigen Arbeitsschritte reduzieren können.

Der ADMIN kann die *Verzeichnismaske* verändern und damit die Rechte in einem Verzeichnis begrenzen. Verzeichnismasken wirken genauso wie Dateimasken.

Insgesamt können die Berechtigungen sozusagen doppelt definiert werden. Einerseits erhält der Benutzer über die Benutzersteuerung bestimmte Berechtigungen, und andererseits gibt es die *Masken*. Wenn Konflikte auftreten, dann ist die Maske wichtiger.

Was bedeutet das? Wenn ein Benutzer Vollzugriff auf ein bestimmtes Verzeichnis hat, die Verzeichnismaske dieses Verzeichnisses jedoch die Erstellung neuer Verzeichnisse unterbindet, dann kann dieser Benutzer trotz Vollzugriffs keine neuen Verzeichnisse erstellen. Die Verzeichnis- oder Dateimaske hat also grundsätzlich eine höhere Priorität als die Zugriffsrechte der einzelnen Benutzer.

Für die Verzeichnis- und Dateimasken stehen mehrere Berechtigungen zur Verfügung, die vom Administrator definiert werden können:

Mit **access-control** haben Sie die Möglichkeit, einer Datei bzw. einem Verzeichnis weitere Attribute der Rechte-Maske zuzuordnen.

Mit **create** haben Sie die Möglichkeit, gelöschte Dateien bzw. Verzeichnisse wiederherzustellen. Dazu muß der Befehl SALVAGE verwendet werden.

Mit **erase** erlangen Sie die Berechtigung, Dateien bzw. Verzeichnisse zu löschen.

Mit **file scan** können Sie die jeweilige Datei bzw. das Verzeichnis anzeigen. Ohne diese Berechtigung sind die Dateien bzw. Verzeichnisse für den Benutzer gar nicht sichtbar.

Mit **modify** haben Sie die Möglichkeit, Dateien bzw. Verzeichnisse umzubenennen und Datei-Attribute zu definieren. Sie können mit diesem Recht jedoch nicht den Inhalt der Datei verändern.

Mit **read** haben Sie die Möglichkeit, die Datei bzw. das Verzeichnis zu öffnen und den Inhalt zu lesen. Programmdateien können mit dieser Berechtigung bereits ausgeführt werden.

Mit **supervisory** vergeben Sie die höchste Berechtigung. Wer dieses Recht hat, besitzt alle möglichen Rechte an einer bestimmten Datei bzw. einem bestimmten Verzeichnis.

Mit **write** haben Sie die Möglichkeit, Dateien bzw. Verzeichnisse zu öffnen, zu lesen und zu schreiben. Mit dieser Berechtigung können Sie also den Inhalt der Datei bzw. des Verzeichnisses verändern.

Neben den Benutzerrechten und den Masken gibt es noch *Attribute*. Auch die Attribute beeinflussen die Berechtigungen, die ein Benutzer bei bestimmten Objekten hat.

Datei- und Verzeichnisattribute haben prinzipiell die höchste Priorität aller Novell-Berechtigungen. Damit können Sie die Zugriffsrechte der Benutzer ganz allgemein einschränken.

Diese Attribute können auch die Rechte des Administrators einschränken. Attribute müssen mit entsprechenden Befehlen oder Einstellungen gesetzt und wieder entfernt werden. Wenn beispielsweise einer Datei das Attribut DELETE INHIBIT zugewiesen wurde, kann auch ein Administrator diese Datei nicht mehr löschen. Die Datei kann erst dann wieder gelöscht werden, wenn das Attribut DELETE INHIBIT wieder entfernt wurde.

Attribute werden mit dem Befehl FLAG vergeben. Diesem Befehl folgt das Objekt, dem ein Attribut zugeordnet werden soll, und dann vergeben Sie das Attribut mit einem Schrägstrich. Mit dem folgenden Befehl wird ein Verzeichnis verborgen:

```
flag sys:Daten\Vertrag /h
```

Auch auf der Hardware-Seite gibt es Sicherheitseinrichtungen. Mit *SFT* meint Novell *System Fault Tolerance*, also Fehlertoleranz.

Die Fehlertoleranz reicht von Sicherheitseinrichtungen von FAT-Laufwerken über das *Transaction Tracking System*, bei dem alle Vorgänge wie in einer Datenbank aufgezeichnet werden, damit ein früherer Stand wiederhergestellt werden kann, bis hin zur Plattenspiegelung.

Novell NetWare kann mit Produkten von Dritterherstellern noch weiter abgesichert werden. So gibt es beispielsweise auch einen *Vinca Standby Server* für NetWare.

Abschließend könnte man sagen, daß die Versionen 2.x und 3.x durchaus Sicherheitslöcher aufwiesen. Seit Version 4.0 wurden diese Schwächen jedoch von Novell behoben. In manchen Bereichen sieht das Sicherheitskonzept im Augenblick besser aus als unter Windows NT. Die Konkurrenzsituation zwischen Microsoft und Novell wird sicherlich dafür sorgen, daß auch in Zukunft keine nennenswerten Unterschiede zwischen den Sicherheitsmechanismen in IntraNetWare und in Windows NT bestehen.

7.1.6   Start des NetWare-Servers

Bei der Installation von NetWare muß eine DOS-Partition angelegt werden. Diese Partition kann sehr klein sein, obwohl 10 MB auf jeden Fall zu empfehlen sind. Am besten ist es, wenn Sie den Vorschlägen des Installationsprogramms folgen, da für die Verwaltung von *Volumes* jeweils eine bestimmte Größe der DOS-Partition vorausgesetzt wird.

Beim Start eines NetWare-Servers startet vorerst ein DOS-Betriebssystem. Dieses fußt auf dem FAT-Dateisystem, auf das mit jedem anderen Betriebssystem zugegriffen werden kann. Erst unter DOS wird der Novell-Server aufgerufen. Die Verwaltung wird dann von DOS an NetWare übergeben.

Die DOS-Partition macht Novell-Server bis zu einem gewissen Grad angreifbar. Wenn unbefugte Benutzer sich Zutritt zum Server-Gerät verschaffen können, ist es ein leichtes, den Server mit einer DOS-Diskette zu starten.

Die einzige Möglichkeit, das auszuschalten, ist die Deaktivierung des Diskettenlaufwerks über das Computer-BIOS, wobei Sie ein Administratorkennwort einstellen sollten. Dieses muß eingetippt werden, wenn Sie die BIOS-Einstellungen aufrufen wollen.

Merken Sie sich unbedingt das Administratorkennwort von Server-Computern. Bei vielen Modellen müssen Sie das Motherboard austauschen, wenn Sie dieses Kennwort vergessen haben!

7.1.7 Standard-Verzeichnisse

Auf NetWare-Servern bzw. in einer NDS werden Datenträger erstellt, die von Novell auch im Deutschen als »Volumes« bezeichnet werden. Diese Datenträger besitzen eine Verzeichnisstruktur, wie sie von anderen Systemen her bekannt ist.

Bei der Installation werden mehrere Standard-Verzeichnisse angelegt, während Sie danach jederzeit neue Verzeichnisse erstellen können. Diese neuen Verzeichnisse können Sie entweder mit den Standard-Befehlen des Betriebssystems erstellen, wobei Sie unter Windows NT auch den Explorer verwenden können, oder mit Hilfe der NDS-Administation. Im letzteren Fall erstellen Sie NDS-Objekte, da Verzeichnisse genauso wie Benutzer, Gruppen, Drucker und Serverprogramme Objekte der NDS darstellen.

Alle Standard-Verzeichnisse befinden sich auf dem Datenträger »SYS:«, der bei der Installation von NetWare erstellt wird.

Das Verzeichnis **ETC** enthält Beispieldateien, die für die Anbindung an fremde Rechnersysteme nützlich sein können wie beispielsweise bei Host-Anbindungen.

Das Verzeichnis **LOGIN** enthält Dateien, die für die Anmeldung an den Server notwendig sind. Dazu gehört etwa das Programm LOGIN. Wenn ein Benutzer auf das Netzwerklaufwerk von NetWare wechselt, befindet er sich ganz automatisch in diesem Verzeichnis. Das Verzeichnis enthält mehrere Unterverzeichnisse. Dazu gehören ein Verzeichnis für Sprachentreiber und eines für die OS/2-Anmeldeprogramme.

Das Verzeichnis **Mail** wurde in früheren NetWare-Versionen in weitere Unterverzeichnisse unterteilt. Seit Version 4.0 ist das nicht mehr der Fall. Hier befinden sich die Mail-Verzeichnisse der einzelnen Benutzer. Diese können auf ihre Verzeichnisse innerhalb des Mail-Verzeichnisses frei zugreifen.

Im Verzeichnis **NETBASIC** werden die Programme und Libraries gespeichert, die für die Programmiersprache benötigt werden, die in NetWare integriert wurde. Diese Programmiersprache gibt es seit NetWare 4.11.

Das Verzeichnis **PUBLIC** enthält alle Befehle und Dienstprogramme von Novell NetWare oder IntraNetWare. Diese Programme stehen den Benutzern, je nach Berechtigung natürlich, zur Verfügung. Sie finden hier die Programme der Betriebssystemebene für DOS und Windows 3.x, während in Unterverzeichnissen die Programme für OS/2 und für Windows 95 zu finden sind. Programme, die für Windows 95 gedacht sind, laufen auch unter Windows NT. Nur wenn Sie den NOVELL ADMINISTRATOR FÜR WINDOWS NT installiert haben, gibt es auch ein eigenes NT-Verzeichnis. Das Verzeichnis **PUBLIC** enthält auch die Programme, die in der Befehlszeile der verschiedenen Client-Systeme aufgerufen werden können. Der Pfad ist bei jeder Anmeldung automatisch für dieses Verzeichnis definiert, so daß die Programme automatisch gefunden werden. In Unterverzeichnissen finden Sie außerdem die Client-Software, sofern diese auf dem Server installiert wurde.

Das Verzeichnis **SYSTEM** enthält Programme, die ausschließlich für die Systemverwaltung am Server wichtig sind. Hier werden Sie die NLMs finden bzw. können überprüfen, welche NLMs überhaupt installiert sind. In diesem Verzeichnis befinden sich auch Programme, die für die Synchronisierung von NetWare 3.x und 4.x-Servern sorgen.

Sie sollten im Hauptverzeichnis von SYS: weitere Verzeichnisse für die Programme anlegen, die auf dem Server installiert werden. Die Organisation des Datenträgers bleibt, neben den Standard-Verzeichnissen, den Administratoren überlassen.

Wenn Sie als Administrator ein Verzeichnis erstellen, sind Sie automatisch der Besitzer dieses Verzeichnisses. Das und die Tatsache, daß Sie alle Zugriffsrechte auf die Datenträger haben, bewirkt, daß Sie alle Einstellungen des neuen Verzeichnisses definieren können.

Wenn Benutzer ebenfalls auf bestimmte Verzeichnisse zugeifen müssen, dann benötigen sie ensprechende Zugriffsrechte. Diese, von Novell als *Trustees* bezeichnet, müssen in der NDS definiert werden.

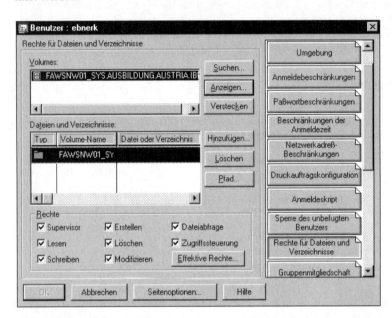

Bild 7.4:
Zugriffsrechte auf den Datenträger

Für die Definition verwenden Sie wieder den NETWARE ADMINISTRATOR.

Soll einem Benutzer ein Laufwerk zugeordnet werden, dann verwenden Sie den Befehl MAP. Das könnte folgendermaßen aussehen:

```
map k:=SYS:PROGRAMS\GRAFIK
```

Dieser Befehl kann auch im Anmeldskript definiert werden. Alle zugeordneten Datenträger sind in der Netzwerkumgebung von Windows NT sichtbar.

Um eine Zuordnung wieder zu löschen, geben Sie den folgenden Befehl ein:

```
map del k:
```

Geben Sie als ADMIN acht beim Löschen von Laufwerken. Wird ein Laufwerk eben verwendet, könnte die Aufhebung der Zuordnung zum Absturz der Arbeitsmaschine führen.

Wenn die Unterstützung für Novell installiert wurde, gibt es ein eigenes NetWare-Netzwerk, das alle verfügbaren Server, Datenträger und Verzeichnisse anzeigt.

Die folgende Abbildung zeigt Novell- und Windows NT-Rechner, zu denen direkte Verbindungsmöglichkeiten bestehen.

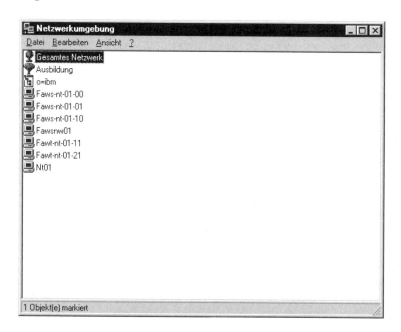

Bild 7.5:
Novell- und NT-Rechner in der Netzwerkumgebung

Optisch wird dabei zwischen Bindery und NDS unterschieden. NDS wird als Baum angezeigt, wobei eine Verzeichnisstruktur als kleine Ordnerstruktur verbildlicht ist. NetWare-Server mit Bindery-Sicherheit werden genauso wie Windows NT- oder auch Windows 95-Rechner angezeigt.

Wenn Sie NetWare 4.x besitzen und die *Bindery-Emulation* eingeschaltet haben, ist der Server doppelt sichtbar; einmal als NDS und einmal als Bindery-Rechner.

7.1.8 Netzwerkprotokolle

Das ureigenste Protokoll von Novell heißt IPX/SPX. Dieses Protokoll wurde von Beginn an von NetWare verwendet. IPX/SPX kann geroutet werden, und deshalb ist es auch für große Netzwerke geeignet.

Alle Systeme, die NetWare unterstützen wollen, benötigen das IPX/SPX-Protokoll oder zumindest ein dazu kompatibles Protokoll. Von den Windows-Systemen wird NWLink verwendet, das zu IPX/SPX kompatibel ist.

Seit Version 4.0 gibt es neben IPX/SPX auch ein zweites Netzwerkprotokoll, das Sie wahlweise einsetzen können. Natürlich ist das TCP/IP.

Einen IntraNetWare-Server können Sie mit IPX/SPX oder mit TCP/IP aufsetzen. Wenn es notwendig oder sinnvoll ist, können Sie selbstverständlich auch beide Protokolle aktivieren.

Für die Einbindung von NetWare ist diese Auswahl fast egal, denn IPX/SPX wird so gut wie von allen anderen Systemen unterstützt, und bei TCP/IP ist das ohnehin eine Voraussetzung.

Als drittes Protokoll wird Appletalk unterstützt. Dieses wird für die Anbindung von Macintosh-Clients verwendet. Auch Appletalk kann parallel zu den anderen Protokollen eingesetzt werden.

Die Wartung der Protokolle müssen Sie auf der Konsolenebene vornehmen. Die Server-Programme sind dafür zuständig. Mit entsprechenden Befehlen haben Sie auch die Möglichkeit, die geladenen Module anzuzeigen, und das Programm MONITOR.NLM ist eine Art Netzwerkmonitor, mit dessen Hilfe Sie die Menge der übertragenen Protokolle pro Protokoll anzeigen können.

7.1.9 Unterstützte Plattformen

Novell NetWare ist ein Server-Betriebssystem. Es gibt also auch kein Novell-Betriebssystem auf der Client-Seite. Vielleicht ist es diese Tatsache, die Novell gegenüber anderen Systemen sehr offen machte. Grundsätzlich kann eigentlich jede Plattform mit Novell-Servern verbunden werden.

Zu den Clients gehören Windows NT, Windows 95, Windows für Workgroups, Windows 3.x, DOS, IBM OS/2, Apple Macintosh und UNIX. Zusatzprogramme machen aus NetWare sogar ein SNA-Gateway.

Die Client-Software ist teilweise in NetWare bzw. IntraNetWare enthalten, teilweise auch in den Client-Produkten. Bei Windows NT haben wir den kuriosen Fall, daß es eine Software von Novell und eine von Microsoft gibt. Welche wo beiliegt, liegt auf der Hand.

Aktuelle Client-Software erhalten Sie in der Regel kostenlos im Internet. Novell bietet dort alle Client-Programme zum Herunterladen an. Bei manchen Produkten, wie beispielsweise UNIX, müssen Sie sich dazu eher an den Hersteller des Betriebssystems wenden.

7.1.10 Novell NetWare für OS/2

Auf der Server-Seite gibt es zwei verschiedene Varianten von Novell NetWare. Einerseits die bereits genannte Version, die eine DOS-Partition mit dem DOS-Betriebssystem als Grundlage voraussetzt. Andererseits eine eigene Version für OS/2 Warp.

Beide Varianten befinden sich auf den von Novell ausgelieferten CDs. Sie können selbst entscheiden, welche Variante Sie installieren wollen. Bei der eigenständigen Versionen benötigen Sie ein DOS-Betriebssystem, bei der OS/2-Variante eben OS/2. Die NDS kann selbstverständlich beide Varianten verwenden, die in jeder beliebigen Zusammensetzung mischbar sind.

Die OS/2-Version wird direkt unter OS/2 als OS/2-Applikation installiert. Das Installationsprogramm ist zumeist übersichtlicher als jenes der eigenständigen Version, weil es sich um ein grafisches OS/2-Programm handelt. Wenn die Netzwerktreiber von MPTS bereits installiert wurden, was bei Warp Connect, Warp Server und Warp 4 der Fall sein könnte, dann gibt es keine Notwendigkeit mehr, einen eigenen Novell-Treiber zu installieren. NetWare kann auf den Standard-Treibern von OS/2 aufsetzen.

Das Konzept sieht so aus, daß sich OS/2 und NetWare die Maschine teilen. Das bedeutet, daß ein Teil der Festplatte und ein Teil des Hauptspeichers NetWare zugeordnet werden, während der Rest bei OS/2 bleibt. Damit soll gewährleistet sein, daß NetWare sogar dann weiterlaufen kann, wenn OS/2 abstürzt.

Die Verwaltungsprogramme von NetWare arbeiten so, wie man es von der eigenständigen Version her gewohnt ist; man muß dazu in vielen Fällen in den zeichenorientierten Gesamtbildschirmmodus ausweichen.

Die OS/2-Version hat den Vorteil, daß keine DOS-FAT darunterliegt, sondern das HPFS-Dateisystem. Deshalb kommt man mit einer DOS-Startdiskette nicht so einfach auf die Festplatte, weil DOS mit HPFS nichts anfängt.

Ein weiterer Vorteil liegt darin, daß die Maschine kein dedizierter Server sein muß. Sie haben die Möglichkeit, auf dem Gerät weiterhin zu arbeiten. Während der Novell-Server im Hintergrund läuft, können Sie mit OS/2- oder auch 16-Bit-Windows-Programmen arbeiten.

In heterogenen Netzwerken macht es keinen Unterschied, ob Sie die eigenständige Version von Novell NetWare einsetzen oder die OS/2-Version. Beides kann mit Windows NT verbunden werden, und nach außen hin ist es einerlei, mit welcher der beiden Varianten Sie nun arbeiten.

7.2 Directory Services und Domänen

Während »Domänen« bei Novell völlig unbekannt sind, gab es einen strukturellen Wechsel von NetWare 3.x auf 4.x. Während die Versionen 2.x und 3.x mit alleinstehenden Servern arbeiteten, deren Verwaltung in großen Netzwerken sehr mühselig ist, führte NetWare 4.0 die sogenannten *NetWare Directory Services* ein, die bald danach auf *Novell Directory Services* umbenannt wurden. Dieses System basiert ebenfalls auf dem X.500-Standard des ITU (vormals CCITT).

Mit der *NDS* werden alle *Objekte* eines Novell-Netzwerkes verwaltet. Was sind nun Objekte? Hier müssen Sie deutlich zwischen den Systemen unterscheiden, denn Novell bezeichnet als Objekt so gut wie alles, das sich im Netzwerk verwalten läßt. Dazu gehören einerseits die Ressourcen, auf die zugegriffen werden kann, also Laufwerks-, Datei- und Druckerressourcen; andererseits umfaßt der Begriff Objekt aber auch Benutzer, Gruppen und Warteschlangen.

Alle Einträge der Verzeichnisstruktur werden in einer eigenen Datenbank verwaltet. Diese Datenbank heißt schlicht »NDS-Datenbank«. Mit der *Bindery* der früheren NetWare-Versionen könnten Sie diese Datenbank durchaus vergleichen, allerdings bietet sie die Möglichkeit, alle im Netzwerk verfügbaren Objekte zu verwalten. Der Zugriff auf die Ressourcen und Informationen des Netzwerks wird dadurch zentralisiert.

Diese Datenbank wurde von Novell direkt ins Betriebssystem integriert. Sie steht auf den Servern verteilt, kann jedoch, wie bereits erwähnt, von einer einzigen Stelle aus verwaltet werden. Nur diese zentrale Verwaltung ermöglicht den Zugriff auf alle Ressourcen im Netz. Der Benutzer braucht im übrigen gar nicht wissen, wo sich die Daten befinden, denn die Aufteilung auf die verschiedenen Server ist Sache des Betriebssystems. Ein Benutzer weiß in diesem Fall auch gar nicht mehr, wie die physische Struktur des Netzwerks aussieht. Braucht er auch nicht, könnte man gleich dazusagen!

Die Zuordnung der Ressourcen in der NDS wird auch als *logische Ressourcenzuweisung* bezeichnet.

Intern wird die NDS-Datenbank in mehrere kleine Teile zerlegt. Diese werden als Partitionen bezeichnet. Jede Partition besteht aus einem Teil der verfügbaren Objekte und deren Daten. Die Struktur einer Partition ist für einen Benutzer sichtbar. Das stellt keineswegs ein Problem dar, denn die Benutzer melden sich ohnehin immer in einem einzigen Verzeichnisbaum an.

Die Datenbank-Partitionen können auf andere Server repliziert werden. Wie bei Windows NT ist das eine Kopie. Der Vorteil ist, daß der Zugriff auf die Partitionsdaten bei einer eventuellen Beschädigung der Replikation nicht unterbrochen wird.

Im Gegensatz zu den Versionen 2.x und 3.x von Novell NetWare greift der Benutzer mit der NDS nicht mehr auf einzelne Server zu, auf denen die Ressourcen stehen, sondern er hat ein großes Netzwerk vor sich, das eine Reihe von Ressourcen-Objekten für ihn bereithält. Der Benutzer meldet sich ein einziges Mal im Netzwerk an und kann seine Benutzerkennung sowie das Kennwort für alle verfügbaren Ressourcen automatisch verwenden. Die Grundlage für den tatsächlichen Zugriff bilden auch hier die Sicherheitseinstellungen, d.h. die Zuordnungen und Trustee-Rechte, im Netzwerk.

Directory Services bilden eine hierarchische Struktur, die *Verzeichnisbaum* genannt wird. Das oberste und gleichzeitig höchste Objekt dieser Struktur ist das Root-Objekt. Von hier aus wird nach unten verzweigt.

Ein Verzeichnisbaum enthält zwei verschiedene Arten von Objekten. Da sind einerseits die Behälterobjekte (Container Objects) und andererseits die Blattobjekte (Leaf Objects). Jeder Zweig eines Verzeichnisbaumes enthält zumindest ein Behälterobjekt und die darin enthaltenen Objekte. Gibt es an dieser Stelle weitere Behälterobjekte, dann verzweigt die Struktur weiterhin.

Behälterobjekte ermöglichen eine logische Struktur des Verzeichnisbaumes. Im Grunde erinnert diese Technik an ganz normale Verzeichnis- oder Ordnerstrukturen, die man zumindest aus der Datenträgerverwaltung der einzelnen Betriebssysteme kennt. Die Behälterobjekte sind also Gruppen, die weitere Objekte zu einer logischen Gesamtheit zusammenfassen. Enthalten Behälterobjekte weitere Behälterobjekte, so spricht man von *übergeordneten Objekten*.

Blattobjekte befinden sich jedoch an den Enden der Zweige. Blattobjekte enthalten grundsätzliche keine weiteren Objekte. Am besten ist es, wenn man sich die Art dieser Objekte ansieht. Blattobjekte stehen für gewöhnlich nämlich für Computer, Drucker, Warteschlangen und nicht zuletzt für die einzelnen Benutzer. Alle Blattobjekte müssen eindeutige Namen haben. Die Eigennamen der Benutzer-Objekte sind selbstverständlich mit dem Anmeldenamen des Benutzers identisch. Aber auch die anderen Blattobjekte, wie beispielsweise die Drucker oder Server, haben eindeutige Eigennamen.

Behälterobjekte erhalten Namen einer organisatorischen Einheit (OU – Organizational Unit), einer Organisation (O – Organization) oder eines Landes (C – Country).

Die Novell Directory Services wurden so entwickelt, daß nicht nur Novell-Server in die Struktur aufgenommen werden können. Auch Windows NT-Server werden im Netzwerk sichtbar und können in die Verzeichnisstruktur aufgenommen werden. Dazu benötigen Sie allerdings ein Zusatzprogramm von Novell, den ADMINISTRATOR FÜR WINDOWS NT.

Zu erwarten ist, daß diese Struktur in Zukunft auch noch auf andere Plattformen ausgedehnt wird. Darüber hinaus könnten die *DCE Directory Services* das Sammelbecken aller Netzwerkbetriebssysteme werden.

7.3 Verwaltung eines NetWare-Servers

Novell entwickelte sehr früh schon ein Konzept von dedizierten Servern. Im Grunde ist das ein sehr vernünftiges Konzept, weil es aussagt, daß Server alleine stehen, möglicherweise sogar in einem Maschinenraum, und niemand auf diesen Server mit Programmen arbeitet.

Dieses Konzept wurde von Novell so perfekt durchgehalten, daß es nicht einmal möglich ist, einen Benutzer direkt am Server einzurichten. Für diese Tätigkeit benötigen Sie bereits eines der Bedienungsprogramme, das nur von einem Novell-Client aus läuft. Diese Verwaltungsprogramme gibt es für mehrere Plattformen, angefangen von DOS über OS/2 und Windows 3.x bis hin zu Windows NT und Macintosh.

Verbindung zu Novell NetWare 223

Manche Dinge müssen jedoch am Server getan werden. Dazu gehören grundsätzliche Systemeinstellungen, die Hardware- und Netzwerkkonfiguration. Zusätzlich könnten noch Datenbanken wie *Btrieve* oder AntiViren-Programme auf dem Server installiert werden.

Alle diese Tätigkeiten werden für gewöhnlich am Server ausgeführt.

Wenn Sie sich an die Arbeit mit den Client-Programmen gewöhnt haben und nicht mehr von Ihrem Arbeitsplatz aufstehen wollen, um extra in den Maschinenraum zu gehen, steht Ihnen noch eine andere Möglichkeit zur Verfügung.

Im PUBLIC-Verzeichnis befindet sich ein Programm RCONSOLE, mit dessen Hilfe Sie den Novell-Bildschirm auf Ihr Gerät holen können.

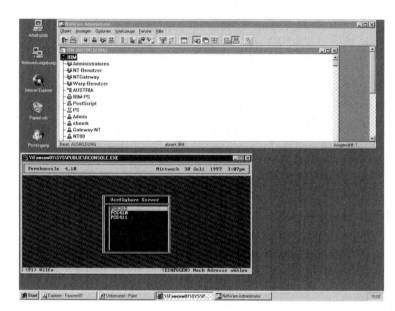

Bild 7.6:
Novell-Administration und Fernkonsole

Diese Fernkonsole erlaubt Ihnen, so zu arbeiten, als säßen Sie direkt am Server. Die Arbeit wird dadurch erleichtert, da Sie nicht mehr in den Maschinenraum gehen müssen.

Selbstverständlich ist RCONSOLE ein zeichenorientiertes Programm, weil die gesamte Bedieneroberfläche von NetWare zeichenorientiert arbeitet. Hier befinden Sie sich an der Basis des Systems und können alle Verwaltungs- und Installationsprogramme verwenden, die von NetWare her bekannt sind.

Sie geben an der Konsole Befehle für die Kommandozeile ein oder rufen ein NLM auf. Programme dieser Art starten Sie mit Hilfe von LOAD.

Mit HELP an der Novell-Konsole erhalten Sie eine Übersicht über alle Befehle, die verfügbar sind. Manche Befehle funktionieren wie unter DOS, andere gibt es nur für NetWare.

7.4 Client-Services für NetWare-Server

Für Windows NT stehen insgesamt zwei verschiedene Client-Programme zur Verfügung. Eines stammt von Microsoft und ist standardmäßig in Windows NT enthalten, während das andere von Novell entwickelt wurde und mit IntraNetWare bzw. über das Internet ausgeliefert wird.

Ursprünglich wollte Microsoft die Firma Novell in die Entwicklung der Client-Software für NetWare einbinden. Die Konkurrenzsituation zwischen den beiden Firmen führte jedoch dazu, daß Microsoft eines Tages daran ging, einen eigenen Client zu entwickeln.

Lustigerweise kamen beide Client-Programme zirka zur selben Zeit auf den Markt. Als Benutzer bzw. Administrator haben Sie jetzt die Wahl zwischen zwei kompletten Produkten.

Generell könnte man sagen, der Microsoft-Client hält sich besser an die NT-Regeln, während der Novell-Client besser an NetWare angepaßt wurde.

In der Praxis wird wohl entscheidend sein, welchem Zweck die Maschine dient, die Sie mit der Client-Software einrichten. Wenn es sich um eine Administrator-Maschine handelt, sind Sie mit dem Novell-Client besser beraten, weil dann die Novell-Verwaltungsprogramme verwendet werden können. Wenn es sich um eine Maschine handelt, von der aus lediglich auf Ressourcen eines Novell-Servers zugegriffen wird, von der aus allerdings keinerlei Administration betrieben wird, dann sind Sie mit dem Microsoft-Client besser beraten, weil dieser zum Standardumfang von Windows NT gehört und viel einfacher in eine Antwortdatei für die Ferninstallation eingebaut weren kann.

Sehen wir uns diese beiden Programme im einzelnen an:

7.4.1 Der Microsoft-Client

Die Installation des Microsoft Clients für Novell-Netzwerke ist sehr einfach. Er kann in die Installation von Windows NT selbst aufgenommen werden.

Der Client für Novell-Netzwerke ist ein Systemdienst, der bei der Installation oder über das Netzwerkobjekt eingerichtet werden kann. Die Grundlage für den Client für Novell-Netzwerke ist das IPX-Protokoll, das bei Microsoft NWLink heißt.

Installation

NWLink muß über die Registerseite PROTOKOLLE der Netzwerkeigenschaften installiert werden, während Sie auf die Client-Software über die Registerseite DIENSTE zugreifen müssen. Falls das Protokoll noch nicht installiert wurde und Sie den MICROSOFT CLIENT FÜR NOVELL-NETZWERKE installieren, wird das NWLink-Protokoll gleich automatisch mitinstalliert. Sie werden vom System darüber informiert (siehe Bild 7.7).

Das NWLink-Protokoll ist die Grundlage für die Kommunikation mit NetWare-Servern. Als Alternative könnte allerdings auch TCP/IP verwendet werden, wenn Sie über NetWare 4.x verfügen.

Nach der Installation des Protokolls bzw. des Clients müssen Sie die Windows NT-Maschine neu starten. Bei der nächsten Anmeldung werden Sie bereits nach den Daten des Novell-Servers gefragt.

Verbindung zu Novell NetWare 225

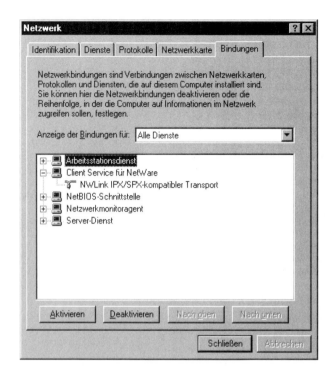

Bild 7.7:
Bindung des NWLink-Protokolls

Anmeldung

Es gibt zwei verschiedene Prinzipien bei der Anmeldung. NetWare bis Version 3.12 verwendete die sogenannte *Bindery* als Sicherheitsstruktur. Wird eine Bindery verwendet, so melden Sie sich an einem *bevorzugten Server* an. Server mit Bindery-Struktur können standardmäßig nicht zu einer größeren Einheit zusammengeschlossen werden. Vor allem gibt es keine Domänen oder ähnliches.

Ab Version 4.0 gibt es die NDS. Diese enthält eine Verzeichnisstruktur und einen Kontext. Wenn Sie sich an einem Novell-Server mit NDS anmelden, benötigen Sie *Standardstruktur und -kontext* (siehe Bild 7.8).

Diese beiden Varianten gibt es bei der Anmeldung an Novell-Server. Sie müssen auswählen, welchem Prinzip Sie folgen wollen. Bei Novell-Servern bis Version 3.12 gibt es ohnehin nur die Bindery-Variante, doch bei Version 4.x können Sie wählen.

NetWare 4.x und IntraNetWare kennen auch eine Bindery-Emulation, die zusätzlich zur NDS-Struktur geladen werden kann. Ursprünglich war diese Emulation für ältere Novell-Clients gedacht, die ausschließlich mit einer Bindery umgehen können.

Auch der Gateway-Dienst von Windows NT kann ausschließlich mit einer Bindery-Struktur umgehen (siehe Bild 7.9).

Wichtig ist, daß die beiden Konzepte einander ausschließen. Es ist unmöglich, eine Maschine gleichzeitig an einen bevorzugten Server und an eine Verzeichnisstruktur anzumelden. Da gibt es nur: entweder oder.

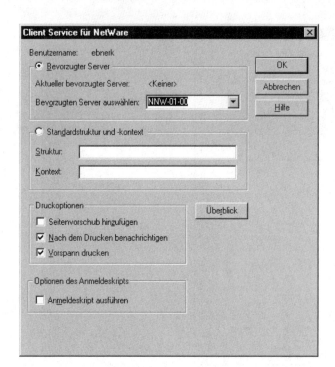

Bild 7.8:
Anmeldung an der
Bindery-Struktur

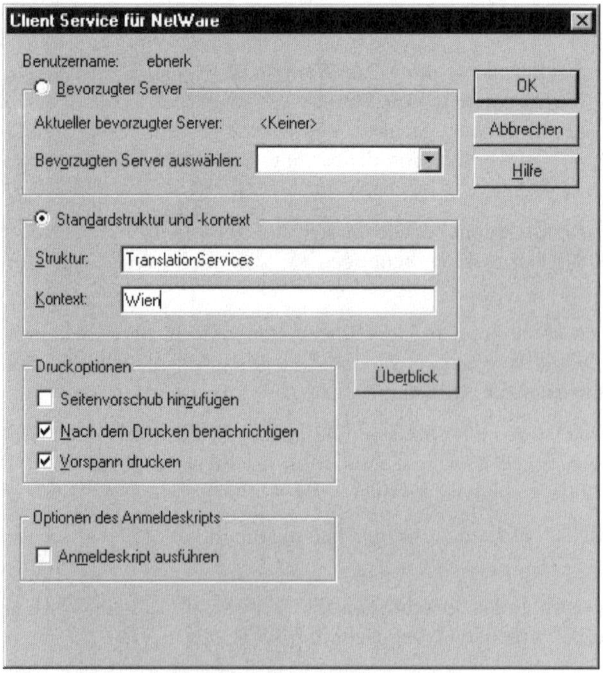

Bild 7.9:
Anmeldung an der NDS

Die Anmeldung des Benutzers wird parallel an der Windows NT-Workstation bzw. an einer Windows NT-Domäne vollzogen sowie am Novell-Server oder an der NDS.

Die Benutzerverwaltung ist doppelt vorhanden. Sie müssen den Benutzer unter NetWare anlegen, aber auch unter NT. Eine ausschließliche Anmeldung an Novell-Servern gibt es weder mit dem Microsoft- noch mit dem Novell-Client.

Die Einstellungen bleiben in Windows NT erhalten. Der Benutzer wird also lediglich bei der ersten Anmeldung nach der Installation nach dem Novell-Server gefragt. Wurde der Server oder die NDS eingetragen, dann ist dies in Windows NT gespeichert, und in Zukunft erfolgt nur mehr die bekannte Windows NT-Anmeldung.

In Wirklichkeit wird der Benutzer freilich nicht nur lokal, sondern auch vom Novell-Server verifiziert. Voraussetzung ist eine identische Einstellung unter Windows NT und Novell. Sowohl der Benutzername als auch das Kennwort müssen übereinstimmen. Die Möglichkeit, die Anmeldung an Windows NT mit einer unterschiedlichen Identifikation durchzuführen, gibt es nicht.

Wenn Sie die Einstellungen nachträglich ändern müssen, so rufen Sie die SYSTEMSTEUERUNG auf. Darin befindet sich eine Novell-Erweiterung. Es handelt sich dabei um das Anmeldefenster, das Sie bereits bei der ersten Anmeldung ans System zu Gesicht bekamen. Mit diesem Objekt können Sie als Administrator jederzeit einen anderen bevorzugten Server oder eine andere NDS einstellen.

Gewöhnlichen Benutzern bleibt diese Möglichkeit verwehrt. Sie können zwar das Objekt aufrufen und die aktiven Einstellungen ansehen, aber nichts verändern.

Leistungsumfang

Der MICROSOFT CLIENT FÜR NOVELL-NETZWERKE gehört zum Standardumfang von Windows NT. Deshalb ist der Einsatz sehr unkompliziert und kann überaus einfach in eine automatische Installation mit Antwortdatei einbezogen werden.

Mit diesem Client verfügen Sie über einen kompletten Zugriff auf Novell-Server. Die gesamte Verwaltung muß über den Novell-Server vorgenommen werden, wie es bei NetWare ja üblich ist.

Der Microsoft-Client ist vollständig in Windows NT eingepaßt, also werden alle Richtlinien von Windows NT berücksichtigt. Darüber hinaus liegt die Anmeldung eigentlich versteckt, so daß der Benutzer überhaupt nicht merkt, daß sein Konto auch von einem Novell-Server überprüft wird.

Voraussetzung für den Einsatz des Microsoft-Clients ist, daß alle Einstellungen auf dem Server bereits getroffen wurden. Die Benutzerverwaltung muß stimmen, und ebenso sieht es mit den Ressourcen aus.

Die Verwaltung des NetWare-Servers kann **nicht** von der Windows NT-Maschine aus durchgeführt werden, wenn diese die Microsoft-Anbindung verwendet.

Die Verwaltungsprogramme von Novell befinden sich ja auf dem Server, also kann auch mit dem Microsoft-Client auf diese Programme zugegriffen werden. Interessant ist jedoch, daß sie nicht laufen!

Die Verwaltungsprogramme von NetWare benötigen eine Reihe von zusätzlichen Dateien, hauptsächlich DLL-Dateien, die unter Windows NT installiert werden müssen. Diese Dateien existieren für den Microsoft-Client nicht.

In der Praxis bedeutet das, daß Sie, wenn Sie den Microsoft Client installiert haben, kein einziges der Verwaltungsprogramme von Novell starten können. Jeder Versuch führt zu einer Vielzahl an Fehlermeldungen.

Ich möchte es so formulieren: der Microsoft-Client für NetWare ist der »kleine Bruder«. Wenn die Verwaltung von einer anderen Stelle aus gemacht wird, reicht die Microsoft-Software völlig aus und ist dazu sehr einfach zu installieren und zu warten. Für eine Administrator-Maschine, von der aus die NetWare-Administration durchgeführt werden soll, ist das Microsoft-Programm jedoch völlig ungeeignet.

7.4.2 Der Novell-Client

Auch die Firma Novell bietet einen eigenen Client für Windows NT. Im Internet erhalten Sie jeweils die aktuellsten Informationen sowie die neuesten Programmversionen.

Generell gilt, daß die Client-Software von Novell das Netzwerkbetriebssystem, also NetWare, besser unterstützt. Bei der Unterstützung von NT gibt es allerdings Abstriche.

Die Novell Client-Software ist mit jener für Windows 95 nicht identisch. Wenn Sie beide Systeme einsetzen, bedenken Sie also diesen Unterschied. Die Verwaltungsprogramme gibt es hingegen nur ein einziges Mal, und ob Sie die NDS Administration unter Windows NT oder Windows 95 aufrufen, ist völlig unerheblich.

Klar: der Novell-Client und der Microsoft-Client können nicht gemeinsam installiert werden. Sie müssen sich für eines der beiden Programme entscheiden.

Beim Novell-Client handelt es sich also um eine eigene Software, die Sie zusätzlich von Windows NT erhalten und extra installieren müssen. Es gibt zwar eine Möglichkeit, Programme von Drittherstellern in die automatische Ferninstallation mit Antwortdateien einzubinden, doch ist dies relativ aufwendig und kompliziert.

Die Novell-Software benötigt im übrigen auch mehr Festplattenspeicher und mehr Systemressourcen. Im Zusammenspiel mit anderen Zusatzprogrammen, beispielsweise der OS/2-Anmeldung von OS/2, traten vereinzelt Probleme auf, die nur durch eine komplette Neuinstallation aller Netzwerkprogramme behoben werden konnten.

Der Vorteil liegt jedoch in der Unterstützung von Novell NetWare bzw. IntraNetWare. Keine Anbindung enthält so viele Möglichkeiten und Details wie jene von Novell. Sehen wir uns das einmal genauer an!

Installation

Die Installation verläuft wieder über das Netzwerkobjekt. Sie müssen einen neuen DIENST installieren, der sich diesmal nicht im Standardumfang befindet; also muß eine eigene Diskette als Quelle angegeben werden.

Die Grundlage ist wieder das NWLink-Protokoll. Wurde dieses noch nicht installiert, dann fordert das Installationsprogramm Sie auf, vorerst einmal das NWLink-Protokoll zu installieren. Erst danach können Sie mit der Installation des Novell-Clients fortfahren.

Unter Windows NT verwendet Novell jenes Protokoll, das Microsoft entwickelte. NWLink ist ja zu IPX/SPX kompatibel und unterstützt alle Merkmale des Novell-Protokolls. Falls Sie eine Novell-Anbindung unter Windows 95 installieren, fällt auf, daß auf jenem anderen Microsoft-System das Microsoft-Protokoll gelöscht und durch ein IPX-Protokoll von Novell ersetzt wird. Nicht so bei Windows NT!

Das NWLink-Protokoll verfügt über ein paar Einstellmöglichkeiten, doch vor allem im Zusammenspiel mit den neueren Versionen von Novell NetWare empfiehlt es sich, die automatischen Voreinstellungen zu übernehmen.

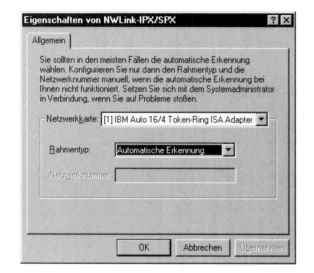

Bild 7.10:
NWLink-Einstellungen

Die Installation des Novell-Clients von Disketten, aber auch von einem Netzwerkverzeichnis, nimmt deutlich Zeit in Anspruch. Es handelt sich um viel mehr Dateien als bei der Microsoft-Software.

Danach muß das System neu gestartet werden. Bei der nächsten Anmeldung ans System finden Sie einen völlig neuen Anmeldebildschirm vor. Das Eingangsfenster wurde von Novell erweitert, und darüber hinaus handelt es sich um einen Notizblock mit fünf verschiedenen Registerkarten.

Die erste ist die wichtigste, denn sie fragt den Namen und das Kennwort ab. In der Mitte steht der Name des Kontextes innerhalb der NDS.

Alle Einstellungen der NetWare-Server, also Bindery oder NDS, müssen Sie auf der zweiten Registerseite einstellen. Hier könnten zwar gleichzeitig ein bevorzugter Server und eine Verzeichnisstruktur eingestellt werden, doch gilt auch bei Novell, daß nur eine Variante möglich ist. Wenn Sie beides einstellen, wird der bevorzugte Server vom System ignoriert.

Eine eigene Registerseite steht für WINDOWS NT. Gerade bei der ersten Anmeldung sollten Sie auch einmal einen Blick auf diese Seite werfen. Hier wird der Benutzername nämlich noch einmal geschrieben. Interessanterweise könnte es sich hierbei um einen anderen Namen als unter NetWare handeln. Sie können sich also mit zwei verschiedenen Namen anmelden. In diesem Fall würden Sie von einem zweiten Fenster nach dem Kennwort für die Windows NT-Maschine gefragt werden.

Anmeldung

Die Anmeldung wird mit Hilfe des geänderten Anmeldebildschirms durchgeführt. Auch beim Novell-Client erfolgt die Überprüfung in Wirklichkeit zweimal. Das Benutzerkonto muß unter NetWare existieren, und es muß unter Windows NT, entweder in der lokalen Registrierung oder in der angegebenen Windows NT-Domäne, definiert sein.

Normalerweise meldet man sich ein einziges Mal in beiden Systemen an. Es gibt jedoch auch die Möglichkeit, sich ausschließlich lokal anzumelden. In diesem Fall erfolgt die Überprüfung ausschließlich über den Windows NT-Rechner oder die NT-Domäne, und es gibt keinen Zugriff auf den oder die Novell-Server. Für zusätzliche Installationen oder Konfigurationen ist das ein sehr nützlicher Modus.

Wenn Sie nur lokal angemeldet sind, können Sie sich jederzeit aus dem laufenden System heraus an der NDS anmelden, ohne daß Sie sich deswegen abmelden müßten.

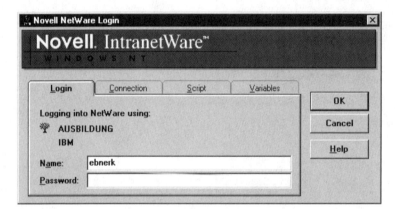

Bild 7.11:
Nachträgliche Anmeldung an Novell

Auch in diesem Fall haben Sie die Möglichkeit, die Konfiguration zu verändern. Wenn Sie Administrator sind und Zugriff auf andere Novell-Netzwerke oder eben bevorzugte Server mit Bindery-Struktur haben, so können Sie die Einstellung jetzt anpassen.

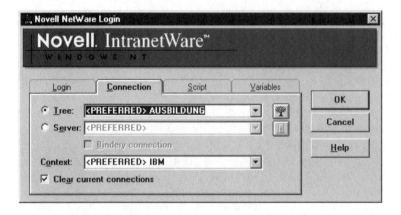

Bild 7.12:
Einstellung der Verzeichnis- oder Bindery-Struktur

Leistungsumfang

Der Novell-Client bietet ebenfalls eine vollständige Anbindung an NetWare-Server. Unterstützt wird nicht nur der gewöhnliche Client-Zugriff auf die Ressourcen des Servers oder der NDS, sondern auch alle Client-Programme, die im Verzeichnis SYS:PUBLIC aufgerufen werden können.

Alle notwendigen DLL-Dateien werden vom Installationsprogramm in Windows NT installiert. Auf der Verwaltungsseite müssen unter Windows NT jene Programme verwendet werden, die für Windows 95 entwickelt wurden. DOS-Programme laufen nur teilweise, weil sie durch die grafischen Windows 95-Programme ersetzt wurden.

Außerdem kann die FERNKONSOLE aufgerufen werden. Damit haben Sie die Möglichkeit, die Serververwaltung vollständig von einer Arbeitsmaschine aus vorzunehmen.

In der Startleiste werden ein paar Programme angelegt. Darunter ein Handbuch, die Anmeldung, in der Sie auch Grundeinstellungen verändern können, sowie die Möglichkeit, das Paßwort von Novell anzupassen.

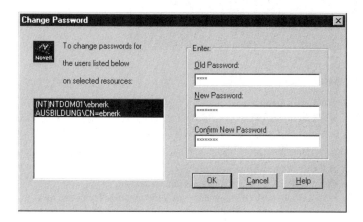

Bild 7.13:
Paßwort ändern

Den Novell-Client sollten Sie dann verwenden, wenn Sie von Ihrer Windows NT-Maschine aus auch Zugriff auf die NetWare-Verwaltung benötigen.

Im Gegensatz zum Microsoft-Client können alle Programme sofort gestartet werden. Wenn Sie Administrator-Rechte besitzen, können Sie somit gleich in die Verwaltung des NDS oder des NetWare-Servers eingreifen (siehe Bild 7.14).

Die Client-Software von Novell ist außerdem die Grundlage für den NOVELL ADMINISTRATOR FÜR WINDOWS NT. Dieses Zusatzprogramm kann nur dann installiert werden, wenn der Novell-Client bereits aktiv ist. Darauf aufsetzend haben Sie die Möglichkeit, mit dem NOVELL ADMINISTRATOR auch Windows NT-Server in eine NDS einzubinden.

Auf der Schattenseite ist zu vermerken, daß der Novell-Client sich nicht an alle Richtlinien von Windows NT hält. Falls Sie beispielsweise in der Registrierung einstellen, daß der letzte Anmeldename im Anmeldefenster nicht mehr automatisch angezeigt werden soll, wird das vom Novell-Client ignoriert. Der Befehl, den letzten Namen nicht mehr anzuzeigen, funktioniert somit nicht, und der Name ist sichtbar.

Wenn Sicherheit eine große Rolle spielt, dann sind solche Eigenheiten zu beachten. In jedem Fall sollten Sie ausreichend testen.

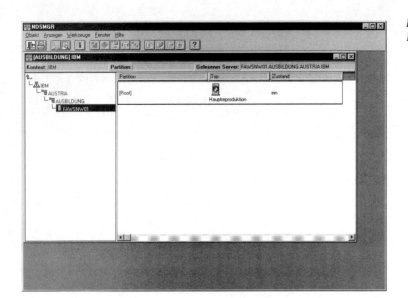

Bild 7.14:
Der NDS-Manager

Installation von Service Packs

Geben Sie acht, wenn der Novell-Client installiert ist und Sie Service Packs installieren wollen. Sie sollten im Idealfall die gesamte Client-Software von Novell deinstallieren, dann das Service Pack daraufspielen und zuletzt den Novell-Client neuerlich installieren.

Wenn Sie über einen installierten Novell-Client ein Service Pack installieren, riskieren Sie, daß die Maschine nicht mehr starten kann. Programme wie der Novell-Client ändern wichtige Systemdateien, die wiederum vom Service Pack ausgetauscht werden. Auf diese Weise kann es vorkommen, daß das Service Pack Dateien einspielt, die mit der Anmeldung von Novell nicht kompatibel sind.

Verträglichkeit mit anderen Anbindungen

Generell sollten Sie mit dem Novell-Client keinerlei Schwierigkeiten haben, doch genau betrachtet kommt es sehr auf die Konfiguration an.

In einem wirklich heterogenen Netzwerk könnte es sein, daß mehrere Plattformen und Anbindungen gemischt werden. Ob sich der Novell-Client dann mit einem anderen Programm verträgt oder nicht, hängt davon ab, welchen Funktionsumfang die beiden Programme haben.

Man könnte es so auf den Punkt bringen: überlappt sich die Funktionalität, dann kracht es auch. Konkret bedeutet dies, daß ein anderes Programm nicht etwa dieselben Systemdateien von Windows NT austauschen darf wie der Novell-Client.

Auch ein Beispiel gibt es dafür: Sie können unmöglich die Novell-Client-Anbindung gemeinsam mit der PRIMÄREN ANMELDUNG von IBM installieren. In beiden Fällen wird der Anmeldebildschirm verändert. Da werden dieselben NT-Dateien angegriffen, und deshalb funktioniert es nicht parallel. Wer die IBM-Anmeldung verwendet und zusätzlich auf Novell-Server zugreifen will, muß den Microsoft-Client einsetzen. Eine andere Variante gibt es in diesem konkreten Fall nicht, denn nur die NetWare-Anbindung existiert doppelt.

Mit NFS-Anbindungen gibt es kaum Probleme, da diese Programme als Systemdienste oder Anwendungsprogramme starten. Allerdings verändert auch SUN SOLSTICE NETWORK CLIENT den Anmeldebildschirm von Windows NT. Damit wird ebenfalls kein paralleler Einsatz möglich sein.

Wer die Verbindung zu allen drei Plattformen braucht, also Windows NT, OS/2 Warp und Novell NetWare, der könnte die PRIMÄRE ANMELDUNG von IBM verwenden, den MICROSOFT CLIENT FÜR NOVELL-NETZWERKE und eine beliebige NFS-Erweiterung. Sie sehen also, daß die Kombination durchaus möglich ist. Sie sehen aber auch, daß der Novell-Client in dieser Konstellation nichts verloren hat.

7.5 Verbindung über TCP/IP

Seit Version 4.0 unterstützt Novell NetWare auch das TCP/IP-Protokoll. Sie können dieses an Stelle des IPX-Protokolls einsetzen.

IPX/SPX hat durchaus Vorteile gegenüber TCP/IP, denn es ist schlanker und schneller, hat aber einen ähnlichen Funktionsumfang.

TCP/IP hat jedoch den Vorteil, daß es von jeder Plattform heute unterstützt wird. Sie können mit diesem Protokoll zu allen Welten verbinden. Außerdem ist TCP/IP die Verbindung ins Internet.

Das Internet wird in letzter Zeit immer wichtiger. Nicht nur Privatanwender, sondern auch viele Firmen können heute auf die Verbindung zum Internet nicht mehr verzichten. Sie finden darin Informationen, Neuigkeiten, Software und nicht zuletzt Unterhaltung.

Auch Novell hat die Bedeutung des Internets erkannt. Novell IntraNetWare enthält nicht nur das TCP/IP-Protokoll, sondern auch einen kompletten Internet- und FTP-Server. Sie können mit IntraNetWare also gleich auf mehreren Ebenen mit dem Internet loslegen.

Gerade in heterogenen Umgebungen ist TCP/IP ein sehr wichtiges Protokoll. Es eignet sich für die Verbindung ansonsten völlig fremder Plattformen, und deshalb ist es auch zusammen mit Novell NetWare durchaus zu empfehlen.

Die IP-Konfiguration muß auf den Novell-Servern im Konsolenmodus vorgenommen werden. Falls das Protokoll nicht schon bei der Server-Installation installiert wurde, müssen Sie dies nachholen. Mit dem Programm INSTALL.NLM können Sie TCP/IP installieren. Dieses Installationsprogramm rufen Sie an der Konsole mit dem folgenden Befehl auf:

```
load install
```

Folgen Sie den Anweisungen auf dem Bildschirm, um das TCP/IP-Protokoll zu installieren und zu konfigurieren. Der Server sollte danach neu gestartet werden.

An den Windows NT-Client-Rechnern gibt es eine Standard-TCP/IP-Konfiguration. Dazu benötigen Sie die Netzwerkeigenschaften. Falls das Protokoll noch nicht installiert wurde, müssen Sie dies jetzt nachholen. Wenn TCP/IP bereits installiert ist, klicken Sie auf der Registerseite PROTOKOLLE auf TCP/IP und dann auf die Schaltfläche EIGENSCHAFTEN.

Sie benötigen zumindest eine IP-Adresse und eine Teilnetzmaske, die auch in der deutschen Version mit dem englischen Wort »subnet mask« bezeichnet wird. Auf der Seite DNS benötigen Sie einen *Hostnamen*.

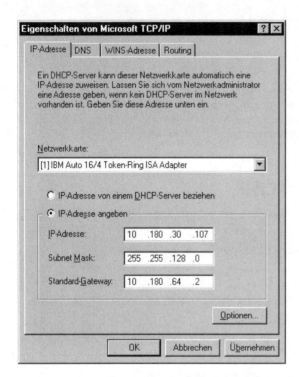

Bild 7.15:
IP-Konfiguration unter Windows NT

Alle weiteren Einstellungen sind optional. Dazu gehören der Standard-Router (»Standard-Gateway«), eine Domäne und DNS-Server. Auf WINS können Sie getrost verzichten, wenn Sie ausschließlich Novell-Server haben. Spielen auch NT-Server eine Rolle, dann kommt es selbstverständlich auf Ihre Konfiguration an.

 Vergessen Sie nie: ein kleiner Fehler in der IP-Konfiguration kann dazu führen, daß die Kommunikation über das Netzwerk nicht funktioniert.

Selbstverständlich kann TCP/IP auch gemeinsam mit dem IPX/SPX-Protokoll verwendet werden. Die Verwaltung wird dadurch aber komplexer und vielleicht unübersichtlich.

7.6 Benutzerverwaltung unter NetWare

Die gesamte Verwaltung der Benutzer muß unter NetWare vorgenommen werden, wie das bei jeder Kombination mit Servern der Fall ist.

Das Besondere an Novell NetWare ist, daß Sie Benutzer nicht direkt am Server anlegen können. NetWare ist als dedizierter Server gedacht und bietet somit auch keinerlei Verwaltungsprogramme, die auf dem Server laufen. Wenn Sie einen Novell-Server installieren, können Sie lediglich die Hardware-Einstellungen direkt auf dem Server vornehmen. Außerdem könnten NLMs (NetWare Loadable Modules) geladen werden, das sind sozusagen Anwendungs- bzw. Server-Programme, die direkt auf dem Server laufen; ein Beispiel dafür wäre etwa eine Datenbank.

Für alle anderen Verwaltungsaufgaben benötigen Sie eine Client-Maschine. Jedes unterstützte Client-System kommt dabei in Frage, und so können Sie die Verwaltung eines Novell-Servers selbstverständlich auch von Windows NT aus vornehmen.

Wird die Microsoft-Software verwendet, dann lassen sich die Novell-Verwaltungsprogramme nicht aufrufen, weil DLL-Dateien und Registrierungseinträge fehlen. Mit der Novell-Software brauchen Sie lediglich das Verzeichnis PUBLIC auf dem Volume SYS zu öffnen. Darin befinden sich die Verwaltungsprogramme für DOS, und wenn Sie das Verzeichnis WIN95 öffnen, haben Sie die für NT relevanten Verwaltungsprogramme vor sich.

Für die Benutzerverwaltung bzw. die Verwaltung der gesamten NDS benötigen Sie den NETWARE ADMINISTRATOR. Dieser wurde eigentlich für Windows 95 geschrieben, läuft aber genauso unter Windows NT. Sie finden ihn im Verzeichnis SYS:PUBLC\WIN95.

Bild 7.16:
NetWare
Administrator

Ein Benutzer ist ein NDS-Objekt. Ebenso sind Verzeichnisse, Drucker, Gruppen oder Anwendungsprogramme NDS-Objekte.

Sie können neue Objekte im Menü OBJEKT erstellen oder mit dem entsprechenden Symbol oder im Kontextmenü mit der rechten Maustaste.

Benutzer erhalten eine Anmelde- und einen kompletten Namen. Novell verwendet immer den Begriff »Paßwort« dort, wo Microsoft von einem »Kennwort« spricht. Das Paßwort kann gleich bei der Benutzerdefinition eingestellt werden. Andernfalls wird der Benutzer bei der ersten Anmeldung aufgefordert, ein neues Paßwort zu definieren.

Die Verwaltung eines Benutzers ist ein Notizblock mit einer Reihe von Indexzungen, die am rechten Rand angezeigt werden. Es gibt eine Vielzahl von Einstellungen, wovon ein guter Teil von Windows NT her bekannt ist. Insgesamt besitzt NetWare aber mehr Einstellungsmöglichkeiten für Benutzer.

So können Sie in dieser Verwaltung auf Wunsch gleich die Ressourcen zuordnen, auf die der Benutzer zugreifen darf. Es gibt eine Möglichkeit, Anmeldeskripte zu definieren, und Sie können sogar die Größe eines Basisverzeichnisses beschränken.

Eine Spezialität der Verzeichnisstruktur von Novell ist die Möglichkeit, Vorlagen zu verwenden. Für jeden Benutzer können Sie Vorlagen wählen. Diese Vorlagen enthalten bereits alle oder möglichst alle Einstellungen, die sich bei dem neuen Benutzer auswirken sollen.

Mit Hilfe von Gruppen können Sie, wie in allen Systemen, die Verwaltung vereinfachen. Die Gruppenzugehörigkeit läßt sich über den Benutzer oder über die Gruppe selbst steuern. Einer Gruppe kann ebenfalls ein Anmeldeskript zugeordnet werden. So etwas funktioniert unter Windows NT nur mit Zusatzprogrammen.

7.6.1 Benutzerprofile

Windows NT kennt Benutzerprofile, und wenn Sie NetWare oder IntraNetWare als Server-System verwenden, könnten diese Profile trotzdem servergestützt verwendet werden. Allerdings müssen hier zwei Welten zusammenspielen, und ein Administrator muß wissen, wie er es anstellt, daß Windows NT-Benutzer trotzdem zu ihrem servergestützten Profil kommen.

Beim Erstellen eines Benutzers sollten Sie darauf achten, daß ein Basisverzeichnis (*home directory*) erstellt wird. Dieses wird von NetWare automatisch im Verzeichnis USERS angelegt. In vielen Fällen ist diese Option unter den Versionen 4.x deaktiviert, deshalb muß sie eingeschaltet werden.

Wird die Anmeldung dann vom Novell-Server überprüft, so landen Benutzerprofile ganz automatisch im Basisverzeichnis. Man kann das leicht kontrollieren, indem man mit Hilfe des Windows NT-Explorers die Verzeichnisse des Novell-Netzwerks durchsucht. Im Basisverzeichnis des angemeldeten Benutzers werden Sie die bekannte Verzeichnisstruktur der NT-Benutzerprofile suchen.

Wichtig ist also lediglich eine Überprüfung der Anmeldung am Novell-Server und das Vorhandensein eines Basisverzeichnisses.

Das Benutzerprofil wird bei der ersten Abmeldung (!) auf den Server geschrieben. Ab der zweiten Anmeldung wird das Profil bereits vom Server heruntergeladen. Diesen Vorgang sollten Sie sich vor Augen halten, wenn Sie die Einstellungen durchtesten.

Unter Windows NT muß keine Einstellung verändert werden, wenn Sie servergestützte Benutzerprofile verwenden wollen.

7.6.2 Anmeldeskripte und »Login Scripts«

Anmeldeskripte wurden in den alten Versionen von NetWare immer als »Login Scripts« bezeichnet. Viele NetWare-Spezialisten verwenden auch heute noch ausschließlich diesen Begriff. In bestehenden NetWare-Umgebungen werden diese Anmeldeskripte in der Regel sehr häufig eingesetzt.

NetWare kennt ein systemweites Login-Script und persönliche Skripten. Ein systemweites Login-Script hat den Vorteil, daß es nur ein einziges Mal definiert werden muß. Es läuft bei jeder Anmeldung ab, was allerdings auch bedeutet, daß kein einziger Benutzer davon ausgenommen werden kann. Die persönlichen Login-Scripts werden nur dann aufgerufen, wenn sich der jeweilige Benutzer ans Netzwerk anmeldet.

Persönliche Anmeldeskripte erstellen Sie mit dem NETWARE ADMINISTRATOR. Sie können direkt beim Benutzer definiert werden. Das systemweite Login-Script befindet sich im Verzeichnis PUBLIC, während die persönlichen Skripten jeweils in den Mail-Verzeichnissen der Benutzer stehen.

Wenn mehrere Einstellungen aufgrund von mehrfachen Anmeldeskripten kollidieren, dann könnte man sagen: je persönlicher das Anmeldeskript, desto stärker seine Einstellungen. Das persönliche Anmeldeskript ist also stärker als das System-Anmeldeskript.

Falls Ihre Clients nicht nur von der NDS, sondern auch von einer Windows NT-Domäne überprüft werden und beide Plattformen ein Anmeldeskript definiert haben, dann laufen tatsächlich beide ab. Stärker ist in diesem Fall das Novell-Anmeldeskript, aber nur aus einem einzigen Grund: die Novell-Anmeldung erfolgt als zweite, nachdem der Benutzer an Windows NT angemeldet wurde. Daher läuft zuerst, nämlich bei der Windows NT-Anmeldung, das NT-Anmeldeskript, und dann, bei der Novell-Anmeldung, das Novell-Anmeldeskript.

Falls die Einstellungen kollidieren, dann überfahren die Novell-Einstellungen jene von Windows NT.

Wenn Sie sich mit einer Windows NT-Maschine anmelden, können solche Login-Scripts selbstverständlich verwendet werden. Sie werden nach wie vor auf dem Novell-Server definiert und stehen dort in den entsprechenden Verzeichnissen bereit.

7.6.3 Systemrichtlinien

Die Systemrichtlinien müssen mit dem SYSTEMRICHTLINIEN-EDITOR erstellt werden. Dieser befindet sich im Lieferumfang von Windows NT Server und stellt Richtlinien für alle Windows NT-Clients bereit. Da das Programm nicht im Lieferumfang von Windows NT Workstation enthalten ist, benötigen Sie also einen Server. Die einzige Alternative stellt das Ressource Kit dar, das ebenfalls einen Systemrichtlinien-Editor enthält.

Das Programm ermöglicht Ihnen die Definition von Richtlinien für einen Standardbenutzer und einen Standardcomputer. Seien Sie mit diesen beiden Einstellungen allerdings vorsichtig, denn der Standardbenutzer wirkt sich selbstverständlich auf alle Benutzer aus, also auch auf Administratoren. Es ist schon öfter vorgekommen, daß ein Administrator etwa die Verwendung von Programmen zur Bearbeitung der Registrierung dem Standardbenutzer untersagt und dann eine Maschine neu aufsetzen muß, weil er selbst nicht mehr in die Registrierung kommt.

Besser ist die Verwendung von einzelnen Benutzern oder Gruppen. Diese leiten sich aus der Sicherheitsdatenbank der Domäne ab. Sie haben sogar die Möglichkeit, einzelne Computer einzustellen, was sehr interessant sein kann, da die Computereinstellung andere Kriterien liefert als ein Benutzer oder eine Gruppe (siehe Bild 7.17).

Systemrichtlinien sind eines der modernsten Werkzeuge, das der NT-Administrator hat, um die Benutzung von Windows NT-Rechnern zu kontrollieren und übermäßiges »Herumspielen« der Anwender zu unterbinden. Sie sollten auch immer das aktuelle Service Pack zu NT installieren, denn Microsoft erweitert die Möglichkeiten des Richtlinieneditors laufend, und allein zwischen dem Editor im ursprünglichen Windows NT Server und jenem in Service Pack 3 bestehen große Unterschiede.

Die Systemrichtlinien werden bei der Anmeldung des Benutzers an Windows NT ausgeführt. Sie überschreiben Teile der lokalen Registrierung. Bedenken Sie immer, daß diese Registrierungseinträge erhalten bleiben, wenn Sie die Richtliniendatei eines Tages löschen! Deshalb kann ein Löschen dieser Datei enthaltene Fehler nur in seltenen Fällen lösen.

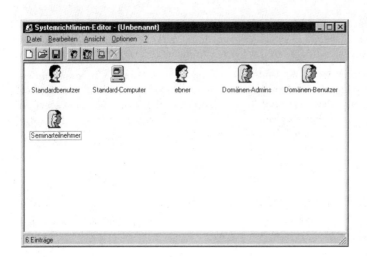

Bild 7.17:
Der Richtlinien-Editor

Da sich die Richtlinien bei der Anmeldung auswirken, liegt auf der Hand, daß die Anmeldeserver damit zu tun haben. Und genau so ist es auch:

Mit dem Systemrichtlinien-Editor erstellen Sie eine Datei namens NTCONFIG.POL, wobei die Endung POL für *Policy*, also den englischen Ausdruck für *Richtlinie* steht.

Wichtig ist nun die Position dieser Datei. Sie müssen NTCONFIG.POL in das Verzeichnis PUBLIC des Anmeldeservers kopieren.

Windows NT überprüft bei einer Anmeldung an NetWare ganz automatisch, ob sich im Verzeichnis PUBLIC eine Richtliniendatei befindet. Ist dies der Fall, so werden die entsprechenden Registrierungseinträge in die aktuelle Registrierung übernommen.

Für Windows 95 gilt dasselbe Schema. Wenn Sie auch Richtlinien für Windows 95-Clients definieren wollen, müssen Sie jedoch jenen Richtlinien-Editor verwenden, der sich auf der Windows 95-CD befindet, und die Richtlinien-Datei heißt CONFIG.POL.

7.7 Ressourcenzuordnung unter NetWare

Die Ressourcen werden wieder mit dem NETWARE ADMINISTRATOR definiert. Alle Ressourcen sind NDS-Objekte. In den Einstellungen der Objekte können Sie die Berechtigungen für Benutzer und Gruppen vergeben. Umgekehrt können diese Berechtigungen auf Ressourcen-Objekte aber genausogut in den Einstellungen der Benutzer oder der Gruppen definiert werden.

Das höchste Recht ist die *Supervisor*-Berechtigung. Damit wird ein Benutzer, in diesem Fall zumindest bezüglich einer Ressource, quasi zum Administrator. NetWare bietet Ihnen aber eine Vielzahl an *Trustees*, wie die Berechtigungen offiziell heißen.

Ordner und Dateien, die auf Novell-Servern gespeichert sind, können durchaus lange Namen tragen. Allerdings müssen Sie dazu auf dem Server den »OS/2 Name Space« aktivieren.

In den Einstellungen der einzelnen Objekte werden die Namen auf der Registerseite IDENTIFIKATION angezeigt. Je nach dem, welche »Name Spaces« geladen sind, sehen Sie die verschiedenen Namen.

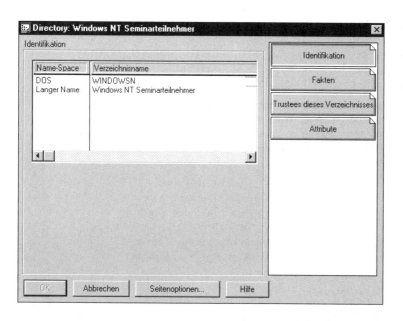

Bild 7.18:
Verschiedene Namen eines Verzeichnisobjektes

Über das Netzwerk ist ohnehin nicht sichtbar, mit welcher Technik ein langer Dateiname auf dem jeweiligen Sytem gespeichert ist. Von Bedeutung ist lediglich, daß dem Benutzer die Namen in voller Länge angezeigt werden.

Wer über entsprechende Berechtigungen verfügt, kann eine Verzeichnis-Ressource auch mit Hilfe des Windows NT Explorers anbinden. Die Technik ist dieselbe, die auch bei der Herstellung einer Netzwerkverbindung zu einem Windows NT-Rechner angewandt wird.

7.8 NetWare-Gateway-Dienst

Der Gateway-Dienst ist im Standardumfang von Windows NT Server enthalten. Er bietet die Möglichkeit, die Ressourcen von NetWare-Servern für Windows NT-Clients freizuschalten. Der NT-Server wird hierbei als Gateway für Novell NetWare konfiguriert.

Die Grundlage ist eine IPX/SPX-Verbindung zwischen dem Windows NT-Server und dem Novell-Server. Der Benutzer kann auf die Ressourcen des Novell-Servers zugreifen, ohne daß auf seiner Maschine eine Unterstützung für NetWare geladen sein muß. Es sieht so aus, als griffe er auf eine Ressource des Windows NT-Servers zu.

Sie können die von NetWare verwalteten Drucker, die Datenressourcen und spezielle Anwendungen weiterschalten.

7.8.1 Installation

Der Gateway-Dienst wird über das Netzwerkobjekt installiert. Beim Server wird hier nicht mehr zwischen Client und Gateway unterschieden. Die Liste enthält eigentlich nur den Gateway-Dienst, doch ist der Novell-Client selbstverständlich inbegriffen.

Der Gateway-Dienst könnte gleich bei der Installation von Windows NT Server mitinstalliert werden oder aber nachträglich.

Im übrigen darf keine andere Novell-Anbindung geladen sein. Wenn Sie den Gateway-Dienst benötigen, darf zum Beispiel der Novell-Client nicht installiert sein. Falls aufgrund von unsauberen Installationen trotzdem einmal beide Systeme auf dem Rechner sind, kommt es zu sehr unangenehmen und seltsamen Effekten. Sie können dies nur bereinigen, wenn Sie alle Novell-Dienste löschen, die Maschine neu starten und sauber neu installieren.

Nach der Installation des Dienstes müssen Sie den Windows NT-Server neu starten, damit die Änderungen wirksam werden. Danach wird ein *bevorzugter Server* eingestellt, weil der Gateway-Dienst die Bindery-Unterstützung braucht. Der nächste Schritt sind Einstellungen, die zum Teil auf dem Novell-Server und zum Teil auf dem Windows NT-Server stattfinden.

Einstellungen auf dem NetWare-Server

Auf dem NetWare-Server benötigen Sie eine Benutzergruppe mit dem Namen NTGATEWAY. Diese Benutzergruppe muß alle gewünschten Rechte auf den Datenträgern haben, die den Windows NT-Clients zur Verfügung gestellt werden sollen. Da die Berechtigungen für die Freigabe auch unter Windows NT eingestellt werden, empfiehlt sich bei der Definition unter NetWare zumeist eine Supervisor-Berechtigung für die Gruppe NTGATEWAY.

Das Benutzerkonto, das unter Windows NT als Freigabekonto eingerichtet wird, muß Mitglied der Benutzergruppe NTGATEWAY sein.

Einstellungen auf dem Windows NT-Server

Unter Windows NT müssen Sie die SYSTEMSTEUERUNG aufrufen. Darin befindet sich ein neues Objekt GSNW. Rufen Sie dieses auf.

Hier finden Sie die Einstellungen für die Anmeldung an Novell NetWare, aber auch eine Schaltfläche namens GATEWAY. Hier kann der Gateway Dienst konfiguriert werden.

Zuerst einmal müssen Sie das GATEWAY AKTIVIEREN. Danach benötigen Sie ein GATEWAY-KONTO. Dabei handelt es sich um ein Benutzerkonto, das dem Gateway zugeordnet wird, also um eine Art Dienstkonto. Dieses Benutzerkonto muß selbstverständlich bereits erstellt worden sein. Wichtig ist allerdings, daß es sich hierbei um ein NetWare-Benutzerkonto handelt. Dieses Konto wurde auf dem NetWare-Server bzw. in der NDS erstellt und ist als Mitglied der Gruppe NTGATEWAY auf dem NetWare-Server einzusetzen.

Unter dem Namen des Benutzerkontos müssen Sie das Kennwort zweimal eingeben. Wenn alle Einstellungen passen, dann schließen sich die beiden Geräte jetzt zusammen.

7.8.2 Ressourcen-Freigabe

Sie können für die Freigabe von NetWare-Ressourcen nicht den Explorer verwenden. Ähnlich wie bei der Macintosh-Unterstützung handelt es sich um eine Sonderform. Im unteren Bereich des Fensters der Gateway-Konfiguration befindet sich eine Liste, in die alle Freigaben eingetragen werden können.

Mit Hilfe von Schaltflächen können Sie die Ressourcen angeben und die Berechtigungen dafür definieren. Die Schaltfläche BERECHTIGUNGEN verwendet bereits die Benutzerverwaltung von Windows NT. Hier wird definiert, welche Rechte die Windows NT-Benutzer auf die Ressource haben, die in Wirklichkeit auf einem NetWare-Server steht.

TIP

Falls Sie eine NDS-Ressource einstellen wollen, Ihr Gateway-Benutzerkonto jedoch ein Bindery-Benutzerkonto ist, dann muß der Bindery-Kontextname der Ressource angegeben werden.

Drucker werden nicht mit dem GSNW-Objekt bereitgestellt, sondern im Drucker-Ordner. Dort definieren Sie einen Netzwerkdrucker auf dem Windows NT-Server. Sie haben die Möglichkeit, alle Netzwerke zu durchsuchen, also auch das Novell-Netzwerk.

Der auf NetWare freigegebene Drucker wird installiert und kann anschließend für die Benutzer der Domäne freigegeben werden.

7.8.3 Einsatz des Gateway-Dienstes

Der Gateway-Dienst für NetWare ist nur für kleine Umgebungen gedacht. Es hat keinen Sinn, das Gateway für hunderte oder gar tausende Zugriffe zu verwenden. Dafür wurde dieses Programm nicht dimensioniert.

Das Gateway macht Sinn, wenn nur wenige Benutzer die Ressourcen des Novell-Servers benötigen bzw. die Zugriffe eher sporadisch erfolgen.

Wenn Sie intensiveren Zugang zu NetWare-Servern benötigen, sollten Sie die Client-Dienste für Novell NetWare einsetzen. Das ist zwar ein höherer Verwaltungsaufwand, weil die Software auf allen Clients installiert werden muß, wohingegen der Gateway-Dienst ausschließlich auf dem Server installiert wird, doch dafür gibt es keine Kapazitätsprobleme beim Zugriff der Benutzer.

7.9 NetWare-Clients an NT-Domänen

NetWare-Clients an NT-Domänen? Welche Frage! Betrachten wir diese Situation einmal genauer: worum geht es eigentlich?

Folgendes Szenario: Sie verfügen über ein gut funktionierendes Netzwerk mit 200 Clients, die entweder DOS oder DOS mit Windows 3.1 fahren, und 5 Servern, die mit Novell NetWare 3.12 arbeiten.

Die Server sind bis zum letzten Bit ausgelastet, und Sie wollen aufrüsten. Die neuen Server sollen zukunftsgerichtet sein und ihren Dienst als Datei- und Druckserver sowie als Applikationsserver verrichten. Mehrere Gründe bewogen Sie dazu, nicht für IntraNetWare, sondern für Windows NT zu entscheiden.

Die momentane Konfiguration erlaubt es Ihren Clients nicht, sich an Windows NT anzumelden, doch der Gedanke, 200 Maschinen neu konfigurieren zu müssen, schreckt Sie. Außerdem würden Sie den Übergang auf Windows NT gerne fließend vornehmen, da neue Geräte, die angeschafft werden müssen, gleich mit Windows NT ausgerüstet sind, die alten aber nicht von einem Tag auf den anderen verschwinden.

Die Lösung besteht darin, in einer ersten Phase die Server auszutauschen und eine NT-Domäne einzurichten. Diese Domäne sollte allerdings gleichzeitig für Windows NT- und für NetWare-Clients zugänglich sein, damit eben nicht in die bestehende Client-Umgebung eingegriffen werden muß.

Genau hier setzen die File und Print Services für NetWare an. Dieses, noch dazu kostengünstige, Zusatzprodukt von Microsoft erweitert Ihren NT-Server. Nach außen hin wird die Domäne für NetWare-Clients als Novell-Server sichtbar.

Im Idealfall werden die NetWare-Server im genannten Beispiel auf NT migriert, wobei die Domäne den Namen des wichtigsten NetWare-Servers übernimmt. NetWare-Clients, die normalerweise von diesem Server überprüft werden, bekommen den Wechsel überhaupt nicht mit. Der einzige Hinweis, den sie erhalten, ist die Aufforderung, ein neues Kennwort zu definieren ...

7.9.1 File und Print Services für NetWare

FILE UND PRINT SERVICES FÜR NETWARE erleichtern die Integration von Windows NT und Novell NetWare im Rahmen von mehreren Funktionen:

1. NetWare-Client-Computer greifen auf Ressourcen auf dem Windows NT Server-Computer zu.
2. Die Freigabe der Verzeichnisse und Drucker erfolgt auf einem Computer unter Windows NT Server; NetWare-Clients greifen darauf zu.
3. NetWare-Drucker können von NT aus verwaltet werden. Somit kann als Druckserver weiterhin ein Novell-Server eingebunden werden.

NetWare-Konten werden in der Sicherheitsdatenbank von Windows NT zentral verwaltet. Die Einrichtung separater NetWare-Konten für die Benutzer auf jedem Windows NT Server-Computer im Netzwerk ist allerdings nicht notwendig. Im Grunde werden die ganz normalen NT-Benutzerkonten verwendet. Daß ein solcher Benutzer sich von einem NetWare-Client aus anmelden kann, ist ein winzige Einstellung im Benutzer-Manager für Domänen.

Dateizugriffe und Veränderungen der Dateieinstellungen sowie Berechtigungen werden mit Hilfe des Server-Managers eingestellt. Auch Zusatzprogramme von Drittherstellern sind verfügbar.

Die Benutzerkonten erstellen Sie mit dem Benutzer-Manager für Domänen. Die Warteschlange des Druckers wird, wie gewohnt, mit dem Drucker-Objekt verwaltet.

FPNW unterstützt auch NetWare-Elemente zur Sperrung und Synchronisierung, die von einigen NetWare-spezifischen Anwendungen eingesetzt werden.

Die Benutzer können, wenn ihr eigenes System es erlaubt, lange Dateinamen verwenden. Auf NetWare-Servern wird dazu der OS/2 Namespace aktiviert. Unter NT werden die langen Dateinamen standardmäßig erzeugt.

Falls Sie die Zugriffe auf die Datenträger einschränken wollen, damit Ihre Benutzer nicht Tonnen von Daten auf die Server kopieren, benötigen Sie unter Windows NT ein Zusatzprogramm. Windows NT Server unterstützt eine solche Funktion leider nicht, allerdings können Sie Programme wie Diskquota oder Quota Manager einsetzen.

NLMs (NetWare Loadable Modules) können unter Windows NT natürlich nicht installiert werden. Falls Sie NLMs benötigen, müssen Sie eine andere Lösung wählen, wie beispielsweise die Microsoft Directory Services für NetWare. Mir ist keine Möglichkeit bekannt, Novell NLMs oder entsprechende, für NetWare-Clients geeignete Programme unter Windows NT einzusetzen.

Windows NT Server mit File und Print Services für NetWare unterstützt sowohl NCP (NetWare Core Protocol) als auch Microsoft SMB (Server Message Blocks).

Verbindung zu Novell NetWare 243

Installation von FPNW

FILE UND PRINT SERVICES FÜR NETWARE wird als Netzwerk-Dienst installiert. Dazu öffnen Sie das Netzwerkobjekt, klicken auf die Seite DIENSTE und dort auf HINZUFÜGEN.

Standardmäßig ist der Dienst natürlich nicht in der Liste enthalten; deshalb geht es mit der Schaltfläche DISKETTE weiter. Geben Sie den Pfad zu den Dateien an. Wenn Sie die CD in einem CD-Laufwerk mit dem Buchstaben F: haben, sieht der Pfad folgendermaßen aus:

F:\FPNW\NT40\i386

Genausogut können Sie natürlich einen Netzwerkpfad angeben, wenn Sie die Dateien in ein entsprechendes freigegebenes Verzeichnis kopiert haben. Ein Beispiel dafür wäre:

\\NTServer\Microsoft\FPNW

Windows NT zeigt ein Dialogfenster, in dem zwei verschiedene Dienste installiert werden können.

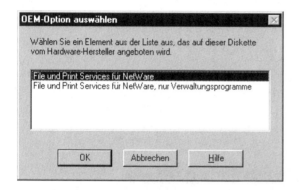

Bild 7.19:
Installation von FPNW

Soll der aktuelle Server als FPNW-Server fungieren, so benötigen Sie den ersten Eintrag. Die VERWALTUNGSPROGRAMME können gewählt werden, wenn Sie von der aktuellen Maschine aus einen FPNW-Server verwalten wollen. Das kann auch von einer Windows NT Workstation aus geschehen.

Das Installationsprogramm für FILE UND PRINT SERVICES FÜR NETWARE erstellt einen virtuellen NetWare-Datenträger auf dem von Ihnen angegebenen Laufwerk, wobei standardmäßig Laufwerk C: verwendet wird. In Wirklichkeit handelt es sich um das Verzeichnis SYSVOL, das eine Verzeichnisstruktur für NetWare-Client-Konten enthält. Dieses Verzeichnis SYSVOL erfüllt eine ähnlich Funktion wie der Datenträger SYS: auf einem NetWare- Server. Während der Installation werden folgende Unterverzeichnisse in dieses virtuelle Laufwerk:\SYSVOL kopiert:

LOGIN enthält die Dienstprogramme, die NetWare-Clients für die Anmeldung verwenden. Wenn NetWare-Clients zum ersten Mal eine Verbindung zu einem Windows NT Server-Computer herstellen, wird automatisch eine Zuordnung zum Verzeichnis LOGIN erstellt.

MAIL enthält die Basisverzeichnisse der einzelnen Benutzer. Das Unterverzeichnis wird unter NetWare in der Bindery festgelegt. Die Basisverzeichnisse der Benutzer enthalten die Anmeldeskripten.

PUBLIC enthält die Dienstprogramme, die NetWare-Clients für Ressourcenzugriffe verwenden. Diese heißen: attach, capture, endcap, login, logout, map, setpass und slist. Nicht enthalten sind selbstverständlich jene Programme, die der Verwaltung eines NetWare-Servers dienen. Aus diesem Grund müssen Administratoren in einer solchen Konstellation auch den NT Server direkt verbinden; über reine Novell-Clients ist die Verwaltung nicht möglich.

SYSTEM enthält die zum Drucken und für die Druckserver-Unterstützung erforderlichen Dateien.

Der virtuelle Datenträger SYS: wird automatisch freigegeben. Sowohl NTFS-Dateiberechtigungen als auch Freigabeberechtigungen sind auf Vollzugriff für das gesamte Netzwerk gestellt. Falls Sie spezielle Sicherheitseinstellungen benötigen, können diese jederzeit getroffen werden.

Während der Installation von File und Print Services für NetWare wird in der Domäne ein Benutzerkonto mit dem Namen FPNW-DIENSTKONTO erstellt. Dabei handelt es sich um ein Dienstkonto; File und Print Services für NetWare verwendet dieses Konto also für eine lokale Anmeldung. Während des Installationsvorgangs werden Sie aufgefordert, ein Kennwort für das FPNW-Dienstkonto anzugeben. Dieses Kennwort muß auf allen Servern der Domäne verwendet werden, auf denen File und Print Services für NetWare installiert wird, da nur ein einziges Dienstkonto erstellt wird. Wie üblich, besitzt dieses Dienstkonto Administratorrechte.

Geben Sie acht, daß das FPNW-DIENSTKONTO nicht versehentlich gelöscht wird. Fehlt das Konto, dann kann das Programm nicht gestartet werden, und die Anmeldung von NetWare-Clients funktioniert nicht.

Die Einstellung des Dienstkontos kann in der Systemsteuerung überprüft werden. Dort rufen Sie das Objekt DIENSTE auf und suchen die FILE UND PRINT SERVICES FÜR NETWARE.

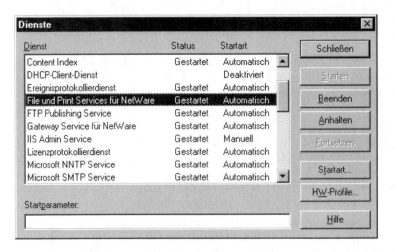

Bild 7.20:
Aktiver Systemdienst

Mit der Schaltfläche STARTART kann das Dienstkonto eingerichtet bzw. kontrolliert werden. Es handelt sich um jenes Konto, das bei der Installation eingerichtet wird. FILE UND PRINT SERVICES FÜR NETWARE benötigen dieses Dienstkonto für die Anmeldung am Gerät.

Verbindung zu Novell NetWare 245

Bild 7.21:
Dienstkonto für FPNW

Bei der Installation von File und Print Services für NetWare werden die Funktionsumfänge des Server-Managers, des Benutzer-Managers für Domänen und der Systemsteuerung erweitert. Außerdem erstellt das Programm ein NetWare Supervisor-Konto, dem Sie ein NetWare-Kennwort zuweisen können. Der SUPERVISOR besitzt die höchste Priorität auf Novell-Servern; es handelt sich um eine Art Super-Administrator. Unter Windows NT gehört dieses Konto zur Administratoren-Gruppe. Im Gegensatz zu NetWare können unter Windows NT mehrere Administratoren existieren, die alle die gleichen Rechte besitzen.

Der SERVER-MANAGER enthält das neue Menü FPNW, mit dessen Hilfe Sie Freigaben erstellen, verwalten und löschen können. Diese Freigaben gelten allerdings ausschließlich für NetWare-Clients. Eine Freigabe, die im Explorer erstellt wurde, ist für NetWare-Clients nicht zugänglich.

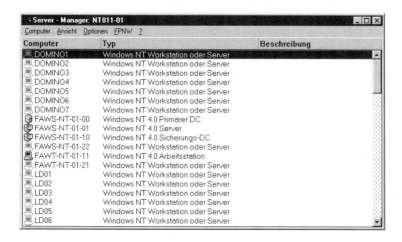

Bild 7.22:
Erweiterung im
Server-Manager

Ähnlich wie bei der Verwaltung von Ressourcen eines NT-Servers kann dieses Menü zur Verwaltung der Freigaben solcher Ressourcen verwendet werden, die ausschließlich für NetWare-Benutzer gedacht sind.

Leider ist die Ressourcen-Freigabe getrennt, genauso wie das bei Ressourcen für Macintosh-Benutzer der Fall ist. Ein Wunsch für eine nächste Version wäre die Zusammenführung aller drei Freigabe-Arten im Explorer.

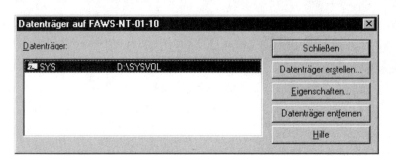

Bild 7.23:
Freigabe für
NetWare-Clients

Der BENUTZER-MANAGER FÜR DOMÄNEN verfügt über eine neue Option, mit der vorhandenen oder neuen Benutzerkonten die Berechtigung zur Anmeldung als NetWare-Client erteilt wird. Für Benutzer und Gruppen enthält das Dialogfeld EIGENSCHAFTEN eine Schaltfläche zum Einstellen der NetWare-Eigenschaften. Diese Schaltfläche ist nur dann aktiv, wenn ein Benutzer bereits als NetWare-Benutzer gekennzeichnet wurde. Hier können NetWare-spezifische Benutzerinformationen eingestellt werden.

Die Systemsteuerung erhält ein neues Symbol: FPNW. Damit konfigurieren Sie den Server. Außerdem werden die Verbindungen und die Verwendung von Dateien auf dem Server verwaltet.

Zusätzlich installiert FPNW mehrere mit NetWare kompatible Dienstprogramme. Diese 16-Bit-Programme können von DOS-Clients verwendet werden; vor allem geht es um die Anmeldung und den Zugriff auf die File und Print Services für NetWare-Dienste.

Zum An- und Abmelden dienen die Befehle **login**, **chgpass**, **setpass**, **attach** und **logout**, für den Zugriff auf Netzwerkressourcen **map** und **slist**, für den Zugriff auf Druckressourcen **capture** und **endcap** (siehe Bild 7.24).

Wenn Sie ausschließlich die VERWALTUNGSPROGRAMME ZU FILE UND PRINT SERVICES FÜR NETWARE installieren, werden nur die Erweiterungen zum Benutzer-Manager für Domänen und zum Server-Manager installiert, nicht jedoch die Systemdienste zur Erstellung von Konten oder Datenträgern auf dem lokalen Computer oder die Befehlszeilenprogramme.

In NetWare 2.x- oder 3.x-Netzwerken werden Benutzerkonten verwaltet, indem einzelne Änderungen auf jedem Server im Netzwerk vorgenommen werden. In diesen Versionen können die einzelnen Server standardmäßig noch nicht zu einer Verwaltungseinheit zusammengebunden werden. (Ein Zusatzprogramm von Novell ermöglicht aber auch das.)

In einer NT-Domäne werden alle Konten vom primären Domänen-Controller gespeichert. Der PDC verwaltet die gesamte Benutzerdatenbank. Wenn Sie ein Konto erstellen oder ändern, führen Sie diesen Vorgang nur einmal auf dem primären Domänen-Controller aus, auch wenn Sie den Benutzer-Manager auf einem anderen Server oder auf einer Workstation aufrufen. Die Veränderungen der Benutzerdatenbank werden automatisch mit den anderen Anmeldeservern der Domäne, den Sicherungs-Domänen-Controllern, synchronisiert. Sicherungs-Domänen-Controller besitzen immer eine Kopie der Benutzerinformationen.

Verbindung zu Novell NetWare 247

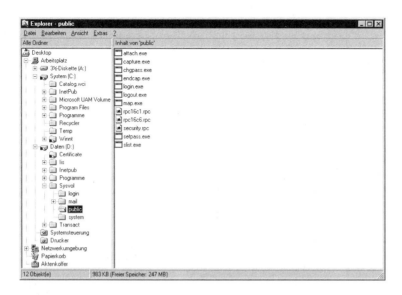

Bild 7.24:
Installierte DOS-Programme

Endanwender melden sich ein einziges Mal an und haben Zugriff auf alle Ressourcen der Domäne. Gegenüber einer Standard-NetWare 2.x oder 3.x-Installation stellt dies eine Verbesserung dar. Dieser Faden kann natürlich mit Vertrauensstellungen noch weitergesponnen werden.

Wenn Sie File und Print Services für NetWare in einem Netzwerk mit mehreren vertrauten Domänen einsetzen, sollten Sie sicherstellen, daß die Anmeldung auch durchgeführt werden kann. Installieren Sie dazu FILE UND PRINT SERVICES FÜR NETWARE auf den primären Domänen-Controllern und installieren Sie die FILE UND PRINT SERVICES FÜR NETWARE-VERWALTUNGSPROGRAMME auf allen Sicherungs-Domänen-Controllern. Die Domänen-Controller sind jetzt in der Lage, NetWare-Benutzerkonten zu erkennen.

Der FPNW-Dienst muß auf dem primären Domänen-Controller der vertrauten Domäne nicht gestartet werden. Wichtig ist jedoch, daß er installiert wurde.

Für die Verwaltung der NetWare-spezifischen Einstellungen installieren Sie FILE UND PRINT SERVICES FÜR NETWARE-VERWALTUNGSPROGRAMME auf dem Computer, mit dem Sie den Server verwalten. Der Systemdienst muß dabei nicht installiert sein. Bei diesen Geräten kann es sich um Windows NT Server oder Workstation handeln.

Sollten Programme von Drittherstellern für die Verwaltung der NetWare-Dienste verwendet werden, dann müssen die Dienste auf allen primären Domänen-Controllern installiert sein. Nur so ist gewährleistet, daß der Benutzer bei der Anmeldung auch erkannt wird. Fehlt diese Installation, so könnte es vorkommen, daß einem NetWare-Client die Anmeldung verweigert wird, weil NT die Berechtigung des Clients nicht findet.

Wenn Sie File und Print Services für NetWare auf einem alleinstehenden Server installieren, müssen die folgenden Richtlinien beachtet werden: wenn sich der Server in einer Domäne befindet und auf dem primären Domänen-Controller der Domäne File und Print Services für NetWare und auf den Sicherungs-Domänen-Controllern die Verwaltungsprogramme installiert sind, erhalten die lokalen NetWare-Benutzer sowie die Domänen-NetWare-Benutzer Zugriff auf den Server. Ist der alleinstehende Server jedoch Mitglied einer Arbeitsgruppe, dann erhalten nur jene NetWare-Benutzer Zugriff, die über ein Konto auf diesem Server verfügen; selbstverständlich muß der NetWare-Zugriff wiederum aktiviert sein.

Konfiguration

Ist File und Print Services für NetWare auf einem Server installiert, dann können Sie NetWare-Benutzerkonten über den Benutzer-Manager für Domänen genauso einrichten, konfigurieren und ändern wie Windows NT-Benutzerkonten. Im Grunde handelt es sich ja um Windows NT-Benutzer, die eine zusätzliche Befähigung, nämlich die Anmeldung als NetWare-Client, besitzen.

Der Benutzer hat Zugriff auf den NT-Server, auf dem File und Print Services für NetWare ausgeführt werden. Dieser Zugriff kann über die standardmäßige NetWare-Client-Software erfolgen. Deshalb ist auf dem Client-Computer ist keine zusätzliche Software erforderlich. Für eine langsame Umstellung ist das sehr wichtig.

Darüber hinaus enthält Windows NT Server vordefinierte Gruppen (Operatoren) mit Administratorrechten. Wenn Sie ein NetWare-Konto zu einer dieser Gruppen hinzufügen, können Sie dem Benutzer dieselben Supervisor-Privilegien zuweisen wie in einem NetWare-Netzwerk.

Bei der Installation von File und Print Services für NetWare wird automatisch ein Konto mit dem Namen *Supervisor* auf dem Windows NT Server-Computer bzw. in der Domäne erstellt. Das Supervisor-Konto erhält, ebenfalls automatisch, Administrator-Rechte.

Wie kommt es eigentlich zur Befähigung eines Benutzers, sich als NetWare-Client in der Domäne anzumelden. Dazu öffnen Sie den BENUTZER-MANAGER FÜR DOMÄNEN und machen auf dem gewünschten Benutzereintrag einen Doppelklick.

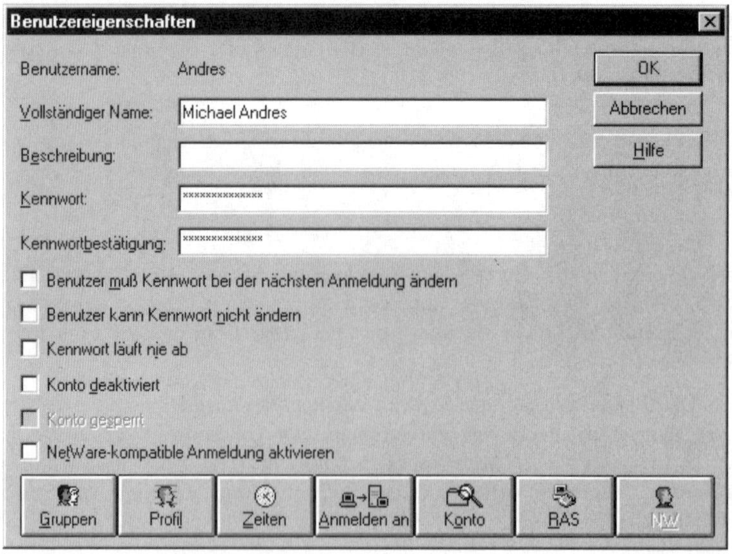

Bild 7.25: Benutzereinstellungen bei installierten FPNW

Eine einzige Option zählt, nämlich NETWARE-KOMPATIBLE ANMELDUNG AKTIVIEREN. Wählen Sie diese Option aus, damit der Benutzer seine Anmeldung auch als NetWare-Client durchführen kann. Während die Option aktiv ist, können Sie die Schaltfläche NW anklicken. Ist NETWARE-KOMPATIBLE ANMELDUNG AKTIVIEREN nicht aktiv, dann kann auch die Schaltfläche nicht ausgewählt werden.

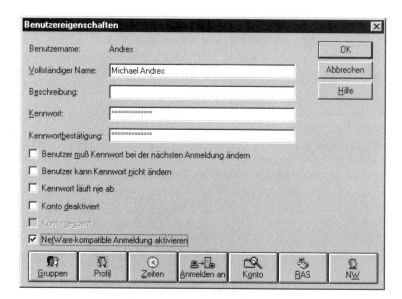

Bild 7.26:
Aktivierung des NetWare-Clients

Für NetWare-Clients gilt ein anderes Kennwort. Dieses ist nicht in einem Standard-Dialogfenster ersichtlich, sondern wird bei der Bestätigung der Einstellungen vom System abgefragt. Sie erhalten ein Dialogfenster, in dem Sie das Kennwort für NetWare-Clients eingeben können:

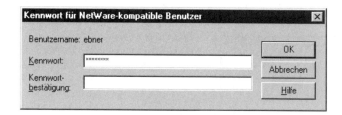

Bild 7.27:
Kennwort für NetWare-Clients

Benutzerkonten von NetWare und Windows NT Server enthalten die gleichen Grundinformationen: Benutzername, Kennwort, vollständiger Benutzername. In beiden Systemen werden Gruppen unterstützt, welche die Verwaltung des Netzwerks vereinfachen. Die Gruppen von NetWare und NT sind sehr ähnlich, aber nicht ganz gleich. Beide Systeme unterstützen eine Reihe von Einschränkungen.

Das Objekt NW enthält ein paar NetWare-spezifische Einstellungen. Unter anderem finden Sie hier eine Schaltfläche, über die ein *Login Script* definiert werden kann. Das ist Novells Entsprechung zu Anmeldeskripten. Beachten Sie jedoch, daß dafür auch ein Basisverzeichnis eingestellt werden muß!

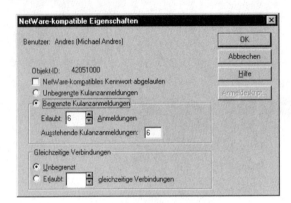

Bild 7.28:
Objekt NW

Ein NetWare-Konto ermöglicht dem Benutzer die Anmeldung an einem Computer mit der NetWare-Client-Software und die Nutzung der über File und Print Services für NetWare freigegebenen Ressourcen. Der Benutzer hat außerdem Zugriff auf Ressourcen, die von anderen Windows NT Server-Computern unter File und Print Services für NetWare in der Domäne freigegeben wurden. Und schließlich kann der Benutzer auch Ressourcen verwenden, die von einem Windows NT Server-Computer unter File und Print Services für NetWare in einer vertrauten Domäne freigegeben wurden. In jedem Fall ist eine Anmeldung an den Server die Voraussetzung.

In einem NetWare-Netzwerk hat ein SUPERVISOR die Kontrolle über das gesamte Netzwerk und kann anderen Benutzern und Gruppen eingeschränkte Administratorrechte gewähren, indem er diese den Listen der Operatoren hinzufügt. Analog dazu haben in einem Windows NT-Netzwerk Mitglieder der Gruppe ADMINISTRATOREN umfassende Kontrolle über das Netzwerk und können Benutzern und Gruppen vollständige oder eingeschränkte Administratorrechte einräumen, indem sie diese der Administratoren-Gruppe oder einer Operatoren-Gruppe hinzufügen. Operatoren besitzen bestimmte voreingestellte Rechte.

Die Grundeinstellungen der File und Print Services für NetWare befinden sich in der Systemsteuerung. Dort wurde ein Objekt mit dem Namen FPNW eingerichtet.

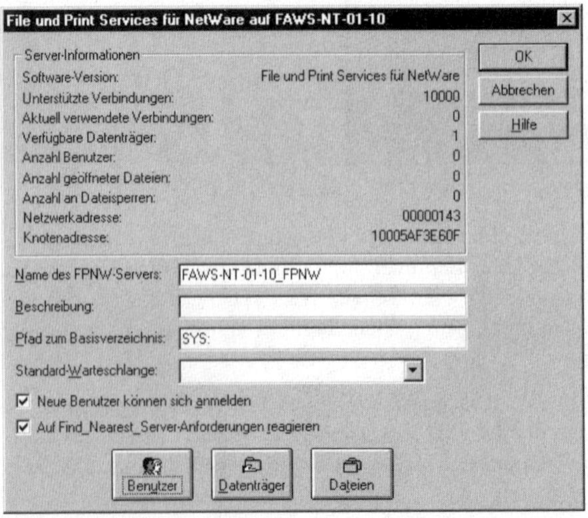

Bild 7.29:
Grundeinstellungen der Systemsteuerung

Anmeldung

Die Anmeldung der Clients ist eine einfache Sache. Sie können die Standard-Software verwenden, die Sie von Novell oder von einem Dritthersteller gekauft haben.

DOS-Clients starten das Netzwerk zumeist mit dem Befehl NETX. Nachdem die Netzwerk-Anbindung hergestellt wurde, kann sich der Benutzer mit LOGIN anmelden. In manchen, vor allem kleineren, Firmen ist diese Anmeldung bereits über die AUTOEXEC.BAT automatisiert. Die Benutzer müssen sich in diesem Fall nicht mehr anmelden, da ihre Verbindung automatisch hergestellt wird. Natürlich gibt es in diesem Fall kaum Sicherheit, denn jeder, der das Gerät einschaltet, kann auf das Netzwerk zugreifen, und zu allem Übel steht das Kennwort als reiner Text in der AUTOEXEC.BAT.

Eine solche automatisierte Anmeldung hat daher nur dann Sinn, wenn keine Sicherheitseinrichtungen benötigt werden. Genau das ist der Grund, warum sie in der Regel nur von kleinen Firmen verwendet wird.

Die Basis-NetWare-Befehle wurden von FPNW auf dem Server eingerichtet. Die Programme stehen dort im Verzeichnis PUBLIC.

Da FPNW in Wirklichkeit auf einem NT-Server residiert, sind keinerlei Verwaltungsprogramme für NetWare verfügbar. Diese hätten auch keinen Sinn, weil sie auf einem NT-Server ohnehin nichts ausrichten könnten.

Login-Scripts

Login Scripts sind für NetWare das, was *Anmeldeskripte* für Windows NT darstellen. Im Grunde handelt es sich um das gleiche: um Textdateien, in denen ähnlich einer AUTOEXEC.BAT unter DOS mehrere Befehle stehen, die während der Anmeldung eines Benutzers ausgeführt werden.

Darin enthaltene Befehle können die Umgebung des Benutzers ändern bzw. gewisse Grundeinstellungen für ihn treffen. Mit Hilfe von Anmeldeskripten ist es möglich, verschiedenen Benutzern auch verschiedene Einstellungen zuzuordnen.

Wenn Sie Benutzer in einer NT-Domäne mit FPNW verwalten, könnten diese Benutzer über zwei verschiedene Anmeldeskripte verfügen. Eines davon wird für NT definiert. Dazu verwenden Sie die Zeile ANMELDESKRIPTNAME im Objekt PROFIL der Benutzereinstellung (siehe Bild 7.30).

Ein Login-Script befindet sich hingegen im Mail-Verzeichnis eines NetWare-Servers. Im Fall von FPNW verwenden Sie Unterverzeichnisse für die einzelnen Benutzer. Diese Unterverzeichnisse stehen aber ebenfalls im Verzeichnis MAIL, das sich wiederum auf der Freigabe SYS befindet.

Über das Objekt NW können Sie das Login-Script definieren. Dabei klicken Sie auf die Schaltfläche ANMELDESKRIPT. Sie können den Text direkt eingeben, müssen also keine eigene Datei bearbeiten (siehe Bild 7.31).

Wenn Sie NetWare-Server migrieren, können Login-Scripts übernommen und als NT-Anmeldeskripte definiert werden. Damit die Befehle für NetWare-Clients ausgeführt werden, müssen Sie diese jedoch in das Dialogfenster des Login-Scripts kopieren.

Welches Anmeldeskript abläuft, hängt davon ab, von welchem Gerät aus sich ein Anwender anmeldet. Meldet er sich von einer Windows NT- oder Windows 95-Maschine aus an, dann funktioniert nur das NT-Anmeldeskript. Meldet derselbe Benutzer sich jedoch von einem NetWare-Client aus an, dann funktioniert ausschließlich das Login-Script, das über FPNW definiert wurde.

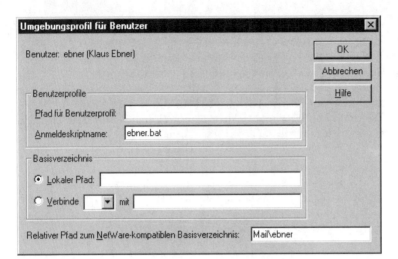

Bild 7.30:
Anmeldeskript für Windows NT

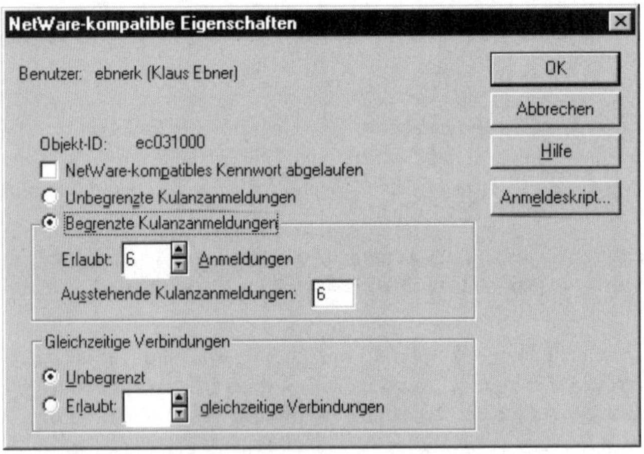

Bild 7.31:
Schaltfläche für Login-Script (Anmeldeskript)

Die persönlichen Anmeldeskripten werden im Verzeichnis SYSVOL\MAIL gespeichert. Jeder Benutzer verfügt über ein Unterverzeichnis, dessen Name mit der NetWare-Objekt-ID des Benutzers identisch ist. In diesem Unterverzeichnis steht eine Datei mit dem Namen LOGIN. Diese Datei ist das Login-Script, das bei der Anmeldung des NetWare-Clients ausgeführt wird (Bild 7.32).

Zusätzlich gibt es auf NetWare-Servern ein System-Anmeldeskript. Dieses wird bei jeder Anmeldung ausgeführt und zwar unabhängig davon, wer sich anmeldet. Somit können bis zu zwei Anmeldeskripte ausgeführt werden, wenn sich ein Benutzer von einem NetWare-Client aus anmeldet: erstens das System-Anmeldeskript und zweitens das persönliche Anmeldeskript. Jeder FPNW-Server kann über ein solches System-Anmeldeskript verfügen. Sollen diese identisch sein, so verwenden Sie am besten den Replikationsdienst von Windows NT zum Kopieren.

Das System-Anmeldeskript des Servers befindet sich im Verzeichnis SYSVOL\PUBLIC. Suchen Sie dort die Datei NET$LOG.DAT. Dabei handelt es sich um das System-Anmeldeskript.

*Bild 7.32:
Definition eines
NetWare-kompatiblen Login-Scripts*

Wenn Sie die Einträge des System-Anmeldeskripts bearbeiten wollen, öffnen Sie die Datei NET$LOG.DAT. Es handelt sich um eine gewöhnliche Textdatei.

Kennwortänderung

Will ein NetWare-Benutzer sein Kennwort ändern, so kann er zwei verschiedene Befehle dafür verwenden. NT bietet dafür die DOS-Programme **chgpass** und **setpass**. Diese Programme sind zwar identisch, stehen aber unter zwei verschiedenen Namen zur Verfügung.

Damit das Kennwort in diesem Fall gleichzeitig für FPNW und Windows NT geändert wird, ist es notwendig, daß auf dem Primären Domänen-Controller sowohl der Gateway-Dienst für NetWare als auch FILE UND PRINT SERVICES FÜR NETWARE installiert sind. Außerdem muß der Benutzer mit dem IPX/SPX-Protokoll auf den Domänen-Controller zugreifen können.

Ist eine dieser Vorgaben nicht erfüllt, dann wird lediglich das NetWare-Kennwort geändert. Sollte dieser Benutzer sich plötzlich von einer Windows-Maschine aus anmelden, gilt nach wie vor das alte Kennwort.

Ressourcen-Zuordnung

Verzeichnisse auf einem Server unter FILE UND PRINT SERVICES FÜR NETWARE können für NetWare-Clients als NetWare-Datenträger freigegeben werden. Da es sich in Wirklichkeit um NT-Ordner handelt, spreche ich gerne von *virtuellen Verzeichnissen*. Sie können Verzeichnisse freigeben, die bereits für NT-Benutzer freigegeben wurden, oder neue Verzeichnisse, die für NT-Benutzer nicht zur Verfügung stehen. Sie können jedes freigegebene Verzeichnis so konfigurieren, daß nur NetWare-Client-Computer, nur Microsoft-Client-Computer oder beide darauf zugreifen können.

Außerdem können Sie mit Hilfe des Windows NT Server-Migrationsprogramms für NetWare Verzeichnisse und Dateien von einem NetWare-Server auf einen Windows NT Server-Computer kopieren. Wenn Sie NetWare Ressourcen auf einen NTFS-Datenträger kopieren, bleiben die auf dem NetWare-Server definierten Berechtigungen und Attribute erhalten.

Leider sind die Techniken zur Freigabe von Ressourcen in Windows NT nicht einheitlich gelöst. Insgesamt gibt es drei verschiedene Arten. Neben der Freigabe für NT-Clients, die mit Hilfe des Explorers vorgenommen wird, gibt es eine eigene Freigabe für NetWare-Benutzer und eine weitere für Macintosh-Benutzer.

Wenn Sie ein Verzeichnis als NetWare-Datenträger freigeben, ist eine mehrmalige Freigabe unter verschiedenen Datenträgernamen und -berechtigungen möglich. Datenträgernamen müssen aus mindestens zwei Zeichen bestehen und dürfen weder Schrägstriche noch Backslash enthalten.

Das Werkzeug für NetWare-Freigaben heißt SERVER-MANAGER. Um einen NetWare-Datenträger zu erstellen, klicken Sie im Menü FPNW auf FREIGEGEBENE DATENTRÄGER. Sie können Server-Festplatten, CD-ROM-Laufwerke und Diskettenlaufwerke freigeben.

Wenn Sie es lieber grafisch mögen, können Sie auch den Verwaltungs-Assistenten für den Zugriff auf Dateien und Ordner verwenden. Dieser ist auch in der Lage, NetWare-Datenträger zu erstellen und zu ändern. Um den Assistenten zu starten, klicken Sie auf die Schaltfläche START, zeigen auf PROGRAMME, dann auf VERWALTUNG und klicken schließlich auf VERWALTUNGS-ASSISTENTEN.

Beachten Sie aber, daß das Benutzerkonto **FPNW-Dienstkonto** über Schreibberechtigung für das Hauptverzeichnis des Datenträgers verfügen muß, wenn Sie neue NetWare-Datenträger erstellen wollen!

Drucker

Zur Einrichtung von NetWare-Druckern mit Windows NT Server gehen Sie folgendermaßen vor:

- Verwenden Sie den Assistenten für die Druckerinstallation, um einen logischen Drucker zu erstellen und diesem einen NetWareCompatiblePServer-Anschluß oder einen lokalen Anschluß zuzuweisen.

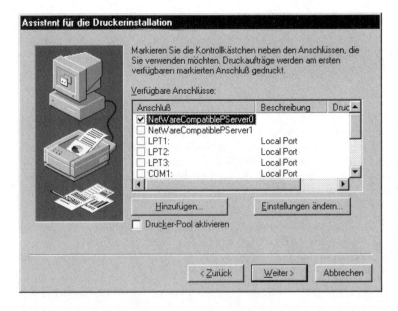

Bild 7.33:
NetWare-Compatible-PServer-Anschluß

- Wählen Sie DRUCKSERVER im Menü FPNW im Server-Manager, um den Druckserver hinzuzufügen.
- Wählen Sie DRUCKSERVER, um den Drucker dem Druckserver hinzuzufügen.

Verbindung zu Novell NetWare

♦ Wählen Sie DRUCKSERVER, um die Druckwarteschlange dem Druckserver hinzuzufügen. Die an dieser Stelle ausgewählte Warteschlange entspricht dem logischen Drucker, den Sie im ersten Schritt mit dem Assistenten für die Druckerinstallation erstellt haben.

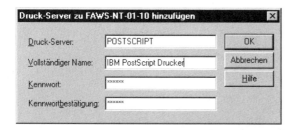

Bild 7.34:
Erstellen des Druckservers

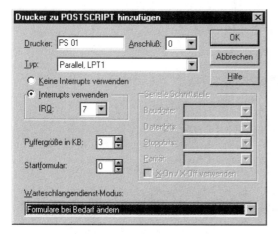

Bild 7.35:
Hinzufügen des Druckers

Sie haben die Möglichkeit, verschiedene Feineinstellungen des Druckers zu treffen. So kann beispielsweise ganz genau angegeben werden, welcher Interrupt vom Drucker verwendet werden soll.

Standardmäßig verwendet LPT1 ja Interrupt 7. Wenn Sie Geräte mit Netzwerkkarten und Sound-Chips haben, könnten hierbei Probleme auftauchen. Verschiedene Einstellmöglichkeiten verhindern Interrupt-Konflikte. Auch bei der Definition eines NetWare-Druckers sollten Sie an diese Konfliktmöglichkeiten denken (siehe Bild 7.36).

Die Warteschlange muß als letzter Schritt eingestellt werden. Diese Definition verbindet den Drucker letztendlich mit dem in Windows NT eingestellten Drucker (siehe Bild 7.37).

Die Druckereinstellung enthält auch die Möglichkeit, Fehlermeldungen des Druckers an ganz bestimmte Personen oder Gruppen zu schicken.

Klicken Sie dazu auf die Schaltfläche BENACHRICHTIGEN (siehe Bild 7.38).

Zur Verfügung stehen alle Benutzer und Gruppen, die auf dem Server bzw. in der Domäne eingerichtet wurden. Setzen Sie die Wiederholungsmeldungen nicht auf zu kurze Zeitabstände, denn in diesem Fall könnte es passieren, daß mehrere Mitarbeiter andauernd von Fehlermeldungen unterbrochen werden, so lange eben, bis der Fehler behoben ist.

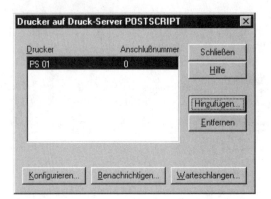

Bild 7.36:
Definierter Drucker

Bild 7.37:
Definition der Warteschlange

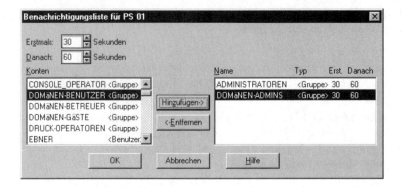

Bild 7.38:
Benachrichtigung von Drucker-Operatoren

Beim Einrichten der meisten NetWare-Drucker, einschließlich der Drucker, die an den als Druckserver dienenden Computer angeschlossen sind, genügt es, wenn Sie alle beschriebenen Schritte ausführen. Bei einigen Druckern, etwa bei direkt an das Netzwerk über Druckserver-Geräte angeschlossenen Druckern und bei Druckern mit Netzwerkkarten, benötigen Sie möglicherweise die Dienstprogramme, die im Lieferumfang des Druckserver-Geräts oder des Druckers enthalten sind.

TIP

Wenn Sie weitere NetWareCompatiblePServer-Anschlüsse verfügbar machen müssen, erhöhen Sie den Wert der PServerPorts-Einstellung in der Registrierungsdatenbank. Diesen Wert finden Sie unter:

HKEY_LOCAL_MACHINE\SYSTEM\CurrentControlSet\Services\FPNW\Parameters.

Verwaltung

Systembetreuer, die File und Print Services für NetWare verwenden, können die maximale Anzahl der gleichzeitigen Verbindungen zu einem Server festlegen, Verbindungen zu Dateien überwachen und Nachrichten an alle mit dem Server verbundene Benutzer senden. Außerdem kann ein Administrator den Pfad zum Basisverzeichnis ändern, einen Standard-NetWare-Drucker bestimmen und festlegen, ob der Drucker auf Find_Nearest_Server-Anforderungen von NetWare-Clients reagiert.

Die meisten der genannten Funktionen werden über das Symbol FPNW in der Systemsteuerung gesteuert. Wenn Sie auf FPNW klicken, wird das folgende Dialogfeld angezeigt.

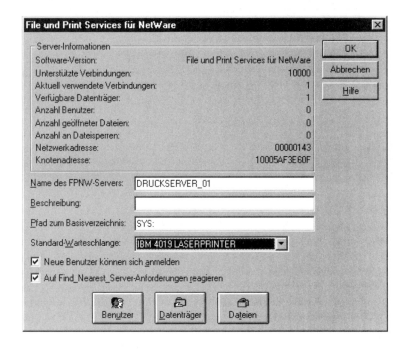

Bild 7.39:
FPNW-Objekt der Systemsteuerung

Die entsprechenden Eigenschaften für Microsoft-Client-Benutzer verwalten Sie mit dem SERVER-MANAGER oder mit dem Symbol SERVER in der Systemsteuerung.

FILE UND PRINT SERVICES FÜR NETWARE unterstützt auch die Leistungsüberwachung und Ereignisprotokollierung. Verwenden Sie dafür den SYSTEMMONITOR und die EREIGNISANZEIGE in der Programmgruppe VERWALTUNG.

Sie können Nachrichten an ganz bestimmte Benutzer oder an alle Benutzer senden.

Um Nachrichten an einzelne Benutzer zu senden, verwenden Sie das Symbol FPNW in der Systemsteuerung. Um Nachrichten an alle Benutzer zu senden, verwenden Sie den Befehl NACHRICHT SENDEN im Menü FPNW des Server-Managers.

Befehlszeile

Verwenden Sie als Benutzer den Befehl **login**, um das Anmeldeskript für einen bestimmten Server zu starten und Zugriff auf die Ressourcen des Servers zu erhalten. Der Zugriff eines Benutzers auf die Server-Ressourcen ist immer durch die Benutzerrechte auf diesem Server festgelegt. Diese werden einerseits über die NetWare-Freigabe, andererseits über die NTFS-Sicherheit bestimmt. Beim Eingeben eines **login**-Befehls melden Sie sich nicht nur am angegebenen Dateiserver an, sondern Sie melden sich von allen Servern ab, mit denen Sie vor der Eingabe des Befehls **login** verbunden waren. Wenn das Kennwort abgelaufen ist, werden Sie vor dem Abmelden aufgefordert, dieses zu ändern.

Die Syntax des Befehls heißt:

```
login [Server[/Name]] [/clearscreen] [/noattach] [/script Pfad]
```

»Server« ist der Name des Servers, an dem Sie sich anmelden wollen.

»Name« ist der Benutzername, mit dem Sie sich anmelden wollen.

»/clearscreen« löscht bei der Eingabe des Kennworts die Bildschirmanzeige der Arbeitsstation.

»/noattach« startet das Login-Script, ohne daß Sie sich vom aktuellen Server abmelden oder an einen neuen Server anmelden.

»/script« übergeht alle Anmeldeskripten und verwendet statt dessen das von Ihnen im Pfad angegebene Anmeldeskript. Vergessen Sie nicht die vollständige Pfadangabe zu diesem individuellen Anmeldeskript.

Mit **logout** melden Sie sich vom Server ab. Wenn Sie sich an einem Server abmelden, beenden Sie den Zugriff auf diesen Server, und alle temporären Laufwerkzuordnungen für diesen Server gehen verloren.

Die Syntax des Befehls heißt:

```
logout [Server]
```

Verwenden Sie den Befehl **attach**, um sich an einem anderen Server anzumelden, während Sie weiterhin am aktuellen Server angemeldet bleiben. Das kann ein NetWare-Server oder ein NT-Server mit FPNW sein. Wenn Sie nicht Server- und den Benutzer-Name angeben, werden Sie zur Eingabe dieser Namen aufgefordert. Wenn ein Kennwort erforderlich ist, werden Sie aufgefordert, dieses einzugeben.

Selbstverständlich müssen Sie bereits an einem Server angemeldet sein, bevor Sie sich mit dem Befehl **attach** an weiteren Servern anmelden können. Der Befehl **attach** stellt eine Verbindung zu einem Server her, allerdings keine Laufwerkzuordnungen. Nach dem Herstellen der Verbindung können Sie jedoch Laufwerke zuordnen, ohne Ihr Kennwort neuerlich angeben zu müssen.

Die Syntax des Befehls heißt:

```
attach [Server[/Name]]
```

»Server« ist der Name des Servers, zu dem Sie eine Verbindung herstellen wollen.

»Name« ist der Benutzername, den Sie auf dem Server verwenden wollen.

Mit dem Befehl **map** können Sie die aktuellen Laufwerkzuordnungen anzeigen lassen, Laufwerkzuordnungen erstellen oder ändern und ein Laufwerk zuweisen.

Laufwerkzuordnungen werden temporär vorgenommen und beim Abmelden oder Abschalten der Arbeitsstation automatisch gelöscht. Sie können Laufwerkzuordnungen in einem Anmeldeskript speichern, wenn die Zuordnung bei jedem Anmeldevorgang wiederhergestellt werden sollen. Wenn Sie ein lokales Laufwerk zuordnen, werden Sie aufgefordert, dem Netzlaufwerk eine Laufwerkbezeichnung zuzuweisen.

Die Syntax des Befehls heißt:

```
map [Laufwerk:]
```

Um Zuordnungen zu Netzlaufwerken zu erstellen oder zu ändern, geben Sie folgendes ein:

```
map Pfad
map Laufwerk: = [Laufwerk: | Pfad]
map [Option] Laufwerk:
```

Um Suchlaufwerkszuordnungen zu erstellen oder zu ändern, geben Sie folgendes ein:

```
map [Option] Laufwerk: = [Laufwerk:Pfad]
```

FILE UND PRINT SERVICES FÜR NETWARE besitzt einen zusätzlichen Parameter für den Windows NT-Befehl **net user**. Der neue Parameter gibt Ihnen als Administrator die Möglichkeit, ein Konto für NetWare zu aktivieren. Sie können den Befehl **net user** verwenden, um ein neues NetWare-fähiges Konto hinzuzufügen, ein vorhandenes Konto für NetWare zu aktivieren oder ein vorhandenes NetWare-Konto zu deaktivieren.

Die Syntax des Befehls heißt:

```
net user Benutzername [Kennwort | *] /fpnw[:yes | no] [/add][/delete]
```

Wenn kein Kennwort festgelegt ist, werden Sie aufgefordert, eines anzugeben. Sobald ein NetWare-fähiges Konto erstellt ist und Sie das Kennwort mit **net user** ändern, werden sowohl das Windows NT- als auch das NetWare-Kennwort geändert.

Wenn Sie den Parameter **/fpnw** ohne das Argument **yes** oder **no** verwenden, wird das Konto NetWare-fähig. Wenn Sie das Argument **no** verwenden, kann dieses Konto nicht für die Anmeldung von einem NetWare-Client aus verwendet werden.

7.10 Gemeinsame Domänen-Verwaltung unter NT

Für jeden, der sowohl NetWare als auch Windows NT verwenden will bzw. einen langsamen Umstieg machen möchte, ist die zentrale Verwaltung beider Welten ein äußerst wichtiges Thema.

Mit dem Standardumfang geht zwar überhaupt nichts, doch gibt es auf beiden Seiten Zusatzprodukte, mit deren Hilfe es sehr wohl möglich ist, die Verwaltung zu zentralisieren.

Microsoft bietet den *Directory Service Manager für NetWare*, der sich im Lieferumfang von File und Print Services für NetWare befindet, und Novell bietet den *Novell Administrator für Windows NT*.

Es ist nicht schwer zu erraten, daß mit dem Microsoft-Produkt NetWare-Server in eine NT-Domäne integriert werden können, während das Novell-Produkt NT-Server in die NDS einbindet.

Der einzige Wermutstropfen dieser Produkte liegt eigentlich darin, daß sie jeweils nur zwei Welten vereinen. Wie schön wäre doch ein Werkzeug, mit dessen Hilfe die Server aller Plattformen vereint werden könnten!

7.10.1 Directory Services für NetWare

Der Microsoft DIRECTORY SERVICE MANAGER FÜR NETWARE ist ein Dienstprogramm für Windows NT Server, das die Synchronisierung von Benutzerkonten zwischen Windows NT-Domänen und Servern unter Novell NetWare, Version 3.x oder 2.x, ermöglicht. Nicht abgedeckt werden Server unter NetWare 4.0 oder höher!

Der DIRECTORY SERVICE MANAGER FÜR NETWARE erweitert die sogenannte NT-Verzeichnisdienstfunktionen, so daß die Verwaltung von Benutzer- und Gruppenkonten auch für NetWare-Server möglich ist. Das ergibt die Möglichkeit, Benutzer- und Gruppenkonten, die sowohl auf Server unter Windows NT als auch auf Server unter NetWare zugreifen, zentral zu verwalten. Jeder Benutzer benötigt nur ein einziges Kennwort für den Zugriff auf die Server beider Netzwerkbetriebssysteme. Dieses Kennwort wird zwischen allen Servern synchronisiert.

Auf NetWare-Servern oder -Clients muß keinerlei neue Software installiert werden.

Der Vorteil dieser Arbeitsweise liegt auf der Hand: Novell-Server werden in eine bestehende Windows NT-Domäne integriert. Sie behalten die NT-typische Verwaltungsstruktur und die Dienstprogramme bei und können trotzdem mit NetWare-Clients arbeiten, die von Windows NT nichts wissen. Diese NetWare-Clients melden sich am Novell-Server an, der die Anmeldungen überprüft.

Die gesamte Verwaltung geschieht jedoch in Windows NT. Der DIRECTORY SERVICE MANAGER FÜR NETWARE nimmt Ihnen also die Arbeit einer doppelten Verwaltung ab. Diese Verwaltung ist zentralisiert, und beide Welten, nämlich Novell NetWare und Microsoft Windows NT, sind vereint.

Das Microsoft-Paket enthält zwei Versionen des DIRECTORY SERVICE MANAGERS FÜR NETWARE: Version 4.0 für Windows NT Server 4.0 und Version 3.51 für Windows NT Server 3.51. Geben Sie acht, daß nicht die falsche Version installiert wird; sie würde schlichtweg nicht funktionieren.

Übernahme der NetWare-Benutzerdaten

Sie wählen einen NetWare-Server, der der Domäne hinzugefügt werden soll, und wählen anschließend die Benutzer- und Gruppenkonten des NetWare-Servers für die Verwaltung in der Domäne aus. Sie können entweder alle Benutzer- und Gruppenkonten verschieben oder einzelne auswählen.

Die ausgewählten Konten werden in die Verzeichnisdatenbank des primären Domänen-Controllers kopiert.

Wenn ein NetWare-Server einer Domäne zur Verwaltung hinzugefügt wird, werden NetWare-Benutzer- und Gruppenkonten in die Domäne verschoben. Wenn Sie hingegen nur einige Benutzer- und Gruppenkonten in die Domäne verschieben, müssen Sie angeben, ob die übrigen Benutzer und Gruppen auf dem NetWare-Server gelöscht werden sollen. Wollen Sie diese beibehalten, so werden diese Konten mit Hilfe der Verwaltungsprogramme für NetWare verwaltet. Verwenden Sie die NetWare-Verwaltungsprogramme nicht für Konten, die über den DIRECTORY SERVICE MANAGER FÜR NETWARE verwaltet werden; in einem solchen Fall werden die Konten auf dem NetWare-Server nicht mehr korrekt mit den Konten der Domäne synchronisiert. Die gemeinsame Verwaltung ist somit eine Art Einbahnstraße.

Übernahme der Benutzer in NetWare

Legen Sie fest, auf welche Weise die Domäne Benutzer- und Gruppenkonten zurück an den NetWare-Server transferieren soll. Sie können alle oder nur einen Teil der Konten übermitteln. Um einen Teil zu übertragen, wählen Sie die entsprechenden Windows NT Server-Gruppen aus; Benutzerkonten, die einer der ausgewählten Gruppen angehören, werden ebenfalls übertragen.

Die NetWare-Benutzerkonten werden zusammen mit Windows NT Server-Konten an den NetWare-Server übermittelt.

Sie können bis zu 2000 Konten zum NetWare-Server übertragen. Diese Einschränkung wurde aus Kompatibilitätsgründen eingeführt. Es empfiehlt sich, nur Gruppen mit Benutzern auszuwählen, die tatsächlich den Zugriff auf den NetWare-Server benötigen; Gruppen mit Benutzern, die ausschließlich Server unter Windows NT Server verwenden, brauchen nicht kopiert werden.

Nachdem der NetWare-Server zur Domäne hinzugefügt wurde, können Sie jederzeit die Liste der Gruppen bearbeiten, die an den NetWare-Server übermittelt wird.

Wenn der Primäre Domänen-Controller die Sicherungs-Domänen-Controller das nächste Mal aktualisiert, werden die Konten aller Benutzer und Gruppen, die Sie vom NetWare-Server in die Domäne kopiert haben, auf die Sicherungs-Domänen-Controller der Domäne repliziert.

Sobald der NetWare-Server Teil der NT-Domäne ist und die NetWare-Benutzerkonten angegeben wurden, verwenden Sie den BENUTZER-MANAGER FÜR DOMÄNEN, um diese Konten zu verwalten. Alle Änderungen werden automatisch auf den NetWare-Server kopiert.

Wenn Sie eines der NetWare-Dienstprogramme verwenden, um die Konten direkt auf dem NetWare-Server zu bearbeiten, geht die Synchronisierung des Kontos mit der Domäne verloren. Deshalb sollten Sie die NetWare-Dienstprogramme nicht mehr verwenden, wenn Sie die Benutzerkonten ändern wollen.

Neue NetWare-Benutzerkonten

Um ein neues Benutzerkonto für den Zugriff auf den NetWare-Server hinzuzufügen, verwenden Sie den BENUTZER-MANAGER FÜR DOMÄNEN und fügen es der Domäne direkt hinzu.

Dieses Konto muß lediglich NetWare-fähig sein. Ein NetWare-fähiges Benutzerkonto kann von der Windows NT-Domäne an NetWare-Server übermittelt werden. Um ein Konto als NetWare-fähig zu definieren, aktivieren Sie die entsprechende Option in den Benutzerkonteneigenschaften.

Übermittlung bereits vorhandener Benutzerkonten

Wenn Sie ein Windows NT Server-Konto übermitteln möchten, das in der Domäne bereits vor der Installation des DIRECTORY SERVICE MANAGERS FÜR NETWARE vorhanden war, müssen Sie das Konto nur als NetWare-fähig definieren.

Sobald ein Konto an den NetWare-Server übermittelt wird, werden alle nachfolgenden Änderungen an diesem Konto automatisch auf den NetWare-Server kopiert.

Ein NetWare-Client-Benutzer muß das mit dem DIRECTORY SERVICE MANAGER FÜR NETWARE gelieferte Dienstprogramm **chgpass** verwenden, um sein Kennwort zu ändern. Das Dienstprogramm **chgpass** gibt das neue Kennwort an alle NetWare-Server, an die das Konto übermittelt wird, sowie an alle Domänen-Server unter Windows NT Server weiter. Wenn Sie zur Kennwortänderung ein NetWare-Dienstprogramm verwenden, wird das Kennwort nur auf den NetWare-Servern geändert, mit denen der Benutzer zur Zeit verbunden ist, und das Kennwort stimmt nicht mehr mit dem BenutzerKennwort auf den anderen Servern überein.

Verwenden Sie den SYNCHRONISIERUNGS-MANAGER zum Kopieren von NetWare-Servern in Domänen, zum Festlegen der Windows NT Server-Gruppen, die an NetWare-Server übermittelt werden, und zum Durchführen aller weiteren Verwaltungsaufgaben. Für die Verwaltung der Konteneigenschaften von Benutzern und Gruppen wird der BENUTZER-MANAGER FÜR DOMÄNEN eingesetzt.

Für andere Funktionen müssen die standardmäßigen NetWare-Dienstprogramme verwendet werden. Dazu gehören freigegebene Datenträger, Dateiberechtigungen und Vertrauensrechte, Kontoführung und Drucken.

NetWare-Server in NT-Domänen

Ein NetWare-Server kann nur Mitglied einer einzigen Windows NT-Domäne sein. Sobald ein NetWare-Server zur Verwaltung in einer Domäne hinzugefügt wurde, können Sie ihn nicht mehr einer anderen Domäne hinzufügen, ohne ihn zuerst aus der ersten Domäne zu entfernen.

Pro Domäne können mehrere NetWare-Server eingebunden werden. Aus Leistungsgründen sollten dies jedoch maximal 32 NetWare-Server sein.

Wenn Sie den Domänen mehr als 32 NetWare-Server hinzufügen möchten, sollten Sie, um ein vernünftiges Leistungsverhältnis zu erzielen, die NetWare-Server in kleinere Gruppen aufteilen und jede Gruppe einer anderen Domäne hinzufügen.

Bedenken Sie bei der Aufteilung, welche Benutzer auf welche Server zugreifen. Am besten eignen sich »Verwaltungseinheiten«, wobei Sie jeweils Benutzer in einer Domäne zusammenfassen, die Zugriff auf dieselben Server benötigen.

Zusammenführen verschiedener Benutzernamen

Der DIRECTORY SERVICE MANAGER FÜR NETWARE kann Konten mit unterschiedlichen Benutzernamen auf mehreren NetWare-Servern zusammenführen. Wenn *AndreaK* auf einem anderen Server ein Konto mit dem Benutzernamen *AndreaKlein* besitzt, können Sie dieses Konto mit dem Domänenkonto *AndreaK* zusammenführen. Das Domänenkonto verfügt anschließend über alle Rechte, die zuvor beiden Konten zugeteilt waren.

Benutzerkonten auf einzelnen NetWare-Servern können zu einem einzigen Benutzerkonto in der Domäne zusammengefaßt werden. Dieses Konto erhält alle Rechte, die zuvor beiden Konten zugeteilt waren.

Gibt es auf einem NetWare-Server jedoch ein Konto, das denselben Namen besitzt wie ein bereits in der NT-Domäne bestehendes Konto, werden die Rechte und Berechtigungen des NetWare-Kontos auf das vorhandene Windows NT Server-Konto übertragen. Ist das Windows NT Server-Konto NetWare-fähig, wird das bestehende Kennwort des Kontos verwendet. Andernfalls erhält das Konto ein neues Kennwort, damit es an NetWare-Server übermittelt werden kann.

DSMN über mehrere Domänen

Der DIRECTORY SERVICE MANAGER FÜR NETWARE kann nicht domänenübergreifend verwendet werden. Ein Benutzer kann nur an NetWare-Server übermittelt werden, die jener Domäne hinzugefügt wurden, die das Benutzerkonto enthält.

Installation des DSMN

Bevor sie DSMN installieren können, muß Windows NT Server 3.51 mit Service Pack 2 oder höher bzw. Windows NT 4.0 installiert sein. Außerdem muß der Gateway Service für NetWare laufen.

Obwohl Sie den DIRECTORY SERVICE MANAGER FÜR NETWARE auf einem beliebigen Server in einer Domäne installieren könnten, kann der Dienst nur auf Servern ausgeführt werden, die als primäre Domänen-Controller eingesetzt werden. Es kann sinnvoll sein, das Dienstprogramm auf einem oder mehreren Sicherungs-Domänen-Controllern zu installieren, um die Wiederherstellung bei Ausfall des primären Domänen-Controllers zu beschleunigen.

DIRECTORY SERVICE MANAGER FÜR NETWARE wird als Netzwerk-Dienst installiert. Dazu öffnen Sie das Netzwerkobjekt, klicken auf die Seite DIENSTE und dort auf HINZUFÜGEN.

Standardmäßig ist der Dienst natürlich nicht in der Liste enthalten; deshalb geht es mit der Schaltfläche DISKETTE weiter. Geben Sie den Pfad zu den Dateien an. Wenn Sie die CD in einem CD-Laufwerk mit dem Buchstaben F: haben, sieht der Pfad folgendermaßen aus:

```
F:\DSMN\NT40\i386
```

Genausogut können Sie natürlich einen Netzwerkpfad angeben, wenn Sie die Dateien in ein entsprechendes freigegebenes Verzeichnis kopiert haben. Ein Beispiel dafür wäre:

```
\\NTServer\Microsoft\DSMN
```

Windows NT zeigt ein Dialogfenster, in dem zwei verschiedene Dienste installiert werden können.

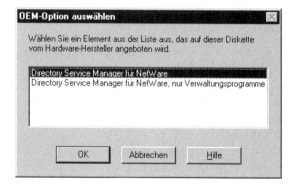

Bild 7.40:
Installation von DSMN

Soll der aktuelle Server als DSNW-Server fungieren, so benötigen Sie den ersten Eintrag. Dies ist jedoch jeweils nur bei einem primären Domänenkontroller möglich und sinnvoll. Die VERWALTUNGSPROGRAMME können gewählt werden, wenn Sie von der aktuellen Maschine aus einen DSMN-Server verwalten wollen. Das kann auch von einer Windows NT Workstation aus geschehen.

Eine Kleinigkeit gibt es dann später zu beachten, wenn Sie bestimmen, welche NetWare-Server verwaltet werden sollen. Das Werkzeug für diese Aufgabe ist der SYNCHRONISIERUNGS-MANAGER. DSMN kann ausschließlich mit NetWare Version 2.x und 3.x umgehen, nicht jedoch mit 4.x. Wenn Sie versuchen, einen Server mit Version 4.x oder IntraNetWare einzubinden, wird dies mit einer Fehlermeldung von Windows NT verweigert.

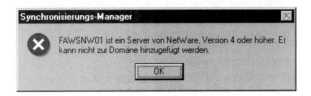

Bild 7.41:
Mißglückter Einbindungsversuch

Verwaltung

Nach der Installation des Directory Service Managers können Sie NetWare-Server zur Verwaltung in eine Windows NT-Domäne hinzufügen.

Durch das Hinzufügen eines NetWare-Servers haben Sie die Möglichkeit, Benutzer- und Gruppenkonten sowohl auf den Computern unter Windows NT Server in der Domäne als auch auf dem NetWare-Server zu verwalten.

Wird ein NetWare-Server hinzugefügt, werden Benutzer- und Gruppenkonten vom Server in die Domäne übertragen. Anschließend werden diese Konten zurück an den NetWare-Server übertragen. Von diesem Zeitpunkt an verwalten Sie die Konten in der Domäne, und Änderungen an den Konten werden automatisch an die NetWare-Server in der Domäne übermittelt.

Sie können einen NetWare-Server jederzeit wieder aus der Verwaltung in einer Domäne entfernen. Anschließend können Sie NetWare-Verwaltungsprogramme verwenden, um den Server und seine aktuelle Bindery zu verwalten. Sie haben außerdem die Möglichkeit, die Bindery wiederherzustellen, wenn Sie den Server in den Status vor dem Hinzufügen zur Domäne zurückversetzen möchten. Se können den Server jederzeit erneut einer Domäne hinzufügen.

Das Werkzeug für alle diese Tätigkeiten ist der Synchronisierungs-Manager. Dieser wurde bei der Installation des DSMN in der Gruppe VERWALTUNG eingerichtet.

Um die Verwaltung vornehmen zu können, müssen Sie nicht nur Administrator in der Domäne sein, sondern auch über Supervisor-Privilegien auf dem NetWare-Server verfügen.

Synchronisierungen der Novell-Server mit der NT-Domäne erfolgen prinzipiell automatisch, können aber auch manuell durchgeführt werden. Die Bedienung erinnert sehr stark an den Server-Manager. Das Intervall für die automatische Synchronisierung stellen Sie unter OPTIONEN-AKTUALISIERUNGSINTERVALLE ein (siehe Bild 7.42).

Der DIRECTORY SERVICE MANAGER FÜR NETWARE synchronisiert die Server automatisch mit der Domäne. Ist ein NetWare-Server zeitweise nicht verfügbar, wird dieser automatisch synchronisiert, sobald er wieder verfügbar wird.

Wenn Sie einen NetWare-Server zur Verwaltung in eine Domäne eingliedern, wird in der Bindery dieses Servers das Benutzerkonto WINNT_SYNC_AGENT erstellt. Dieses Konto darf nicht gelöscht werden, denn es wird vom DIRECTORY SERVICE MANAGER FÜR NETWARE für den Zugriff auf die Bindery des NetWare-Servers verwendet.

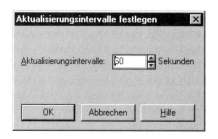

Bild 7.42:
Aktualisierungsintervall

Durch das Entfernen eines NetWare-Servers aus der Verwaltung wird die Übermittlung von Kontenänderungen und neuen Benutzerkonten von der Domäne an den Server beendet. Nachdem Sie einen NetWare-Server aus einer Domäne entfernt haben, können Sie sofort beginnen, die Benutzer- und Gruppenkonten mit Hilfe von NetWare-Dienstprogrammen auf diesem Server zu verwalten. Wenn Sie vor dem Hinzufügen des NetWare-Servers zur Domäne die Bindery gesichert haben, können Sie auf Wunsch auch die Bindery des Servers wiederherstellen.

Server können jederzeit erneut einer Domäne hinzugefügt werden. Vergessen Sie dabei aber nicht, daß es höchstens 32 sein sollten, damit die Leistung nicht völlig zusammenbricht. Einsetzen können Sie dabei nur Server mit den Versionen 2.x und 3.x. Version 4.x kann nur dann mitverwaltet werden, wenn auf diesen Servern praktisch ausschließlich über die Bindery-Emulation gearbeitet wird.

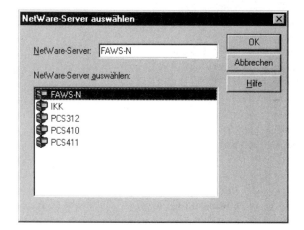

Bild 7.43:
Hinzufügen von NetWare-Servern

Um ein neues Benutzerkonto für den Zugriff auf einen NetWare-Server zu erstellen, das in einer Domäne verwaltet werden soll, erstellen Sie das Konto mit Hilfe des Benutzer-Managers für Domänen. Stellen Sie aber sicher, daß Option NETWARE-KOMPATIBLE ANMELDUNG AKTIVIEREN aktiviert ist.

Der DIRECTORY SERVICE MANAGER FÜR NETWARE enthält **dsmchk.exe**, ein Dienstprogramm zum Testen der Kennwortsynchronisierung. Das Dienstprogramm überprüft einen oder mehrere NetWare-Server in der Domäne und vergleicht das BenutzerKennwort auf jedem NetWare-Server mit dem BenutzerKennwort auf dem primären Domänen-Controller.

TIP

Um die Paßwörter automatisch zu testen, können Sie **dsmchk** in den Anmeldeskripten der einzelnen Benutzer aufrufen.

Benutzerrichtlinien werden ebenfalls im Benutzer-Manager für Domänen eingestellt. Der KENNWORTZYKLUS muß dabei auf mindestens 8 eingestellt werden, damit diese Einstellung für Benutzer, die sich an NetWare-Servern anmelden, wirksam wird. Ist der Kennwortzyklus auf einen niedrigeren Wert eingestellt, gilt er nur für Benutzeranmeldungen an Domänen-Computern unter Windows NT Server, nicht aber für die Anmeldung von einem NetWare-Client aus.

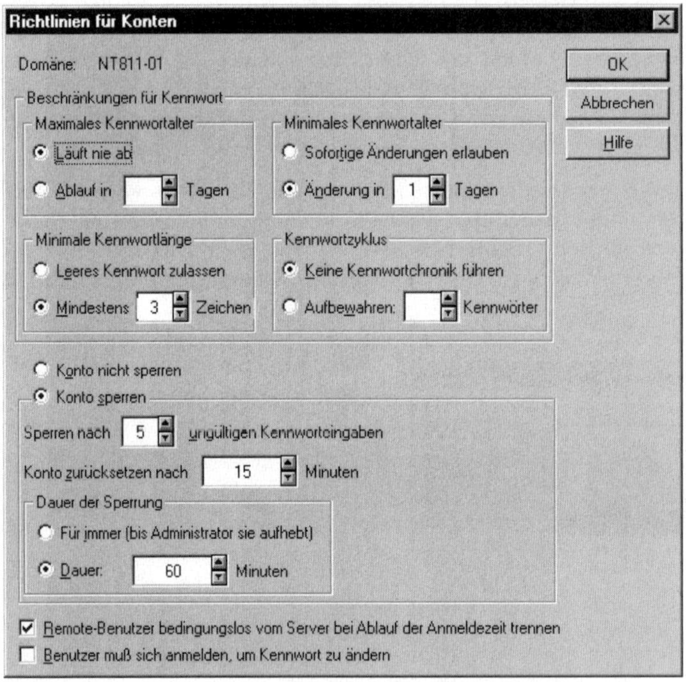

Bild 7.44:
Änderungen der Richtlinien werden von Novell-Servern übernommen

Standardmäßig wird die Datenbank zur Kontensynchronisierung, die eine Liste der übermittelten Benutzer- und Gruppenkonten sowie die den einzelnen Servern vorliegende Kontoversion enthält, nicht auf andere Computer gesichert. Es empfiehlt sich, im SYNCHRONISIERUNGS-MANAGER den Befehl DATENBANKSICHERUNGSOPTIONEN FESTLEGEN zu verwenden, um Verzeichnisse auf anderen Computern zu bestimmen, in denen täglich eine Sicherungskopie der Datenbank abgelegt wird. Wird die Datenbank zur Kontensynchronisierung für eine Domäne dann beschädigt, steht eine Sicherungskopie zur Verfügung; andernfalls müssen Sie den DIRECTORY SERVICE MANAGER FÜR NETWARE erneut installieren.

Wenn Sie tägliche Sicherungen konfigurieren, geben Sie eine Tageszeit an, zu der eine geringe Netzwerkaktivität besteht. Andernfalls müßte selbst die Änderung eines Benutzer-Kennworts warten, bis der Sicherungsvorgang abgeschlossen ist.

Bei jeder Sicherung wird die Datenbank zusätzlich auch im Verzeichnis SYNCAGNT\BACKUP des Primären Domänen-Controllers gesichert.

7.10.2 DSMN oder FPNW?

Beide Microsoft-Produkte, also der DIRECTORY SERVICE MANAGER FÜR NETWARE und die FILE UND PRINT SERVICES FÜR NETWARE zielen im Grunde auf dasselbe ab. Es geht darum, Novell-Clients, die nichts mit Windows NT am Hut haben, in eine Windows NT-Domäne einzubinden.

Da es sich um zwei völlig verschiedene Produkte handelt, stellt sich die Frage, wie man eigentlich vorgehen sollte. Was ist besser: DSMN oder FPNW?

Gewiß kann man diese Frage nicht auf diese Weise stellen. Es geht nicht darum, ob eines der Produkte besser ist als das andere. Die Frage ist, wie die Zielrichtung aussehen soll.

Der sanfteste Schritt von Novell NetWare auf Windows NT ist gewiß der DIRECTORY SERVICE MANAGER FÜR NETWARE. Hier werden bestehende Novell-Server in die NT-Domäne eingebunden. Die Verwaltung wird unter Windows NT zentralisiert, und weder am Novell-Server noch an den Novell-Clients braucht etwas geändert werden.

Selbstverständlich geht es dabei nicht immer um einen geplanten Umstieg, denn wenn sich NetWare als Druckserver bewährt und die Kapazität nach wie vor ausreicht, besteht eigentlich kein Grund, diesen Server gegen ein anderes System auszutauschen. Noch dazu sollte man nicht vergessen, daß NetWare 3.12 mit viel weniger Hardware-Ressourcen auskommt als Windows NT!

Wer die NetWare-Server ersetzen will oder muß, weil sie beispielsweise zu schwach geworden sind und für eine gewachsene Anzahl an Benutzern nicht mehr ausreichen, könnte lauter Windows NT-Server einrichten und diese mit den FILE UND PRINT SERVICES FÜR NETWARE ausstatten. Die Verwaltung ist wieder zentralisiert, nämlich in Windows NT. Die Novell-Server werden in diesem Fall ersetzt, doch an den Novell-Clients braucht wieder nichts geändert werden.

FPNW mögen auch der richtige Weg sein, falls geplant ist, NetWare gänzlich durch Windows NT zu ersetzen. Das Zusatzprogramm von Microsoft bietet Ihnen die Möglichkeit, diesen Umstieg so behutsam wie möglich vorzunehmen.

7.11 Gemeinsame Domänen-Verwaltung unter NetWare

Was für Windows NT der DIRECTORY SERVICE MANAGER FÜR NETWARE ist, das ist für Novell NetWare der NOVELL ADMINISTRATOR FÜR WINDOWS NT.

Es handelt sich dabei um eine Erweiterung zur NDS von NetWare 4.x. Mit Hilfe des Administrators können NT-Server in die NDS eingebunden werden. Sie arbeiten dort praktisch wie Zusatzserver.

Die Verwaltung läuft in dieser Konstellation über Novell NetWare. Das Betriebssystem verwaltet eine NDS, und alle Benutzer, Drucker und Ressourcen, die über NetWare verwaltet werden, erscheinen auch in Windows NT, weil sie von NetWare in die Windows NT-Verwaltung eingetragen werden.

Das Programm ist kostenlos über das Internet verfügbar. Sie finden alle notwendigen Informationen und die Anleitung zum Herunterladen unter HTTP://WWW.NOVELL.COM. Wichtig ist, daß Sie die Client-Software von Novell auf Ihrem NT-Rechner installiert haben, und diese Software sollte möglichst auf dem letzten Stand sein. Bei mehreren Versionen mußte ich die Erfahrung machen, daß sie für den ADMINISTRATOR FÜR WINDOWS NT zu alt sind, was dazu führt, daß dieses Zusatzprogramm nicht richtig funktioniert.

Eine relativ kleine komprimierte Datei wird direkt aufgerufen und dekomprimiert das Installationsprogramm und eine Reihe weiterer Dateien.

Diese Dateien werden automatisch ins Hauptverzeichnis Ihrer Festplatte C: kopiert! Das sollte man wissen, denn beim Dekomprimieren erhalten Sie keinerlei Hinweis darauf, und wenn man nicht selbst auf die Suche geht, kann man sich nur mehr die Frage stellen, wo die Dateien denn abgeblieben sind.

Jedenfalls finden Sie alle notwendigen Dateien und das Installationsprogramm im Hauptverzeichnis der lokalen Festplatte C:. Nach getaner Installation sollten Sie die Dateien von dort wieder löschen, denn auch das geschieht nicht automatisch.

Bild 7.45:
Aufruf der Installation

Im übrigen scheint es keinen Unterschied zu machen, ob Sie den ADMINISTRATOR auf Windows NT Server oder Windows NT Workstation installieren. Es geht nur darum, von welcher Maschine aus Sie die Verwaltung machen wollen. Und da NetWare ohnehin nur von Arbeitsmaschinen aus verwaltet werden kann, trifft sich das ganz gut.

ADMINISTRATOR FÜR WINDOWS NT installiert zwei Teile. Einerseits werden Verwaltungsprogramme im PUBLIC-Verzeichnis des NetWare-Servers installiert, andererseits kommen auch NLM-Dateien dazu. Für letztere könnte es ebenfalls notwendig sein, ein kleines Update auf dem Server zu installieren; vor allem die CLIB.NLM muß in einer aktuellen Version vorhanden sein. Sie können dieses Update über den Server selbst oder auch mit Hilfe der Client-Software installieren.

Das Installationsprogramm durchsucht das Netzwerk nach NDS-Strukturen und nach NT-Servern. Die erste Abfrage gilt der NDS, die gewählt werden soll, die zweite den Windows NT-Servern, die in die Struktur eingebunden werden sollen (siehe Bild 7.46).

Bevor die endgültige Installation durchgeführt wird, zeigt das Installationsprogramm noch einmal die definierten Optionen an. Sie haben jederzeit die Möglichkeit, noch einmal zurück zu gehen und Ihre Auswahl zu verändern. Damit die Verwaltung von NDS-Objekten auch in Windows NT-Server geschrieben wird, müssen Sie die KOPIE VON NDS-OBJEKTEN ermöglichen (siehe Bild 7.47).

Danach wird installiert. Die entsprechenden Programme werden auf die NDS kopiert, und die Verwaltung der Windows NT-Maschine wird vorbereitet.

Verbindung zu Novell NetWare 269

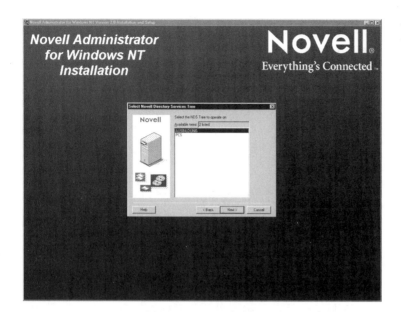

Bild 7.46:
Auswahl der NDS

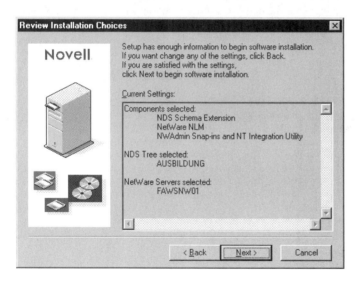

Bild 7.47:
Übersicht über die
getroffene Auswahl

Am Ende haben Sie die Möglichkeit, eine Log-Datei anzuzeigen. Dies ist in jedem Fall zu empfehlen. In dieser Log-Datei erkennen Sie, ob alles zufriedenstellend verlaufen ist oder ob vielleicht einzelne Dateien nicht kopiert werden konnten (siehe Bild 7.48).

Wenn Sie jetzt ein Verwaltungsprogramm suchen, müssen Sie wieder auf die Suche gehen. Leider wird keine Gruppe automatisch angelegt, was auf Administrator-Geräten für manuelle Arbeit sorgt.

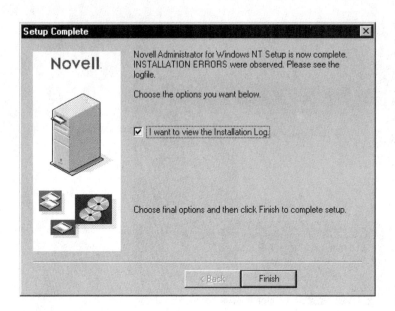

Bild 7.48:
Beendigung der Installation

Im Grunde verhält es sich genauso wie mit den Verwaltungsprogrammen des Novell-Servers. Auch diese werden nicht automatisch eingerichtet, wenn Sie den Novell-Client für NetWare installieren.

So wie Sie die Verwaltungsprogramme für die NDS auf dem SYS-Volume des NetWare-Servers unter \PUBLIC\WIN95 finden, so finden Sie den ADMINISTRATOR FÜR WINDOWS NT unter \PUBLIC\WINNT.

Bild 7.49:
Verwaltungsprogramm

Der NOVELL ADMINISTRATOR FÜR WINDOWS NT ist ein grafisches Programm, mit dessen Hilfe die Einträge der NDS und des Windows NT-Servers gegenübergestellt werden können.

Mit Hilfe dieses Werkzeugs haben Sie die Möglichkeit, ganz genau zu definieren, welche Daten übernommen werden sollen. Dieses Dienstprogramm läßt sich sogar für Übernahmen in beide Richtungen verwenden und ist somit viel universeller einsetzbar als der DIRECTORY SERVICE MANAGER FÜR NETWARE von Microsoft.

Es ist möglich, Benutzer, Drucker und Gruppen von der NDS in den Windows NT-Server zu schreiben, wie es auch möglich ist, Benutzer, Drucker und Gruppen von Windows NT in die NDS zu integrieren.

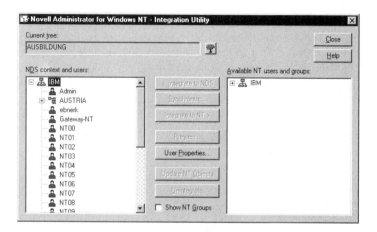

Bild 7.50:
Novell Administrator für Windows NT

Parallel werden Sie weiterhin mit den Verwaltungsprogrammen für NetWare arbeiten, und wenn die Grundeinstellungen mit dem ADMINISTRATOR entsprechend getroffen wurden, dann können Sie Ihre Benutzer und Sicherheitseinstellungen ganz automatisch in den Windows NT-Server übernehmen.

Der Vorteil dieser Arbeitsweise liegt auf der Hand: Windows NT wird in eine bestehende NDS integriert. Sie behalten die hierarchische Verwaltungsstruktur bei und können trotzdem mit Windows NT-Clients arbeiten, die von NetWare nichts wissen. Diese NT-Clients melden sich am Windows NT-Server an, der die Anmeldungen überprüft.

Die gesamte Verwaltung geschieht jedoch in der NDS. Der NOVELL ADMINISTRATOR FÜR WINDOWS NT nimmt Ihnen also die Arbeit einer doppelten Verwaltung ab. Diese Verwaltung ist zentralisiert, und beide Welten, nämlich Novell NetWare und Microsoft Windows NT, sind vereint.

7.12 Migration zu Windows NT

Der Vollständigkeit halber sollte auch noch die Möglichkeit erwähnt werden, Novell-Server auf Windows NT zu migrieren. In diesem Fall wird auf Zusammenarbeit und die Qualitäten des Novell-Betriebssystems verzichtet. Die gesamte NetWare-Umgebung wird auf eine NT-Umgebung umgestellt, mit all dem Arbeitsaufwand, den dies mit sich bringt.

Um den Systembetreuer angesichts dieser Aufgabe nicht völlig ausrasten zu lassen, liefert Microsoft ein Migrationsprogramm mit Windows NT Server mit, das Sie einsetzen können, um Novell-Server relativ unkompliziert auf Windows NT umzustellen.

In den meisten Fällen wird sich wohl die Frage nach der Sinnhaftigkeit dieses Unterfangens stellen. Im Vergleich der beiden Betriebssysteme ergeben sich immerhin deutliche Vorteile auf beiden Seiten. Und wo das eine System schwach ist, spielt das andere in der Regel seine Stärken aus.

Novell NetWare hat mit den Directory Services gemäß X.500 eine gut durchstrukturierte Verwaltung von großen Netzwerken. Die Administration wird mit der NDS übersichtlich und zentralisiert. Damit können die Vertrauensstellungen bei Windows NT nicht mithalten. Andererseits punktet das Microsoft-Betriebssystem als Applikationsserver. Das ist ein Gebiet, auf dem Novell zwar aufholt, aber bisher nicht die Möglichkeiten eines Windows NT oder UNIX bietet.

Sie sehen schon, beide Systeme haben ihre Qualitäten und ihre Schwächen. In der Praxis macht es durchaus Sinn, NetWare und Windows NT zu verbinden. Von einer Migration könnte abgesehen werden, oder sie kann zumindest auf später verschoben werden.

Dieses Migrationsprogramm finden Sie automatisch unter den Server-Verwaltungsprogrammen, wenn Sie NWLink und die Standard-NetWare-Dienste installiert haben.

Bild 7.51:
Server für die Migration

Umgestellt wird jeweils von Server zu Server. Sie müssen also einen NetWare-Server auswählen, den Sie auf einen NT-Server migrieren wollen. Die Benutzerverwaltung landet natürlich automatisch auf dem Primären Domänen-Controller.

Sie können das Programm für die Umstellung eines NetWare 3.x- als auch NetWare 4.x-Servers verwenden. Diese Server können danach, wenn Sie es wünschen, wie bisher weiterarbeiten oder in die Arbeit mit Windows NT eingebunden werden.

Bei der Migration geht es darum, die in NetWare getroffenen Einstellungen möglichst unverändert zu übernehmen und so dem Systemadministrator eine Menge Arbeit zu ersparen. Denn stellen Sie sich einmal vor, Sie hätten 2.000 Benutzer in Ihrem Unternehmen und müßten alle diese Benutzer plötzlich neu anlegen, inklusive Berechtigungen und Anmeldskripten!

Sie können das Migrationsprogramm nur auf Domänen-Controllern einsetzen, also auf PDC und BDC. Das Programm sollte auf den jeweiligen Rechnern gestartet werden. Falls Sie einen entfernten Rechner einsetzen wollen, mit dessen Hilfe Sie auf den betroffenen NT-Server zugreifen, benötigen Sie auf diesem Remote-Rechner vier zusätzliche Dateien, die Sie im Verzeichnis WINNT\SYSTEM32 finden: LOGVIEW.EXE, LOGVIEW.HLP, NWCONV.EXE und NWCONV.HLP. Eine weitere Voraussetzung für den Einsatz des Migrationsprogramms ist die Aktivierung des IPX-Protokolls einerseits und des Gateway-Dienstes andererseits.

Falls Sie mehrere NetWare-Server umstellen wollen, überlegen Sie sich genau, in welcher Reihenfolge Sie vorgehen wollen. Sie müssen die Benutzerverwaltung berücksichtigen, vor allem, wenn es sich um NetWare 3.x handelt. Darüber hinaus könnten organisatorische Gegebenheiten eine bestimmte Reihenfolge erzwingen. Bedenken Sie jedoch, daß diese Überlegungen nicht technischer, sondern administrativer Natur sind (siehe Bild 7.52)!

Die Migration übernimmt Informationen der Benutzerkonten und der Gruppen. Die Paßwörter der übertragenen Benutzerkonten können automatisch festgelegt werden. Verzeichnisse und Dateien können auf Windows NT-Server transferiert werden. Dabei ist es möglich, die mit NetWare zugewiesenen Zugriffsrechte beizubehalten.

Verbindung zu Novell NetWare

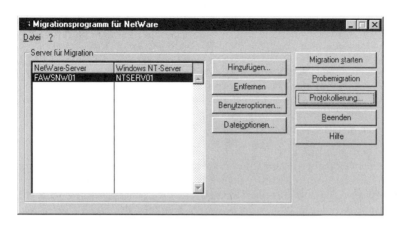

Bild 7.52:
Server für die Migration

Kontobeschränkungen und manche Rechte der Systemverwalter werden übertragen; ein Administrator muß allerdings extra erstellt werden, da es in diesem Bereich Unterschiede zwischen NetWare und Windows NT gibt. Um auf Nummer Sicher zu gehen, können Sie die Migration vor der endgültigen Durchführung testen lassen. Und zuletzt bietet das Programm die Möglichkeit, ein Übernahmeprotokoll zu erstellen, mit dem Sie die Umstellung überprüfen können. Wenn Sie auch die Login Scripts der Benutzer übernehmen wollen, müssen die FILE AND PRINT SERVICES FÜR NETWARE installiert sein.

Das Migrationsprogramm ist also in der Lage, sowohl die Benutzer als auch ihre Login-Scripts zu übernehmen. Was jedoch nicht übernommen werden kann, ist das Paßwort. Das ist keine Schwäche des Migrationsprogramms, sondern eine Sicherheitseinstellung des Novell-Servers. Die Paßwörter befinden sich in verschlüsseltem Zustand in der Bindery. Dort kann niemand sie lesen außer NetWare selbst. Aus diesem Grund können die Paßwörter nicht übernommen werden.

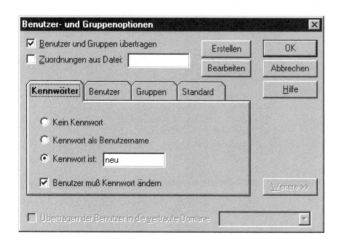

Bild 7.53:
Was geschieht mit den Paßwörtern?

Angenehmerweise gibt es hier Möglichkeiten, dieses Problem sehr rasch in den Griff zu bekommen. Sie können automatisch ein Standardkennwort zuordnen oder aber den Benutzernamen, ebenfalls automatisch, auch für das Kennwort verwenden. Bei der ersten Anmeldung wird der

Benutzer dann gleich aufgefordert, sein Kennwort zu ändern. Einmal getan, ist dann alles wieder beim alten. Die Benutzer haben sogar die Möglichkeit, wieder ihr altes Paßwort zu verwenden, denn NT weiß ohnehin nicht, was vorher war.

Die Kontoinformationen sind unter NetWare und NT recht ähnlich. Alle Konten besitzen einen Benutzernamen, ein Kennwort und einen beschreibenden Namen. Bei den Kontobeschränkungen gibt es dann Unterschiede. Während NetWare die meisten Kontobeschränkungen standardmäßig setzt und die individuelle Anpassung für jeden Benutzer ermöglicht, trennt Windows NT zwischen Beschränkungen, die beim Benutzer eingestellt werden, und solchen, die über die Kontorichtlinien definiert sind.

Die Übernahme folgt einem einfachen Schema: Einstellungen des Benutzers werden übernommen; bei Einstellungen, die den Konto-Richtlinien entsprechen, kann gewählt werden, ob die Einstellungen des Supervisor/Admin-Kontos übernommen oder die aktuell geltenden NT-Richtlinien beibehalten werden. Standardmäßig werden die Einstellungen des Supervisor/Admin-Kontos übernommen.

Wenn Sie NetWare-Ressourcen übernehmen, werden diese als Verzeichnisse angelegt. Wie bereits erwähnt, kommen die Sicherheitseinstellungen mit und werden in die NTFS-Sicherheit integriert. So könnte es sein, daß ein Benutzer, der zuerst am Novell-Server gearbeitet hat und nun auf Windows NT umgestellt wurde, die Veränderung im ersten Augenblick gar nicht bemerkt.

NetWare hat einen einzigen »Supervisor« oder »Admin«, der eine Art Super-Administrator darstellt. Erst die Versionen 4.x ermöglichen mehrere Administratoren, die identische Rechte besitzen. Da das Konzept unter NetWare etwas anders aussieht als unter Windows NT, ist eine Übernahme nicht so einfach möglich. Sie können zwar die entsprechenden Benutzer übernehmen, und sie erhalten automatisch alle Verwaltungsrechte der übernommenen NetWare-Ressourcen, doch sie sind nicht automatisch mit den Administratoren gleichzusetzen. Wenn Sie also wollen, daß die jeweiligen Personen auch unter Windows NT Administratorrechte besitzen, müssen Sie die entsprechende Option aktivieren.

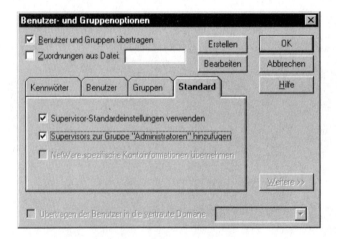

Bild 7.54:
Supervisors werden zu Administratoren

Führen Sie auf jeden Fall zuerst die Probemigration durch! Sie zeigt, wie das Ergebnis aussehen wird. Wenn das Ergebnis überzeugt, können Sie sich an die richtige Migration wagen.

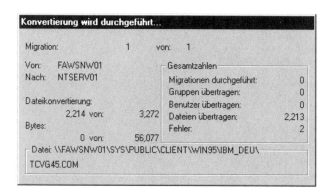

Bild 7.55:
Probemigration

Während des Probelaufs werden alle Ereignisse aufgezeichnet und in Protokolldateien geschrieben. Diese Protokolldateien finden Sie im Systemverzeichnis \WINNT\SYSTEM32. Die Datei LOGFILE.LOG enthält Informationen über Benutzer, Gruppen und Dateien, die sich auf dem NetWare-Server befinden. Die Datei SUMMARY.LOG gibt einen Überblick über die Namen der umgestellten Server sowie die Anzahl der übertragenen Benutzer, Gruppen und Dateien. Die Datei ERROR.LOG enthält Informationen darüber, welche Daten vom Migrationsprogramm nicht übernommen werden konnten; außerdem werden hier eventuelle Systemfehler mitprotokolliert.

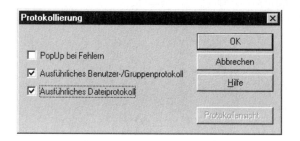

Bild 7.56:
Protokolle

Wenn die Protokolldateien Probleme aufzeigen, können Sie diesen gleich entgegenwirken. Die jeweiligen Daten müssen dann in der Regel in Windows NT angepaßt werden. Die Protokolldateien können mit dem Windows NT-Dienstprogramm LOGVIEW betrachtet werden (Bild 7.57).

Vor dem Start der Migration sollten Sie prüfen, ob alle Benutzer abgemeldet sind. Die Dateien müssen auf den einzelnen Servern geschlossen sein. Auf dem Windows NT-Rechner benötigen Sie natürlich das NWLink-Protokoll und einen aktivierten Gateway-Dienst. Fehlt etwas davon, so wird dies zumindest bei der Probemigration angezeigt.

Werden *Volumes*, also Datenträger von NetWare, umgestellt, so finden Sie ein Verzeichnis mit dem Namen des Volumes auf Ihrem Windows NT-Datenträger. Der entsprechende Speicherplatz muß selbstverständlich vorher zur Verfügung gestellt werden (siehe Bild 7.58)!

In diesem Verzeichnis befindet sich die gesamte Verzeichnisstruktur, die auf dem NetWare-Datenträger vorhanden war. Die Sicherheitseinstellungen wurden vom Volume ins NTFS-Dateisystem übernommen.

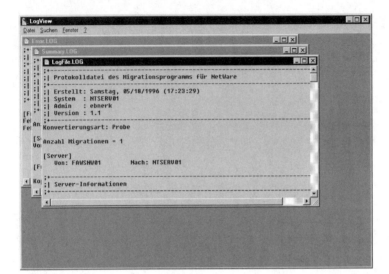

Bild 7.57:
Protokolldateien

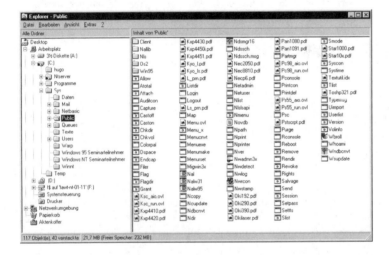

Bild 7.58:
Migriertes SYS-Volume

7.13 Migration zu Novell NetWare

Die Konkurrenz ist groß, und der Krieg könnte als heiß bezeichnet werden. Auch die Firma Novell bietet eine Möglichkeit, das System zu migrieren. Allerdings geht es dabei in die umgekehrte Richtung.

Mit dem Migrationsprogramm von Novell können Sie Windows NT-Server auf Novell NetWare umstellen. Auch dabei ist der Hintergedanke, daß der Verwaltungsaufwand möglichst gering bleiben sollte, wenn ein Unternehmen entschieden hat, sein Betriebssystem umzustellen. In diesem Fall also von Windows NT auf Novell NetWare oder IntraNetWare.

Dieses Programm wird nicht automatisch mitgeliefert. Es ist kostenpflichtig und kann bei Novell oder bei Novell-Händlern gekauft werden.

8 Verbindung zu Apple Macintosh

Der Macintosh war der erste Computer, der eine grafische Oberfläche für jedermann vorstellte. Diese Oberfläche, noch heute als »Finder« bezeichnet, stand Pate bei der Entwicklung jeder weiteren grafischen Benutzeroberfläche, also auch von Microsoft Windows.

Längst wurden die einstmals marktführenden Apple-Geräte von PCs jeder Schattierung überrollt und in eine Nische hineingedrängt. In Büros wird man sehr selten Macintosh-Geräte antreffen, und sogar wer sich einen Computer für daheim anschafft, wird heute in der Regel zu einem PC greifen.

Dennoch gibt es zwei Bereiche, wo Apple nach wie vor einen starken Marktanteil hält: die Universitäten und professionelle Grafik.

Vor allem an amerikanischen Universitäten kommt so gut wie jeder Student mit einem Macintosh in Berührung. Die Studentenwohnungen am Campus verfügen automatisch über Netzwerkanschlüsse für Macs, und viele wissenschaftliche Arbeiten wurden mit Apple Computern geschrieben. Man sehe nur einmal genauer bei amerikanischen Krimis im Fernsehen hin und wird sich wundern, wie viele da mit Macs arbeiten.

Viele Microsoft-Programme wurden ursprünglich für den Macintosh entwickelt. Dazu gehören Excel und Word genauso wie Powerpoint und Mail.

Macintosh-Geräte werden vor allem in zwei Ländern recht intensiv eingesetzt, nämlich in den Vereinigten Staaten von Amerika und in Frankreich. Hingegen treten sie in Deutschland und in Österreich hauptsächlich an Universitäten und bei Grafikern auf. Das macht die Verbindung mit Windows NT wieder interessant, denn Universitäten sind bekannt für ihre heterogenen Netzwerke, und Grafiker arbeiten oft für Wirtschaftsunternehmen bzw. Marketing-Abteilungen. Eine Verbindung des Firmennetzes mit PCs und Macintosh-Computern der Marketing-Abteilung ist somit durchaus Realität.

8.1 Übersicht MacOS

Der Macintosh wurde als System mit grafischer Oberfläche bekannt. Eigentlich ist das gesamte Betriebssystem, das *MacOS*, grafisch, denn so etwas wie eine Kommandozeile, die an der Basis steht, gibt es am Macintosh praktisch nicht.

Wenn Sie einen Macintosh ohne Betriebssystem einschalten, werden Sie bereits von einer grafischen Basisoberfläche begrüßt. Es handelt sich dabei um einen kleinen Macintosh mit freundlichem Gesicht, der Sie bildlich auffordert, eine Systemdiskette einzulegen.

Es liegt auf der Hand, daß Macintosh-Geräte relativ viel Festspeicher haben, denn dieses Basissystem muß ins ROM passen.

Die grafische Oberfläche wird als FINDER oder MULTIFINDER bezeichnet. Typisch für die Bedienung des Macintosh ist die Menüleiste am oberen Bildschirmrand. Es werden immer die Menüs des gerade aktiven Programms angezeigt. Wenn Sie mit der Maus auf das Fenster eines anderen Programms klicken, wird die Menüleiste sofort angepaßt.

Für Apple-Neulinge mag das verwirrend sein, denn es kommt vor, daß man einen bestimmten Menüpunkt eines Programms vergeblich sucht, weil zur Zeit die Menüs einer anderen Anwendung auf dem Bildschirm stehen.

Apple verwendete früher ausschließlich Motorola-Prozessoren und seit ein paar Jahren auch PowerPC-Prozessoren, die ja gemeinsam von Motorola, Apple und IBM entwickelt werden. Diese Prozessoren waren von Beginn an besser für Grafik und grafische Oberflächen geeignet als die Intel-Prozessoren. Ein Meilenstein in der Entwicklung grafischer Oberflächen war zudem Apples *QuickDraw*.

Für das grafische Gewerbe wurde der Macintosh rasch ein wichtiges System, und noch heute ist es so, daß die meisten Grafiker und Satzstudios mit Macintosh-Geräten arbeiten.

Programme wie Aldus PageMaker, Adobe Illustrator und Quark XPress wuchsen mit dem Macintosh quasi auf. Heute ist es jedoch so, daß diese Programme auch auf anderen Plattformen existieren, und zwar meistens zumindest in einer 32-Bit-Windows-Version.

Ein Vorteil der Macintosh-Geräte war lange Zeit, daß die Hardware viel besser funktionierte als PC-Hardware, weil es im großen und ganzen nur einen einzigen Hardware-Hersteller gab, nämlich Apple selbst. Seit ein paar Jahren, seit auch Apple die Teile kreuz und quer in der Welt zusammenkauft, wie auch alle anderen Hersteller dies tun, ging dieser Vorteil verloren.

Für den Macintosh gab es die ersten digitalen Schriften, und heute ist der Schriftenkatalog für Apple-Geräte mindestens genauso groß wie für den PC. Schrift und Grafik haben auf dem Macintosh Tradition.

Lange Zeit war Apple auch ein Vorreiter im MultiMedia-Bereich, doch ging die Konzentration der Entwickler heute eher auf Windows 95 über. Es gibt allerdings noch immer sehr viele wichtige MultiMedia-Programme für den Macintosh und Spiele.

Im System-Bereich sind die Betriebssysteme bis Version 7.5.5 eher schwach, wenn man sie mit dem vergleicht, was man von anderen Plattformen her kennt.

So etwas wie Multitasking ist kaum vorhanden. Sie können auf einem Macintosh zwar mehrere Programme gleichzeitig aufrufen, doch ein paralleles Arbeiten von zwei oder mehreren Programmen ist so gut wie unmöglich. Sobald Sie ein anderes Programm anklicken, wird die erste Anwendung in der Ausführung gestoppt.

Es handelt sich bei dieser Fähigkeit technisch gesehen um ein *kooperatives Multitasking*, das von den Programmen offensichtlich sehr locker gehandhabt wird. Das Betriebssystem hat zu dem Nebeneinander von verschiedenen Programmen nichts zu sagen.

Auch mit Multithreading hat das MacOS nicht viel am Hut. Es gibt zwar eine Systemerweiterung für Multithreading, doch existieren kaum Programme, welche diese Funktionalität ausnützen.

Die grafische Oberfläche arbeitet dank vieler verdienter Apple-Technologien sehr schnell, doch die Gesamtleistung des Systems hängt sehr stark vom verwendeten Prozessor ab und vom Hauptspeicher. Generell kann man davon ausgehen, daß ein Macintosh viel mehr Hauptspeicher benötigt als ein PC, sogar wenn letzterer mit Windows NT läuft.

Äußerst ungewohnt ist die Tatsache, daß Macintosh-Programme eine ganz bestimmte Menge an Hauptspeicher zugeordnet bekommen. Diese Menge kann vom Benutzer (!) beeinflußt werden, doch bedeutet sie auch, daß ein Programm niemals mehr Speicher bekommt, als in dieser Definition steht. Das führt bei der Arbeit immer wieder zu unnötigen Problemen, weil die Speichermenge geändert und das Programm neu gestartet werden müssen.

Für jemanden, der Systeme wie Windows NT, OS/2 und UNIX kennt, ist es völlig unverständlich, daß eine solche Speicherzuordnung nicht dynamisch und völlig unsichtbar für den Benutzer vom Betriebssystem durchgeführt wird.

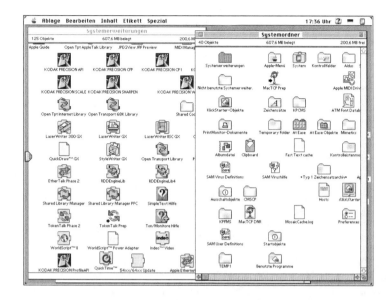

Bild 8.1:
Systemordner und Systemerweiterungen

Netzwerkfunktionalität war von Beginn an Bestandteil des Apple-Betriebssystems. Lange bevor der PC netzwerkfähig wurde, galt schon die Regel, man benötige lediglich ein Kabel, um aus zwei Macintosh-Rechnern ein Netzwerk zu machen.

Das MacOS enthält ein komplettes Peer-Netzwerk. Mit Hilfe einer in jedem Macintosh eingebauten Schnittstelle und eines Kabels konnten mehrere Macs zusammengeschlossen werden. Die Netzwerksoftware war automatisch mit dem Betriebssystem installiert.

Über die AUSWAHL kann ein Macintosh-Benutzer die Verbindung zu anderen Computern und Druckern aufbauen. Sicherheit war kaum vorgesehen, und das höchste der Gefühle ist im Standardsystem die Übertragung eines Kennwortes als reiner Text. Mit zahlreichen Zusatzprogrammen kann diese Netzwerkfunktionalität allerdings erweitert werden.

Mit dem GEMEINSCHAFTSFUNKTIONEN kann ein Macintosh-Anwender seinen Computer und seine Programme mit anderen Benutzern im Peer-Netzwerk teilen. Diese Einstellung ist so etwas ähnliches wie eine Freigabe des ganzen Gerätes (siehe Bild 8.2).

Apple arbeitet mit dem eingebauten *LocalTalk*. Diese Netzwerkverkabelung arbeitet mit einer Geschwindigkeit von 256 Kbit, was relativ langsam ist. Darüber hinaus arbeitet das System mit einem Mechanismus, der, anders als bei Ethernet, Kollisionen von Datenpaketen nicht erkennt, sondern von vornherein gleich vermeidet; dadurch wird die Geschwindigkeit ebenfalls verringert. Das Netzwerkprotokoll heißt *AppleTalk*, das für den Zweck der Verbindung mit Macintosh-Geräten auch mit Windows NT mitgeliefert wird.

Für Macintosh-Geräte gibt es auch Ethernet- und Token Ring-Karten, die dann im Apple-Stil als *EtherTalk* und *TokenTalk* bezeichnet werden. Auch diese Verkabelungen arbeiten mit AppleTalk. Darüber hinaus können Sie TCP/IP und, für die Verbindung zu Novell NetWare, auch IPX/SPX einsetzen.

Bild 8.2:
Gemeinschaftsfunktionen für die Freigabe

Wichtige Bestandteile des Betriebssystems sind der Ordner SYSTEM, der sich auf der ersten Festplatte befindet. Darin gibt es einen eigenen Ordner mit den SYSTEMERWEITERUNGEN, die sehr häufig auch als *Inits* bezeichnet werden, und einen anderen für die KONTROLLFELDER. Letztere sind kleine Programme, die für die Konfiguration des Gerätes benötigt werden.

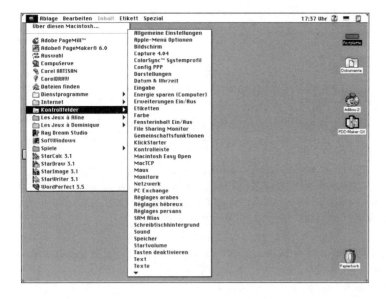

Bild 8.3:
Apfel-Menü und Kontrollfelder

Wenn neue Systemerweiterungen installiert werden, muß der Macintosh neu gestartet werden. Die Änderungen in Kontrollfeldern wirken sich sofort aus. Auf die Kontrollfelder greifen Sie im Apfel-Menü zu.

Im Sommer brachte Apple in den Vereinigten Staaten die Version 8 des MacOS auf den Markt, die zuvor lange mit dem Codenamen COPLAND bedacht wurde. Diese Version soll eine ganze Menge aufholen und beispielsweise heute so grundlegende Funktionalitäten wie präemtives Multitasking und Multithreading bieten. Im Herbst 97 wird diese Version auch auf Deutsch zur Verfügung stehen.

8.2 Macintosh und Windows NT

Es gibt mehrere Möglichkeiten, Macintosh und Windows NT zusammenzuspannen. In vielen Fällen kommen Sie ohne Zusatzsoftware aus.

Eine Möglichkeit besteht darin, einen Windows NT-Server zu verwenden, auf dem die FILE AND PRINT SERVICES FÜR MACINTOSH aktiviert werden. Auf dem Macintosh ist keinerlei Zusatzsoftware mehr notwendig. Sie brauchen die beiden Geräte nur mehr miteinander verkabeln, und die Verbindung steht.

Eine andere Möglichkeit ist der Einsatz von TCP/IP als Protokoll. In diesem Fall kommt es auf die jeweilige Software an, die Sie auf dem Macintosh verwenden. Standardmäßig wird mit dem MacOS kein TCP/IP ausgeliefert. Sie benötigen also eine Freeware oder besser eine komplette TCP/IP-Erweiterung wie jene von der Firma Apple selbst.

8.2.1 File and Print Services für Macintosh

Die FILE AND PRINT SERVICES FÜR MACINTOSH gehören zum Standardumfang von Windows NT Server. Sie können diesen Zusatz als Systemdienst installieren.

Der Dienst wird ausschließlich auf Windows NT Server installiert. Für die Installation öffnen Sie die Netzwerkeigenschaften, aktivieren die Registerseite DIENSTE und klicken auf HINZUFÜGEN.

SFM installiert einen Datei- und einen Druckserver. Nach der Installation und einem Neustart können Sie diese Dienste in der Systemsteuerung prüfen.

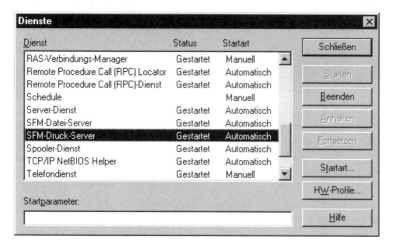

Bild 8.4:
SFM-Dienste

SFM ist die Grundlage für den Einsatz von Windows NT als Server-Plattform für Macintosh-Clients. Wenn Sie diese Dienste installiert haben, könnten Sie die Anmeldung von den Clients aus bereits durchführen, allerdings gewinnt diese erst Sinn, wenn es auch Freigaben gibt.

Für Windows NT Workstation gibt es diesen Dienst nicht. Das bedeutet, daß Windows NT-Maschinen nicht direkt mit Apple Macintosh kommunizieren können. Sogar wenn auf beiden Seiten TCP/IP eingesetzt wird, können Sie lediglich TCP/IP-Programme wie FTP oder Telnet einsetzen, aber nicht mit dem standardmäßigen Peer-Netzwerk arbeiten.

8.2.2 Das AppleTalk-Protokoll

AppleTalk ist jenes Protokoll, das in Apple-Netzwerken verwendet wird. Somit ist es auch die Grundlage dafür, daß Sie mit Macintosh-Geräten kommunizieren können.

Während bei Windows NT Server das Protokoll in den Diensten für Macintosh inkludiert ist, können Sie es auf Windows NT Workstation eigens installieren. Auf den ersten Blick sieht das so aus, als könnte Windows NT direkt mit Macintosh-Geräten kommunizieren, also beispielsweise an einem Peer-Netzwerk mit Macs teilhaben. Leider ist das ein Trugschluß.

Eine Verbindung zu Macintosh-Geräten funktioniert ausschließlich mit Hilfe eines NT Servers. Das Protokoll kann aber aus einem ganz bestimmten Grund auf der Workstation installiert werden. Es ist möglich, auf Druckern auszudrucken, die an Macintosh-Geräte angeschlossen sind. Da Apple im Normalfall mit dem AppleTalk-Protokoll arbeitet, wird dieses für die Ansteuerung der Macintosh-Drucker auch auf NT Workstation benötigt.

AppleTalk-Netzwerke bestehen aus *internetworks*, das ist so etwas ähnliches wie das *interconnected network* bei TCP/IP. Ein Netzwerk besteht aus mehreren kleinen physischen Netzwerken, die mit Hilfe von *Routern* miteinander verbunden sind. Die Router verwalten eine Übersicht der Netzwerke und leiten die Daten von einem Netzwerk an das andere weiter. Ebenso wie bei TCP/IP sind die Router notwendig, damit die Computer in verschiedenen *internetworks* miteinander kommunizieren können.

Es gibt zwei Arten von AppleTalk-Netzwerken, nämlich *Phase 1* und *Phase 2*. Wenn Sie mit Windows NT arbeiten und die SERVICES FÜR MACINTOSH einsetzen, müssen Sie mit einem Phase 2-Netzwerk arbeiten. Diese Art von AppleTalk-Netzwerken enthält eine Reihe von Merkmalen:

- Als Netzwerkmedien werden LocalTalk, Ethernet, Token Ring und FDDI unterstützt.
- LocalTalk-Netze haben eine einzige *Netzwerknummer*. Einem EtherTalk- oder einem TokenTalk-Netzwerk kann ein Netzwerkbereich zugewiesen werden, der mehrere Nummern enthält. Dadurch stehen insgesamt mehr Knoten zur Verfügung.
- In einem AppleTalk-Netzwerk ist jeder Client, jeder Drucker, jeder Server und jeder Router ein *Knoten*. Die Netze sind auf eine bestimmte Anzahl von Knoten beschränkt. LocalTalk-Netzwerke können bis zu 254 Knoten enthalten; wegen der schwachen Übertragungskapazität liegt die tatsächliche Höchstgrenze jedoch bei 32 Geräten. EtherTalk- und TokenTalk-Netzwerke können für jede einzelne Nummer ihres Netzwerkbereiches bis zu 253 Knoten enthalten. Damit wird eine theoretische Höchstzahl von 16,5 Millionen Knoten erreicht.
- Jedes LocalTalk-Netz befindet sich in einer eigenen *Zone*. EtherTalk- und TokenTalk-Netzwerke können mehrere Zonen umfassen. Die einzelnen Netzwerkknoten können dabei so konfiguriert werden, daß sie zu einer beliebigen Zone gehören, die mit dem Netzwerk verbunden ist.

8.2.3 Das TCP/IP-Protokoll

Auch Macintosh-Geräte können in ein reines TCP/IP-Netzwerk integriert werden. Dieses Protokoll gehört allerdings nicht zum Standardumfang des MacOS.

Sie benötigen also ein Protokoll, nämlich TCP/IP. Es gibt eine Reihe von Freeware- und Shareware-Produkten, die für Internet-Anbindungen auf jeden Fall ausreichen. Die Erfahrung zeigt jedoch, daß es bei direkten Netzwerkverbindungen damit immer wieder Probleme gibt, weil viele dieser Protokollerweiterungen sich nicht an die Netzwerkkarte binden lassen.

Verbindung zu Apple Macintosh 283

Ein weit verbreitetes Freeware-Produkt ist MacTCP. Dabei handelt es sich um eine Systemerweiterung mit eigenem Kontrollfeld.

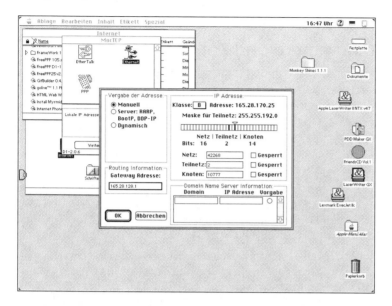

Bild 8.5:
MacTCP

Eine bessere Unterstützung bieten die TCP/IP-Erweiterungen von Apple. Damit sollte es keine Probleme geben, Macintosh-Geräte in größere IP-Netzwerke zu integrieren. Außerdem werden von Apple die notwendigen Anwendungsprogramme mitgeliefert.

Einen Teil solcher Anwendungsprogramme erhalten Sie natürlich auch im Freeware- und Shareware-Bereich. So zum Beispiel ein grafisches PING.

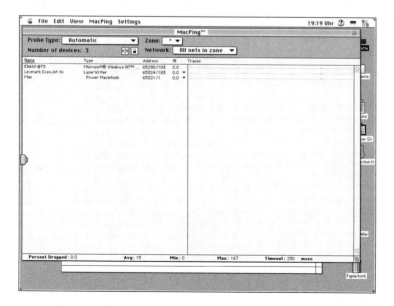

Bild 8.6:
Grafisches PING

Bei der Arbeit mit TCP/IP müssen in der Regel TCP/IP-Anwendungsprogramme verwendet werden. Diverse Zusatzprodukte erweitern den Macintosh allerdings so, daß eine echte Zusammenarbeit in einem Peer-Netzwerk oder auch in einem servergestützten Netzwerk möglich ist.

8.3 Netzwerknummern und Zonen

AppleTalk-Netzwerke sind anders aufgebaut als Windows NT-Netzwerke, obwohl viele Konzepte sehr gut miteinander verglichen werden können. Wenn Macintosh-Geräte in eine Windows NT-Domäne einbezogen werden, müssen Sie die jeweiligen Begriffe kennen, weil sie sogar in der Windows NT-Konfiguration vorkommen.

Eine *Netzwerknummer* ist jene Adresse, die dem Netzwerk zugewiesen wurde. Dabei handelt es sich um eine Zahl, die ein ganz bestimmtes AppleTalk-Netzwerk kennzeichnet. Netzwerknummern können Zahlen von 1 bis 65.279 sein.

Ein *Netzwerkbereich* steht eine Stufe höher. Hierbei handelt es sich um einen ganzen Bereich, der wiederum Netzwerknummern enthält. Die Kapazität des Netzwerkes wird durch die Verwendung von Netzwerkbereichen erhöht. Sie können Netzwerkbereiche in FDDI-, EtherTalk- und TokenTalk-Netzwerken einsetzen, nicht jedoch mit LocalTalk.

Die Router eines AppleTalk-Netzwerkes werden laufend über die verfügbaren Netzwerknummern und Netzwerkbereiche informiert. Basierend auf diesen Informationen, können Daten an das jeweils richtige Netzwerk weitergeleitet werden.

Eine *Zone* ist eine logische Gruppierung von Geräten oder *Knoten*. Zonen erleichtern das Durchsuchen eines Netzwerks nach Ressourcen. Man könnte eine Zone ganz gut mit den Domänen von Windows NT vergleichen, obwohl keine besondere Verwaltung dahintersteckt.

Bei LocalTalk kann ein physisches Netzwerk jeweils nur mit einer einzigen Zone verbunden werden. Viel flexibler sieht diese Angelegenheit aus, wenn Sie EtherTalk, TokenTalk oder Glasfaser verwenden. Diesen Netzwerken können auch mehrere Zonen zugewiesen werden. Darüber hinaus kann eine Zone Knoten, also Geräte und Drucker, enthalten, die in Wirklichkeit zu unterschiedlichen physischen Netzwerken gehören.

Auf diese Art können logisch zusammengehörende Gruppen zusammengefaßt werden. Diese Technik ist unabhängig davon, in welchem Zimmer die Mitarbeiter sitzen. Wer miteinander arbeiten muß, kann über eine Zone in eine Arbeitsgruppe übernommen werden. Die Ressourcen der Zone können leichter aufgefunden werden.

Die Macintosh-Clients sind immer nur einer einzigen Zone zugeordnet. Das hat jedoch nichts mit dem Ressourcenzugriff zu tun. Jeder Client kann auf alle Server und Drucker in allen Zonen des Netzwerks zugreifen.

In der AUSWAHL im Apfel-Menü werden die Ressourcen der eigenen Zone angezeigt. Wenn es mehrere Zonen gibt, erhält der Benutzer eine Zonenliste. Darin sind alle Zonen vermerkt, die es im Netzwerk gibt. Wenn mehrere Zonen aufscheinen, ist eine Zone die *Standardzone* des Benutzers. Die Ressourcen dieser Zone werden in der AUSWAHL angezeigt. Jeder Benutzer kann die Maschine jedoch so konfigurieren, daß sie zu einer anderen Zone gehört.

8.4 Macintosh-Clients an Windows NT Server

Die Grundlage für die Einbindung von Macintosh-Clients bilden die SERVICES FÜR MACINTOSH. Sie müssen installiert und aktiviert werden. Auch nach dieser Installation verlangt Windows NT einen Neustart.

Die SERVICES FÜR MACINTOSH enthalten das AppleTalk-Protokoll, mit dessen Hilfe die Verbindung zu den Macintosh-Geräten hergestellt wird.

Hardwareseitig gibt es verschiedene Möglichkeiten, Windows NT und Apple Macintosh zu kombinieren. Wenn bereits ein Apple-Netzwerk besteht, kann es sinnvoll sein, eine LocalTalk-Karte für den PC zu kaufen. Beachten Sie jedoch, daß diese Karte einen Treiber für Windows NT benötigt! Der Vorteil von LocalTalk ist, daß Macintosh-Geräte keine Hardware-Erweiterung benötigen und die LocalTalk-Schnittstelle in allen Macintosh-Geräten, angefangen vom Macintosh SE bis hin zu den Quadra-Geräten, vorhanden ist. Der Nachteil ist die niedrige Arbeitsgeschwindigkeit. Allein der Datendurchsatz liegt bei 256 Kbit pro Sekunde; da ist sogar Standard-Ethernet mit 10 Mbit vierzigmal (40x) so schnell.

Gehen Sie vom PC-Netzwerk aus oder sind nur einzelne Apple Macintosh-Geräte vorhanden, dann können Sie Ethernet, Token Ring oder Glasfaserkabel einsetzen. Diese Verkabelungstechniken bieten Ihnen überdies eine höhere Flexibilität bei der Einteilung des AppleTalk-Netzwerkes.

In diesem verwenden die PCs ihre Standardkarten, während die Macintosh-Geräte mit EtherTalk-, TokenTalk- oder FDDI-Adaptern ausgerüstet werden müssen. Mehrere PowerPC-Modelle besitzen eine solche Schnittstelle standardmäßig.

8.4.1 Anmeldung an der Domäne

Macintosh-Anwender können auf ihrem Gerät ohne Netzwerk arbeiten, wobei eventuelle Peer-Dienste zu anderen Macintosh-Geräten selbstverständlich weiterhin genutzt werden, oder sie melden sich an der NT-Domäne an, um auf deren Ressourcen zuzugreifen.

Bei einer Anmeldung an der Windows NT-Domäne wird der Benutzer von einem Domänen-Controller überprüft, wie das auch bei allen anderen Benutzern der Fall ist. Die erfolgreiche Überprüfung ist die Grundlage für eine Teilnahme am Netzwerk. Nur überprüften Benutzern werden die Ressourcen der Domäne bereitgestellt, also Ordner- und Dateienressourcen sowie Drucker.

Auf Macintosh-Geräten ist eine Anmeldung im Netzwerk nicht zwingend vorgeschrieben, sofern man mit dem Standard-Betriebssystem arbeitet; lediglich Zusatzprogramme ermöglichen auf Macs einen ähnlichen Anmeldungsschutz, wie man ihn von Windows NT oder UNIX her kennt. Der Einfachheit halber wollen wir uns hier auf das Basis-MacOS beschränken, also auf keinerlei Zusatzprogramme eingehen, die auf den Macs verwendet werden könnten.

Wenn der Macintosh-Anwender sich nicht im Netzwerk anmeldet, dann stehen ihm keine Netzwerk-Ressourcen zur Verfügung. Das ist im Grunde logisch und klar.

Trotzdem müssen Sie beachten, daß dies nur für jene Ressourcen gilt, die von der NT-Domäne verwaltet werden. Ressourcen auf Macintosh-Geräten haben damit nichts zu tun. Sind die Macs untereinander vernetzt, so kann der Macintosh-Anwender sehr wohl auf Ressourcen anderer Macs zugreifen. Von Windows NT aus kann dies weder kontrolliert noch verhindert werden.

Wie funktioniert nun die Anmeldung?

Macintosh-Benutzer müssen dazu das Apfel-Menü öffnen und dort das Dienstprogramm AUS-WAHL. Das wichtigste Objekt ist APPLESHARE. Nachdem es angeklickt wurde, erscheinen in der Liste im rechten Teil des Fensters die Namen aller im Netzwerk verfügbaren Windows NT-Server, auf denen die Macintosh-Dienste installiert wurden.

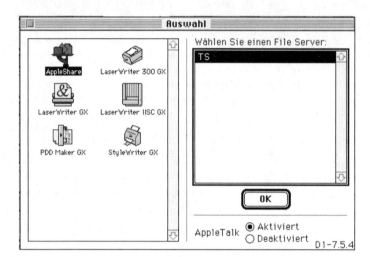

Bild 8.7:
Die »Auswahl« im Apfel-Menü

Es sieht so aus, als erfolgte die Anmeldung gar nicht an der Domäne, sondern an einem Einzelserver, doch der Schein trügt. Mit der Auswahl verbindet sich der Macintosh-Benutzer bereits zu einer Ressource, also zu einem Ordner. Die Anmeldung ist lediglich notwendig, wenn sie bisher noch nicht erfolgt ist.

Nachdem der gewünschte Ordner bestätigt wurde, erscheint ein Anmelde-Bildschirm. Der Benutzer muß nun Name und Kennwort eintippen und wird vom Domänen-Controller auf seine Authentizität hin überprüft.

Bild 8.8:
Standardmäßige Anmeldung

Neben dem Kennwort steht in Klammer, daß die Informationen als Text übermittelt werden. Das gilt also auch für das Kennwort selbst und sollte jedem Systembetreuer ein Alarmsignal sein. Eine Standardanmeldung erfolgt im MacOS als reiner Text. Das bedeutet, daß besonders Neugierige, die das Netz anzapfen und beispielsweise mit einem Sniffer in den Netzverkehr horchen, den Namen und das Kennwort herausfiltern und stehlen könnten.

Diese standardmäßigen AppleShare-Kennwörter können maximal 8 Zeichen haben.

In kleinen Netzwerken, wo vielleicht zehn Macintosh-Geräte miteinander arbeiten, stellt das nie ein Problem dar. Anders sieht es jedoch aus, wenn Sie ein Netzwerk mit fünftausend Geräten verwalten und möglicherweise sogar Firmenfremde Zutritt zu einzelnen Computern erlangen könnten. Hier hat Sicherheit ein ganz anderes Gewicht, und die Überprüfung der Benutzernamen und Kennwörter sollte so gestaltet werden, daß diese nicht einfach vom Kabel abgehört werden können.

Microsoft liefert eine Systemerweiterung mit, welche die Standardanmeldung von Apple ersetzt. Wenn Sie diese Erweiterung installieren, wird das Kennwort verschlüsselt an die Domäne übermittelt, wie das auch innerhalb von reinen Windows NT-Netzwerken der Fall ist. Somit ist die Integrität der Daten gewährleistet. Darüber hinaus kann dieses verschlüsselte Kennwort bis zu 14 Zeichen enthalten.

Die Erweiterung kann ganz leicht installiert werden: wenn Sie sich zum ersten Mal an der NT-Domäne anmelden, wird ein Laufwerk sichtbar. Der MICROSOFT UAM-DATENTRÄGER enthält einen weiteren Ordner, und darin finden Sie nebst einer Informationsdatei mit Hinweisen zur Installation die Systemerweiterung MS UAM. Dieses Kürzel steht übrigens für *User Authentication Module*.

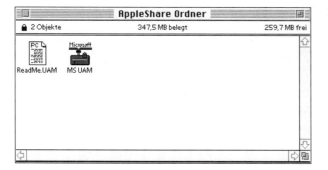

Bild 8.9:
Die Microsoft-Systemerweiterung

Ziehen Sie diese Systemerweiterung auf den Systemordner. Normalerweise befindet sich dieser auf der ersten Festplatte. Es kommt die von Apple gewohnte Rückfrage, ob die Systemerweiterung an der entsprechenden Stelle abgelegt werden soll, was Sie bejahen. Danach sollten Sie den Macintosh neu starten.

Nach dem Neustart öffnen Sie wieder die AUSWAHL im Apfel-Menü. Wählen Sie APPLESHARE und aktivieren Sie den NT-Server. Zur Verfügung stehen nun zwei Varianten, nämlich die standardmäßige Apple-Anwendung mit der Text-Übertragung sowie die *Microsoft Echtheitsbestätigung* (siehe Bild 8.10).

Wählen Sie jene Anmeldung, die Sie wünschen. Normalerweise wird dies die veränderte Microsoft-Anmeldung mit verschlüsseltem Kennwort sein. Nach Aktivierung können Sie wieder Name und Kennwort verändern. Der Anmeldebildschirm sieht dabei leicht verändert aus (Bild 8.11).

Bild 8.10:
Auswahl der Anmelde-Überprüfung

Bild 8.11:
Anmeldung mit
verschlüsseltem Kennwort

Die *Microsoft-Verschlüsselung* verrät, daß das Kennwort jetzt nicht mehr als Text, sondern in verschlüsselter Form über das Netzwerk übertragen wird. Nun fängt jemand, der das Kennwort eventuell mit einem Sniffer herausfiltert, nichts mehr mehr damit an.

Im Titel hat sich Microsoft übrigens einen netten Patzer erlaubt. Den *Advanced Server*, den gibt es nicht mehr. Nur in der ersten Version 3.1 hieß der NT Server so. Seitdem hat sich an der Macintosh-Erweiterung also nichts geändert. Der Funktionalität tut das allerdings keinen Abbruch.

Wenn die Überprüfung von Name und Kennwort erfolgreich verläuft, erhält der Benutzer eine Liste aller auf dem Server bereitstehenden Ordner-Ressourcen. Man kann zu einem oder gleich zu mehreren Laufwerken verbinden. Diese Verbindung kann bei der nächsten Anmeldung auch automatisch erfolgen, allerdings funktioniert das nur mit der Apple-Anmeldung.

Was heißt das nun wieder? Nun, leider gibt es bei der Automatisierung der Netzwerkanmeldung einen Unterschied zwischen den UAMs von Apple und Microsoft.

Wird die Standard-Anmeldung von Apple verwendet, dann erfolgt diese Anmeldung automatisch beim Systemstart. Bevor noch der Finder sichtbar wird, muß der Benutzer sich anmelden und erhält automatisch Zugriff auf die Ressourcen der Domäne. Leider gibt es diese Möglichkeit mit dem Microsoft-UAM nicht. Wird die verschlüsselte Datenübertragung eingesetzt, so kann die Anmeldung nicht automatisch beim Systemstart aufgerufen werden. Der Benutzer muß seinen Macintosh gar normal starten und jedesmal das Apfel-Menü öffnen, um sich in der AUS-WAHL anzumelden. Wenn Sie versuchen, die Microsoft-Anmeldung zu automatisieren, erscheint eine entsprechende Fehlermeldung.

Verbindung zu Apple Macintosh

8.4.2 Ordner-Freigaben

Macintosh-Anwender können die unter NT üblichen Freigaben nicht verwenden. Bei einer ersten Anbindung an den NT-Server wird ein Macintosh-Anwender nur ein einziges Verzeichnis finden, nämlich jenes, das beim Einrichten der Macintosh-Dienste standardmäßig eingerichtet wird. Dort befindet sich lediglich das Init für die Anmeldung mit verschlüsseltem Kennwort, und das war's.

Um Ordner für Macintosh-Anwender freizugeben, muß ein sogenannter *Macintosh-Datenträger* erstellt werden. Also eine eigene Funktion, was die ganze Angelegenheit etwas mühsam macht. Immerhin sollten Sie bedenken, daß nun jede Freigabe doppelt gemacht werden muß, wenn Sie Ordner haben, die allen Benutzern Ihrer Firma offen stehen sollen.

Ein zweiter Nachteil liegt darin, daß wir für die Macintosh-Freigabe den Explorer gar nicht verwenden können. Der notwendige Menüpunkt fehlt schlichtweg.

Wir müssen den guten alten Datei-Manager von Windows verwenden. Auf dem Server wurde dieser bereits unter START/PROGRAMME/VERWALTUNG/DATEI-MANAGER eingerichtet, allerdings kann er auch unter AUSFÜHREN mit dem Namen WINFILE aufgerufen werden.

Ein eigenes Menü namens MACFILE ist für Macintosh-Freigaben zuständig.

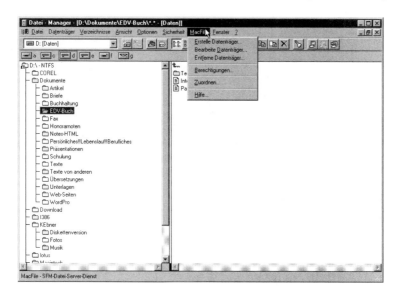

Bild 8.12:
MacFile-Menü

Warum der Explorer keine äquivalente Funktion hat, ist und bleibt Microsofts Geheimnis. Daß ausgerechnet Anwender, die mit Macintosh zu tun haben, die Uraltfunktionen von Windows bevorzugen, kann es ja wohl nicht sein.

Neben den Dateiverwaltungsprogrammen gibt es eine zweite Möglichkeit, Freigaben zu erstellen, und zwar sowohl für PC- als auch für Mac-Anwender: den Server-Manager.

Mit diesem Programm können alle Freigaben auf einem Server gesteuert werden. Trotzdem muß die Freigabe wieder doppelt erfolgen, denn die gewöhnliche Freigabe erfolgt im Menü DATEI/ FREIGABE, während die Macintosh-Freigabe wieder im Menü MACFILE steht.

Die Freigabe für Macintosh-Clients sieht ähnlich aus wie jene für Windows NT-Benutzer. Das heißt mit anderen Worten, daß der Systemaufbau nicht gleich ist. SFM wurde eher dem Macintosh angepaßt als Windows NT.

Bild 8.13:
Verwaltung der Freigaben

Unter den EIGENSCHAFTEN der Freigabe, die ja als »Macintosh-Datenträger« bezeichnet wird, können Sie ein Kennwort für das Peer-Netzwerk eingeben. Also genau so, wie es Apple-Anwender gewohnt sind. Für den Macintosh-Anwender sieht das Netzwerk im Grunde ja durchaus wie ein Peer-Netzwerk aus.

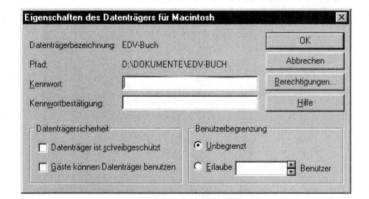

Bild 8.14:
Eigenschaften

Sie finden in diesem Dialogfenster eine Schaltfläche BERECHTIGUNGEN. Hier können die Zugriffsberechtigungen genauer definiert werden. Die Möglichkeiten sind nicht so reichhaltig wie für Windows NT-Benutzer, doch man kann damit arbeiten.

Die Berechtigungen arbeiten mit der Benutzersteuerung zusammen, die über Windows NT durchgeführt wird. Nur hier können Benutzer schließlich erstellt werden. Das MacOS bietet diese Möglichkeit standardmäßig nicht (siehe Bild 8.15).

Bei der Anmeldung an die Windows NT-Domäne bindet der Macintosh-Benutzer Ressourcen an. Diese erscheinen als deutlich erkennbares Windows-Objekt in der Finder-Oberfläche (siehe Bild 8.16).

Sie können diese Laufwerke so verwenden, wie Sie das vom Macintosh her gewohnt sind. Es handelt sich um ganz normale Finder-Objekte. Verschieben Sie die Objekte nach Gutdünken und öffnen Sie die Laufwerke mit einem Doppelklick.

Verbindung zu Apple Macintosh   291

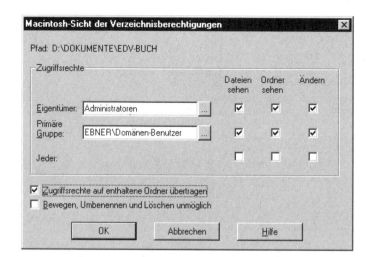

Bild 8.15:
Berechtigungen für
Macintosh-Benutzer

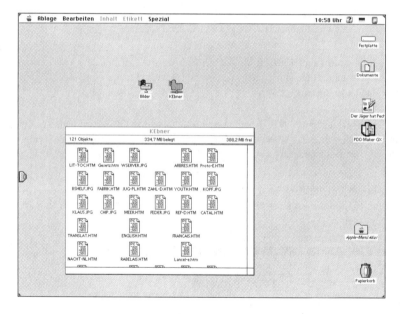

Bild 8.16:
NT-Laufwerke im
Finder

Mit den Standardtechniken werden Dateien kopiert oder verschoben. Auffällig ist jedoch, daß die Anzeige der Dateien nicht mit jener von Macintosh-Objekten übereinstimmt. Ähnlich wie bei PC-Disketten in einem Macintosh werden die Dateien als »PC-Dateien« gekennzeichnet. Damit Sie mit einem Doppelklick trotzdem das richtige Programm starten, müssen Sie PC-EXCHANGE konfigurieren.

Auf Datenträger, die in Wirklichkeit auf dem Server stehen, kann direkt aus den Programmen heraus gespeichert werden, da diese Datenträger wie Macintosh-Laufwerke behandelt werden.

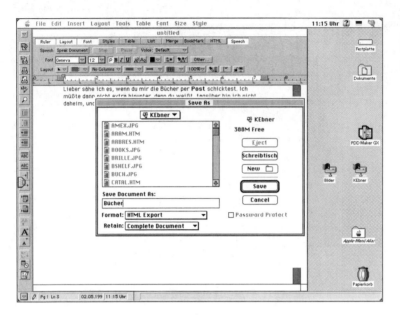

Bild 8.17:
Speichern auf einem NT-Datenträger

Beim Kopieren auf die NT-Datenträger müssen Sie jedoch vorsichtig sein. Bei den Arbeiten zu diesem Buch fiel ein sehr unangenehmer Fehler auf: wenn eine Datei im Finder vom Mac auf NT kopiert wird, sollte der Zielordner geöffnet sein.

Ist der Zielordner auf NT beim Kopieren geschlossen, dann stürzt der Windows NT-Server ganz gerne ab. Genauer: der NT-Server führt völlig unmotiviert einen Computerneustart durch!

Auch auf Windows NT hinterläßt der Zugriff von Macintosh-Clients Spuren. In jedem Verzeichnis, auf das Sie zugreifen, legt Finder ein paar Objekte an. Dazu gehören ein Ordner für den Papierkorb und eine Ikonendatei.

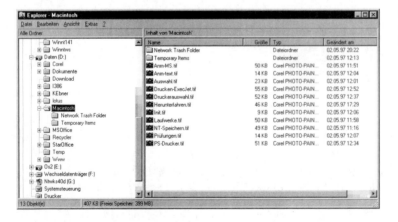

Bild 8.18:
Apple-Systemverzeichnisse auf NT

Im Papierkorb werden alle Dateien gespeichert, die mit der Maus auf das Papierkorb-Symbol zum Löschen gezogen werden. Diese Dateien sind auf dem Server-Datenträger sichtbar.

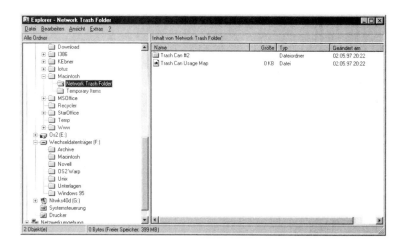

Bild 8.19:
Inhalt des
Papierkorb-
Ordners

Das MacOS arbeitet nicht mit Namensendungen, sondern kennt Dateiarten. Das kann beim Datenaustausch zwischen einem Macintosh und einem PC zu Problemen führen. Es gibt jedoch Möglichkeiten, das System für Namensendungen sensibel zu machen.

Auf einem Macintosh kann eingestellt werden, welche Namensendungen einer PC-Datei zu einem bestimmten Programm gehören, und eine ähnliche Einstellung gibt es unter Windows NT im Datei-Manager. Auch hier können Sie die bestimmten Programmtypen einer Endung zuordnen.

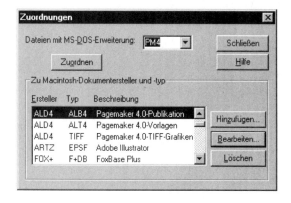

Bild 8.20:
Zuordnung von Namensendungen

Wird ein Windows NT-Server heruntergefahren, während Macintosh-Clients angemeldet sind, dann erscheint eine Fehlermeldung, die nur bestätigt werden braucht (siehe Bild 8.21).

Wenn der Server wieder hochfährt, kann die Verbindung nicht automatisch wiederhergestellt werden. Sie müssen noch einmal die AUSWAHL aufrufen und sich am Server anmelden. Danach wird die Verbindung zu den Dateiressourcen und zu einem vielleicht eingestellten Windows NT-Drucker neu hergestellt.

Bild 8.21:
Herunterfahren des Servers

8.4.3 Drucker-Freigabe

Der Druckserver ist ein Teil der SERVICES FÜR MACINTOSH. Der entsprechende Dienst benötigt allerdings ein Dienstkonto, das definiert werden muß. Rufen Sie die Systemsteuerung auf und öffnen Sie das Objekt DIENSTE.

Wählen Sie den SFM-DRUCKSERVER aus.

Bild 8.22:
SFM-Druckserver

Definieren Sie ein bestehendes Konto als Dienstkonto und tippen Sie das Kennwort korrekt ein. Es ist gut, wenn dieses Konto zur Administratoren-Gruppe gehört.

Bei der Bestätigung erhält das eingesetzte Benutzerkonto automatisch die Berechtigung »Anmelden als Dienst« (siehe Bild 8.23).

In vielen Fällen empfiehlt es sich, ein völlig neues Benutzerkonto zu erstellen. Beachten Sie, daß das Kennwort nicht ablaufen darf, denn sonst käme der ganze Dienst plötzlich zum Stillstand (siehe Bild 8.24).

Die Drucker müssen freigegeben werden, wobei es sich diesmal um eine Standardfreigabe handelt. Das wäre ja nicht ungewöhnlich, doch die Tatsache, daß die Dateienfreigabe völlig anders funktioniert, ließe dasselbe beim Drucker erwarten.

Verbindung zu Apple Macintosh

Bild 8.23:
Recht »Anmelden als Dienst«

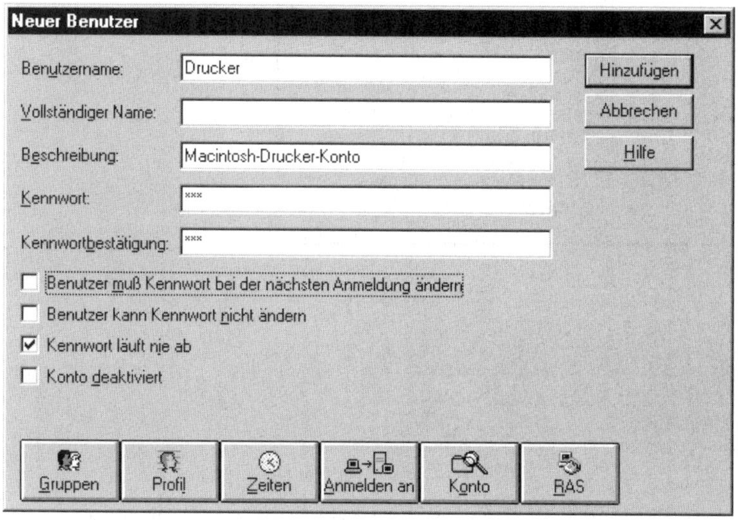

Bild 8.24:
Eigenes
Dienstkonto

Wir haben es wohl wieder mit einer Eigenheit von Windows NT zu tun, die als nicht ganz konsequent bezeichnet werden darf.

Um Drucker freizugeben, benötigen Sie also den Drucker-Ordner. Die Freigaben werden über das Kontextmenü unter FREIGABE erstellt.

Auf dem Macintosh muß das Dialogfenster AUSWAHL gewählt werden, jenes Standardfenster, das Macintosh-Benutzer für die Anbindung an Netzwerkressourcen verwenden (Bild 8.25).

Die verwendeten Drucker müssen keine PostScript-Drucker sein, obwohl der Macintosh-Benutzer mit dem Standard-PostScript-Druckertreiber arbeitet. Sie brauchen sich also nicht um eine entsprechende Druckerinstallation auf dem Mac zu sorgen. Dort wird oder bleibt nur ein PostScript-Treiber installiert, was in der Apple-Welt zum Normalsten überhaupt gehört.

Mit den Anwendungsprogrammen wird ganz gewöhnlich ausgedruckt, so als handelte es sich um einen lokalen Drucker. Die Umsetzung der Druckbefehle auf einen Nicht-PostScript-Drucker wird von SFM automatisch vorgenommen (siehe Bild 8.26).

Auf dem Windows NT-Server wird der Druckjob ganz normal in der Druckerwarteschlange angezeigt. Machen Sie einen Doppelklick auf das Druckerobjekt, um die Warteschlange angezeigt zu bekommen (siehe Bild 8.27).

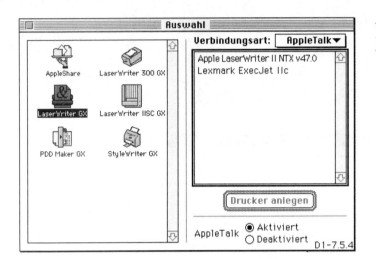

Bild 8.25:
Druckerauswahl auf dem Mac

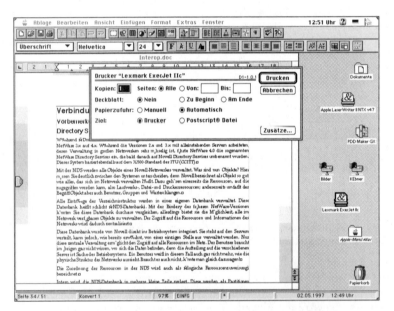

Bild 8.26:
Drucken aus einer Anwendung

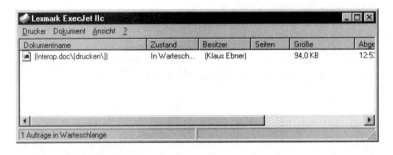

Bild 8.27:
Druckjob von einem Macintosh-Client

Verbindung zu Apple Macintosh

8.4.4 Dateinamen

Beide Betriebssysteme, also das MacOS sowie Windows NT, sind in der Lage, lange Dateinamen zu verwalten. Im Gegensatz zu DOS können somit aussagekräftige Namen vergeben werden.

Unterschiedlich sind jedoch sowohl die Technologie, die dahinter steckt, als auch die Grenzwerte.

Windows NT verwaltet im Namen ja bis zu 255 Zeichen. Diese Zeichen werden im System als Unicode-Zeichen gespeichert. Unicode-Zeichen bestehen aus jeweils 2 Bytes.

Das Apple-Betriebssystem kennt nicht derart lange Namen, allerdings geht es auch bis 31 Zeichen. Interessanterweise müssen Sie auf einem Macintosh zwischen Ordner- und Dateinamen unterscheiden. Während Dateinamen die genannten 31 Zeichen haben, können Ordnernamen nur bis zu 27 Zeichen aufweisen.

Die langen Macintosh-Namen werden vom Windows NT-Rechner problemlos übernommen. Lange Namen von Windows NT werden jedoch vom Macintosh nur dann korrekt übernommen, wenn sie den Apple-Richtlinien gehorchen. Das sind eben 31 Zeichen bei den Dateien und 27 bei den Ordnern.

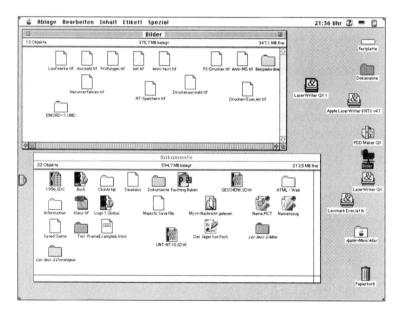

Bild 8.28:
Austausch langer Dateinamen

Wenn der Dateiname auf dem NTFS-Datenträger für den Mac zu lang ist, dann wird im Finder der gekürzte DOS-Name angegeben, der ja automatisch erstellt wird.

Falls Sie die Erstellung der DOS-Namen unter Windows NT ausgeschaltet haben, dann ist die Datei vom Macintosh-Client aus nicht sichtbar.

8.4.5 Datenaustausch

Der Datenaustausch zwischen Windows NT und Apple Macintosh sollte kein großes Problem darstellen. Über die Netzwerkanbindung sind Kopien rasch erstellt, und notfalls kann der Macintosh sogar DOS-Disketten lesen, also auch Disketten, die mit Windows NT formatiert wurden.

Die meisten Programme, die in Büros verwendet werden, gibt es auch für den Macintosh. Trotzdem sollten Sie beachten, daß die Software-Landschaft keineswegs ganz identisch ist und daß manchmal die Versionsnummern nicht übereinstimmen.

Ich möchte ein paar Beispiele herausgreifen: Microsoft Office gibt es im Augenblick nur in einer ziemlich alten Version; mit der Übernahme von 6% der Apple-Aktien durch Bill Gates wurde allerdings versprochen, daß auch Office 97 für den Macintosh entwickelt würde. Star Divisions StarOffice gibt es auf dem PC in der Version 4.0, während die Macintosh-Version noch auf 3.1 steht. Von Lotus gibt es eigentlich nur eine Version von 1-2-3 und den Notes-Client, die allesamt hinter den PC-Versionen hinterherhinken. Ja und von Corel gibt es nur WordPerfect und Draw!, die jedoch beide nicht den Versionen auf dem PC entsprechen.

Wenn Sie Glück haben, sind die Dateiformate austauschbar. In vielen Fällen muß jedoch extra im PC- bzw. Mac-Format gespeichert werden, bevor die Daten auf das andere System übernommen werden können.

Darüber hinaus sollten Sie entsprechende Dateinamen vorsehen. Das MacOS erkennt Dateiarten, wobei der Dateiname völlig unerheblich ist. Wenn eine Datei vom PC kommt, egal ob über das Netzwerk oder mit einer Diskette, dann erkennt das MacOS diese Datei lediglich als PC-Datei. Damit kann man nicht viel anfangen.

Unter Windows NT sind Namensendungen üblich. Der Macintosh bietet standardmäßig ein Kontrollfeld namens PC EXCHANGE, mit dem Sie die Namensendungen von PC-Dateien mit bestimmten Macintosh-Programmen verknüpfen können. Nützen Sie dieses Kontrollfeld!

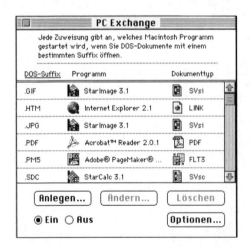

Bild 8.29:
Kontrollfeld »PC Exchange«

Umgekehrt gibt es ja die Namensendung-Umsetzung im Menü MACFILE im Datei-Manager von Windows NT. Dort können Sie ebenfalls Dateien mit den entsprechenden Programmen verknüpfen.

Und wo viel Datenaustausch zwischen Macintosh und Windows NT betrieben wird, sollten sich alle auf einen Benennungsstandard einigen. Dieser Standard muß die unter Windows NT üblichen und leider notwendigen Namensendungen enthalten. So können Sie Probleme bei der Übernahme minimieren.

8.4.6 Macintosh-Clients an Windows NT Workstation

Windows NT Workstation besitzt zwar Server-Funktionalitäten, allerdings gilt dieser Satz nicht, wenn es um das Zusammenspiel mit Apple Macintosh-Geräten geht. Macs sind nicht in der Lage, direkt auf die Workstation zuzugreifen, weil der Gateway-Dienst ausschließlich auf Servern existiert.

Somit ist klar, daß zumindest ein NT Server mit aktivierten Macintosh-Diensten im Netzwerk existieren muß, damit ein Zusammenspiel funktioniert.

Auf der Workstation selbst kann lediglich das AppleTalk-Protokoll installiert werden. Wozu das, könnte man fragen. Nun, eine Funktionalität steht sehr wohl auch für NT Workstations in einer heterogenen PC-Mac-Umgebung bereit: mit NT Workstation können Sie Drucker verwenden, die an Macintosh-Geräte angeschlossen sind.

8.4.7 Die Befehlszeile

An Stelle des DATEI-MANAGERS könnten Sie unter Windows NT auch mit der Befehlszeile arbeiten. Windows NT Server verfügt über einen eigenen Befehl MACFILE, wenn die SERVICES FÜR MACINTOSH installiert wurden.

MACFILE besteht aus vier Befehlen, die Sie in der Kommandozeile von Windows NT verwenden können.

Macfile Volume

Dieser Befehl fügt Macintosh-Datenträger hinzu bzw. ändert oder löscht Datenträger.

```
macfile volume {/add | /set}[/server:\\computername] /name:datenträgername /
path:verzeichnis [/readonly:[true | false]] [/guestsallowed:[true | false]] [/
password:kennwort] [/maxusers:anzahl | unlimited]
macfile volume /remove [/server:\\computername] /name:datenträgername
```

Parameter

/add
   Fügt einen Datenträger mit den angegebenen Einstellungen hinzu.

/set
   Ändert einen Datenträger basierend auf den angegebenen Einstellungen.

/server:\\computername
   Gibt den Server an, auf dem ein Datenträger hinzugefügt, geändert oder entfernt werden soll. Wird der Parameter weggelassen, wird die Operation auf dem lokalen Computer ausgeführt.

/name: datenträgername
   Gibt den Datenträgernamen an, der hinzugefügt, geändert oder entfernt werden soll. Dieser Parameter ist obligatorisch.

/path: verzeichnis
: Bezeichnet den Pfad zum Basisverzeichnis des zu erstellenden Datenträgers. Sie brauchen diesen Befehl nur dann, wenn Sie einen neuen Macintosh-Datenträger hinzufügen.

/readonly:[true | false]
: Gibt an, ob Benutzer Dateien auf dem Datenträger ändern dürfen. Verwenden Sie *true* oder *false* zum Ändern der aktuellen Einstellung des Datenträgers. Wenn Sie den Parameter beim Hinzufügen eines Datenträgers weglassen, sind Änderungen an den Dateien erlaubt. Wenn Sie diesen Parameter beim Ändern eines Datenträgers weglassen, bleibt die bisherige *readonly*-Einstellung des Datenträgers unverändert.

/guestsallowed:[true | false]
: Gibt an, ob als Gäste angemeldete Benutzer den Datenträger verwenden dürfen. Lassen Sie den Parameter beim Hinzufügen eines Datenträgers weg, so können Gäste den Datenträger verwenden. Wenn Sie den Parameter beim Ändern eines Datenträgers weglassen, bleibt die bisherige *guestsallowed*-Einstellung für den Datenträger unverändert.

/password:kennwort
: Bezeichnet ein Kennwort, das für den Zugriff auf den Datenträger erforderlich ist. Wenn Sie den Parameter weglassen, wird kein Kennwort angelegt. Wenn Sie den Parameter beim Ändern eines Datenträgers weglassen, bleibt das Kennwort unverändert.

/maxusers:anzahl | unlimited
: Gibt die maximale Anzahl der Benutzer an, die gleichzeitig Dateien auf dem Datenträger verwenden können. Wird der Parameter beim Hinzufügen eines Datenträgers weggelassen, kann eine unbeschränkte Anzahl von Benutzern auf den Datenträger zugreifen. Wenn Sie den Parameter beim Ändern eines Datenträgers weglassen, bleibt der bisherige Wert für *maxusers* unverändert.

/remove
: Entfernt den angeführten Macintosh-Datenträger.

Zum Erstellen eines nicht für Gäste zugänglichen Datenträgers mit der Bezeichnung »Werbematerial« auf dem lokalen Server im Verzeichnis **Werbung** in Laufwerk **E:** benötigen Sie den folgenden Befehl:

```
macfile volume /add /name:"Werbematerial" /guestsallowed:false /path:e:\Werbung
```

Zum Entfernen des Datenträgers »Werbematerial« auf dem lokalen Server geben Sie ein:

```
macfile volume /remove /name:"Werbematerial"
```

Macfile Directory

Dieser Befehl ändert Verzeichnisse auf Macintosh-Datenträgern.

```
macfile directory [/server:\\computername] /path:verzeichnis [/owner:eigentümername] [/group:gruppenname] [/permissions:berechtigungen]
```

Parameter

/server:\\computername
: Gibt den Server an, auf dem ein Verzeichnis geändert werden soll. Wird der Parameter weggelassen, wird die Operation auf dem lokalen Computer ausgeführt.

/path:verzeichnis
Bezeichnet den Pfad zu dem Verzeichnis, das auf einem Macintosh-Datenträger geändert werden soll. Das Verzeichnis muß vorhanden sein; mit MACFILE DIRECTORY werden keine Verzeichnisse erstellt. Dieser Parameter ist obligatorisch.

/owner: eigentümername
Ändert den Eigentümer des Verzeichnisses. Bei Weglassen bleibt der Eigentümer erhalten.

/group: gruppenname
Bezeichnet oder ändert die primäre Macintosh-Gruppe, der das Verzeichnis zugewiesen ist. Bei Weglassen bleibt die primäre Gruppe unverändert.

/permissions:berechtigungen
Setzt die Berechtigungen des Verzeichnisses für Eigentümer, primäre Gruppe und JEDER. Die Berechtigungen werden in einer elfstelligen Zahl angegeben. Eine 1 erteilt eine Berechtigung, eine 0 entzieht eine Berechtigung: beispielsweise 11111011000. Die Position einer Ziffer bestimmt die betreffende Berechtigung, wie in der folgenden Tabelle angegeben. Bei Weglassen bleiben die Berechtigungen unverändert.

Nachfolgend eine Erklärung der einzelnen Stellen:

1. Stelle: OwnerSeeFiles (Eigentümer/Dateien sehen)
2. Stelle: OwnerSeeFolders (Eigentümer/Ordner sehen)
3. Stelle: OwnerMakeChanges (Eigentümer/Ändern)
4. Stelle: GroupSeeFiles (Gruppe/Dateien sehen)
5. Stelle: GroupSeeFolders (Gruppe/Ordner sehen)
6. Stelle: GroupMakeChanges (Gruppe/Ändern)
7. Stelle: WorldSeeFiles (Jeder/Dateien sehen)
8. Stelle: WorldSeeFolders (Jeder/Ordner sehen)
9. Stelle: WorldMakeChanges (Jeder/Ändern)
10. Stelle: Ändern oder Löschen des Verzeichnisses nicht erlaubt.
11. Stelle: Die Änderungen betreffen das aktuelle Verzeichnis und alle untergeordneten Verzeichnisse.

Im folgenden Beispiel werden die Berechtigungen des Unterverzeichnisses DRUCKEREI auf dem Macintosh-Datenträger GRAFIK auf Laufwerk D: des lokalen Servers geändert. Dabei werden dem Eigentümer die Berechtigungen »Dateien sehen«, »Ordner sehen« sowie »Ändern« und allen anderen »Dateien sehen« sowie »Ordner sehen« erteilt. Schließlich darf das Verzeichnis nicht mehr umbenannt, verschoben oder gelöscht werden.

```
macfile directory /path:"e:\statistik\verkauf mai" /permissions:11111011000
```

Macfile Server

Dieser Befehl ändert die SFM-Server-Konfiguration.

```
macfile server [/server:\\computername] [/maxsessions:anzahl | unlimited] [/loginmessage:nachricht] [/guestsallowed:[true | false]]
```

Parameter

/server:\\computername
Gibt den Server an, auf dem Parameter zu ändern sind. Bei Weglassen wird die Operation auf dem lokalen Computer ausgeführt.

/maxsessions:[anzahl | unlimited]
   Gibt die maximale Anzahl der Benutzer an, die Services für Macintosh gleichzeitig nutzen können. Bei Weglassen bleibt die *maxsessions*-Einstellung für den Server unverändert.

/loginmessage:nachricht
   Ändert die Nachricht, die Macintosh-Benutzern bei der Anmeldung am SFM-Server angezeigt wird. Zum Entfernen einer bestehenden Anmeldenachricht geben Sie den Parameter */loginmessage* mit einer leeren Nachricht an. Bei Weglassen bleibt die frühere Einstellung der Anmeldenachricht *loginmessage* für den Server unverändert. Die Anmeldenachricht darf maximal 199 Zeichen enthalten.

/guestsallowed:[true | false]
   Gibt an, ob als Gäste angemeldete Benutzer Services für Macintosh-Dienste verwenden dürfen. Bei Weglassen des Parameters bleibt die *guestsallowed*-Einstellung für den Server unverändert.

Macfile Forkize

Dieser Befehl führt den *Datenzweig (data fork)* und den *Ressourcenzweig (resource fork)* einer Macintosh-Datei in eine Datei zusammen. MACFILE FORKIZE ändert auch den Typ oder Ersteller der Datei.

```
macfile forkize [/server:\\computername] [/creator:erstellername][/type:typname][/
datafork:dateipfad] [/resourcefork:dateipfad] /targetfile:dateipfad
```

Parameter

/server:\\computername
   Gibt den Server an, auf dem die Dateien zusammengeführt werden sollen. Bei Weglassen wird die Operation auf dem lokalen Computer ausgeführt.

/creator: erstellername
   Bezeichnet den Ersteller der Datei. Der Parameter *creator* wird vom Finder verwendet, um die Anwendung zu bestimmen, mit der die Datei erstellt wurde.

/type:typname
   Gibt den Dateityp an. Der Dateityp wird vom Finder verwendet, um den Dateityp innerhalb der Anwendung zu bestimmen, mit der die Datei erstellt wurde.

/datafork:dateipfad
   Gibt die Position des Datenzweiges an, der zugeordnet werden soll.

/resourcefork:dateipfad
   Gibt die Position des Ressourcenzweiges an, der zugeordnet werden soll.

/targetfile: dateipfad
   Bezeichnet die Position der Datei, die durch die Zusammenführung des Datenzweiges und des Ressourcenzweiges erstellt wird, bzw. die Position der Datei, deren Typ oder Ersteller Sie ändern. Die Datei muß sich auf dem angeführten Server befinden.

8.4.8 Verwaltung von Windows NT-Servern

Microsoft bietet keine direkten Verwaltungsprogramme für den Server an, die auf Apple Macintosh liefen. eine Verwaltung wie unter Windows NT ist somit nicht möglich.

Da der Macintosh aber auch mit TCP/IP ausgerüstet werden kann und Web Browser verfügbar sind, kann der WEB ADMINISTRATOR FÜR WINDOWS NT SERVER eingesetzt werden.

Verbindung zu Apple Macintosh

Auf dem Server müssen Sie den INTERNET INFORMATION SERVER und den WEB ADMINISTRATOR installieren. Auf den Macintosh-Clients, von denen aus Sie den oder die Server verwalten wollen, muß TCP/IP für die Netzwerkkarte installiert sein sowie ein Web Browser. Da kommen Microsoft Explorer, Netscape Navigator, NCSA Mosaic und andere in Frage.

Bild 8.30: Server-Administration

Mit diesem Dienstprogramm können Sie von Macintosh-Geräten aus den ganzen Server verwalten. Dazu gehören die Wartung der Benutzer und Gruppen, der Ressourcen, der Serverdienste, aber auch die Ereignisanzeige und der Systemmonitor (siehe Bild 8.31).

Bild 8.31: Benutzerverwaltung

Weitere Informationen zum Web Administrator erhalten Sie in Kapitel 12.

8.5 Windows NT-Clients an Macintosh

Hier gibt es nicht viel zu sagen, weil eine komplette Peer-Unterstützung für Macintosh in Windows NT fehlt. Dennoch gibt es etwas.

Schon bei der Installation des Netzwerks wird Ihnen aufgefallen sein, daß Windows NT Workstation auch ein AppleTalk-Protokoll hat. Dieses hat ausschließlich im Zusammenspiel mit Macintosh-Geräten Sinn, da es in einer reinen Windows NT-Umgebung oder auch mit anderen Plattformen nicht verwendet werden kann.

Wenn Sie mit Windows NT-Clients auf Druckern ausdrucken wollen, die an Macintosh-Geräte angeschlossen sind, dann installieren Sie das AppleTalk-Protokoll über die Netzwerkeigenschaften.

8.5.1 Macintosh-Drucker

Bei der Installation eines Druckers unter Windows NT ist es möglich, einen neuen Druckeranschluß auszuwählen. Das AppleTalk-Protokoll muß vorhanden sein, damit als Anschluß auch ein *AppleTalk-Drucker* zur Verfügung steht (siehe Bild 8.32).

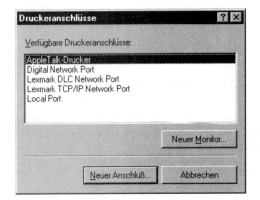

Bild 8.32:
Druckeranschluß AppleTalk

Danach können Sie auf die Apple-Drucker zugreifen. Wichtig ist jedoch, daß ein Windows NT-Server dazwischen steht. Dieser fungiert quasi als Gateway zwischen einer Apple-Zone und der NT-Domäne.

Die Drucker werden automatisch gefunden und von Windows NT angezeigt. Lokal wird ein Netzwerkdrucker installiert, und Sie benötigen den Druckertreiber, falls dieser noch nicht installiert ist. Es gibt keine Möglichkeit, den Druckertreiber wie in Windows NT-Netzwerken über das Netz zu laden (siehe Bild 8.33).

In vielen Fällen wurden im Macintosh-Netzwerk keine Zonen eingestellt. Das ist vor allem in kleineren Netzen der Fall. Windows NT durchsucht dann alle angebundenen Macintosh-Geräte (siehe Bild 8.34).

Falls Sie keine Drucker an Ihre Macintosh-Geräte angeschlossen oder diese nicht freigegeben haben, erhalten Sie eine Fehlermeldung. Dasselbe passiert auch, wenn es keinen Windows NT-Server gibt oder wenn auf diesem keine SERVICES FÜR MACINTOSH aktiviert sind (siehe Bild 8.35).

Bild 8.33:
Drucker im Macintosh-Netzwerk

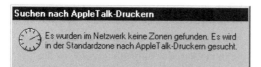

Bild 8.34:
Wenn es keine Zone gibt ...

Bild 8.35:
Fehlermeldung

Wenn Sie einen Drucker, der an ein Macintosh-Gerät angeschlossen ist, unter Windows NT Server einrichten, können Sie festlegen, daß SERVICES FÜR MACINTOSH den Drucker *übernehmen*. In einem solchen Fall akzeptiert der Drucker nur mehr Druckaufträge vom Druckserver. Druckjobs, die den Drucker direkt ansteuern und somit den Druckserver umgehen, werden nicht angenommen.

Sie können diese Übernahme durchführen, wenn die Windows NT-Administratoren die vollständige Kontrolle über den Drucker haben sollen.

Sie können einen übernommenen Drucker wieder zurückgeben und damit den AppleTalk-Benutzern die Möglichkeit geben, ihre Druckaufträge direkt zu diesem Drucker zu senden. Dies bedeutet aber gleichzeitig, daß der Drucker nicht mehr vom Administrator kontrolliert werden kann.

Um einen Apple-Talk-Drucker zu übernehmen, wählen Sie im Feld DRUCKER einen AppleTalk-Drucker aus. Dann klicken Sie im Menü DATEI auf EIGENSCHAFTEN. Klicken Sie auf der Registerkarte ANSCHLÜSSE auf KONFIGURIEREN. Deaktivieren oder aktivieren Sie nach Bedarf im Dialogfeld APPLETALK-DRUCKER-OPTIONEN das Kontrollkästchen DIESEN APPLETALK-DRUKKER ÜBERNEHMEN. Danach brauchen Sie das Dialogfenster nur mehr bestätigen.

Soll jedoch auch von anderen Stellen aus auf diesem Drucker ausgedruckt werden, dann dürfen Sie den Drucker nicht übernehmen. Dabei genügt schon die Verwendung von Apple LaserShare. Mit diesem Programm kann auf den Macintosh-Clients über einen Druckerspooler gedruckt werden.

8.5.2 Datenfreigabe?

Nein. Leider nicht. Eine Datenfreigabe auf Macintosh-Geräten, die von Windows NT-Clients aus sichtbar wäre, gibt es standardmäßig nicht. Dazu muß man schon Software von Drittherstellern einsetzen.

Da die gleiche Verbindung mit Druckern funktioniert, ist es schade, daß Microsoft offensichtlich kein Interesse daran hatte, diese Peer-Funktionalität einzubauen. Aber wer weiß; jetzt, wo Bill Gates einen Teil der Apple-Aktien gekauft hat, könnte es vielleicht in absehbarer Zeit eine noch bessere Anbindung von Windows NT an den Macintosh geben.

8.6 Routing mit Windows NT

Die *internetworks* von Apple Macintosh-Netzwerken müssen mit Routern untereinander verbunden werden. Nur auf diese Art und Weise können die Maschinen miteinander kommunizieren.

In der Regel werden mehrere Router eingesetzt, die untereinander Informationen über die Netzwerknummern und Netzwerkbereiche austauschen. Dieser Datenaustausch passiert automatisch und im Hintergrund. Als Administrator brauchen Sie sich nicht darum zu kümmern.

Einige Router in dem Netzwerk werden als *Seed-Router* eingesetzt. Ein *Seed-Router* initialisiert und überträgt Routing-Informationen über ein oder mehrere physische Netzwerke. Diese Informationen enthalten Anweisungen für den Router, wohin er jedes Datenpaket senden soll. Jedes vorhandene Netzwerk muß mindestens einen Seed-Router haben, der Routing-Informationen für dieses Netzwerk verteilt.

Nicht alle Router müssen als Seed-Router eingesetzt werden. Router, die nicht als Seed-Router eingesetzt werden, verwalten eine Übersicht über die physischen Netzwerke in dem InterNetzwerk und leiten die Daten an das richtige Ziel-Netzwerk weiter. Seed-Router führen diese Funktionen auch durch, initialisieren jedoch außerdem die Routing-Informationen für mindestens ein physisches Netzwerk.

Ein Computer, auf dem Windows NT Server mit SERVICES FÜR MACINTOSH ausgeführt wird, kann die Rolle eines Seed-Routers oder die Rolle eines normalen Routers übernehmen. Als Seed-Router muß er als erster Server gestartet werden, damit er die anderen Router und Knoten mit Netzwerkinformationen initialisieren kann. Als normaler Router kann er nicht gestartet werden, bis ein Seed-Router alle Anschlüsse initialisiert hat. Sie können außerdem Router, die ausschließlich als Hardware-Router eingesetzt werden, in Ihrem Netzwerk verwenden.

Die Routing-Informationen umfassen:

- Eine *Netzwerknummer* oder einen *Netzwerkbereich*, der jedem physischen Netzwerk zugewiesen wird.
- Den *Zonennamen* oder die *Zonenliste*, die jedem physischen Netzwerk zugewiesen wird.
- Die *Standardzone* für das Netzwerk, wenn es mehrere Zonen gibt.

8.6.1 Einstellungen

Sie müssen SERVICES FÜR MACINTOSH installieren, bevor Sie AppleTalk-Routing konfigurieren können.

Wenn Sie ROUTING aktivieren, wird ein Computer, auf dem Windows NT Server ausgeführt wird, zu einem AppleTalk-Router. Dadurch kann ein Computer unter Windows NT Server von Macintosh-Computern, die mit allen gebundenen Netzwerken verbunden sind, erkannt werden. Wenn der Server mehr als eine Netzwerkkarte hat und kein Router ist, kann der Server nur von jenen Macintosh-Computern verwendet werden, die mit dem Standardnetzwerk vebunden sind, sofern kein anderer Router die Informationen für die anderen Netzwerke weiterleitet.

AppleTalk-Routing wird unter Windows NT folgendermaßen aktiviert:

- Wählen Sie in der Systemsteuerung das Symbol NETZWERK.
- Wählen Sie auf der Registerkarte DIENSTE den Eintrag SERVICES FÜR MACINTOSH und klikken Sie auf EIGENSCHAFTEN.
- Aktiveren Sie auf der Registerkarte ROUTING das Kontrollkästchen ROUTING AKTIVIEREN.

In der Registerkarte ROUTING enthält das Feld NETZWERKKARTE eine Liste der Netzwerkkarten, die den Netzwerken entsprechen, an die der Windows NT Server-Computer angeschlossen ist. SEED-ROUTING kann in einem oder in allen Netzwerken aktiviert werden. Um Seed-Routing in einem bestimmten Netzwerk durchzuführen, wählen Sie die entsprechende Karte, und wählen Sie dann die Option Diesen Router verwenden, um Seed-Routing durchzuführen.

Die Seed-Informationen müssen mit allen Routing-Informationen in diesem Netzwerk und InterNetzwerk übereinstimmen. Andernfalls könnten alle Router ausfallen.

Durch das Aktivieren von SEED-ROUTING im Netzwerk wird auch der gegenwärtige Status der Optionen Zonenliste und Netzwerkbereich verfügbar.

Das Einstellen des Netzwerkbereichs ist Teil der Durchführung von Seed-Routings in einem Netzwerk. Jedem AppleTalk-Netzwerk in einem InterNetzwerk wird ein Bereich von Zahlen zugewiesen, und jeder Knoten wird dem Netzwerk gegenüber durch eine Kombination einer dieser Nummern mit einer dynamisch zugeordneten Identifikationsnummer des AppleTalk-Knotens gekennzeichnet. Dadurch sollten zwei Netzwerke in einem InterNetzwerk keine sich überschneidende Bereiche aufweisen.

Der Wert, den Sie für ein Netzwerk angeben, muß im Bereich von 1 bis 65.279 liegen. Wenn Sie einen Bereich festlegen, der einen anderen Netzwerkbereich auf einem Computer, auf dem Windows NT Server ausgeführt wird, überschneidet, wird eine Warnmeldung angezeigt.

Das Einstellen der Zoneninformationen ist Teil der Durchführung von Seed-Routings in einem Netzwerk. Sie können die aktuelle Zonenliste anzeigen, Zonen hinzufügen und löschen sowie eine Standardzone einstellen. Die Standardzone ist eine Zone, in der alle AppleTalk-Geräte angezeigt werden, wenn eine gewünschte Zone nicht für die Geräte angegeben worden ist.

8.6.2 Seed Router

Beim Installieren von Windows NT Server und Einrichten von SERVICES FÜR MACINTOSH müssen Sie festlegen, ob ein Windows NT Server-Computer für jedes physische Netzwerk, an das er angeschlossen ist, als Seed-Router eingesetzt werden soll. Zum Beispiel könnte ein Windows NT Server, der an drei physische AppleTalk-Netzwerke angeschlossen ist, in zwei von den Netzwerken als Seed-Router eingesetzt werden, aber nicht im dritten.

Damit das Netzwerk auch bei Systemfehlern und Stromausfällen stabil bleibt, sollten Sie mehrere Seed-Router im selben physischen Netzwerk installieren.

Wenn Sie mehrere Seed-Router für ein bestimmtes Netzwerk installieren, müssen alle Seed-Router dieselben Informationen für das Netzwerk weitergeben. Beim Starten des Netzwerks wird der erste Seed-Router, der in dem Netzwerk startet, der eigentliche Seed-Router.

Wenn beim Starten eines Netzwerks der erste Seed-Router, der gestartet wird, andere Routing-Informationen als die Seed-Router aufweist, die später gestartet werden, werden die Informationen des ersten Seed-Routers verwendet. Wenn es sich bei einem Seed-Router, der später mit anderen Informationen gestartet wird, um einen Server handelt, auf dem Windows NT Server ausgeführt wird, werden die widersprüchlichen Informationen ignoriert, ein Eintrag wird in die Windows NT Server-Ereignisanzeige geschrieben, und der Server wird nicht weiter als Seed-Router eingesetzt.

Geben Sie für die Netzwerke, für die der Server als Seed-Router eingesetzt wird, die Routing-Informationen an! Der Windows NT Server-Computer übernimmt dann die Rolle des Seed-Routers und führt ein Seed-Routing nach den von Ihnen bestimmten Routing-Informationen durch. Wenn Sie festlegen, daß ein Server nicht als Seed-Router, sondern als gewöhnlicher Router eingesetzt werden soll, führt ein anderer daran angeschlossener AppleTalk-Router das Seed-Routing an diesem Anschluß durch.

8.7 Die Open Transport-Architektur

Open Transport wird mit Updates zum Betriebssystem 7.5 mitgeliefert. Es handelt sich keineswegs um ein komplett neues Konzept, sondern um eine Erweiterung der schon bisher vorhandenen Netzwerkarchitektur.

8.7.1 Anschlüsse

Open Transport Version 1.1 unterstützt Netzwerkkarten für PCI, NuBus und Kommunikationssteckplätze sowie PC Cards und eingebaute LocalTalk- und Ethernet-Netzwerkanschlüsse. Open Transport unterstützt bei den Macintosh-Modellen ohne Erweiterungsmöglichkeiten auch Netzwerkkarten am SCSI-Anschluß.

Auch die von anderen Herstellern angebotenen Netzwerkkarten für Fast Ethernet, ATM und FDDI werden von Open Transport unterstützt.

Damit ist es möglich, Open Transport in alle bestehenden Apple-Netzwerkumgebungen einzubinden.

8.7.2 Kompatibilität

Open Transport ist kompatibel zu allen Programmen, die AppleTalk oder MacTCP verwenden. Diese Programme müssen sich an die Spezifikationen von Apple halten. Gibt es zusätzliche Funktionen auf Protokollebene, könnte es eventuell zu Problemen kommen.

Es werden alle Drucker und andere Geräte unterstützt, die in der AUSWAHL gewählt werden können.

Open Transport ist kompatibel mit bestehenden AppleTalk-, TCP/IP-, LocalTalk- und Ethernet-Netzwerken. Es ist nicht notwendig, alle Computer gleichzeitig aufzurüsten. Sie können Open Transport auch in eine bestehende Umgebung integrieren, ohne die anderen Computer damit auszurüsten. Für die Funktionalität stellt das keinen Nachteil dar.

8.7.3 Wählverbindungen

Speziell im Zusammenhang mit Internet-Anbindungen ist die Unterstützung der Wählverbindungen von Bedeutung. Grundsätzlich werden SLIP- und PPP-Verbindungen unterstützt.

Als Software kann Apple Remote Access 2.0.1 oder eine neuere Version eingesetzt werden, wenn Sie die Verbindung in AppleTalk-Netzwerken aufbauen wollen.

Für Wählverbindungen in TCP/IP-Netzwerken, einschließlich des Internets, werden MacTCP-Erweiterungen verschiedener Hersteller unterstützt, sog. »Link Access Modules« (»mdevs«). MDEVS ermöglichen Verbindungen über die Protokolle *Serial Line Interface Protocol (SLIP)* und *Point to Point Protocol (PPP)*.

Wenn das entsprechende MDEV installiert ist, können Sie entweder über SLIP oder PPP eine Verbindung zu einem Internet-Anbieter oder zu anderen über eine Wählverbindung erreichbaren IP-Zugangsknoten herstellen.

Open Transport 1.1 erkennt folgende MacTCP MDEVS, die nach der Installation im Kontrollfeld TCP/IP im Menü VERBINDUNG: ausgewählt werden können:

- FreePPP – Version 1.0.4 oder neuer
- MacPPP – Version 2.1.4 SD oder neuer (Version 2.2.0 wird nicht empfohlen)
- InterPPP – Version 1.2.9 oder neuer
- InterPPP II – Version 1.1 oder neuer
- InterSLIP – Version 1.0.1 oder neuer
- MacSLIP – Version 3.0.2 oder neuer
- VersaTerm SLIP – Version 1.1.4 oder neuer
- Sonic PPP – Version 1.0.2 oder neuer
- AOL Link – die jeweils aktuellste Version

Es gibt außerdem eine Reihe von PPP MDEVS anderer Hersteller (einschl. Pacer PPP, FCR PPP und Tribe PPP), die eine gemeinsame Basis haben und daher von Open Transport nicht extra unterschieden werden. Nach der Installation erscheinen sie im Menü VERBINDUNG: als »TCP/IP PPP«.

NFS/Share 1.3.x und 1.4 sind nicht kompatibel mit Open Transport. Um NFS/Share mit Open Transport zu benutzen, müssen Sie auf eine mit Open Transport kompatible Version aufrüsten.

8.7.4 MacPPP und FreePPP

Wenn bei der Benutzung von MacPPP oder FreePPP Probleme auftreten, muß wieder einmal der *virtuelle Speicher* deaktiviert werden. Viele Anwender kennen das ja bereits von den Programmen her. Wenn Sie Probleme mit dem virtuellen Speicher haben, hilft leider nur mehr ein Aufrüsten des Hauptspeichers.

8.8 Thursby DAVE

Thursby ist eine texanische Firma, die bereits mehrere Produkte für die Verbindung von Macintosh an andere Plattformen vorgestellt hat. Unter anderem gibt es von dieser Firma ausgezeichnete Lösungen für das Zusammenspiel der Apple-Geräte mit UNIX.

DAVE ist ein Programm, das die Verbindung zwischen Apple Macintosh und Microsoft Windows herstellt, wobei damit nicht nur Windows NT gemeint ist, sondern auch Windows 95 und Windows für Workgroups.

DAVE basiert auf TCP/IP. Mit Hilfe dieses Protokolls können Datei- und Druckerressourcen freigegeben werden. Die Verwendung von TCP/IP macht aus DAVE ein einzigartiges Produkt, da alle anderen auf AppleTalk aufsetzen. Deshalb war es auch möglich, das Produkt gleich für alle Windows-Plattformen anzubieten.

Neben der Netzwerkanbindung, die über EtherTalk oder TokenTalk erfolgen sollte, ist keine zusätzliche Hard- oder Software notwendig. Damit paßt sich DAVE in bestehende Umgebungen ein.

Wie es sich für ein modernes Programm gehört, unterstützt DAVE sowohl die 68000- als auch die PowerPC-Prozessoren. Auf dem Macintosh wurde das Programm so in die Oberfläche integriert, daß Macintosh-Anwender im Grunde mit vertrauten Anwendungen und Einstellmöglichkeiten arbeiten.

Die Anbindung ans Netzwerk erfolgt über die AUSWAHL. Dort wird allerdings nicht AppleShare, sondern DAVE CLIENT gewählt (siehe Bild 8.36).

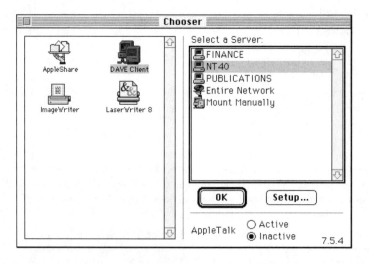

Bild 8.36:
Auswahl von DAVE Client

Wie vom MacOS her gewohnt, erscheinen alle verfügbaren Server im rechten Teil des Fensters. Diese sind notwendig, um zu einem der Server eine Verbindung aufzubauen. Jetzt muß nur mehr der entsprechende Servername angeklickt werden, und nach der Bestätigung des Dialogfensters erfolgt die Benutzerauthentifizierung.

In der dritten Zeile wird bei der Anmeldung der Name der Domäne angezeigt, obwohl der Benutzer sich bei einem Server anmeldet (siehe Bild 8.37).

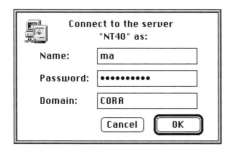

Bild 8.37:
Authentifizieren des Benutzers

Erst nachdem die Identität des Benutzers von Windows NT überprüft wurde, gibt es eine Auswahl der Ressourcen, auf die zugegriffen werden kann.

Markieren Sie alle Ressourcen, die Sie anbinden wollen. Dazu muß die ⌂-Taste gehalten werden. Falls Sie eine Ressource vergessen, die Sie später trotzdem benötigen, können Sie jederzeit wieder die AUSWAHL aufrufen und eine weitere Ressource anbinden.

Auf der rechten Seite befindet sich wieder ein Auswahlfeld. Wenn Sie dieses markieren, wird die Ressource bei der nächsten Anmeldung ganz automatisch angebunden. Das erspart etwas Arbeit. Benutzername und das Kennwort müssen dann schon beim Starten des Computers eingegeben werden (siehe Bild 8.38).

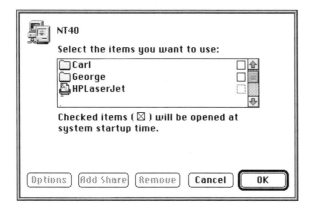

Bild 8.38:
Anbindung der Ressourcen

Die möglichen Ressourcen, zu denen Sie sich verbinden können, sind Laufwerke bzw. Ordner und Drucker.

Das Spezielle an DAVE ist wie gesagt die Tatsache, daß nicht das AppleTalk-, sondern das TCP/IP-Protokoll verwendet wird. Damit läßt es sich sofort in bestehende PC-Umgebungen einbauen.

Die einzige Voraussetzung ist selbstverständlich, daß die Macintosh-Geräte mit einer EtherTalk- oder TokenTalk-Karte ausgerüstet sind. Wer eine bereits seit längerem bestehende Macintosh-Umgebung mit LocalTalk-Verkabelung besitzt, wird mit diesem Produkt wohl weniger anzufangen wissen.

Bei der Anmeldung werden der Benutzername und das Kennwort verschlüsselt übermittelt. Niemand braucht also zu befürchten, daß jemand mit einem Sniffer dieses Geheimnis in Erfahrung bringen könnte.

Mit dem DAVE MESSAGE SERVICE TOOL können Benutzer Meldungen von anderen Macintosh-Rechnern und PCs erhalten. Dieses Werkzeug kann für die Weitergabe von Administrator-Meldungen und Broadcasts verwendet werden.

8.9 Windows-Programme auf dem Mac

Standardmäßig, also ohne Zusatzsoftware, spielt sich hier gar nichts ab. Auf einem Macintosh ist Windows-Software nicht lauffähig.

Es gibt jedoch Programme, die den Einsatz von Windows-Software auf dem Macintosh ermöglichen.

8.9.1 Insignia SoftWindows 95

Am bekanntesten ist wohl die Firma Insignia. Sie hat sich mit DOS- und Windows-Emulatoren für den Macintosh einen Namen gemacht.

SoftWindows 3.0 ist ein 16-Bit-Windows-System für den Macintosh. Installiert wird eine Software, die ein komplettes DOS und ein Windows 3.1 emuliert. Dafür wird ein virtueller Datenträger erzeugt, dessen Größe fix angegeben werden muß.

Im DOS-Fenster, das für den Start von SoftWindows verwendet werden muß, haben Sie die Möglichkeit, auf ein zusätzliches Laufwerk zuzugreifen, das auch in der Dateiverwaltung des Finders als Ordner aufscheint. Damit können Daten von DOS bzw. Windows ins Macintosh-Betriebssystem transferiert werden und umgekehrt.

SoftWindows 95 ist eine Variante von Windows 95 für den Macintosh. Im Grunde wird zwar ein Windows 95 emuliert, doch Sie wissen ja, daß die meisten Windows NT-Programme in Wirklichkeit Windows 95-Programme sind.

Bei Verwendung dieser Emulation können also 32-Bit-Windows-Programme eingesetzt werden. Mit einem eigenen Treiber wird die MultiMedia-Ausgabe auf die Macintosh-Hardware umgelenkt, und die Netzwerkverbindung wird mit einer Erweiterung von Novell hergestellt.

Optisch sieht die Integration nicht sehr schön aus, weil ein eigener Bildschirm über die Macintosh-Oberfläche gelegt wird. Die Programme laufen also nicht in Macintosh-Fenstern, wie man das vielleicht erwartet. Und auf vielen Geräten arbeitet diese Emulation ziemlich langsam; man sollte also starke Maschinen mit sehr viel Hauptspeicher einrechnen.

Beachten Sie, daß sowohl SoftWindows als auch SoftWindows 95 *Emulationen* sind, die zur Gänze auf dem Macintosh laufen. Eine Netzwerkanbindung ist für die Verwendung dieser Programme gar nicht notwendig.

8.9.2 Citrix WinFrame

Eine viel elegantere Lösung für ein Firmennetzwerk besteht in der Client-Server-Anbindung, die WINFRAME zur Verfügung stellt.

CITRIX WINFRAME bietet Ihnen die Möglichkeit, 32-Bit-Windows-Programme auf dem Apple Macintosh einzusetzen. Die Programme arbeiten in eigenen Fenstern, die zwar im Finder arbeiten, aber wie Windows NT oder Windows 95 aussehen.

CITRIX WINFRAME ist eine Client-Server-Applikation. Mit Hilfe dieses Programms machen Sie aus einem Windows NT-Server einen Multiuser-Applikationsserver für 32-Bit-Windows-Programme. Die Macintosh-Client-Maschinen stellen praktisch die Oberfläche zur Verfügung.

WINFRAME unterstützt übrigens nicht nur Apple Macintosh-Clients, sondern auch UNIX- und OS/2 Warp-Maschinen. Einem plattformübergreifenden Einsatz steht also nichts entgegen.

Das Client-Server-Prinzip wurde zur Gänze eingehalten, und so ist diese Konstellation sehr gut mit X-Servern unter UNIX vergleichbar. Die Programme laufen nämlich in Wirklichkeit auf der Windows NT-Maschine. Der Mac stellt lediglich die Anzeige zur Verfügung. Deshalb gibt es auch keine Geschwindigkeitsprobleme, weil der Prozessor nur von einem Teil der sonst üblichen Arbeit belastet wird.

Um eine Mehrbenutzer-Lösung handelt es sich deshalb, weil WINFRAME auf einem einzigen Server-System installiert wird, mit dem dann mehrere Clients arbeiten. Die eigentliche Rechenarbeit findet auf dem Windows NT-Server statt, während die Client-Maschinen lediglich die grafische Oberfläche, also im Grunde die Konsole, das sind Bildschirm und Eingabegeräte, bereitstellen.

Citrix entwickelte die *MultiWin Multi-User Architecture*. Mit dieser Technologie wird Windows NT erst ein richtiges Mehrbenutzersystem. Mehrere Benutzer können gleichzeitig auf derselben Maschine und zur selben Zeit Programme ausführen. Die Macintosh-Clients sind in diesem Fall so etwas ähnliches wie Grafik-Terminals. Jeder Benutzer läuft auf dem WinFrame/Access-Server als virtuelle Sitzung.

WINFRAME arbeitet mit dem *ICA Windows Presentation Services-Protokoll*. Dieses ist die Grundlage für die Aufteilung der Server- und Client-Funktionen. Mit diesem Protokoll wurde versucht, so viel wie möglich an Leistung herauszuholen; ein Ziel dieses Protokolls war es, die Netzwerkbelastung sehr gering zu halten.

WINFRAME gibt den Client-Maschinen im Grunde ein komplettes Windows NT weiter. Das heißt, daß alle Merkmale von Windows NT vorkommen. Das gilt für die Oberfläche genauso wie für die Sicherheitsrichtlinien. WINFRAME ist nicht irgendeine Emulation, sondern ein mehrbenutzerfähiges Windows NT.

Selbstverständlich unterstützt WINFRAME auch Mehrprozessor-Maschinen. Wenn Sie eine große Zahl von Benutzern haben, die auf die Programme zugreifen, dann sollten Sie auch tatsächlich Mehrprozessor-Maschinen überlegen und das System eventuell sogar auf mehrere Server aufteilen.

Mehrere tausend Benutzer an einem Mainframe sind ja nichts Besonderes; aber bedenken Sie, daß man auch die Leistung einer Pentium Pro-Maschine nicht im mindesten mit Großrechnern vergleichen kann. Wenn Sie ähnliche Leistungen haben wollen, dann dürfen Sie zumindest an der Server-Hardware nicht sparen.

8.9.3 NCD WinCenter Pro

Dem gleichen Prinzip folgt WINCENTER PRO von Network Computing Devices. Auch bei diesem Produkt handelt es sich um einen Multiuser-Applikationsserver. Das System basiert auf einem Windows NT-Server und stellt den Clients die Programme und die Rechenkapazität zur Verfügung.

WINCENTER PRO unterstützt auf der Client-Seite nicht nur Macintosh-Geräte, sondern auch UNIX Workstations und Netzwerk-PCs.

Es wird keinerlei Zusatzhardware benötigt. Der *WinCenter Graphics Accelerator* sorgt für eine Beschleunigung der grafischen Anzeige.

Die Belastung des Netzwerks wird so niedrig wie möglich gehalten, damit beide Maschinen, also Windows NT-Server und Macintosh-Client, das meiste aus ihrem Aufgabenbereich herausholen können.

Auch MultiMedia-Anwendungen werden von WINCENTER PRO unterstützt. Im Grunde werden alle Möglichkeiten von Windows NT übernommen. Daß der Client im konkreten Fall ein Apple Macintosh ist, tut dem keinen Abbruch.

WINCENTER wird von NCD in mehreren Varianten angeboten. Eigene *Server Option Packs* stellen Funktionen bereit, die dem Client sogar die Teilnahme an einem Peer-Netzwerk ermöglichen.

Auch bei WINCENTER kommt es immer darauf an, wie viele Benutzer auf den Server Zugriff haben sollen. Wenn es sich um viele Benutzer handelt, so sollten Sie eine Mehrprozessor Maschine überlegen oder die Leistung auf mehrere Server aufteilen. Der gleichzeitige Zugriff von zahlreichen Benutzern macht sich sofort bemerkbar, denn auch sehr gut ausgerüstete PCs können in der Kapazität keineswegs mit Großrechnern verglichen werden. Wenn schon die Clients weniger Rechenkapazität benötigen, dann dürfen Sie nicht an der Server-Hardware sparen.

9 Verbindung zu UNIX

UNIX ist ein inzwischen sehr altes Betriebssystem, das jedoch nichts von seiner Qualität eingebüßt hat. Ganz im Gegenteil, UNIX bildet in vielen Unternehmen das rechnerische Rückgrat. Eine Reihe von kaufmännischen Anwendungen laufen über UNIX, und aus den Bereichen Technische Konstruktion (CAD), CAED, CAM, Wissenschaft und Medizin ist das System nicht wegzudenken.

Darüber hinaus stellen UNIX-Rechner wohl auch den Grundstock des internationalen Internets. Die große Mehrheit aller Internet-Server wird mit UNIX betrieben, und dementsprechend viele Programme stehen dafür zur Verfügung.

Ein sehr auffälliges Merkmal der UNIX-Welt ist die Tatsache, daß es nicht nur ein UNIX gibt, sondern deren viele. Zahlreiche Firmen entwickelten ihr eigenes UNIX, und jeder Versuch, einmal alle Entwicklungen unter einen Hut zu bringen, schlug bisher fehl.

Wichtige und heute verbreitete Varianten von UNIX sind etwa IBM AIX, Siemens Sinix, SCO UNIX (Open Desktop), Sun Solaris, Linux für PCs und Apple PowerPCs, Novell UNIXWare, AT&T UNIX, DEC UNIX, HP-UX. Manche Varianten fielen bereits in Bedeutungslosigkeit, dazu gehören etwa Apples A/UX und Steve Jobs NeXTStep (dessen Technologie in Zukunft allerdings in das Apple-Betriebssystem einfließen wird).

Die Grundzüge der verschiedenen UNIX-Systeme sind gleich, allerdings stecken viele Unterschiede im Detail und im Leistungsumfang. Für die Verbindung mit Windows NT gilt, daß sie sehr einheitlich abläuft, weil dieselben Standards eingesetzt werden. Wo es Abweichungen geben kann, das sind Zusatzprogramme. Davon gibt es eine ganze Menge und zwar von vielen verschiedenen Herstellern. Wenn ein Hersteller einen NFS-Client auf sein eigenes UNIX abstimmt, könnte es schon sein, daß dieses Programm nicht in der Lage ist, mit einem anderen UNIX zu arbeiten.

Dieses Buch will grundsätzlich nicht detailliert auf die verschiedenen UNIX-Varianten eingehen, denn das würde den Raum ganz gehörig sprengen; außerdem kann dieses Buch keine Anleitung für die Administration von UNIX-Systemen sein. Im Zusammenhang mit Windows NT sind die Ausformungen von UNIX in der Regel auch unwichtig, denn alle UNIX-Varianten haben einen gemeinsamen Nenner. Dieser heißt TCP/IP.

9.1 Übersicht UNIX

UNIX war von Beginn an ein Multiuser-Betriebssystem. Vorgesehen für die Benutzung durch mehrere Anwender gleichzeitig. Mit UNIX können Terminals verwendet werden. Das sind Endgeräte, an denen die Anwender arbeiten können. Der Begriff dumme Terminals rührt daher, daß diese Terminals keinerlei Intelligenz besitzen, also keinerlei Rechenkapazität oder Speicher. Diese Terminals bestehen im großen und ganzen aus einem Bildschirm und einer Tastatur. Es gibt jedoch keinen Mikroprozessor und keinen Hauptspeicher.

Wenn UNIX mit Terminals eingesetzt wird, kann man die Kombination sehr gut mit Großrechnern vergleichen. Dort ist es genauso, wenngleich die Großrechner viel mehr Rechenkapazität zur Verfügung stellen und darüber hinaus ausschließlich mit Terminals verwendet werden können.

Eine UNIX-Maschine benötigt selbstverständlich genauso einen Mikroprozessor und einen Hauptspeicher wie ein PC. Man spricht dabei normalerweise von *Workstations*.

Workstations könnten im Grunde genauso eingesetzt werden wie PCs. Es handelt sich um unabhängige Computer, die über das Netzwerk aber sehr wohl mit anderen Computern und Plattformen zusammenarbeiten können.

In Workstations werden üblicherweise RISC-Prozessoren eingesetzt, doch auch für Intel-Rechner gibt es mehrere Varianten von UNIX. Viele UNIX-Varianten laufen lediglich auf den Prozessoren, für die sie geschrieben wurden. So läuft etwa Sun Solaris nur auf SPARC-Rechnern, allerdings gibt es auch eine eigene Version für Intel. IRIX läuft auf den Geräten der Firma Silicon Graphics, und AIX läuft auf speziellen IBM-Prozessoren und PowerPC-Rechnern. LINUX gibt es in einer Version für Intel-Prozessoren und in einer zweiten für die PowerPC-Rechner von Apple, während SCO UnixWare als reines Intel-System bezeichnet werden kann.

Als Mehrbenutzersystem beherrscht UNIX natürlich präemtives Multitasking, bei dem die Verteilung der Prozessorzeit dem Betriebssystem obliegt, und Multithreading. Die meisten UNIX-Versionen sind 32-Bit-Betriebssysteme, obwohl es heute bereits einen starken Zug zu 64-Bit-Systemen gibt. Früher gab es vereinzelt auch 16-Bit-Versionen für Intel, und auf der anderen Seite gibt es bereits 128-Bit-Systeme.

So gut wie jedes UNIX ist mehrprozessorfähig, und besonders interessant ist die standardmäßig Clustering-Fähigkeit. Wird eine komplexe Aufgabe berechnet, und die Kapazität des Rechners reicht nicht aus, so kann die Rechenleistung auf mehrere Rechner verteilt werden. Andere UNIX-Computer werden quasi hinzugeschaltet und übernehmen einen Teil der Berechnungen.

Es ist jedoch üblich, daß ein UNIX-System in mehreren Paketen angeboten wird. Je nach Paket steckt eine verschiedene Funktionalität dahinter. So ist klar, daß ein Einzelanwender, der daheim als Freiberufler arbeitet, viel weniger Funktionalität benötigt als ein Administrator einer Firma mit fünftausend Benutzern, die zentral verwaltet werden müssen. Ganz typisch ist jedoch, daß man fehlende Funktionalitäten, wenn sie zugekauft werden, einfach dazuinstalliert. Daß ein ganzes System neu installiert werden müßte – wie es etwa bei Windows NT der Fall ist –, wäre die absolute Ausnahme.

Diese Fähigkeit macht UNIX äußerst skalierbar und erklärt, warum dieses System heute das wichtigste Betriebssystem für die Wissenschaften ist.

Diese Clustering-Fähigkeit ermöglicht die Verwendung von großen Datenbanken und Transaktionssystemen bei gleichzeitigem Zugriff von tausenden von Benutzern.

Damit wir uns klar verstehen: was diese Funktionalität betrifft, ist Windows NT gerade dabei, einmal die Kinderschuhe überzustreifen!

UNIX wird in mehreren Bereichen intensiv genutzt. Dazu gehören Datenbanken, Transaktionen, CAD und wissenschaftliche Programme. Sie werden UNIX in der Technik, in der Medizin und bei Naturwissenschaftlern antreffen.

Früher konnte mit UNIX ausschließlich zeichenorientiert gearbeitet werden. Per ASCII-Terminals wurde auf den eigentlichen UNIX-Rechner zugegriffen. Heute besitzt jede UNIX-Variante eine grafische Oberfläche, die für Anwender in der Regel auch geladen wird. Diese Oberflächen weisen untereinander kleinere Unterschiede auf, sind grob gesehen aber ähnlich zu bedienen wie Windows NT.

Die Dokumentation wird zumindest *online* mitgeliefert. Sie können in jedem UNIX-System mit dem Befehl MAN auf die Handbücher zugreifen. Bei grafischen Oberflächen gibt es zudem die Möglichkeit, grafische Varianten zu öffnen, die manchmal in einem skalierbaren PostScript-Format vorliegen (z. B. bei Solaris).

Üblich ist außerdem die Auslieferung von Compilern und eines Entwicklungspaketes. Alle Informationen und notwendigen Dateien und Libraries, die Sie für die Entwicklung benötigen, können mit dem System installiert werden. Manche Hersteller trennen jedoch in verschiedene Versionen; in einem solchen Fall ist das Developer Kit entweder extra erhältlich oder gehört zu einer ganz bestimmten Version des Systems.

Die Nachteile bei UNIX heißen Installation, Konfiguration, Administration und vielleicht sogar Mangel an typischen Büro-Programmen.

UNIX entstand bei mehreren Firmen und an vielen Universitäten. Auf die Grundtechnologien kann jeder zugreifen, und das verwendete Netzwerkprotokoll heißt TCP/IP. Man könnte fast sagen, UNIX wurde von Spezialisten für Spezialisten geschrieben. Wissenschaftler, die das System verwenden wollen, um die Korrosion gerodeter Urwaldböden unter Zuhilfenahme von Satellitenaufnahmen über zehn Jahre hinweg simulieren wollen, müssen ihre Programme in der Regel selbst schreiben. Da ist es kein Problem, daß bei der Installation die Hardware-Adresse der Maus angegeben werden muß.

In Firmen sieht das völlig anders aus. Für Endanwender zählt die Einfachheit der Bedienung, die unter UNIX vielleicht nicht ganz selbstverständlich ist. Darüber hinaus ist es einfacher, Systemspezialist für Windows NT zu werden als für UNIX. Die vergleichbare Einfachheit der Installation, Konfiguration und Wartung von Windows NT punktet bereits heute gegenüber den UNIX-Systemen, deren Betreuer oft einen viel größeren Erfahrungsschatz benötigen, um alle Wartungsaufgaben erledigen zu können.

Während grafische Oberflächen heute für Benutzer zur Verfügung stehen, arbeiten viele Systemverwalter nach wie vor in der Befehlszeile, und dort werden Sie mit dem Begriff *Shell* konfrontiert. Eine Shell ist der Befehlsinterpreter, der eingesetzt wird. Im Gegensatz zu den PC-Systemen stehen für UNIX verschiedene Befehlsinterpreter zur Verfügung, die in der Regel alle zusammen ausgeliefert werden.

Die UNIX-Standardshell ist die *Bourne Shell*. Sie wurde in den Bell Laboratories von Steve Bourne entwickelt. Viele der heutigen Programme und Konfigurationsdateien verwenden nach wie vor die Syntax der Bourne Shell. Die *C Shell* wurde an der Universität von Berkeley entwickelt. Sie bietet etwas mehr Funktionen als die Bourne Shell. Ihre Syntax erinnert an die Programmiersprache C, und die Shell ist nicht mit der Bourne Shell kompatibel. Als leistungsfähigste Shell kann die *Korn Shell* bezeichnet werden. Sie wurde von David Korn in den AT&T Bell Laboratories entwickelt. Die Korn Shell enthält alle Erweiterungen der C Shell und ist aufwärtskompatibel zur Bourne Shell. Bourne Shelle Skripte können somit ohne Veränderungen unter der Korn Shell ablaufen.

Als Netzwerkprotokoll wird TCP/IP eingesetzt, das seit Beginn der 80er Jahre eng mit UNIX verwachsen ist. Alle notwendigen Serverdienste (Daemons) und Client-Programme werden mitgeliefert. Für Netzwerkanbindungen können Sie NFS einsetzen. Das *Network File System* wurde von der Firma Sun entwickelt und ist heute in allen UNIX-Varianten enthalten. NFS-Clients gibt es auch in großer Zahl für Windows NT, allerdings wird ein solcher nicht standardmäßig von Microsoft ausgeliefert.

Obwohl dieses Buch keine Anleitung für die einzelnen UNIX-Varianten sein kann und will, möchte ich ein paar UNIX-Versionen herausgreifen und ihre Merkmale gesondert vorstellen.

9.1.1 IBM AIX

Der *Advanced Interactive eXecutive, AIX*, wurde von IBM entwickelt. IBM ließ sich mit Workstations in den 80er Jahren recht lange Zeit, doch schlugen die RS/6000-Maschinen mit AIX dann gut ein, weil das System schon früh den Erfordernissen der Benutzer entsprach.

AIX ist heute ein 32-Bit-Betriebssystem mit Sicherheitsmechanismen, die C2 entsprechen und darüber hinaus eine Vielzahl an Komponenten enthalten, die höheren Sicherheitsrichtlinien entstammen. Einzelne Komponenten des Systems laufen bereits mit 64 Bit, da die PowerPC-Architektur auf 64 Bit ausgelegt ist, die mit einer nächsten Version von AIX vollständig unterstützt werden soll.

Von der Architektur her arbeitet IBM AIX mit einem Schichtenmodell. Jede Systemkomponente ist eine einzelne Schicht, die relativ einfach ausgetauscht werden kann, ohne daß man das gesamte Betriebssystem neu schreiben müßte. Auf der untersten Ebene liegt der *Platform Abstraction Layer (PAL)*, der mit der HAL von Windows NT recht gut verglichen werden kann. Ohne allzu hohen Aufwand kann AIX für neue Plattformen umgeschrieben werden. Am Beginn verwendete IBM in der RS/6000 eigene Prozessoren, die später von PowerPC-Prozessoren abgelöst wurden. Eine PC-Version von AIX gab es nur kurze Zeit; sie wurde, vermutlich aufgrund der hohen Hardware-Anforderungen, bald wieder eingestellt.

Auch für Netzwerk-PCs ist AIX verfügbar. Sie können das Betriebssystem in diesem Fall als Server- und als Client-Plattform einsetzen.

Wie alle UNIX-Systeme arbeitet auch AIX mit präemtivem Multitasking und Multithreading und ist grundsätzlich als Mehrbenutzersystem aufgebaut. Auch Merkmale wie Mehrprozessorbetrieb und Clustering werden von AIX unterstützt.

AIX ist eines jener Systeme, das eine Vielzahl von Standards in sich vereinigt. IBM ist Mitglied von OSF und unterstützt mit AIX 4.2 Standards wie XPG4, X/Open Single UNIX Specification, X/Open UNIX95, ANSI/IEEE 1003.1:1990, POSIX.1 und POSIX.2, ISO/IEC 9945-1:1990 und NIST Federal Information Processing Standard 151-2.

Das System unterstützt NFS- und NIS-Server und selbstverständlich das TCP/IP-Protokoll. Es gibt keine eigenen Sprachversionen von AIX, sondern das Standardpaket enthält über 60 verschiedene Sprachen, die während der Installation gewählt werden. Den einzelnen Benutzern kann sogar über die Benutzersteuerung eine bestimmte Tastaturbelegung zugeordnet werden. AIX unterstützt ASCII-Terminals und RAID.

Eine DOS-Unterstützung ist eingebaut, und wenn Sie mit 16-Bit-Windows-Programmen arbeiten wollen, dann können Sie *Wabi* installieren, das IBM von Sun lizenzierte.

32-Bit-Windows-Programme laufen standardmäßig nicht, allerdings kann die *WinFrame*-Erweiterung von Citrix auf AIX aufgesetzt werden. In diesem Fall ist es möglich, mit einem Windows NT-Server im Hintergrund, 32-Bit-Windows-Programme als Client-Server-Applikationen unter AIX zu verwenden.

AIX verwendet das *Journaled File System*, das wie eine Art Datenbank arbeitet und alle Transaktionen speichert. Auf diese Weise kann im Notfall jederzeit auf einen früheren Datenbestand zurückgegriffen werden. Im Netzwerkbereich ist natürlich NFS Standard.

Eine spezielle Funktionalität von AIX ist der dynamische Kernel. Wenn Sie neue Systemkomponenten installieren, dazu gehören vor allem Treiber aller Art, dann können diese dynamisch in den Kernel eingebunden werden. Der alte Treiber wird ausgeklinkt und der neue aktiviert. Dadurch können Systemänderungen im laufenden System durchgeführt werden. Ein Neustart ist überflüssig.

Verbindung zu UNIX 319

Die meisten anderen UNIX-Systeme kompilieren in diesem Fall ihren Kernel neu und verlangen einen Neustart, damit die Änderungen überhaupt erst aktiviert werden. Auf dem PC ist es schließlich nicht anders; auch Windows NT, Windows 95 und OS/2 müssen nach den meisten Konfigurationsänderungen neu gebootet werden. AIX scheint hier eine angenehme Ausnahme darzustellen.

Als grafische Benutzeroberfläche wird Motif verwendet, das für einen Benutzer automatisch geladen werden kann. Auch Administratoren arbeiten zumeist in der Motif-Oberfläche. Motif setzt auf dem X11-Standard auf. Die Anmeldung ans System wird mit Kerberos authentifiziert.

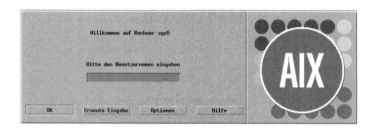

Bild 9.1:
Anmeldung an AIX

In AIX-Umgebungen wird normalerweise die verteilte Arbeit über mehrere Systeme ausgenützt. Sie können beliebig viele Maschine zu einem Clustering zusammenschließen. Das bedeutet im Klartext, daß Sie manche Aufgaben einfach von anderen Geräten rechnen lassen, während Sie die Ergebnisse auf dem eigenen Bildschirm angezeigt bekommen.

Mit dem *Front Panel* kann zwischen verschiedenen Maschinen, die aktiviert sind, gewechselt werden. Dieses kleine Programm arbeitet darüber hinaus wie ein Programmstarter. Die Objekte können selbstverständlich frei definiert werden, und vieles arbeitet per Drag & Drop. In vielen Bereichen ähnelt die Oberfläche von AIX und deren Bedienung der Workplace Shell von OS/2 Warp.

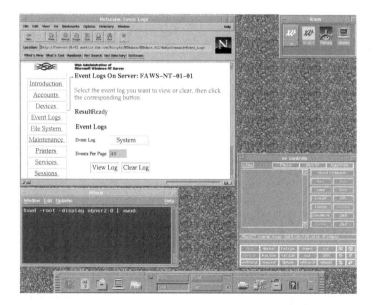

Bild 9.2:
AIX-Oberfläche mit Netscape und Web Administrator

Alle Verwaltungswerkzeuge stehen in grafischen Versionen zur Verfügung, obwohl AIX selbstverständlich auch die Standardprogramme der Kommandozeile enthält. Viele Administratoren arbeiten nach wie vor lieber mit den zeichenorientierten Befehlen.

Die Benutzerverwaltung gehorcht wirkungsvollen Sicherheitsmechanismen, die über C2 hinausgehen. Eine SNA-Anbindung ist für IBM Pflicht, und so befinden sich die wichtigsten Anbindungsprogramme für SNA gleich im System. Zusätzlich gibt es aber selbstverständlich auch den COMMUNICATIONS SERVER für AIX, der als Gateway für die SNA-Welt verwendet werden kann.

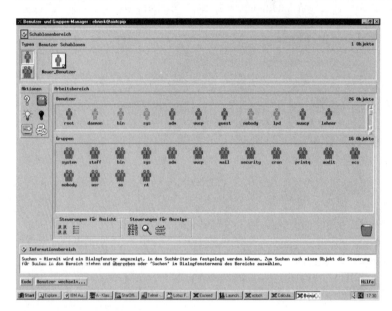

Bild 9.3:
AIX-Benutzerverwaltung über einen Windows NT-X-Server

IBM liefert mit AIX ein sogenanntes *Bonus Pack* aus, das eine Reihe von Anwendungsprogrammen enthält. Programme wie Netscape Navigator, Adobe Acrobat Reader, Ultemedia Services, Netscape FastTrack Server und IBM Internet Connection Secure Server gehören hierbei zum Standardumfang. Seit einiger Zeit wird sogar Lotus Domino mitgeliefert.

Es gibt zahlreiche Anwendungsprogramme für IBM AIX. Dazu gehören etwa CAD-Programme wie Microstation und IBM CATIA, dann Lotus Notes und Domino, StarOffice von Star Division, WordPerfect und andere.

Standardverbindungen zwischen AIX und Windows NT werden über das Basisprotokoll TCP/IP aufgebaut. Dieses wurde in AIX vollständig integriert. Auf Windows NT-Seite fehlen ja, wie Sie bereits wissen, viele Serverdienste, die mit Hilfe von Zusatzprogrammen von Drittherstellern vervollständigt werden können.

Wenn Sie mit den standardmäßigen TCP/IP-Programmen arbeiten, haben Sie einen vollständigen Zugang zu AIX per FTP und Telnet. Grafische Programme können in diesem Fall natürlich nicht verwendet werden. Umgekehrt gibt es nur wenige Möglichkeiten, mit Standardmitteln auf Windows NT zuzugreifen, weil so viele Serverdienste fehlen. Kleine Erweiterungen können dieses Bild bereits erheblich aufbessern.

Mittels Telnet haben Sie die Möglichkeit, ein AIX-Gerät zu verwalten, vorgesetzt, daß Sie die entsprechenden Berechtigungen besitzen. Außerdem gibt es von IBM eine Erweiterung, die es ermöglich, AIX mit Hilfe eines Web Browsers zu verwalten. Umgekehrt steht ebenfalls der WEB ADMINISTRATOR von Microsoft zur Verfügung, so daß Sie die Windows NT-Server auch mit einer AIX-Maschine verwalten können.

Falls Ihre Benutzer gleichermaßen Zugriff auf Windows NT und auf AIX benötigen, ist die Benutzerverwaltung doppelt. In einem solchen Fall empfiehlt es sich, gleichlautende Benutzernamen und Kennwörter zu verwenden.

Mit Zusatzprodukten von Drittherstellern können Sie Windows NT besser in eine AIX-Umgebung einbinden. Die Produkte von Hummingbird, Intergraph, NetManage, FTP und Sun erlauben Zugriffe auf AIX, wobei sich der Benutzer trotzdem nur ein einziges Mal ans System anmelden muß.

Auch für IBM AIX gibt es die *IBM Directory and Security Services*. DSS baut auf DCE auf und stellt Verzeichnisdienste, Zeit- und Sicherheitsserver zur Verfügung. Der Grundaufbau besteht aus einer *Zelle*, in der alle Ressourcen transparent zugänglich sind, weil der Benutzer nur mehr den Namen der Ressource benötigt, aber nicht zu wissen braucht, an welchem Standort sich die Ressource befindet.

Die DSS für AIX können als einziges Fremdsystem noch OS/2-Server in die Zelle einbinden. Die Integration von Windows NT ist zur Zeit nicht vollständig möglich. Für Windows NT gibt es zwar ebenfalls eine DCE-Erweiterung, die von IBM in Zusammenarbeit mit Digital Equipment entwickelt wurde, doch enthalten diese DCE-Dienste keine Verzeichnisstruktur.

9.1.2 SCO OpenServer

Santa Cruz Operation machte sich bereits vor langer Zeit einen Namen mit einem UNIX-System für PCs. Die ersten Versionen hießen noch XENIX, an dessen Entwicklung zeitweise auch Microsoft beteiligt war. Dann wurde daraus SCO Unix, und zuletzt entstanden mehrere Produkte von OpenDesktop bis OpenServer. Während SCO auf der Client-Seite heute UnixWare vertreibt, ist OpenServer eher ein Serverbetriebssystem, obwohl Sie darauf auch direkt arbeiten können.

Als Oberfläche wird Motif verwendet, wofür auf dem PC viele Programme zur Verfügung stehen. Die Benutzerkonten können so konfiguriert werden, daß automatisch die grafische Oberfläche lädt (siehe Bild 9.4).

Wie bei den meisten UNIX-Systemen stehen mehrere virtuelle Konsolen zur Verfügung. Sie können mit der Tastenkombination [Strg]-[⇧]-[F1] wechseln, wobei [F1] durch jede beliebige andere Funktionstaste ersetzt werden kann.

Die Verwaltung arbeitet generell grafisch, allerdings können Sie mit SCOADMIN auch eine zeichenorientierte Verwaltung aufrufen. Wenn die Einstellungen der grafischen Oberfläche nicht stimmen, werden Sie dieses Programm benötigen. Für Systemänderungen müssen Sie selbstverständlich als Benutzer ROOT angemeldet sein.

Bei allen Systemänderungen muß SCO OpenServer den Kernel neu kompilieren. Das dauert nur kurz, doch muß danach ein Systemstart durchgeführt werden, damit die Änderungen wirksam werden.

Die Motif-Oberfläche stellt eine Reihe von Objekten bereit, mit denen das System gewartet werden kann. Es gibt einen Benutzer-Manager, eine System-Verwaltung, einen Software-Manager und einen Optionen-Editor (siehe Bild 9.5).

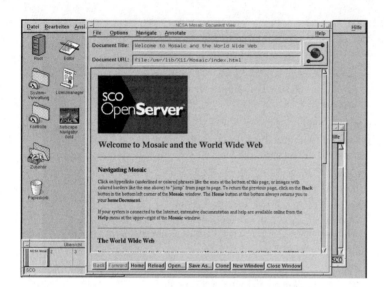

Bild 9.4:
SCO Open Server

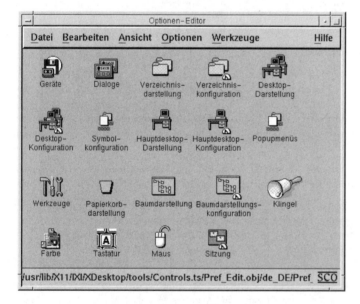

Bild 9.5:
Optionen-Editor für
individuelle Einstellungen

SCO OpenServer kann ohne Sicherheit oder mit Sicherheit installiert werden, wobei zwei C2-kompatible Systeme zur Verfügung stehen, die zu einem guten Teil über die C2-Richtlinien hinausgehen.

Auch SCO OpenServer wird mit einer kompletten Internet-Anbindung ausgeliefert. Auf der Client-Seite gibt es Netscape Navigator, Netscape Navigator Gold und NCSA Mosaic, und auf der Server-Seite steht der Netscape FastTrack Server. Mail und USENET gehören ebenfalls dazu. Mit der *SCO Server Enhancement Products* CD-ROM wird sogar der *Netscape Proxy Server* ausgeliefert und ein *Internet to NetWare Gateway*.

Mit den Standard-TCP/IP-Programmen können Sie SCO OpenServer in eine Windows NT-Umgebung integrieren. Mit Hilfe von Telnet ist es möglich, den SCO-Server zu verwalten, während Sie mit einem Web Browser auf den WEB ADMINISTRATOR unter Windows NT Server zugreifen können.

Zusatzprogramme erweitern die Möglichkeiten. Mit Hilfe der NFS-Software von Hummingbird, Intergraph, Sun und anderen Firmen ist es möglich, sich einmal ans Netzwerk anzumelden und am anderen System gleich mitgemeldet zu werden. X-Server bringen die grafischen Motif-Programme auf die Windows NT-Oberfläche, und mit Citrix WinFrame können 32-Bit-Windows-Programme unter SCO OpenServer eingesetzt werden.

SCO liefert außerdem den LAN MANAGER CLIENT mit. Wenn Sie dieses Programm installieren, kann SCO OpenServer als Client-Plattform in Windows NT-Umgebungen eingebunden werden. Die Benutzerverwaltung findet in diesem Fall mit dem BENUTZER-MANAGER FÜR DOMÄNEN unter Windows NT statt, allerdings darf man nicht vergessen, daß der Benutzer auch lokal unter UNIX existieren muß, bevor sich der LAN MANAGER CLIENT überhaupt installieren läßt.

Ein sehr nützliches Zusatzprodukt ist SCO *Advanced File and Print Server*. Mit diesem Produkt können Sie OpenServer in Domänen einbinden. Eine OpenServer-Maschine avanciert so zu einem Domänen-Controller einer Windows NT-Domäne. Die gesamte Verwaltung ist dann zentralisiert, sogar wenn Sie Benutzer erstellen, die nur auf die UNIX-Rechner zugreifen.

9.1.3 Linux

Viele Elemente von UNIX werden als Allgemeingut betrachtet, das jedermann zugänglich ist. Viele Universitäten steuerten eine Menge zur Entwicklung von UNIX bei, und es entstand ein weltweites Netzwerk für Wissenschaftler, Studenten und Interessierte, das schließlich im Internet, wie wir es heute kennen, mündete.

Gleichzeitig mußte UNIX, wenn eine Firma oder ein Privater es verwenden wollten, von einem der Hersteller gekauft werden, und das war ziemlich teuer.

So kam Linus Torvalds auf die Idee, ein kostenloses UNIX zu entwickeln, das man einfach vom Internet herunterlädt. Das Ergebnis heißt *Linux* und erschien erstmals 1991 auf dem finnischen Server *nic.funet.fi*, der noch heute eine der wichtigsten Linux-Quellen ist.

Linux gibt es für Intel-PCs, für SPARC- und Alpha-Rechner sowie für Macintosh-Geräte mit PowerPC-Chip. Es gibt verschiedene Auslieferungen, darunter die *Red Hat*, *Debian* und *Slackware Distribution*. Die verschiedenen Auslieferungen weisen geringfügige Unterschiede auf, basieren auf verschiedenen Kernel-Versionen und enthalten einen unterschiedlichen Programmumfang.

Linux hat sich von Version zu Version zu einem leistungsfähigen Betriebssystem gemausert, das auf den verbreiteten Intel-Prozessoren läuft und nicht nur einem vollständigen UNIX entspricht, sondern darüber hinaus eine grafische Oberfläche bereitstellt, die im übrigen der Windows 95-Oberfläche auffallend ähnelt. Linux enthält eine vollständige Netzwerkunterstützung. Als Protokolle können TCP/IP, aber auch IPX/SPX und AppleTalk eingesetzt werden.

Sie können Linux parallel mit einem anderen Betriebssystem installieren, wobei ein Boot-Manager namens *LILO* installiert wird, der zwischen Linux und einem anderen System hin- und herschalten kann.

Die Verwaltung des Systems läuft entweder über die Kommandozeile oder über die grafische Oberfläche. Letztere enthält eine Reihe von Managern, mit deren Hilfe Sie das Netzwerk, die

Dateisysteme und Softwareinstallationen verwalten. Das zeichenorientierte Programm XCONFI-GURATOR ist für die Konfiguration der Oberfläche zuständig. Notfalls kann auch eine Textdatei bearbeitet werden, um die Einstellungen der Oberfläche anzupassen.

Linux hat sich in der Zwischenzeit stark verbreitet und muß als eines der »großen« UNIX-Systeme bezeichnet werden. Eine vollständige und sehr gute Internet-Unterstützung sowie zahlreiche kostenlose Programme führten dazu, daß Linux und der Internet-Server *Apache* zu einer wichten Server-Plattform bei Internet-Providern wurden.

Zu den bekannten Programmen, die unter Linux laufen, zählen Netscape Navigator und Star-Office von Star Division.

Mit *Wine* steht eine Erweiterung für Windows-Programme zur Verfügung. Wenn sie unter Linux installiert wurde, sind 16-Bit- und 32-Bit-Windows-Programme direkt ablauffähig. Die Entwicklung von *Wine* ist allerdings noch nicht abgeschlossen.

Eine Unterstützung für 32-Bit-Programme gibt es bislang noch nicht, doch ist dies für die Zukunft keineswegs auszuschließen. Für Linux wird auch ein NTFS-Dateisystem entwickelt. Dieses befindet sich im Augenblick in einer Phase, wo ausschließlich gelesen werden kann, doch ist für die Zukunft eine vollständige NTFS-Unterstützung geplant.

Der Vorteil eines Systems wie Linux sind die niedrigen Kosten bei der Anschaffung. Betriebssystem und viele Programme sind kostenlos und können in neuen Versionen vom Internet geladen werden. Wer selbst im Internet eine Rolle spielen will, hat sogleich einen leistungsfähigen Web-Server zur Verfügung. Infos und Tips kann man sich aus mehreren Newsgroups abholen.

Auf der Negativseite ist zu vermerken, daß Linux keineswegs jede Hardware unterstützt. Wenn Sie Komponenten haben, für die es keinen Standard-Treiber in Ihrem Linux gibt, können Sie sich nur auf gut Glück ins Internet stürzen. In manchen Fällen gibt es irgendwo einen Treiber, doch manchmal gibt es keinen. Immer wieder kommt es auch vor, daß Firmen Treiber zu Linux entwickeln, die dann unverschämt viel Geld kosten. Bei einem kostenlosen Betriebssystem mutet diese Vorgangsweise befremdlich an.

Ein weiterer Nachteil von Linux ist, daß es keinerlei Unterstützung gibt. Linux stammt nicht von einer Firma, und daher müssen Sie mit diesem System selbst zurechtkommen. In diesem Zusammenhang ist es auch kaum möglich, einen Spezialisten auf Linux ausbilden zu lassen. Am besten, Sie holen sich gleich einen Spezialisten, der dazu durch Interesse und Selbststudium wurde. Als einzige vernünftige Dokumentation gibt es mehrere Software-Bücher zu Linux, die zwar gekauft werden müssen, aber zumeist eine wertvolle Hilfe für den Administrator darstellen.

Am verbreitetsten ist Linux gewiß auf Intel-Rechnern. Hier liegt der größte und wichtigste Markt, und da darf Linux einfach nicht fehlen. Die Unterstützung für mehrere Sprachen ist für Linux selbstverständlich, so wie man das auch von den kommerziellen UNIX-Systemen her gewohnt ist.

Aufgrund der Nähe zum PC-Markt ist den Entwicklern von Linux, die zumeist selbst aus diesem Markt kommen, die Verbindung zu PC-Systemen sehr wichtig. Interoperabilität mit verschiedenen Plattformen ist für Linux nichts Ungewohntes, sondern Realität. Verbindungen zu NetWare, OS/2 und der Windows-Welt stehen auf der Tagesordnung. Immer wieder gibt es auch Bestrebungen, Merkmale der anderen Systeme in Linux einzubauen; das gilt für die grafische Benutzerschnittstelle genauso wie für Dateisysteme und Anwendungsprogramme.

Die Verbindung zu Windows NT bauen Sie mit dem TCP/IP-Protokoll und den Standardprogrammen auf, die mitgeliefert werden. Linux verfügt über eine komplette Familie von Programmen und Systemdiensten. Letztere können je nach Anforderung gestartet oder deaktiviert werden. Wenn Sie mit Linux mit den Standardprogrammen auf Windows NT-Maschinen zugreifen wollen, benötigen Sie die entsprechenden Serverdienste für Windows NT.

Besser ist es jedoch, einen zusätzlichen NFS-Client einzusetzen. Dieser kann von Hummingbird, Intergraph oder einer anderen Firma stammen.

Mit Hilfe von Telnet oder einer NFS-Anbindung haben Sie die Möglichkeit, Linux-Verwaltungsaufgaben von einer Windows NT-Maschine aus vorzunehmen. Der umgekehrte Weg wird mit Hilfe des MICROSOFT WEB ADMINISTRATORS für Windows NT realisiert.

Auf diese Weise kann die Verwaltung beider Systeme, also von Linux und Windows NT, von einer einzigen Administratormaschine aus vorgenommen werden. Bedenken Sie jedoch, daß die Verwaltung der beiden Systeme standardmäßig nicht zusammengeführt werden kann. Wenn Ihre Benutzer also gleichzeitig auf Windows NT und auf Linux zugreifen müssen, gibt es eine doppelte Benutzerverwaltung. Eine Vereinfachung gibt es nur dann, wenn die Windows NT-Benutzer etwa nur auf den Web-Server von Linux zugreifen müssen.

9.1.4 FreeBSD

FreeBSD ist ein zweites Produkt, das kostenlos als Freeware zur Verfügung steht. Sie können es ebenfalls vom Internet herunterladen oder auf einer CD-ROM quasi zum Selbstkostenpreis kaufen.

»BSD« steht für *Berkeley Software Distribution*. Es handelt sich also um ein UNIX-System aus allererster Hand, denn die Universität von Berkeley spielt bei der Entwicklung von UNIX keine unwichtige Rolle.

Für FreeBSD gibt es generell weniger Programme als für UNIX, außerdem ist das System nicht so verbreitet. Es stellt trotzdem eine Variante dar, sehr kostengünstig zu einem stabilen UNIX-Betriebssystem zu kommen.

Die Nachteile gestalten sich ähnlich wie unter Linux: es gibt keine offizielle Unterstützung für FreeBSD, und wenn ein Treiber nicht im Standardumfang enthalten ist, könnte es sein, daß Sie niemals einen bekommen. Im Gegensatz zu Linux gibt es zu FreeBSD deutlich weniger Dokumentation. Im System selbst ist nicht sehr viel enthalten, und kaum ein Verlag brachte Bücher zu FreeBSD heraus, weil die Verbreitung ziemlich gering ist.

9.1.5 SCO UnixWare

UnixWare gehörte ursprünglich Novell und wurde dann von SCO übernommen. Bei SCO verdrängte es das Basissystem für Anwender, das früher einmal SCO Unix war.

UnixWare kann ebenfalls gemeinsam mit anderen Betriebssystemen auf Intel-Rechnern installiert werden. Die Unterstützung für mehrere Sprachen ist im System enthalten.

Als Netzwerkprotokoll wird wiederum TCP/IP verwendet, obwohl UnixWare vor allem Erweiterungen in Richtung Novell NetWare enthält. Sie können SCO UnixWare sogar als Server in eine NDS einbeziehen und die Verwaltung zentralisieren. NFS verwenden Sie als Netzwerkdateisystem, und damit können wieder die verschiedensten NFS-Client-Produkte eingesetzt werden, um Windows NT-Maschinen gut einzubinden.

9.1.6 Sun Solaris

Die Firma *Sun* machte sich sehr früh schon einen Namen im Workstation-Bereich. Bis heute blieb Sun einer der führenden UNIX-Hersteller, und mehrere Technologien, die in zahlreichen UNIX-Systemen Verbreitung fanden, gehen auf Sun zurück; dazu gehören etwa *NFS*, *Wabi* und *Java*.

Im Gegensatz zu vielen anderen Herstellern baute Sun im Grafikbereich nicht auf Motif, sondern auf Open Look. Aus diesem Grund sieht auch heute die typische Solaris-Oberfläche eine Spur anders aus als die Oberflächen anderer UNIX-Systeme. Über die Jahre kann man jedoch beobachten, daß sich alle Oberflächen von der Optik her immer mehr annähern. Darüber hinaus kann bei den neuesten Versionen von Solaris alternativ auch Motif installiert werden.

Solaris wird hauptsächlich für drei Rechnerarchitekturen hergestellt. Diese sind die SPARC-Rechner von Sun mit eigenen Prozessoren, PowerPC-Prozessoren und Intel.

Das eigentliche Betriebssystem unter Solaris heißt *SunOS*. Es basiert auf UNIX System V R5 und unterstützt die Schnittstellen X11 und NeWS.

Für Solaris stehen sehr viele grafische UNIX-Programme zur Verfügung. Das macht das System für zahlreiche Firmen interessant. 16-Bit-Windows-Programme werden durch die von Sun entwickelte Schnittstelle *Wabi* unterstützt; das bedeutet, daß 16-Bit-Windows-Programme direkt unter Solaris installiert und verwendet werden können. Ein eigenes Windows ist nicht notwendig.

Auf Intel-Rechnern können Sie Solaris auch mit anderen Systemen gemeinsam installieren. Solaris paßt sich in das Zusammenspiel von Plattformen genauso ein, wie man das von anderen Systemen her gewohnt ist. Sun liefert einen eigenen Boot-Manager mit, der sich in der Hierarchie an die oberste Stelle setzt, also sogar noch vor einem eventuell installierten IBM Boot-Manager von OS/2 startet.

Ebenso wie andere UNIX-Systeme enthält Solaris selbstverständlich das gesamte TCP/IP-Protokoll mit zahlreichen Erweiterungen, die zeichenorientiert oder grafisch arbeiten. Überhaupt scheint Sun als einer der frühesten UNIX-Hersteller großes Gewicht auf die grafische Benutzeroberfläche gelegt zu haben. Benutzer können automatisch in die Open Look-Oberfläche starten, und sogar der Benutzer ROOT arbeitet normalerweise in der Oberfläche, weil ohnehin alle Verwaltungswerkzeuge in einer grafischen Version bereitstehen.

Über TCP/IP kann Solaris so wie andere Systeme mit Windows NT verbunden werden. Die Anwendungsprogramme sind immer die gleichen, also hauptsächlich FTP und Telnet. Für beides gibt es unter Solaris grafische Versionen, die in Funktionalität und Benutzerfreundlichkeit weit über die bekannten zeichenorientierten Versionen hinausgehen.

Wenn Sie mit Windows NT nicht nur über Standard-TCP/IP-Programme an Solaris herankommen wollen, dann empfiehlt sich der Einsatz von *Sun Solstice NFS Client*. Das ist die Client-Software, die Sun für die Anbindung an UNIX auf der PC-Seite empfiehlt. Diese Anbindung enthält sogar einen X-Server, damit nicht nur die zeichenorientierten, sondern auch die grafischen Solaris-Programme verwendet werden können.

Sun bietet eigene Verzeichnisdienste mit dem Namen *Sun Directory Services* an. Diese sind ein erster Schritt in Richtung DCE-Verzeichnisdienste. Im Augenblick wird jedoch noch keine vollständige DCE-Kompatibilität erreicht, außerdem arbeitet das System nur mit Solaris zusammen.

Solaris Version 2.6 enthält eine vollständige Internet-Unterstützung und somit einen Internet-Server mit allen zugehörigen Protokollen vom USENET bis hin zu Mail.

Verbindung zu UNIX

9.1.7 DEC Unix

DEC UNIX ist deshalb von Bedeutung, weil es von der Firma Digital auf Alpha-Rechnern ausgeliefert wird. So gesehen ist DEC UNIX ein direkter Konkurrent zu Windows NT auf dieser Plattform.

Man sollte diese Situation jedoch nicht so drastisch sehen, wie sie auf den ersten Blick aussieht. Für Digital Equipment ist Windows NT eine sehr wichtige Plattform, und die Entwicklung des Alpha-Chips sowie von Windows NT für DEC Alpha gehen Hand in Hand.

DEC UNIX kann auf Alpha-Rechnern eine Alternative zu Windows NT sein, wenn Anwendungen, die für große Unternehmen gedacht sind, mit NT kein Auslangen mehr finden.

Bezüglich der Einbindung des Systems in Windows NT-Umgebungen gilt dasselbe wie für die anderen UNIX-Varianten, wobei man davon ausgehen kann, daß Digital Equipment Werkzeuge und Anbindungen bereitstellen wird, welche die Zusammenarbeit von Windows NT und DEC UNIX vereinfachen.

9.2 Standard TCP/IP-Verbindungen

TCP/IP ist eine umfangreiche Netzwerk-Protokollfamilie. Ende 1969 begonnen, ist die Entwicklung bis heute nicht abgeschlossen. Seit wenigen Jahren scheint sich TCP/IP sogar als Standardprotokoll für alle Plattformen durchzusetzen. Auch Microsoft legt heute großes Gewicht auf dieses Protokoll und rüstet alle Systeme damit aus.

Da TCP/IP, wie man sagt, mit UNIX »verheiratet« ist, passen die beiden Systeme auf Protokollebene wunderbar zusammen.

Grundsätzlich läßt sich sagen: wenn Sie TCP/IP unter Windows NT installieren, dann haben Sie bereits eine Verbindung zur UNIX-Welt hergestellt.

Natürlich ist es nicht ganz so einfach, denn sowohl Windows NT als auch UNIX kennen eine Reihe von Sicherheitsmechanismen und eine ausgeklügelte Benutzersteuerung, so daß man sich zuerst einmal um die Berechtigungen kümmern sollte.

Ist diese Frage geklärt, dann gilt es noch, die jeweils zusammenpassenden Stücke einer Software auf den beiden Rechnern zur Verfügung zu stellen.

Wer eine Verbindung in Gang setzt, ist in der Regel der Client, und das angesprochene Gerät ist der Server. Beachten Sie allerdings, daß diese Terminologie aus der Welt des PCs stammt! Etwas weiter unten in diesem Kapitel werden Sie nämlich erfahren, daß UNIX-Terminologie mitunter völlig anders ist.

Auf der Client-Seite benötigen wir ein Client-Programm, mit dem auch die Anmeldung vollzogen wird, und auf der Server-Seite benötigen wir ebenfalls ein Programm, das die Anforderung verarbeiten kann.

Dieses Server-Programm wird unter UNIX als *Daemon* bezeichnet. Grundsätzlich ist es dasselbe wie ein *Dienst* unter Windows NT. Man sollte also wissen, daß Daemon und Dienst im Grunde identisch sind. Den Begriff Daemon werden Sie auch in OS/2-Umgebungen antreffen. Nur Microsoft entschloß sich zu einem völlig anderen Begriff, nämlich *Dienst* bzw. auf Englisch *Service*.

9.2.1 Telnet

Die Standardanwendung TELNET ist eine Host-Emulation, die für den Zugriff auf eine UNIX-Maschine verwendet werden kann.

Windows NT enthält eine Telnet-Anwendung, die jedoch nur in der Client-Version vorhanden ist. Sie können somit jederzeit auf UNIX-Geräte mit TELNET zugreifen, sofern dort der Telnet-Daemon aktiviert wurde und Sie über ausreichende Berechtigungen verfügen.

Der Befehl wird in der Kommandozeile aufgerufen und hat die folgende Struktur:

```
telnet Hostname
```

Sie werden nach dem Benutzernamen und dem Kennwort gefragt. Schließlich erhalten Sie eine Befehlszeile auf der UNIX-Maschine. Da es sich um UNIX pur handelt, können dort ausschließlich UNIX-Befehle eingegeben werden.

Beachten Sie, daß auf UNIX-Systemen Groß- und Kleinschreibung unterschieden wird. Wenn ein Verzeichnis- oder Dateiname Großbuchstaben enthält, müssen Sie diese genauso wiedergeben.

Diverse Zusatzprogramme zu Windows NT, in der Regel NFS-Clients, enthalten eigene Telnet-Anwendungen. Diese arbeiten zumeist bis zu einem gewissen Grad grafisch und stellen eine angenehmere Bedienung bereit. Wenn Sie ein solches Zusatzprogramm einsetzen, können Sie zwischen dem standardmäßigen Telnet von Windows NT und einem zumeist besser ausgestatteten Telnet wählen.

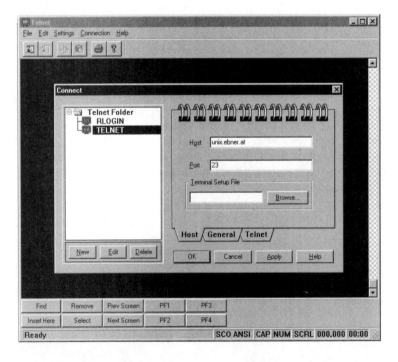

Bild 9.6:
Hummingbird Telnet

Der umgekehrte Weg ist die Verbindung von einer UNIX-Maschine auf Windows NT. In diesem Fall benötigen Sie jedoch einen Serverdienst, da standardmäßig keiner mit Windows NT ausgeliefert wird.

Sie finden Telnet-Server im Internet als Freeware und Shareware, außerdem ist ein solcher Serverdienst im Resource Kit zu Windows NT enthalten.

Falls Sie Zusatzsoftware einsetzen, die Windows NT mit UNIX verbindet, steht immer auch ein Telnet-Server zur Verfügung. Dieser kann entweder über einen Super-Server aktiviert werden, der in der Systemsteuerung eingerichtet wird, oder über einen zeichenorientierten Befehl.

9.2.2 FTP

Mit FTP verhält es sich ähnlich wie bei Telnet. Die Client-Version von FTP wird mit Windows NT ausgeliefert. Dieses Programm arbeitet zeichenorientiert, und es werden nur die notwendigsten Dinge unterstützt, doch verrichtet das Programm verläßlich seine Dienste.

Sie können mit dem FTP-Client jederzeit auf UNIX-Maschinen zugreifen, wenn Ihre Berechtigungen dort ausreichen. In vielen Fällen ist auch eine anonyme Anmeldung mit dem Benutzernamen *anonymous* oder *guest* möglich. In einem solchen Fall benötigen Sie entweder gar kein Kennwort oder Sie geben Ihre Mailadresse an.

Wenn Sie den Benutzernamen und das Kennwort eingeben müssen, bedenken Sie bitte, daß beides als reiner Text über das Netzwerk übertragen wird. Mit einem Systemmonitor könnte jemand das Kennwort sichtbar machen.

Die Befehle von FTP stammen einerseits von UNIX und andererseits von DOS. So sind viele Funktionen sogar doppelt belegt. Eine Datei können Sie etwa mit dem Befehl GET oder RECV herunterladen, und der Inhalt des Verzeichnisses kann mit LS oder mit DIR angezeigt werden.

Wenn Sie von UNIX-Maschinen aus auf Windows NT-Rechner zugreifen wollen, benötigen Sie einen FTP-Serverdienst.

Der einzige Serverdienst für FTP, den Microsoft ausliefert, ist im INTERNET INFORMATION SERVER enthalten. Dieser kann wiederum ausschließlich auf Windows NT Server installiert werden, nicht jedoch auf Workstations.

Der Dienst muß mit dem IIS-Dienstprogramm konfiguriert werden oder gleich mit Hilfe eines Web Browsers, wenn die HTML-Verwaltung installiert wurde.

Falls Sie einen Begrüßungstext definieren und Dateien auf dem freigegebenen Verzeichnis haben, in denen Umlaute enthalten sind, wundern Sie sich nicht, wenn es bei der Verbindung Probleme gibt. Windows NT schafft die Umlaute nicht einmal dann, wenn serverseitig der FTP-Dienst des IIS und auf der Client-Seite Windows NT Workstation installiert sind.

Wollen Sie mit UNIX auf eine Windows NT-Workstation zugreifen, dann benötigen Sie einen eigenen FTP-Dienst. Solche Programme gibt es wieder im Internet. Falls Sie ein Zusatzprogramm für eine NFS-Anbindung einsetzen, ist darin höchstwahrscheinlich ein FTP-Server enthalten.

Eine Übersicht über die einzelnen FTP-Befehle finden Sie im Anhang dieses Buches.

9.2.3 Weitere Befehle

Wenn Sie mit Telnet arbeiten, haben Sie Zugriff auf eine andere Maschine. In vielen Fällen wird es sich dabei um eine UNIX-Maschine handeln.

Telnet gibt Ihnen die Möglichkeit, Systembefehle abzusetzen. Auf einer UNIX-Maschine sind das durchgehend Standard-UNIX-Befehle.

Für diejenigen, die mit UNIX keine oder nur wenig Erfahrung haben, möchte ich einen kleinen Überblick über die wichtigsten Befehle und ihre Verwendung geben. Die folgende Liste ist jedoch keineswegs vollständig. Gerade UNIX ist bekannt für seine Vielzahl an Befehlen und Optionen.

Generell ist zu beachten, daß unter UNIX Groß- und Kleinschreibung immer beachtet werden muß. Sie müssen die Befehle, ihre Optionen und Datei- oder Verzeichnisnamen genauso eintippen, wie sie angezeigt werden. Optionen zu den Befehlen werden nicht wie unter DOS mit einem Schrägstrich, sondern mit einem Bindestrich angegeben, also beispielsweise »-l«.

cat

Mit diesem Befehl zeigen Sie den Inhalt einer oder mehrerer Dateien an.

```
cat Datei [Datei]
```

Dieser Befehl verfügt über keine Parameter.

cd, mkdir, rmdir

Wechsel des Verzeichnisses, Erstellung und Löschen eines Verzeichnisses.

```
cd Verzeichnis
mkdir Verzeichnis
rmdir Verzeichnis
```

Verzeichnisnamen werden durch einen gewöhnlichen Schrägstrich voneinander getrennt, also etwa /usr/home. Unter UNIX muß nach dem Befehl immer ein Leerzeichen stehen, also auch bei cd ...

Um ein Verzeichnis mit dem Namen »Briefe« zu erstellen, geben Sie den folgenden Befehl ein:

```
mkdir Briefe
```

Das Verzeichnis wird in diesem Beispiel mit einem großen Anfangsbuchstaben erstellt und muß bei jedem Befehl genau so angegeben werden.

cp

Kopieren von Dateien oder ganzen Verzeichnissen.

```
cp Datei/Verzeichnis Zieldatei/Zielverzeichnis -r -i
```

Parameter

Datei/Verzeichnis
  Jene Datei oder das Verzeichnis, die Sie kopieren wollen. Wenn Sie einen Verzeichnisnamen angeben, werden alle Dateien kopiert, die in diesem Verzeichnis enthalten sind.

Zieldatei/Zielverzeichnis
> Wird eine Datei auf einen anderen Dateinamen kopiert, so erstellen Sie eine Kopie der Datei unter einem anderen Namen. Diese Datei befindet sich danach im selben Verzeichnis wie die Ursprungsdatei, sofern Sie nicht einen ganzen Pfad angeben.
>
> Wenn Sie ein Zielverzeichnis angeben, wird die Datei in dieses Zielverzeichnis kopiert.

-r
> Rekursives Kopieren bedeutet, daß die Unterverzeichnisse mitkopiert werden, wenn Sie ein Verzeichnis kopieren.

-i
> Dieser Parameter gibt an, daß geprüft werden soll, ob eine Datei oder ein Verzeichnis gleichen Namens bereits existiert. Wenn das der Fall ist, erhalten Sie eine Meldung und müssen ein eventuelles Überschreiben bestätigen.

finger

Dieser Befehl gibt Benutzerinformationen aus. Sie können damit eine detaillierte Beschreibung der angemeldeten Benutzer abrufen.

```
finger [Benutzername/Benutzername@Rechnername]
```

Parameter

Benutzername
> Der Name jenes Benutzers, über den Sie Informationen abfragen wollen. Sie können den Benutzernamen allein oder den Benutzernamen verbunden mit dem Rechnernamen angeben.

Wenn kein Name angegeben wird, erhalten Sie Informationen über alle angemeldeten Benutzer.

Auf der Zielmaschine muß der *Finger-Daemon* laufen, damit Sie Informationen abfragen können.

grep

Mit diesem Befehl können Sie Dateien nach einer bestimmten Zeichenkette durchsuchen.

```
grep -i -w -l -v Suchmuster Dateiname
```

Parameter

-i
> Groß- und Kleinbuchstaben werden nicht unterschieden.

-w
> Wortweises Suchen. Die Zeichenkette muß isoliert, also als komplettes Wort vorkommen.

-l
> An Stelle der gefundenen Zeilen werden lediglich die Dateinamen angegeben.

-v
> Mit diesem Parameter werden lediglich jene Zeilen angegeben, die das Suchmuster **nicht** enthalten.

Suchmuster
> Damit geben Sie die Zeichenkette an, nach der Sie suchen. Beachten Sie, daß im Normalfall Groß- und Kleinschreibung übereinstimmen müssen.

Dateiname
   Sie können angeben, welche Datei oder welche Dateien nach dem Suchmuster durchsucht werden.

ls

Anzeige eines Verzeichnisinhalts. Die Optionen können auf verschiedenen UNIX-Systemen leicht voneinander abweichen.

```
ls -l -s [| more]
```

Parameter

-l
   Dieser Parameter zeigt die Dateien im langen Format an. Es wird eine Liste erstellt, in der jede Datei bzw. jeder Verzeichnisname genau eine Zeile einnimmt. Sie bekommen mit diesem Parameter genaue Informationen zur Datei angezeigt; dazu gehören die Standard-UNIX-Berechtigungen, die Dateigröße, das Datum und der Besitzer.

-s
   Auch der Inhalt der enthaltenen Unterverzeichnisse wird angegeben.

| more
   Bei dieser Option handelt es sich um eine Umleitung oder *pipe*. Sie leiten die Ausgabe des Befehls, in diesem Fall LS, auf einen anderen Befehl um. Die Umleitung auf MORE bewirkt, daß der Inhalt des Verzeichnisses seitenweise ausgegeben wird. Sie können die Dateien in Ruhe prüfen und dann durch Betätigung einer Taste mit den nächsten Dateien bzw. Verzeichnissen fortfahren.

Für die genaue Syntax aller unterstützten Optionen sollten Sie die Hilfefunktion in Ihrem UNIX-System aufrufen.

mail

Senden und Empfangen von elektronischer Post.

```
mail Benutzername[@Rechnername]
```

Parameter

Benutzername
   Geben Sie den Namen des Benutzers an, dem Sie Mail schicken wollen. Der Adressat muß nicht angemeldet sein. Er bekommt die Mail-Nachrichten, wenn er sich an sein System anmeldet.

Wenn Sie den Befehl ohne Parameter angeben, rufen Sie die eigene Post ab. Zum Beenden der Nachricht drücken Sie die Tastenkombination Strg-D.

man

Anzeige von Handbucheinträgen.

```
man Titel
```

Parameter

Titel
Der gewünschte Titel des Handbuches wird eingetippt. Wenn Sie Informationen über Befehle der Kommandozeile abfragen wollen, tippen Sie als Parameter den Befehl ein.

Um Informationen zum Befehl LS zu erhalten, geben Sie den folgenden Befehl ein:

```
man ls
```

more

Dieser Befehl zeigt den Inhalt von Dateien seitenweise an.

```
more Dateiname
```

Parameter

Dateiname
Mit diesem Parameter definieren Sie den Namen jener Datei, deren Inhalt Sie seitenweise angezeigt haben wollen. Das System gibt immer eine Bildschirmseite aus.

Mit ⏎ blättern Sie eine Zeile vorwärts, während die ⎵ eine ganze Seite vorwärts blättert. Die Seite können Sie jedoch auch mit der Taste F vorwärtsblättern. Mit B blättern Sie eine Seite zurück. Mit der Taste Q können Sie aus MORE aussteigen.

Andere Befehle können auch auf den Befehl MORE umgeleitet werden. Dazu verwenden Sie den vertikalen Strich als Umleitungszeichen.

pwd

Dieser Befehl zeigt den kompletten Pfadnamen zum aktuellen Verzeichnis an.

```
pwd
```

Es gibt keine Parameter. Normalerweise zeigt das Bereitschaftszeichen keinen Pfad an, deshalb kann es etwas verwirrend sein, sich in einem UNIX-System zurechtzufinden. Mit PWD sehen Sie, wo Sie sich augenblicklich befinden.

rm

Löschen von Dateien, Verzeichnissen und Links.

```
rm Dateiname/Verzeichnisname -r
```

Parameter

Dateiname/Verzeichnisname
Wird ein Dateiname angegeben, so löschen Sie diese Datei. Wenn Sie einen Verzeichnisnamen angeben, werden die Dateien gelöscht, die in diesem Verzeichnis stehen.

-r
Rekursives Löschen von Verzeichnissen bedeutet, daß auch die in einem Verzeichnis enthaltenen Unterverzeichnisse gelöscht werden.

startx

Unter den meisten UNIX-Systemen können Sie mit diesem Befehl die grafische Oberfläche aufrufen. Dabei handelt es sich um X11 und die eigentliche Benutzeroberfläche, zumeist Motif.

```
startx
```

Der Befehl STARTX wird standardmäßig ohne Parameter eingegeben. Die Konfiguration der grafischen Oberfläche und des Subsystems muß bereits passen. Wenn etwa der Grafikchip oder die Bildwiederholfrequenz nicht stimmen, dann erhalten Sie eine Fehlermeldung.

talk

Dieser Befehl ist eine Verbesserung gegenüber dem Befehl WRITE. Sie melden einem anderen Benutzer, daß Sie mit ihm kommunizieren wollen. Es wird eine stehende Verbindung aufgebaut, über die Nachrichten geschrieben werden. Vergleichen Sie diesen Befehl mit dem Chat-Modus von Terminal-Verbindungen.

```
talk Benutzername[@Rechnername]
```

Parameter

Benutzername
Sie müssen den Benutzer angeben, mit dem Sie kommunizieren wollen. Das Programm wartet eine Bestätigung ab, woraufhin Sie mit dem Senden der Nachrichten beginnen können.

Die Talk-Verbindung wird mit dem Tastenkürzel `Strg`-`C` beendet.

wc

Dieser Befehl zählt die Zeilen, Wörter und Zeichen einer Datei.

```
wc -c -l -w Dateiname
```

Parameter

-c
Nur die Zeichen werden gezählt (characters).

-l
Nur die Zeilen werden gezählt (lines).

-w
Nur die Wörter werden gezählt (words).

Dateiname
Mit diesem Parameter geben Sie an, welche Datei Sie durchsuchen wollen.

who

Dieser Befehl gibt Informationen über die zur Zeit ans System angemeldeten Benutzer aus.

```
who
```

Es gibt keine Parameter. Sie erhalten eine Liste mit den Namen aller angemeldeten Benutzer.

Mit WHO AM I oder auch WHOAMI erhalten Sie Informationen über den eigenen Benutzernamen.

write

Nachrichten werden an andere Benutzer gesandt. Im Unterschied zu Mail muß der andere Benutzer angemeldet sein.

`write Benutzername[@Rechnername]`

Parameter

Benutzername
  Mit diesem Parameter geben Sie den Adressaten an. Dieser muß am System angemeldet sein, um die Nachricht empfangen zu können.

Nachdem Sie die Nachricht geschrieben haben, gelangen Sie mit dem Tastenkürzel [Strg]-[D] wieder zum Bereitschaftszeichen zurück.

9.2.4 Drucken

Drucken über TCP/IP läuft über einen eigenen Daemon oder Serverdienst. Auf UNIX-Maschinen heißt dieser Daemon LPRD, ausgeschrieben *line printer daemon*. Dabei handelt es sich um einen Serverdienst, der auf jenen Maschinen aktiviert werden muß, deren Drucker über das Netzwerk verwendet werden sollen.

Der entsprechende Dienst unter Windows NT heißt DRUCKDIENSTE FÜR TCP/IP. Wenn Sie diesen Dienst installieren, sieht es für die UNIX-Maschinen so aus, als wäre ein LPRD-Daemon installiert.

Das Client-Programm heißt LPR. Mit diesem Programm können Sie den Drucker und den jeweiligen Serverdienst ansteuern.

Dieses Programm ist standardmäßig in allen UNIX-Versionen vorhanden, aber auch in Windows NT, wenn Sie das Protokoll TCP/IP installieren. Der Druck über TCP/IP funktioniert somit in beide Richtungen mit diesem kleinen Standardprogramm.

Wenn Sie eine bessere Lösung haben wollen, benötigen Sie ein Zusatzprogramm. Es gibt Drucker, für die Verwaltungsprogramme für Windows NT zur Verfügung stehen, die von UNIX aus aber trotzdem mit dem Befehl LPR angesteuert werden können. Normalerweise handelt es sich dabei um Netzwerkdrucker, also um Drucker, die nicht an einem Computer hängen, sondern direkt ans Netzwerk angeschlossen sind.

Zusätzliche Möglichkeiten, Drucker in eine Arbeitsumgebung einzubinden, finden Sie bei manchen Netzwerk-Client-Programmen.

9.3 Das POSIX-Subsystem

Windows NT enthält ein eigenes Subsystem für POSIX-konforme Anwendungsprogramme. Dabei handelt es sich zumeist um UNIX-Programme, die dem POSIX-Standard entsprechen.

Das Subsystem steht auf allen Rechnerplattformen zur Verfügung, das sind bei Version 4.0 also Intel, DEC Alpha, PowerPC und MIPS.

Man sollte allerdings nicht der Idee verfallen, daß standardmäßig alle UNIX-Programme unter NT laufen, denn das wäre ein großer Irrtum.

Das POSIX-Subsystem birgt einen Haken: die Programme müssen für die jeweilige Plattform kompiliert sein.

Es hilft also nichts, wenn Sie ein POSIX-konformes Programm haben, das für MIPS-Prozessoren geschrieben wurde, und Sie einen Intel-Rechner besitzen. Dieses Programm wird nicht lauffähig sein.

Auf Intel-Prozessoren müssen Programme verwendet werden, die für eine PC-UNIX-Variante kompiliert wurden. Bei POSIX-Programmen für SCO UNIX oder PC-Linux haben Sie also die besten Chancen.

Wollen Sie solche Programme etwa auf einem Alpha-Rechner einsetzen, so sollten Sie Ausschau nach Programmen für DEC-UNIX halten.

Das POSIX-Subsystem ist ein wichtiger Bestandteil von Windows NT, der mehrere Entwicklungen in Gang gebracht hat. Manche Firmen bereiten den Umstieg von UNIX auf Windows NT vor, wobei es oft wichtig ist, Programme in einer ersten Phase übernehmen zu können, vor allem, wenn diese Programme in der Firma selbst geschrieben wurden. Auf der anderen Seite ist das POSIX-Subsystem offensichtlich eine Erleichterung für die Portierung von SAP R/3 auf Windows NT gewesen. Immerhin soll Windows NT eine überaus zukunftsträchtige Plattform für SAP sein, obwohl die meisten der heutigen SAP-Anwendungen unter AS/400 oder UNIX implementiert sind.

9.3.1 POSIX.1

Windows NT unterstützt standardmäßig POSIX.1. Dabei handelt es sich, wie bereits angesprochen, um ein eigenes Subsystem.

POSIX.1 ist mit heutigen Maßstäben gemessen etwas eingeschränkt. Es werden ausschließlich zeichenorientierte Programme unterstützt, und ein Teil der bekannten UNIX-Programme läuft unter NT nicht, weil sie späteren POSIX-Richtlinien unterstellt sind.

Da Windows NT mit Subsystemen arbeitet, ist es relativ einfach, ein weiteres Subsystem für das Betriebssystem zu entwickeln. Diese Möglichkeit wurde bereits von einzelnen Entwicklungsfirmen aufgegriffen. Das Ergebnis der Arbeit ist immer ein neues Subsystem für Windows NT. Selbstverständlich handelt es sich dabei um kommerzielle Produkte von Drittherstellern. Von Microsoft können Sie jedoch gegebenenfalls Informationen über solche Produkte bzw. die Kontaktadresse der jeweiligen Hersteller erhalten.

9.3.2 POSIX.2 mit OpenNT

Die Firma Softway Systems entwickelte OPENNT FÜR WINDOWS NT. Dabei handelt es sich um eine nützliche Erweiterung zu Windows NT, wenn Sie mit UNIX-Programmen zu tun haben bzw. langsam von UNIX auf NT umstellen wollen (siehe Bild 9.7).

OpenNT unterstützt POSIX.2 und eine ganze Menge mehr. Dazu gehören etwa Korn Shell und C Shell, BSD Sockets und eine komplette X11-Unterstützung. Mit Hilfe von OpenNT können Sie grafische UNIX-Programme auf Windows NT-Maschinen verwenden, wobei es möglich ist, Server und Client in zwei Maschinen aufzuteilen, wie es auch unter UNIX der Fall ist, oder beides auf der selben Maschine aufzurufen.

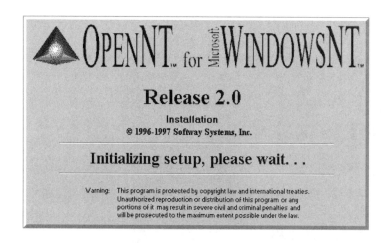

Bild 9.7:
OpenNT von Softway Systems

Der Lieferumfang beeindruckt:
- POSIX.2 Shell und Dienstprogramme
- Korn Shell und C Shell
- BSD Sockets
- SVID IPC Mechanismen: Message Queues und Shared Memory
- Terminal-Unterstützung
- Unterstützung der Windows NT-Sicherheit
- Unterstützung der Windows NT-Dateisysteme
- 200 Dienstprogramme, inkl. **awk, perl, sed, ftp, vi**
- Serverdienste (Daemons) wie **telnet**
- X115 Runtime, X Clients wie **xterm, twm, xrdb** und **xlsclients**
- UNIX-Daemons als Windows NT-Systemdienste
- OpenNT X11 Server (32-Bit-Architektur)
- X11R6 Display Server mit Schriften
- Virtueller Bildschirm bis 32.767x32.767 Pixel

OpenNT ist in verschiedenen Schattierungen verfügbar. Das geht von OpenNT Workstation Lite bis hin zu den X11 Servern und zum Entwicklungspaket. Je nach Anforderung können Sie das jeweils passende Produkt bestellen.

OpenNT wird standardmäßig wie die meisten anderen NT-Programme installiert. Auch Softway verwendete den InstallShield (siehe Bild 9.8).

Niemand braucht zu befürchten, mit OpenNT das Basisbetriebssystem zu zerstören oder auch zu beschädigen. Sogar wenn Sie OpenNT nicht mehr benötigen, gibt es die Möglichkeit, das Subsystem wieder zu löschen.

Der Installationsbildschirm bietet mehrere Optionen an. Sie können das gesamte OpenNT-Paket installieren, das nicht nur das POSIX.2-Subsystem, sondern mehr als 200 Dienst- und Anwendungsprogramme enthält. Alternativ dazu können Sie das POSIX.2-Subsystem auf Ihrem Rechner installieren, hingegen auf die Dienstprogramme verzichten.

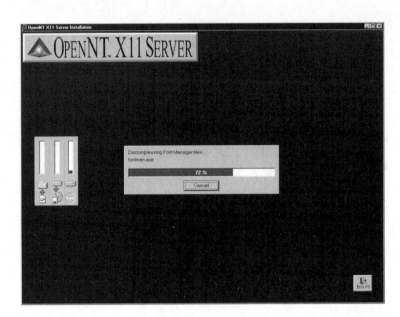

Bild 9.8:
OpenNT verwendet Install-Shield

Wenn das System bereits installiert wurde, Sie es jedoch nicht mehr benötigen und den ursprünglichen Zustand wiederherstellen wollen, gibt es die Möglichkeit, das POSIX-Subsystem von Microsoft wieder zu installieren.

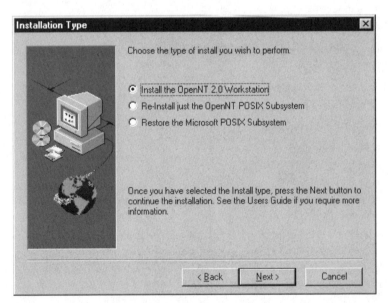

Bild 9.9:
Möglichkeiten bei der Installation

OpenNT ist keine Emulation, wie es auf den ersten Blick vielleicht aussehen könnte, sondern ein komplettes Subsystem. Daher kann man es mit dem POSIX-Subsystem von Microsoft oder auch mit dem Win32-Subsystem vergleichen.

Die Anlage als Subsystem gewährleistet, daß sich OpenNT nahtlos ins Windows NT-Betriebssystem einfügt. Ein eigenes OpenNT Software Development Kit ist ebenfalls verfügbar. Damit können Sie bestehende UNIX Applikationen auf OpenNT portieren oder eben neue UNIX-Applikationen erstellen.

OpenNT unterstützt Einprozessor- und Mehrprozessor-Maschinen. Außerdem ist die Software nicht nur für Intel, sondern auch für Digital Alpha verfügbar.

Als Grafiksystem wird OSF/Motif verwendet. Sowohl Client als auch Server können sich bei OpenNT auf Wunsch auf derselben Maschine befinden.

Beachten Sie, daß in der UNIX-Terminologie die Begriffe *Client* und *Server* quasi umgekehrt verwendet werden. Der *Client* ist jene Maschine, auf der das Programm in Wirklichkeit abläuft, also gerechnet wird. Der *Server* stellt hingegen die grafische Oberfläche, also den Bildschirm zur Verfügung. Dort werden die Eingaben gemacht, und das Ergebnis wird angezeigt. Wenn Sie also einen Applikationsserver haben (das ist jetzt ein PC-Begriff), auf dem ein bestimmtes Programm läuft, und ein Benutzer arbeitet mit diesem Programm von seiner Workstation aus, dann läuft in diesem Fall der *Client* der Applikation auf dem Applikationsserver, während der *Server*, vermutlich ein X-Server, vom Benutzer verwendet wird.

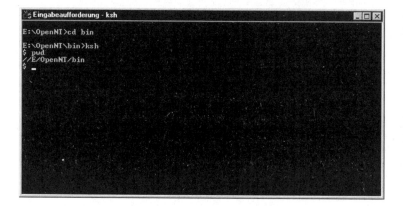

Bild 9.10:
Korn Shell unter
Windows NT

Um die Korn Shell mit allen Befehlen zu starten, geben Sie in einer beliebigen Kommandozeile den folgenden Befehl ein:

```
ksh -l
```

Wenn Sie die Option l angeben, werden die Befehle in der systemweiten Startdatei *//C/OpenNT/ etc/profile* aufgerufen. Wenn Sie die Option nicht angeben, funktionieren die meisten Standardbefehle nicht. Falls Sie eine individuelle Startdatei definieren wollen, müssen Sie diese in Ihr Home Directory speichern.

Die Befehle, die Sie in der Korn Shell verwenden können, sind im Grunde Standard-UNIX-Befehle. Auch von Telnet her werden Ihnen diese Befehle vertraut sein (siehe Bild 9.11).

Mit Hilfe dieser Shell ist es auch möglich, diverse UNIX Daemons zu laden. Ein Daemon ist unter UNIX die Entsprechung zu einem Systemdienst unter Windows NT.

Wenn Sie beispielsweise einen Telnet-Daemon installieren wollen, der ja standardmäßig in Windows NT nicht enthalten ist, benötigen Sie den folgenden Befehl:

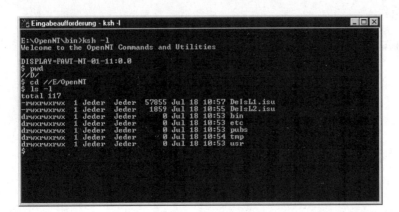

Bild 9.11:
Befehlseingabe in
der Korn Shell

service install //C/OpenNT/bin/telnetd

Es ist erforderlich, daß Sie den gesamten Pfad angeben. Wenn Sie nur den Serverdienst, also den Daemon nennen, erhalten Sie eine Fehlermeldung.

Beachten Sie, daß unter UNIX und somit auch in einer POSIX-konformen Befehlszeile kein Backslash, sondern ein gewöhnlicher Schrägstrich verwendet wird. Das Verzeichnis \Home\Ebner heißt unter UNIX daher /Home/Ebner.

Nach der Installation des Serverdienstes müssen Sie diesen noch starten. Dies erfolgt durch den Befehl:

service start telnetd

Falls Sie den Dienst wieder beenden und aus dem Speicher entfernen wollen, geben Sie den folgenden Befehl ein:

service remove telnetd

Erst wenn TELNETD installiert ist, können andere Geräte mit dem Programm TELNET, das sich im Lieferumfang von Windows NT, aber selbstverständlich auch von allen UNIX-Versionen, befindet, auf Ihr Gerät zugreifen.

Telnet-Serverdienste gibt es auch von anderen Herstellern und sind in der Regel in jedem Programm enthalten, das Verbindungen zwischen Windows NT und UNIX herstellt. Ein weiteres Beispiel eines Telnet-Servers ist jener Dienst von Microsoft, der im Resource Kit enthalten ist.

Ein überaus interessanter Bestandteil von OpenNT ist die X11-Unterstützung. Je nach Variante des Software-Pakets ist der Client oder der Server oder beides enthalten.

Zuerst muß der Client eingerichtet und gestartet werden. Zur Erinnerung: der Client arbeitet das eigentliche Programm ab. Der Client kann in diesem Fall ein anderes Gerät sein oder das eigene Gerät.

Danach kann der X-Server gestartet werden. Damit haben Sie nun die Möglichkeit, grafische UNIX-Programme zu verwenden. Da OpenNT mit all seinen Komponenten durchaus in einer reinen Windows NT-Umgebung laufen kann, sind UNIX-Maschinen nicht extra notwendig.

Verbindung zu UNIX 341

Bild 9.12:
Windows NT- und
Motif-Programme

Auf der Festplatte Ihrer Maschine werden Unterverzeichnisse mit zahlreichen Dateien angelegt. Die X11-Unterstützung befindet sich in eigenen Unterverzeichnissen, weil sie so groß angelegt ist.

Bei der Installation wird auch eine Programmgruppe namens OPENNT X11 SERVER angelegt. Hier finden Sie eine Reihe von Verwaltungsprogrammen.

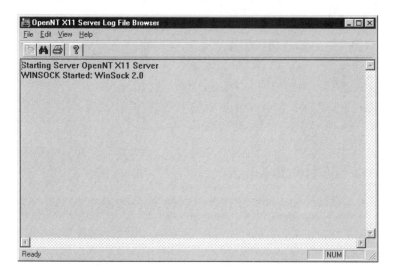

Bild 9.13:
Überwachung der
geladenen Dienste

Der Hersteller Softway Systems spricht davon, daß OpenNT so komplett ist, daß man, wenn man das Programm einsetzt, praktisch über ein gesamtes UNIX-System verfügt. Somit handelt es sich um ein UNIX innerhalb von Windows NT.

Wieweit eine solche Komponente sinnvoll ist, müssen Sie als Administrator eines heterogenen Netzwerks selbst entscheiden. Jedenfalls bietet OpenNT eine Erweiterung für Windows NT an, die einen Umstieg auf Windows NT ermöglichen kann, bei dem niemand auf seine alten Programme verzichten muß.

Die Einschränkung von POSIX.1 ist mit OpenNT gefallen, und zusätzlich gibt es auch die Möglichkeit, grafische Programme einzusetzen, die von UNIX stammen.

Darüber hinaus sollten Sie ein weiteres wichtiges Element beachten: mit Hilfe von OpenNT wird aus Windows NT ein Client-Server-System mit verteilten Anwendungen. Sie können Serverdienste einsetzen und auf anderen Maschinen die Auswertung in Form von X11-Servern fahren, und Sie können die Rechenlast in Client- und Server-Applikation aufteilen. Nicht zu vergessen, daß OpenNT aus Windows NT ein echtes Mehrbenutzer-System macht.

Der einzige Wermutstropfen ist, daß diese Funktionalitäten selbstverständlich auf UNIX-Programme beschränkt bleiben, aber keine 32-Bit-Windows-Programme einbeziehen können.

Das Nebeneinander der beiden Systeme und die Zusammenarbeit der Subsysteme OpenNT und Win32 stellt Softwy in der folgenden Grafik dar:

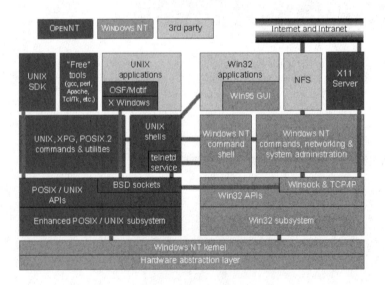

Bild 9.14:
Aufbau des OpenNT-Subsystems

9.4 NT-Clients für UNIX-Server

TCP/IP ist die eine Seite. Wer vom PC kommt, erwartet jedoch elegantere Lösungen als Programme wie FTP und Telnet. Das Netzwerkdateisystem NFS ist die Basis für solche Anwendungen.

Es gibt eine Reihe von Herstellern, die Zusatzprodukte für Windows NT anbieten. Es handelt sich dabei großteils um NFS-Clients und Server sowie um X-Server. Diese Programme gewährleisten, daß UNIX-Systeme noch viel enger in eine Windows NT-Umgebung integriert werden können und die Benutzer in der Lage sind, mit gewohnten Standardfunktionen und -befehlen zu arbeiten.

Ich möchte Ihnen ein paar dieser Programme vorstellen und aufzeigen, wie damit eine Verbindung zu einer Windows NT-Domäne hergestellt werden kann.

Verbindung zu UNIX

9.4.1 Hummingbird Maestro NFS Client

Von der Firma Hummingbird stammt der MAESTRO NFS CLIENT. Mit diesem Produkt können Sie ebenfalls Windows NT-Maschinen als Client in ein Netzwerk einbinden, in dem auch UNIX-Server stehen.

Ressourcen der UNIX-Server erscheinen in der Netzwerkumgebung. Aus diesem Grund benötigen Sie in vielen Fällen überhaupt keine UNIX-Kenntnisse, sondern können mit Windows NT-Kenntnissen auf die Ressourcen zugreifen.

Selbstverständlich arbeitet HUMMINGBIRD MAESTRO als 32-Bit-Programm und baut auf der TCP/IP-Protokollfamilie auf, die durch mehrere Dinge erweitert wird. Aus diesem Grund muß nach der Installation das System neu gestartet werden, weil Systemdateien ausgetauscht wurden.

Hummingbird liefert mit MAESTRO wahrscheinlich das umfangreichste NFS-Produkt für Windows NT aus. Zusätzlich befinden sich auf der CD auch Versionen für Windows 95 und für Windows für Workgroups.

Bild 9.15: Programmgruppe Maestro Client

Die Standardprogramme von Microsoft für TCP/IP werden ersetzt, zumeist durch grafische Versionen, die erstens angenehmer zu bedienen sind und zweitens eine Reihe von Erweiterungen aufweisen.

Ein grafisches Programm PING ist etwa in der Lage, die Verbindungen zu mehreren Geräten gleichzeitig zu prüfen. Gerade in größeren Netzwerken, wo die Verbindungen bei Fehlern immer wieder überprüft werden müssen, kann dies sinnvoll sein (siehe Bild 9.16).

MAESTRO enthält Terminal-Emulationen, aber auch Programme wie REXEC und RSH sowie typische UNIX-Programme wie TALK, die standardmäßig in Windows NT nicht enthalten sind.

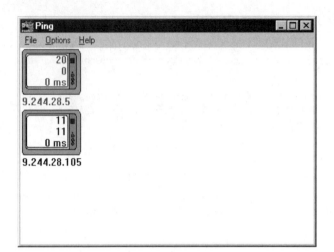

Bild 9.16:
Grafisches Ping

Ein Großteil dieser Programme arbeitet grafisch bzw. stellt ein grafisches Fenster bereit, in dem dann im Zeichenmodus gearbeitet werden kann.

Ein eigenes Programm für die Programmiersprache BASIC ermöglicht Ihnen die Erstellung von kleinen Programmen, die sehr bequem in die Arbeit mit MAESTRO CLIENT eingebunden werden können.

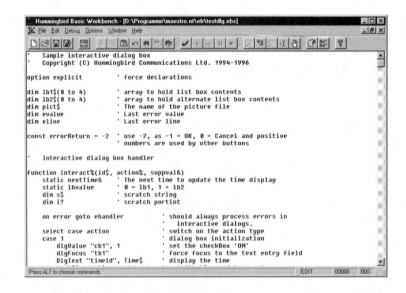

Bild 9.17:
BASIC Workbench

Einen besonderen Leckerbissen finden Sie in Form von COLUMBUS. Dieses Programm ist eigentlich ein Web Browser, doch der Funktionsumfang beeindruckt.

Am besten kann man dieses Programm noch mit dem Netscape Communicator vergleichen. Sie können Web-, FTP- und Gopher-Seiten anzeigen, aber auch mit Mail und Newsgroups arbeiten. Es gibt einen eigenen Systemmonitor, der Ihnen Informationen zur Systemleistung anzeigt.

Ein weiteres grafisches Programm enthält jene Web-Seiten, die Sie sich merken wollen, und das Besondere daran ist, daß die Struktur genauso wie ein Mail-Programm aufgebaut ist.

Im Gegensatz zu allen anderen Web Browsern besitzt COLUMBUS eine eigene Datenbank. Jeder Benutzer, der diesen Browser aufruft, muß sich noch einmal identifizieren. Nur Administratoren haben die Möglichkeit, diese Benutzerdatenbank zu warten. Auf diese Weise kann der Zugang zum Internet unabhängig von der Windows NT-Konfiguration definiert werden.

Darüber hinaus enthält COLUMBUS auch gleich einen Internet-Server. Die Bedienung ist grafisch, und Sie können Ihre eigenen HTML-Seiten relativ einfach zur Verfügung stellen.

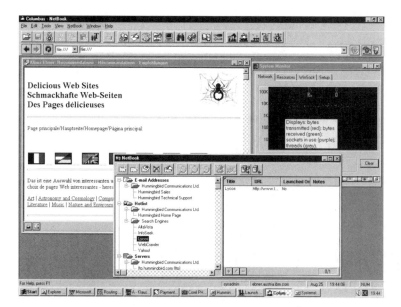

Bild 9.18: Columbus

Daß Programme wie WHOIS, EXPORT, FINGER und TRACEROUTE grafisch arbeiten, ist eine Freude für jeden, der diese Programme jeden Tag benötigt. Daß MAESTRO auch noch ARCHIE und ein ebenfalls grafisches WRITE mitliefert, fällt gar nicht mehr auf.

Neben den Anwendungsprogrammen enthält MAESTRO die unter Windows NT fehlenden Serverdienste. Sie können mit dem Produkt einen Daemon für Telnet, FTP, Finger, Gopher usw. starten. Diese Dienste lassen sich über einen *Superserver* bearbeiten, der in der SYSTEMSTEUERUNG eingerichtet wird. Mit diesen Serverdiensten haben Ihre UNIX-Anwender die Möglichkeit, mit ihren Standard-TCP/IP-Programmen auch auf Windows NT-Rechner zuzugreifen, sofern die Benutzereinstellungen dies erlauben (siehe Bild 9.19).

Die MAESTRO SUITE kann noch mit EXCEED erweitert werden. Dabei handelt es sich um die X-Server-Anbindung von Hummingbird.

Dieses Produkt kann extra gekauft werden, wobei ein Großteil der genannten MAESTRO-Programme ebenfalls enthalten ist, oder als Zusatzprodukt zur MAESTRO SUITE, wobei letztere nur mehr durch die fehlenden X-Funktionen ergänzt wird (siehe Bild 9.20).

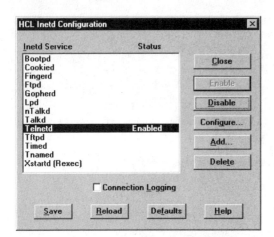

Bild 9.19:
Superserver

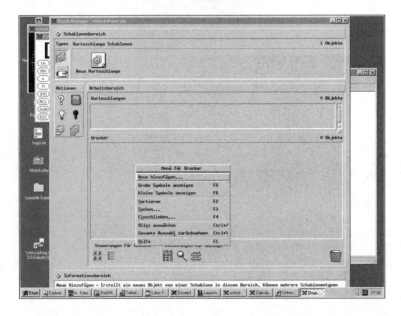

Bild 9.20:
Exceed

9.4.2 SCO VisionFS

Der NFS-Client von Santa Cruz Operation nimmt eine Sonderstellung ein, weil er praktisch ohne Clients auskommt. Ein Client ohne Clients? Wie geht denn das nun wieder?

Nun, SCO VISIONFS wird ausschließlich auf UNIX-Rechnern installiert. Mit dieser Software werden die UNIX-Rechner automatisch zu Datei- und Druckservern für Windows NT-, Windows 95- und Windows für Workgroups-Clients.

Die Verbindung funktioniert über die Standardfunktionalitäten des jeweiligen Client-Betriebssystems. Sie verbinden mit Hilfe des Explorers zu einem Laufwerk, das so aussieht, als stünde es auf einem Windows NT-Server, das in Wirklichkeit jedoch einer UNIX-Maschine angelegt wurde. Der Benutzer verwendet also den Explorer oder den Datei-Manager.

Verbindung zu UNIX

Der Verwaltungsaufwand wird mit SCO VISIONFS minimiert, denn die Verwaltung erfolgt über einen UNIX-Server. Es ist jedoch nicht notwendig, die Clients zu warten, denn dort wird keine zusätzliche Software installiert. Die Systembetreuung verbleibt somit in einer Hand, und der Administrator, der mit einer UNIX-Maschine arbeitet, braucht nicht extra auf die Windows NT-Maschinen zugreifen.

Auch von einer Windows NT-Maschine aus kann die Software des Servers verwaltet werden. Das Programm PROFILE EDITOR wird standardmäßig mit VISIONFS ausgeliefert.

Die Benutzer werden beim Zugriff vom UNIX-Server überprüft. Dadurch kann eine benutzergesteuerte Sicherheit verwendet werden. Selbstverständlich ist aber auch dieses Produkt keine Ausnahme in der Benutzerverwaltung, was dazu führt, daß die Benutzer doppelt verwaltet werden, nämlich einmal unter Windows NT und einmal unter UNIX. Benutzername und Kennwort müssen dabei übereinstimmen.

Als Trägersysteme auf der Hostseite können Sie nicht nur SCO OpenServer und UnixWare, sondern auch SPARC Solaris, HP-UX, IBM AIX und DEC UNIX einsetzen.

9.4.3 Intergraph DiskAccess

DISKACCESS hieß früher PC-NFS. Es handelt sich um einen NFS-Client der Firma Intergraph. Sie können mit Hilfe von DISKACCESS die Windows NT-Maschinen zu echten Clients eines UNIX-Servers machen.

DISKACCESS wird auf Windows NT-Rechnern installiert. Wenn Sie einen UNIX-Server im Netzwerk haben, auf den Sie zugreifen wollen, sollten Sie die NT-Maschine so konfigurieren, daß der Zugriff automatisch erfolgen kann. Dazu gehören selbstverständlich ein Benutzername und ein Kennwort; beides muß mit den Einstellungen der Windows NT-Domäne nicht übereinstimmen.

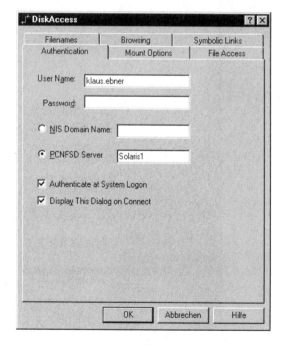

Bild 9.21:
Anmeldeeinstellungen

Die freigegebenen Ressourcen des UNIX-Rechners erscheinen danach in der Netzwerkumgebung. Dabei verwenden Sie also eine Standardfunktion von Windows NT.

Mit einem Doppelklick auf das *NFS-Netzwerk* werden die Ressourcen der jeweiligen UNIX-Maschine angezeigt. Beruhend auf Ihren Berechtigungen können Sie jetzt auf diese Ressourcen zugreifen.

In den Grundeinstellungen können Sie die Eigenschaften des Computersuchdienstes für das NFS-Netzwerk extra einstellen. Hier kann zum Beispiel definiert werden, wann die Browser-Liste aktualisiert werden soll und wie viele Geräte, also Computer oder Drucker, gleichzeitig angezeigt werden können.

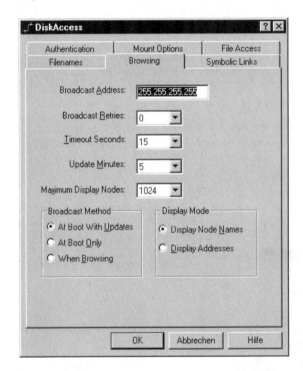

Bild 9.22:
Einstellungen für den Computersuchdienst

Wenn von MOUNT die Rede ist, dann geht es um die Einbindung von Dateisystemen bzw. von Datenträgern. Unter UNIX werden Dateisysteme erst einmal »gemountet«, um ein schönes neudeutsches Wort zu verwenden. Erst wenn ein Dateisystem »gemountet« wurde, haben Sie darauf Zugriff. Das geschieht nicht nur mit Netzwerklaufwerken, sondern auch mit den lokalen Dateisystemen auf der Festplatte, einem CD-ROM- und einem Diskettenlaufwerk.

DISKACCESS erlaubt die Einstellung von Grundwerten für Laufwerke. Besonders interessant ist dabei die Einstellung eines Pufferspeichers für die Plattenzugriffe (siehe Bild 9.23).

DISKACCESS installiert ein Verwaltungsprogramm in der SYSTEMSTEUERUNG. Dort haben Sie Zugriff auf alle Optionen der NFS-Anbindung (siehe Bild 9.24).

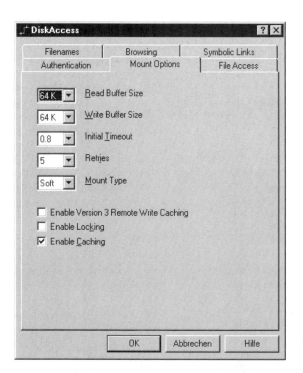

Bild 9.23:
Mount-Einstellungen

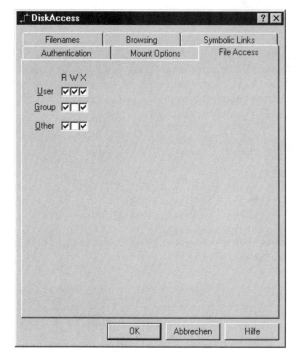

Bild 9.24:
Zugriffseinstellungen

Die Handhabung der Dateinamen ist auf Windows NT und auf UNIX unterschiedlich. Mit DISKACCESS haben Sie die Möglichkeit, die Verwendung der Dateinamen zu vereinheitlichen. Sie können definieren, ob die Dateinamen, die Sie eingeben, genauso geschrieben oder ob sie in Klein- bzw. in Großbuchstaben umgesetzt werden sollen.

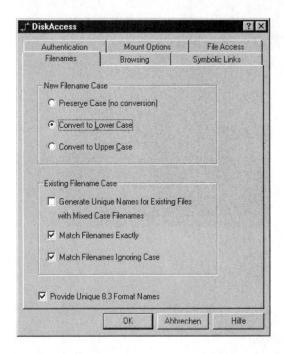

Bild 9.25:
Behandlung von Dateinamen

In diesen Zusammenhang paßt auch ein weiteres Dienstprogramm, das durch DISKACCESS installiert wird. Es handelt sich um eine UNIX-DOS-Textkonvertierung. Texte, die mit einem System geschrieben wurden, können ins Format des anderen Systems konvertiert werden. Es sollte somit keine Probleme bei der Übernahme von Textdateien geben.

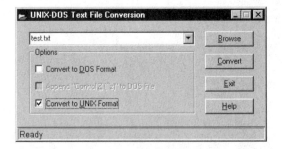

Bild 9.26:
Konvertierung UNIX-DOS

UNIX stellt standardmäßig eine Reihe von Serverdiensten zur Verfügung. Bei Windows NT ist das nicht der Fall. Wenn Sie jedoch einen NFS-Client verwenden, dann kann man davon ausgehen, daß Sie mit UNIX-Systemen zu tun haben. Für UNIX-Benutzer ist das Vorhandensein verschiedenster Serverdienste völlig normal, und sie setzen diese auch auf anderen Systemen voraus.

Zusatzprogramme wie INTERGRAPH DISKACCESS liefern eine Reihe von Serverdiensten mit. Diese können entweder über eigene Konfigurationsprogramme oder mit Hilfe der SYSTEMSTEUERUNG konfiguriert werden.

Bild 9.27:
Zusätzliche Server

Sie können einige der Serverdienste von DISKACCESS über die Systemsteuerung aktivieren. Mit RSH haben Sie beispielsweise die Möglichkeit, eine entfernte Shell aufzurufen. Mit einer solchen Shell können Sie von einer entfernten Maschine aus auf einem Gerät arbeiten.

9.4.4 Sun Solstice NFS Client

Auch die Firma Sun, einer der ganz großen Hersteller im UNIX-Geschäft, entwickelte eine NFS-Client-Software für Windows NT. Vielleicht sollte man in diesem Zusammenhang auch nicht vergessen, daß NFS überhaupt von Sun entwickelt wurde.

Herausgekommen ist dabei das Programm SOLSTICE, ebenso wie das Betriebssystem SOLARIS eine Erinnerung an die Sonne (siehe Bild 9.28).

SOLSTICE wird mit InstallShield installiert. Es gibt nicht sehr viele Komponenten, doch die vorhandenen genügen für viele Zwecke. Hauptsächlich müssen Sie bei der Installation zwischen sogenannten INTERNET-APPLIKATIONEN und PC-XWARE unterscheiden (siehe Bild 9.29).

Damit wir uns nicht falsch verstehen: mit »Internet Applikationen« ist keineswegs ein Web Browser gemeint, sondern es geht um Verbindungsprogramme. Ein »internet« ist im Grunde nur eine Netzwerkumgebung, bei der mindestens zwei physische Netzwerke mit Hilfe eines Routers verbunden wurden. Dieser Begriff kommt aus dem TCP/IP-Umfeld und steht eigentlich für *interconnected network*.

Mit »PC-XWare« ist ein X-Server gemeint, der im Zusammenspiel mit SPARC Stations verwendet werden kann. Es geht um die Verwendung von Solaris-Programmen. Es gibt ziemlich viel Software für das Betriebssystem von Sun, wobei Solaris in zwei unterschiedlichen Versionen existiert, nämlich für die SPARC Stations von Sun sowie für Intel-PCs.

Die Einstellmöglichkeiten sind zahlreich und angenehm zu bedienen. Keine Kommandozeilenoptionen, sondern grafische Programme, die sich in die Windows 95-Oberfläche einpassen.

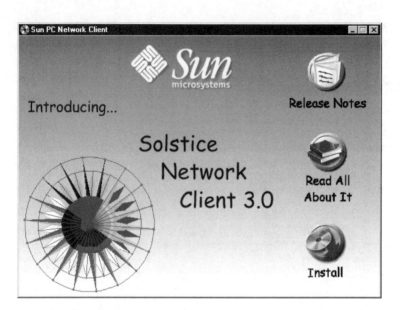

Bild 9.28:
Autorun der Solstice-CD

Bild 9.29:
Benutzerdefinierte Installation

Ein eigenes Konfigurationsprogramm sorgt für den Start der verschiedenen Anwendungen von Solaris sowie für die Grundeinstellungen (siehe Bild 9.30).

Es ist nicht gelungen, mit Hilfe von PC-XWare auch grafische UNIX-Programme von anderen UNIX-Plattformen laufen zu lassen. Anscheinend wurde PC-XWare auf die Sun-Betriebssysteme abgestimmt.

Verbindung zu UNIX 353

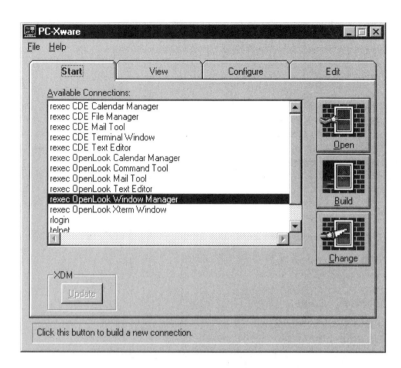

Bild 9.30:
Einstellungen für PC-XWare

Zusätzlich bietet Sun mit Solstice eine Host-Emulation, die Telnet ersetzen kann. Diese Emulation ist sehr umfangreich und bietet eine ganze Reihe von Einstellmöglichkeiten, wobei die Bedienung grafisch gehalten wurde.

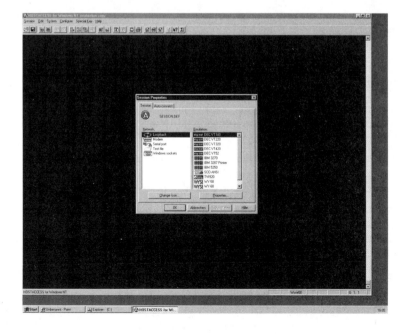

Bild 9.31:
Hostaccess

Als Mail-Programm wird *Pronto E-Mail* verwendet. Dieses Programm ist anderen Mail-Programmen sehr ähnlich. Wenn Sie also mit Microsoft Mail oder Netscape Mail umgehen können, dann ist auch Pronto E-Mail kein Problem. Der Vorteil der Software liegt wiederum in der UNIX-Anbindung. Mit diesem Programm können Sie SPARC Stations in Ihre Arbeit mit Mail einbinden.

Ein sehr interessantes Produkt aus dem Standardumfang von Solstice ist FTP. Diese Feststellung mag auf den ersten Blick verwundern, doch Sun lieferte ein FTP-Programm, das komplett grafisch, ja man möchte sogar sagen: objektorientiert, arbeitet.

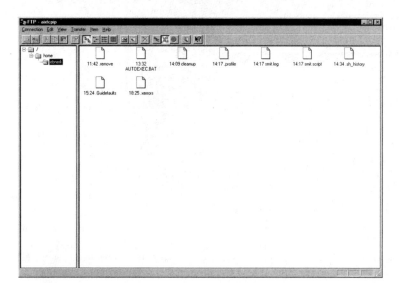

Bild 9.32:
Grafisches FTP

Der Aufbau des Programms ähnelt dem Windows Explorer. Auf der linken Seite werden die Ordner dargestellt, auf der rechten die Dateien. Auch die Bedienung ähnelt der Explorer-Bedienung.

Diese Implementation liefert ein Programm, wo sogar FTP kein Problem mehr darstellt und durchaus von Anwendern eingesetzt werden kann. Während die Standard-FTP-Bedienung fast schon Spezialisten voraussetzt, kann Sun FTP jedem Endanwender in die Hand gegeben werden. Es ist direkt schade, daß Windows NT nicht standardmäßig über ein solches Dienstprogramm verfügt.

Die Einstellungen für FTP können automatisiert werden. Sowohl der Name als auch das Kennwort lassen sich in eine Dialogbox eintragen und speichern. Diese Vorgangsweise erspart die lästige Anmeldung, wenn FTP aufgerufen wird, weil sie eben automatisch im Hintergrund abläuft.

Eine Anmeldung muß ohnehin einmal an das System erfolgen, deshalb betrachte ich diese Einstellung keineswegs als Sicherheitsloch. Für einen Anwender bedeutet diese Erleichterung sehr viel, denn er braucht nur mehr das Programm starten, wenn er es braucht, und kann sofort damit arbeiten (siehe Bild 9.33).

FTP kann selbstverständlich für jede beliebige UNIX-Anbindung verwendet werden. Auf der Bildschirmabbildung sehen Sie eine Verbindung zu einer AIX-Maschine.

Verbindung zu UNIX

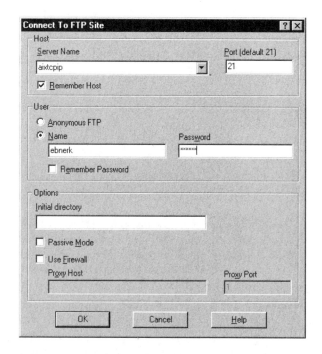

Bild 9.33:
Einstellungen für FTP

9.4.5 WRQ Reflection

Reflection NFS ist eine NFS-Anbindung für Windows NT. Auch mit dieser Lösung können Sie NT- und UNIX-Maschinen in einem einzigen Netzwerk verwenden und dabei die Verwaltung vereinfachen.

Die NT-Benutzer können auf Datei- und Drucker-Ressourcen zugreifen, die auf der UNIX-Maschine freigegeben werden. Deren Verwaltung bleibt normalerweise auf UNIX, doch könnten Sie mit Hilfe der verschiedenen Programme die Verwaltung durchaus auch von Windows NT ausgehend vornehmen; wenn Sie keine Kommandozeilenbefehle eintippen wollen, wird Ihnen dabei ein X-Server nicht erspart bleiben.

Windows NT-Benutzer benötigen grundsätzlich keine UNIX-Befehle, um mit WRQ Reflection zu arbeiten. Die Anbindung ist transparent und spiegelt im Grunde weitere NT-Ressourcen vor. Wie bei den anderen Lösungen auch, kann mit Hilfe der Netzwerkumgebung bzw. der Drucker-Verwaltung auf die jeweiligen Ressourcen zugegriffen werden.

Im Lieferumfang des Programms befinden sich mehrere Internet- bzw. Intranet-Applikationen. Sie sind für die Dateiübertragung, EMail und den Zugang zum Internet gedacht.

9.4.6 Interdrive Client NFS

Von der Firma FTP stammt der INTERDRIVE CLIENT NFS FOR WINDOWS NT. Wieder handelt es sich um eine komplette NFS-Anbindung. Sie können damit auf die Ressourcen von UNIX-Rechnern zugreifen und zwar mit Windows NT-Standardprogrammen.

INTERDRIVE CLIENT gibt es für Windows NT auf Intel- und auf Alpha-Rechnern. Das System kann auf Windows NT 4.0 sowie 3.51 verwendet werden.

Eine Zusammenarbeit mit anderen Systemen wie Banyan Vines oder Novell NetWare ist, wie bei den anderen NFS-Clients, kein Problem.

Als eigenes Produkt kann PCNFSD dazuinstalliert werden. Dieses Produkt enthält die notwendigen Serverdienste, die es UNIX-Rechnern ermöglichen, mit ihren Standard-Programmen auf Windows NT zuzugreifen.

9.4.7 Chameleon UNIXLink 97

Von der Firma NetManage stammt die Chameleon-Software. Dabei handelt es sich um eine weitere Anbindung von PCs an UNIX.

Die Versionen für Windows NT enthalten die gesamte Funktionalität, die von einem solchen Programm verlangt wird. Das sind FTP, Telnet, die Anbindung von UNIX-Ressourcen, Terminal-Emulationen und ein X-Server.

Chameleon UNIXLink 97 enthält sogar eine Web-Verwaltung. Damit ist es möglich, de gesamte Verwaltung mit Hilfe eines Web Browsers zu machen. Aus einer Web-Seite heraus können Administratoren UNIX-Clients starten. Auch die Installation des Produktes ist über das Netzwerk durchführbar. NetManage legte großen Wert auf die Vernetzung bzw. auf eine zentrale Verwaltung des Systems.

Die Terminal-Emulation verbindet zu Minis und Großrechnern von DEC, IBM und anderen Herstellern. Selbstverständlich sind auch parallele Verbindungen kein Problem. Unterstützt werden TN3270, TN5250 und Telnet.

Die Verbindung zu den Midrange- und Mainframe-Rechnern wird zur Gänze auch über TCP/IP unterstützt. Dieses Protokoll wird im LAN-Bereich immer wichtiger, und Sie haben durchaus die Möglichkeit, in einem heterogenen Netzwerk mit mehreren Plattformen ein einziges Netzwerkprotokoll zu verwenden, nämlich TCP/IP.

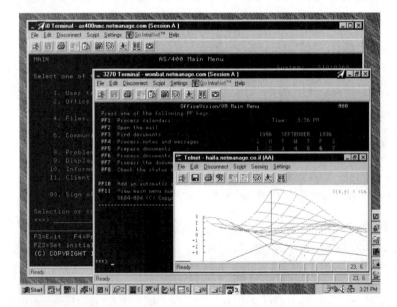

Bild 9.34:
Terminal-
Emulationen

Verbindung zu UNIX

Die FTP-Software arbeitet auch bei UNIXLink 97 grafisch, wobei das Programm ein Dialogfenster darstellt. Die beiden involvierten Rechner sind jeweils links und rechts dargestellt. Mit Hilfe von kleinen Pfleilchen können Sie die Dateien kopieren.

Die Arbeit mit diesem FTP-Programm ist recht bequem, allerdings scheint es nicht so durchgehend grafisch, wie das bei der Software von Sun der Fall ist.

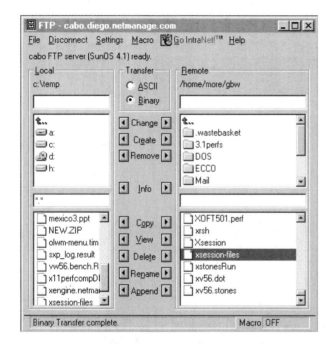

Bild 9.35:
Chameleon FTP

Die Bedienung des NFS Clients und Servers verläuft zur Gänze grafisch. Damit passen sich die Programme in die Windows NT-Oberfläche ein.

Die vollständige NFS-Funktionalität wurde in die Windows-Oberfläche integriert. Das bedeutet, daß ein NFS-Netzwerk in der Netzwerkumgebung zur Verfügung steht. Sie können direkt über die Netzwerkumgebung oder über den Explorer arbeiten. Objekte auf UNIX-Rechnern sehen genauso aus, als wären es Objekte auf NT-Rechnern. Per Drag & Drop können Sie darauf zugreifen.

Als Mail wird das Programm Z-Mail Pro verwendet. Dieses unterstützt alle maßgeblichen RFCs, besitzt eine grafische Bedienung und sogar Zusätze wie eine Rechtschreibprüfung, die für den deutschsprachigen Raum aber kaum sinnvoll sein wird.

Standardmäßig enthält Chameleon UNIXLink 97 eine komplette X-Server Software. Diese entspricht X11R6.3 und mehrere Erweiterungen. Für die Web Browser von Microsoft und Netscape werden Plug-Ins mitgeliefert.

In den Fenstern des X-Servers können Sie Text und Grafik kopieren und ausschneiden, da die Zwischenablage von Windows NT unterstützt wird.

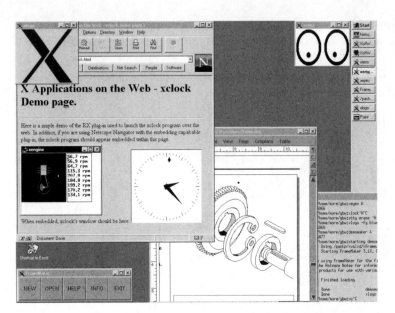

Bild 9.36:
Chameleon
X-Server

Was bedeuten die Plug-Ins für den Web Browser? Dabei handelt es sich um eine äußerst sinnvolle Erweiterung des Web Browsers. Grundsätzlich geht es darum, daß Benutzer mit Hilfe eines Web Browsers X-Software einsetzen können.

Innerhalb des Browsers wird der X Client gestartet, ohne daß sich der Benutzer um spezielle X-Konfigurationen kümmern muß. Für Endbenutzer stellt diese Bedienung den großen Vorteil dar, daß kein Schulungsbedarf mehr anfällt. Jeder muß nämlich nur mehr wissen, wie sein Web Browser funktioniert. Da von NetManage sowohl Microsoft Web Explorer als auch Netscape Navigator unterstützt werden, hat man bei der Auswahl der Internet-Software freie Wahl.

9.5 X-Server für Windows NT

Ein *X-Server* ist ein Zusatzprogramm für eine Client-Maschine, mit dessen Hilfe grafische UNIX-Programme verwendet werden können, die von einer UNIX-Maschine im Hintergrund geladen werden.

So könnte man es stark vereinfacht sagen. Genau genommen, stimmt das nicht ganz. Das Spezielle am Begriff ist, daß der »Server« auf der Client-Maschine zum Einsatz kommt, also dort, wo der Benutzer arbeitet. Im Hintergrund steht ein Host, auf dem der »X-Client« arbeitet. Das ist jene Komponente, die in Wirklichkeit die Rechenarbeit leistet. Diese Komponente befindet sich auf einer UNIX-Maschine.

Die Begriffe »Server« und »Client« sind im Zusammenhang X scheinbar umgedreht. Da die Client-Maschine die grafische Oberfläche zur Verfügung stellt, wird die Software als »X-Server« bezeichnet. Doch die eigentliche Rechenarbeit findet im Hintergrund auf einem UNIX-Host statt.

Der UNIX-Host ist gleichzeitig ein Applikationsserver. Auf diesem Applikationsserver arbeiten die Programme, deren Ein- und Ausgabe über eine Client-Maschine erfolgt.

Mit Hilfe von X-Servern können Sie grafische UNIX-Programme unter Windows NT einsetzen. Das System wird dabei nur sehr wenig belastet, denn Windows NT leistet die grafische Oberfläche, allerdings keine Rechenarbeit. Wir haben es also mit echten Client-Server-Anwendungen zu tun oder, sehr salopp formuliert, ist das ja fast schon eine Art von Clustering.

9.5.1 Funktion des X-Servers

Ein X-Server bringt die gesamte Ausgabe eines grafischen UNIX-Programms auf eine Client-Maschine. Für die Eingabe über Tastatur und Maus ist natürlich ebenfalls gesorgt. Der Benutzer bedient also ein Programm, das in Wirklichkeit im Hintergrund auf einer ganz anderen Maschine abläuft.

Grafische Anbindungen an UNIX sind vor allem bei CAD, in der Technik und in der Medizin notwendig. Und es gibt eine Vielzahl an Programmen, die eine Anbindung an UNIX herstellen, ohne daß die Anwender auf die grafischen Programme verzichten müssen.

9.5.2 Hummingbird Exceed

Eines der bekanntesten Produkte ist wohl EXCEED von Hummingbird. Dieser X-Server existiert nicht nur in Windows-Versionen, sondern auch für OS/2 Warp und für Apple Macintosh.

Mit dem Standardprogramm Telnet können Sie die grafische Oberfläche auf Ihre Windows NT-Client-Maschine exportieren. Aus der C-Shell heraus machen Sie das folgendermaßen:

setenv DISPLAY *Hostname*:0.0

Wenn Sie eine andere Shell, also etwa die Bourne Shell oder die Korn Shell verwenden, müssen Sie den Befehl EXPORT verwenden. Der Befehl sieht dann folgendermaßen aus:

export DISPLAY=*Hostname*:0

Mit *Hostname* müssen Sie den Hostnamen Ihres Computers angeben. Verwechseln Sie diesen Namen nicht mit dem Computernamen, der ein NetBIOS-Name ist. In vielen Windows NT-Konfigurationen sind diese beiden Namen jedoch identisch.

Jetzt können Sie über Telnet die einzelnen Anwendungen starten. Exceed muß allerdings geladen sein, damit Sie die grafischen Programme starten können. Ist das nicht der Fall, dann erhalten Sie eine Fehlermeldung. Sie öffnen mit jedem UNIX-Programm ein eigenes Fenster, das innerhalb der Windows NT-Oberfläche angezeigt wird (siehe Bild 9.37).

Parallel können selbstverständlich auch Windows NT-Programme gestartet werden. Ein paralleler Einsatz bietet sich regelrecht an, denn da die UNIX-Maschine als echter Applikationsserver fungiert, braucht sich Windows NT nicht um die gesamte Rechenleistung zu kümmern. Die Systemkapazität wird also nicht so rasch ausgereizt, als hätten Sie nur Windows NT-Programme laufen.

Es ist sogar möglich, zusätzliche UNIX-Kommandozeilen zu laden. Dies sieht auf den ersten Blick etwas eigenartig aus, denn im Grunde könnte man ja eine Telnet-Sitzung verwenden. Letztendlich handelt es sich jedoch um eine Art Emulation der Befehlszeile in einer grafischen X-Umgebung. Die grafischen Terminal-Sitzungen verhalten sich genauso wie unter UNIX (siehe Bild 9.38).

Wenn Sie für UNIX ausreichende Berechtigungen besitzen, können Sie selbstverständlich auch auf die grafischen Verwaltungsprogramme zugreifen.

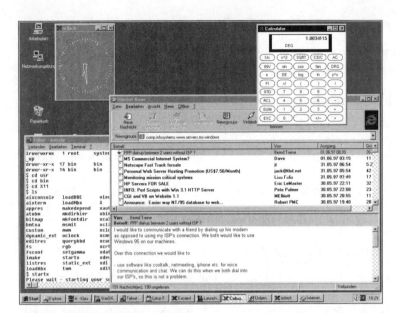

Bild 9.37:
UNIX- und NT-Programme im Verein

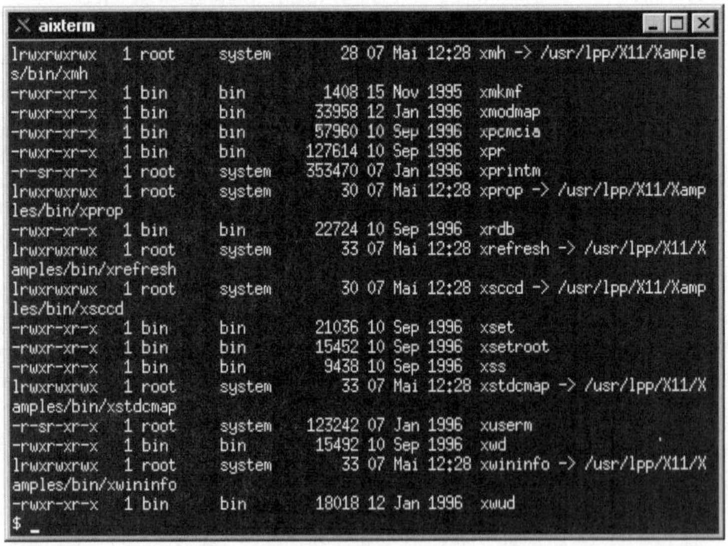

Bild 9.38:
Korn Shell

So ist es etwa möglich, die Benutzerverwaltung zu laden, mit deren Hilfe Sie alle UNIX-Benutzer von Ihrer Windows NT-Maschine aus verwalten können.

Die nachfolgende Abbildung zeigt die Benutzerverwaltung von IBM AIX (siehe Bild 9.39):

Da es sich bei einem X-Server um eine Anbindung handelt, bei der die Rechenarbeit eigentlich auf dem Host geleistet wird und die Eingaben ebenfalls im UNIX-System landen, könnte man sogar Software für den UNIX-Rechner installieren.

Verbindung zu UNIX 361

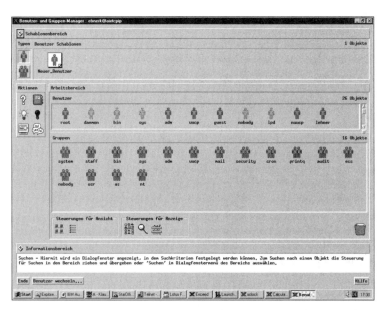

Bild 9.39:
AIX-Benutzerverwaltung unter Windows NT

Das Programm läßt sich aufrufen. Wenn Sie auf die Installationsdaten zugreifen wollen, müssen diese selbstverständlich auf der UNIX-Maschine bereitstehen. Das kann lokal auf der Festplatte oder auf der CD-ROM sein oder im Netzwerk, sofern von der UNIX-Maschine her ein Zugang eingerichtet ist.

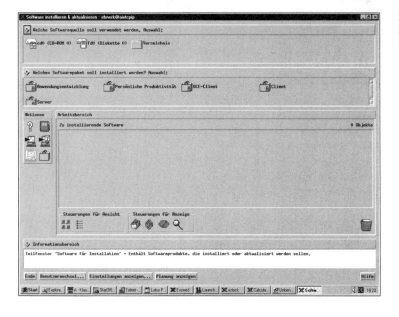

Bild 9.40:
Software-Installation

Gerade die Software-Installation ist ein heikles Thema. Deshalb sollten Sie diese Technik nur in Ausnahmefällen anwenden. Besser ist es, die Software direkt am UNIX-Server zu installieren. Da Sie auch zum Server müssen, wenn Sie Software auf einem Windows NT-Server installieren wollen, sollte dies nichts Ungewohntes sein.

Der Aufruf von grafischen Programmen über eine Telnet-Sitzung und der manuelle Export der Oberfläche wirken mühsam und lästig. Wer nur sporadisch solche Programme einsetzt, wird kaum ein Problem damit haben, doch eignet sich diese Technik wohl nicht für den Dauereinsatz.

Hummingbird EXCEED bietet Ihnen die Möglichkeit, komplette Windows NT-Objekte zu erstellen, die einen Konfigurationssatz von EXCEED mitbekommen. Darin ist bereits die komplette Anmeldung des Benutzers an das UNIX-System gespeichert. Außerdem enthält dieses Objekt auch die notwendigen Einstellungen für die Oberfläche, den Export von X und den Namen des aufzurufenden Programms.

Auf Wunsch können Sie eine Vielzahl solcher Objekte erstellen und für den Benutzer vorbereiten. Der Vorteil liegt auf der Hand. Beim Arbeiten wird nur mehr ein Standardobjekt gestartet, und auf den ersten Blick sieht es so aus, als handelte es sich um ein ganz gewöhnliches Windows NT-Programm. In Wirklichkeit startet jedoch ein grafisches UNIX-Programm.

Windows NT und UNIX werden in einer solchen Konstellation vereint. Der Benutzer arbeitet mit einer einzigen Maschine, etwa mit Windows NT Workstation, und kann gleichzeitig die Programme von Windows NT sowie jene von UNIX verwenden.

Sind mehrere Programme in Betrieb, dann gibt es auch Statistik- und Verwaltungswerkzeuge für die aktuellen Sitzungen.

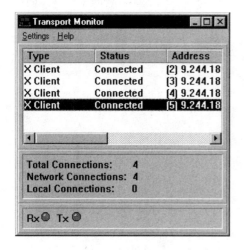

Bild 9.41:
Anzeige der aktuellen Verbindungen

Alle diese Programme befinden sich im Programmordner, der während der Installation von Hummingbird EXCEED eingerichtet wurde.

In der Vollversion von EXCEED werden auch COLUMBUS und HUMMINGBIRD BASIC ausgeliefert. Das Produkt steht nicht nur für Intel-Prozessoren, sondern auch für Alpha und PowerPC zur Verfügung. Wenn Sie das Programm installieren, erhalten Sie eine Vielzahl an Zusatzprodukten, die großteils auch in MAESTRO enthalten sind. Dazu gehören ein verbessertes Telnet- und FTP-Programm, grafische Versionen von PING, TAR und FINGER sowie eine Gopher-Anwendung.

Eine Spezialität von EXCEED ist die Internet-Fähigkeit. Mit dem Programm XSTART können UNIX-Applikationen über das Internet gestartet werden. Diese Funktion erlaubt die Konfiguration von MIME-Typen, und deshalb können viele Browser X-fähig gemacht werden. Standardmäßig unterstützt EXCEED den Microsoft Web Explorer, Netscape Navigator und den mitgelieferten Columbus Browser.

Wenn Sie diese Funktion einsetzen, aktivieren Sie eine bestimmte Internet-Adresse mit Ihrem Browser. Diese Adresse zeigt in Wirklichkeit auf eine XSTART-Datei auf dem Web-Server. Der EXCEED X-Server wird automatisch gestartet, und der Benutzer erhält die Anzeige der X-Applikation auf seinem Bildschirm.

Auf diese Weise können Sie praktisch jeden UNIX-Server, der mit EXCEED zusammenarbeitet, mit Hilfe eines Web Browsers verwalten, da sich die Verwaltungsprogramme aufrufen lassen. Die einzige Voraussetzung ist, daß Sie Administratorrechte besitzen.

9.5.3 SCO XVision Eclipse

Santa Cruz Operation entwickelte vielleicht die beeindruckendste Anzahl an Lösungen für die Integration von UNIX in Windows NT-Umgebungen. Die Möglichkeiten reichen von der Integration von UNIX-Servern in NT-Domänen über NFS-Anbindungen bis hin zum X-Server.

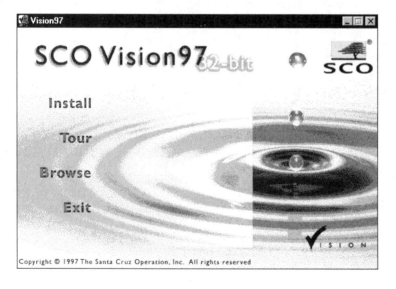

Bild 9.42:
Installationsbeginn von XVision Eclipse

Das größte Modul des X-Servers wird auf Windows NT installiert. Es gibt jedoch Erweiterungsmodule für die einzelnen UNIX-Plattformen, die auf der UNIX-Maschine installiert werden müssen. Sie werden erst benötigt, wenn Sie den vollen Funktionsumfang von XVISION nützen wollen.

XVISION ECLIPSE ist der X-Server der Firma. Dieses Produkt läuft unter Windows NT und Windows 95. Es zielt auf grundsätzlich alle UNIX-Plattformen ab, und so können die Systeme IBM AIX, SPARC SunOS, SPARC Solaris, HP-UX, SCO OpenServer und SCO UnixWare, DEC UNIX, Sequent DYNIX und DG AViiON DG/UX als Host-Plattformen fungieren.

Für die Installation, die mit Hilfe eines Assistenten durchgeführt wird, stehen die Standardmöglichkeiten zur Verfügung, die man von Anwendungsprogrammen her kennt. Darüber hinaus können Sie XVISION ECLIPSE jedoch auch auf einem Code-Server installieren, damit das Programm von dort sehr einfach auf den einzelnen Clients eingerichtet werden kann.

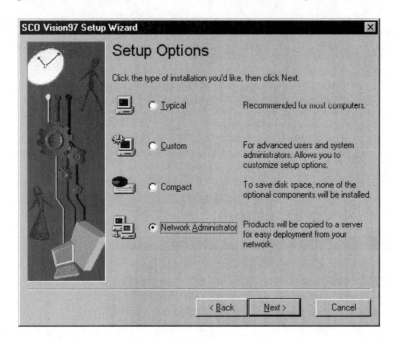

Bild 9.43:
Installationsvarianten

SCO liefert mehrere Terminal-Emulationen mit, die Sie je nach Anforderung installieren können. Sehr nützlich ist der Host-Manager, mit dessen Hilfe Sie die Anmeldungen auf UNIX-Maschinen koordinieren und vereinfachen können.

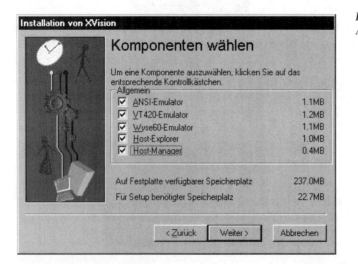

Bild 9.44:
Auswahl der Terminals

Verbindung zu UNIX

XVISION ECLIPSE richtet eine Programmgruppe ein, in der sich alle wichtigen Anwendungsprogramme befinden. Zusätzlich stehen bereits zwei Objekte in der Startleiste. Es sind dies eine Schablone für neue UNIX-Anwendungen sowie ein Programmaufruf.

Mit der Schablone können Sie UNIX-Anwendungen einrichten. Es wird ein Assistent gestartet, mit dessen Hilfe Sie die Verzeichnisstruktur des UNIX-Rechners durchsuchen können, bis das gewünschte Programm gefunden ist. Schließlich entsteht ein Programmobjekt, mit dem Sie eine UNIX-Anwendung starten müssen, ohne daß noch etwas konfiguriert werden muß.

In der Systemsteuerung richtet XVISION ECLIPSE drei verschiedene Objekte ein. Diese werden für Grundeinstellungen und für den Start des X-Servers verwendet. Wenn Sie den Server starten wollen, rufen Sie das Objekt VISION SERVICES mit einem Doppelklick auf.

Bild 9.45:
Objekte in der Systemsteuerung

Dieser X-Server enthält eine Möglichkeit, X-Sitzungen beliebig zu unterbrechen und zu einem anderen Zeitpunkt fortzusetzen. Die Sitzung wird dabei an genau jener Stelle wieder aufgenommen, wo sie verlassen wurde. Das von SCO dafür verwendete Modul heißt VISION RESUME und ist standardmäßig in XVISION ECLIPSE integriert (siehe Bild 9.46).

Die unter UNIX verbreitete Funktionalität, mehrere virtuelle Bildschirme virtuell zu verwalten, wird mit XVISION ECLIPSE auf die Windows NT-Clients ausgedehnt. Sie haben die Möglichkeit, mehrere Bildschirme zu definieren und zu verwalten. Insgesamt führt das zu einem aufgeräumteren Bildschirm, weil die Programme auf die virtuellen Bildschirme verteilt werden.

Auf die Administratorseite wurde bei XVISION ECLIPSE besonders viel Wert gelegt. Administratoren können die meisten Einstellungen zentral treffen und genau definieren, auf welche Programme die Benutzer Zugriff haben und wie diese Programme auf den Windows NT-Clients organisiert werden sollen.

Ein Administrator hat sogar die Möglichkeit, Bildschirmabbildungen von den Client-Geräten einzuholen, um eventuell Hilfe bei Problemen zu leisten. Diese Bildschirmabbildungen erhält der Administrator auf der UNIX-Maschine.

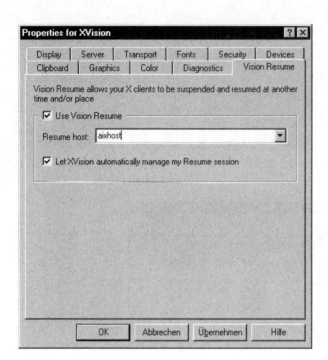

Bild 9.46:
Vision Resume

XVISION ECLIPSE liefert eine Reihe von Zusatzprogrammen mit. Dazu gehört vor allem ein Computersuchdienst, der sich an die Netzwerkumgebung von Windows NT anpaßt. Mittels Drag & Drop können Dateien von UNIX- auf NT-Rechner kopiert werden und umgekehrt. Kein Benutzer muß sich an unfreundliche UNIX-Befehle gewöhnen, sondern arbeitet mit jener Benutzerschnittstelle, die ihm von Windows NT her vertraut ist.

Der Computersuchdienst heißt UNIX NEIGHBORHOOD und zeigt die Ressourcen des UNIX-Netzwerks an. Diese UNIX-UMGEBUNG ist zwar ein eigenes Programm, das parallel zur Netzwerkumgebung gestartet werden kann, doch kann damit ähnlich wie mit der Netzwerkumgebung bzw. mit dem Windows NT-Explorer gearbeitet werden.

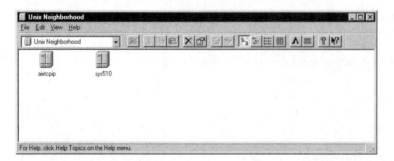

Bild 9.47:
Unix Neighborhood

Die UNIX-Rechner werden als Ikonen angezeigt, deren Aussehen Sie sogar anpassen können. Da die Rechner automatisch über das Netzwerk zusammengesucht werden, brauchen Sie sich in der Regel nicht um den Inhalt des Computersuchdienstes zu kümmern.

Vor allem sehen Sie normale Ordner auf den UNIX-Maschinen und die Dateien. Anwendungsprogramme werden erkannt und optisch entsprechend dargestellt. Sie erkennen sogar den Unterschied zwischen zeichenorientierten und grafischen Programmen, und wo es möglich ist, wird sogar die Ikone angezeigt, die Sie auch unter UNIX zu Gesicht bekommen.

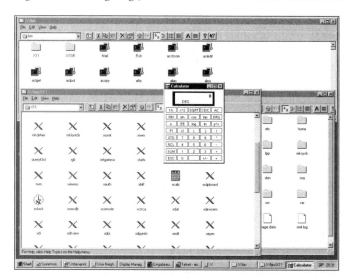

Bild 9.48:
Explorer mit X-Programmen

Die Programme können mit einem Doppelklick gestartet werden. Das funktioniert allerdings nur dann, wenn der UNIX-Rechner entsprechend konfiguriert wurde. Vor allem der REXEC-Daemon sollte eingestellt werden.

Kopien dauern länger als unter Windows NT, denn man muß sich vor Augen halten, was dabei alles im Hintergrund passiert. Da wird eine FTP-Verbindung aufgebaut, eine Anmeldung erledigt, und dann kommen FTP-Befehle zur Anwendung, die der Benutzer gar nicht mehr zu Gesicht bekommt.

Bild 9.49:
Kopieren per Drag & Drop

Das Programm verwendet die von Microsoft her bekannten Assistenten, um den Benutzer an die Verbindung mit den UNIX-Rechnern heranzuführen. Alle verfügbaren UNIX-Hosts im Netzwerk werden von den Assistenten erkannt und dem Benutzer angezeigt. Die Maschine, zu der verbunden werden soll, braucht man nur mehr anklicken.

Ebenso genügt es, den Pfad zur Datei per Maus anzugeben. Die Pfadangaben sehen dabei genauso aus, wie man das von Windows NT her gewohnt ist.

Bild 9.50:
Assistent für die
Programmerstellung

Auf diese Weise können feste Objekte eingerichtet werden, über die sich grafische UNIX-Programme starten lassen. Sehr interessant ist dabei die benutzerfreundliche Suche im Dateisystem. Nicht nur die Server werden automatisch angezeigt, sondern Sie können auch das Dateisystem auf der UNIX-Maschine durchsuchen, bis Sie zu Ihrem gewünschten Programm kommen. Der Assistent kann das gefundene Programm sofort starten oder für eine spätere Verwendung einrichten. Über das Startmenü von Windows NT können diese Programme jederzeit aufgerufen werden. Im Hintergrund stehen natürlich komplexe UNIX-Befehle. Diese bekommt der Benutzer jedoch gar nicht zu Gesicht.

Daß X-Programme relativ schnell arbeiten können, weil sie in Wirklichkeit von einem UNIX-Host im Hintergrund betrieben werden, wissen Sie bereits. XVISION ECLIPSE macht auch die grafische Oberfläche der UNIX-Programme auf Windows NT schneller, weil ein eigener Pufferspeicherbereich eingerichtet wird. In vielen Fällen müssen die Programme gar nicht mehr auf den Server zugreifen, weil gewisse Routinen bereits im Puffer stehen.

Es scheint allerdings eher ein Nachteil zu sein, den lokalen X-Manager einzurichten. Mit dieser Option wurden die Programme und die Gesamtleistung des Systems unangenehm langsam.

Auch SCO XVISION ECLIPSE kann etwas mit dem Internet anfangen. Sie können X-Programme in Internet-Seiten einbinden. Das bedeutet, daß mit Hilfe eines Web Browsers grafische UNIX-Programme ausgeführt werden können, auch wenn die Basisplattform eine völlig andere als UNIX ist. Die Internet-Unterstützung ist modular aufgebaut und kann offensichtlich in der Zukunft von SCO sehr rasch erweitert oder verbessert werden.

Das Modul SCO SUPERVISION ist standardmäßig enthalten und dient der Verwaltung. Dieses Programm kann für eine zentralisierte Verwaltung eingesetzt werden, so daß der Administrator von einer einzigen Maschine aus alle relevanten Einstellungen für das gesamte Netzwerk treffen kann.

9.5.4 Intergraph eXalt

EXALT ist das X-Server-Produkt von Intergraph, das sehr gut mit den anderen Produkten dieser Firma, zum Teil aber auch mit den Produkten anderer Firmen zusammenspielt.

Dieser X-Server arbeitet nach dem Client-Server-Prinzip und zeigt grafische UNIX-Programme in der Windows NT-Oberfläche an. Selbstverständlich haben Sie einen vollständigen Zugriff auf Tastatur und Maus, wenn Sie mit UNIX-Programmen unter Windows NT arbeiten.

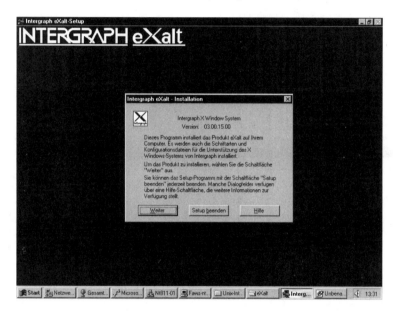

Bild 9.51: Installation von eXalt

Die Client-Anbindung an UNIX-Rechner wird gleich mitinstalliert, so daß Sie die Ressourcen der UNIX-Maschinen, auf die Sie zugreifen können, gleich in der Netzwerkumgebung sehen (siehe Bild 9.52).

Alle Verzeichnis-, Datei- und Druckerressourcen sind in der Netzwerkumgebung zugänglich. Dadurch haben Sie die Möglichkeit, mit Standard-Windows-Applikationen zu arbeiten (siehe Bild 9.53).

Nachdem die Verbindung hergestellt ist, muß die grafische Oberfläche auf die Windows NT-Maschine exportiert werden. Sie können das immer über Telnet machen, und welcher Befehl einzusetzen ist, hängt von der verwendeten Shell ab. In der Bourne und Korn Shell verwenden Sie den Befehl EXPORT:

```
export DISPLAY=Hostname:0
```

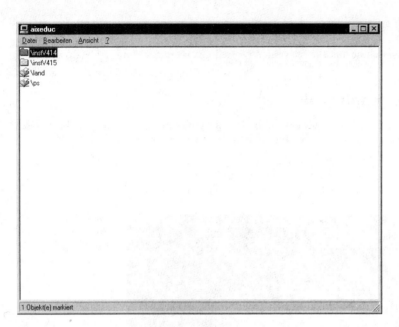

Bild 9.52:
Ressourcen in der Netzwerkumgebung

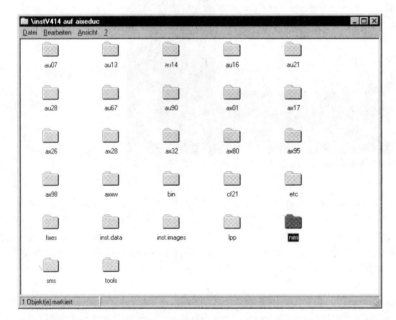

Bild 9.53:
Ordner auf einem UNIX-Rechner

Unter *Hostname* geben Sie den Hostnamen Ihres Computers an. Beachten Sie außerdem, daß die Groß- und Kleinschreibung eingehalten werden muß, wenn der Befehl funktionieren soll.

Danach rufen Sie die grafischen Programme auf. Diese werden auf dem UNIX-Rechner gestartet, doch die gesamte Ausgabe erfolgt unter Windows NT. Selbstverständlich haben Sie auch Zugang mittels Tastatur oder Maus.

Verbindung zu UNIX 371

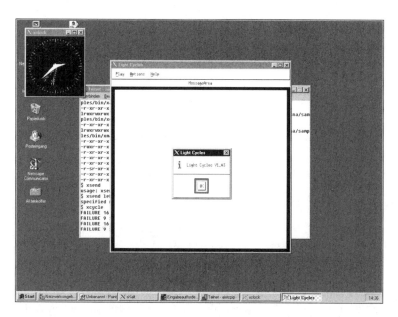

Bild 9.54:
X-Programme unter Windows NT

Zusätzlich zu diesem manuellen Weg gibt es Möglichkeiten, die Programme so einzustellen, daß sie automatisch über ein Objekt gestartet werden können. Auch die Anmeldung wird in diesem Fall automatisiert.

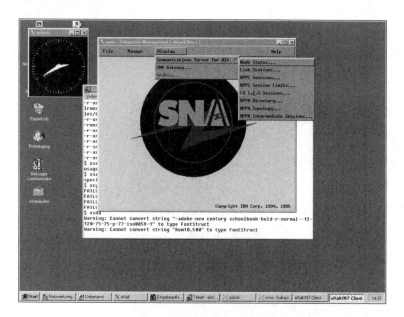

Bild 9.55:
Grafisches AIX-Programm unter Windows NT

EXALT kann mit mehreren UNIX-Systemen zusammenarbeiten. Sie können etwa die Programme SCO OpenServer, UnixWare, IBM AIX oder Linux verwenden.

9.5.5 Attachmate KEA! X

Auch die Firma Attachmate, die von Mainframe-Anbindungen her bekannt ist, bietet ein eigenes Produkt für die Anbindung von grafischen UNIX-Programmen.

Attachmate KEA! X 3.0 enthält auf einer CD-ROM sowhl die 16- wie auch die 32-Bit-Windows-Programme. Die 32-Bit-Version läuft unter Windows 95 und Windows NT.

Mit Hilfe des X Application Managers können Sie X-Anwendungen starten. Die Einstellungen lassen sich vordefinieren und speichern. Programmeinstellungen müssen daher nicht auf der UNIX-Maschine definiert werden.

Genauere Informationen zu diesem Produkt erhalten Sie auf Attachmates Web-Seite.

9.5.6 MicroImages MI/X

Freeware ist der X-Server von MicroImages. Das Produkt MI/X kann unter Windows NT sowie unter Windows 95 eingesetzt werden. Da es sich um eine kostenlose Software handelt, gibt es von der Firma keine Unterstützung, allerdings kann man Erweiterungsvorschläge und -wünsche an die Internet-Adresse des Herstellers schicken.

TCP/IP muß eingerichtet sein, damit die Verbindung zu einem UNIX-Host überhaupt aufgebaut werden kann. Dieser UNIX-Host muß in der Lage sein, X-Window-Applikationen auf entfernte Terminals zu exportieren.

Für diesen Export definieren Sie eine Umgebungsvariable mit dem Befehl SETENV. Die Syntax des Befehls sieht folgendermaßen aus:

```
setenv DISPLAY Hostname:0.0
```

Mit *Hostname* ist in diesem Fall natürlich die Windows NT-Maschine gemeint. Geben Sie dabei acht, daß Sie wirklich den Hostnamen und nicht den Maschinennamen verwenden, falls die beiden unterschiedlich sind.

Bild 9.56:
Begrüßungsbildschirm

Danach können Sie grafische UNIX-Programme aufrufen, wobei sich zum Testen besonders kleine Programme wie XCLOCK oder XEYES eignen.

Ungewöhnlich ist das Konzept, ein Hauptfenster zu installieren, in dem wie unter UNIX gearbeitet werden kann. Vor allem steht ein UNIX-Menü zur Verfügung, wenn Sie die linke bzw. die rechte Maustaste festhalten.

Generell funktioniert dieser X-Server mit allen grafischen UNIX-Umgebungen, die ihre Oberfläche auf Grafikterminals exportieren können. Während der Arbeit zu diesem Buch funktionierte das Programm sehr gut mit Linux, AIX und Solaris.

9.5.7 XWin32

Freeware-Produkte gibt es mehrere. Auch XWIN32 ist ein solches Freeware-Produkt. Wieder handelt es sich um einen X-Server für Windows NT.

Die Installation ist selbsterklärend und rasch. Danach benötigen Sie eine Telnet-Verbindung zum UNIX-Rechner, um den Bildschirm zu exportieren.

Wenn Sie schließlich grafische UNIX-Programme aufrufen, erscheinen diese auf dem Windows NT-Bildschirm.

Im Zusammenspiel mit IBM AIX fiel allerdings auf, daß XWIN32 mitunter Probleme mit der Bildschirmdarstellung hat. Vor allem die Schaltflächen fielen in der Regel viel zu groß aus und wuchsen auf ein Vielfaches der Bildschirmbreite hinaus. Wenn Sie AIX verwenden, sollten Sie XWIN32 nur für Testzwecke einsetzen, nicht jedoch für die tägliche Arbeit.

9.6 UNIX-Clients für NT-Server

Umgekehrt geht es auch. Nicht nur für Windows NT-Anwender ist die Anbindung an UNIX-Maschinen interessant, sondern auch für UNIX-Anwender die Anbindung an Windows NT-Maschinen.

Insgesamt gibt es weniger Programme, die den umgekehrten Weg gehen, doch es gibt sie. Sehr oft handelt es sich bei den Herstellern um dieselben Firmen, die NFS-Clients anbieten. Der Weg vom NFS-Client zum NFS-Server ist also nicht weit.

Typisch bei all diesen Programmen ist, daß die Benutzerverwaltung quasi doppelt existiert. Es gibt zwar zum Teil Möglichkeiten, ein Kennwort über zwei Systeme gleichzeitig zu ändern, doch das ändert nichts daran, daß der Benutzer nicht nur in der Windows NT-Domäne angelegt werden muß, sondern auch lokal auf der UNIX-Maschine.

Aufgrund einer gemeinsamen Anmeldung wird der UNIX-Benutzer allerdings auch von der Windows NT-Domäne überprüft und kann auf die für ihn bestimmten Datei-, Verzeichnis- und Druckerressourcen mit Standardmethoden zugreifen, im Normalfall auch über die grafische Oberfläche.

Hier ein paar Programme, mit deren Hilfe Sie UNIX-Clients mehr oder weniger nahtlos in eine Windows NT-Umgebung einbinden können.

9.6.1 Hummingbird Maestro NFS Server

Im Rahmen der Maestro Suite liefert Hummingbird auch einen NFS Server aus. Damit ist eine direkte Peer-to-Peer-LAN-Vernetzung möglich. PCs und Workstations können PC-Laufwerke »mounten« und auf das Dateisystem zugreifen. NFS Server ermöglicht somit eine gemeinsame Nutzung von PC-Ressourcen für PCs und UNIX-Workstations.

Die NFS-Clients können auf die Laufwerke des Servers, auf die CD-Laufwerke und auf die Drucker zugreifen. Dabei können Sie den NFS Server nicht nur auf Windows NT Server, sondern auch auf Windows NT Workstation installieren.

Die Software setzt wieder auf dem 32-Bit-TCP/IP-Protokoll von Microsoft auf. Die NTFS-Dateinamen werden unterstützt, wobei auch FAT oder HPFS darunterliegen können. Der HPFS-Treiber müßte nachträglich installiert werden, da Windows NT 4.0 dieses Dateisystem offiziell gar nicht mehr unterstützt.

Die Daten, auf die Benutzer zugreifen wollen, müssen natürlich freigegeben werden, wie das auch in reinen Windows NT-Netzwerken der Fall ist. In der UNIX-Terminologie spricht man dabei von *exportieren*.

Die NFS-Clients werden selbstverständlich auf ihre Authentizität hin überprüft. Verwendet werden dafür PCNFSD-Funktionen.

Mit Hilfe der Dienstprogramme, die beim NFS Server enthalten sind, können Sie den Benutzern und Gruppen, die unter Windows NT definiert werden, auch eine UNIX-Benutzer-ID (UID) und eine Gruppen-ID (GID) zuordnen. Die Namen müssen auf UNIX und Windows NT nicht einmal identisch sein. Sie haben die Möglichkeit, Namen miteinander zu verbinden.

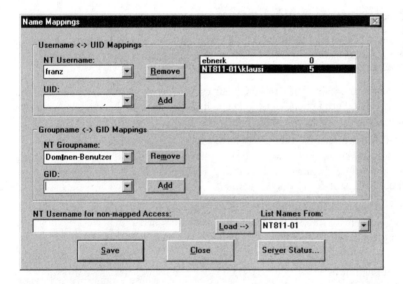

Bild 9.57:
Mapping der NT- und UNIX-Namen

Der Einfachheit halber werden Listen eingerichtet, mit deren Hilfe Sie die Namen nur mehr auswählen brauchen. Die Gefahr, sich zu vertippen, wird dadurch reduziert.

Verbindung zu UNIX

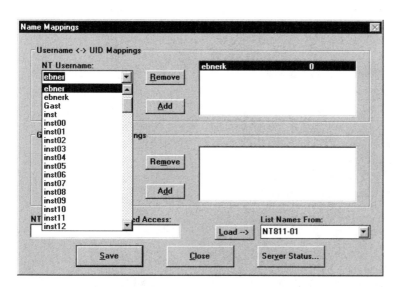

Bild 9.58:
Auswahl der
NT-Namen

Vereinzelt können Probleme mit den Zeichensätzen auftauchen. Die Hummingbird-Software geht sehr stark von UNIX aus, und beim ANSI-Zeichensatz werden vereinzelt Sonderzeichen nicht angezeigt.

Sonderzeichen? Ja, leider gehören die Umlaute auch schon dazu. Sie erkennen das, wenn Sie Namen oder Gruppen auswählen, die Umlaute enthalten. Die Software verweigert die Bearbeitung solcher Namen. Als unangenehm erweist sich die Tatsache, daß sogar Standard-Gruppennamen wie etwa »Domänen-Benutzer« Umlaute enthalten.

Bild 9.59:
Probleme mit ANSI-Sonderzeichen

Die Sicherheit der Dateizugriffe wird vom Windows NT-Dateisystem verwaltet. Die Benutzersteuerung bildet jedoch die Grundlage.

Der NFS-Server wird als Windows NT-Dienst eingerichtet. Damit ist gewährleistet, daß niemand angemeldet sein muß, wenn UNIX-Benutzer auf die NT-Maschine zugreifen wollen.

Von einer Peer-Verbindung wird deshalb gesprochen, weil UNIX-Benutzer sich nach wie vor an ihrer UNIX-Maschine anmelden müssen und nicht an Windows NT. Die Benutzerverwaltung ist in diesem Fall doppelt, weil sie nicht nur auf der UNIX-Maschine, sondern auch unter Windows NT eingerichtet sein muß.

Die Tatsache, daß NFS Server eine Reihe von Serverdiensten enthält, macht das Programm auch innerhalb von reinen PC-Umgebungen brauchbar. Sie wissen ja, daß Windows NT standardmäßig fast keine Serverdienste mitliefert, und NFS Server von Hummingbird ist eines der Zusatzprodukte, das mit diesem Manko aufräumen kann.

Innerhalb dieser Verbindungssoftware wird nach wie vor von *Daemons* gesprochen, wie das unter UNIX üblich ist. Die Windows NT-Terminologie bezeichnet diese Komponenten als *Dienste*.

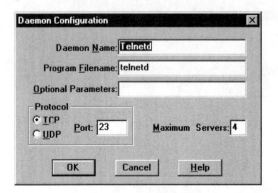

Bild 9.60:
Telnet Daemon

Hummingbird liefert den fehlenden Telnet-Dienst mit. Damit ist es möglich, daß andere Maschinen eine Verbindung zum Windows NT-Rechner mit Hilfe der Telnet-Emulation aufbauen.

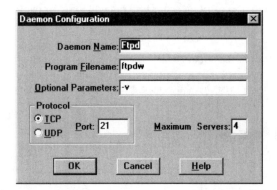

Bild 9.61:
FTP Daemon

Der FTP-Serverdienst ersetzt den FTP-Server im Internet Server. Damit ist es möglich, einen FTP-Server zu betreiben, ohne daß der Internet Information Server eingesetzt werden muß. Außerdem kann dieser Serverdienst nicht nur auf Windows NT Server, sondern auch auf Windows NT Workstation installiert werden.

Wenn Sie eine Umgebung haben, in der FTP eine wichtige Rolle spielt, können Sie mit Hilfe des Hummingbird NFS Servers Windows NT dahingehend erweitern, daß alle Geräte FTP-Server und -Clients sein können (siehe Bild 9.62).

Gopher ersetzt ebenfalls den gleichnamigen Dienst im Internet Information Server. Dieser Dienst könnte wiederum auf einer NT Workstation installiert werden. Gopher spielt heute eine immer kleinere Rolle, was vor allem am Riesenerfolg des Web liegt (siehe Bild 9.63).

Ein relativ gefährlicher Dienst ist FINGER. Mit diesem Programm haben Sie die Möglichkeit, Informationen über Benutzer abzufragen.

Verbindung zu UNIX 377

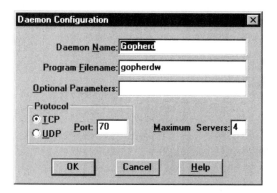

Bild 9.62:
Gopher Daemon

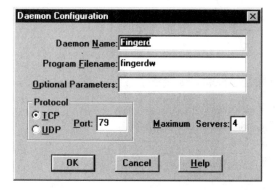

Bild 9.63:
Finger Daemon

Mit diesem Dienst kann auf sehr viele Informationen der Benutzer zugegriffen werden, beispielsweise auf den Anmeldenamen, den ausgeschriebenen Namen, wann er zuletzt angemeldet war usw.

Der Serverdienst ist eine heikle Sache, obwohl FINGER auch dazu verwendet werden kann, den Adressaten für EMail ausfindig zu machen.

Im Zweifelsfall sollten Sie FINGER lieber weglassen. Windows NT stellt standardmäßig einen Finger-Client zur Verfügung, doch mit dem Serverdienst sollte man vorsichtig sein. Finger ist ein beliebter Dienst, mit dessen Hilfe Hacker in Systeme einbrechen bzw. sich eine Menge an Informationen holen.

Für alle Dienste wird eine *Superserver* verwendet. Das ist eine Art Serverdienst, mit dessen Hilfe es möglich ist, die einzelnen Daemons zu konfigurieren, zu aktivieren und zu deaktivieren.

Diesen Superserver finden Sie unter der Bezeichnung HCL INETD in der Systemsteuerung. Er listet alle Dienste auf, die von Hummingbird geliefert werden. Dabei handelt es sich um die Schaltzentrale für die UNIX-Dienste. Der Aufbau des Dialogfensters erinnert durchaus an das DIENSTE-Dialogfenster von Windows NT (siehe Bild 9.64).

Mit dem NFS Server erhalten Sie auch die Möglichkeit, die verschiedenen Anfragen zu überwachen. Wie viele Verbindungsanfragen über das Netzwerk eingegangen sind, wie oft Laufwerke verbunden wurden, das alles ist in Form einer eigenen Statistik überprüfbar (siehe Bild 9.65).

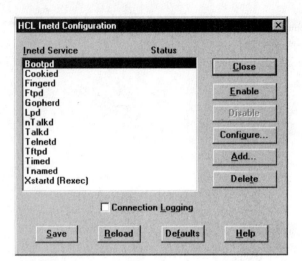

Bild 9.64:
HCL Superserver

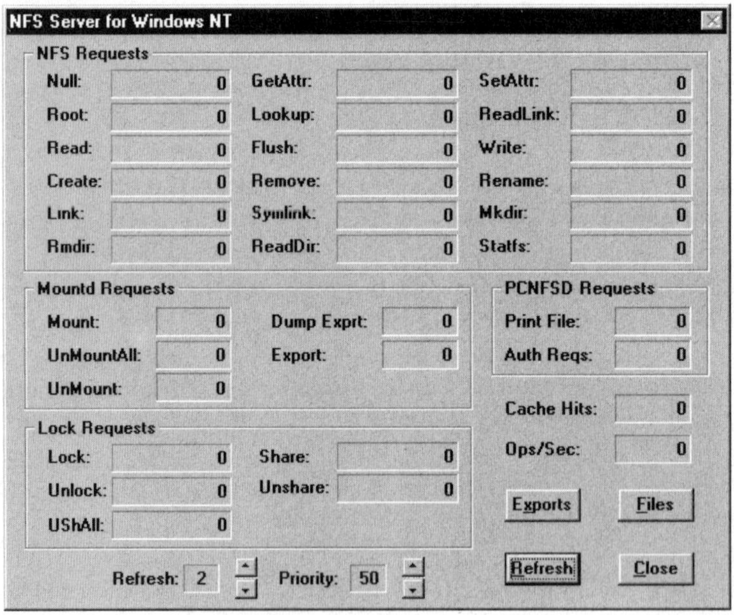

Bild 9.65:
???? Fehlt ????

9.6.2 Intergraph DiskShare

DISKSHARE heißt das Produkt von Intergraph, mit dem Sie aus Windows NT auch einen NFS-Server machen können.

Die Benutzerverwaltung kann von den UNIX-Maschinen nicht übernommen werden, doch können Sie Zuordnungen zwischen den Windows NT- und den UNIX-Maschinen herstellen. Vor allem aber ist es möglich, UNIX-Benutzer zu definieren, die auf die NFS-Datenträger zugreifen können, die auf dem Windows NT-Server definiert werden.

Verbindung zu UNIX 379

Bild 9.66:
Benutzerzuordnung

Die UNIX-Benutzer stellen Sie mit dem KENNWORTDATEI-EDITOR ein. Wie unter UNIX üblich, erhalten diese Konten jetzt auch unter Windows NT eine Benutzernummer und eine Gruppennummer. Diese Nummern sind ja die Basis der Benutzerverwaltung unter UNIX (Bild 9.67).

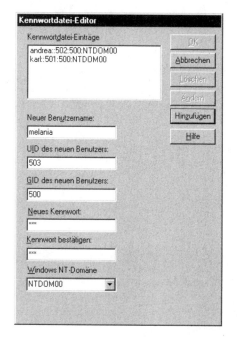

Bild 9.67:
Der Kennwortdatei-Editor

Die gesamte DISKSHARE-Konfiguration wird in der Systemsteuerung eingerichtet. Sie können Optionen für die Benutzer, die Freigaben und die Sicherheit einstellen.

In jedem Fall gelten auch die NTFS-Sicherheitsbestimmungen. Sie stehen sozusagen im Hintergrund und wachen über den Zugriff der UNIX-Anwender (siehe Bild 9.68).

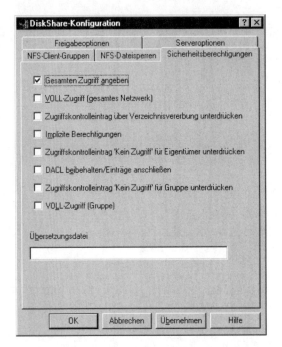

Bild 9.68:
Allgemeine Sicherheitseinstellungen

Wenn Sie Freigaben für UNIX-Benutzer erstellen, ist von *Mounts* die Rede. Das ist der unter UNIX übliche Begriff, und Laufwerke oder eben Verzeichnisse müssen »gemountet« werden.

Ein kleines Dienstprogramm gibt Ihnen die Möglichkeit, alle Mounts anzuzeigen. Damit bekommen Sie eine recht gute Übersicht über alle Dateiressourcen, die für UNIX-Benutzer relevant sind.

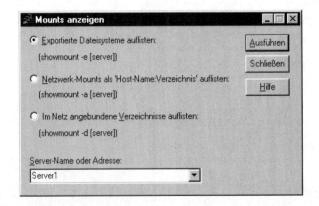

Bild 9.69:
Anzeige der Mounts

9.6.3 InterDrive Server

Dieses Produkt stammt von der Firma FTP, die auch den gleichnamigen Client produziert. INTERDRIVE SERVER ist eine 32-Bit-NFS-Server-Implementation, die multithreaded im Kernel-Mode arbeitet. Das Programm wird als Windows NT Systemdienst installiert.

Die Verwaltung wird mit Hilfe der SYSTEMSTEUERUNG vorgenommen. So gesehen wurde das Programm also wunderbar in die Windows NT-Umgebung integriert.

Groß- und Kleinschreibung für die UNIX-Anwender wird selbstverständlich unterstützt. Das Produkt enthält einen kompletten LPD-Druckserver.

INTERDRIVE SERVER kann nicht nur auf NTFS-, sondern auch auf HPFS-Partitionen und somit auch unter Windows NT 3.51 arbeiten.

Dieses Programm enthält hauptsächlich die Möglichkeit, *Mounts* zu definieren, damit UNIX-Benutzer auf Dateiressourcen und freigegebene Drucker zugreifen können.

Wenn Sie auch die Serverdienste für andere Standard-TCP/IP-Programme benötigen, müssen Sie PCNFSD dazuinstallieren.

9.7 X.500-Verzeichnisdienste von HP

Hewlett-Packard entwickelte ein Dateisystem, das die Plattformen Windows NT und UNIX miteinander verbindet. Das ENTERPRISE FILE SYSTEM (EFS) richtet sich vor allem an die technischen Bereiche großer Unternehmen. Dort müssen Wissenschaftler und Ingenieure auf weltweit verteilte Daten und Applikationen zugreifen.

NFS wurde grundsätzlich für ein LAN konzipiert, während EFS auf sehr große Netze und WANs ausgedehnt werden kann.

Das Dateisystem kann die Lasten zwischen mehreren identischen und freigegebenen Dateien verteilen, unterstützt lokale Pufferspeicher und einen transparenten Zugriff auf den nächsten verfügbaren Speicherstandort.

Das Interessante an diesem Dateisystem ist die Tatsache, daß der Benutzer den Standort der Datei, auf die er zugreift, nicht kennen muß. Auf die Ressourcen wird mit Hilfe eines Pfadnamens zugegriffen, der keinerlei Informationen über den Server enthält.

EPS wird als *HP Distributed File System* bezeichnet. Dieses verteilte Dateisystem basiert auf den OSF-Standards DCE und DFS 1.2.1.

9.8 Gateway zu UNIX

Die Firma Intergraph bietet neuerdings auch einen Gateway-Dienst für Windows NT an, der die Verbindung zu UNIX herstellt. Dieses Gateway installiert gleich eine Reihe von Objekten in der Startleiste (siehe Bild 9.70).

Dieses Gateway kann recht gut mit dem NetWare-Gateway von Microsoft verglichen werden. Hier wie da wird die Verbindung zum Fremdsystem hergestellt, und die Besonderheit am Gateway ist, daß Clients nur den NT-Server kennen müssen, um auf die Ressource zuzugreifen.

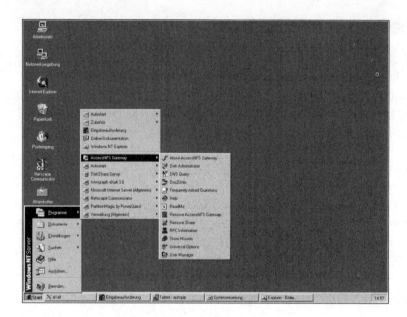

Bild 9.70:
Die Programme
von Intergraph
Gateway

Alle Clients können in diesem Fall also im Windows-Netzwerk arbeiten, ohne auch nur das Geringste über NFS oder UNIX zu wissen. Die Freigaben werden auf dem NT-Server durchgeschaltet und sehen nach außen hin wie ganz gewöhnliche NT-Freigaben aus.

Zum Einrichten werden die ACCESSNFS GATEWAY SHARES verwendet. Dieses Fenster erinnert an die menügeführte Standardfreigabe von Windows NT. In der Browser-Liste können Sie das entsprechende NFS-Gerät anwählen, und mit einem Doppelklick zeigen Sie die bereitstehenden Freigaben an.

Jetzt muß nur mehr ein Laufwerksbuchstabe zugeordnet werden, außerdem benötigen Sie einen Freigabenamen, der wiederum den Windows NT-Konventionen gehorcht (siehe Bild 9.71).

Genauso wie bei NT-Freigaben kann die Sicherheit ganz genau definiert werden. Hier treffen wir die Standard-Berechtigungen von Windows NT an.

Aufgrund dieser Freigabe wird die UNIX-Ressource für die Windows-Benutzer freigeschaltet. Dieses Freischalten ist quasi die Grundfunktion einer Gateway-Funktionalität (siehe Bild 9.72).

Die Freigabe ist die eine Seite. Auf der anderen Seite können Client-Maschinen der Domäne an die Ressource angebunden werden.

Verbindung zu UNIX 383

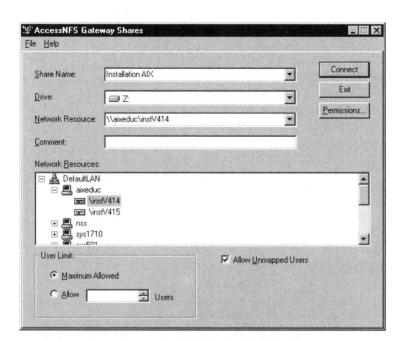

Bild 9.71:
Freigabe im
AccessNFS
Gateway

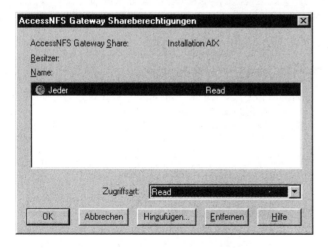

Bild 9.72:
Sicherheitseinstellungen für
Freigaben

Über das Netzwerk sieht die Freigabe wie eine NT-Freigabe aus. In der folgenden Abbildung sehen Sie die Freigabe auf der UNIX-Maschine gemeinsam mit anderen Freigaben, die tatsächlich auf dem NT Server stehen (siehe Bild 9.73).

Ähnlich wie bei Windows NT selbst kommen bei dieser Technik zwei verschiedene Sicherheitseinstellungen zum Tragen. Einerseits entscheidet die mit dem Intergraph-Programm definierte Freigabe, und dahinter befinden sich Rechte, die im UNIX-Dateisystem eingestellt wurden. Beachten Sie, daß beides zusammenpassen muß.

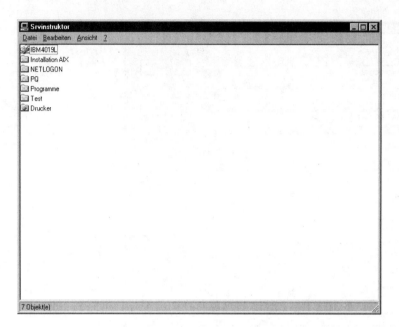

Bild 9.73:
NT- und UNIX-
Freigaben in der
Netzwerk-
umgebung

Die Verwaltung der Rechte findet hierbei unter UNIX statt. Wenn Sie das Zusammenspiel von Freigabe und Sicherheit unter Windows NT gewohnt sind, sollten Sie damit kein Problem haben.

9.9 SCO Advanced File and Print Server

Santa Cruz Operation entwickelte ein Programm, das sich zur Einbindung von SCO OpenServer eignet. Den Hintergrund stellt eigentlich Windows NT-Netzwerk-Programmcode, der von AT&T auf Windows NT portiert wurde. AT&T ist wiederum jene Firma, die UNIX Ende der 60er Jahre entwickelte.

SCO ADVANCED FILE AND PRINT SERVER ist ein Zusatz zu SCO UNIX. Auf OpenServer installiert, bringt das Produkt eine vollständige Integration in die Welt von Windows NT.

SCO AFPS bietet einen Zugang für Windows NT zu UNIX-Maschinen. Sie können auf Dateiressourcen auf den UNIX-Maschinen zugreifen. Beim Drucken weist die Software in beide Richtungen. Sie können mit Windows NT über UNIX-Drucker ausdrucken, und Sie können mit UNIX über Windows NT-Drucker ausdrucken. AFPS enthält NetBIOS over TCP/I und NetBEUI.

SCO OpenServer erscheint als ganz normaler Peer-Partner im Netzwerk. Selbstverständlich sind die Geräte und Ressourcen in der Netzwerkumgebung sichtbar.

SCO OpenServer muß Version 5.0 haben, damit AFPS eingesetzt werden können. Das TCP/IP-Protokoll muß vor dem Aufsetzen von AFPS installiert und konfiguriert werden.

Eine AFPS-Maschine kann als Primärer Domänen-Controller konfiguriert werden. Die Domäne ist recht flexibel aufgebaut, denn als Server sind andere AFPS-Maschinen mit SCO OpenServer möglich, aber auch Windows NT-Server, LAN Manager für UNIX und LAN Manager für OS/2.

Wenn der AFPS-Server als Sicherungs-Domänen-Controller eingerichtet wird, dann muß der Primäre Domänen-Controller ein anderer AFPS-Server oder ein Windows NT-Server sein.

Es ist allerdings nicht möglich, AFPS als Alleinstehenden Server zu installieren. Ein AFPS-Server ist daher immer ein PDC oder ein BDC. Auf der Client-Seite können Sie neben Windows NT 4.0 und 3.51 auch Windows 95, Windows für Workgroups, Windows 3.1, DOS, OS/2 Warp und LAN Manager-Clients verwenden.

Zur Zeit unterstützt AFPS weder DHCP noch WINS, allerdings sollen diese Funktionen in einer neuen Version nachgeliefert werden. Diese neue Version ist noch für 1997 geplant.

Mit AFPS werden die Server-Verwaltungsprogramme ausgeliefert. Dabei handelt es sich um Windows-Programme, die unter Windows NT laufen, aber nicht auf der UNIX-Maschine selbst. Es sind dies die Standardprodukte von Microsoft wie BENUTZER-MANAGER FÜR DOMÄNEN und SERVER-MANAGER, aber beispielsweise auch die EREIGNISANZEIGE. Sie können diese Programme vom Server auf Windows NT-Clients installieren. Wenn Ihre Firma keinen einzigen Windows NT-Server besitzt, ist das die einzige Möglichkeit, den AFPS-Server zu verwalten, denn die Verwaltungsprogramme für den Server werden nur mit Windows NT Server, aber nicht mit der Workstation ausgeliefert.

AFPS wird von einer CD-ROM installiert. Sie müssen als *Root* angemeldet sein. Die grafische Oberfläche Motif befindet sich auf Bildschirm 2. Diesen können Sie mit `Strg`-`Alt`-`F2` aktivieren. Rufen Sie den SOFTWARE MANAGER mit einem Doppelklick auf, um AFPS zu installieren. Wählen Sie die CD-ROM als Medium, und das System sucht die Software auf der CD. Klicken Sie dann den Eintrag SCO *Advanced Print and File Server* in der Software-Liste an und starten Sie die Installation. Das Installationsprogramm fragt nach der Lizenznummer. Beachten Sie, daß groß und klein geschriebene Zeichen der Lizenznummer genau so eingetippt werden müssen.

Während des Kopierens der Daten werden Sie nach einem Namen für den AFPS-Server gefragt. Standardmäßig wird der SCO-Systemname verwendet. Danach müssen Sie die Rolle des Servers bestimmen. Falls es noch keinen Primären Domänen-Controller gibt, ihr Server also der erste ist, dann geben Sie PDC an; ansonsten muß der Sicherungs-Domänen-Controller (BDC) ausgewählt werden. Definieren Sie danach einen Domänennamen und das Kennwort für den Administrator. Dieses kann mit dem Kennwort des Benutzers *Root* identisch sein.

Der UNIX-Systemkern wird danach neu gebunden. Nach der Installation muß das System neu gestartet und der Mehrbenutzermodus aktiviert werden.

Um mit der Befehlszeile auf den UNIX-Server zuzugreifen, benötigen Sie Telnet. Sie können das mit Windows NT ausgelieferte Programm verwenden oder SCO TermLite, das mit AFPS 3.5.2 ausgeliefert wird. Dieser Terminal-Emulator arbeitet sogar mit NetBEUI und NetBIOS over TCP/IP.

Auf SCO OpenServer steht mit AFPS auch ein NET-Befehl zur Verfügung. Mit diesem Befehl können Sie Freigaben erstellen. Wenn Sie eine Freigabe für das Verzeichnis /USR/DATEN erstellen wollen, auf die Windows NT-Benutzer zugreifen sollen, dann geben Sie den folgenden Befehl ein:

```
net share Daten=c:/usr/Daten
```

Beachten Sie, daß zwar der Laufwerksbuchstabe angegeben wird, wie man es vom PC her gewohnt ist, der Befehl jedoch trotzdem den Schrägstrich von UNIX verwendet und nicht den Backslash.

Einfacher geht es, wenn Sie die Motif-Oberfläche von OpenServer verwenden, um Freigaben zu erstellen. Öffnen Sie die SYSTEMVERWALTUNG, DATEISYSTEME und den DATEISYSTEM-MANAGER. Sie können die NFS- oder die AFPS-Freigaben anzeigen lassen.

Über EXPORT können Sie Freigaben erstellen oder wieder löschen.

Die Benutzer werden ebenfalls direkt auf dem Server mit dem BENUTZER-MANAGER oder mit dem BENUTZER-MANAGER FÜR DOMÄNEN unter Windows NT erstellt. Sie haben die Möglichkeit, UNIX-Benutzer und Windows NT-Benutzer zu erstellen. Auf Wunsch können jedem Benutzer auch beide Merkmale zugeordnet werden.

Benutzer, die Sie mit dem BENUTZER-MANAGER FÜR DOMÄNEN erstellen, sind reine Windows NT-Benutzer. Sie könnten auf den UNIX-Maschinen nicht direkt arbeiten. Wenn Sie Benutzer erstellen wollen, die sowohl unter Windows NT als auch unter UNIX arbeiten müssen, dann verwenden Sie den BENUTZER-MANAGER VON SCO.

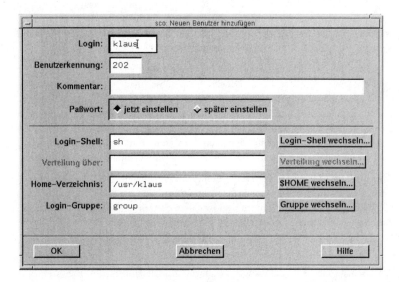

Bild 9.74:
Neuer Benutzer
für UNIX und
Windows NT

Wenn der AFPS-Server als Sicherungs-Domänen-Controller installiert wurde, dann wird die Benutzerdatenbank nach Erstellung des neuen Benutzers mit dem Primären-Domänen-Controller synchronisiert, unabhängig davon, ob es sich dabei um eine Windows NT Server- oder eine SCO OpenServer-Maschine handelt.

Reine Windows-Benutzer erscheinen ebenfalls in der Liste des SCO BENUTZER-MANAGERS, allerdings ist als LOGIN-SHELL lediglich »/bin/false« eingetragen. Wenn Sie einem solchen Benutzer nachträglich auch UNIX-Rechte zuordnen wollen, brauchen Sie nur mehr diesen Eintrag auf eine gültige UNIX-Shell zu ändern, also etwa auf SH oder KSH.

Drucker können wiederum per Befehlszeile oder unter Motif freigegeben werden. Sie finden die Einstellungen im Druckerordner, der in der SYSTEM-VERWALTUNG steht. Im Kontextmenü des Druckerobjektes steht unter den EINSTELLUNGEN auch SHARE PRINTER WITH WINDOWS USERS.

Wenn Ihre UNIX-Clients auf Windows NT-Druckern ausdrucken wollen, dann müssen Sie einen Netzwerkdrucker einrichten. Das machen Sie ebenfalls im Druckerordner. Unter Windows NT muß natürlich die Freigabe eingestellt sein, damit der Druck über das Netzwerk funktioniert.

SCO ADVANCED FILE AND PRINT SERVER unterscheidet sich in mehreren Dingen von Windows NT. Dazu gehört etwa, daß ein AFPS-Server jederzeit die Domäne wechseln kann. Wenn der Server beispielsweise ein Sicherungs-Domänen-Controller in einer anderen Domäne werden soll, dann können Sie die neue Domänenzugehörigkeit konfigurieren. Die Benutzerdatenbank wird erneuert, weil sie ja mit den Daten des neuen Primären Domänen-Controllers überschrieben werden muß.

Auf der anderen Seite wird die Verzeichnisreplikation in beide Richtungen unterstützt, Sie können Vertrauensstellungen einrichten, und was die Sicherheit anlangt, stehen auf dem UNIX-Server natürlich alle Berechtigungen von UNIX zur Verfügung, die praktisch unter den Windows NT-Netzwerkzugriffsrechten liegen.

AFPS stellt Freigaben auf OpenServer für Windows NT-Clients zur Verfügung, nicht jedoch umgekehrt. In der umgekehrten Richtung können Sie lediglich auf die NT-Drucker zugreifen, wenn Sie mit einer UNIX-Maschine arbeiten.

Allerdings wird mit SCO OpenServer standardmäßig ein LAN Manager-Client ausgeliefert. Wenn Sie diesen installieren, dann können Sie in beide Richtungen auf Ressourcen zugreifen. Windows NT-Clients greifen dann auf die AFPS-Ressourcen zu, und UNIX-Clients mit Hilfe des LAN Manager-Clients auf die Windows NT-Ressourcen.

9.10 Verwaltung des Windows NT Servers

Natürlich gibt es keine eigenen Verwaltungsprogramme für UNIX, die in der Lage wären, einen Windows NT-Server zu warten. Möglichkeiten über TCP/IP sind sehr beschränkt, außerdem benötigt man dann zumindest Zusatzprogramme für NT, da der Leistungsumfang von TCP/IP unter Windows NT verglichen mit anderen Betriebssystemen ziemlich dürftig ist.

Auch für UNIX gilt allerdings die Regel, daß der WEB ADMINISTRATOR FOR WINDOWS NT SERVER eingesetzt werden kann. Auf dem Windows NT-Server muß der Internet Information Server von Microsoft installiert sein, und darauf baut der WEB ADMINISTRATOR auf.

Auf der UNIX-Seite benötigen Sie lediglich eine funktionierende TCP/IP-Verbindung zum Windows NT-Server und einen grafischen Web Browser. Bei vielen Systemen gibt es Netscape Navigator oder NCSA Mosaic. Sie können beide Programme einsetzen, um den Windows NT-Server zu verwalten.

Als Adresse geben Sie den vollständigen Hostnamen des Rechners ein, gefolgt von der Verzeichnisstruktur \ntadmin\ntadmin.htm. Die komplette Pfadangabe könnte folgendermaßen aussehen:

http://server.ebner.ed.at/ntadmin/ntadmin.htm

Mit allen Programmen werden Sie nach Ihrem Benutzernamen und dem Kennwort gefragt. Standardmäßig wird beides als reiner Text übertragen, was ein unangenehmes Sicherheitsloch darstellt. Sie können allerdings *Secure Sockets Layer (SSL)* installieren, damit Ihre Eingabe für die Übertragung verschlüsselt wird. Auf dem Server müssen Sie im WEB ADMINISTRATOR einstellen, daß SSL verwendet wird, und beim Browser müssen Sie diese Erweiterung installieren (siehe Bild 9.75).

Dieses Microsoft-Programm versorgt Sie mit allen notwendigen Verwaltungswerkzeugen für einen Windows NT-Server. Sie können Benutzer und Gruppen verwalten, aber auch die Dienste des Servers einstellen, die Ereignisanzeige überprüfen und Statistikdaten mit dem Systemmonitor sammeln.

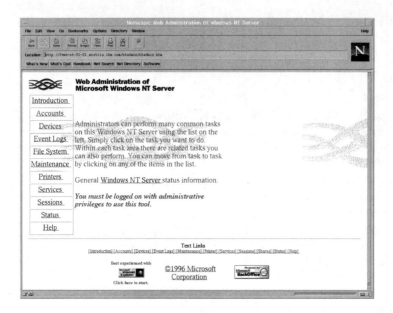

Bild 9.75:
Begrüßungsbildschirm mit Netscape Navigator unter AIX

Es gibt sogar die Möglichkeit, den Windows NT-Server herunterzufahren und, wenn ein zusätzliches Programm aus dem Resource Kit auf dem Server installiert wurde, eine Befehlszeile aufzurufen.

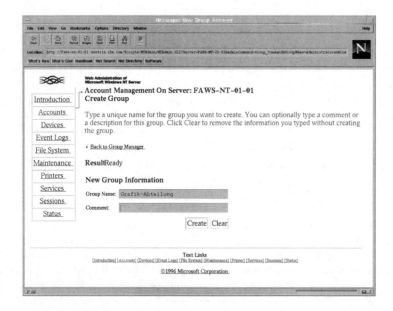

Bild 9.76:
Gruppenverwaltung

Insgesamt kann man sagen, daß die Verwaltungsmöglichkeiten jene der Windows NT-Verwaltungsprogramme übersteigen. Die Zusätze, die Microsoft inkludierte, rekrutieren sich dabei aus dem Resource Kit.

Auf der Seite FILE SYSTEM können Sie beispielsweise die Sicherheitseinstellungen auf NTFS-Datenträgern definieren. Dazu wählen Sie das gewünschte Verzeichnis oder die gewünschte Datei und definieren die Sicherheits-Einstellungen.

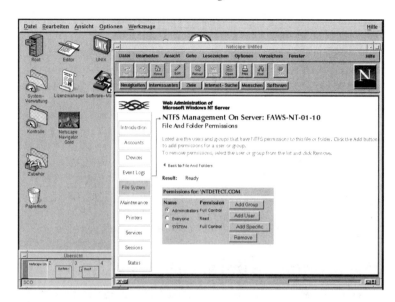

Bild 9.77: Sicherheitseinstellungen unter SCO Unix

Die Arbeit mit dem WEB ADMINISTRATOR ist nicht besonders schnell. Man muß sich allerdings vor Augen halten, was hier dahintersteckt. Internet-Programme sind ganz generell eher langsam, und das merkt man auch beim WEB ADMINISTRATOR.

Sie können das Programm auch verwenden, wenn Sie eine Verbindung über das Internet herstellen. Dazu ist jedoch notwendig, die IP-Adresse des Windows NT-Servers zu kennen. Diese Adresse muß also statisch bleiben, obwohl die Verbindung des Rechners über das Internet hergestellt wird.

Das ist für gewöhnlich nur dann möglich, wenn auf beiden Seiten eine fixe Standleitung ins Internet mit fixen IP-Konfigurationen besteht oder wenn Sie mit Ihrem Provider einen Vertrag abschließen, daß eine IP-Adresse für Ihr Gerät reserviert wird.

Im LAN arbeitet das Programm natürlich schneller, weil das bremsende WAN wegfällt, doch macht es auch hier einen Unterschied, ob mit den Windows NT-Verwaltungsprogrammen oder eben mit dem WEB ADMINISTRATOR gearbeitet wird.

Der Vorteil ist, daß der WEB ADMINISTRATOR ein ideales Werkzeug für heterogene Netzwerke ist. Daß die Verwaltung damit auch von UNIX aus möglich ist, sollte als ganz dicker Pluspunkt gewertet werden.

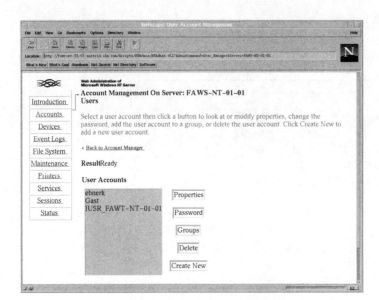

Bild 9.78:
Benutzerverwaltung
unter AIX

9.11 Windows-Programme unter UNIX

Der große Erfolg von Windows-Programmen machte auch vor UNIX nicht Halt. Es gibt eine Reihe von Lösungen für den direkten Einsatz von Windows-Programmen unter UNIX.

Diese Lösungen reichen von den alten 16-Bit-Windows-Programmen bis hin zu modernen Client-Server-Applikationsservern für 32-Bit-Software.

Die Unterstützung der Windows-Programme unter UNIX ist keineswegs einheitlich. In diesem Punkt kommt es darauf an, welches UNIX Sie verwenden. So reichen die Lösungen von verschiedenen Implementierungen hin zu Produkten, die auf mehreren UNIX-Systemen installiert werden können.

9.11.1 Windows-Installation

Auf manchen Systemen kann ein ganz gewöhnliches Windows 3.x installiert werden. Es gibt dann eine DOS-Emulation, die im Gesamtbildschirmmodus läuft. Das ist notwendig, damit die Bildschirmtreiber von Windows verwendet werden können.

SCO Unix ist ein Beispiel für diese Variante. Klar ist, daß Windows ausschließlich auf UNIX-Systemen installiert werden kann, die für Intel-Prozessoren konzipiert wurden.

Da Windows 3.1 installiert wird, können ausschließlich 16-Bit-Windows-Programme eingesetzt werden. Es gibt also keine Unterstützung für Windows 95 oder Windows NT.

9.11.2 Sun WABI

WABI ist eine Erweiterung der Firma Sun, die es erlaubt, 16-Bit-Windows-Programme direkt auf UNIX zu verwenden. Ursprünglich wurde diese Erweiterung für die Sun-Betriebssysteme, allen voran Solaris, entwickelt. Inzwischen wird die Technologie aber auch auf anderen Systemen verwendet, etwa auf IBM AIX.

WABI unterstützt nicht alle Programme, doch zumindest einen großen Teil. Diese werden in UNIX installiert, als handelte es sich um ein Windows-System. Die Emulation verlangsamt die Programme, allerdings wird dieser Leistungsverlust in der Regel durch die stärkeren Prozessoren wie SPARC oder PowerPC locker aufgehoben.

Von der Firma Caldera wurde WABI auch auf Linux portiert. Das Produkt wird kommerziell vermarktet und entspricht im Grunde der Urversion von Sun. Die Geschwindigkeit unter Linux ist gut, allerdings werden nur 256 Farben unterstützt.

Bisher unterstützt WABI keine 32-Bit-Programme. Das gilt für alle Plattformen, unter denen diese Emulation läuft.

9.11.3 Linux WINE

WINE steht für *Windows Emulator*. Es handelt sich um einen Programmlader und Bibliotheken für die Emulation von Windows. Die Programme werden im UNIX-System installiert und können wie unter Windows eingesetzt werden.

Systemaufrufe werden von den Bibliotheken auf entsprechende X-Funktionen umgelegt. Deshalb laufen die Programme in der Standardoberfläche.

WINE ist noch im Entwicklungsstadium. Dieses Produkt wird unter Linux entwickelt, allerdings auch unter den Systemen NetBSD und FreeBSD getestet. Der Schweizer Alexandre Julliard leitet dieses Projekt.

Da es sich um eine nicht-kommerzielle Entwicklung handelt, kann nicht gesagt werden, wann das Produkt fertiggestellt sein wird.

Ein großer Teil der Windows-API wurde bereits implementiert, allerdings scheint es Probleme bei der Implementierung der von Microsoft nicht dokumentierten Funktionsaufrufe zu geben.

WINE ist in der Lage, nicht nur 16-Bit-, sondern auch 32-Bit-Programme einzusetzen. Aus diesem Grund können Sie unter Linux nicht nur Programme für Windows 3.x, sondern auch für Windows 95 bzw. Windows NT starten.

Bei der aktuellen Betaversion (Sommer 97) funktionieren viele Programme schon sehr gut, und die Farbenverwaltung arbeitet, doch gibt es noch Probleme bei der Schriftenverwaltung, da WINE X-Schriften an Stelle von TrueType-Schriften verwendet.

9.11.4 Citrix WinFrame

CITRIX WINFRAME bietet Ihnen die Möglichkeit, 32-Bit-Windows-Programme auf UNIX einzusetzen. Die Programme arbeiten in eigenen Fenstern, die wie Windows NT oder Windows 95 aussehen, obwohl sie innerhalb der UNIX-Oberfläche arbeiten.

CITRIX WINFRAME ist eine Client-Server-Applikation. Mit Hilfe dieses Programms machen Sie aus einem Windows NT-Server einen Multiuser-Applikationsserver für 32-Bit-Windows-Programme. Die UNIX-Client-Maschinen stellen die praktische Oberfläche zur Verfügung.

WINFRAME unterstützt übrigens nicht nur UNIX-Clients, sondern auch Macintosh- und OS/2 Warp-Maschinen. Einem plattformübergreifenden Einsatz steht also nichts entgegen.

Das Client-Server-Prinzip wurde zur Gänze eingehalten, und so ist diese Konstellation sehr gut mit dem Konzept der X-Server vergleichbar. Die Programme laufen nämlich in Wirklichkeit auf der Windows NT-Maschine. UNIX stellt lediglich die Anzeige zur Verfügung.

Geschwindigkeitsprobleme sollte es keine geben, auch wenn die UNIX-Maschine mit anderen Programmen beansprucht wird.

Um eine Mehrbenutzer-Lösung für Windows NT handelt es sich deshalb, weil WINFRAME auf einem einzigen Server-System installiert wird, mit dem dann mehrere Clients arbeiten. Die eigentliche Rechenarbeit findet auf dem Windows NT-Server statt, während die Client-Maschinen lediglich die grafische Oberfläche, also im Grunde die Konsole, das sind Bildschirm und Eingabegeräte, bereitstellen.

Citrix entwickelte das *MultiWin Multi-User Architecture*. Mit dieser Technologie muß Windows NT zu einem Mehrbenutzersystem gemacht werden, denn standardmäßig ist eine solche Funktion ja nicht vorhanden. Mehrere Benutzer können gleichzeitig auf derselben Maschine und zur selben Zeit Programme ausführen. Die UNIX-Clients sind in diesem Fall Grafik-Terminals. Jeder Benutzer läuft auf dem WinFrame/Access-Server als virtuelle Sitzung.

WINFRAME arbeitet mit dem *ICA Windows Presentation Services-Protokoll*. Dieses ist die Grundlage für die Aufteilung der Server- und Client-Funktionen. Mit diesem Protokoll wurde versucht, so viel wie möglich an Leistung herauszuholen; ein Ziel dieses Protokolls war es, die Netzwerkbelastung sehr gering zu halten.

WINFRAME gibt den Client-Maschinen im Grunde ein komplettes Windows NT weiter. Das heißt, daß alle Merkmale von Windows NT vorkommen. Das gilt für die Oberfläche genauso wie für die Sicherheitsrichtlinien. WINFRAME ist nicht irgendeine Emulation, sondern ein mehrbenutzerfähiges Windows NT.

Selbstverständlich unterstützt WINFRAME auch Mehrprozessor-Maschinen. Wenn Sie eine große Zahl von Benutzern haben, die auf die Programme zugreifen, dann sollten Sie auch tatsächlich Mehrprozessor-Maschinen überlegen und das System eventuell sogar auf mehrere Server aufteilen.

Die Leistung von PCs ist jener von Workstations in der Regel weit unterlegen. Wenn jetzt eine ähnliche Leistung mit solchen Programmen erzielt werden soll, muß das gut geplant werden.

9.11.5 NCD WinCenter Pro

Dem gleichen Prinzip folgt WINCENTER PRO von Network Computing Devices. Auch bei diesem Produkt handelt es sich um einen Multiuser-Applikationsserver. Das System basiert auf einem Windows NT-Server und stellt den Clients die Programme und die Rechenkapazität zur Verfügung.

WINCENTER PRO unterstützt auf der Client-Seite nicht nur UNIX, sondern auch Macintosh und Netzwerk-PCs.

Die Belastung des Netzwerks wird so niedrig wie möglich gehalten, damit beide Maschinen, also Windows NT-Server und UNIX-Client, das meiste aus ihrem Aufgabenbereich herausholen können.

Auch MultiMedia-Anwendungen werden von WINCENTER PRO unterstützt. Im Grunde werden alle Möglichkeiten von Windows NT übernommen. Sie können somit alle 32-Bit-Windows-Programme in Ihre Arbeit mit einem UNIX-Rechner einbinden.

WINCENTER wird von NCD in mehreren Varianten angeboten. Eigene *Server Option Packs* stellen Funktionen bereit, die dem Client sogar die Teilnahme an einem Peer-Netzwerk ermöglichen.

Auch bei WINCENTER kommt es immer darauf an, wie viele Benutzer auf den Server Zugriff haben sollen. Wenn es sich um viele Benutzer handelt, so sollten Sie eine Mehrprozessor Maschine überlegen oder die Leistung auf mehrere Server aufteilen. Normalerweise ist ein PC billiger als eine UNIX Workstation, doch dieser Kostenvorteil wird im Grunde mit einer geringeren Leistungsfähigkeit erkauft. Bei Windows NT-Clients stellt das kein Problem dar, doch auf der Server-Seite muß man auf gute und schnelle Hardware schauen.

9.11.6 Exodus NTerprise

Für Intel-, PowerPC und Alpha-Chips gibt es das Programm EXODUS NTERPRISE. Dieses Produkt ist ein Applikationsserver für Windows, der auf Windows NT Server installiert wird.

Client-Maschinen arbeiten mit X-Terminals. Mit diesen Maschinen kann auf den Windows NT-Server zugegriffen werden. Auf diese Weise werden dann 32-Bit-Windows-Programme eingesetzt.

NTERPRISE arbeitet als Mehrbenutzersystem von Windows NT, das über das Client-Server-Prinzip mit den Client-Maschinen unter UNIX kommuniziert.

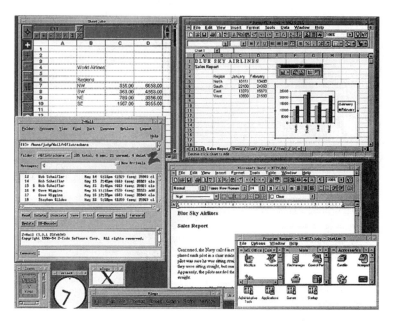

Bild 9.79:
NTerprise auf UNIX

Das Spezielle an diesem Produkt ist, daß sehr viel mit Java gearbeitet wird. So werden nicht nur UNIX-Geräte, sondern auch VMS Stations, Apple Macintosh-Computer und Java Stations unterstützt. Über das TFTP-Protokoll können sogar UNIX-Maschinen vom Windows NT-Server aus ferngestartet werden.

10 Verbindung zu Banyan Vines

In Netzwerken, in denen auf der Server-Seite Banyan Vines eingesetzt wird, haben Sie die Möglichkeit, auch Windows NT-Clients mit diesen Servern zu verbinden.

Da Banyan lediglich ein Server-System zur Verfügung stellt, werden grundsätzlich alle Client-Plattformen unterstützt. Es sind somit Client-Anbindungen für alle Systeme erhältlich, manchmal vom Hersteller des jeweiligen Client-Systems, zumeist aber von Banyan selbst.

10.1 Übersicht Banyan Vines

Vines erfreut sich nicht desselben Bekanntheitsgrades wie etwa Novell NetWare oder Warp Server, doch hält die Firma Vines seit Jahren einen gewissen Anteil am Netzwerkmarkt. Verantwortlich dafür sind die Qualität des Produktes, eine stete Weiterentwicklung und die Unterstützung einer Vielzahl an Clients.

Vines ist ein Netzwerkbetriebssystem, das jedoch auf einem anderen Betriebssystem aufsetzt und zwar auf UNIX. So besteht die Basis von Banyan Vines eigentlich aus einem UNIX-Betriebssystem.

Die Vorteile liegen auf der Hand. UNIX ist seit Jahren ein erprobtes System und besitzt eine Reihe von Leistungsmerkmalen, die bei anderen Systemen oft noch in den Kinderschuhen stecken. Dazu gehören Mehrprozessorunterstützung genauso wie hohe Sicherheitsstandards und Clustering.

Da UNIX die Basis darstellt, ist klar, daß auch UNIX-Clients standardmäßig unterstützt werden.

Vines setzt selbstverständlich auf TCP/IP als Protokoll auf. Im Rahmen eines heterogenen Netzwerkes ist dies das geeignetste Protokoll. TCP/IP ist auch dafür verantwortlich, daß es Clients für praktisch alle Plattformen gibt, da dieses Protokoll überall läuft.

Bei der Konfiguration müssen Sie darauf achten, daß alle IP-Konfigurationswerte stimmen, denn ein kleiner Fehler könnte dazu führen, daß das gesamte Netzwerk nicht funktioniert. Wenn dieser Fehler ausgerechnet auf dem Server auftritt, ist das fatal.

10.2 Einbindung von NT-Maschinen

Die Einbindung von Windows NT in eine Banyan-Umgebung kennt zwei Schritte. Einerseits können Windows NT-Clients auf Vines-Server zugreifen, und andererseits gibt es eine Software, mit deren Hilfe reine Vines-Clients eine Verbindung zu Windows NT-Servern herstellen können.

Wenn Sie Windows NT-Clients an Banyan Vines anmelden wollen, benötigen Sie den ENTERPRISE CLIENT FOR WINDOWS NT. Brauchen Sie umgekehrt den Zugriff von Vines-Clients auf Windows NT-Server, dann benötigen Sie das Programm STREETTALK FOR WINDOWS NT. Beide Programme stammen von der Firma Banyan.

10.3 Banyan Enterprise Client

Mit dem ENTERPRISE CLIENT FOR WINDOWS NT können Windows NT-Clients auf Datei- und Druckerressourcen von Banyan Vines-Servern zugreifen.

Die Benutzerverwaltung bleibt beim Einsatz dieser Software doppelt, das bedeutet, Sie müssen die Benutzer unter Windows NT wie auch unter Banyan Vines anlegen. Um die Verwaltung einfacher zu gestalten, sollten Benutzernamen und Kennwort übereinstimmen.

Der ENTERPRISE CLIENT wird mit einem eigenen Installationsprogramm installiert. Sie finden das Programm SETUP.EXE auf der Diskette oder auf dem Laufwerk, auf dem sich die Installationsdateien befinden.

Das Client-Programm wird an eine Netzwerkkarte gebunden. Unter VINES WORKSTATION CONFIGURATION haben Sie die Möglichkeit, bis zu drei Streettalk-Gruppen auszuwählen. Diese werden automatisch durchsucht, wenn Sie bei der Anmeldung keine Gruppe angeben. In diesem Dialogfenster stellen Sie auch ein, daß die Vines-Software automatisch beim Systemstart von Windows NT geladen und die Windows NT-Anmeldung gleichzeitig für die Anmeldung an Banyan Vines verwendet wird.

Wenn eine gemeinsame Anmeldung verwendet wird, ist es unumgänglich, daß Benutzername und Kennwort auf Windows NT und auf Banyan Vines übereinstimmen. Wenn Sie auf diese gleichzeitige Anmeldung verzichten, könnten verschiedene Namen und Kennwörter verwendet werden. Die Anmeldung an Vines erfolgt in diesem Fall über das Startmenü.

Schließlich muß bei der Installation der Computername angegeben werden. Dieser könnte sich vom standardmäßigen Computernamen und vom Hostnamen unterscheiden, doch macht dies in der Praxis wohl kaum Sinn. Der Computername muß in einer Streettalk-Gruppe vorhanden sein.

10.4 Streettalk for Windows NT

STREETTALK bietet die Möglichkeit, Vines-Clients ohne Zusatzsoftware auf Windows NT-Domänen zugreifen zu lassen. Somit handelt es sich hierbei um den umgekehrten Client-Weg.

STREETTALK ist in Wirklichkeit aber viel mehr. Dieses Produkt erweitert Windows NT um eine komplette Verzeichnisstruktur, die sehr gut mit der NDS von Novell verglichen werden könnte, und um Administrationsprogramme.

Die Möglichkeiten der Verzeichnisstruktur und eine einheitliche Anmeldung der Clients ans Netzwerk erhöhen laut Banyan die Skalierbarkeit von Windows NT.

Die Verzeichnisstruktur macht den Zugriff auf Ressourcen viel transparenter. In der Verzeichnisstruktur benötigt ein Benutzer nur mehr den Namen der Ressource, auf die er zugreifen will. Auf welchem Server diese Ressource steht und der Servername sind jedoch unerheblich.

Die Verbindung setzt selbstverständlich auf TCP/IP auf, auch wenn nebenbei noch andere Protokolle eingesetzt werden. TCP/IP ist die Grundlage für STREETTALK.

STREETTALK EXPLORER ist das Verwaltungsprogramm, mit dem Sie das Netzwerk von jeder Windows NT oder auch Windows 95-Maschine aus verwalten können. Beachten Sie, daß es sich dabei um ein Windows NT-Netzwerk handelt. Mit Vines hat dieses Produkt also nicht unbedingt etwas zu tun.

Verbindung zu Banyan Vines

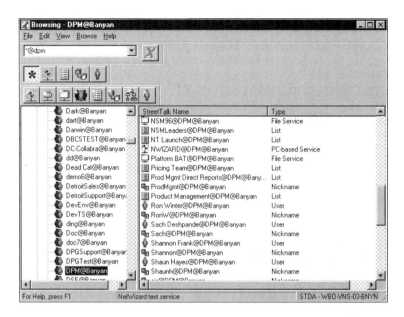

Bild 10.1:
Verzeichnisstruktur von Streettalk Explorer

Streettalk enthält auch ein Datensicherungsprogramm und das Produkt INTELLIGENT MASSAGING, das Nachrichtensysteme oder besser: Mailsysteme auch in großen Netzwerken einigermaßen überschaubar hält.

10.5 Administration von Vines-Servern

Ähnlich wie bei Novell NetWare können Banyan Vines-Server nicht direkt verwaltet werden. Diese Aufgaben werden von einer Workstation aus durchgeführt. Aus diesem Grund können auch Windows NT-Rechner als Systemkonsole fungieren. Ein Administrator benötigt also lediglich den ENTERPRISE CLIENT und ein paar Verwaltungsprogramme, mit deren Hilfe er den Server wartet.

ENTERPRISE CLIENT ist die Grundlage für den Administratorzugriff. Über die Systemkonsole haben Sie Zugriff auf alle notwendigen Verwaltungsprogramme auf dem Vines-Server. Sie können von hier aus Benutzerkonten, Ressourcen und andere Netzwerkdienste verwalten.

Während der Anmeldung an Banyan Vines verbindet der Netzwerk-Redirector den Datenträger mit den Systemdateien mit dem virtuellen Laufwerk Z:. Von diesem Laufwerk können Administratoren die Verwaltungsprogramme starten.

MANAGE.COM ist ein Programm, mit dem Sie Benutzer und Gruppen anlegen und verwalten können, aber auch Zugriff auf ganze Organisationen haben, die eine größere Verwaltungseinheit innerhalb des Vines-Netzwerks darstellen. Die Bedienung ist zeichenorientiert, aber bildschirmgesteuert.

MSERVICE.COM bietet Zugriff auf die Ressourcen und Dienste des Servers, allerdings können Sie von hier aus wieder auf die Benutzerverwaltung zugreifen. Die Verwaltungsprogramme von Vines haben also keine komplett voneinander getrennten Aufgabenbereiche, sondern überlappen einander teilweise.

Besonders gut wird dies beim dritten Programm sichtbar, nämlich bei MUSER.COM. Dabei handelt es sich um eine reine Benutzerverwaltung. Hier können Sie ausschließlich Benutzer erstellen und verwalten.

10.6 Migration Vines zu Windows NT

Nun gibt es auch für Banyan Vines die Möglichkeit, das System auf Windows NT umzustellen. Falls Sie beschlossen haben, auf Vines zu verzichten und in Zukunft nur mehr Windows NT serverseitig einzusetzen, könnte dieser Weg der passende sein.

Die amerikanische Firma FastLane entwickelte das Programm FLyte. Damit ist es möglich, Banyan Vines-Umgebungen auf Windows NT zu migrieren.

Die Umstellung wird Schritt für Schritt vorgenommen und läßt genügend Zeit für Unterbrechungen bzw. Korrekturen der Vorgangsweise.

FLyte ermöglicht Ihnen die Übernahme von Benutzern, Gruppen, Freigaben und von Mail. Die Daten werden vom Programm auf Ihre Integrität hin überprüft; dies erfolgt vor der Migration und während des Vorgangs. Die Neuorganisation kann überwacht werden, wobei es möglich ist, bestimmte Regeln zu definieren bzw. in die Erstellung der NT-Benutzerdatenbank korrigierend einzugreifen. Selbstverständlich werden während der gesamten Übernahme auch Log-Dateien mitgeführt.

Eine Demoversion von FLyte erhalten Sie auf FastLanes Web-Seite unter:

http://www.fastlanetech.com

11 Verbindung zu DOS-Clients

DOS ist tot, es lebe DOS. Nun ja, vielleicht verhält es sich nicht ganz so, doch die Prophezeihung der späten 80er-Jahre, DOS würde innerhalb von ein paar Jahren absterben, hat sich keineswegs erfüllt.

Wenn man, was man schließlich tun muß, auch die Windows für Workgroups-Rechner dazuzählt, dann erfreut sich DOS nach wie vor bester Gesundheit.

Wer privat einen Computer kauft und darauf Spiele einsetzen möchte, hat mit DOS heute wahrscheinlich nichts mehr am Hut. In den meisten Fällen wird ein solcher Computeranwender wohl Windows 95 verwenden.

Die Systemumgebungen in Firmen sehen jedoch ziemlich anders und vor allem komplizierter aus. Einheitliche Umgebungen sind sehr selten.

Einer der Gründe ist, daß viele Unternehmen hunderte oder tausende von DOS-Maschinen besitzen, die noch immer nicht von der Steuer abgeschrieben sind, die ihre Aufgaben nach wie vor erfüllen, weil es funktionierende DOS-Programme gibt, und die auf kein moderneres System aufgerüstet werden können, weil die Hardware dafür nicht leistungsstark genug ist.

DOS-Clients wurden von Microsoft durchaus berücksichtigt, da die Verbreitung dieses Systems bekannt ist. Daher können auch DOS-Clients in Windows NT-Domänen eingebunden werden. Die Software befindet sich auf der Windows NT Server-CD, doch in vielen Fällen können Sie auch bestehende Netzwerk-Requester für die Anbindung an Windows NT weiterverwenden.

11.1 Übersicht DOS

DOS gibt es in mehreren Versionen und von mehreren Herstellern. Die wichtigsten Versionen stammen von Microsoft und von IBM.

Ursprünglich wurde DOS im Auftrag von IBM von der Firma Microsoft entwickelt, wobei man sich im Groben auf das existierende System einer anderen Firma stützen konnte, dessen Rechte von Microsoft gekauft wurden.

IBM rüstete den originalen IBM PC mit diesem Betriebssystem aus. DOS hat starke Ähnlichkeiten mit dem älteren CP/M sowie mit UNIX. Die erste Version unterstützte nur Diskettenlaufwerke, aber noch keine Festplatten. Die Unterstützung für Festplatten wurde mit Version 2.0 nachgereicht.

Mit heutigen Maßstäben gemessen, ist DOS ein sehr einfaches Betriebssystem. Es bietet die Grundfunktionalitäten, die ein Computer benötigt. DOS verwaltet die PCs jedoch nur sehr eingeschränkt. Es gibt kaum wirkungsvolle Kontrollen über die Hardware.

Das erlaubte Programmierern, Programme zu entwickeln, die viele Aufgaben eigenständig wahrnahmen, die eigentlich zu einem Betriebssystem gehören. Auf der Spiele-Seite konnten sehr leistungsfähige Spiele entwickelt werden, welche die vorhandene Hardware aus Geschwindigkeitsgründen direkt ansteuern.

DOS ist ein Einbenutzersystem. DOS arbeitet außerdem singlethreaded und kennt keinerlei Multitasking. Das bedeutet, daß zu einer Zeit immer nur ein einziges Programm laufen kann. Erst Systeme wie DesqView und Windows stellten ein gewisses Multitasking zur Verfügung. Da dieses jedoch nicht im Betriebssystem, sondern in aufgepfropften Programmen verankert ist, arbeitet es nicht besonders stabil.

Die Bedienung von DOS läuft über die Kommandozeile. Viele der Befehle sind auch noch in Windows NT vorhanden, womit der Stammbaum klargestellt ist.

Eine grafische Oberfläche für die Anwendungsprogramme gibt es unter DOS nicht. Seit Version 4.0 wird allerdings die sogenannte *DOS-Shell* ausgeliefert. Dabei handelt es sich um einen grafischen Ansatz, der einen Teil der Betriebssystemfunktionen leichter zugänglich macht. Richtige Anwendungsprogramme gibt es für diese Oberfläche jedoch nicht.

Für DOS existieren heute über 50.000 Anwendungsprogramme. Diese extrem hohe Zahl bewirkte, daß DOS heute von praktisch allen Betriebssystemen unterstützt wird. Die meisten DOS-Programme können Sie auch unter Windows 95, OS/2 Warp, Windows NT, Apple Macintosh und mehreren UNIX-Systemen einsetzen.

11.2 Netzwerkunterstützung

Standardmäßig enthält DOS keinerlei Netzwerkunterstützung. Um mit DOS als Client an einem Netzwerk teilnehmen zu können, benötigen Sie also Zusatzsoftware.

Solche Zusatzsoftware könnte bereits vorhanden sein. Wenn die Microsoft-Systeme davon unterstützt werden, können Sie diese Software weiterverwenden.

Wenn Sie neue Geräte installieren oder die Computer umrüsten müssen, stehen zwei verschiedene Client-Programme von Microsoft zur Verfügung, die Sie auf der Windows NT Server-CD finden.

Diese Programme liefern die notwendigen Protokolle bis hin zu TCP/IP. Die gesamte Konfiguration muß hierbei unter DOS durchgeführt werden. Dabei werden immer die Dateien CONFIG.SYS und AUTOEXEC.BAT verwendet. Manche Programme, wie beispielsweise der MICROSOFT NETZWERK CLIENT 3.0, verwenden noch zusätzliche Konfigurationsdateien.

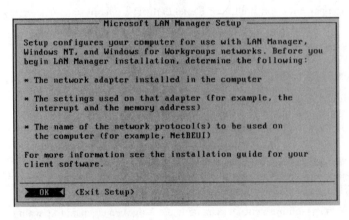

Bild 11.1:
Installation des LAN Manager-Clients

In der Regel handelt es sich bei allen Konfigurationsdateien um reine ASCII-Textdateien. Sie können diese mit einem beliebigen Editor, notfalls sogar mit EDLIN, bearbeiten.

11.3 Benutzer und Ressourcenverwaltung

Die gesamte Verwaltung der Benutzer, Gruppen und Ressourcen findet in dieser Konstellation in der Windows NT-Domäne statt. Die DOS-Maschinen haben damit nichts zu tun, außer daß die Anmeldung von Windows NT-Servern überprüft wird.

Eine Benutzer- und Ressourcensteuerung unter DOS ist unmöglich. Sie können lediglich manche Befehle der Kommandozeile einsetzen, um das Netzwerk zu beeinflussen. Verglichen mit der grafischen Verwaltung von Windows NT ist diese Verwaltungsmöglichkeit jedoch sehr schwerfällig.

11.4 Microsoft LAN Manager 2.2c für MS-DOS

Die LAN Manager-Client-Software für DOS ist auf der Windows NT Server-CD enthalten. Öffnen Sie dazu das Verzeichnis \CLIENTS\LANMAN.

Es handelt sich dabei um eine Software, die vor allem auf Geräten verwendet werden sollte, auf denen kein Windows läuft. Trotzdem sollten Sie nicht vergessen, daß Sie zwischen den beiden Client-Programmen im Grunde freie Wahl haben.

Die Installation ist menügesteuert und bietet alle notwendigen Informationen und Optionen. Die Daten werden auf die Festplatte gespeichert, und die Konfiguration wird eingerichtet. Für die Konfiguration verwendet der LAN Manager-Client hauptsächlich die DOS-Konfigurationsdateien CONFIG.SYS und AUTOEXEC.BAT.

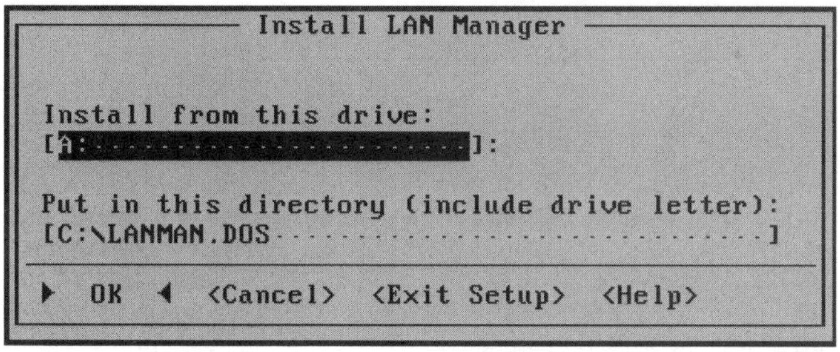

Bild 11.2:
Verzeichnisse

Standardmäßig wird das Verzeichnis LANMAN.DOS erstellt. Sie können auch ein anderes Verzeichnis angeben, doch achten Sie darauf, daß die Verzeichnisse auf allen DOS-Maschinen den gleichen Namen haben. Unterschiedliche Namen sind verwirrend und erschweren die Wartung.

Bild 11.3:
Auswahl von LAN Manager

Sie haben die Auswahl zwischen zwei Varianten der LAN Manager-Software. Wenn Sie die Basisversion installieren, wird das Protokoll NetBEUI verwendet. Falls Sie TCP/IP einsetzen wollen, muß unbedingt die erweiterte Version der LAN Manager-Software installiert werden.

Falls Sie frühere Versionen von LAN Manager-Client installiert haben, gibt es keine Möglichkeit, ein Update auf Version 2.2c durchzuführen. Sie müssen in diesem Fall, wenn Sie es wünschen, die Konfigurationsinformationen sichern, um sie als Vorlage zu verwenden, also etwa die Dateien C:\LANMAN.DOS*.INI, C:\CONFIG.SYS und C:\AUTOEXEC.BAT, dann muß die alte Version gänzlich gelöscht werden, und schließlich kann Version 2.2c darüberinstalliert werden.

Im Laufe der Installation können Sie die Netzwerkkarte und die Protokolle installieren. Es gibt eine recht lange Liste an Netzwerkkarten, doch könnte es sein, daß ein Treiber für Ihre Karten trotzdem nicht vorhanden ist oder ein angebotener Treiber am Ende nicht funktioniert.

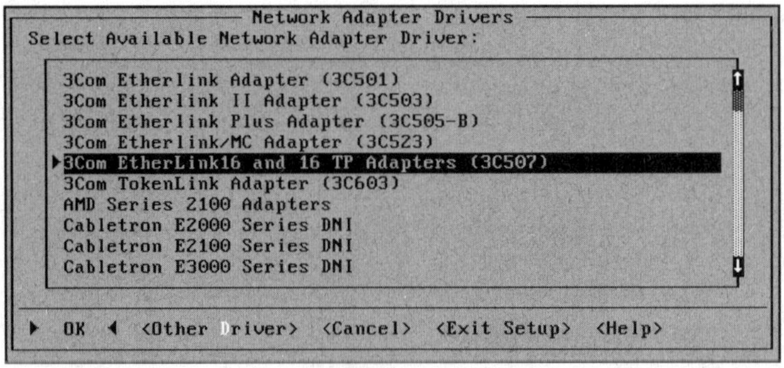

Bild 11.4:
Auswahl der Netzwerkkarte

Man kann eigentlich nur ausprobieren. Wenn ein Treiber nicht funktionieren sollte, sehen Sie nach, ob mit der Netzwerkkarte Treiber für DOS mitgeliefert wurden; in den meisten Fällen ist das der Fall. Ersetzen Sie dann den Microsoft-Treiber durch jenen, der mit der Karte mitkam. Der letzte Schritt führt schließlich ins Internet. Viele Netzwerkkartenhersteller bieten aktuelle Treibersoftware kostenlos über ihre Web-Seiten an.

Als Protokoll können Sie NetBEUI oder TCP/IP auswählen. Auch das DLC-Protokoll für Mainframe-Anbindungen und Netzwerkdrucker ist vorhanden.

Mit dem TCP/IP-Protokoll werden die DOS-Clients in TCP/IP-Netzwerke eingebunden. DHCP wird unterstützt und ist standardmäßig aktiv. Wenn Sie Informationen über die aktuellen Einstellungen ansehen wollen, verwenden Sie das von Windows NT her bekannte Programm IPCONFIG.EXE. Sie können mit diesem Werkzeug unter DOS allerdings nicht in die DHCP-Konfiguration eingreifen. Das bedeutet vor allem, daß Sie die DHCP-Leases weder zurückgeben noch erneuern können (siehe Bild 11.5).

Es gibt kein IPX/SPX. Grundsätzlich macht das nichts, denn die Anbindungssoftware für NetWare wird von Novell geliefert. Falls Sie ein Windows NT-Netzwerk mit dem IPX-Protokoll aufbauen wollen und keine Novell-Client-Software haben, gibt das ein Problem. Fairerweise muß man jedoch zugeben, daß eine solche Konstellation eher ungewöhnlich wäre.

Im übrigen wird es Ihnen kaum gelingen, einen Novell-Client und eine Client-Software für Windows NT parallel einzusetzen. Falls beides verlangt ist, sollten Sie TCP/IP verwenden und auch die IntraNetWare-Server mit TCP/IP konfigurieren.

Verbindung zu DOS-Clients

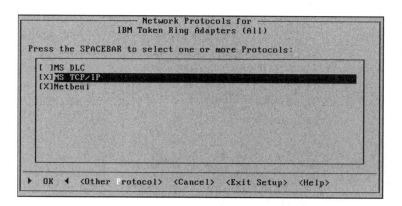

Bild 11.5:
Auswahl des Protokolls

Die Installation zeigt als nächstes die Bindungen der Protokolle an die Netzwerkkarte an. Theoretisch könnte auch ein DOS-Computer zwei oder mehr Netzwerkkarten haben und jeweils verschiedene Protokolle darauf binden.

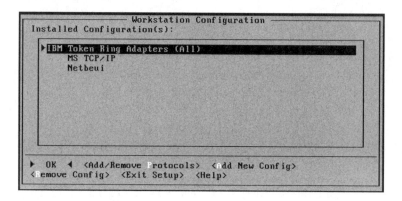

Bild 11.6:
Bindungen

Die Installation von TCP/IP verlangt die übliche Konfiguration. Ihre DOS-Maschinen können, wie bereits erwähnt, einen DHCP-Server zur Selbstkonfiguration verwenden, oder Sie geben statische Einstellungen an. Darüber hinaus ist es auch möglich, WINS-Server anzugeben (siehe Bild 11.7).

Sie können die Adresse des WINS-Servers auch automatisch mit Hilfe von DHCP weitergeben, müssen in diesem Fall aber den DHCP-Server unter Windows NT entsprechend konfigurieren.

Bei einer nachträglichen statischen Konfiguration muß die Datei PROTOCOL.INI bearbeitet werden. Sie finden die entsprechenden Einstellungen im Abschnitt [TCPIP].

Einträge für zwei WINS-Server, also einen primären und einen Backup-Server, könnten folgendermaßen aussehen:

```
[TCPIP]
WINS_SERVER0 = 201 25 128 3
WINS_SERVER1 = 201 25 128 5
```

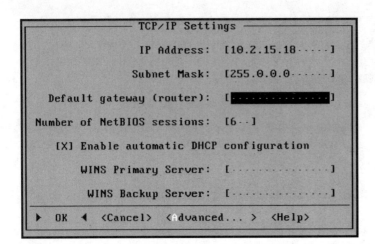

Bild 11.7:
TCP/IP-Konfiguration

WINS-Anfragen werden in der Reihenfolge an die Server geschickt, in der diese in die Datei eingetragen wurden. Wundern Sie sich jedoch nicht, falls IPCONFIG eine andere Reihenfolge oder völlig andere WINS-Server angibt. In einem solchen Fall werden die Einstellungen angezeigt, die vom DHCP-Server geliefert werden. Auf der DOS-Workstation werden diese Einstellungen allerdings von den Einstellungen der PROTOCOL.INI überschrieben.

MS-DOS TCP/IP unterscheidet sich in der Funktionalität von den entsprechenden Produkten unter Windows NT und Windows 95 sowie sogar unter Windows für Workgroups.

Mit dem DOS-Client ist es nicht möglich, DNS-Namensauflösung mit WINS zu betreiben oder umgekehrt, es können keine Namen in der WINS-Datenbank registriert werden, obwohl WINS-Abfragen sehr wohl verwendet werden. Die DOS-Maschinen können keine WINS Proxies sein, es gibt keine Unterstützung für Multihomed Maschinen, und IGMP wird nicht unterstützt.

Wenn der Weg zum Domänen-Controller nur über einen Router möglich ist, muß die Datei LMHOSTS angepaßt werden. Sie benötigen darin den folgenden Eintrag für Ihren Domänen-Controller:

IP-Adresse   Servername   #DOM:Domänenname

Auch beim Domänen-Controller muß vorgesehen werden, daß die Client-Maschine erreicht werden kann. Entweder Sie verwenden dafür wieder die LMHOSTS-Datei, oder Sie machen einen statischen Eintrag im WINS-Server.

Auf der nächsten Seite geben Sie, bei statischer Konfiguration, einen Hostnamen und die Namensserver an. Der Einfachheit halber sollten die Hostnamen ebenso wie NetBIOS-Namen maximal 15 Zeichen enthalten, obwohl bis zu 256 Zeichen möglich sind (siehe Bild 11.8).

Der *Computername* ist hingegen ein NetBIOS-Name, der vor allem von den anderen Protokollen definiert wird. Hier definieren Sie auch den Namen der Windows NT-Domäne, in die der DOS-Rechner aufgenommen werden soll (siehe Bild 11.9).

Sie haben die Möglichkeit, die Konfigurationsdaten in den entsprechenden Dateien automatisch so einzurichten, daß möglichst viel Basisspeicher frei bleibt (siehe Bild 11.10).

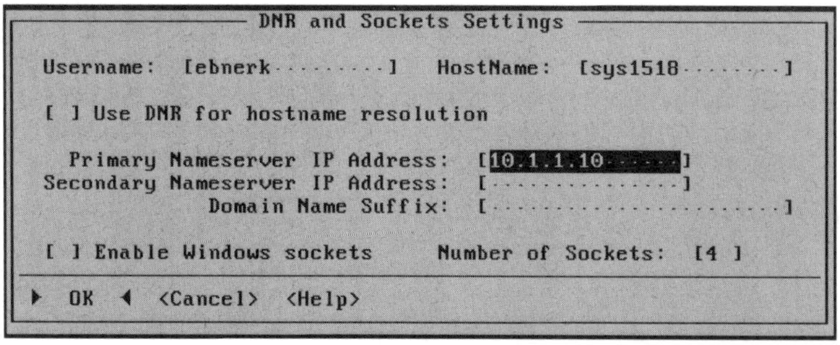

Verbindung zu DOS-Clients

```
┌─────────── DNR and Sockets Settings ───────────┐
│ Username:  [ebnerk········]   HostName:  [sys1518········]  │
│ [ ] Use DNR for hostname resolution                         │
│                                                              │
│     Primary Nameserver IP Address:  [10.1.1.10·····]        │
│   Secondary Nameserver IP Address:  [················]       │
│             Domain Name Suffix:     [·······················]│
│                                                              │
│ [ ] Enable Windows sockets      Number of Sockets:  [4 ]    │
│ ▶ OK ◀  <Cancel>  <Help>                                    │
└──────────────────────────────────────────────────────────────┘
```

Bild 11.8:
Hostname und DNS-Server

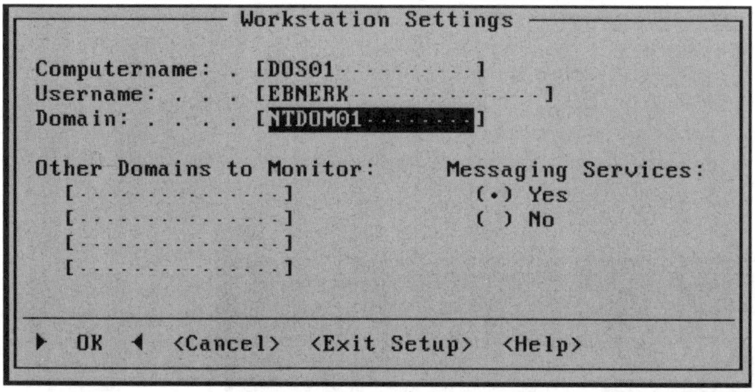

```
┌──────────────── Workstation Settings ────────────────┐
│ Computername: . [DOS01··········]                    │
│ Username: . . . [EBNERK···············]              │
│ Domain: . . . . [NTDOM01·········]                   │
│                                                       │
│ Other Domains to Monitor:       Messaging Services:  │
│    [················]              (•) Yes           │
│    [················]              ( ) No            │
│    [················]                                 │
│    [················]                                 │
│                                                       │
│ ▶ OK ◀  <Cancel>  <Exit Setup>  <Help>               │
└───────────────────────────────────────────────────────┘
```

Bild 11.9:
NetBIOS-Name und Domäne

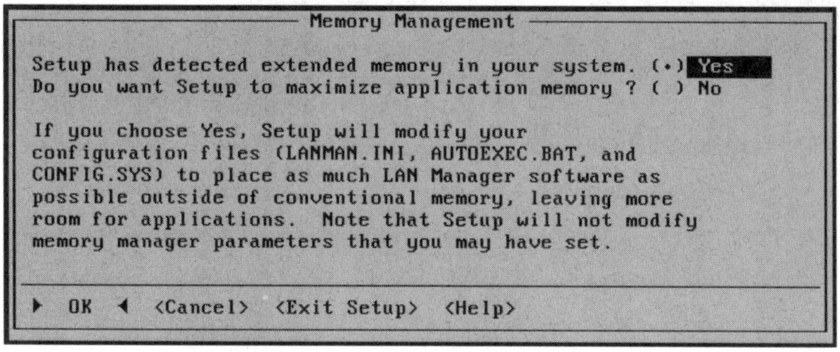

```
┌─────────────── Memory Management ───────────────┐
│ Setup has detected extended memory in your system. (•) Yes │
│ Do you want Setup to maximize application memory ? ( ) No  │
│                                                  │
│ If you choose Yes, Setup will modify your        │
│ configuration files (LANMAN.INI, AUTOEXEC.BAT, and│
│ CONFIG.SYS) to place as much LAN Manager software as│
│ possible outside of conventional memory, leaving more│
│ room for applications. Note that Setup will not modify│
│ memory manager parameters that you may have set. │
│                                                  │
│ ▶ OK ◀  <Cancel>  <Exit Setup>  <Help>           │
└──────────────────────────────────────────────────┘
```

Bild 11.10:
Optimierung des Speichers

Am Ende können Sie die Konfiguration noch einmal durchsehen und eventuell korrigieren. Selbstverständlich können die Korrekturen auch manuell direkt in den Konfigurationsdateien angebracht werden (siehe Bild 11.11).

Mit dem LAN Manager-Client wird die Verbindung zur Windows NT-Domäne entweder manuell oder automatisch über die AUTOEXEC.BAT aufgebaut.

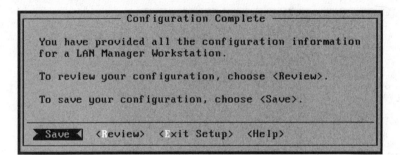

Bild 11.11:
Abschluß der Installation

11.5 Microsoft Netzwerk Client 3.0

Die zweite Client-Software, die sich ebenfalls auf der Windows NT Server-CD befindet, ist der MICROSOFT NETZWERK CLIENT 3.0. Dabei handelt es sich um die gleiche Software, die auch von Windows für Workgroups verwendet wird.

Während die LAN Manager-Installation eher an DOS-Programme und OS/2 erinnert, mutet die Installation von NETZWERK CLIENT 3.0 eher wie eine Windows-Installation an.

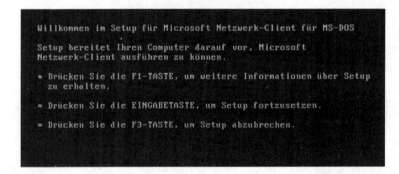

Bild 11.12:
Begrüßungsbildschirm

Die Installation arbeitet interaktiv, und Sie können die Informationen über Ihr gewünschtes Netzwerk zusammenstellen.

Standardmäßig wird ein Verzeichnis NET eingerichtet, in das alle Netzwerkdateien gespeichert werden. Dieses Verzeichnis enthält eine eigene SYSTEM.INI und die Kartentreiber. Der Name des Verzeichnisses könnte selbstverständlich angepaßt werden (siehe Bild 11.13).

Bei allen Client-Programmen wird der Benutzername definiert. Sie können diesen gleich verwenden, um Ihre Anmeldung zu automatisieren. Dazu gehört natürlich auch das Kennwort, wobei zu entscheiden ist, ob eine automatische Anmeldung inklusive Kennwort sinnvoll ist. Der Annehmlichkeit für den Benutzer steht ein ziemlich unsicheres System gegenüber.

Auch wenn Sie das Kennwort manuell eintippen, wird eine Kennwortdatei mit der Namensendung PWL gespeichert. Diese befindet sich im Netzwerkverzeichnis (siehe Bild 11.14).

Auch der MICROSOFT NETZWERK CLIENT 3.0 erlaubt die Installation mehrerer Netzwerkprotokolle. Wieder stehen vor allem NetBEUI und TCP/IP zur Auswahl. Das DLC-Protokoll benötigen Sie für Mainframe-Anbindungen und Netzwerkdrucker.

Verbindung zu DOS-Clients   407

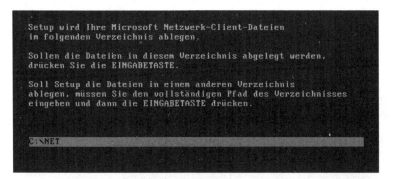

Bild 11.13:
Installationsver-
zeichnis

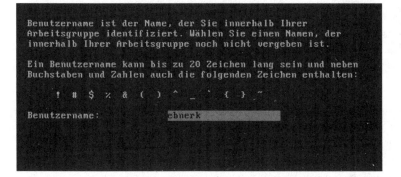

Bild 11.14:
Definition des
Benutzernamens

Gegen Ende der Konfiguration werden alle Daten noch einmal aufgelistet. Sie können diese überprüfen und gegebenenfalls ändern. Eine nachträgliche Änderung kann nur mehr direkt in den Konfigurationsdateien durchgeführt werden.

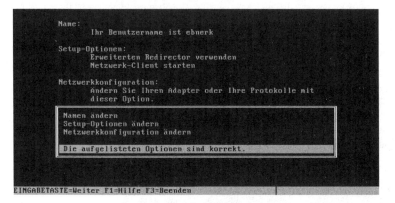

Bild 11.15:
Konfiguration

Die Konfiguration von MICROSOFT NETZWERK CLIENT 3.0 teilt sich auf mehrere Dateien auf. Der Netzwerktreiber wird über die CONFIG.SYS geladen. Das Netzwerk muß über die AUTOEXEC.BAT gestartet werden, wenn Sie es nicht manuell aufrufen wollen. Während dieses Netzwerk-Starts liest das System allerdings die Datei SYSTEM.INI in \NET aus.

Die SYSTEM.INI enthält die Informationen über den Standardbenutzer, den Domänennamen und den Computernamen im Netzwerk.

Eine ähnliche Datei gibt es für die Netzwerkadapter- und Protokoll-Konfiguration. Diese Daten befinden sich in der PROTOCOL.INI.

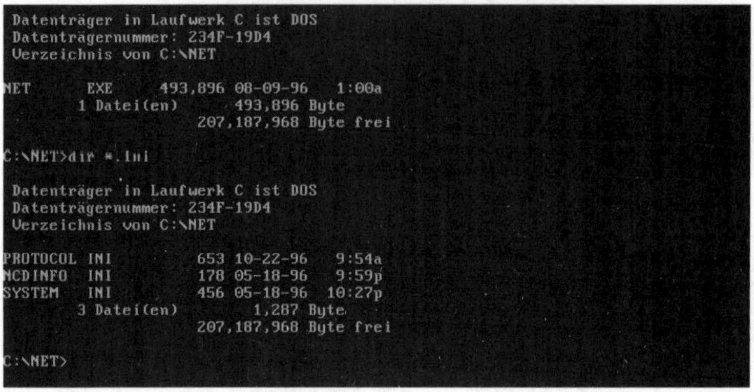

```
 Datenträger in Laufwerk C ist DOS
 Datenträgernummer: 234F-19D4
 Verzeichnis von C:\NET

NET      EXE     493,896 08-09-96   1:00a
        1 Datei(en)       493,896 Byte
                      207,187,968 Byte frei

C:\NET>dir *.ini

 Datenträger in Laufwerk C ist DOS
 Datenträgernummer: 234F-19D4
 Verzeichnis von C:\NET

PROTOCOL INI         653 10-22-96   9:54a
NCDINFO  INI         178 05-18-96   9:59p
SYSTEM   INI         456 05-18-96  10:27p
        3 Datei(en)         1,287 Byte
                      207,187,968 Byte frei

C:\NET>
```

Bild 11.16:
INI-Dateien

Da es sich ausschließlich um Textdateien handelt, können alle Konfigurationsdateien jederzeit editiert werden. Sie benötigen lediglich einen Texteditor dafür.

Diese Client-Software wird im übrigen auch für die Ferninstallation von Windows NT verwendet. In diesem Fall haben Sie die gesamte DOS-Netzwerkkonfiguration auf einer Startdiskette. Vielleicht läßt Sie diese Tatsache bei der Entscheidung für eine Client-Software für die DOS-Computer eher zu NETZWERK CLIENT 3.0 greifen.

11.6 Ressourcen-Anbindung

Die Ressourcen-Anbindung muß manuell bzw. mit Hilfe der AUTOEXEC.BAT durchgeführt werden. Sie benötigen dazu den Befehl NET USE.

Mit diesem Befehl ist es möglich, einerseits Verzeichnisressourcen und andererseits Druckerressourcen anzubinden.

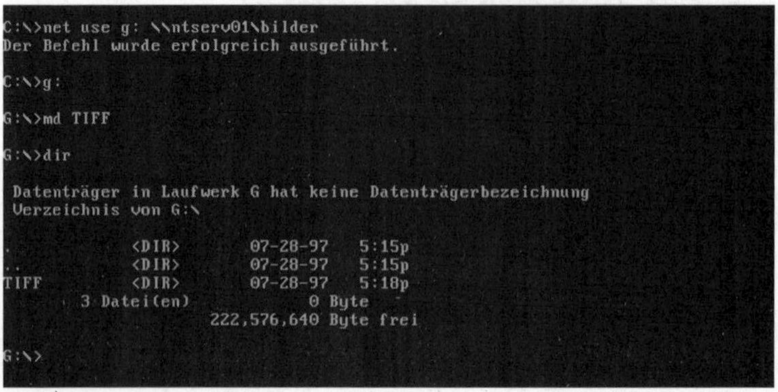

```
C:\>net use g: \\ntserv01\bilder
Der Befehl wurde erfolgreich ausgeführt.

C:\>g:

G:\>md TIFF

G:\>dir

 Datenträger in Laufwerk G hat keine Datenträgerbezeichnung
 Verzeichnis von G:\

.            <DIR>        07-28-97   5:15p
..           <DIR>        07-28-97   5:15p
TIFF         <DIR>        07-28-97   5:18p
        3 Datei(en)              0 Byte
                       222,576,640 Byte frei

G:\>
```

Bild 11.17:
Anbindung einer Verzeichnisfreigabe

Verbindung zu DOS-Clients 409

Sie können die entsprechenden Befehle in eine Batch-Datei schreiben und diese vom Benutzer aufrufen lassen oder gleich die AUTOEXEC.BAT einbinden.

Soll eine Verbindung wieder gelöscht werden, so verwenden Sie ebenfalls den Befehl NET USE., diesmal mit der Option /DEL.

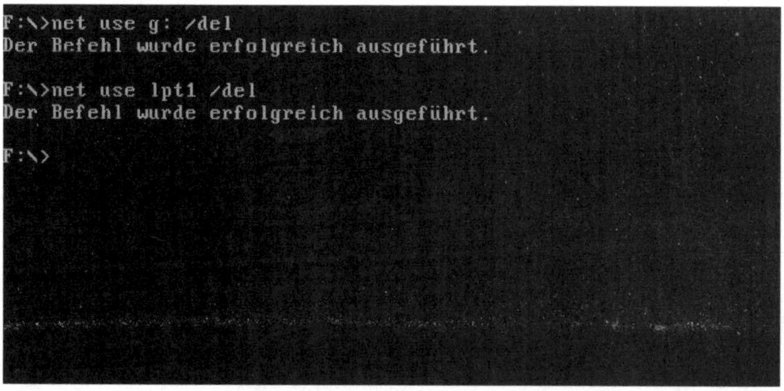

```
F:\>net use g: /del
Der Befehl wurde erfolgreich ausgeführt.

F:\>net use lpt1 /del
Der Befehl wurde erfolgreich ausgeführt.

F:\>
```

Bild 11.18:
Löschen einer Verzeichnisressource

Wenn Sie Drucker verwenden wollen, verbinden Sie eine virtuelle Druckerschnittstelle mit der Druckerfreigabe von Windows NT.

Für das jeweilige DOS-Anwendungsprogramm muß ein Druckertreiber installiert werden. Dieser Druckertreiber druckt über die virtuelle Schnittstelle aus. Mit diesem kleinen Trick leiten Sie den Druckjob über das Netzwerk.

Die eigentliche Druckerverwaltung befindet sich wieder unter Windows NT. Hier werden auch die Druckjobs verwaltet. Ein DOS-Benutzer hat, trotz Berechtigung, in der Regel keine Möglichkeit, den einmal geschickten Druckjob noch zu beeinflussen.

11.7 Verbindung zu Windows 3.x-Clients

Windows 3.x-Clients sind in Wirklichkeit DOS-Clients. Aus diesem Grund nehmen sie in diesem Buch kein eigenes Kapitel ein, sondern gehören zu den Anbindungsmöglichkeiten von DOS zu Windows NT.

Nach einer kurzen Übersicht über die Merkmale von Windows 3.x werden die Möglichkeiten der Netzwerkanbindung besprochen.

11.7.1 Übersicht über Windows 3.x

Windows 3.x war die erste erfolgreiche grafische Oberfläche für DOS. Die Vorversionen 1.0 und 2.x wurden kaum verkauft, und es gab sehr wenig Software. Etwas älter war die grafische Oberfläche GEM von Digital Research, doch verlor diese ab dem Erscheinen von Windows 3.0 zunehmend an Marktanteilen und wurde letztendlich vollends verdrängt.

Windows 3.0 war die erste Windows-Version, die bei den Anwendern einschlug. Im Grunde war es diese Version, die zum bekannten Windows-Fieber führte.

Mit Windows 3.0 gelang Microsoft eine gründliche Überarbeitung von Windows 2.x. Diese Version enthielt eine verbesserte Speicherverwaltung, arbeitete im Protected Mode des Prozessors und verwendete auf Intel 80386-Prozessoren bereits virtuelle DOS-Maschinen, um mehrere DOS-Sitzungen gleichzeitig aufzurufen.

Aus Kompatibilitätsgründen konnte Windows 3.0 noch im Real Mode des Prozessors aufgerufen werden. Für manche Programme, die für Windows 2.x geschrieben waren, blieb das die einzige Möglichkeit zu arbeiten.

Windows 3.1 stellte eine Reihe von Verbesserungen bereit. Vor allem wollte Microsoft die häufigen Programmabstürze zurückdrängen und führte kostenlose MultiMedia-Programme ein.

Die Verbesserung des Systems führte gleichzeitig zu einem Verzicht auf den Real Mode. Windows 3.1 erwies sich als stabiler, allerdings konnten Programme, die bis dato lediglich in einer Version für Windows 2.x auf dem Markt waren, jetzt nicht mehr weiterverwendet werden.

Weder Windows 3.0 noch Windows 3.1 enthalten Netzwerkfunktionalitäten. Die grafische Oberfläche war auf Einzelbenutzer-PCs zugeschnitten. Außerdem waren 1990 Netzwerke noch nicht so ein wichtiges Thema wie heute.

Nur in Zusammenhang mit DOS-Anbindungen war und ist es möglich, Windows 3.x zu vernetzen. Die Kontrolle über das Netzwerk liegt also noch vollends beim Betriebssystem DOS.

Windows 3.0 und 3.1 arbeiten genauso wie Windows für Workgroups mit einem PROGRAMM-MANAGER, mit dessen Hilfe die Programme gestartet werden.

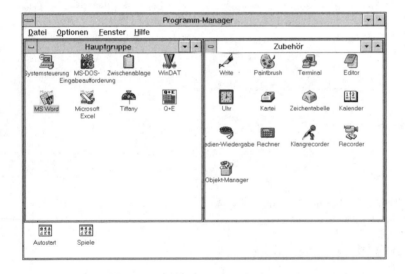

Bild 11.19:
Der Programm-Manager von Windows 3.1

Die Dateiverwaltung wird mit dem DATEI-MANAGER vorgenommen, der im Programm-Manager aufgerufen werden kann.

Dieser Datei-Manager wurde in Windows für Workgroups geringfügig erweitert, und diese erweiterte Version steht heute auch noch in Windows NT zur Verfügung. Sie müssen ihn allerdings über START-AUSFÜHREN-FILEMAN aufrufen, da standardmäßig kein Objekt eingerichtet wird.

Verbindung zu DOS-Clients 411

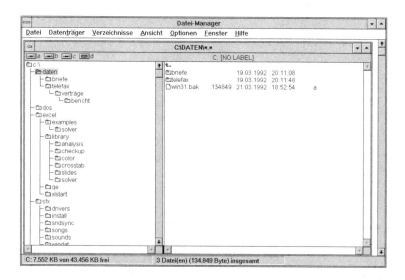

Bild 11.20:
Der Datei-Manager von Windows 3.1

Wenn die Netzwerk-Anbindung über DOS hergestellt wurde, sind die verbundenen Laufwerke auch im Datei-Manager sichtbar. Wichtig ist jedoch, daß diese Anbindung vor dem Start von Windows durchgeführt wird. In einem DOS-Fenster ist es nicht möglich, eine für das ganze Windows-System gültige Netzwerkanbindung durchzuführen. Diese Anbindung würde ausschließlich für das DOS-Fenster selbst gelten.

Die System-Einstellungen befinden sich in der SYSTEMSTEUERUNG, die ebenfalls im Programm-Manager aufgerufen wird.

Bild 11.21:
Die System-Steuerung von Windows 3.1

Beachten Sie, daß hier kein Netzwerk-Objekt zur Verfügung steht. Das gilt auch dann, wenn Sie eine Netzwerk-Anbindung eingerichtet haben. Da die Vernetzung von DOS verwaltet wird, hat Windows keinen Einfluß darauf.

Im Gegensatz zu allen späteren Versionen von Windows wird ein Druckertreiber in der Systemsteuerung installiert. Der Druck-Manager bietet in diesen alten Versionen noch keine Möglichkeit für eine Druckerinstallation.

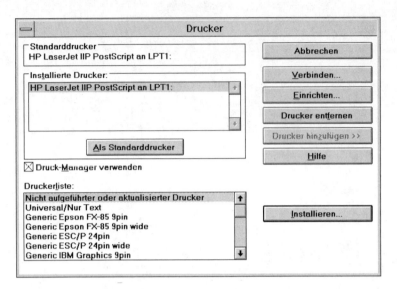

Bild 11.22:
Druckerinstallation

Wenn Sie über das Netzwerk ausdrucken wollen, müssen Sie eine Druckerschnittstelle unter DOS mit dem Freigabenamen des Druckers auf Windows NT verbinden.

In Windows selbst ist gar nicht ersichtlich, daß in Wirklichkeit über einen Druckserver ausgedruckt wird. Es sieht so aus, als wäre der Drucker lokal installiert. Bei diesem Beispiel wurde als Druckerschnittstelle LPT1 genommen.

Wurde LPT1 mit NET USE auf den Netzwerkdrucker umgeleitet, dann druckt jedes Programm über das Netzwerk. Die Kontrolle dieser Umleitung hat allerdings DOS und nicht Windows.

In einem Anwendungsprogramm ist die Umleitung über das Netzwerk ebenfalls nicht ersichtlich. Das DRUCKEN-Dialogfenster gibt den Drucker mit der vermeintlich lokalen Schnittstelle an.

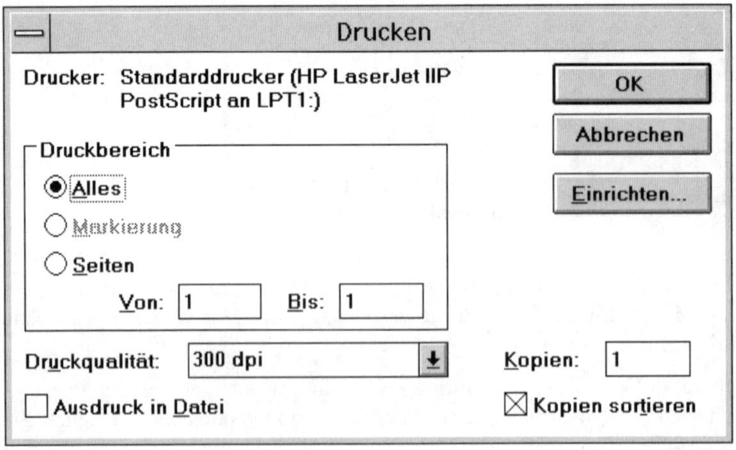

Bild 11.23:
Ausdruck von einem Anwendungsprogramm aus

Verbindung zu DOS-Clients 413

Die Gesamtbedienung verläuft in Windows 3.x genauso wie in Windows für Workgroups. Es gibt noch keine Task-Leiste, dafür aber noch die Task-Liste zum Umschalten auf andere Programme. Diese Liste wird mit [Strg]-[Esc] aufgerufen.

Dieses Tastenkürzel hat unter Windows für Workgroups und OS/2 Warp dieselbe Funktion, während unter Windows NT und Windows 95 das Start-Menü angezeigt wird.

Bild 11.24:
Die Task-Liste

11.7.2 Netzwerkanbindung an Windows NT

Der LAN MANAGER CLIENT 2.2C oder der MICROSOFT LAN CLIENT 3.0 bildet die Grundlage für die Integration von Windows 3.x. Damit sind jene Windows-Versionen gemeint, die keine eigenen Netzwerkfunktionalitäten besitzen. Wenn der LAN MANAGER CLIENT installiert wurde, kann auch Windows auf die verbundenen Laufwerke zugreifen.

Bei der Installation sollten Sie darauf achten, daß Windows bereits vor dem LAN MANAGER installiert ist. Das Installationsprogramm der Client-Anbindung ist dann in der Lage, das Windows-Verzeichnis zu erkennen. Daraufhin werden Änderungen in die SYSTEM.INI geschrieben.

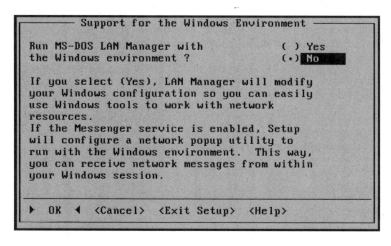

Bild 11.25:
Installation mit Windows

Wenn Sie Windows nachträglich installieren, müssen Sie diese Veränderungen manuell vornehmen. Dazu öffnen Sie die Datei SYSTEM.INI, die sich im Windows-Verzeichnis befindet und blättern zum Abschnitt [386ENH]. Tragen Sie die folgenden Zeilen ein:

```
TimerCriticalSection=5000
UniqueDosPSP=True
PSPIncrement=2
```

Danach kann Windows gestartet werden. Der Netzwerkanbindung sollte nun nichts mehr im Wege stehen.

Wenn Sie Token Ring-Adapter einsetzen, könnte es beim Systemstart zu einem Hardware-Fehler kommen. Das passiert, wenn der Netzwerkadapter einen Speicherkonflikt mit dem EMM386-Treiber hat.

In diesem Fall müssen Sie den Speicherbereich des Token Ring-Adapters beim EMM386-Treiber ausnehmen. Das tun Sie in der CONFIG.SYS.

Die notwendigen Laufwerke oder Druckerschnittstellen werden mit dem Befehl NET USE angebunden. Sie können diese Anbindung gleich über die AUTOEXEC.BAT vornehmen. Um beispielsweise die zweite parallele Schnittstelle der Druckerfreigabe PSCRIPT zuzuordnen, die auf Server NTSRV07 erstellt wurde, tragen Sie den folgenden Befehl ein:

```
net use lpt2 \\NTSrv07\Pscript
```

Auf alle angebundenen Laufwerke kann Windows 3.x zugreifen. Dasselbe gilt für die Druckerschnittstellen. In diesem Zusammenhang muß allerdings noch ein Druckertreiber in Windows installiert werden.

Den Druckertreiber installieren Sie in der SYSTEMSTEUERUNG mit dem DRUCKER-Objekt. Der Treiber wird lokal installiert, und im eben genannten Bespiel wird der Drucker an die Schnittstelle LPT2 angeschlossen. Das sieht wie eine lokale Schnittstelle aus, doch aufgrund des Befehls in der AUTOEXEC.BAT wird jeder Druckjob dieses Druckertreibers über das Netzwerk geleitet.

11.7.3 Peer-Dienste

Es ist fast müßig, im Rahmen von DOS von Peer-Diensten zu sprechen. Keine DOS-Version verfügt über Funktionalitäten, wie sie von den Windows-Systemen her bekannt sind.

So gibt es auch keine sehr einfache Möglichkeit, Ressourcen zur Verfügung zu stellen. Und inwiefern das überhaupt Sinn macht, bleibt dahingestellt, denn üblicherweise sind DOS-Maschinen sehr schwache oder auch veraltete Geräte.

Wenn es trotzdem notwendig sein sollte, Ressourcen einer DOS-Maschine für das Netzwerk bereitzustellen, so verwenden Sie den Befehl NET SHARE.

Um das Verzeichnis BRIEFE mit dem Freigabenamen DATEN freizugeben, müßte man etwa den folgenden Befehl eintippen:

```
net share daten=c:\briefe
```

Wenn Sie die Freigabe wieder löschen wollen, geben Sie den folgenden Befehl ein:

```
net share daten /del
```

Da dieser Befehl, der in der Kommandozeile eingegeben werden muß, einem Benutzer nicht unbedingt zumutbar ist, sollte er in die AUTOEXEC.BAT eingebunden werden.

11.8 Verwaltung des Windows NT-Servers

Die Verwaltung eines Windows NT-Servers unter DOS ist nur bedingt möglich. Es gibt kein Verwaltungsprogramm wie den BENUTZER-MANAGER oder den SERVER-MANAGER. Auch entwickelte Microsoft keine eigene Verwaltungssoftware für DOS-Clients. Microsoft ging davon aus, daß Administratoren Windows NT- oder zumindest Windows 95-Maschinen haben.

Was Sie unter DOS sehr wohl verwenden können, sind jedoch die Befehle der Kommandozeile. Damit haben Sie die Möglichkeit, auch auf dem Server Freigaben zu erstellen und zu beenden, Sie können Benutzer hinzufügen und verändern sowie Gruppen einrichten.

Mit dem folgenden Befehl wird beispielsweise der Benutzer HMeier zur Domäne hinzugefügt.

```
net user HMeier HMeier /add /domain
```

Der Name wurde zweimal angegeben, weil es sich beim zweiten Mal um das Kennwort handelt.

Mit Hilfe von NET USE können Sie die Laufwerke der Server anbinden und dort mit den Standard-DOS-Befehlen zugreifen, sofern die Datei- und Verzeichnisnamen, die Sie definieren, den DOS-Konventionen mit 8+3 Zeichen gehorchen.

Besser sieht es aus, wenn auch Windows 3.x verwendet wird. Diese Oberfläche basiert auf der DOS-Client-Anbindung, stellt aber eine grafische Bedienung zur Verfügung. Wenn Sie jetzt das Protokoll TCP/IP verwenden, das etwa mit der LAN Manager-Software installiert werden kann, dann haben Sie die Möglichkeit, einen Web Browser einzusetzen.

Und mit dem Web Browser können Administratoren auf die gesamte Verwaltung eines Windows NT-Servers zugreifen, sofern auf dem Server der Internet Information Server und der WEB ADMINISTRATOR laufen.

Jeder Web Browser, der unter dem 16-Bit-Windows läuft, ist für die Verwaltung mit Hilfe von Web Administrator geeignet. Dazu zählen der Microsoft Web Browser für Windows 3.1, Netscape Navigator und andere.

11.9 NTFSDOS

Hilfe, was ist das? Nun, wie Sie gleich feststellen werden, ist dieser Aufschrei berechtigt. Aber beginnen wir von vorne:

Was ist NTFS? Das NT-eigene Dateisystem. Dieses Dateisystem bietet eine Reihe von Vorteilen gegenüber der FAT aus DOS und enthält sogar ein paar Verbesserungen verglichen mit dem HPFS-Dateisystem.

Eine Spezialität des NTFS ist die Sicherheit. Diese wird als *lokale Sicherheit* oder als *NTFS-Sicherheit* bezeichnet. Damit haben Sie die Möglichkeit, Dateien und Ordnerstrukturen vor dem Zugriff zu schützen. Diese Sicherheit beruht auf der Benutzerverwaltung von Windows NT und ist in der Lage, die Zugriffsberechtigungen für jeden einzelnen Benutzer der Domäne bzw. des Rechners ganz genau zu definieren.

Die Zugriffsberechtigungen der einzelnen Objekte, also Dateien und Ordner, sind in der Struktur des Dateisystems selbst gespeichert. Windows NT verwendet dazu sogenannte *Access Control Lists (ACLs)*, das sind Strukturen, die sogar über die C2-Sicherheit hinausgehen, weil sie in Wirklichkeit in den B3-Richtlinien des *Orange Book* der amerikanischen Regierung definiert sind.

Diese Zugriffsdefinitionen bewirken, daß nur jene Benutzer auf eine Ressource zugreifen dürfen, die dafür eine ausgesprochene Bewilligung haben. Die Zuordnung dieser Bewilligung wird vom Administrator vorgenommen.

Dieser Schutzmechanismus ist sehr effizient, und wenn Sie sich bereits einmal in der Definition Ihrer Zugriffssteuerungen verheddert haben, wissen Sie, welche Auswirkungen es hat, wenn ein Benutzer versucht, eine Ressource anzugreifen, auf die er keine Berechtigung hat. Der Zugriff wird in diesem Fall schlichtweg verweigert.

NTFS-Sicherheit bedeutet auch, daß andere Betriebssysteme nicht auf den Datenträger zugreifen können. Wenn mehrere Betriebssysteme auf einem einzigen Rechner installiert sind, kann das ein Problem sein, aber auch eine sehr nützliche Einrichtung. Wenn Sie auf einer Maschine etwa mit IBM OS/2 hochfahren, können Sie auf die NTFS-Datenträger nicht zugreifen.

Ausschließlich Windows NT hat Zugriff auf NTFS. Sagt man. Denn jetzt geht es noch weiter, und das ist der Grund, warum es dieses Unterkapitel gibt.

Vereinzelt werden NTFS-Dateisystemtreiber auch für andere Betriebssysteme entwickelt. Dies kann eine sehr nützliche Einrichtung sein, wenn mehrere Systeme gleichzeitig auf einer Maschine verwendet werden.

Sehr verbreitet sind DOS-Startdisketten. Diese helfen in vielen Situationen weiter, können Probleme meistern, an die man anders vielleicht gar nicht herankommt. Ein Vorteil von DOS-Disketten ist, daß sie einen geringen Datenumfang haben und den Computer sehr rasch starten. Einen PC mit einer DOS-Startdiskette zu booten, dauert höchstens ein paar Minuten. Unter Windows NT, OS/2 oder UNIX kann man von solchen Startzeiten nur träumen. Die Geschwindigkeit rührt daher, daß DOS ein sehr kleines Betriebssystem mit wenig Funktionalität hat; beispielsweise kann DOS nicht einmal den ganzen Hauptspeicher verwalten.

DOS-Startdisketten sind in Firmen eher das Feindbild von Administratoren. Viele Unternehmen stellen ihren Benutzern ganz bestimmte Oberflächen zur Verfügung, richten die Programme ein, die verwendet werden sollen, und konfigurieren das Betriebssystem.

Und dann gibt es unter den Benutzern die ganz Schlauen, das sind jene, die auch daheim einen Computer haben, und meinen, sie könnten alle Sperren durchbrechen, die von der EDV-Abteilung vorgegeben wurden.

Solche Benutzer haben ganz gerne eine DOS-Startdiskette im Ärmel, denn erstens vertrauen Sie keinem Systembetreuer, und zweitens muß man die Kiste ja irgendwie wieder hinkriegen, wenn die Typen von der EDV sich wieder mal nicht auskennen ...

Windows NT bietet mit dem NTFS einen sicheren Schutz, da man mit einer DOS-Startdiskette nicht auf die Datenträger zugreifen kann. Also sogar wenn ein Benutzer unbefugt mit einer DOS-Diskette den Computer startet, findet er keine Festplatte, auf die er zugreifen könnte.

Wenn da nicht ... ja wenn da nicht NTFSDOS wäre!

NTFSDOS wurde von den beiden findigen Programmierern Mark Russinovich und Bryce Cogswell entwickelt und über das Internet zur Verfügung gestellt. Dabei handelt es sich im Prinzip um einen Dateisystemtreiber.

NTFSDOS kann in DOS oder auch in Windows 95 eingebunden werden und ermöglicht diesen Systemen, auf NTFS-Laufwerke zuzugreifen.

Der Hintergedanke ist, daß man damit unter Umständen auch mit einer DOS-Startdiskette auf eine nicht mehr funktionierende NTFS-Partition nachschauen gehen kann, bevor neu formatiert wird. Ein solcher Treiber könnte für das System lebensrettend sein.

Der Haken ist ja, daß Windows NT eine solche Möglichkeit nicht bietet. Wenn es eine richtige Windows NT-Startdiskette gäbe, die ein zeichenorientiertes Basissystem startete, wäre dieser NTFSDOS-Treiber vermutlich nie entwickelt worden. Weil dem aber nicht so ist, gibt es diesen Treiber.

Die jetzige Version kann lediglich lesen und Programme ausführen. Mit diesem Treiber kann also nachgesehen werden, was auf der Platte nicht in Ordnung ist, aber es können auch Dateien heruntergekopiert werden, und sogar Programme könnte man starten.

Problematisch ist allerdings: **dieser Treiber knackt jede NTFS-Sicherheit!**

Mit anderen Worten: das komplette Sicherheitssystem von Windows NT wird übergangen. Es ist völlig egal, wie Sie die NTFS-Sicherheit definiert haben, dem NTFSDOS-Treiber ist das völlig piepe.

Bisher ist das der einzige mir bekannte Treiber, der in der Lage ist, die Sicherheit von Windows NT völlig zu umgehen. NTFSDOS stimmt jedoch sehr nachdenklich, was die tatsächliche Sicherheit von NTFS betrifft.

Wie auch immer, dieser Treiber existiert, und jeder, der Zugang zum Internet hat, kann ihn sich holen. Die Einbindung in eine DOS-Startdiskette ist ein Kinderspiel.

Was kann man dagegen tun?

Nun, ich wehre mich dagegen, »nichts« zu sagen, aber ich muß gestehen, ich bin nahe dran.

Ein Treiber zum Sperren der Diskettenlaufwerke, wie er im Microsoft Resource Kit zu Windows NT enthalten ist, hilft in diesem Fall nichts, denn dieser Treiber funktioniert natürlich nur dann, wenn Windows NT bereits läuft.

Vor dem Start ist allerdings jene Periode, wo man mit vielen Programmen in ein NT-System gelangen könnte. Und genau hier setzt auch die genannte DOS-Startdiskette an. Die Diskettensperre fällt also flach.

Im Grunde gibt es nur zwei Möglichkeiten.

Die eine Möglichkeit besteht darin, den Start vom Diskettenlaufwerk mit Hilfe des Computer-BIOS zu deaktivieren. Die meisten der modernen PCs können das, und um auf Nummer Sicher zu gehen, können Sie zumeist ein Administratorkennwort im BIOS definieren, daß man benötigt, um die BIOS-Einstellungen aufzurufen. Wichtig ist lediglich, daß dieses Administrator-Kennwort nicht verloren geht, denn bei den meisten Geräten müßte dann das Motherboard ausgewechselt werden. Wenn das Diskettenlaufwerk im BIOS von der Startprozedur ausgenommen wurde, kann nicht mehr mit einer Startdiskette gebootet werden. Selbstverständlich gilt das nicht nur für DOS-Startdisketten, sondern auch für alle anderen Systeme. Um im Katastrophenfall doch wieder von einer Diskette zu booten, müssen Sie das Computer-BIOS aufrufen, das Administratorkennwort eingeben und die Sperre zurücknehmen.

Die zweite Möglichkeit ist banal. Sie besteht darin, den Computer so wegzusperren, daß unbefugte Benutzer einfach keine Möglichkeit haben, zu den Geräten zu gelangen. Da NTFSDOS vor allem bei Server-Geräten eine große Gefahr darstellt, ist das Wegsperren des Servers nicht lächerlich, sondern ohnehin notwendig.

12 Web-Administration für NT Server

Seit einiger Zeit bietet Microsoft eine Erweiterung für die Verwaltung von Windows NT Servern an. Es handelt sich um den WEB ADMINISTRATOR, ein Zusatzprogramm zu NT Server und MICROSOFT INTERNET INFORMATION SERVER.

Dieses Programm erhalten Sie entweder über das Resource Kit oder über die Microsoft Web Site. Sie können nur auf Servern installieren, und Voraussetzung ist, daß auch der INTERNET INFORMATION SERVER installiert ist.

Der WEB ADMINISTRATOR installiert ein paar DLL-Dateien und eine Reihe von HTML-Seiten, die in Unterverzeichnissen des WWW-Basisverzeichnisses angelegt werden.

Diese Erweiterung stellt eine weitere Möglichkeit bereit, Windows NT Server, auf denen der Internet Information Server aktiv ist, zu verwalten. Was Sie auf der Client-Seite für die Verwaltung benötigen, ist lediglich ein Web Browser!

Wenn Sie den WEB ADMINISTRATOR bisher nicht kannten, lassen Sie sich diese Nachricht auf der Zunge zergehen: ein einfacher Web Browser genügt, um ein komplettes Windows NT Server-System zu verwalten. Damit eröffnen sich ungeahnte Möglichkeiten, und für Systembetreuer in heterogenen Netzen brechen fast rosige Zeiten an ...

Spaß beiseite. Tatsache ist, daß Sie mit einem beliebigen Web Browser alle Aufgaben, die ein Administrator auf Windows NT Server hat, erfüllen können. Dazu gehören Benutzermanagement und Ressourcenverwaltung ebenso wie die Wartung von Diensten, die Überprüfung der Systemleistung oder der Neustart des Servers. Daß kein bestimmtes Betriebssystem verlangt wird, liegt dabei auf der Hand. Sie benötigen tatsächlich nur einen Web Browser und eine passende TCP/IP-Konfiguration. Natürlich muß es auch möglich sein, den Server über diese Konfiguration zu erreichen, weil er sich entweder im selben Netzwerk befindet oder zwischen den Netzwerken richtig geroutet wird.

Microsoft bezeichnet den WEB ADMINISTRATOR als ein Dienstprogramm für Administratoren auf Reisen. Das bedeutet, daß dieses Programm verwendet werden sollte, wenn Administratoren keinen lokalen Zugriff auf die Server haben, aber dennoch gewisse Einstellungen vornehmen müssen.

Ich finde, daß Microsoft mit dieser Aussage den WEB ADMINISTRATOR völlig unterbewertet. Dieses Programm ist ein ideales Verwaltungswerkzeug für heterogene Netzwerke. In meiner Heimatstadt Wien würde man dazu sogar sagen: »Des is a Waunsinn ...!«

Windows NT-Server können damit von jeder Plattform aus verwaltet werden. Es macht keinen Unterschied mehr, ob die Administratoren mit Windows NT, Windows für Workgroups, IBM OS/2, Apple Macintosh oder UNIX arbeiten. Auf allen Systemen gibt es einen Web Browser, mit dessen Hilfe die Server der Domäne zur Gänze verwaltet werden können.

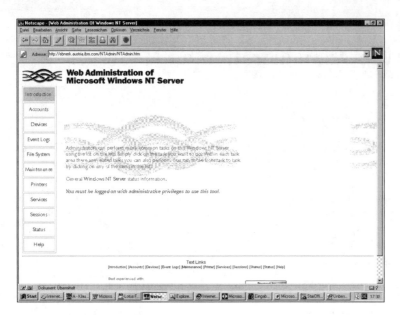

Bild 12.1:
Web Administrator for Windows NT

12.1 Installation

Sie benötigen, in dieser Reihenfolge, Windows NT Server, den Microsoft Internet Information Server und den WEB ADMINISTRATOR.

WEB ADMINISTRATOR besteht aus einer komprimierten Datei, die beim Start das Installationsprogramm aufruft. Sie müssen die Lizenzvereinbarung bestätigen, und dann kopiert das Installationsprogramm Dateien ins Verzeichnis des IIS sowie ins Systemverzeichnis.

Ein Neustart ist grundsätzlich nicht notwendig, allerdings läßt sich in der Praxis feststellen, daß sofortige Probeläufe oft nicht funktionieren. Anscheinend muß man ein wenig warten, bis die Berechtigungen der Benutzer von WEB ADMINISTRATOR übernommen und akzeptiert werden.

Um das Programm aufzurufen, müssen Sie Ihren Web Browser starten. Als Anfangsadresse definieren Sie den vollständigen *Hostnamen* der Server-Maschine und die Datei \ntadmin\ntadmin.htm. Eine komplette Pfadangabe könnte folgendermaßen aussehen:

http://server.ebner.ed.at/ntadmin/ntadmin.htm

Wenn der Browser versucht, eine Verbindung mit dem Windows NT-Server aufzubauen, rührt sich das Sicherheitssystem von Windows NT bzw. von WEB ADMINISTRATOR.

12.2 Zugriffsberechtigungen

Selbstverständlich können nur Administratoren auf die Verwaltung des Servers zugreifen. Dazu ist eine Anmeldung notwendig. Bei der Arbeit mit WEB ADMINISTRATOR kommt es darauf an, welchen Web Browser Sie einsetzen.

Zur Zeit ist Microsoft Web Explorer ab Version 3.0 das einzige Programm, bei dem keine zusätzliche Anmeldung notwendig ist, falls Sie an einer Windows NT-Maschine angemeldet sind.

Hier reicht die Systemanmeldung als Administrator. Die Verbindung zum Server mit Hilfe des Web Browsers arbeitet bereits mit der internen ID.

Anders sieht es aus, wenn andere Systeme eingesetzt werden. In allen anderen Fällen werden Sie um Benutzername und Kennwort gefragt. Beim Microsoft Web Explorer ist das der Fall, wenn Sie auf Windows 95, Windows für Workgroups oder Apple Macintosh arbeiten, und bei Netscape Navigator oder Communicator, NCSA Mosaic, IBM Web Explorer und anderen müssen Sie ebenfalls den Namen und das Kennwort eingeben.

Standardmäßig wird dann beides als reiner Text über das Netzwerk geschickt, was eine Angriffsstelle für Netzwerkmonitore darstellt. Manche Web Browser machen Sie darauf aufmerksam, daß die Informationen, die Sie über das Netzwerk schicken, nicht gesichert sind.

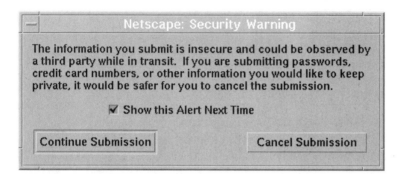

Bild 12.2:
Unsichere Datenübertragung (Netscape Navigator für SCO UnixWare)

Um dieses Sicherheitsloch zu stopfen, müssen Sie SSL verwenden. Der *Secure Sockets Layer* sorgt für eine Verschlüsselung, wofür ein privater und ein öffentlicher Schlüssel eingesetzt werden. Sie können SSL beispielsweise für Netscape Navigator installieren.

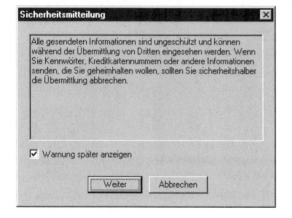

Bild 12.3:
Unsichere Datenübertragung (Netscape Communicator für Windows NT)

Wenn Sie SSL installiert haben, müssen Sie im WEB ADMINISTRATOR einstellen, daß diese Sicherheitsschicht für die Anmeldung verwendet wird.

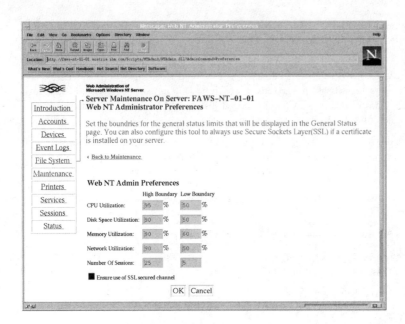

Bild 12.4:
Aktivierung von SSL

Sie müssen dazu den WEB ADMINISTRATOR laden und die Seite MAINTENANCE aufschlagen. Dort finden Sie, ziemlich weit unten, ein Auswahlkästchen ENSURE USE OF SSL SECURED CHANNEL.

Mit diesem Schalter wird ein Eintrag in der Registrierung angepaßt. Diesen Eintrag finden Sie unter dem Schlüssel *HKEY_LOCAL_MACHINE\Software\Microsoft\Inetsrv_NTAdmin* und er lautet *SSLRequired:REG_DWORD:1*.

12.3 Die Benutzerverwaltung

Mit dem WEB ADMINISTRATOR kann eine der wichtigsten Aufgaben in der Netzwerkadministration erledigt werden, nämlich die Verwaltung der Benutzer und Gruppen.

Dazu finden Sie eine eigene Seite. Unter ACCOUNTS gibt es einen Benutzer- und einen Gruppen-Manager. Mit Hilfe dieser Werkzeuge können Sie auf die Benutzerverwaltung von Domänen oder von alleinstehenden Servern zugreifen.

12.3.1 Benutzer

Auf der Benutzer-Seite werden alle Benutzerkonten angezeigt. Wenn die Liste lang ist, gibt es eine Bildlaufleiste zum Weiterblättern (siehe Bild 12.5).

PROPERTIES zeigt die Eigenschaften des Kontos an. Hier können Sie die Grundeinstellungen beeinflussen und beispielsweise definieren, daß ein Benutzer bei der nächsten Anmeldung das Kennwort ändern muß. Diesen Bereich benötigen Sie auch, wenn Sie ein Konto aktivieren oder deaktivieren wollen.

PASSWORD ändert das Kennwort des Benutzerkontos. Selbstverständlich kann auch ein Administrator kein altes Kennwort erkennen, er kann es lediglich überschreiben.

Web-Administration für NT Server 423

Bild 12.5:
Benutzerverwaltung unter Windows NT Workstation

Wenn Sie mit dem WEB ADMINISTRATOR Kennwörter ändern wollen, sollten Sie unbedingt SSL einsetzen. Das gilt auch, wenn der Microsoft Explorer verwendet wird, denn Sicherheit bietet dieser ausschließlich bei der Anmeldung auf Windows NT-Maschinen.

Wird die SSL-Schicht installiert und verwendet, dann verschlüsseln der Internet Information Server und Ihr Web Browser die gesamte Sitzung. Auch ein neues Kennwort, das über das Kabel geschickt wird, ist dann verschlüsselt und kann nicht so einfach aus den Datenpaketen herausgelesen werden.

Unter GROUPS definieren Sie die Gruppenzugehörigkeit des Benutzers. DELETE löscht das Benutzerkonto gänzlich, während Sie mit CREATE NEW ein neues Benutzerkonto einrichten können.

Bedenken Sie, daß mit der Löschung eines Benutzerkontos auch die interne ID verloren geht. Diese kann niemals wiederhergestellt werden. Soll eine ID von einem neuen Mitarbeiter übernommen werden, dann deaktivieren Sie vorübergehend das alte Konto, benennen es um und vergeben ein neues Kennwort. In diesem Fall bleiben alle Ressourcen- und Sicherheitseinstellungen dieses Kontos erhalten, weil sich die interne ID von Windows NT nicht ändert.

12.3.2 Gruppen

Auf der Seite ACCOUNTS haben Sie nicht nur die Möglichkeit, Benutzer zu verwalten, sondern auch Gruppen. Alle Gruppen, die auf dem Server existieren bzw. in der Domäne, wenn es sich um einen Domänen-Controller handelt, werden angezeigt. Sie können neue Gruppen erstellen und die Mitglieder aufnehmen.

Bild 12.6:
Neue Gruppe unter MacOS

Bei den bestehenden Gruppen können Sie Benutzer hinzufügen oder löschen. Gegenüber der gewöhnlichen Benutzerverwaltung gibt es aber keinerlei Erweiterungen.

Das bedeutet, daß nicht mehr Funktionen zur Verfügung stehen, als Windows NT auch sonst zu bieten hat. Beispielsweise können Gruppen keine Anmeldeskripte zugeordnet werden.

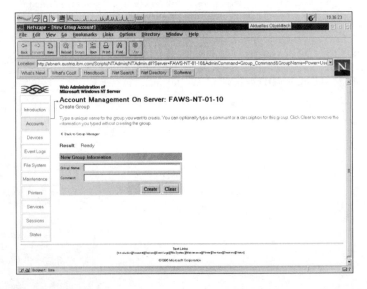

Bild 12.7:
Neue Gruppe unter OS/2 Warp

Bei der Gruppenverwaltung gilt dasselbe wie bei den Benutzern: wenn Sie einen Domänen-Controller verwalten, greifen Sie auf die Benutzerverwaltung der Domäne zu. Dabei ist es unerheblich, ob das Gerät ein Primärer oder ein Sicherungs-Domänen-Controller ist. Greifen Sie hingegen auf einen Alleinstehenden Server zu, dann bekommen Sie lediglich dessen lokale Benutzerverwaltung zu Gesicht, aber nicht die Verwaltung der Domäne, zu der dieser Server gehört.

12.4 Ressourcen

Für die Freigabe und Verwaltung von Ressourcen sind zwei verschiedene Verwaltungsseiten zuständig. Wenn Sie Datenfreigaben erzeugen wollen, müssen Sie die Seite FILE SYSTEM öffnen, für die Druckerfreigaben benötigen Sie die Seite PRINTERS.

Diese Seiten ersetzen zum Teil die Funktionen des SERVER-MANAGERS und der Druckerverwaltung unter Windows NT.

12.4.1 Datenressourcen

Um Ordner oder Laufwerke freizugeben bzw. die Freigabe zu verwalten, benöten Sie die Seite FILE SYSTEM. Die vorhandenen Freigaben können angezeigt werden. Dazu wird eine HTML-Seite mit den entsprechenden Daten zusammengesetzt.

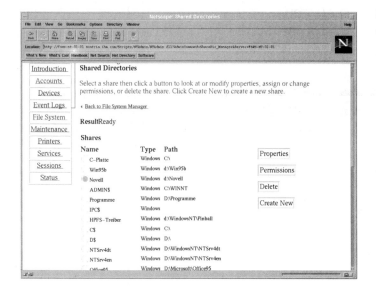

Bild 12.8:
Anzeige der Freigaben

Neue Freigaben können erstellt und bestehende gelöscht werden. Noch wichtiger sind jedoch die Sicherheitseinstellungen. Genauso wie mit dem Server-Manager können Sie definieren, welche Benutzer und Gruppen auf die Datenressource zugreifen können.

Um die Berechtigungen einzustellen, klicken Sie auf PERMISSIONS.

Darüber hinaus können, ebenfalls auf der Seite FILE SYSTEM, die NTFS-Sicherheitseinstellungen festgelegt werden. Diese addieren sich ja zu den Einstellungen der Freigabe, wobei praktisch immer der keineste gemeinsame Nenner gilt.

Bild 12.9:
NTFS-Sicherheit
für eine Datei

12.4.2 Druckerressourcen

Auch die Verwaltung der Drucker gehört zu den wichtigen Aufgaben des Administrators, und so können alle unter Windows NT eingestellten Drucker mit dem WEB ADMINISTRATOR gewartet werden.

Bild 12.10:
Druckerverwaltung unter Windows 95

Sie können den Druckdienst anhalten oder wieder aktivieren, und Sie können die aktiven Druckjobs überwachen und warten. Falls der Drucker hängt, weil ein Druckjob nicht gedruckt werden kann, gibt es die Möglichkeit, diesen Job zu löschen.

12.5 Server-Verwaltung

Nicht nur die Benutzer- und Ressourcenverwaltung gehört zur Arbeit des Administrators, sondern auch die Verwaltung des Servers selbst.

WEB ADMINISTRATOR bietet noch eine ganze Menge an Zusatzfunktionen, läßt Sie in die Standard-Dienstprogramme hineinschauen und die komplette Konfiguration des Servers bearbeiten.

Diese Einstellungen bewirken, daß ein Gang zur Server-Maschine nur in den seltensten Fällen notwendig sein wird, etwa wenn Software direkt auf dem Server installiert werden muß.

12.5.1 Dienste

Sie haben die Möglichkeit, alle Systemdienste von Windows NT anzeigen zu lassen. Es handelt sich dabei um die Serverdienste, die normalerweise über die Systemsteuerung unter DIENSTE zugänglich sind.

Bild 12.11:
Dienste unter
Windows 95

Die Dienste werden auch als HTML-Seite angezeigt, wobei der Seitenaufbau selbstverständlich etwas dauert, weil die Informationen vom Server abgefragt und dann dargestellt werden müssen. Wenn dieser Aufbau schon in einem LAN etwas Zeit in Anspruch nimmt, kann man sich gut vorstellen, daß es unter Umständen Minuten dauert, bis diese Informationen über ein WAN gewandert sind.

WEB ADMINISTRATOR beschränkt sich selbstverständlich nicht nur auf die Anzeige der Dienste. Neben der Kontrolle, die das Werkzeug bietet, haben Sie alle Einflußmöglichkeiten, die Sie auch direkt am Server hätten (siehe Bild 12.12).

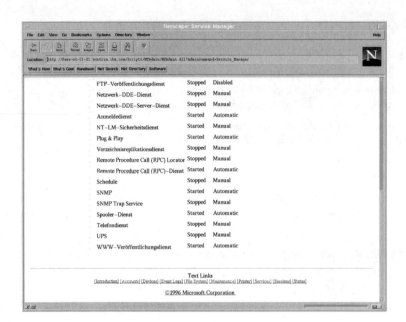

Bild 12.12:
Dienste unter AIX

Dienste können gestartet, angehalten und gestoppt werden. Darüber hinaus gibt es die Möglichkeit, die Grundeinstellungen dieser Dienste zu beeinflussen. Diese machen sich zwar erst bei einem Neustart bemerkbar, doch erstens könnte es sein, daß ein Kollege, der Zugang zum Server hat, diesen neu startet, oder Sie verwenden das entsprechende Werkzeug des WEB ADMINISTRATORS, denn auch dieser ermöglicht den – fernen – Neustart eines Servers.

12.5.2 Hardware-Einstellungen

Die Seite DEVICES enthält jene Einstellungen, die unter Windows NT in der Systemsteuerung im Objekt GERÄTE zu finden sind. Sie können damit die Hardware-Konfiguration des Windows NT-Servers beeinflussen und warten (siehe Bild 12.13).

Die Arbeit mit diesem Dienstprogramm dauert immer länger, als man das von der lokalen Konfiguration her gewohnt ist. Natürlich muß das so sein, denn immerhin arbeiten Sie jetzt über eine Netzwerkverbindung, und der Aufbau der HTML-Seiten kostet ebenfalls Zeit.

Auch die Hardware-Treiber können aktiviert und deaktiviert werden, außerdem haben Sie Zugriff auf die Grundeinstellungen, die vom Server schließlich in die Registrierung geschrieben werden.

Falls Sie einen Treiber erst installieren müssen, dann verschaffen Sie sich Zugang zum Systemlaufwerk. Sie können dieses jederzeit mit einem UNC-Namen anbinden. In diesem Fall müssen Sie allerdings von den Plattformen Windows NT, Windows 95, Windows für Workgroups, OS/2 Warp oder DOS arbeiten. Wenn Sie ein anderes System einsetzen, dann verwenden Sie FTP, um die notwendigen Dateien auf den Server zu kopieren.

Web-Administration für NT Server 429

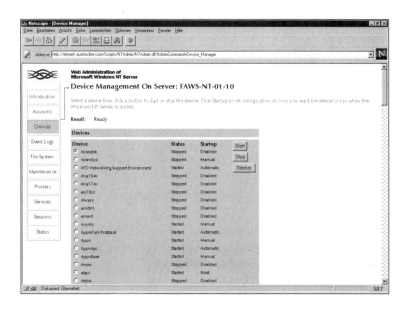

Bild 12.13:
Hardware-Einstellungen unter Windows 95

12.5.3 Zusätzliche Werkzeuge

Über die Web-Verwaltung ist es sogar möglich, ferne Server herunterzufahren. Diese Funktionalität gibt es ansonsten nur als kleines Anwendungsprogramm beim Resource Kit. Die Standardauslieferung von NT enthält dieses Programm nicht.

Bild 12.14:
Seite »Maintenance« unter Windows NT

Sie müssen dazu die Seite MAINTENANCE anwählen. Dort befindet sich ein Schalter, mit dessen Hilfe Sie die Maschine herunterfahren. Sie können einstellen, wie viele Minuten der Neustart verzögert wird. Dies dient normalerweise der Warnung eines angemeldeten Benutzers. Auf Servern kann diese Einstellung jedoch getrost ignoriert werden, da wohl kaum jemand lokal arbeiten wird.

Dieselbe Funktionalität bietet ein kleines grafisches Dienstprogramm, das zu den Programmen des Resource Kit gehört. Damit können Sie jede beliebige NT-Maschine der Domäne herunterfahren.

Damit der Server auch wirklich neu startet, sollte beachtet werden, daß beim Server keine Hindernisse auftreten. Zum Beispiel sollte keine zusätzliche Kennwort-Eingabe vom BIOS verlangt werden. Normalerweise ist dies ohnehin nur dann notwendig, wenn das Computer-Setup aufgerufen wird.

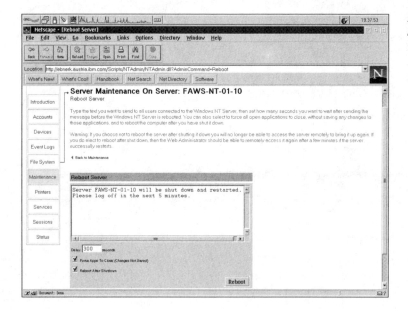

Bild 12.15:
Shutdown unter OS/2 Warp

Falls Ihr Server keine Tastatur hat, sollten Sie nicht vergessen, den Neustart ohne Tastatur im Geräte-BIOS zu aktivieren. Die meisten Server-Computer besitzen dafür eine eigene Einstellung. Ist sie aktiv, dann kann der Server auch ohne Anwesenheit eines Administrators neu starten. Dies ist nicht nur für das hier beschriebene Dienstprogramm notwendig, sondern auch, wenn einmal der Strom ausfällt.

Wenn Sie mit Hilfe des Web Administrators den Server herunterfahren, rechnen Sie damit, daß Ihr Browser plötzlich hängenbleibt. Die Verwaltungsseiten stammen immerhin von jenem Gerät, das Sie eben herunterfahren. Jeder Versuch, auf einen Querverweis zu klicken, ist somit zum Scheitern verurteilt, und für eine gewisse Zeit werden Sie ausschließlich Fehlermeldungen erhalten. Das Anwählen von weiteren Wartungseinstellungen ist erst dann wieder möglich, wenn NT Server und Internet Information Server wieder vollständig gestartet sind.

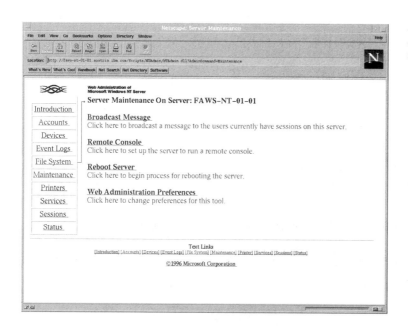

*Bild 12.16:
Seite »Maintenance« unter AIX*

Über BROADCAST MESSAGE können Sie Nachrichten an alle angeschlossenen Benutzer schicken. Die WEB ADMINISTRATION PREFERENCES enthalten ein paar Grundeinstellungen zum WEB ADMINISTRATOR. Unter anderem kann hier die Verwendung der SSL-Sicherheitsschicht eingestellt werden.

Der vierte Punkt ist REMOTE CONSOLE. Damit ist es möglich, eine entfernte Kommandozeile zu öffnen. In der Praxis heißt das: Sie haben eine Befehlszeile auf Ihrer Maschine, doch die Befehle, die Sie darin eintippen, laufen in Wirklichkeit auf dem dahinterstehenden Windows NT-Server ab. Dieses Programm funktioniert so ähnlich wie Telnet.

Damit REMOTE CONSOLE allerdings funktioniert, müssen Sie auch auf dem Server etwas installieren. Sie benötigen das Programm RSHSVC. Das ist der Server für den Befehl RSH.

Für die Installation müssen Sie die Dateien *rshsetup.exe*, *rshsvc.exe*, *rshsvc.dll* ins Verzeichnis WINNT\SYSTEM32 kopieren. Danach rufen Sie die folgenden Befehle auf:

```
rshsetup rshsvc.exe rshsvc.dll
net start rshsvc
```

Um den Dienst wieder anzuhalten, geben Sie den folgenden Befehl ein:

```
net stop rshsvc
```

Sie benötigen außerdem ein Datei, in der die Berechtigungen definiert sind. RSH arbeitet mit der Datei *.rhosts*, die im Verzeichnis WINNT\SYSTEM32\DRIVERS\ETC stehen muß.

.rhosts ist eine Textdatei, in der die Computer und die Benutzer vermerkt sind, die auf den Dienst zugreifen können. Diese Datei könnte etwa folgendermaßen aussehen:

```
Workstation1    kebner fhuber aweiss
Workstation3    kebner cpospisil
SC03            kebner aweiss kwaldner atrdil
Macintosh1      kebner
```

In der ersten Spalte steht der Hostname des Computers, von dem aus zugegriffen werden darf, und rechts davon werden alle Benutzernamen aufgelistet, die von dieser Arbeitsstation aus zugreifen dürfen.

Wenn die Maschinennamen oder die Benutzernamen nicht in der Datei *.rhosts* stehen, gibt RSH eine Fehlermeldung aus und verweigert den Zugriff.

Dieser Dienst ist die Grundlage dafür, daß sie mit WEB ADMINISTRATOR über REMOTE CONSOLE auf den Server zugreifen können.

12.5.4 Ereignisanzeige

Für die Ereignisanzeige bietet WEB ADMINISTRATOR eine eigene Seite namens EVENT LOG. Rufen Sie diese Seite auf, um die Einträge der Protokolldateien anzuzeigen.

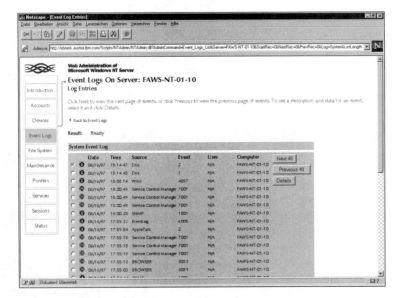

Bild 12.17:
Systemprotokoll
unter Windows 95

Wie mit dem Standard-Dienstprogramm können Sie auch hier zwischen den drei möglichen Protokolldateien unterscheiden.

Das Systemprotokoll (System) zeigt Informations- und Fehlermeldungen zum Betriebssystem und zur Konfiguration an. Das Sicherheitsprotokoll (Security) enthält sicherheitsrelevante Einträge, wenn Sie auf dem Server die *Überwachung* aktiviert haben. Wurde die Überwachung nicht eingestellt, dann ist dieses Protokoll leer. Und das Anwendungsprotokoll (Application) zeigt Informationen zu Anwendungsprogrammen; dieses Protokoll wird hauptsächlich von Backoffice-Produkten verwendet.

Die Anzeige der Einträge ist von System zu System wieder verschieden. Am besten funktioniert die Anzeige unter Windows NT und Windows 95. Unter OS/2 Warp und Apple Macintosh gibt es kleinere Abweichungen bei den Linien, während auf den UNIX-Systemen in der Regel die Proportionen überhaupt nicht passen.

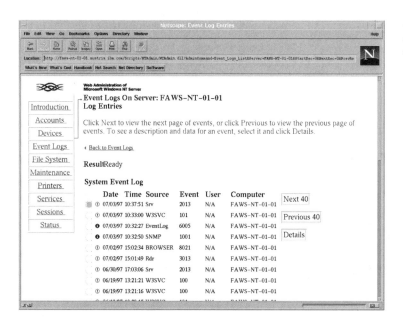

Bild 12.18: Systemprotokoll unter AIX

Wenn die Client-Maschine eines Administrators mit Windows NT oder Windows 95 läuft kann jederzeit mit der vorhandenen Ereignisanzeige gearbeitet werden, doch auf anderen Plattformen gibt es nur die Möglichkeit über WEB ADMINISTRATOR.

12.5.5 Statistik

Auf der Seite STATUS können verschiedene Informationen zum Server aufgerufen werden. Dieses Programm stellt eine komplette Statistikauswertung für den Windows NT-Server dar (siehe Bild 12.19).

Auch der Systemmonitor ist Teil des WEB ADMINISTRATORS. Mit Hilfe von entsprechenden Zusatzprogrammen, die mit der Software installiert wurden, können Sie auf die unterschiedlichsten Zähler des Systemmonitors zugreifen.

Anders als das bekannte Programm wirken die Zähler auf den HTML-Seiten viel verteilter. Sie können kaum alles zusammen anzeigen, sondern müssen sich für bestimmte Gebiete entscheiden. Die Übersicht heißt PERFORMANCE OBJECTS, und je nach dem, welche Anzeige Sie wählen, wird immer eine Gruppe von Informationen angezeigt.

Aufgrund der langsameren Verbindung müssen Sie damit rechnen, daß die Daten nicht genauso aktuell angezeigt werden wie mit dem lokalen Dienstprogramm. Das gilt natürlich ganz speziell für WAN-Verbindungen (siehe Bild 12.20).

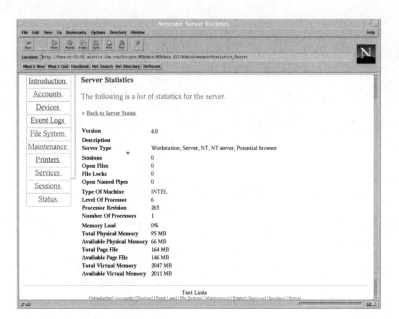

Bild 12.19:
Statistik des Servers

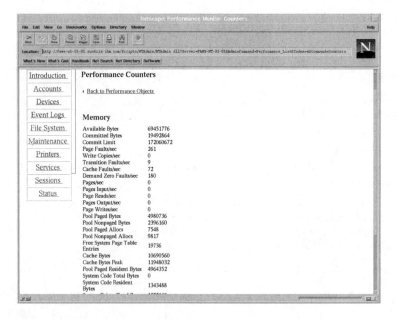

Bild 12.20:
Speicher-Statistik mit dem Systemmonitor

Innerhalb der HTML-Seiten von WEB ADMINISTRATOR fällt immer wieder eine Verschachtelung der Informationen auf. So gibt es auch unter STATUS zahlreiche Seiten, die alle einzeln angezeigt werden können bzw. müssen.

Web-Administration für NT Server 435

Bild 12.21:
Server Status –
Configuration

Über den eigentlichen Informationen steht immer ein Querverweis, der zur vorherigen Seite führt. Selbstverständlich können Sie an dieser Stelle auch die Standardfunktionen des jeweiligen Web Browsers verwenden.

Bild 12.22:
Sterver Status –
Configuration –
Memory

12.6 Welche Web Browser taugen?

Nun, grundsätzlich taugen alle. Primär wird das System entscheiden, mit dem Sie als Administrator arbeiten. Unter Windows NT, Windows 95, Windows für Workgroups und Apple Macintosh stehen Microsoft Web Explorer, Netscape Navigator, NCSA Mosaic und andere zur Verfügung. Unter OS/2 können Sie Netscape Navigator, IBM Web Explorer und andere Produkte einsetzen. Für UNIX gibt es Netscape Navigator und NCSA Mosaic.

Voraussetzung ist jedoch immer ein grafischer Web Browser. Zeichenorientierte Versionen wie Lynx können die HTML-Seiten von Microsoft nicht anzeigen.

12.7 Internet Server

Ein Internet-Server ist die Grundlage für den Einsatz des Web Administrators. Allerdings ist die Auswahl des Servers nicht so frei wie jene des Web Browsers.

Web Administrator setzt nur auf einem einzigen Internet-Server auf und zwar auf dem Internet Information Server von Microsoft.

Der Grund dafür liegt in der Programmiersprache. Jeder Internet-Server unterstützt mehrere Programmiersprachen. Dazu gehören Standardsprachen wie CGI, perl oder Java, aber auch herstellerspezifische Programmiersprachen.

Herstellerspezifisch sind ISAPI von Microsoft, ICAPI von IBM und NSAPI von Netscape. Da Microsoft beim WEB ADMINISTRATOR mit ISAPI gearbeitet hat, können Sie dieses Produkt ausschließlich auf dem Microsoft Internet-Server installieren.

Ein Dilemma gibt es, wenn Sie einen Internet-Server mit einem anderen Produkt einrichten wollen, weil dieses leistungsfähiger und funktioneller ist, dieser Server aber trotzdem über das Netzwerk verwaltet werden muß. In diesem Fall gilt, daß Sie auf WEB ADMINISTRATOR verzichten müssen, wenn ein anderer Internet-Server zum Einsatz kommt. Die Verwaltung muß dann von Windows NT- oder Windows 95-Maschinen aus gemacht werden.

12.7.1 Der Microsoft Internet Information Server

Der INTERNET INFORMATION SERVER ist seit Version 4.0 Standardumfang von Windows NT Server. Mit diesem Betriebssystem wurde IIS 2.0 ausgeliefert. Seit dem Service Pack 2 gibt es IIS 3.0, und vom Internet können Sie bereits die Beta-Version des IIS 4.0 herunterladen.

Während zwischen den Versionen 2.0 und 3.0 kaum Unterschiede festzustellen sind, sieht das bei IIS 4.0 völlig anders aus.

Während die Versionen 2.0 und 3.0 nur den Internet-Server selbst enthielten, wurde Version 4.0 überarbeitet und enthält zusätzlich zum Basis-Server auch noch den Microsoft Transaction Server, den Index Server und weitere Werkzeuge zur Erstellung von Web-Seiten. Dieses »Werkzeug« wurde so groß, daß die komprimierte Datei im Internet mehr als 50 MB hat!

Der Internet Information Server besteht aus einem Verwaltungsprogramm, mit dessen Hilfe Sie die Dienste starten und anhalten können. Außerdem müssen Sie hier die einzelnen Berechtigungen für die Zugriffe auf den Internet-Server einstellen.

Der IIS umfaßt drei verschiedene Serverdienste. Angeboten werden nämlich nicht nur WWW, sondern auch FTP und Gopher.

Web-Administration für NT Server

FTP ist der einzige FTP-Serverdienst, den Windows NT standardmäßig enthält. Alle anderen Varianten müßten extra, von Drittherstellern, gekauft werden.

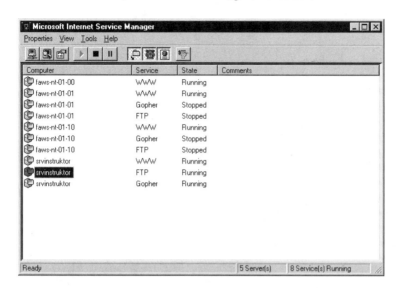

Bild 12.23:
Verwaltung mehrerer Internet Information Server

Der WWW-Dienst bietet die meisten Sicherheitseinstellungen. Innerhalb eines heterogenen Netzwerks, das vielleicht auch Zugang zum Internet hat, ist es sinnvoll, nur jene Benutzer auf den Server zugreifen zu lassen, der von Windows NT authentifiziert wurde.

Darüber hinaus gäbe es anonyme Anmeldungen, bei denen der IIS mit einem eigens dafür eingerichteten Benutzerkonto arbeitet. Dieses Benutzerkonto können Sie in die Definition Ihrer NTFS-Sicherheitseinstellungen einbeziehen.

Wenn Sie WEB ADMINISTRATOR einsetzen, ist es sinnvoll, auch den Internet Information Server über den Web Browser zu warten. Dazu müssen Sie allerdings die HTML-Verwaltung bei der Installation auswählen.

Standardmäßig wird diese HTML-Verwaltung nämlich gar nicht installiert. Sie ist als einzige Option nicht angekreuzt. Wenn die HTML-Verwaltung installiert ist, können Sie durch Angabe der Server-Adresse auf die Begrüßungsseite und dann auf die IIS-Verwaltung zugreifen (siehe Bild 12.24).

Die Zugriffsmöglichkeit durch anonyme Benutzer macht das System natürlich recht verletztlich. Für Server, die ihre Seiten auch im Internet zur Verfügung stellen, ist diese Zugriffsart notwendig, allerdings sollten Sie dann darauf achten, daß dieser Server nicht auch für das Intranet verwendet wird. Im Klartext heißt das: ein Internet-Server, auf den die ganze Welt Zugriff hat, sollte keine Firmendaten oder empfindliche Benutzerdaten enthalten!

Sehr gut wäre auch eine verkabelungstechnische Abschottung des Internet-Servers vom LAN. Wenn es keine Kabelverbindung gibt, kann auch kein Internet-Hacker ins Firmennetz einbrechen.

Wenn Sie den Internet-Server unbedingt vom LAN aus warten wollen, dann versuchen Sie es doch über ein anderes Protokoll! Sie könnten den Server so einrichten, daß er mit dem Internet über TCP/IP kommuniziert, mit dem LAN aber nur per NetBEUI.

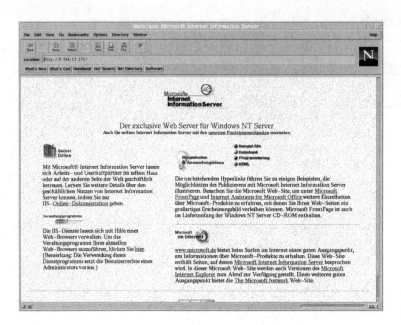

Bild 12.24:
Begrüßungsbildschirm IIS unter UNIX

Wenn Sie auch Ihren LAN-Benutzern den Zugriff auf das Internet gewähren wollen, sollten Sie unbedingt den Einsatz eines Proxy-Servers bzw. einer Firewall in Betracht ziehen. Firewall-Funktionen sind im Internet Information Server nicht enthalten.

Version 4.0 enthält allerdings auch Proxy-Funktionen, die teilweise mit Sicherheitseinrichtungen zu tun haben, und falls Sie das Microsoft Backoffice-Paket verwenden, dann finden Sie darin den Microsoft Proxy Server, der eine Reihe von Firewall-Funktionen hat.

Der FTP-Serverdienst hat den Nachteil, daß jeder Name und jedes Kennwort, das an den Server übermittelt wird, als reiner Text über das Netzwerk geht. Nichts leichter als das für einen gewieften Netzwerkspezialisten, um beides mit Hilfe eines *Sniffers* oder *Netzwerkmonitors* herauszufiltern.

Aus diesem Grund sollten Sie den FTP-Server nur für anonyme Anmeldungen verwenden. Wieder wird ein eigens dafür eingerichtetes Benutzerkonto verwendet, das Sie in die Definition der NTFS-Sicherheit jederzeit einbinden können.

Unter Umständen sollten Sie einen eigenen FTP-Server einrichten, der mit dem Web Server nicht in Berührung kommt. Auch hier gilt die Überlegung, was welchen Zweck erfüllen soll. Denkbar ist, daß der FTP-Server der Öffentlichkeit des Internets zur Verfügung steht, während der WWW-Server dem LAN vorbehalten ist.

Gopher ist ein grafischer Internet-Dienst und kann als Vorläufer des Web bezeichnet werden. Die Dateien werden zumeist als Textzeilen dargestellt, und doch bedeutete die Entwicklung von Gopher gegenüber der traditionellen FTP- und Telnet-Bedienung eine wahre Revolution.

Heute verliert Gopher zu Grunsten des Web zunehmend an Raum. Wenn Sie den Gopher-Dienst für Ihr Intranet bereitstellen wollen und Windows NT-Arbeitsmaschinen einsetzen, benötigen Sie einen Gopher-Client. Einen solchen erhalten Sie als Shareware im Internet oder im Rahmen von kommerziellen NFS-Paketen.

12.7.2 Der IBM Internet Connection Secure Server

Ein anderer wichtiger Server für das Internet ist jener von IBM. Bei diesem Server wurde auf ein eigenes Verwaltungsprogramm gleich verzichtet, und Sie bedienen das Programm ausschließlich über HTML-Seiten. Selbstverständlich gibt es einen eigenen Administrator.

Der INTERNET CONNECTION SECURE SERVER ist viel umfangreicher als der Server von Microsoft. So sind im Basispaket bereits viele Proxy- und Firewall-Funktionen enthalten, und die Berechtigungseinstellungen muten auf den ersten Blick relativ kompliziert an.

Ein Vorteil des IBM Servers ist seine Verbreitung auf verschiedenen Plattformen. Den IBM INTERNET CONNECTION SECURE SERVER gibt es für Windows NT, Windows 95, OS/2 Warp, OS/400, OS/390, MVS/ESA, AIX, HP-UX und Solaris.

Innerhalb von heterogenen Netzwerken kann dieser Internet Server eine große Rolle spielen. Mehrere Plattformen und eine einzige Form der Bedienung. Was wünschen wir uns mehr?

Etwas geht jedoch nicht! Sie haben keine Möglichkeit, den INTERNET CONNECTION SECURE SERVER mit dem WEB ADMINISTRATOR zu verwenden. Deshalb hat dieser Server auf Windows NT Server-Maschinen nur dann Sinn, wenn Sie auf die Fernwartung dieses Servers mit Hilfe von Web Browsern keinen Wert legen.

12.7.3 Netscape FastTrack Server

Der Dritte im Bunde heißt Netscape. Diese Firma produziert den weltweit meistverbreiteten Web Browser, den Netscape Navigator bzw. das Nachfolgeprodukt Netscape Communicator.

Auch auf der Server-Seite ist Netscape seit Jahren aktiv und verkauft sehr erfolgreiche Server-Software auf vielen Plattformen.

Netscape eigenet sich ebenfalls für heterogene Netzwerke, weil das Server-Produkt für eine ganze Reihe von Plattformen verfügbar ist. Sie erhalten diesen Server für Windows NT, aber auch für Apple Macintosh und viele UNIX-Varianten.

Der Nachteil ist derselbe wie beim IBM Server. Sie können den WEB ADMINISTRATOR FÜR WINDOWS NT nicht damit verwenden. Dieser Server enthält eine eigene Programmiersprache, NSAPI, die mit jener von Microsoft nicht kompatibel ist.

Wenn Sie den Server von Netscape einsetzen, muß das Gerät ebenfalls von Windows NT- oder Windows 95-Clients aus gewartet werden. Eine andere Möglichkeit gibt es nicht.

13 Mini und Mainframe

Großrechner, und damit werfe ich salopp alle Rechnersysteme in einen Topf, die über einem PC oder einer Workstation angesiedelt sind, bilden zumeist das Rückgrat eines großen Unternehmens. Lediglich kleine Firmen haben die Möglichkeit, ohne Großrechner auszukommen, und vielleicht Unternehmen, die erst während der letzten Jahre gegründet wurden.

Auf Großrechnern laufen üblicherweise Datenbankanwendungen, die in verschiedenste Bereiche greifen. Dazu gehören Kundendatenbanken mit mehreren hunderttausend Adressen und die Personalverwaltung, aber auch die gesamte Buchhaltung, Lagerhaltung, und Transaktionen von der Verkaufsabwicklung bis hin zum Mahnwesen.

Die gesamte Geschäftsgebarung ausschließlich auf PCs basieren zu lassen, ist äußerst selten. Man muß auch bekennen, daß dies sehr schwierig und in vielen Fällen sogar unmöglich ist. Ein Windows NT-Server kann noch so gut ausgestattet sein, auf einer 4-Prozessor-Alpha-Maschine mit 1 GB RAM laufen, an die Anzahl der Transaktionen, die eine AS/400 oder S/390 leistet, kommt er nicht einmal entfernt heran.

In den vergangenen Jahren war des öfteren das Ende der Großrechner prophezeit worden. Wenn man sich die Welt heute ansieht, ist nicht viel davon zu bemerken. Gewiß, der PC hat einen großen Platz bei allen Unternehmen erobert und ist kaum mehr wegzudenken. Auch eine Umgebung, die ausschließlich aus Großrechner-Terminals besteht, ist kaum mehr denkbar, obwohl das Aufkommen des *Netzwerk-PCs* ja durchaus in diese Richtung weist. Viele wichtige Anwendungen laufen jedoch nach wie vor auf Großrechnern, und die Entwicklung geht auf dieser Schiene natürlich genauso weiter wie bei den PCs.

Heute geht es nicht mehr darum, ob PCs den Großrechner verdrängen; heute geht es um eine vernünftige Kombination dieser beiden Technologien. Deshalb benötigt man Software, die in der Lage ist, beide Welten in einem einzigen Computer zu vereinen. Großrechner-Emulationen übernahmen diese Aufgabe auf dem PC.

Ich möchte an dieser Stelle darauf hinweisen, daß dieses Kapitel, Midrange und Mainframe, lediglich einen Überblick über jene Möglichkeiten bieten kann, die Sie mit Windows NT haben. Die Ausführungen sind weder allumfassend noch vollständig. Sogar wenn Sie sich nur mit einer einzigen Großrechner-Welt beschäftigen wollen, müssen Sie viel mehr Zeit veranschlagen, bis Sie als Administrator produktiv werden können, als das unter Windows NT der Fall ist. Angemerkt sei außerdem, daß es nicht nur Großrechner von IBM gibt, sondern auch von Siemens, Bull, Amdahl, Digital und anderen. Manche Plattformen sind ganz eigene Welten mit eigener Software. Daß es Programme gibt, die Windows NT an die eine oder andere Großrechner-Welt anschließen, ist sogar dann anzunehmen, wenn diese nicht in diesem Buch genannt werden.

13.1 Verbindung zu AS/400

Die AS/400 ist der Mini-Rechner von IBM. Der Hersteller ging damit in Konfrontationskurs zu Digitals VAX, einem äußerst erfolgreichen Mini der 80er Jahre, und konnte tatsächlich einen bedeutenden Marktanteil erzielen.

Heute zählt die AS/400 zu einem der wichtigsten Minis auf dem Markt, und sogar Microsoft verwaltet ein Gutteil seiner Geschäftsdaten auf AS/400-Rechnern.

Es gibt eine Reihe von Programmen, die Windows NT an eine AS/400 anbinden können. Selbstverständlich zählen Microsoft und IBM zu den Herstellern, aber auch von anderen Firmen ist sehr gute Software zu bekommen.

Darüber hinaus integrieren manche Konzepte der AS/400 Fremdsysteme, und damit sind in diesem Fall PC-Netzwerkbetriebssysteme gemeint. So gibt es schon heute die Möglichkeit, Novell NetWare oder OS/2 LAN Server direkt auf der AS/400 zu fahren, und Windows NT wird Anfang 1998 dazustoßen.

13.1.1 IBM Client Access

Die wichtigste Anbindungsmöglichkeit von Windows NT an eine AS/400 besteht wohl in IBMs Client-Access-Software. Dieses Programm wurde für Windows 95 und NT geschrieben.

Die Installation arbeitet mit dem Microsoft Install Shield Wizard und ist somit sehr einfach zu bewerkstelligen. Client Access kann über eine SNA-Verbindung oder über TCP/IP installiert werden.

Wenn Sie die SNA-Verbindung bevorzugen, muß das Microsoft DLC-Protokoll installiert werden. Anders als bei Windows 95, wo ein Update benötigt wird, reicht das in NT enthaltene DLC-Protokoll völlig aus.

Bei TCP/IP muß die Maschine entsprechend konfiguriert sein, und die IP-Adresse der AS/400 wird vom Installationsprogramm verlangt.

Sie benötigen als Parameter den Namen und die Adressen der AS/400, aber das ist auch schon alles. Die Konfiguration beschränkt sich auf diese wenigen Parameter.

Nach der Installation wird ein Neustart des Systems verlangt. Führen Sie diesen durch, da Client Access auch Kernel-Programme einrichtet, die noch gestartet werden müssen.

Client Access installiert drei verschiedene Zugriffsarten für die Verwaltung. Es handelt sich um ein grafisches NT-Programm, um einen grafischen AS/400-Zugang und um die 5052-Terminal-Emulation. Alle drei Frontends können im neu angelegten Ordner oder über das Verbindungsprogramm aufgerufen werden.

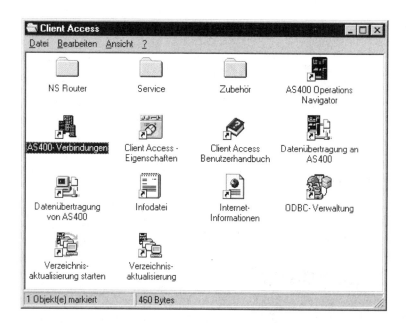

Bild 13.1:
Programmgruppe
Client Access für
Windows 95/NT

Client Access erstellt in der Programmgruppe noch weitere Ordner, welche die Werkzeuge zur Konfiguration und zur Installation und Wartung von Service Packs enthalten.

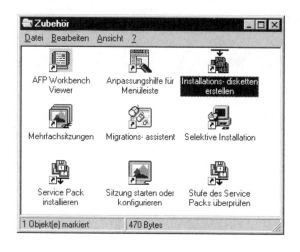

Bild 13.2:
Zubehör-Ordner

Die AS400-VERBINDUNGEN bieten eine sehr angenehme Verwaltungszentrale, die zu den jeweiligen Einzelprogrammen weiterverzweigt.

Bild 13.3:
AS400-Verbindungen

Die Anmeldung für die grafischen Programme erfolgt nur ein einziges Mal. Danach steht die Verbindung, und Sie können zwischen verschiedenen Sitzungen und Verwaltungsprogrammen hin- und herwechseln.

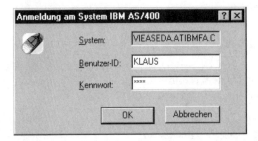

Bild 13.4:
Grafische Anmeldung an Client Access

Wenn Sie sich wider Erwarten einmal vollständig abmelden wollen, tun Sie das am besten wieder in den AS400-VERBINDUNGEN.

Wundern Sie sich nicht, wenn Sie im sogenannten *Graphical Access* noch einmal Name und Kennwort bekanntgeben müssen. Dasselbe passiert auch, wenn Sie die Terminal-Emulation aufrufen (siehe Bild 13.5).

Der grafische Modus ist der Terminal-Emulation eng angelehnt, bietet jedoch eine viel angenehmere Bedienung und paßt sich farblich gleich viel besser in eine grafische Benutzeroberfläche wie jener von Windows NT ein (siehe Bild 13.6).

Mini und Mainframe

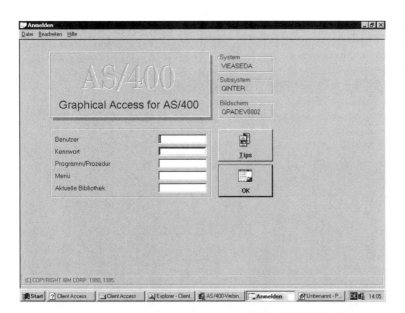

Bild 13.5:
Anmeldung im
»grafischen
Modus«

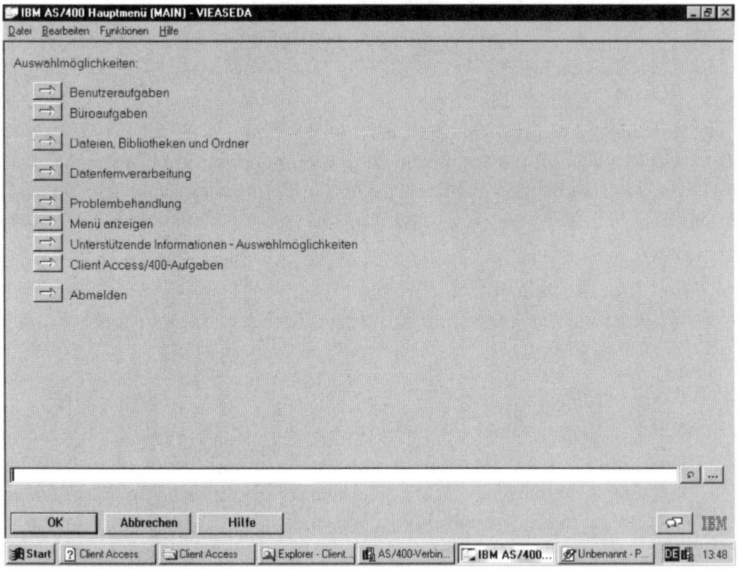

Bild 13.6:
Hauptmenü im
»grafischen
Modus«

Für den Benutzer stellt der grafische AS/400-Modus eine recht angenehme Erweiterung dar, die nicht allzu viel Systemressourcen benötigt. Ähnliche Erweiterungen gibt es für AS/400-Anwendungen, die für Terminal-Sitzungen geschrieben wurden.

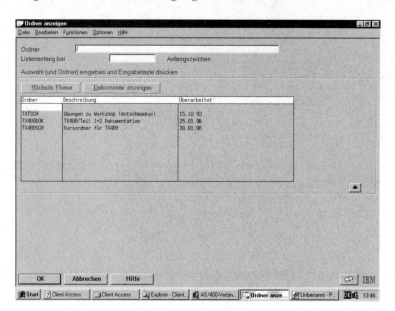

Bild 13.7:
Anzeige von Dateien im »grafischen Modus«

Eine recht angenehme Verwaltung besteht im AS/400 OPERATIONS NAVIGATOR, der neu ist und von IBM zügig weiterentwickelt wird. Man kann sagen, daß dieser Navigator in jeder Version von Client Access mehr kann. Hier sieht man vielleicht, wie die Zukunft einer AS400-Verwaltung vielleicht aussehen wird.

Im AS/400 OPERATIONS NAVIGATOR haben Sie einen Überblick über die Benutzer- und Gruppenverwaltung, die definierten Jobs, anstehende Nachrichten, Drucker, Datenträger und Datenbanken. Die Bedienung ist in Form einer Verzeichnisstruktur aufgebaut, die sehr stark an den Explorer von Windows NT erinnert.

Wenn Sie die notwendigen Rechte besitzen, können Sie die AS/400 mit Hilfe des Operations Navigator warten und betreuen (siehe Bild 13.8).

Eine komplette grafische Bedienung ist in der Regel aufgrund der Terminal-orientierten Anwendungsprogramme der AS/400 nicht möglich. Viele EDV-Mitarbeiter argumentieren auch damit, daß ein solcher grafischer Aufsatz gar nicht notwendig ist, wo vielleicht nur Buchhaltungsdaten in vordefinierte Felder eingegeben werden müssen. Für diese Argumentation spricht auch die Tatsache, daß grafische Schnittstellen deutlich mehr Systemressourcen kosten als zeichenorientierte.

Trotzdem: man sieht auch an der AS/400, daß grafische Oberflächen ihren Einzug in die Welt des Computers gehalten haben. Gerade ein System wie Windows NT wird diese Entwicklung vermutlich noch fördern.

Mini und Mainframe 447

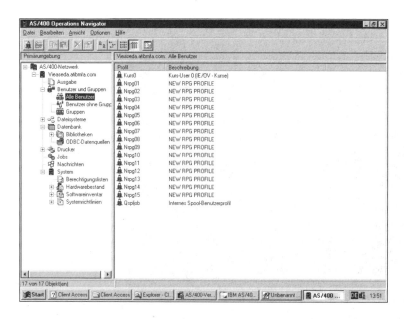

Bild 13.8:
AS/400 Operations Navigator

Wer unter NT dennoch nicht auf das Terminal verzichten möchte, kann auch mit IBMs Client Access seine gewohnte 5052-Emulation aufrufen.

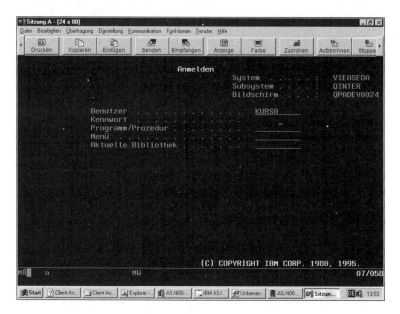

Bild 13.9:
AS/400 Terminal-Emulation

Client Access, für das Sie auf der Festplatte ca. 80 MB rechnen müssen, ist gewiß die zur Zeit leistungsfähigste Anbindung an eine AS/400.

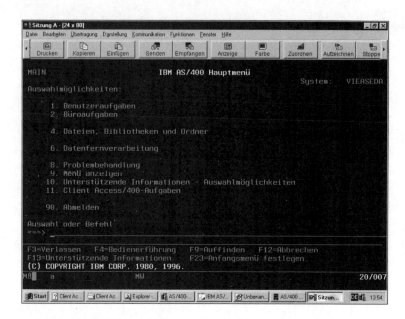

Bild 13.10:
Hauptmenü in der 5052-Emulation

Client Access für Windows 95/NT arbeitet stabil und bietet alle Funktionalitäten, die Sie beim AS/400-Zugriff benötigen. Interessanterweise gibt es minimale Unterschiede bei der Verwaltung des Programms unter Windows 95 respektive unter Windows NT. Einzelne Registerseiten können plötzlich fehlen, wenn Sie Client Access unter Windows NT einsetzen. Der Grund dafür ist wohl in der Sicherheit von NT zu sehen.

Unter Windows NT gibt es kein Paßwort-Caching. Unter Windows 95 kann dieses Caching dazu verwendet werden, sich ein einziges Mal am System anzumelden, wobei Benutzername und Paßwort gleichzeitig für Windows 95 und für die AS/400 gelten. Windows NT läßt dies mit seinem Sicherheitssystem nicht zu. Der Benutzer muß sich also nach der Anmeldung am System extra noch bei der AS/400 anmelden, sogar wenn Name und Paßwort identisch sein sollten.

Geben Sie acht, falls Sie Client Access gleichzeitig mit Personal Communications installiert haben. Beide Programme installieren eigene Twinax-Dienste, dummerweise mit unterschiedlichen Namen. Diese beiden Dienste funktionieren nicht zusammen. Eine 5052-Unterstützung darf grundsätzlich nur einmal installiert sein.

13.1.2 AS/400 über Web Browser

Eine ganz neuartige Möglichkeit, auf die AS/400 unter Windows NT zuzugreifen, ist das Internet. IBM entwickelte eine Erweiterung, die es Anwendern ermöglicht, mit einem beliebigen Web Browser zu arbeiten.

Auf HTML-Seiten kann sich der Benutzer an die AS/400 anmelden und mit den Programmen arbeiten.

So bequem und vielleicht auch modern diese Möglichkeit sein mag, sollte niemand vergessen, daß die Schnelligkeit einer solchen Konfiguration mitunter sehr zu wünschen übrig läßt. Der Web-Zugriff auf die AS/400 ist dann sinnvoll, wenn es ohnehin nur eine Verbindung über das Internet gibt und diese nicht allzu intensiv genutzt wird.

13.1.3 Windows NT auf der AS/400

Eine ganz andere Art der Verbindung besteht in der Möglichkeit, das Betriebssystem Windows NT Server auf der AS/400 selbst einzusetzen.

Die AS/400 ist inzwischen bekannt dafür, daß sie auch mit anderen Systemen »kann«. So gibt es OS/2 LAN Server und Novell NetWare für die AS/400, aber auch Anwendungsserver wie Lotus Notes/Domino oder SAP R/3.

Diese Systeme waren früher unter der Bezeichnung *File Server Input Output Processor (FSIOP)* bekannt und werden heute *Integrated PC Server (IPCS)* genannt.

Im Frühjahr 1998 wird IBM auch IPCS Windows NT für die AS/400 auf den Markt bringen. Wie bei den anderen Netzwerkbetriebssystemen wird es dafür eine Erweiterungskarte geben, die in der AS/400 steckt. Die gesamte Peripherie wird von der AS/400 verwendet.

Selbstverständlich handelt es sich dann bei der Verwaltung von Windows NT um eine ganz normale Verwaltung, wie jeder Systembetreuer sie kennt. Gegenüber einem PC gibt es jedoch Vorteile: IBM wird ein Standard-System von Microsoft verwenden und in die AS/400 implementieren; dazu werden ganz bestimmte Konfigurationen unterstützt; letzteres, eine genau definierte Hardware-Unterstützung und die Tatsache, daß auf einer AS/400 niemand irgendwelche Utility-Programme ausprobieren darf, führen zu einer höheren Stabilität als auf einem PC; eine gemeinsame Verwaltung wird möglich sein.

Gemeinsame Verwaltung bedeutet, daß etwa die Benutzerverwaltung auf der AS/400 gemacht und in einem einzigen Schritt auch für den NT-Server definiert wird.

Interessant wird gewiß die Umsetzung der Systemsicherheit auf einer solchen NT-AS/400 werden, denn die Verwaltung der AS/400 verfügt über eine viel reichhaltigere und bessere Sicherheit als Windows NT.

13.2 Verbindung zu Mainframes

Andere Software steht für die Verbindung in die Großrechnerwelt. Vor allem geht es um zwei Produkte, von denen eines von Microsoft und das andere von IBM stammt. Beide Produkte sind so groß angelegt, daß sie nicht nur für die Verbindung zu Mainframes, sondern auch zu Midrange-Rechnern, speziell zur AS/400, eingesetzt werden können.

Die folgenden Abschnitte können lediglich einen Überblick über die Möglichkeiten der Mainframe-Anbindung geben. Komplette Beschreibungen und Anleitungen könnten mehrere Bücher füllen und würden den Rahmen dieses Buches über alle Maßen sprengen.

13.2.1 Microsoft SNA Server

Der SNA SERVER ist das Microsoft-Produkt für die Großrechner-Anbindung. Sie können den SNA Server gesondert bestellen oder im Rahmen des Microsoft Backoffice-Paketes kaufen.

Auch beim SNA Server gibt es mehrere Emulationen, und Sie können mit diesem Produkt nicht nur zu IBM Mainframes, sondern auch zur AS/400 verbinden.

Mit Hilfe des SNA Servers können Sie mit Ihren Client-Maschinen mit Großrechnern kommunizieren, wobei ein einziger Computer die eigentliche Verbindung dorthin errichtet. Dieser Computer arbeitet mit Microsoft SNA Server.

Mit diesem Produkt werden alle Mainframe- und Midrange-Rechner angesprochen, die mit den SNA-Protokollen arbeiten.

»SNA« steht für »Systems Network Architecture« und beschreibt ein komplettes Netzwerkkonzept von der Verkabelung bis hin zur Anwendungssoftware. SNA könnte somit auch mit TCP/IP oder gleich dem OSI-Referenzmodell verglichen werden. Diese Architektur wurde von IBM entwickelt und lange Zeit als primäre Netzwerkarchitektur gefördert. Heute sieht es so aus, daß SNA ausschließlich in Zusammenhang mit Großrechnern zum Einsatz kommt und sogar dort zunehmend von TCP/IP verdrängt wird.

SNA ist eine Möglichkeit, mit Großrechnern zu kommunizieren. Die zweite heute gängige Möglichkeit ist TCP/IP.

SNA Server verwendet eine Client-Server-Architektur für die Kommunikation. Auf diese Weise wird die Rechenleistung sowohl auf den Clients als auch auf dem Server optimiert.

Die Client-Maschinen werden mit Hilfe eines LANs an den SNA Server verbunden und verwenden eines oder mehrere der bekannten LAN-Protokolle. Das kann also TCP/IP genauso sein wie NetBEUI oder AppleTalk.

Der SNA Server stellt die Verbindungen zu den Host-Rechnern zur Verfügung, die mit SNA-Protokollen arbeiten. Die eigentliche SNA-Verbindung wird somit vom SNA Server hergestellt, nicht jedoch von den Client-Maschinen.

Aus diesem Grund kann der SNA Server und ähnliche Produkte als *Gateway* bezeichnet werden. Ein *Gateway* stellt die Verbindung zwischen zwei oder mehreren Netzwerken her, wobei sogar die Netzwerkprotokolle auf den beiden Seiten unterschiedlich sein können. Wenn ein LAN-Protokoll und ein SNA-Protokoll zusammenkommen, dann ist das der Fall.

Die meiste Rechenlast liegt in dieser Konstellation auf dem SNA Server und nicht auf den Clients.

Mit Microsoft SNA Server können Sie 802.2-Verbindungen über Token Ring oder Ethernet herstellen, SDLC-Verbindungen (Synchronous Data Link Control) über gemietete oder geschaltete Telefonleitungen, über X.25-Verbindungen, Koaxial- und Drillkabel-Verbindungen, Standleitungen und Twinax-Verbindungen.

Diese Mischung verschiedener Komponenten läßt bereits erraten, daß SNA Server die meisten Adapter, Verkabelungen, Modems und Controller unterstützt, die heute gängig sind.

Version 3.0 des SNA Servers unterstützt bis zu 2.000 Clients-Maschinen pro Server, wobei bis zu 10.000 Sitzungen gleichzeitig gefahren werden können. Im übrigen gibt es den SNA Server nicht nur für die Intel-Plattform, sondern auch für MIPS- und Alpha-Rechner.

Unterstützt werden 3270- und 5250-Terminal-Emulationen, APPC, CPI-C, LUA-Kommunikation und Downstream Systems.

Auf der Client-Seite benötigen Sie ein Anwendungsprogramm, da SNA Server alleine nicht reicht. Das bedeutet, daß Sie die Anbindung an einen Großrechner natürlich nicht mit einer LAN-Verbindung gleichsetzen dürfen. Sie bekommen keine Laufwerke in die Netzwerkumgebung, da alles über eine Emulationssoftware abgewickelt wird.

SNA Server liefert einfache Anbindungsprogramme für die verschiedensten Plattformen mit. Standardmäßig ist aber nur Software für einen einzelnen Benutzer inkludiert, die für die Wartung des Servers gedacht ist. Sie benötigen zusätzlich noch die Lizenzen für Ihre Benutzer und in den meisten Fällen auch noch die Client-Software.

Die Microsoft-Applets haben einen geringen Leistungsumfang und sind nicht für den intensiven Einsatz gedacht, obwohl sie durchaus ihren Zweck erfüllen. Auf der CD befindet sich eine Datei mit Programmempfehlungen, da sich auch Microsoft hauptsächlich auf Produkte von Drittherstellern stützt. Eine Aktualisierung dieser Datei finden Sie auf der Technet-CD.

SNA Server unterstützt eine Reihe von Client-Plattformen, wodurch das Produkt sehr gut in die heterogene Netzwerklandschaft paßt. Sie können Clients mit Windows NT, Windows 95, Windows für Workgroups, DOS, OS/2 und Apple Macintosh verwenden. Auf allen Systemen muß selbstverständlich die Netzwerksoftware laufen, und Sie benötigen einen funktionierenden Zugang zum Windows NT/SNA Server-Gerät.

Installieren Sie die SNA Server-Software unbedingt auf eine mit NTFS formatierte Platte, denn nur so können Sie die NT-Sicherheit verwenden. Auch von der Leistung her ist NTFS natürlich sehr zu empfehlen.

13.2.2 IBM Communications Server

Der Communications Server von IBM ist ein SNA-Gateway. Er kann mit jedem Produkt eingesetzt werden, das 3270-Anzeigen und -Druckerprotokolle unterstützt. COMMUNICATIONS SERVER verbindet das LAN mit der Host-Welt und verbindet SNA mit TCP/IP.

IBM COMMUNICATIONS SERVER ist ein plattformübergreifendes Produkt. Zwar läuft eine Variante des Servers unter Windows NT, doch gibt es den COMMUNICATIONS SERVER ebenso für OS/2 Warp, IBM AIX, AS/400 und S/390.

Mit dem COMMUNICATIONS SERVER wird die Verbindung zwischen einem Windows NT-Server und dem Mainframe über SNA hergestellt. Weil das Programm als Gateway arbeitet, ist COMMUNICATIONS SERVER die Anlaufstelle für die Clients. Letztere arbeiten mit IBM PERSONAL COMMUNICATIONS, das wiederum für eine Reihe von Plattformen verfügbar ist.

Die Protokollfamilien SNA und TCP/IP können getrennt oder auch gemeinsam verwendet werden. So können auch gleichzeitig Verbindungen zu mehreren Systemen hergestellt werden.

TCP/IP wird für die Verbindung zur RS/6000, AS/400 oder S/390 verwendet. SNA können Sie für die Verbindung zur AS/400 oder S/390 einsetzen.

Heute gehört es fast schon zum guten Ton, daß Internet-Möglichkeiten mitgeliefert werden, und genauso ist das auch beim COMMUNICATIONS SERVER. Sie können Ihre Anbindung zum Internet direkt herstellen, und mit AnyNet Sockets over SNA kann ein Intranet über alle betroffenen Plattformen aufgebaut werden.

Clients können ohne eigene SNA-Unterstützung mit dem SNA-Netzwerk kommunizieren. Die Grundlage dafür ist eine TCP/IP-Anbindung. Daher kann ein Großteil der SNA-Konfiguration auf dem Server realisiert werden.

COMMUNICATIONS SERVER unterstützt SNA API-Clients unter Windows NT, Windows 95, Windows 3.1 und OS/2 Warp. Unterstützt werden CPI-C APPC, ENHAPPC und LUA RUI. Alle Clients werden mit dem Server ausgeliefert, müssen aber auf den Clients installiert werden.

Als Verwaltungsprogramm wird NODE OPERATIONS FACILITY (NOF) eingesetzt. Damit werden alle Kommunikationsressourcen gewartet. Sie haben Zugriff auf alle Protokolldateien, Netzwerkressourcen, Konfigurationen und andere Informationen. Die Netzwerkressourcen können von einer einzigen Maschine aus gestartet, angehalten und angezeigt werden.

Um NODE OPERATIONS FACILITY einsetzen zu können, müssen Sie den Remote Administration Client Code auf einer Windows NT-Maschine installieren.

Darüber hinaus gibt es eine Web-Verwaltung für IBM COMMUNICATIONS SERVER. Sie können dieses Produkt recht gut mit dem WEB ADMINISTRATOR von Microsoft vergleichen. In diesem Fall werden jedoch keine NT-Server verwaltet, sondern die Verwaltung bezieht sich auf die gesamte Konfiguration des COMMUNICATION SERVERS.

Der Vorteil liegt auf der Hand: eine Web-Verwaltung ist plattformunabhängig, weil es für jedes Betriebssystem einen Web Browser gibt. Der Web Browser, den Sie für die Verwaltung einsetzen wollen, muß aber Frames, Java und JavaScript unterstützen.

13.2.3 IBM Personal Communications

Das Programm für Arbeitsstationen für die Mainframe-Anbindung heißt bei IBM PERSONAL COMMUNICATIONS. Damit können Benutzer 3270- und 5052-Emulationen fahren. Die Software wird auf den PCs installiert und kann über SNA-, TCP/IP- oder sogar Modem-Verbindungen eingesetzt werden.

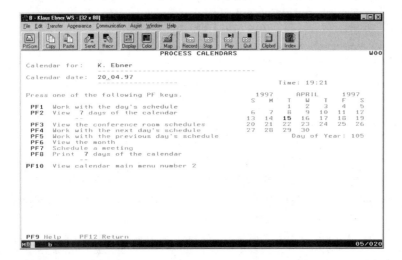

Bild 13.11:
Beispielbildschirm Personal Communications

PERSONAL COMMUNICATIONS wird in einer Version für Windows 95 und Windows NT ausgeliefert. Obwohl es sich um ein einziges Produkt handelt, ist der Leistungsumfang jedoch nicht ganz identisch. Zum Glück stellen diese Unterschiede nur Kleinigkeiten dar. Mit den ersten Versionen von Personal Communications 3.1 gab es Probleme bei der TCP/IP-Verbindung. Falls Sie eine solche Version besitzen, erhalten Sie von Ihrem IBM-Vertragspartner die Fixes.

Wenn Sie eine SNA-Verbindung bevorzugen, können Sie das Microsoft DLC-Protokoll oder alternativ dazu das von IBM mitgelieferte LLC2-Protokoll einsetzen. Dieses ist für die Herstellung der Verbindung unumgänglich. Eine andere Möglichkeit wäre die Verbindung über TCP/IP, wobei PERSONAL COMMUNICATIONS eine Vielzahl an verschiedenen Verbindungsmöglichkeiten über LAN und WAN bereitstellt (siehe Bild 13.12).

IBM Personal Communications ist wie alle IBM-Produkte auf mehreren Plattformen verfügbar und könnte somit für große Firmen, die in heterogenen Umgebungen arbeiten, sehr interessant sein. Überdies benötigt dieses Produkt, im Gegensatz zu Communications Server, weniger Hardware-Ressourcen und ist einfacher zu verwalten.

Mini und Mainframe 453

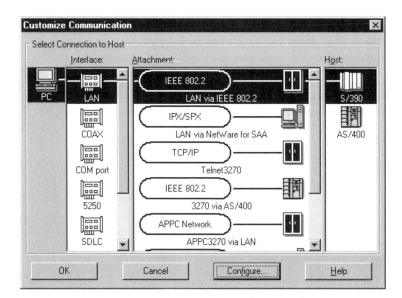

Bild 13.12:
Verschiedene Verbindungsmöglichkeiten

Die Konfiguration muß beim ersten Aufruf einer Terminal-Sitzung erstellt werden. Die gesamte Konfiguration von Personal Communications läuft über grafische Dialogfenster. So gesehen, ist das Programm ein grafisches Programm, obwohl man während der Arbeit ausschließlich mit zeichenorientierten Bildschirmen zu tun hat.

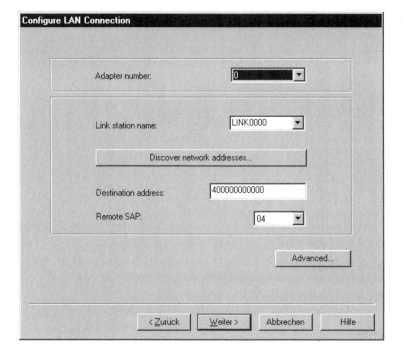

Bild 13.13:
Einstellung des Knotens

Die Konfiguration kann jederzeit geändert werden. Im Terminal-Fenster ist sie über die Menüleiste erreichbar. Für die Benutzung durch mehrere Anwender können auch verschiedene Konfigurationen gespeichert werden. Das ist notwendig, weil jeder Benutzer eine eigene Knotenadresse hat.

Selbstverständlich kann auch die Optik des Programms vom Benutzer geändert werden. Im Normalfall wird ja ein schwarzer Bildschirm mit grüner oder weißer Schrift verwendet, doch wenn Ihnen diese Farbzusammenstellung nicht gefällt, können Sie dies selbstverständlich ändern.

Wie bei anderen Emulationen auch, sind die physischen oder virtuellen Festplatten des Großrechners nicht in der Netzwerkumgebung sichtbar. Man hat den Eindruck, die Anbindung bestünde lediglich im Fenster, und tatsächlich ist es so, daß in diesem Fall Personal Communications eine Art Gateway darstellt.

Trotzdem können Dateien vom PC auf den Großrechner kopiert werden oder umgekehrt. Allerdings sind keine Standardprogramme von Windows NT, wie der Explorer, verwendbar. Sie müssen die Menüs von Personal Communications verwenden.

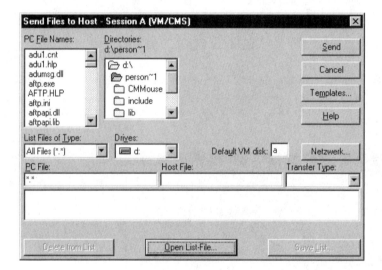

Bild 13.14:
Kopie zwischen PC
und S/390 unter VM

Am schwierigsten scheint wohl die Frage zu sein, welchem der IBM-Produkte man den Vorzug geben sollte. Sowohl Client Access, als auch Personal Communications und der Communications Server können die Verbindung zu Mainframes sowie zur AS/400 herstellen.

Personal Communications arbeitet ausschließlich zeichenorientiert.

13.2.4 Andere Programme

Für die Großrechner-Anbindung ist eine Vielzahl an Programmen erhältlich. Die meisten verbinden zu IBM Mainframes, manche aber auch zu anderen Welten wie Digital oder SNI.

Ein recht verbreitetes Programm ist EXTRA! von der Firma Attachmate. Damit haben Sie Zugriff auf IBM-Mainframes, AS/400, UNIX-Server und Digital VAX. EXTRA! gibt es nicht nur für Windows NT, sondern auch für andere Plattformen und kann so als einheitliches Emulationsprogramm in einer heterogenen Netzwerkumgebung interessant sein.

Der EXTRA! PERSONAL CLIENT stellt die Client-Seite der Software dar. Sie ist weitgehend grafisch gehalten und unterstützt typische Bedienungsmerkmale der grafischen Oberfläche.

Die Firma Serengeti Systems bietet RJE FOR WINDOWS NT für 3776/3777-Emulationen, die serverseitig Microsoft SNA Server oder IBM Communications Server verwenden können, sowie für 2780/3780 BSC-Emulationen.

Von Attachmate ist auch das Programm CROSSTALK CLASSIC. Es integriert eine Vielzahl von Systemen über eine grafische Benutzeroberfläche, enthält mehr als 20 Terminal-Emulationen und über 10 Protokolle für den Datenaustausch. Sie können mit diesem Programm zu Mainframes, Online- und BBS-Diensten verbinden. Über eine Art Steuerpult kann der Benutzer Verwaltungsaufgaben wahrnehmen oder vorkonfigurierte Sitzungen aufbauen. CROSSTALK CLASSIC verbindet zu UNIX-, DEC-, HP- und IBM-Plattformen.

Auch andere Kommunikationsprodukte, vor allem aus dem UNIX-Umfeld, enthalten Großrechner-Emulationen. Telnet ist sozusagen der Anfang, und wo die Telnet-Emulation erweitert wurde, gibt es zumeist eine Vielzahl von Anbindungsmöglichkeiten.

Als sehr reichhaltig erwiesen sich etwa die Emulation von SUN SOLSTICE NETWORK CLIENT und der HOST EXPLORER von Hummingbird.

14 Eine Tasse Melange gefällig?

Sie haben gesehen, wie sich Windows NT jeweils im Zusammenspiel mit einem anderen System verhält. Es gibt zahlreiche Möglichkeiten, Windows NT in bestehende Netzwerke zu integrieren, und die Tatsache, daß zwei verschiedene Plattformen miteinander kombiniert werden, heißt noch lange nicht, daß man Abstriche machen müßte. Wie bei vielem, kommt es nur auf das richtige Know-How an. Wenn Sie wissen, wie Windows NT mit einem anderen System zusammenarbeit, dann sind fast alle Aufgaben, die auf einen Administrator zukommen, lösbar.

Wie sieht es aber aus, wenn die Mischung viel komplexer ist? Wenn nicht nur zwei Systeme zusammenspielen müssen, sondern gleich drei, vier oder fünf? Funktioniert es dann immer noch? Wie sieht es mit der Reihenfolge bei der Installation aus, bei den Netzwerkprotokollen? Vertragen sich die verschiedenen Clients miteinander?

Nun, wenn Sie mehrere Systeme kombinieren, kann es tatsächlich immer wieder zu Problemen kommen. Leider macht es kaum Sinn, solche Probleme zu dokumentieren, denn sie treten oft einmalig auf.

Je mehr Systeme gleichzeitig unterstützt werden, desto höher ist die Gefahr, daß irgend etwas nicht funktioniert. In der Praxis muß man es leider darauf ankommen lassen. Es gibt kein Patentrezept dafür, in welcher Reihenfolge Sie bestimmte Software-Pakete installieren müssen. Sogar wenn sich eine bestimmte Installationsreihenfolge als funktionierend erweist, könnte die Hinzufügung eines kleinen Programms alles über den Haufen werfen.

Und wenn Sie Pech haben, vertragen sich zwei bestimmte Protokolle nicht miteinander. Sie können allerdings mit Sicherheit davon ausgehen, daß keiner der betroffenen Hersteller diese Unverträglichkeit dokumentiert hat. Wenn Sie Glück haben, weiß man bei der Hotline der Hersteller über das Problem Bescheid; eine Lösung ist das in den meisten Fällen auch nicht, aber es ist schon beruhigend zu wissen, daß man nichts übersehen hat.

Wenn Probleme auftreten, sollten Sie Testmaschinen zur Verfügung haben. Vieles läßt sich nur austesten. Hüten Sie sich jedoch davor, Software auf einer Arbeitsmaschine zu testen. Wenn die Daten zerstört werden, ist das alles andere als angenehm.

Um auf Unverträglichkeiten zwischen Protokollen oder Software-Modulen zu kommen, hilft nur, alles wieder zu deinstallieren und dann von vorne zu beginnen. Allerdings sollte man nicht gleich alles auf einmal installieren, sondern immer nur ein einzelnes Modul. Diese Installation wird von einem Testlauf gefolgt. Wenn das Problem wieder auftaucht, muß man die Installationsvorgänge davor ändern.

Diese Vorgangsweise ist äußerst zeitintensiv. Sie werden in vielen Fällen jedoch keinen anderen Ausweg haben. Der Lohn dieses Aufwandes ist, daß Sie am Ende zumindest wissen, welche Teile der Software nicht miteinander können. Eine solche Unverträglichkeit kann in vielen Fällen umgangen werden, oder man holt sich Rat beim Hersteller.

Nach der Besprechung der Zusammenarbeit von Windows NT mit anderen Betriebssystemen und Netzwerkumgebungen ist es an der Zeit, ein kleines Beispiel vorzustellen. Ich möchte einmal alles zusammenmischen und Ihnen eine Wiener Melange servieren. Und die Doppeldeutigkeit dieser Formulierung will es, daß wir manche der auftretenden Probleme ohnehin nur mit viel Kaffee lösen ...

14.1 Ein heterogenes Beispiel

Am einfachsten ist es, die Kombination der Systeme an Hand einer Grafik zu betrachten. Die folgende Abbildung zeigt schematisch den Einsatz verschiedener Plattformen bei einem Unternehmen.

Auf Standorte und Verkabelungen wurde bei diesem kleinen Beispiel nicht eingegangen. Für unsere Zwecke ist das auch nebensächlich.

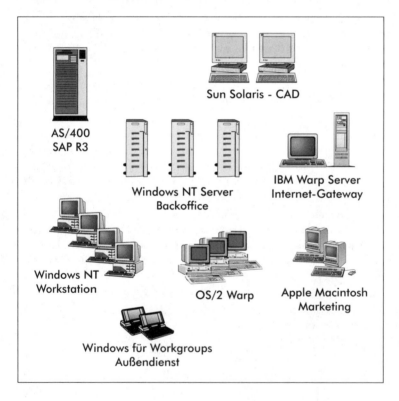

Bild 14.1: Zusammenspiel unterschiedlicher Plattformen

In der gezeigten Konstellation reichen die Plattformen von einem Basisbetriebssystem auf Notebooks bis hin zu Midrange-Rechnern. Als Netzwerkprotokoll wird ausschließlich TCP/IP verwendet, wodurch die Wartung der Protokolle deutlich reduziert werden konnte.

Auf der linken Seite sehen Sie eine AS/400, die hauptsächlich als Serverplattform für SAP R/3 eingesetzt wird. Die Frontends für R/3 laufen gleichermaßen auf Windows NT-, OS/2- und UNIX-Clients. Für zusätzliche AS/400-Anwendungsprogramme wird das Programm Client-Access von IBM eingesetzt, das für alle betroffenen Plattformen verfügbar ist.

An zentraler Stelle befindet sich eine Windows NT-Domäne. Diese Domäne enthält mehrere Server, die jeweils für bestimmte Aufgaben eingesetzt werden. Auf diesen Windows NT-Servern kommt Backoffice-Software von Microsoft und von IBM zum Einsatz. Beispiele dafür wären der Microsoft Exchange Server und IBM DB/2.

Etwas am Rande stehen SPARC Workstations von Sun. Darauf läuft als Betriebssystem Solaris und eine große CAD-Software. Der Technik- und Entwicklungsbereich der Firma arbeitet mit diesen SPARC Stations. Mit Hilfe von FTP und einem Web Browser können diese Maschinen auf die Ressourcen der anderen Plattformen zugreifen, während einzelne Windows NT-Clients mit Hilfe von Solstice NFS auf die SPARC Stations kommen.

Ein Warp Server mit dem IBM Internet Connection Secure Server ist für das Intranet der Firma zuständig und bildet gleichzeitig ein Gateway zum Internet.

Als Arbeitsmaschinen werden neben den SPARC Stations noch vier verschiedene Betriebssysteme verwendet. Die in den Hauptgebäuden der Firma tätigen Anwender arbeiten mit Windows NT Workstation oder mit OS/2 Warp. Darauf werden hauptsächlich Textverarbeitung, Tabellenkalkulation sowie Anbindungen an das Internet, an SAP R/3, die AS/400 und diverse Backoffice-Programme eingesetzt.

Die Marketing-Abteilung arbeitet jedoch traditionell mit Apple Macintosh-Geräten, die ebenfalls per TCP/IP ins Firmennetz eingebunden sind. Auf den Macintosh-Geräten werden hauptsächlich Grafikprogramme wie Adobe Photoshop und QuarkXPress eingesetzt.

Die Außendienstmitarbeiter verwenden Notebooks, die großteils nicht gerade zu den neuesten gehören. Deshalb wird darauf Windows für Workgroups mit der Microsoft RAS-Erweiterung verwendet. Einer der Windows NT-Server ist gleichzeitig RAS-Server für die hereinkommenden Verbindungen der Außendienstmitarbeiter.

Als Web Browser kommt einheitlich Netscape Navigator zum Einsatz, den es für jede der verwendeten Plattformen gibt, und bei den Office-Programmen entschied man für StarOffice der Firma StarDivision, weil es dieses Paket für die Systeme Windows für Workgroups, Windows NT, OS/2 Warp, Apple Macintosh und Solaris gibt. Die Dateien sind auf diese Art und Weise unverändert austauschbar.

Dieses kleine Beispiel ist nur eines von vielen. Ich habe bewußt nicht alle Plattformen inkludiert, weil ich es nicht übertreiben wollte. Ohnehin sind sechs verschiedene Plattformen eine ganze Menge. Als Administrator hat man in dieser Umgebung eine ganze Menge zu tun. Die Verwaltung kann nicht zur Gänze vereinheitlicht werden, da auch DCE-konforme Verzeichnisdienste heute noch nicht in der Lage sind, jedes der genannten Systeme in eine Zelle zu inkludieren. Genau hier könnte aber durchaus die Zukunft liegen.

14.2 Was ist Terra Flora?

Terra Flora ist eine fiktive internationale Firma, die Standorte im Westen und im Osten der Vereinigten Staaten sowie in Europa hat. Diese fiktive Firma kaufte einzelne Werke und Fremdfirmen auf, um die westliche Welt mit frischen Blumen zu versorgen. Beim Kauf wurden ganze Maschinenparks übernommen. Der Endeffekt ist, daß sich Terra Flora plötzlich mit einer Vielzahl an verschiedenen Systemen und Plattformen konfrontiert sieht und keine Lust hat, alles wegzuwerfen und neue Hard- und Software hinzustellen.

Die EDV-Abteilung von Terra Flora wird beauftragt, ein weltweites Konzept zu entwickeln, das es erlaubt, mit den bestehenden Plattformen ein weltweites Netzwerk zu schaffen, in dem Kommunikation und Datenaustausch kein Problem darstellen.

Als Lösungsansatz greift man zu Windows NT und zum Netzwerkprotokoll TCP/IP. Und jetzt geht es darum, die vielen Plattformen und Protokolle miteinander zu verbinden und zu verschmelzen.

Terra Flora ist eine Fallstudie, und der Urheber dieser Fallstudie ist niemand geringerer als Microsoft.

Das Terra Flora-Beispiel befindet sich im Resource Kit zu Windows NT Server. Über mehrere hundert Seiten können Sie lesen, auf welche Weise die EDV-Leute von Terra Flora die Probleme meistern.

Microsoft meint, daß diese Fallstudie erst im Anfangsstadium sei, und kündigte eine Weiterentwicklung an. Diese Weiterentwicklung ist bereits im ersten Zusatzband zum Resource Kit sichtbar.

Wenn Sie sich in diese Fallstudie vertiefen wollen, lege ich Ihnen das Resource Kit zu Windows NT Server ans Herz. Das Terra Flora-Beispiel ist derart umfangreich und gut gelungen, daß es meines Erachtens völlig überflüssig ist, ein ähnliches Beispiel zu erfinden.

14.3 Zum Abschluß

Mir ist klar, daß all diese Lösungen in einem Buch wunderbar aussehen. Da gibt es viele Systeme, die werden einfach mit dem Netzwerkkabel zusammengesteckt, und dann wird die Software installiert. Einen Teil decken die Systeme standardmäßig ab, und wo noch etwas fehlt, kann man ein Zusatzprodukt kaufen.

Das klingt alles sehr schön, und wenn es so durchgezogen wird, ist es auch schön. Doch jeder Netzwerkadministrator weiß, daß die Wirklichkeit zumeist anders aussieht.

Was Sie in diesem Buch erfahren können, sind Wege und Lösungsvorschläge. Durchführen müssen Sie es selbst, und zwar sowohl die Planung Ihres heterogenen Netzwerkes als auch Installationen, Konfigurationen und die Wartung.

Und: es werden Probleme auftreten.

Glauben Sie nicht, während meiner Administrationstätigkeit, bei den Schulungen oder auch bei den Probeläufen in der Vorbereitungsphase zu diesem Buch hätte alles auf Anhieb funktioniert. Ganz im Gegenteil: ein Goldstück für jeden Fehlschlag, und ich wäre längst reich.

Wichtig ist, nicht gleich das Handtuch zu werfen. Wichtig ist auch, die Schuld nicht immer bei sich selbst zu suchen. Und räumen Sie mit dem Vorurteil auf, »eine so teure und moderne Software **müsse** das können«. Erstens gibt es in jeder Software Fehler – oder warum glauben Sie, gibt es Service Packs? –, und zweitens ist ein großes Netzwerk mit einer Vielzahl an Systemen und Funktionen derart komplex, daß es schon einmal kracht.

Wenn Sie große Netzwerke verwalten, wird auch Ihnen das eine oder andere graue Haar wachsen. Glauben Sie mir: das gehört einfach dazu!

15 Anhang 1: Netzwerk-Überblick

Als jemand, der Windows NT mit anderen Plattformen zusammenschließen will oder muß, sollten Sie über gute Netzwerkkenntnisse verfügen. Ohne Netzwerk ist so gut wie nichts machbar, und falls Sie erst seit kurzer Zeit Netzwerk- oder Systemadministrator sind, sollten Sie sich schnellstmöglich ein fundiertes Wissen in diesen Dingen aneignen.

Für jene, denen der Umgang mit Netzwerken noch nicht so vertraut ist, möchte ich an dieser Stelle eine Einführung in Netzwerkprotokolle und deren Verwendung sowie deren Zusammenspiel mit Windows NT geben.

Netzwerkadministratoren, die sich auf diesem Gebiet bereits auskennen, können auf die folgenden Seiten problemlos verzichten, es sei denn, Sie wollen dieses Thema noch einmal in Kürze wiederholen.

15.1 Netzwerkeigenschaften von Windows NT

Die Bedienung des Netzwerkes erfolgt in Windows NT 4.0 über die Windows 95-Oberfläche. Dazu gehören prinzipiell zwei Elemente. Das eine ist der MICROSOFT EXPLORER, den Sie für den Zugriff auf Daten einsetzen. Das zweite ist die NETZWERKUMGEBUNG, die einerseits den Computersuchdienst (Browser) und andererseits die NETZWERK-EIGENSCHAFTEN enthält.

Insgesamt gibt es zwei Möglichkeiten, auf Netzwerk-Ressourcen zuzugreifen. Im Explorer wird die Netzwerkumgebung noch einmal aufgelistet, und Sie können diese Einrichtung dazu verwenden, direkt die Ressourcen zu suchen und darauf zuzugreifen. Das Neuartige an Windows NT 4.0 gegenüber der Vorversion ist die Tatsache, daß Sie nicht mehr gezwungen sind, die Ressource mit einem Laufwerksbuchstaben zu verwenden. Im Explorer werden die Ressourcen innerhalb der gewohnten Verzeichnisstruktur dargestellt.

Wenn Sie die Netzwerkumgebung mit der Maus öffnen, steht Ihnen eine Bedienungsoberfläche zur Verfügung, die eine Spur objektorientierter arbeitet, als das im Explorer der Fall ist. Man kann zwar bei Windows NT 4.0 immer noch nicht von einer objektorientierten Oberfläche sprechen, und so fällt diese Oberfläche in diesem Punkt auch deutlich gegen einen Apple Finder oder eine OS/2 Workplace Shell ab; dennoch gibt es bereits die ersten Ansätze einer wirklich objektorientierten Benutzeroberfläche.

Alle Domänen und Arbeitsgruppen, Computer und Freigaben sind als eigene Objekte in der Netzwerkumgebung sichtbar. Ein kleiner Nachteil der Netzwerkumgebung mag sein, daß der Anwender mit einzelnen Fenstern zu tun hat. Notfalls kann man das unter OPTIONEN umstellen, damit die Informationen jeweils nur in einem einzigen Fenster angezeigt werden.

Um eine Ressource im dauernden Zugriff zu haben, gibt es zwei Möglichkeiten, sie zur Verfügung zu stellen. Entweder Sie ziehen eine Verknüpfung dieser Netzwerkressource auf die Arbeitsoberfläche, den *Windows Desktop*, heraus, oder Sie verbinden die Ressource ganz traditionell mit einem Laufwerksbuchstaben.

Die Erstellung der Verknüpfung funktioniert mit der rechten Maustaste. Sie nehmen die Verzeichnisressource mit der rechten Maustaste und ziehen sie auf die Arbeitsoberfläche oder in einen vorbereiteten Ordner. Beim Loslassen der rechten Maustaste erscheint ein Menü, in dem Sie angeben können, ob Sie die Ressource kopieren oder verknüpfen wollen. Wählen Sie jetzt VERKNÜPFUNG HIER ERSTELLEN.

Verknüpfungen sind in Wirklichkeit Dateien mit der Namensendung .LNK für LINK. Leider sind diese Verknüpfungsdateien ziemlich dumm, was bedeutet, daß sie nicht automatisch angepaßt werden, wenn Sie das Original an eine andere Stelle verschieben. Windows startet dann eine Art Suchdienst, und wenn die Verschiebung auf derselben Platte erfolgte, haben Sie recht gute Chancen, daß das Originalobjekt gefunden wird. Noch unangenehmer reagieren diese Verknüpfungen, wenn das Original gelöscht wurde. Dann kann das Objekt nämlich nicht gefunden werden, und Windows schlägt ein völlig anderes vor, das in der Regel nicht das geringste mit dem Original zu tun hat; anscheinend wird hier nach einer ähnlichen Dateigröße gesucht. Sie müssen Verknüpfungen, deren Originale gelöscht wurden, manuell entfernen.

Wenn Sie die Netzwerkressource als Laufwerksbuchstaben anbinden wollen, klicken Sie die Ressource am besten mit der rechten Maustaste an und wählen NETZLAUFWERK VERBINDEN. Alternativ dazu können Sie den Menüpunkt EXTRAS-NETZLAUFWERK VERBINDEN wählen. Verwenden Sie einen freien Buchstaben und geben Sie an, ob die Ressource beim nächsten Systemstart automatisch wieder angebunden werden soll.

Bei all diesen Tätigkeiten kommt es darauf an, welchen Richtlinien die einzelnen Benutzer unterworfen sind. Mit Hilfe von verbindlichen Benutzerprofilen und Systemrichtlinien stehen mehrere Möglichkeiten zur Verfügung, die Rechte der Benutzer einzuschränken.

So ist es nicht selbstverständlich, daß ein Benutzer überhaupt Verbindungen zu Netzwerkressourcen herstellen kann, und Sie könnten, als Administrator, den Benutzern die Netzwerkumgebung gänzlich wegnehmen. In diesem Fall kann ein Benutzer nur auf die voreingestellten Ressourcen zugreifen, kann aber nichts verändern.

Wenn ein Benutzer ein verbindliches Benutzerprofil hat (NTUSER.MAN an Stelle von NTUSER.DAT), könnte es sein, daß er zwar Ressourcen anbinden kann, allerdings werden diese beim Beenden der Arbeitssitzung vom System nicht gespeichert. Um beim nächsten Mal wieder Zugriff zu haben, müßte er die Ressource also neuerlich anbinden.

Wenn Sie die grafische Oberfläche nicht verwenden wollen, können Sie mit dem Befehl NET USE auf Netzwerkressourcen zugreifen. In diesem Fall sollten Sie allerdings die Namen der Freigaben kennen, denn andernfalls kann nur mehr der Explorer parallel eingesetzt werden, um die Namen herauszubekommen.

Die Syntax des Befehls lautet beispielsweise:

```
net use x: \\NTSrv01\Daten
```

In diesem Beispiel wird die Freigabe DATEN, die sich auf dem Computer NTSRV01 befindet, als virtuelles Laufwerk X: angebunden.

15.1.1 UNC-Namen

Der Befehl NET USE verwendet sogenannte UNC-Namen. Diese Abkürzung steht für *Uniform Naming Convention*. UNC-Namen haben eine ganz bestimmte Struktur, die nicht verändert werden darf.

Jeder UNC-Name beginnt mit einem doppelten Backslash (\\). Danach wird der Name des Computers geschrieben, auf dem sich die Ressource definiert. Wichtig ist, daß Sie nicht den Namen der Domäne, sondern wirklich den Namen des Computers einsetzen! Danach erfolgt ein trennender Backslash (\) und schließlich der Freigabename der Ressource.

UNC-Namen basieren auf NetBIOS und verwenden daher NetBIOS-Namen. NetBIOS-Namen können bis zu 15 Zeichen haben, wobei sogar Leerzeichen vorkommen dürfen. Es ist jedoch sinnvoll, auf Leerzeichen zu verzichten, weil es damit zu kleinen Inkompatibilitäten zwischen den Systemen bzw. zwischen NetBIOS und TCP/IP kommen könnte.

Wenn Sie Freigabenamen definieren, haben Sie die Möglichkeit, die Ressource im Netzwerk unsichtbar zu machen. Dazu schreiben Sie ein Dollar-Zeichen ($) ans Ende des Freigabenamen. Also beispielsweise DATEN$. Eine solche Ressource kann nach wie vor angebunden werden, allerdings ist sie im Computersuchdienst nicht sichtbar.

Der Benutzer, der auf eine versteckte Ressource zugreifen will, muß also genau deren Namen verwenden. Für die Anbindung kann das Menü EXTRAS-NETZLAUFWERK VERBINDEN des Explorers oder der Kommandozeilenbefehl NET USE verwendet werden.

Standardmäßig erstellt Windows NT mehrere solcher versteckten Freigaben, die für Administratoren gedacht sind. Jedes Laufwerk erhält eine versteckte Freigabe, deren Name sich aus dem Laufwerksbuchstaben und dem Dollar-Zeichen zusammensetzt, also etwa C$ und D$, und das Windows NT-Installationsverzeichnis wird mit dem Namen ADMIN$ erstellt.

Wenn Sie gewährleisten wollen, daß solche Freigaben nicht verschwinden, weil beispielsweise HAUPTBENUTZER einer Workstation die Berechtigung haben, sie zu löschen, können Sie mit Hilfe der Systemrichtlinien oder auch der Registrierungsdatenbank bestimmen, daß diese versteckten Ressourcen beim Systemstart automatisch neu erstellt werden.

Mit dieser Einrichtung ist es einem Administrator eines Windows NT-Netzwerkes immer möglich, auf alle Laufwerke aller Windows NT-Clients zuzugreifen. Diese versteckten Freigaben gibt es übrigens nur auf zwei Plattformen, nämlich auf Windows NT und auf OS/2 Warp.

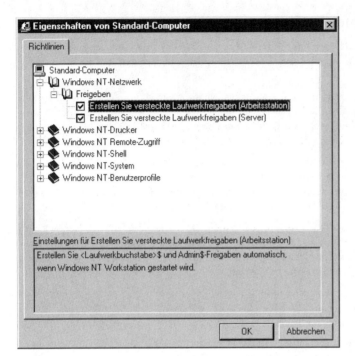

Bild 15.1:
Automatische Erstellung von Administrator-Freigaben

15.1.2 Installation und Konfiguration

Für die Installation und Konfiguration des Netzwerkes verwenden Sie unter Windows NT das Netzwerkobjekt. Dieses können Sie auf zwei verschiedene Arten aufrufen: entweder Sie klicken die NETZWERKUMGEBUNG mit der rechten Maustaste an und wählen dann EIGENSCHAFTEN, oder Sie rufen das Objekt in der Systemsteuerung auf. Dort finden Sie es unter START-EINSTELLUNGEN-SYSTEMSTEUERUNG-NETZWERK (siehe Bild 15.2).

Auf der Seite IDENTIFIKATION finden Sie den Computer-Namen und die Arbeitsgruppe bzw. die Domäne, zu der Ihr Rechner gehört.

Der Computer-Name ist ein NetBIOS-Name, der bis zu 15 Zeichen enthalten kann. Unter diesen Zeichen könnte auch ein Leerzeichen sein, was aus Kompatibilitätsgründen zu anderen Systemen nicht empfehlenswert ist.

Eine Arbeitsgruppe ist eine lose Verbindung von Rechnern, wobei jeder seine eigene Verwaltung hat. Genau betrachtet, bringt eine Arbeitsgruppe unter Windows NT kaum etwas. Sie erreichen dadurch lediglich eine logische Gliederung von Computern. Das war es dann aber schon.

Wenn Ihr Computer zu einer Domäne gehört, ist die Verwaltung zentralisiert. Vor allem die Benutzer- und Ressourcen-Verwaltung können Sie von einer einzigen Maschine im Netzwerk aus wahrnehmen. In den meisten Fällen wird die Domäne Ihre Wahl darstellen.

Über die Seite IDENTIFIKATION haben Sie jederzeit die Möglichkeit, den Computer-Namen und die Zugehörigkeit zur Arbeitsgruppe bzw. zur Domäne zu ändern (siehe Bild 15.3).

Anhang 1: Netzwerk-Überblick

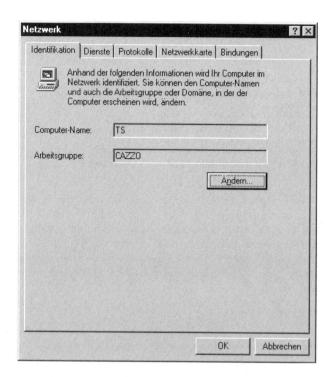

Bild 15.2:
Das Netzwerkobjekt

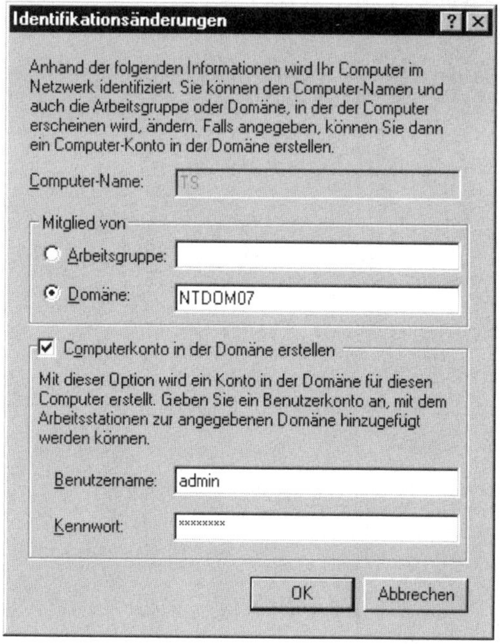

Bild 15.3:
Aufnahme in eine Domäne

Bedenken Sie, daß ausschließlich Administratoren und Server-Operatoren diese Tätigkeit durchführen können. Ein Benutzer kann die Seite IDENTIFIKATION ansehen, allerdings keine Änderungen speichern. Er würde beim Versuch, es trotzdem zu tun, eine Fehlermeldung erhalten.

Diese Einrichtung sorgt für Sicherheit. Kein Administrator muß befürchten, daß seine Benutzer eigenmächtig Gerätenamen ändern und sie unter Umständen nicht mehr erreichbar machen.

Selbstverständlich muß der Computer-Name im Netzwerk eindeutig sein. Falls der Name, den man neu definiert, bereits existiert, erscheint eine entsprechende Fehlermeldung.

Diese Fehlermeldung kann allerdings nicht erscheinen, wenn das andere Gerät zu dieser Zeit ausgeschaltet ist. Wenn in einem solchen Fall zwei identische Namen definiert werden, geschieht folgendes:

Beim Starten der beiden Maschinen gibt es plötzlich zwei identische Computer-Namen. Der Name des ersten Gerätes wird im Netzwerk registriert, während das zweite Gerät auf Widerstand stößt und den gesamten Netzwerkteil ausschaltet. Die zweite Maschine nimmt am Netzwerk also nicht Teil. Fehlermeldungen erscheinen dazu auf dem Bildschirm, und Windows NT schreibt ein paar Einträge ins Ereignisprotokoll. Auch auf dem ersten Gerät wird in den meisten Fällen eine Fehlermeldung erscheinen, die das Auftreten eines Adressenkonfliktes verrät, allerdings bleibt diese Maschine aktiv im Netzwerk.

Aufgabe des Administrators ist es wiederum, diesen Fehler zu beheben und einen richtigen Computer-Namen zu definieren.

Die zweite Seite des Netzwerkobjektes heißt DIENSTE. Hier können Sie Serverdienste installieren und zum Teil auch konfigurieren.

Bild 15.4:
Serverdienste für das Netzwerk

Mehrere Dienste sind praktisch immer vorhanden. Dazu gehören der Arbeitsstationsdienst, der Computer-Suchdienst, die NetBIOS-Schnittstelle und der Serverdienst.

Der Arbeitsstationsdienst wird für die Teilnahme des Clients am Netzwerk benötigt. Wenn Sie diesen Dienst löschen, funktioniert das Netzwerk nicht mehr.

Der Computer-Suchdienst ist der sogenannte NETZWERK BROWSER. Er ist dafür verantwortlich, daß sich Maschinen beim MASTER BROWSER anmelden. Dieser Master Browser verwaltet eine Liste aller im Netzwerk vorhandenen Computer und gibt diese bei Anfragen an Clients weiter. Eine typische Verwendung ist das Öffnen der Netzwerkumgebung. Windows NT Workstations, die in einer Domäne Mitglied sind, erhalten den Inhalt der Netzwerkumgebung von Browser-Computern. Ein Primärer Domänen-Controller ist immer ein Master Browser, allerdings werden bei einer entsprechenden Menge an Geräten auch weitere Server für Browser-Dienste eingeteilt. Diese Einteilung nimmt das Windows NT-Betriebssystem vor. Falls Sie den Computer-Suchdienst löschen, erscheint das Gerät nicht mehr in der Netzwerkumgebung der anderen Maschinen. Falls Sie den Computer-Suchdienst auf einem Windows NT Server löschen, funktioniert unter Umständen der Master Browser nicht mehr. Windows NT sollte in diesem Fall einen neuen Master Browser definieren, allerdings wird es eine Zeitlang dauern, bis wieder alle Maschinen in der Netzwerkumgebung sichtbar sind.

Die NetBIOS-Schnittstelle wird für die Kommunikation von Anwendungsprogrammen bzw. Netzwerkprogrammen mit den Protokollen von Windows NT verwendet. Programme steuern alle Protokolle, also NetBEUI, IPX/SPX und TCP/IP über NetBIOS-Befehle an. Lediglich reine TCP/IP-Programme können als Alternative auch Windows Sockets verwenden. Microsoft plant, diese Technik mit Windows NT 5.0 umzustellen; dann sollen alle Netzwerkprogramme die Möglichkeit haben, direkt auf TCP/IP zuzugreifen, also ohne NetBIOS zu verwenden. NetBIOS wird dann nur mehr für den Zugriff auf NetBEUI und IPX/SPX verwendet werden. Wenn Sie die NetBIOS-Schnittstelle löschen, gelangen Sie nur mehr mit reinen TCP/IP-Programmen ins Netz. Wenn nur NetBEUI oder IPX/SPX verwendet wird, gibt es überhaupt keine Möglichkeit mehr, mit Programmen ins Netzwerk zu gelangen.

Der Serverdienst stellt verschiedene Dienste im Netzwerk bereit. Er ist beispielsweise dafür verantwortlich, daß sich Benutzer im Netzwerk an der Maschine anmelden können bzw. auf freigegebene Ressourcen zugreifen. Wenn Sie den Serverdienst löschen, funktioniert das alles nicht mehr. Es kann Sinn machen, den Serverdienst vorübergehend zu stoppen, um gewisse Wartungsarbeiten auf einem Server vorzunehmen; während der Serverdienst angehalten ist, können sich keine neuen Benutzer mehr an der Maschine anmelden, außerdem ist der Zugriff auf die Ressourcen nicht mehr möglich. Verbindungen, die bereits beim Anhalten des Serverdienstes bestanden haben, bleiben jedoch aufrechterhalten.

Neben diesen Diensten sollte der RPC-Dienst genannt werden. RPC, *Remote Procedure Calls*, ist ein Mechanismus, der für den Zugriff auf Programme verwendet wird, die sich auf anderen Geräten im Netzwerk befinden. Eine Entsprechung auf dem Gerät selbst sind *Local Procedure Calls*. RPCs werden allerdings häufig auch auf der Maschine selbst verwendet und vom Betriebssystem auf LPCs umgelenkt, weil diese rascher sind. RPCs sind die Grundlage für die Arbeit mit Applikationsservern.

Manche Dienste können über EIGENSCHAFTEN konfiguriert werden. Am besten ist es, man probiert das aus. Manchmal aktivieren Dienste diese Schaltfläche, lassen sich aber trotzdem nur über ein eigenes Programm konfigurieren und führen dann zu einer Fehlermeldung, wenn man es im Netzwerkobjekt versucht.

Bild 15.5:
Eigenschaften der NetBIOS-Schnittstelle

Um neue Dienste hinzuzufügen, klicken Sie auf die Schaltfläche HINZUFÜGEN. Eine Reihe von Netzwerkdiensten befindet sich im Lieferumfang von Windows NT, allerdings können auch Dritthersteller Netzwerkdienste liefern. In den meisten Fällen ist dann dokumentiert, daß die Dienste über das Netzwerkobjekt installiert werden müssen.

Hier finden Sie neben dem RPC-Dienst auch den RAS-Dienst für Computerverbindungen über das Telefonnetz, den Internet Information Server bzw. den Personal Web Publisher, den DNS- und WINS-Server für TCP/IP, DHCP, SNMP und weitere.

Zusatzdienste von Microsoft oder anderen Herstellern sind beispielsweise ein Telnet-Server, der Novell Client für NetWare, NFS-Clients, ein POP-Mail-Server oder eine Anmeldung für andere Netzwerkbetriebssysteme.

Auf der nächsten Seite, PROTOKOLLE, finden Sie die Netzwerkprotokolle. Hier gibt es in der Regel die Möglichkeit zur Installation und zur Konfiguration, sofern das jeweilige Netzwerkprotokoll überhaupt eine Konfiguration erfordert (siehe Bild 15.6).

Gleich mehrere Protokolle stehen standardmäßig zur Verfügung. Diese sind NetBEUI, IPX/SPX, welches von Microsoft aus lizenzrechtlichen Gründen als NWLINK bezeichnet wird, TCP/IP, PPTP, DLC, Streams und auf Windows NT Workstation Appletalk. Das Appletalk ist zwar auch im Windows NT Server enthalten, erscheint aber nicht in der Protokolliste, sondern wird zusammen mit den SERVICES FÜR MACINTOSH installiert.

Um ein neues Netzwerkprotokoll zu installieren, klicken Sie auf die Schaltfläche HINZUFÜGEN und erhalten eine Auswahlliste (siehe Bild 15.7).

Zusätzliche Protokolle sind ebenfalls möglich, werden aber von anderen Herstellern geliefert. Dazu gehört etwa das LLC2-Protokoll, das mit IBM-Mainframe-Anbindungen mitgeliefert wird, oder das Protokoll für DEC Pathworks-Netzwerke.

Anhang 1: Netzwerk-Überblick 471

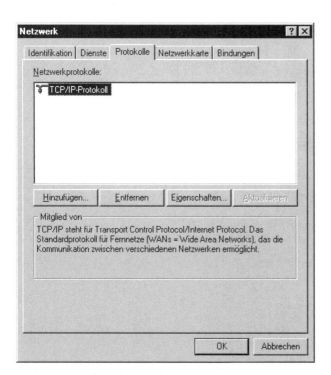

Bild 15.6:
Netzwerkprotokolle

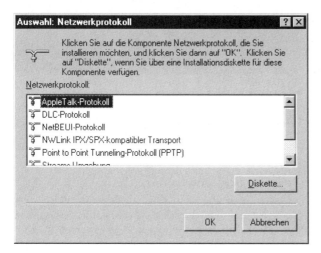

Bild 15.7:
Auswahl des Protokolls

Mehrere Protokolle haben EIGENSCHAFTEN, die definiert werden können. Am wichtigsten sind gewiß die Einstellungen für TCP/IP, denn hier ist es besonders wichtig, keinen Fehler zu machen, und im Vergleich der Protokolle untereinander ist TCP/IP eindeutig am aufwendigsten zu konfigurieren.

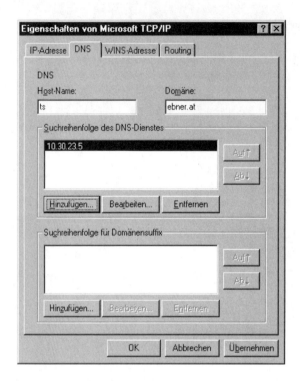

Bild 15.8:
TCP/IP-Einstellungen

Die Einstellungen zum NetBEUI- oder IPX-Protokoll kann man normalerweise beiseite lassen, weil die meisten Systeme ohnehin mit der Standardeinstellung arbeiten.

Die nächste Seite des Netzwerk-Objektes enthält die NETZWERKKARTE. Bei den meisten Geräten wird hier eine einzige Netzwerkkarte eingetragen sein. Diese kann während der Installation von Windows NT oder nachträglich ausgewählt werden.

Dazu stehen grundsätzlich zwei Möglichkeiten zur Verfügung. Die Netzwerkkarte kann von Windows NT automatisch erkannt werden, oder der Benutzer, der die Installation durchführt, gibt die Karte explizit an.

Bei der Erkennung warnt Microsoft, daß gröbere Hardware-Probleme und somit Systemabstürze auftreten könnten. In meiner Praxis habe ich bisher solche Probleme noch nicht erlebt. Was aber sehr wohl passieren kann, ist, daß Windows NT einen Netzwerkadapter, dessen Treiber sich im Lieferumfang des Betriebssystems befindet, gar nicht erkennt. Was dazu führt, kann nur in den wenigsten Fällen eruiert werden, denn immer wieder passiert es, daß ein Adapter in einem Computer automatisch erkannt wird, während dieselbe Karte in einem anderen Rechner nicht gefunden wird.

So ist es in jedem Fall gut zu wissen, über welche Netzwerkkarte Sie verfügen, damit Sie gegebenenfalls den korrekten Treiber aus der Liste auswählen können (siehe Bild 15.9).

Steht der Netzwerktreiber nur auf einer Diskette zur Verfügung, weil er sich nicht im Lieferumfang von Windows NT befindet, müssen Sie dies bei der Installation angeben, damit Sie auf den Datenträger zugreifen können. Im Normalfall wird der Treiber dann so installiert, als wäre es ein Standard-Treiber.

Anhang 1: Netzwerk-Überblick 473

Bild 15.9:
Liste der Netzwerkkarten-Treiber

Vereinzelt treten bei der Installation von zusätzlichen Adaptertreibern Probleme auf, die dazu führen, daß der Treiber während der Systeminstallation gar nicht mitinstalliert werden kann. Ist das der Fall, dann arbeiten Sie am besten mit einem Trick: installieren Sie vorerst den MICROSOFT LOOPBACK TREIBER. Das ist eine Art Platzhalter-Treiber, eine Hülse, die dafür sorgt, daß alle Komponenten eines Netzwerks installiert werden können, ohne daß eine Netzwerkkarte physisch vorhanden sein muß. Gedacht ist dieser Treiber für Anwender, die auf Geräten ohne Netzwerkzugang Netzwerkapplikationen entwickeln oder testen wollen. Im genannten Fall können Sie den Treiber jedoch vorübergehend verwenden, um die übrigen Netzwerkkomponenten zu installieren. Ist das Betriebssystem dann installiert, starten Sie das System und rufen das Netzwerkobjekt auf. Jetzt kann der richtige Treiber in der Regel problemlos installiert werden. Der Loopback-Treiber wird danach gelöscht.

 Falls Sie bereits TCP/IP-Werte definiert haben, müssen Sie diese beim Wechsel des Adaptertreibers neu einstellen. Solche Werte sind nämlich an den Adapter gebunden und gehen verloren, wenn Sie den Adapter aus der Liste löschen. Um die Arbeit zu minimieren, könnten Sie beim Loopback-Treiber einen DHCP-Client für TCP/IP angeben; immerhin muß dann die TCP/IP-Konfiguration nur ein einziges Mal eingegeben werden.

Auf den ersten Blick sieht das alles problemlos aus. Ist es auch. Dennoch gibt es Situationen, die nicht ganz so einfach zu meistern sind.

Ein Netzwerkkarten-Treiber, der sich während der Installation des Betriebssystems nicht mitinstallieren läßt, stellt mit Hilfe des Loopback-Treibers kein großes Problem dar.

Was aber, wenn Sie eben einen Sicherungs-Domänen-Controller installieren wollen? Bei der Installation eines Sicherungs-Domänen-Controllers muß der korrekte Domänenname angegeben werden. Danach verbindet sich das Gerät mit dem Primären Domänen-Controller, um entweder den eigenen Eintrag in der Liste des Server-Managers nachzuprüfen bzw. diesen Eintrag, das Computerkonto, zu erstellen.

Nun, hat es schon geklingelt? Wie soll der geplante Sicherungs-Domänen-Controller die Verbindung zum Primären Domänen-Controller aufbauen, wenn das Netzwerk gar nicht verfügbar ist, da ja, aus einer Notsituation heraus, der Microsoft Loopback-Treiber installiert wurde?

Die Situation ist recht unangenehm, und die meisten Systembetreuer merken das erst dann, wenn sie sich mitten drin befinden.

Die Lösung ist jedoch einfacher, als es den Anschein hat: wenn Sie den Loopback-Treiber von Microsoft vorübergehend verwenden müssen und einen Sicherungs-Domänen-Controller planen, geben Sie nicht sofort die Installation des Sicherungs-Domänen-Controllers an. Definieren Sie einen Primären Domänen-Controller!

Dieser erstellt eine neue Domäne und braucht dafür noch keine Netzwerkverbindung. Deshalb funktioniert das auch mit dem Loopback-Treiber. Als Domänenname vergeben Sie denselben Namen, den Ihre bestehende Domäne hat; das ist wichtig!

Dieser Name kann problemlos verwendet werden, weil die Netzverbindung ja noch nicht funktioniert und Windows NT somit unmöglich feststellen kann, daß der Name bereits im Netz existiert.

Der Rest ist ein Heimspiel. Nachdem der Primäre Domänen-Controller installiert wurde, installieren Sie den passenden Netzwerkadapter nach. Nach dem Neustart gibt es plötzlich zwei Primäre Domänen-Controller in Ihrer Domäne. Sie werden noch vor der Anmeldung eine entsprechende Fehlermeldung erhalten.

Jetzt brauchen Sie nur mehr den Server-Manager aufrufen, den zweiten Primären Domänen-Controller anklicken und zu einem Sicherungs-Domänen-Controller hinunterstufen. Damit ist das Problem aus der Welt geschafft.

Netzwerkkarten können in der Regel konfiguriert werden, obwohl dies nicht unbedingt notwendig ist. Mit der Schaltfläche EIGENSCHAFTEN oder einem Doppelklick auf den Adapternamen gelangen Sie ins entsprechende Dialogfeld. Wie dieses aussieht, hängt vom jeweiligen Treiber ab.

Normalerweise können der Interrupt, die Basis E/A-Anschlußadresse und die Speicheradresse eingegeben werden. Die meisten Adapter erlauben hier auch die Eingabe einer eindeutigen Hardware-Adresse für das Netzwerk.

Vor allem im SNA-Bereich ist die Definition einer eigenen Hardware-Adresse weit verbreitet und großteils notwendig. Innerhalb von PC-Bereichen kann man sich für gewöhnlich auf die eingebrannte Netzwerkadresse verlassen. Diese Adressen sind weltweit einmalig, da von den Herstellern die Einmaligkeit garantiert wird. Probleme kann es höchstens bei manchen Billigstherstellern, zumeist aus Fernost, geben, die sich um die Hardware-Adressen nicht kümmern. Gerade in einer Firma wird man jedoch kaum in die Verlegenheit kommen, solche Karten einzusetzen.

Die Hardware-Adresse, für gewöhnlich eine eingebrannte, wird zum Erreichen der Computer verwendet. Dafür arbeiten die Netzwerkprotokolle in der Regel mit Broadcasts und Pufferspeichern.

Wenn Sie firmeninterne Hardware-Adressen definieren wollen, die eine bestimmte Aussage haben, dann sollten Sie diese Konfigurationsmöglichkeit nützen. So könnte diese Adresse etwa den Standardort des Computers oder einen bestimmten Abteilungscode enthalten. Gerade im Zusammenhang mit IPX-Netzwerken ist eine solche Vorgangsweise verbreitet.

BINDUNGEN enthält eine List der Verknüpfungen der einzelnen Netzwerkdienste zum Adapter. Diese Bindungen müssen korrekt eingestellt sein, damit eine Netzwerkverbindung überhaupt zustande kommen kann. In Einzelfällen könnte es wichtig sein, eine bestimmte Bindung zu deaktivieren. Das machen Sie über die Schaltfläche DEAKTIVIEREN.

Anhang 1: Netzwerk-Überblick

Dienste und Protokolle werden jeweils an eine Netzwerkkarte gebunden. Die Bindung definiert im Grunde die Reihenfolge der einzelnen Dienste. Das ist notwendig, damit die Programme die vordefinierten Wege einhalten.

Nur wenn die Bindungen, englisch *bindings*, korrekt eingestellt sind, kann die Netzwerkverbindung funktionieren, weil die Datenpakete den richtigen Weg nehmen.

Im Normalfall wird auf der Seite BINDUNGEN nichts mehr zu ändern sein. Wichtig ist allerdings, in welcher Reihenfolge die einzelnen Protokolle an den Netzwerkadapter gebunden werden.

Die Reihenfolge entscheidet, mit welchen Protokoll die Verbindung zu einem anderen Rechner hergestellt wird. Windows NT geht der Reihe nach vor und beginnt mit dem ersten. Das erste Protokoll, das anspricht, wird auch verwendet.

Wenn die Protokolle die Reihenfolge IPX, NetBEUI und TCP/IP haben, bedeutet das, daß jeder Verbindungsaufbau zu einem anderen Computer zuerst mit dem IPX-Protokoll versucht wird. Wenn diese Verbindung fehlschlägt, geht es mit NetBEUI weiter. Und erst, wenn auch dieser Verbindungsversuch fehlschlägt, geht das System auf TCP/IP über.

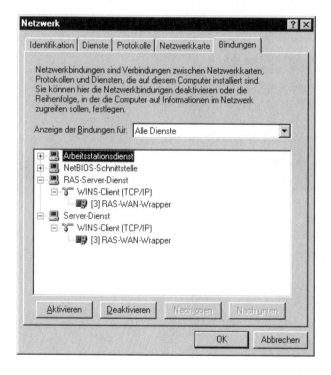

Bild 15.10: Bindungen

Man sieht also, daß die Reihenfolge der Bindungen vor allem in heterogenen Netzen, wo eine Vielfalt an Protokollen vorherrscht, von großer Bedeutung sein kann. Eine falsche Bindung wirkt sich nachteilig auf die Systemleistung und auf den Netzverkehr aus.

Stellen Sie sich vor, Sie haben einen Computer, der die Protokolle NWLink und NetBEUI in dieser Reihenfolge eingestellt hat. Ein zweiter Computer hat TCP/IP, NetBEUI und NWLink eingestellt.

Wenn die Kommunikation vom ersten Computer ausgeht, wird immer das NWLink-Protokoll verwendet, da dieses als erstes zum Zug kommt und gleich funktioniert, und weil der zweite Computer NWLink ebenfalls installiert hat. Geht die Kommunikation jedoch vom zweiten Computer aus, dann wird NetBEUI verwendet. Auf dem zweiten Computer ist NetBEUI nämlich an zweiter, aber NWLink erst an dritter Stelle an die Netzwerkkarte gebunden. NetBEUI ist auf dem zweiten Computer das erste Protokoll, mit dem die Verbindung funktioniert.

In diesem Beispiel erfolgt der Verbindungsaufbau auch rascher, wenn die Kommunikation vom ersten Computer ausgeht. Hier funktioniert nämlich schon das erste Protokoll. Beim zweiten Computer läuft erst einmal TCP/IP ins Leere, da es als erstes Protokoll an die Karte gebunden wurde. Da keine Antwort erfolgen kann, geht der zweite Computer beim Verbindungsaufbau bald auf das zweite Protokoll, in diesem Fall NetBEUI, über.

In welcher Reihenfolge die Protokolle angesprochen werden sollen, liegt im Ermessen des Administrators. Sie sollten überlegen, welche Verbindungen in Ihrem Netzwerk existieren, und diese nach ihrer Bedeutung sortieren.

Verbindungen, die entweder nicht sehr wichtig sind oder nur selten beansprucht werden, sollten in der Liste nach unten rutschen. Die häufigsten oder wichtigsten Protokolle gehören an den Beginn.

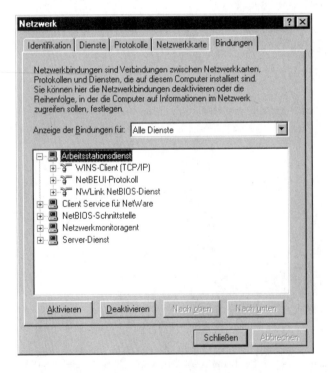

Bild 15.11:
Protokolle in der Reihenfolge
ihrer Wichtigkeit binden

Die Installation von sehr vielen Protokollen kann mitunter zu Problemen führen. Wenn Anwendungsprogramme eigene Protokolltreiber mitliefern, sehen Sie in der Dokumentation nach, ob die Protokolle eine bestimmte Reihenfolge einhalten müssen. Falls nichts dokumentiert ist, was leider häufig genug vorkommt, muß getestet werden, so lästig das auch ist.

Wenn eine Konfiguration von zahlreichen Netzwerkprotokollen nicht funktioniert, erweist es sich in der Praxis immer wieder, daß es am besten ist, alle Treiber zu löschen, die Maschine neu zu starten und die Treiber von Beginn an sauber zu installieren. Unter Umständen muß man zuvor sogar noch überprüfen, ob die Einträge in der Registrierungsdatenbank bei der Deinstallation auch wirklich gelöscht wurden.

Gehen Sie vor allem mit Multiprotokoll-Servern nicht sofort in Betrieb. Lassen Sie sich genügend Zeit zum Testen und berücksichtigen Sie diese Zeit in Ihrer Planung. Es ist besser, zwei Wochen für das Austesten eines Servers zu benötigen, als Monate mit schlecht oder gar nicht funktionierenden Netzwerken zu verlieren.

15.1.3 Einrichten eines Druckservers

Drucken ist eine Grundlage für den Einsatz eines Netzwerkes. Keine Firma kauft so viele Drucker, daß sie jedem Benutzer ein Gerät zur Verfügung stellen könnte. Das würde unnötige Kosten verursachen und ist außerdem nicht notwendig. Drucker können geteilt werden.

Dazu ist es notwendig, daß die Drucker entweder bei einem Gerät oder im Netzwerk eingerichtet werden. Drucker können an einer Arbeitsplatzmaschine hängen, auf die dann die anderen Mitglieder des Netzwerks zugreifen können. Sinnvoller ist es, den Drucker an einen Server anzuschließen und ihn dann für die Netzwerk-Benutzer freizugeben. Der Server hat keine Beschränkungen beim Zugriff, und beliebig viele Benutzer können ihren Druckjob gleichzeitig an den Server schicken.

Ab einer bestimmten Größe empfiehlt es sich, dezidierte Druckserver zu verwenden. Wenn der Server nichts anderes zu tun hat als Druckaufträge zu verwalten, wirkt sich das positiv auf die Leistung aus. Wenn auf dem Server aber auch beispielsweise eine Datenbankanwendung läuft, kann jeder sich ausrechnen, daß die Druckjobs nicht viel Rechenzeit erhalten werden. Sie haben eine niedrigere Priorität, und die Datenbankanwendung würde sehr viele Systemressourcen einfach auffressen.

Daß ein Server ausschließlich für die Verwaltung von Druckaufträgen zuständig ist, kann als verbreitete Technik bezeichnet werden. Ein System wie Novell NetWare wurde unter anderem als Druckserver bekannt.

Wenn die Last nun so groß wird, daß ein Drucker nicht mehr ausreicht, dann müssen mehrere Drucker angeschlossen werden. Dazu haben Sie die Möglichkeit, einen sogenannten *Drucker-Pool* zu verwalten. Das sind mehrere, möglichst gleiche, Drucker, die je nach dem, ob sie frei sind, vom System eingesetzt werden.

Mehr als drei Schnittstellen wird ein Server in der Regel nicht haben, deshalb ist es bei größeren Drucker-Mengen notwendig, Netzwerkdrucker einzusetzen. Netzwerkdrucker haben eine eigene Schnittstelle zum Netzwerk. Das befreit Sie als Administrator von der Notwendig, für genügend Schnittstellen am Server zu sorgen. Netzwerkdrucker werden entweder mit Hilfe des DLC-Protokolls oder über TCP/IP adressiert.

Diese Drucker können an jeder beliebigen Stelle im Netzwerk hängen und trotzdem von einem zentralen Server aus verwaltet werden. Das hat den Vorteil, daß der Administrator nicht von Drucker zu Drucker laufen muß, auf der anderen Seite aber die Benutzer nicht weit zum Drucker haben, weil dieser in ihrer Nähe aufgestellt werden kann.

Um einen Drucker auf dem Druckserver einzurichten, öffnen Sie als erstes den Ordner DRUCKER. Diesen finden Sie unter START-EINSTELLUNGEN-DRUCKER.

Bild 15.12:
Der Drucker-Ordner

Um einen neuen Drucker zu erstellen, machen Sie auf dem Objekt NEUER DRUCKER einen Doppelklick. Damit starten Sie den Installations-Assistenten.

Im übrigen ist das Objekt NEUER DRUCKER keine gewöhnliche Datei oder ein Ordner, denn Sie können dieses Objekt nicht einfach verschieben. Ganz generell kann jedoch gesagt werden, daß der Drucker-Ordner kein Standard-Ordner ist, da manches in ihm nicht so funktioniert, wie man das vielleicht gewohnt ist.

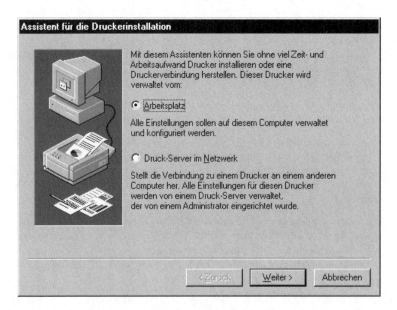

Bild 15.13:
Der Drucker-Installationsassistent

Grundsätzlich haben Sie zwei Möglichkeiten zur Auswahl. Entweder Sie installieren einen lokalen Drucker oder einen Netzwerk-Drucker.

Bei einem Druckserver wird es sich immer um einen lokalen Drucker handeln. Die Formulierung ist vielleicht nicht ganz eindeutig, denn mit DRUCKSERVER IM NETZWERK ist gemeint, daß Sie die

Verbindung zu einem bestehenden Druckserver aufbauen. Wenn die aktuelle Maschine der Druckserver werden soll, ist diese Option natürlich die falsche. Sie werden Sie jedoch benötigen, um auf den Arbeitsplatzmaschinen den Netzwerkdrucker einzurichten. Das ist notwendig, damit die Benutzer überhaupt ausdrucken können.

Beim Einrichten eines Druckers auf dem Druckserver wählen Sie also ARBEITSPLATZ, um einen lokalen Drucker zu installieren.

Das nächste Dialogfenster fragt nach der Schnittstelle für den Drucker.

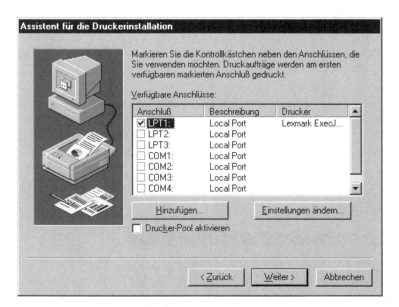

Bild 15.14: Schnittstellen für den Drucker

Zur Verfügung stehen die drei parallelen und die vier seriellen Schnittstellen sowie eine Druckdatei. Die Druckdatei werden Sie nur in Ausnahmefällen benötigen, aber ganz gewiß nicht als Grundeinstellung. Wenn Sie beim Drucken eine Druckdatei erstellen, werden alle Daten, die normalerweise an den Drucker geschickt werden, in eine Datei geschrieben. Eine solche Datei könnte auf Diskette mitgenommen und bei einem Gerät ausgedruckt werden, auf dem das Programm, mit dem der Druck durchgeführt wurde, gar nicht installiert ist.

 Parallele Schnittstellen sind prinzipiell schneller als serielle. Darüber hinaus werden die seriellen Schnittstellen zumeist für Kommunikation, Scanner und unterbrechungsfreie Stromversorgungen verwendet.

Wenn Sie einen Netzwerkdrucker oder auch einen Drucker installieren wollen, der an einem angeschlossenen Macintosh-Gerät hängt, müssen Sie auf HINZUFÜGEN klicken, um einen weiteren Druckeranschluß zu definieren.

Bild 15.15:
Weitere Druckeranschlüsse

Standardmäßig werden bereits die Anschlüsse für Netzwerkdrucker von DEC und Lexmark angeboten. Möglicherweise müssen Sie einen Anschluß mit Hilfe einer eigenen Diskette installieren. Bei weniger gebräuchlichen Netzwerkdruckern könnte das durchaus der Fall sein.

Wählen Sie den gewünschten Druckeranschluß aus und setzen Sie die Installation des Druckers fort.

Das nächste Dialogfenster hält eine Liste mit den verfügbaren Drukkern bereit. Wählen Sie im linken Fenster den Hersteller und dann im rechten das Druckermodell.

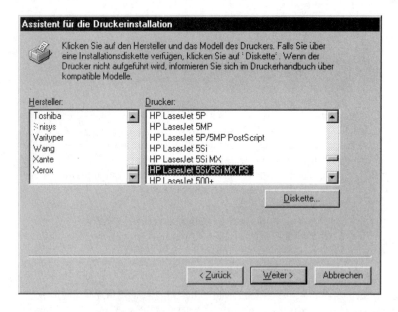

Bild 15.16:
Liste der Druckertreiber

Windows NT liefert eine große Anzahl an Druckertreibern standardmäßig mit. Bei manchen Druckern erhalten Sie den Druckertreiber auf einer beiliegenden Diskette oder über das Internet; in diesem Fall muß der Treiber von der Diskette angegeben werden.

Vereinzelt kommt es vor, daß für ein bestimmtes Druckermodell überhaupt kein Treiber zur Verfügung steht. Vor allem bei sehr neuen Druckern kann das passieren.

Sie müssen sich dann an den Druckerhersteller wenden, was auch über das Internet in der Regel sehr gut passiert. Rechnen Sie jedoch damit, daß es bei ganz neuen Druckern Wochen, unter Umständen sogar Monate dauert, bis ein Druckertreiber für Windows NT verfügbar ist.

Windows NT ist noch lange nicht so verbreitet wie Windows 95, und deshalb fehlen manchmal Treiber für spezielle oder sehr neue Hardware.

Versuchen Sie übrigens nicht, einen Druckertreiber für Windows 95 unter NT zu installieren. Die Schnittstelle für Druckertreiber ist zur Zeit in diesen beiden Systemen unterschiedlich. Microsoft plant eine Vereinheitlichung der Druckerschnittstelle. Wenn das implementiert ist, wird ein Druckertreiber sowohl unter Windows NT als auch unter Windows 95 funktionieren. Diese Annehmlichkeit wird uns jedoch frühestens mit Windows NT 5.0 erfreuen!

Wenn Sie den Druckertreiber angegeben haben, fragt Windows NT, ob Sie den Drucker als Standarddrucker installieren wollen.

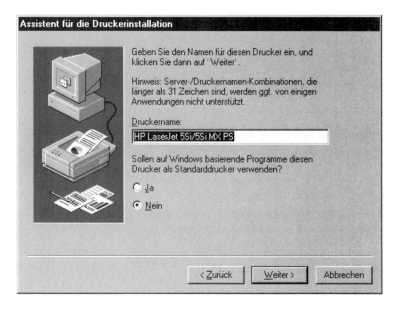

Bild 15.17:
Definition als
Standarddrucker

Diese Angabe ist eigentlich nur auf Arbeitsplatzgeräten wichtig. Der Standarddrucker ist nämlich jener Drucker, auf dem automatisch mit Anwendungsprogrammen ausgedruckt wird, wenn Sie nicht dezidiert einen anderen Drucker angeben.

Auf einem Druckserver ist zwar ebenfalls ein Drucker als Standarddrucker eingestellt, dennoch ist diese Einstellung irrelevant, weil die Clients die Drucker auf der lokalen Installation ansteuern.

Als nächstes haben Sie die Möglichkeit, den Drucker freizugeben und zusätzliche Druckertreiber für das ausgewählte Modell zu installieren.

Die Freigabe kann auch nachträglich erstellt werden. Genauso verhält es sich mit der zusätzlichen Installation von Druckertreibern.

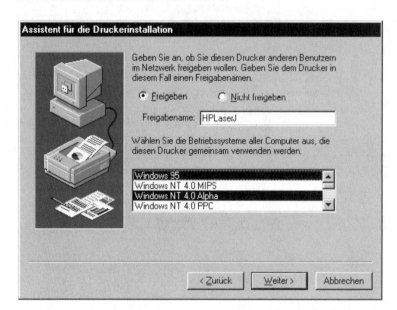

Bild 15.18:
Freigabe des Druckers

Der Freigabename wird automatisch nach DOS-Konventionen erstellt, doch haben Sie selbstverständlich die Möglichkeit, das zu ändern. Wenn der Freigabename länger als acht Zeichen ist, erscheint die Warnmeldung, daß DOS-Clients diesen Freigabenamen nicht erkennen. In Umgebungen, in denen keine DOS-Clients mehr existieren, ist diese Meldung lästig, doch sie kann nicht unterdrückt werden. Später erscheint jedoch keine Meldung mehr.

Im unteren Bereich haben Sie die Möglichkeit, weitere Druckertreiber zu installieren. Dies ist notwendig, wenn die Druckertreiber über das Netzwerk geladen werden sollen.

Der Vorteil dieser Technik liegt in einer vereinfachten Wartung. Der Druckertreiber muß nur ein einziges Mal, nämlich auf dem Druckserver installiert werden. Um die Clients braucht man sich praktisch nicht zu kümmern.

Wenn eine neue Version des Druckertreibers erscheint, braucht nur mehr der Druckserver aktualisiert zu werden. Alle Clients verwenden automatisch den neuen, aktualisierten Druckertreiber, weil nur mehr dieser installiert ist.

Für den Druck muß der Druckertreiber natürlich über das Netzwerk geladen werden, weil die Anwendungsprogramme auf den Treiber zugreifen müssen, um die Seiten für den Ausdruck zu formatieren.

Der Nachteil dieses Ladens über das Netzwerk liegt auf der Hand: es entsteht ein spürbarer Netzverkehr, vor allem in größeren Netzwerken. PostScript-Treiber haben in der Regel eine Größe von 150 bis 250 KB. Dieser Treiber wird bei fast jedem Druckauftrag über das Netzwerk geladen, und das gilt für jeden Client, der ausdrucken will.

Anhang 1: Netzwerk-Überblick

Wenn Sie die Druckertreiber lokal installieren, vermeiden Sie diesen erhöhten Netzverkehr. Auf der anderen Seite müssen Sie dann bei Verfügbarkeit eines neuen Treibers alle Geräte aktualisieren.

Die Technik, den Druckertreiber über das Netzwerk zu laden, wird ausschließlich von Windows NT und von Windows 95 unterstützt. Wenn Sie auch andere Clients einbinden, wie OS/2, Macintosh und UNIX, müssen Sie auf den jeweiligen Clients den Druckertreiber installieren. Der Client bereitet dann die Seite für den Druck auf und schickt sie an den Windows NT Druckserver, der für die Verwaltung der Druckjobs zuständig ist.

Sollten Sie weitere Systeme oder Varianten von Windows NT einsetzen, die den Druckertreiber über das Netzwerk laden sollen, dann müssen die entsprechenden Druckertreiber geladen sein.

Es ist nämlich so, daß Intel- und Alpha-Maschinen zwei unterschiedliche Treiber verwenden. Ebenso wurden in Windows NT 3.5 und 3.1 andere Treiber verwendet.

Wenn in Ihrem Netzwerk also Intel- und Alpha-Rechner stehen, es jedoch nur einen einzigen Druckserver für beide Systemvarianten gibt, dann müssen Sie zwei Druckertreiber auf dem Druckserver installieren.

Dazu brauchen Sie lediglich die jeweilige Zeile im Druckerinstallationsassistenten zu markieren. Windows NT versucht, die Treiber automatisch zu installieren. Gegebenenfalls muß eine andere CD eingelegt werden. Das ist bei älteren Windows NT-Versionen und bei Windows 95 der Fall.

Bei der Installation des Windows 95-Druckertreibers hat sich ein Fehler eingeschlichen. Windows NT sucht nämlich nach einer INF-Datei. Eine solche ist auf der Original-CD von Microsoft jedoch nicht vorhanden. Somit funktioniert die automatische Installation nur dann, wenn Sie die Treiber beispielsweise auf einer Diskette haben. Sie benötigen den eigentlichen Druckertreiber mit all seinen Komponenten und eine dazupassende INF-Datei.

Falls Sie die INF-Datei selbst schreiben müssen, nehmen Sie eine bestehende Datei als Muster. Der folgende Text ist ein Beispiel einer INF-Datei für einen Lexmark Optra-Drucker:

```
; LEXOPTRA.INF
[Version]
Signature="$CHICAGO$"
Class=Printer
Provider=%MS%
LayoutFile=layout.inf
[ClassInstall]
AddReg=ClassAddReg
DelReg=ClassDelReg
[ClassDelReg]
HKLM,"System\CurrentControlSet\Services\Class\Printer","NoUseClass"
[ClassAddReg]
HKR,,,,%CLASSNAME%
HKR,,Installer,,MSPRINT.DLL
HKR,,Icon,,-4
HKR,,NoDisplayClass,,1
[Environment]
UpdateInis=Environment_Ini
```

```
AddReg=Environment_Reg
[Environment_Ini]
win.ini,Ports,"LPT1.DOS=",
win.ini,Ports,"LPT2.DOS=",
win.ini,Ports,"LPT3.DOS=",
win.ini,Ports,"LPT1.OS2=",
win.ini,Ports,"LPT2.OS2=",
win.ini,Ports,"LPT3.OS2=",
win.ini,Windows,"Spooler=",
win.ini,Windows,"DosPrint=",
win.ini,Windows,"DeviceNotSelectedTimeout=",
win.ini,Windows,"TransmissionRetryTimeout=",
[Environment_Reg]
HKLM,"System\CurrentControlSet\Control\Print\Environments\Windows 4.0","Directory",,"CHICAGO"
HKLM,"System\CurrentControlSet\Control\Print\Environments\Windows 4.0\Drivers",,,
HKLM,"System\CurrentControlSet\Control\Print\Environments\Windows 4.0\Print Processors",,,
HKLM,"System\CurrentControlSet\Control\Print\Monitors",,,
HKLM,"System\CurrentControlSet\Control\Print\Printers",,,
HKLM,"System\CurrentControlSet\Control\Print\Printers","StartOnBoot",1,01,00,00,00
HKLM,"System\CurrentControlSet\Control\Print\Providers",,,
[Manufacturer]
"IBM/Lexmark"
[IBM/Lexmark]
"Lexmark 4039 plus PS" = LEX4039P.SPD,Lexmark_4039_plus_PS
"Lexmark Optra PS"     = LEXOPTRA.SPD,Lexmark_Optra_PS
[LEX4039P.SPD]
CopyFiles=@LEX4039P.SPD,PSCRIPT
DataSection=PSCRIPT_DATA
[LEXOPTRA.SPD]
CopyFiles=@LEXOPTRA.SPD,PSCRIPT
DataSection=PSCRIPT_DATA
[PSCRIPT]
PSCRIPT.DRV
PSCRIPT.HLP
PSCRIPT.INI
TESTPS.TXT
APPLE380.SPD
FONTS.MFM
ICONLIB.DLL
PSMON.DLL
[PSCRIPT_DATA]
DriverFile=PSCRIPT.DRV
HelpFile=PSCRIPT.HLP
LanguageMonitor=%PS_MONITOR%
[DestinationDirs]
DefaultDestDir=11
COLOR_IBM_4079=23
```

Anhang 1: Netzwerk-Überblick

```
[SourceDisksNames]
99="Lexmark 4039_Plus_PS/Optra_PS Driver Disk",,1
[SourceDisksFiles]
LEX4039P.SPD=99
LEXOPTRA.SPD=99
[LanguageMonitorHints]
"PostScript Language Monitor"="PostScript Language Monitor,PSMON.DLL"
[Strings]
MS="Microsoft"
CLASSNAME="Drucker"
GENERIC="Universal/Nur Text"
PS_MONITOR="PostScript Language Monitor,PSMON.DLL"
```

Drucker für Windows NT 4.0, die allerdings mit Alpha-, MIPS- oder PowerPC-Versionen von Windows NT verwendet werden sollen, finden Sie auf der Standard-CD-ROM.

Windows NT bietet den Druck einer Testseite an. Wenn der Drucker direkt angeschlossen oder im Netzwerk verfügbar ist, dann ist dieser Test zu empfehlen. Sie können auf diese Weise gleich überprüfen, ob der Drucker von Windows NT erreicht wird und ob der Drukkertreiber wirklich der richtige ist.

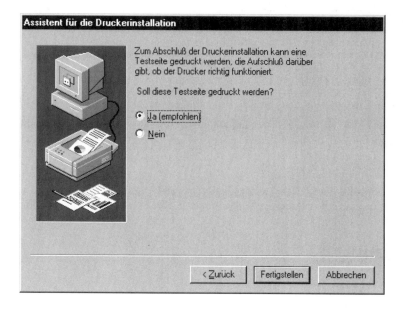

Bild 15.19:
Wollen Sie eine Testseite drucken?

Danach werden die Dateien des Druckertreibers auf den Server kopiert. Windows NT beginnt dabei mit dem Standardtreiber.

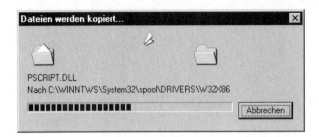

Bild 15.20:
Kopie des Windows NT-Druckertreibers

Dann werden Sie aufgefordert, die CDs mit den anderen Druckertreibern einzulegen. Windows NT geht dabei in derselben Reihenfolge vor, in der die Treiber vom Assistenten aufgelistet wurden.

Bild 15.21:
Weitere CDs werden verlangt

Als Erinnerung: die Installation des Windows 95-Treibers schlägt fehl, weil NT eine INF-Datei sucht, die auf der Windows 95-CD nicht vorhanden ist.

Wenn Sie die benötigten Dateien auf einer Diskette oder in einem Festplattenverzeichnis haben, geben Sie den entsprechenden Pfad an.

Andernfalls wird dieser Treiber nicht installiert, und Sie müssen ihn nachträglich dazuinstallieren. Falls Sie andere Systeme auch noch angeklickt haben, werden Sie jetzt aufgefordert, die CD-ROM von Windows NT 4.0 und gegebenenfalls jene von Windows NT 3.51, 3.5 oder 3.1 einzulegen.

Im Drucker-Ordner erstellt Windows NT ein neues Objekt für den Drucker. Wenn eine Freigabe definiert wurde, hält eine Hand den Drucker; bei nicht freigegebenen Druckern gibt es keine Hand.

Bild 15.22:
Drucker-Ordner mit zwei freigegebenen Druckern

Für welche Systeme der Druckertreiber installiert ist, können Sie jederzeit in den EIGENSCHAFTEN des Druckers überprüfen.

Klicken Sie das Druckerobjekt dazu mit der rechten Maustaste an und wählen Sie EIGENSCHAFTEN. Windows NT öffnet ein Register, in dem Sie unter anderem die Freigabe, die Sicherheit und Grundeinstellungen anpassen können.

Die Liste mit den installierten Druckertreibern finden Sie auf der Seite FREIGABE.

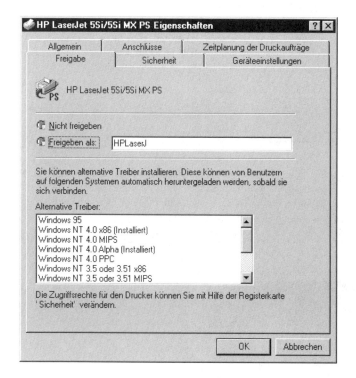

Bild 15.23:
Installierte Druckertreiber

Die Abbildung zeigt, daß die Druckertreiber für Windows NT 4.0 in den Versionen für Intel und für Alpha installiert wurden. Der Windows 95-Treiber ist nicht vorhanden, weil er in diesem Fall nicht von der CD installiert werden konnte. Er müßte nachträglich installiert werden.

Auf der Seite SICHERHEIT können Sie ganz genau definieren, welche Rechte Ihre Benutzer auf dem Drucker haben (siehe Bild 15.24).

VOLLZUGRIFF gibt es lediglich für die **Administratoren** und **Drucker-Operatoren**. Auf einer Workstation gibt es keine Drucker-Operatoren, dafür aber die **Hauptbenutzer**.

Die spezielle Gruppe **Ersteller-Besitzer** zeigt, daß Benutzer ihre eigenen Druckjobs vollständig verwalten dürfen. Immerhin sollte ein Benutzer auch die Möglichkeit haben, einen Druckjob, den er begonnen hat, abzubrechen. Dieses Konzept ist im übrigen C2-konform.

Standardmäßig dürfen alle Benutzer ausdrucken. Sie haben jedoch keinerlei Möglichkeit, die Druckjobs der Kollegen oder die Druckerkonfiguration zu beeinflussen.

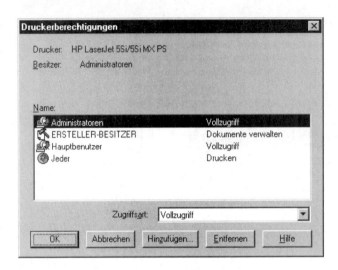

Bild 15.24:
Berechtigungen der Benutzer

Mit Hilfe der Sicherheit können Sie jederzeit bestimmte Berechtigungen für einzelne Benutzer oder Drucker einstellen. Sehr hilfreich ist jedoch die Standardgruppe **Drucker-Operatoren**, mit deren Hilfe Sie Personen angeben können, die in der Lage sind, die Druckjobs zu verwalten, die Druckerkonfiguration anzupassen und neue Drucker zu erstellen.

Weitere Druckereigenschaften finden Sie im Menü des Drucker-Ordners. Wählen Sie im DATEI-Menü die SERVER-EIGENSCHAFTEN.

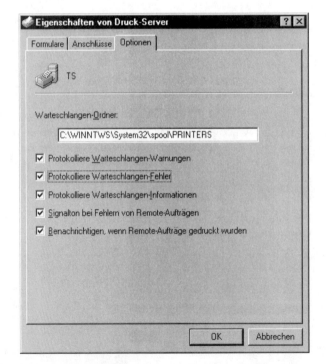

Bild 15.25:
Optionen der Server-Eigenschaften

Anhang 1: Netzwerk-Überblick

Auch hier gibt es Grundeinstellungen für die Druckeranschlüsse und die Formulargrößen. Sie sollten diese Möglichkeiten nicht vergessen, wenn Probleme bei Druckjobs auftreten. Falsche Druckerformulare ließen schon vielen Administratoren graue Haare wachsen. Dummerweise gibt es die Formulargröße an mehreren Stellen, und wenn eine einzige Einstellung nicht paßt, bleibt der Druckjob bei den meisten Druckern einfach hängen, wodurch auch keine anderen Jobs mehr ausdrucken.

Sehr nützlich ist die Seite OPTIONEN. Hier können Sie mehrere Druck-Protokolle erzeugen. Für die Dokumentation der Arbeit bzw. der Funktion eines Druckservers könnte diese Einstellung von Interesse sein. Alle Vorgänge auf dem Druckserver lassen sich mit diesen Protokoll-Dateien mitverfolgen. Auf der anderen Seite benötigt das Schreiben der Protokolle auch Systemressourcen.

Unter WARTESCHLANGEN-ORDNER geben sich an, in welchem Verzeichnis die Druckjobs geschrieben werden, bevor sie ausgedruckt werden können. Wenn es sich erweisen sollte, daß Ihre Festplatte oder Partition zu wenig freien Platz hat, können Sie den Warteschlangen-Ordner hier auf eine andere Partition oder Festplatte legen.

Völlig unverständlich ist, warum Windows NT nach einer solchen Änderung einen Neustart verlangt. Da es jedoch so ist, sollten Sie diese Änderung nur durchführen, wenn keine anderen Programme aktiv sind.

Die Einstellung BENACHRICHTIGEN, WENN REMOTE-AUFTRÄGE GEDRUCKT WURDEN sorgt für eine Nachricht an den Benutzer, die ihm mitteilt, daß sein Druckauftrag vom Server empfangen und ausgedruckt wurde. Viele werden ähnliche Nachrichten von Mainframe-Terminals her kennen.

So nützlich diese Nachrichten sein mögen, so nervtötend können sie sich bei der Arbeit auswirken. Um sie auszuschalten, deaktivieren Sie diese Option.

Bei Druckservern läßt sich die Meldung an den Benutzer ausschließlich im Drucker-Ordner des Servers ausschalten. Sie gilt für alle Benutzer, die auf diesen Server zugreifen.

Der Windows NT Druckserver kann als Druckserver für Clients auf allen Plattformen agieren, die in der Lage sind, auf den Windows NT-Server zuzugreifen. Die Clients brauchen eine Möglichkeit, einen Netzwerkdrucker zu installieren.

Im Fall von Windows NT und Windows 95 kann auf Wunsch der Druckertreiber des Servers über das Netzwerk geladen werden. Aus Leistungsgründen ist es allerdings auch möglich, die Druckertreiber auf diesen beiden Plattformen lokal zu installieren.

Auf anderen Client-Plattformen **muß** der Druckertreiber lokal installiert werden. Das gilt für OS/2 Warp genauso wie für Windows für Workgroups und DOS. Für diese drei Plattformen gibt es eine Anbindung an Windows NT, und wenn Sie nicht einfachere Methoden einsetzen, können Sie zumindest mit NET DRUCKER-USE die Schnittstelle an die Druckerfreigabe binden und auf diese Weise ausdrucken. Das funktioniert folgendermaßen:

net use lpt2 *Druckerfreigabename*

Der *Druckerfreigabename* wurde unter Windows NT Server definiert. In diesem Beispiel wird diese Freigabe mit der zweiten parallelen Schnittstelle verbunden. Sie können jetzt einen lokalen Druckertreiber installieren und diesen mit LPT2 verbinden.

Die Programme drucken jetzt über den Druckserver aus.

Angenehmer ist es freilich, den Drucker mit Hilfe des DRUCK-MANAGERs unter Windows für Workgroups und mit dem NETZWERKDRUKKER-OBJEKT unter OS/2 zu verbinden.

Um mit UNIX-Maschinen über Windows NT Druckserver auszudrucken, benötigen Sie eine entsprechende Client-Software. Ein Beispiel dafür wäre etwa Intergraph DiskShare. Sollen Ihre UNIX-Anwender in der Lage sein, mit dem standardmäßigen TCP/IP-Befehl LPR zu drucken, dann müssen Sie auf dem Druckserver den MICROSOFT TCP/IP-DRUCKDIENST installieren. Der Druckertreiber muß lokal installiert sein.

Um mit NetWare-Clients über Windows NT Druckserver auszudrukken, müssen die FILE UND PRINT SERVICES FÜR NETWARE auf dem Server installiert sein. Zusätzliche Optionen geben den Drucker dann für die NetWare-Clients frei. Der Druckertreiber muß lokal installiert sein.

Und um mit Apple Macintosh-Geräten über Windows NT Druckserver auszudrucken, müssen die SERVICES FÜR MACINTOSH auf dem Server installiert sein. Auch in diesem Fall muß die Freigabe für Macintosh-Benutzer extra erfolgen. Auf den Macintosh-Geräten können die Drucker über die AUSWAHL gewählt werden. Als Druckertreiber muß lediglich ein PostScript-Druckertreiber lokal installiert sein. Windows NT gibt den PostScript-Druckauftrag an jeden beliebigen Drucker weiter und konvertiert die Befehle.

15.2 Windows NT-Netzwerkarchitektur

In der Netzwerkarchitektur verwendet Microsoft ein eigenes Schichtenmodell. Dieses basiert auf WOSA, der *Windows Open Services Architecture*. WOSA enthält mehrere Schnittstellen, die dazu dienen, verschiedene Softwarekomponenten parallel einzubinden, die über einen ähnlichen Funktionsumfang verfügen.

Grundsätzlich werden in WOSA drei Grunddienste unterschieden:

- Common Application Services
- Communication Services
- Vertical Market Services

Common Application Services enthalten Dienste für den Zugriff auf bestimmte Funktionen des Betriebssystems. Dazu gehören etwa die Schnittstellen für Datenbanken, Mail oder Software-Lizenzierung. Bestandteile dieser Dienste sind ODBC *Open Database Connectivity*, MAPI *Messaging Application Programming Interface*, TAPI *Telephony API* und LSAPI *License Service API*.

Communication Services sind hingegen für die Netzwerkfunktionen zuständig. Dazu gehören SNA-API für die Anbindung an die SNA-Welt, also hauptsächlich an IBM Großrechner, Windows-Socket-API für eine Entwicklung von Netzwerk-Applikationen, die vom Netzwerkprotokoll unabhängig ist, sowie RPC *Remote Procedure Calls*, die für die Umsetzung von Client-Server-Applikationen verwendet werden. Mit Hilfe von RPCs wird grundsätzlich über das Netzwerk auf System- oder Programmfunktionen eines anderen Computers zugegriffen.

Vertical Market Services sind eine Einrichtung für Dritthersteller. Mit Hilfe dieser Dienste können Entwickler Erweiterungen für das Betriebssystem programmieren. Diese Dienste stellen also Erweiterungsmöglichkeiten für Windows NT bereit, die auch von anderen Firmen wahrgenommen werden können.

WOSA enthält Kommunikationsschnittstellen zwischen Windows-Anwendungen und den anderen Komponenten des Systems. Gegenüber Windows 3.x ist Windows NT weitaus modularer aufgebaut, was ein großer Vorteil bei der Entwicklung von Systemkomponenten bzw. auch für deren Austausch ist.

Mehrere Netzwerk-Redirectors werden parallel unterstützt. Damit gibt es die Möglichkeit, Windows NT-Maschinen zur selben Zeit mit verschiedenen Netzwerken zu kombinieren.

Anhang 1: Netzwerk-Überblick

15.2.1 Der Redirector

Ein *Redirector* ist eine Software, die Anforderungen an das Netzwerk weiterleitet. Im Grunde geht es um Eingabe-/Ausgabe-Anforderungen. Jedes Mal, wenn Sie auf das Netzwerk zugreifen, ist ein Redirector mit im Spiel.

Der Redirector entspricht im Normalfall einem Dateisystem und ist auch in Windows NT als Dateisystem implementiert. Somit stehen Netzwerk-Redirectors für das System und die Programme auf derselben Stufe wie ein NTFS- oder FAT-Treiber.

Der Einsatz verschiedener Redirectors ist notwendig, weil verschiedene Netzwerke auch verschiedene Dateisysteme im Netzwerk benutzen. So verwenden die Microsoft-Netzwerke sowie IBM OS/2 *SMB Server Message Blocks*, während Novell mit dem *NCP NetWare Core Protocol* oder *NDS NetWare Directory Services* arbeitet und UNIX zumeist mit *NFS Network File System* und *FTP File Transfer Protocol*.

Ein Redirector ist sozusagen die »Umleitung« für Netzwerk-Zugriffe. Die Schreib- oder Leseanforderung wird durch den Redirector auf den richtigen Computer umgeleitet. Ein entsprechender deutscher Begriff konnte sich bisher jedoch nicht durchsetzen, deswegen ist auch im Deutschen immer vom *Redirector* die Rede.

Standardmäßig liefert Windows NT zwei verschiedene Redirectors aus.

Einer davon, die Datei REDIR.VxD, ist für die Microsoft-Netzwerke zuständig, wobei der andere, die Datei NWREDIR.VxD, für Novell-Netzwerke gilt. Der Redirector für Microsoft-Netzwerke verwendet SMB, *Server Message Blocks*, jener für Novell-Netzwerke hingegen das NCP *NetWare Core Protocol*.

Andere 32-Bit-Redirectors sind von Drittherstellern verfügbar. Ein Beispiel dafür wäre das NFS *Network File System* der Firma Sun Systems.

15.2.2 VxD-Treiber

VxD-Treiber sind ein Konzept, das zur Architektur von Windows NT, aber auch von Windows 95 gehört. An dieser Stelle möchte ich einen Überblick geben, weil jeder Netzwerk-Dateisystemtreiber ein 32-Bit-VxD-Treiber ist. Das Kürzel steht für *Virtual Driver*.

VxD-Treiber sind also »virtuelle Treiber«, Gerätetreiber zur Verwaltung einer ganz bestimmten Systemressource. Auf solche Treiber kann von mehreren Anwendungsprogrammen aus gleichzeitig zugegriffen werden. Das unterscheidet sie auch von den statischen Treibern der DOS-Welt. »Virtuell« werden diese Treiber deshalb genannt, weil sie den Programmen den direkten Zugriff auf eine Hardware-Komponente vorspiegeln. Natürlich können die Programme die Hardware nicht direkt ansteuern, sondern müssen mit diesen Treibern arbeiten, die wiederum Teil des Betriebssystems sind.

Unter Windows NT werden immer nur jene virtuellen Treiber in den Hauptspeicher geladen, die gerade benötigt werden. Nicht benötigte Treiber können wieder entladen werden.

Bereits unter Windows 3.x gab es eine Entsprechung solcher Treiber. Dort hatten sie allerdings die Namensendung 386.

15.2.3 Das Client-Server-Modell

Das *Client-Server-Modell* liegt der Architektur von Betriebssystemen zugrunde. Die Architektur von Windows NT enthält zwei verschiedene Merkmale. Neben dem Client-Server-Modell ist es das *Schichtenmodell*.

Client-Server bedeutet, daß ein Teil des Systems Funktionen zur Verfügung stellt, während ein anderer Teil sie verwendet. Jener Teil, der die Funktionen zur Verfügung stellt, heißt *Server*, während jener Teil, der diese Funktionalitäten in Anspruch nimmt, *Client* heißt.

Dieses Modell kann auf Netzwerkverbindungen ausgedehnt werden, was in den meisten Fällen auch geschieht. In einem Netzwerk gibt es einen Server, der verschiedene Funktionen wie etwa Dateiressourcen zur Verfügung stellt, und Clients, die auf diese Ressourcen zugreifen.

Die Kommunikation zwischen Client und Server wird über verschiedene Mechanismen hergestellt. Während einerseits Mechanismen wie *NetBIOS*, *Mailslots* oder *Remote Procedure Calls* die Verbindung herstellen, sind andererseits *Netzwerkprotokolle* für die Verbindung über das Netzwerk zuständig.

Beim Zugriff über das Netzwerk ist neben den genannten Mechanismen auch noch der Redirector involviert. Wie bereits erwähnt, liefert Windows NT zwei verschiedene Redirectors mit, während andere von Drittherstellern erhältlich sind.

15.2.4 Netzwerk-Schnittstellen

Für den Zugriff auf das Netzwerk werden standardisierte Schnittstellen benötigt. Diese ermöglichen die Entwicklung von Programmen, die unabhängig von der eigentlichen Netzwerkstruktur, also von der Netzwerkkarte bis hin zum Netzwerk-Redirector arbeiten. Die Programmierer brauchen bei der Entwicklung ihrer Software lediglich die Schnittstelle ansteuern; was dahinter liegt, ist für die Anwendung selbst völlig unerheblich.

Dieses Konzept hat den Vorteil, daß sich Netzwerkkomponenten ändern können, ohne daß die Software neu geschrieben werden muß.

Windows NT bietet zwei verschiedene Schnittstellen für Netzwerkfunktionalität. Diese sind *Windows Sockets* und *NetBIOS*. Windows Sockets setzen ausschließlich auf TCP/IP auf, während über NetBIOS alle Protokolle angesteuert werden können. Das ist auch der Grund, warum bisher ausschließlich reine TCP/IP-Programme Windows Sokkets verwenden können.

Alle anderen Programme die irgend etwas mit dem Netzwerk zu tun haben, müssen NetBIOS verwenden. Microsoft plant, dieses Konzept ab Version 5.0 von Windows NT zu ändern. Ab Version 5.0 werden allen Programmen Windows Sockets offen stehen. Auch das zeigt die deutliche Hinwendung von Microsoft zur TCP/IP-Protokollfamilie.

Beide Netzwerkschnittstellen, also Windows Sockets und NetBIOS, kommunizieren über die TDI-Schnittstelle, dem *Transport Driver Interface*, mit den Netzwerkprotokollen. Über der Schnittstelle liegen weitere Komponenten, nämlich die *Netzwerk-Client-Programme*, der *Dateisystem-Manager* oder *IFS-Manager* sowie der *Netzwerk-Redirector*.

Jedes Netzwerk, das unterstützt wird, benötigt ein *Client-Programm*. Windows NT liefert einen Client für Microsoft-Netzwerke mit, sowie einen für Novell-Netzwerke. Der Novell-Client könnte durch jenen der Firma Novell ersetzt werden, und weitere Netzwerk-Clients gibt es von IBM für OS/2 sowie von mehreren Herstellern für UNIX. In allen Fällen handelt es sich um 32-Bit-Client-Programme.

Diese Client-Programme sind für die Integration ins Betriebssystem verantwortlich. Es muß zum Beispiel gewährleistet sein, daß die Anmeldung ans System funktioniert und dabei alle Sicherheitsvorgaben eingehalten werden. Die Programme müssen die Programmierschnittstellen unterstützen und von der Netzwerkumgebung aus zu durchsuchen sein. Darüber hinaus sind die Ressourcen der Netzwerke mit Hilfe von UNC-Namen adressierbar.

Der *IFS-Manager* ist ein 32-Bit-Dateisystem-Manager, der für die Kommunikation zwischen Netzwerk-Client-Programmen und dem Redirector sorgt. Bei manchen Funktionen ist es allerdings auch möglich, das Netzwerk-Client-Programm so zu entwickeln, daß der Redirector, unter Umgehung des IFS-Managers, direkt angesprochen wird. Dies kann gewisse Mechanismen beschleunigen.

Was ist NetBIOS?

NetBIOS ist kein Protokoll! Dennoch wird NetBIOS in der Literatur immer wieder als Netzwerkprotokoll bezeichnet. Das ist jedoch ein Irrtum, dem Sie nicht ebenso verfallen sollten.

NetBIOS ist eine Standardprogrammierschnittstelle. Sie wird in PC-Umgebungen für die Entwicklung von Client/Server-Applikationen verwendet. NetBIOS wurde in den frühen 80er Jahren entwickelt und wurde als Kommunikationsträger zwischen Prozessen eingesetzt. Hier trifft man zumeist auf den Begriff IPC (Interprocess Communication).

NetBIOS kann mit mehreren Protokollen zusammenarbeiten. Bei Windows NT ist das praktisch bei allen drei Hauptprotokollen der Fall, nämlich bei NetBEUI, IPX/SPX und TCP/IP.

Genau genommen spricht man dabei vom *NetBEUI Frame Protocol (NBF)*, von *NWLink NetBIOS (NWNBLink)* sowie von *NetBIOS over TCP/IP (NetBT)*.

Ein Programmierer hat heute flexiblere Mechanismen zur Verfügung, wie zum Beispiel Named Pipes und RPC (Remote Procedure Calls). Dennoch ist NetBIOS ein Standard, und Sie müssen davon ausgehen, daß die meisten Programme über die NetBIOS-Schnittstelle mit den Protokollen bzw. mit dem Netzwerk kommunizieren. Aus diesem Grund wird die NetBIOS-API standardmäßig mit Windows NT installiert.

Insgesamt ist NetBIOS innerhalb von Windows NT nur einer von sieben verschiedenen Mechanismen, mit deren Hilfe Prozesse miteinander kommunizieren können. Die übrigen sechs heißen *Named Pipes*, *Mailslots*, *Windows Sockets*, *Remote Procuedure Calls (RPC)*, *Network Dynamic Data Exchange (NetDDE)*, *Server Message Blocks (SMB)* und *Distributed Component Object Model (DCOM)*.

Genaue Informationen über die verschiedenen Kommunikationsmechanismen finden Sie im Windows NT Resource Kit. Für Administratoren sind diese Details meines Erachtens nicht so wichtig.

NetBIOS gibt es nicht auf allen Plattformen, aber fast. Da es ein typischer Mechanismus für PC-Betriebssysteme ist, trifft man NetBIOS vor allem auf der PC-Plattform an. Verwendet wird es nicht nur von Windows NT, sondern auch von Windows 95, Windows für Workgroups, DOS und OS/2 Warp, aber es gibt auch Unterstützungsmechanismen oder Erweiterungen zu Novell NetWare, TCP/IP und zu PC-UNIX-Systemen wie SCO OpenServer und UnixWare.

NDIS 3.0

Die *Network Driver Interface Specification* wurde 1989 von Microsoft und 3Com gemeinsam entwickelt. Gesucht war eine Schnittstelle für die Kommunikation zwischen MAC-Subschicht und den Protokolltreibern, die im OSI-Referenzmodell höher angesiedelt sind. NDIS ist ein Standard, der das Nebeneinander von mehreren Netzwerkadaptern und Protokollen erlaubt.

Früher wurden Netzwerkprotokolle an bestimmte Netzwerkadapter angepaßt. Das führte allerdings dazu, daß die Protokolle nur mit bestimmten Adaptern zusammenarbeiten konnten. Die Adapterhersteller hatten wiederum das Problem, daß sie für jedes Netzwerkbetriebssystem eigene Treiber programmieren mußten bzw. einen offenen Zugang zu den Mechanismen des jeweiligen Netzwerkbetriebssystems benötigten.

Erst die NDIS-Schnittstelle machte es möglich, daß die Netzwerkprotokolle von der Schnittstelle zur Netzwerkkarte unabhängig sind. Protokolle können somit entwickelt werden, ohne daß auf eine bestimmte Netzwerkkartenarchitektur Rücksicht genommen werden müßte.

Die Schnittstelle zur Netzwerkkarte befindet sich sozusagen am unteren Ende der Netzwerkarchitektur. Nach oben hin wird eine einheitliche Schnittstelle, nämlich NDIS, zur Verfügung gestellt. Diese Schnittstelle ist eindeutig definiert und vollständig dokumentiert. Jeder Netzwerkentwickler hat die Möglichkeit, seine Treiber auf NDIS aufsetzen zu lassen.

Windows NT enthält NDIS 3.0. Alle Netzwerktreiber müssen also den NDIS 3.0-Spezifikationen entsprechen. Version 3.0 der Schnittstelle erlaubt den Einsatz von beliebig vielen Netzwerkkarten in einem Computer. Außerdem können Sie eine beliebige Anzahl von Protokollen an ein und dieselbe Karte binden. Gerade für heterogene Netzwerke stellt dies einen großen Vorteil dar, wenn nicht sogar die Grundlage.

Die NDIS-Schnittstelle besteht in Windows NT aus einer Datei mit dem Namen NDIS.SYS, die oft auch als NDIS Wrapper bezeichnet wird. Dieser NDIS Wrapper stellt die Schnittstelle zwischen den Protokoll-Treibern und den Adapter-Treibern zur Verfügung. Enthalten sind außerdem Routinen, die Entwicklern die Programmierung von NDIS-Treibern erleichtern.

Da die Datei Ndis.sys die eigentliche Schnittstelle darstellt, kommunizieren die Netzwerkprotokolle folglich mit dem NDIS-Wrapper und nicht mit den Adapter-Treibern. Umgekehrt kommunizieren auch die Adapter-Treiber in Wirklichkeit mit der NDIS-Schnittstelle und nicht mit den Protokoll-Treibern. Auch das ist ein Beispiel für den modularen Aufbau des Windows NT-Betriebssystems.

Die Loslösung der Protokolle von den Netzwerkadaptern bewirkt, daß Veränderungen in der Konfiguration von Protokollen keine Änderungen in der Konfiguration eines Netzwerkadapters nach sich ziehen und umgekehrt. Die beiden Elemente sind völlig unabhängig, weil es ja die NDIS-Schicht dazwischen gibt.

15.3 Netzwerk-Protokolle

Netzwerkfunktionalitäten sind in Windows NT standardmäßig eingebaut. Das ist heute an sich nichts Besonderes mehr. Zu dieser Entwicklung kam es, als immer mehr klar wurde, daß der Verbund von Computern vor allem für Firmen ein sehr wichtiges Anliegen ist.

Werden Betriebssysteme eingesetzt, in die Netzwerkanbindungen integriert wurden, so ist es sehr einfach, die Computer zusammenzuschließen, weil außer der Verkabelung nichts mehr benötigt wird.

Selbstverständlich müssen gewisse Grundrichtlinien eingehalten werden. Eine davon ist der Einsatz des richtigen Netzwerkprotokolls.

Windows NT unterstützt den parallelen Einsatz von mehreren Netzwerkprotokollen. Welche Protokolle installiert sind, wird im Netzwerk-Objekt angezeigt. Rufen Sie dieses über START-EINSTELLUNGEN-SYSTEMSTEUERUNG-NETZWERK oder im Kontextmenü der NETZWERKUMGEBUNG mit EIGENSCHAFTEN auf. Es handelt sich jeweils um dasselbe Objekt, nur die Art, es aufzurufen, ist unterschiedlich.

Anhang 1: Netzwerk-Überblick

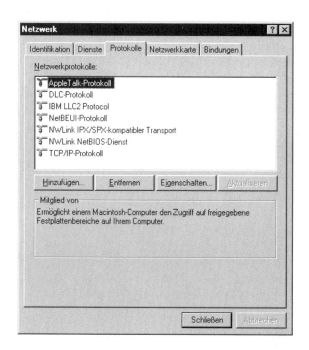

Bild 15.26:
Installierte Netzwerkprotokolle

Netzwerkprotokolle sorgen für die korrekte Kommunikation zwischen zwei Rechnern. Im Grunde handelt es sich um ein Regelwerk darüber, auf welche Weise Daten über ein Netzwerkkabel, also zwischen zwei Rechnern, übertragen werden sollen.

Natürlich ist das eine vereinfachte Darstellung, und genau betrachtet enthält dieser Vorgang mehrere Schichten, von denen jede für eine ganz bestimmte Aufgabe zuständig ist.

In diesem Zusammenhang möchte ich das *ISO Open Systems Interconnect*-Schichtenmodell erwähnen, weil es heute zu den Grundlagen eines jeden gehört, der sich mit Computernetzwerken beschäftigt. Das OSI-Schichtenmodell beschreibt sieben Schichten, deren Aufgaben vom Versand der Daten über das Kabel bis hin zu den Anwendungsprogrammen gehen. Man spricht normalerweise vom *OSI-Referenzmodell*, da so gut wie jede Firma ein etwas anderes Modell verwendet, allerdings die Terminologie des OSI-Referenzmodells anwendet. So können die Funktionen der verschiedenen Netzwerktechnologien hervorragend miteinander verglichen werden, weil jeder »Netzwerker« das OSI-Referenzmodell kennt (siehe Bild 15.27).

Wenn Daten von einem Computer auf einen anderen übermittelt werden, müssen sie durch alle sieben Schichten hindurch. Auf dem sendenden Computer beginnt der Web in der obersten, also der Anwendungsschicht, setzt sich bis zur untersten Schicht fort, wo die Daten über das Kabel geschickt werden, und auf dem empfangenden Computer kehrt sich der Weg um; dort gehen die Daten von der tiefsten bis zur obersten Schicht, wo sie von den Anwendungsprogrammen angezeigt werden.

Jede Schicht fügt Steuerinformationen zu den Daten hinzu, die je nach Schicht verschiedensten Zwecken dienen. So werden die Datenpakete immer größer, allerdings bilden die Steuerdaten insgesamt nur einen kleinen Teil der Gesamtdatenmenge. Auf dem Zielcomputer werden die Daten in jeder Schicht von jenen Steuerinformationen befreit, die zu dieser Schicht gehören. In der obersten Schicht treffen somit wieder die Daten ohne Steuerinformationen ein.

Anwendungsschicht
Präsentationsschicht
Sitzungsschicht
Transportschicht
Netzwerkschicht
Verbindungsschicht
Physische Schicht

Bild 15.27:
Das OSI-Referenzmodell

Als Netzwerkspezialist sollten Sie einen Überblick darüber haben, welche Aufgaben die einzelnen Schichten ausführen. Sehen wir uns das einmal im einzelnen an:

Die *Application Layer* oder *Anwendungsschicht* enthält die Anwendungsprogramme, mit denen der Benutzer zu tun hat. Sie und die darunterliegenden Schichten verbergen die komplexen Vorgänge einer Netzwerkübertragung völlig, denn im Grunde sollte ein Benutzer sich auch nicht damit beschäftigen müssen; für ihn zählt lediglich, daß die elektronische Post, die er versendet, auch sicher beim Empfänger landet. Die Anwendungsschicht besitzt eine klar definierte Schnittstelle zu den tiefer liegenden Schichten und gibt die Daten an die nächste Schicht weiter.

Die *Presentation Layer* oder *Präsentationsschicht* ist eine Art Übersetzer für das Netzwerk. Die Daten kommen vom Benutzer bzw. von der Anwendungsschicht und werden in der Präsentationsschicht in ein allgemeineres Format übersetzt. Auf dem Ziel-Computer werden die vom Netzwerk eintreffenden Daten wieder in jenes Format übersetzt, das vom Anwendungsprogramm verstanden wird. Beispiele sind die Umsetzung von Daten von ASCII auf EBCDIC, Datenkomprimierung oder auch die Verschlüsselung von Paßwörtern. Die Präsentationsschicht besitzt eine jeweils klar definierte Schnittstelle nach oben und nach unten.

Die *Session Layer* oder *Sitzungsschicht* stellt eine Verbindungssitzung zwischen den Prozessen her, die auf den beiden in die Kommunikation involvierten Computern laufen. Diese Schicht sorgt etwa für die Umsetzung von NetBIOS-Namen oder die Überprüfung von Zugriffsrechten. Wie die meisten anderen Schichten auch, muß die Sitzungsschicht in der Lage sein, mit der darüber- und der darunterliegenden Schicht über eine einheitlich definierte Schnittstelle zu kommunizieren.

Die *Transport Layer* oder *Transportschicht* kümmert sich darum, daß die Datenpakete in der richtigen Reihenfolge empfangen werden und daß keine Fehler auftreten bzw. Teile von Daten verloren gehen. Die Komplexität der Transportschicht hängt von den Diensten und Funktionalitäten ab, die jeweils geboten werden. In der Transportschicht kann ein Protokoll arbeiten, aber es können auch mehrere involviert sein, wie das etwa bei TCP/IP der Fall ist. Die Informationen werden in der Transportschicht in kleinere Portionen zerteilt, wenn sie in zu großen Blöcken ankommen. Man bezeichnet diese Portionen als *Frames*, die immer ganz genau definierte Größen haben. Auch die Transportschicht fügt Steuerinformationen an das Datenpaket an.

Die *Network Layer* oder *Netzwerkschicht* bestimmt den Weg, den die Daten über das Netzwerk nehmen werden. Das kann von vielen verschiedenen Faktoren abhängen. In dieser Schicht werden logische Netzwerkadressen in physische Netzwerkkarten-Adressen umgewandelt.

Die *Data Link Layer* oder *Verbindungsschicht* sorgt für die fehlerfreie Übertragung der Daten-Frames von einem Computer zum anderen. Hier wird die physische Verbindung hergestellt und der Datenfluß kontrolliert. Aus technischen Gründen wurde diese Schicht in zwei Unterschichten geteilt, die als *Logical Link Control* und *Media Access Control* bezeichnet werden. Die MAC-Schicht enthält beispielsweise die Spezifikationen IEEE 802.3 (Ethernet) und IEEE 802.5 (Token Ring).

Die *Physical Layer* oder *Hardware-Schicht* umfaßt die Netzwerkverkabelung. Es handelt sich um die reine Datenkodierung in Bits und deren Versand über das Kabel.

Prägen Sie sich die Schichten des OSI-Referenzmodells gut ein. Sogar wenn Ihr Netzwerkprotokoll völlig anders aufgebaut ist, bezieht sich die gesamte Literatur auf das OSI-Referenzmodell.

15.3.1 NetBEUI

Der Begriff steht für *NetBIOS Extended User Interface*. Im Gegensatz zur Schnittstelle NetBIOS handelt es sich hierbei um ein komplettes Netzwerkprotokoll. Dieses Protokoll wurde 1985 von IBM entwickelt und findet heute Verwendung in allen PC-Betriebssystemen von IBM und Microsoft. Somit ist NetBEUI ein Basis-Netzwerkprotokoll für DOS, alle Windows-Systeme und OS/2.

Ursprünglich wurde dieses Protokoll für kleine lokale Netzwerke von 20 bis 200 PCs entwickelt. IBM ging davon aus, daß diese LANs mit Hilfe von Gateways mit anderen LAN-Segmenten und Großrechnern verbunden würden.

Unter Windows NT wurde NetBEUI bis zu Version 3.51 standardmäßig installiert. Ab Version 4.0 muß es extra gewählt werden, wenn es verwendet werden soll. Standardmäßig werden nur mehr NWLink und TCP/IP installiert.

Bei allen anderen PC-Netzwerkprodukten von Microsoft und IBM haben Sie NetBEUI automatisch installiert. Ein kleineres Netzwerk, das Windows NT, Windows 95, OS/2 Warp und DOS enthält, kann also jederzeit mit NetBEUI gefahren werden, was einige Vorteile hat.

Windows NT enthält Version 3.0 von NetBEUI. Es handelt sich um ein kleines und somit rasches Netzwerkprotokoll, das ohne viel Verwaltungsaufwand auskommt. Genauso einfach ist dieses Protokoll zu konfigurieren, weil es keine notwendigen Einstellungen gibt.

Version 3.0 hat nicht mehr die Einschränkung von 254 Sitzungen pro Netzwerkkarte. Statt dessen sind 254 Sitzungen pro Prozeß möglich. Die neue Version wurde schneller und verfügt über eine gute Fehlerkorrektur. Neben dem geringen Hauptspeicherbedarf gibt es, wie bereits erwähnt, nichts zu konfigurieren.

Auf der anderen Seite hat NetBEUI heute zwei Nachteile. Erstens könnten Sie dieses Protokoll nicht routen. Zweitens ist die Leistung in Weitverkehrsnetzen (WANs) eher mäßig.

Gerade in heutiger Zeit, wo viele Unternehmen große, internationale Netzwerke mit Internet-Anbindung haben, stellt dies ein Problem dar.

In der Registrierungsdatenbank finden Sie alle Einträge unter:

HKEY_LOCAL_MACHINE\System\CurrentControlSet\Services\NBF

Der NetBEUI-Treiber benötigt einen NDIS-Dienst. Mittels NDIS-Treiber wird NetBEUI an die Netzwerkkarte gebunden.

NetBEUI 3.0 verwendet das NetBIOS Frame Format-Protokoll und ist zu älteren Versionen von NetBEUI kompatibel.

Die in Windows NT verwendete Version 3.0 von NetBEUI entspricht genau genommen gar keinem NetBEUI. Ein eigenartiger Gedanke! Das liegt jedoch daran, daß die Schnittstelle nach oben hin dem TDI, *Transport Driver Interface*, entspricht. Somit wurde das Protokoll besser in Windows NT eingepaßt. Auf der anderen Seite verwendet NetBEUI 3.0 das NetBIOS Frame Format (NBF) und ist mit allen früheren Versionen von NetBEUI kompatibel.

Programme, die mit NetBEUI 3.0 kommunizieren wollen, müssen TDI-Befehle verwenden, nicht jedoch NetBIOS-Befehle. Dies ist eine Änderung gegenüber früheren Versionen des Protokolls. In der Implementierung von NetBEUI in Windows NT wurden das Protokoll und die Programmierschnittstelle strikt voneinander getrennt, um die Flexibilität zu erhöhen. Diese Trennung paßt sich in die geschichtete Architektur des Systems ein.

Die logische Adresse besteht aus einem einzigen Teil, deshalb ist keine Unterteilung in unterschiedliche Netzwerke mehr möglich. Die Kommunikation kann auschließlich zwischen zwei Geräten auf Basis der Hardware-Adresse aufgebaut werden. Für größere Netzwerke gibt es nur mehr die Möglichkeit, NetBEUI in ein Tunnelprotokoll einzupacken. Auf diese Weise könnte etwa TCP/IP als Trägerprotokoll für NetBEUI verwendet werden.

Der Zugriff auf NetBEUI ist ausschließlich über NetBIOS möglich. Unter Windows NT wird NetBIOS durch den Treiber NETBIOS.SYS repräsentiert.

15.3.2 IPX/SPX – NWLink

NWLink ist der Microsoft-Name. IPX/SPX ist der Novell-Name. Worum geht es? Es handelt sich um ein Protokoll, das von Novell für das Netzwerkbetriebssystem NetWare entwickelt wurde. NetWare hat nach wie vor einen riesigen Marktanteil und ist deshalb für PC-Netzwerk überaus wichtig. Ein modernes Betriebssystem hat wohl nur wenig Chancen, wenn es ohne Anbindungsmöglichkeiten an NetWare auf den Markt kommt.

Aus diesem Grund muß das Novell-Protokoll in die Systeme eingebunden werden. IPX/SPX wird in NetWare verwendet und wurde von Microsoft nachgebaut. Der Name dieses Protokolls ist eben NWLink. Ausgeschrieben bedeutet IPX/SPX *Internetwork Packet Exchange/Sequential Packet Exchange*.

Sie können NWLink verwenden, um Windows NT an Novell NetWare anzubinden. Darüber hinaus kann das Protokoll aber auch in reinen Windows NT-Umgebungen verwendet werden. NWLink bzw. IPX/SPX hat gegenüber NetBEUI einen Vorteil, weil es geroutet werden kann. Somit können Sie mehrere Netzwerke mit Hilfe von Routern verbinden. Windows NT enthält sogar das Routing-Protokoll RIP für IPX/SPX.

Neben Windows NT unterstützen heute auch andere Betriebssysteme IPX/SPX. So könnten Sie mit diesem Protokoll auch zu Windows 95, Windows für Workgroups und IBM OS/2 Warp verbinden.

In der Registrierung finden Sie Einträge für NWLink unter:

HKEY_LOCAL_MACHINE\System\CurrentControlSet\Services\NWLINK

Da IPX vor allem in Novell-Umgebungen interessant ist, beschränkt sich die Verwendung auch meistens auf Netzwerke, in die auch NetWare-Server eingebunden sind. Da NetWare heute genausogut auch mit TCP/IP arbeiten kann, ist die Verwendung von IPX zumeist gar nicht mehr notwendig.

Wenn Sie eine Verbindung zu Novell-Servern aufbauen wollen, genügt NWLink nicht, da es sich um ein reines Protokoll handelt. Das Anwendungsprogramm ist ein NetWare-Client. Dieser kann von Microsoft oder auch von Novell sein. Jede Client-Software setzt auf dem NWLink-Protokoll auf.

NWLink ist mit dem originalen IPX/SPX-Protokoll fast identisch. Sogar Erweiterungen zur Leistungssteigerung werden unterstützt. *PacketBurst* erhöht dabei die Kommunikationsgeschwindigkeit zwischen den Clients und dem Server, indem die Menge der benötigten Datenpakete verringert wird. *Large Internet Packet* gibt Routern und Gateways die Möglichkeit, die Datenpakete in der ursprünglichen Größe weiterzusenden. Dadurch wird eine Fragmentierung, die selbstverständlich immer Zeit kostet, vermieden. Was Windows NT jedoch nicht unterstützt, sind Paketsignaturen.

IPX verwaltet logische Adressen von Computern bzw. wertet logische Adressen jener Datenpakete aus, die durch die Netzwerkkarte des Rechners laufen. Eine IPX-Adresse ist 12 Byte lang und besteht aus insgesamt drei Teilen: vier Byte bilden die Netzwerknummer, sechs Byte die Knotennummer und zwei Byte die Socket-Nummer. IPX-Adressen werden hexadezimal notiert. Eine mögliche IPX-Adresse wäre etwa:

A4 33 86 B0   60 60 22 9A 2F 03   27 50

Die Netzwerknummer, das sind die ersten vier Bytes, werden zum Routing verwenden. Dieser Teil ist lediglich für Router oder NetWare-Server mit aktivierter Routing-Funktion interessant. Ein Router leitet das Datenpaket an das richtige Netzwerk weiter, wenn sich der angesprochene Client nicht im eigenen Netzwerk befindet.

Eine *Netzwerkadresse* könnte weniger als acht Stellen haben, nämlich dann, wenn führende Nullen weggelassen werden. Allerdings sind die Netzwerknummern 0 und FFFFFFFF nicht möglich, da sie für spezielle Zwecke verwendet werden.

NetWare-Server haben noch eine zusätzliche Nummer, die *interne Netzwerknummer*. Diese Nummer muß vom Administrator während der Installation eingegeben werden. Es handelt sich um eine logische Adresse, die vom Netzwerk verwendet wird. Der Server leitet mit dieser Nummer seine IPX-Pakete weiter. Sie sollten diese Nummer nicht mit der Netzwerkadresse verwechseln.

Alle Geräte eines IPX-Netzwerkes müssen über die gleiche Netzwerkadresse verfügen. Nur auf diese Art und Weise können die Geräte miteinander kommunizieren. Falls die Computer unterschiedliche Netzwerkadressen haben, gehören sie auch in unterschiedliche Netzwerke. In einem solchen Fall können sie nur dann miteinander kommunizieren, wenn ein Router zwischen diesen beiden Netzwerken vermitteln kann.

Die Netzwerkadresse wird auf Servern und Routern eigens definiert. Bei Clients ist das nicht der Fall, da sie die Netzwerkadresse automatisch einholen. Dazu senden sie bis zu sechs Broadcasts ins Netz. Der erste NetWare-Server oder IPX-Router, der antwortet, gibt der Client-Maschine ihre Netzwerknummer.

Schon aus diesem Grund ist es wichtig, daß in einem physischen Netzwerk nur eine einzige Netzwerkadresse vergeben wird. Stellen Sie sich vor, Sie hätten ein Token Ring-Netzwerk mit zwei NetWare-Servern und zehn Clients. Wenn die beiden Server unterschiedliche Netzwerkadressen erhalten, bedeutet das, daß die Clients nach jedem Systemstart zum einen oder eben zum anderen Netzwerk gehören. Dadurch könnten sie manchmal untereinander kommunizieren und manchmal nicht. Darüber hinaus könnten sie jeweils nur auf einen der beiden Server zugreifen.

Broadcasts werden generell nicht von Routern weitergeleitet. Das gilt für IPX genauso wie für TCP/IP. Die Broadcast-Pakete bleiben also im eigenen Netzwerk, wodurch allzu intensiver Netzverkehr vermieden wird.

Da Sie die Netzwerkadressen selbst vergeben können, sollten Sie diese gut dokumentieren. Falls in Ihrer Firma nur ein einziges IPX-Netzwerk existiert, dann wird das auch kein Problem darstellen. Etwas verzwickt könnte es hingegen werden, wenn Ihr Unternehmen so groß ist, daß es mit mehreren IPX-Netzwerken arbeitet, die beispielsweise in verschiedenen Orten beheimatet sind.

Ein Unternehmen, das im gesamten deutschsprachigen Raum arbeitet, könnte etwa Standorte in Wien, Salzburg, Zürich, München, Leipzig, Berlin, Düsseldorf, Köln und Luxemburg haben. An jedem Standort gibt es ein eigenes IPX-Netzwerk. Die Verbindung zwischen den Netzen wird mit Hilfe von Routern, vereinzelt vielleicht sogar über WAN-Verbindungen hergestellt.

Wenn die Verwaltung auch nur einigermaßen zentralisiert ist, dann gehört eine gute Dokumentation her. Es ist keineswegs eine Schande, eine Datenbank für die Verwaltung von Netzwerkadressen einzusetzen, sondern zeugt von Verantwortung.

Falls ein Client, der um eine Netzwerkadresse ansucht, keine Anwort auf seine Broadcasts erhält, verwendet er die Adresse »0«, also komplett ausgeschrieben »00 00 00 00«. Sobald die Anfrage eines anderen Clients vom Server beantwortet wird, befinden sich die beiden Geräte in unterschiedlichen Netzwerken. Daß sie dann nicht mehr miteinander kommunizieren können, liegt auf der Hand.

Zu solchen Problemen kann es kommen, wenn der NetWare-Server eine Zeitlang ausgeschaltet ist. Während dieser Zeit entstanden die »0«-Netzwerke. Sobald der Server wieder verfügbar ist, erhalten Clients, die neu gestartet werden, ihre korrekte Netzwerkadresse.

Alle Geräte, die mit »0« arbeiten, sollten jetzt neu gestartet werden. Eine Möglichkeit, sie herauszufinden, wäre ein Durchsuchen der Netzwerkumgebung unter Windows NT. Geräte, die im Browser nicht erscheinen, verwenden wahrscheinlich die »0«-Netzwerkadresse.

Überstürzen Sie nichts! Daß ein Gerät in der Netzwerkumgebung nicht angezeigt wird, kann auch am Browser selbst liegen. Manchmal braucht es eine halbe Stunde oder sogar länger, bis alle Geräte sichtbar sind.

Die *Knotennummer* der IPX-Adressen besteht aus insgesamt sechs Bytes. Sie dient der Identifizierung einzelner Geräte in einem IPX-Netzwerk. Dieses Gerät kann ein Server, ein Router, ein Client oder ein Drucker sein.

Diese Knotennummer verlangt keine eigene Administration, denn sie ist mit der Hardware-Adresse identisch. Normalerweise werden dabei die eingebrannten Adressen verwendet. Allerdings haben Sie auch die Möglichkeit, Netzwerkkartenadressen selbst zu definieren. In jedem Fall sollten Sie diese Adresse dokumentiert haben, damit Sie im Notfall darauf zurückgreifen können.

Wenn Sie einen Netzwerkmonitor zu Überwachung des Netzwerks einsetzen, ist eine gute Dokumentation aller Adressen, einschließlich der Hardware-Adressen, Gold wert. Der Netzwerkmonitor nennt die Geräte nämlich beim Hardware-Namen oder bestenfalls bei einer logischen Netzwerkadresse.

Die Knotennummer muß innerhalb desselben Netzwerkes eindeutig sein. In einem anderen Netzwerk kann diese Knotennummer aber durchaus ein zweites Mal vorkommen. Die Gesamtadresse zählt den Netzwerkteil dazu und damit sind die beiden Adressen wieder unterschiedlich.

Die *Socket-Nummer* besteht aus zwei Bytes und identifiziert das eigentliche Ziel des Datenpakets innerhalb eines Knotens. Dieses Ziel ist in Wirklichkeit ein Prozeß. In jedem Gerät sind normalerweise mehrere Prozesse gleichzeitig aktiv, deshalb wird die Socket-Nummer benötigt. Solche Prozesse sind beispielsweise RIP, ein Routing-Protokoll, oder SAP, *Service Advertising Protocol*, ein sehr wichtiges IPX-Protokoll, das die Informationen über Netzwerk-Dienste und deren Adresse an die Geräte des IPX-Netzwerks verteilt.

Ein Prozeß benötigt die Socket-Nummer, um mit dem Netzwerk zu kommunizieren. Alle Datenpakete, die an diese Socket-Nummer adressiert sind, landen schließlich bei diesem Prozeß. Diese Technik bewirkt, daß die Pakete innerhalb des Knotens sehr rasch weitergeleitet werden.

15.3.3 TCP/IP

TCP/IP ist eines von drei Hauptprotokollen, die mit Windows NT ausgeliefert werden. Microsoft fördert die Verwendung dieses Protokolls seit einiger Zeit so stark, daß eine völlige Hinwendung zu TCP/IP auch in der Microsoft-Welt abzusehen ist. Bei der Standard-Installation von Windows NT wird beispielsweise nur mehr TCP/IP installiert, obwohl in früheren Versionen standardmäßig nur NetBEUI und IPX installiert wurden.

TCP/IP ist deutlich größer und behäbiger als die beiden anderen Protokolle. Es werden mehr Festplattenspeicher und mehr Hauptspeicher beansprucht. Außerdem ist der Verwaltungsaufwand relativ hoch, daß verschiedene Adressen und spezielle Server gebraucht werden. Auf den ersten Blick mag diese Verwaltung sogar abschreckend erscheinen.

Die vorhandenen Vorteile machen TCP/IP jedoch interessant und zu einem Protokoll erster Wahl. Da steht auf der einen Seite die direkte Anbindungsmöglichkeit ans Internet, denn dort wird TCP/IP als Basis verwendet. Auf der anderen Seite steht eine völlige Plattformunabhängigkeit: TCP/IP ist heute auf allen Betriebssystemen verfügbar, das reicht vom Apple Macintosh über OS/2 Warp, die Windows-Systeme und UNIX bis hin zu AS/400 und Mainframe.

Wenn Sie Windows NT mit anderen Plattformen verbinden wollen, wird in den meisten Fällen TCP/IP das Protokoll Ihrer Wahl sein. Dies ist auch der Grund, warum TCP/IP an dieser Stelle etwas genauer behandelt wird als die anderen Netzwerkprotokolle.

Richtigerweise müßte man bei TCP/IP von einer *Protokollfamilie* sprechen, da es sich keineswegs nur um ein einziges Protokoll handelt, wie das etwa bei NetBEUI der Fall ist, sondern um eine ganze Menge zum Teil völlig verschiedener Protokolle. In diesem Zusammenhang werden Sie oft auch den englischen Begriff »protocol stack« hören, also »Protokollstapel«.

Geschichtliche Entwicklung

Ende der 60er Jahre gab das amerikanische Verteidigungsministerium die Entwicklung eines Netzwerk-Protokolls in Auftrag, das in der Lage ist, Informationen über wechselnde Netzwerkverbindungen zu schicken. Dieses Protokoll sollte in der Lage sein, die beste oder günstigste Verbindung eigenständig auszuwählen.

Die *Advanced Research Projects Agency* des Department of Defense entwickelte 1969 TCP/IP. Das erste, aus dieser Arbeit resultierende Netzwerk, wurde unter dem Namen ARPANET bekannt.

1983 wurde TCP/IP von BDS UNIX als Netzwerk-Protokoll übernommen. Seitdem ist die Rede davon, daß TCP/IP und UNIX »miteinander verheiratet« seien. Im selben Jahr trennte man auch das militärische MILNET und ARPANET voneinander.

Aus dem ARPANET, das offiziell seit 1990 nicht mehr existiert, wurde das riesige weltumspannende Netzwerk, das unter dem Namen Internet bekannt ist. 1989 wurde HTTP vorgeschlagen, mit dessen Hilfe grafische, miteinander verknüpfte Informationen dargestellt werden können. 1993 erschien dann der erste Web Browser Mosaic, der den heutigen »Run« auf das Internet ins Rollen brachte. Da der erste Einsatz von TCP/IP im militärischen und wissenschaftlichen Bereich stattfand, bilden noch heute viele Universitäten mit ihren zahlreichen Rechnern das Rückgrat des Internets.

Im Gegensatz zu anderen Protokollen wird TCP/IP nicht von einer bestimmten Firma, sondern von einer losen Organisation gepflegt, die völlig offene Standards entwickelt und zur Diskussion bereitstellt, bevor sie, in den meisten Fällen mit Änderungen, als gültig betrachtet werden.

Internet-Standards beruhen somit auf einem allgemeinen Konsens. Alle Standards werden in Form von Dokumenten festgelegt. Diese heute verwendeten Dokumente heißen *Requests for Comments* (RFCs). Manche RFCs beschreiben Dienste, Protokolle und deren Implementierung, während es in anderen um diverse Richtlinien geht.

RFCs gibt es in fünf verschiedenen Stufen. Die höchste, »Required«, betrifft Standards, die in allen TCP/IP-Hosts und Gateways implementiert werden müssen. Die weiteren Stufen sind »Recommended«, das sind Standards, die zumeist implementiert werden, dann »Elective«, »Limited Use« und »Not Recommended«.

Jedes Dokument erhält bei der Publikation eine RFC-Nummer. Da Original-Dokumente niemals verändert werden, gibt es bei Anpassungen einfach einen neuen RFC.

Heute existieren an die 2200 RFCs. Diese stehen im Internet zur freien Verfügung. Sie können mit jedem Suchdienst (wie AltaVista, Yahoo oder Lycos) danach suchen. Zum Teil gibt es sogar deutsche Übersetzungen dieser Texte.

Die einzelnen Protokolle

Zu den Protokollen gehören die beiden Protokolle TCP (Transport Control Protocol) und IP (Internet Protocol), die bereits im Namen genannt werden. Dazu kommen noch UDP (User Datagram Protocol), SMTP (Simple Mail Transmission Protocol) und POP (Post Office Protocol), die Routing-Protokolle RIP (Routing Information Protocol), Hello, OSPF (Open Shortest Path First) und BGP (Border Gateway Protocol), SNMP (Simple Network Management Protocol) für Systems Management, ARP (Address Resolution Protocol), ICMP (Internet Control Message Protocol), FTP (File Transmission Protocol), HTTP (Hyper Text Transport Protocol) und viele mehr.

Ein Teil dieser Protokolle ist namentlich durchaus bekannt, andere kennt man in der Regel jedoch nicht, obwohl sie innerhalb der TCP/IP-Protokollfamilie ihre Aufgaben erfüllen. Während manche Protokolle auf einer sehr tiefen, hardware-nahen Ebene stehen, bilden andere bereits den ersten Schritt zu einem Anwendungsprogramm.

IP ist mit Sicherheit das wichtigste Protokoll und für das IP-Adressierungsschema verantwortlich. Im Grunde sorgt IP für den Weg der Datenpakete durch das Netzwerk und baut die Verbindung auf. Alle Daten im TCP/IP-Netzwerk müssen durch die IP-Schicht hindurch. Eine Kommunikation ohne IP gibt es somit nicht. ICMP ist ein Teil von IP und gibt Meldungen ab, wenn Fehler bei der Zustellung der Datenpakete auftreten. Auf einer tieferen Ebene befindet sich ARP, das die IP-Adressen in die Hardware-Adresse des jeweiligen Netzwerkadapters umsetzt.

TCP und UDP stehen über IP und sind für den Datenversand über die Verbindung verantwortlich. Es wird immer nur eines dieser Protokolle verwendet. TCP arbeitet verbindungsorientiert, d.h. es wird zuerst eine Verbindung mit dem Zielgerät hergestellt, und dann werden die Daten gesandt. UDP arbeitet verbindungslos und kümmert sich im Grunde nicht darum, ob die Daten ihr Ziel erreichen.

Internet und Intranet

Das Wort »internet« bezieht sich auf mehrere mit TCP/IP betriebene Netzwerke, die mit Hilfe von Routern miteinander verbunden sind. Andere Bezeichnungen sind »private internet« oder »internetwork«.

Das groß geschriebene Wort »*Internet*« bezieht sich hingegen auf das internationale Internet, dessen Struktur von zahlreichen öffentlichen, kommerziellen und privaten Netzwerken gebildet wird. Es ist im Grunde jenes Netzwerk, das auf das amerikanische ARPANET zurückgeht.

Neuerdings ist immer wieder auch vom »*Intranet*« die Rede. Dabei handelt es sich eigentlich um ein internetwork, das die Funktionalitäten des Internets verwendet. Konkret wird hierbei innerhalb eines LANs ein Internet Server (etwa von Microsoft, IBM oder Netscape) eingesetzt, der Informationen verwaltet, welche für die Mitarbeiter des Unternehmens von Bedeutung sind. Die einzelnen Mitarbeiter haben auf ihrem PC einen Web Browser, mit dessen Hilfe Sie die Informationen des Internet-Servers abrufen können. Da die verschiedenen Protokolle von TCP/IP zahlreiche Möglichkeiten zur Verfügung stellen, ist es sogar möglich, ganze Anwendungen, Datenbanken und Formulare zu generieren und über den Internet-Server bereitzustellen. So gesehen machen Intranets heute Programmen wie Lotus Notes/Domino oder Microsoft Exchange Konkurrenz, wobei sie den unerreichten Vorteil der völligen Plattformunabhängigkeit haben.

In jedem Fall sind die Begriffe TCP/IP und Internet sehr eng miteinander verwoben. Ihre Entwicklung wird im Grunde zusammen vorangetrieben.

Das Web

»*WWW*« (World Wide Web) ist eine relativ moderne Möglichkeit, mit Hilfe des Hyper Text Transport Protocol (HTTP) grafische Daten auf Computern zu speichern und zu übertragen, ohne dabei auf eine bestimmte Hardware- oder Software-Plattform angewiesen zu sein.

Erst 1989 wurde dieses Protokoll der Internet-Gemeinde vorgeschlagen, und auf 1993 geht der erste grafische Web Browser zurück, nämlich Mosaic von NCSA (National Center of Supercomputing Applications).

Das World Wide Web ist verantwortlich dafür, daß das Internet in den letzten Jahren förmlich explodierte. Immer mehr Server stellen ihre Dienste zur Verfügung, und immer mehr Unternehmen und Einzelpersonen präsentieren sich im Netz.

Bereits 1994 konnte das Web an Position 2 der meistbenutzten Internet-Dienste hinter FTP aufrücken.

IP-Adressen v4

Ein Computer im Netzwerk wird von anderen Computern angesprochen. Das bedeutet, daß es irgendeine Regelung geben muß, die das ermöglicht.

Jede Maschine, die mit TCP/IP im Netzwerk steht, benötigt eine eindeutige Kennummer, die IP-Adresse. Dabei handelt es sich um eine *32-Bit-Adresse*, mit der jedes Gerät identifiziert werden kann. Um es ganz genau zu nehmen: eigentlich wird die Netzwerkkarte damit identifiziert, denn sie ist der eigentliche Träger der IP-Adresse. Das ARP-Protokoll ist dafür verantwortlich, daß IP-Adressen in die Hardware-Adresse umgesetzt werden. Diese Hardware-Adresse ist in jede Netzwerkkarte eingebrannt, doch stellen die meisten Netzwerkkartentreiber auch die Möglichkeit frei, eine eigene Hardware-Adresse zu vergeben. Dies kann Sinn haben, wenn Sie diese Hardware-Adressen in einer Datenbank verwalten und ein bestimmtes Numerierungsschema gewählt haben.

Eine IP-Adresse wird im *Dezimalformat* dargestellt (140.50.113.5) und enthält vier Stellen, die Zahlen von 0 bis 255 enthalten können. Diese Zahlen sind durch Punkte voneinander getrennt. Jede Einzelzahl ist ein **Oktett**. In der Binärdarstellung besteht jedes Oktett aus insgesamt acht Stellen von 0 bzw. 1, also aus acht Bits.

Jedes der vier Oktette besteht also aus acht Stellen, die entweder mit 1 oder mit 0 besetzt sein können. Das ergibt eine Spannweite der Adressen von 00000000.00000000.00000000. 00000000 bis zu 11111111.11111111.11111111.11111111. In Dezimalzahlen umgesetzt bedeutet das 0.0.0.0 bis 255.255.255.255.

Auf den ersten Blick mag es schwierig sein, Binärzahlen in Dezimalzahlen umzusetzen. Den Umrechnungsschlüssel kann man sich allerdings recht leicht merken. Die einzelnen Bits der Oktette werden, von links nach rechts, jeweils mit 128 64 32 16 8 4 2 1 umgesetzt.

Was bedeutet das für das Oktett 10001011? Da haben wir einmal 128, einmal 8, einmal 2 und einmal 1, da ja alle anderen Bits auf 0 gestellt sind. 128+8+2+1 ergibt 139. Die Dezimaldarstellung dieses Oktetts lautet also: 139.

Die 32-Bit-Adresse wird noch einmal unterteilt. Man spricht von zwei Teilen oder Teilbereichen. Der *Netzwerk-Teil* beschreibt die Netzwerkadresse, während der zweite, der *Host-Teil* das Gerät selbst bzw. dessen Netzwerkkarte adressiert. Die Begriffe »Netzwerk« und »Host« stammen in diesem Fall aus der UNIX-Welt.

Um erkennen zu können, wie groß jeder der beiden Teile ist, wird eine sogenannte *Netzmaske* verwendet. Diese gibt ganz genau an, wie viele Bits dem Netzwerk- bzw. dem Host-Teil zugeschlagen werden. Netzwerkmasken werden weiter unten in diesem Kapitel beschrieben.

Eine weitere Unterteilung innerhalb der IP-Adressen ist jene in Klassen. Es gibt A-Klasse-, B-Klasse-, C-Klasse-, D-Klasse- und E-Klasse-Adressen.

A-Klasse-Adressen erlauben 126 verschiedene Netzwerke und ca. 17 Millionen Geräte pro Netzwerk. Es handelt sich dabei um solche Adressen, deren erstes Bit im ersten Oktett auf 0 steht. Somit umfassen A-Klasse-Adressen alle IP-Adressen, deren erstes Oktett von 1 bis 126 reicht. 127 steht für eine sogenannte Loopback-Adresse, die den Host selbst bezeichnet und für Diagnosezwecke verwendet wird.

Anhang 1: Netzwerk-Überblick

B-Klasse-Adressen erlauben 16.384 Netzwerke und ca. 65.000 Hosts pro Netzwerk. Das erste Oktett dieser Adreßgruppe beginnt mit 10. Somit umfassen B-Klasse-Adressen alle IP-Adressen, deren erstes Oktett von 128 bis 191 reicht.

C-Klasse-Adressen erlauben ca. 2 Millionen Netzwerke und 254 Hosts pro Netzwerk. Die ersten Bits des ersten Oktetts sind 110. Somit umfassen B-Klasse-Adressen alle IP-Adressen, deren erstes Oktett von 192 bis 223 reicht.

D-Klasse-Adressen werden für Multicasting verwendet. Dabei geht es um den Versand von Informationen an mehrere Hosts gleichzeitig. Die ersten Bits des ersten Oktetts sind 1110. D-Klasse-Adressen reichen somit von 224 bis 239.

E-Klasse-Adressen sind experimentelle Adressen, die heute noch nicht verwendet werden. Sie wurden für einen zukünftigen Einsatz vorgesehen.

IP-Adressen v6

Da die Anzahl von IP-Adressen begrenzt ist, diese jedoch weltweit einmalig sein müssen und in der Vergangenheit relativ großzügig verteilt wurden, gibt es das Problem der *Address Exhaustion*. Irgendwann werden uns also die IP-Adressen ausgehen. Daher gibt es seit 1992 Bestrebungen, ein neues Adressierungsschema zu finden.

Zuerst wurde eine 64-Bit-Adresse vorgeschlagen, die von der IETF auf eine 128-Bit-Adresse erhöht wurde. Diese 128-Bit-Adresse führte zu einem neuen Adressen-Standard, der im Laufe der nächsten Jahre implementiert werden wird.

Das Internet-Protokoll wurde von der Internet Engineering Task Force (IETF) auf Version 6 gehoben. Das neue IP enthält die genannten 128-Bit-Adressen, ein verbessertes Routing, optimierte Sicherheitsfunktionen sowie die Unterstützung von Multimedia und Applikationen in Echtzeit.

IPv6 basiert auf dem SIPP-Protokoll (Simple Internet Protocol Plus). Die Adressierungsmöglichkeiten und die grundlegenden Datenformate wurden erweitert.

Während bei IPv4 rechnerisch ca. 4,2 Milliarden Adressen möglich sind, die aufgrund der Aufteilung in ganze Netzwerke nicht ausreichen, kommt man bei IPv6 rechnerisch auf die unglaubliche Zahl von 340 Sextillionen, das ist eine Zahl mit 39 Stellen.

Unterschieden wird in *Unicast-*, *Anycast-* und *Multicast-Adressen*. Der Typ einer IPv6-Adresse wird durch ein Format-Präfix festgelegt, das sind die ersten Bits einer solchen Adresse.

Die Anycast-Adressen werden aus dem Unicast-Bereich gebildet, so daß Unicast- und Anycast-Adressen syntaktisch nicht voneinander unterschieden werden können. Die ersten Bits der Adresse erlauben lediglich die Unterscheidung zwischen Unicast/Anycast und Multicast.

Für die Adressierung einzelner Geräte wird die Unicast-Adresse verwendet. Eine Maschine oder ein Drucker empfängt dieses Datenpaket.

Aus Kompatibilitätsgründen gibt es auch IPv4-kompatible Adressen. Dabei wird eine IPv6-Adresse in eine IPv4-Adresse eingekapselt. Dieser Trick wird für die wahrscheinlich lang andauernde Übergangsphase von Version 4 auf Version 6 benötigt.

Eine Provider-basierte Unicast-Adresse besteht aus dem Präfix und aus einer jeweils variablen Anzahl von Bits für Registrierungsinstanz-, Provider-, Subscriber-, Teilnetz- und Interface-Kennung. Neben den Provider-basierten Adressen gibt es auch geografisch-basierte Adressen.

Eine Multicast-Adresse hat ein Präfix von 8 Bits, die jeweils auf 1 stehen. Danach folgt ein Flag-Feld von 4 Bits, ein Scope-Feld von 4 Bits und eine Gruppenkennung, für die 112 Bits übrig bleiben. Das *Flag-Feld* zeigt an, ob es sich bei der Gruppe um eine *transiente* oder eine *permanente Gruppe* handelt. Permanente Gruppe haben eine durch die Internet Assigned Numbering Authority (IANA) registrierte Adresse. Transiente Adressen sind nicht permanent. Das Scope-Feld kodiert die Reichweite, also den Gültigkeitsbereich der Multicast-Gruppe.

Da der Einsatz der IPv6-Adressen erst in Vorbereitung ist, kann man noch nichts über ihren Einsatz in der Praxis sagen. So wie es aussieht, wird sich jedoch in der Verwaltung von IP-Netzen einiges ändern.

Teilnetze und Subnetting

Wie bereits erwähnt, enthält eine IPv4-Adresse zwei Teile, nämlich einen Netzwerk- und einen Host-Teil. Die *Netzmaske* gibt an, welcher Teil innerhalb der IP-Adresse das Netzwerk bezeichnet und welcher den Host.

Bei einer *Teilnetzmaske* von 255.255.0.0 stehen die ersten beiden Oktette für die Netzwerk-Adresse, die letzten beiden Oktette jedoch für die Host-Adresse.

Bei einer Adresse von 9.240.28.17 und einer Netzmaske von 255.255.255.0 ist die Netzwerkadresse 9.244.28.0, während das letzte Oktett mit 17 die Host-Adresse angibt.

Es ist möglich, das eigene Netzwerk in verschiedene *Teilnetze* (Subnets) zu unterteilen. Das erste freie Oktett in der Netzwerkadresse kann dafür verwendet werden. Bei einer Netzmaske von 255.255.0.0 kann das dritte Oktett für Subnetting eingesetzt werden.

Einfach ist es, wenn das gesamte Oktett für die Teilnetze verwendet werden kann. So gibt es bei einer Netzmaske von 255.255.0.0 genau 256 Teilnetze mit jeweils 254 Hosts.

Komplizierter wird es, wenn nur ein Teil des Oktetts für das Netzwerk verwendet wird. So ist es möglich, etwa die letzten drei Stellen dem Host zuzuschlagen, während die ersten fünf Stellen für das Teilnetz reserviert sind. Dem entspricht eine Netzmaske von 255.255.248.0. Für den Hostteil stehen nun insgesamt 11 Stellen zur Verfügung, somit sind 2^11-2 Hosts möglich (2 müssen abgezogen werden, weil lauter 1-Bits für den Broadcast verwendet werden und lauter 0-Bits das lokale Netzwerk bezeichnen).

Entsprechend werden bei einer Netzmaske von 255.255.240.0 vier Bits des dritten Oktetts für den Netzwerkteil und vier Bits für den Hostteil verwendet. Bei einer Netzmaske von 255.255.224.0 gibt es nur mehr drei Bits des dritten Oktetts für das Teilnetz, während fünf Bits für den Hostteil verwendet werden.

Wenn Sie die Umrechnung der einzelnen Stellen in Dezimalzahlen vor Augen haben, kann dies sehr leicht errechnet werden.

Man könnte sogar von hinten anfangen und beispielsweise die letzten drei Bits des dritten Oktetts dem Netzwerkteil zuschlagen. Das entspäche einer Teilnetzmaske von 255.255.7.0. Die Hostadresse enthält hierbei die ersten fünf Bits des dritten und alle Bits des vierten Oktetts.

Sie sollten immer im Auge behalten, daß bei der Verwendung von Subnetting die Netzwerkadressen nicht auf den ersten Blick ersichtlich sind. Man muß in den meisten Fällen mit Hilfe der Netzmaske genau ausrechnen, wie die Netzwerkadresse tatsächlich aussieht.

Falls eine Adresse nicht stimmt, könnte es sein, daß zwei Geräte, die eigentlich direkt miteinander kommunizieren sollten, in Wirklichkeit zwei verschiedenen Netzwerken angehören. Wenn es jedoch keinen *Router* gibt, der zwischen den beiden Netzen vermittelt, dann findet keine Kommunikation statt.

Router

Eine große Netzwerkumgebung besteht in der Regel aus zahlreichen Einzelnetzwerken. Da alle Verkabelungstechniken Grenzen bei der Reichweite auferlegen, gibt es Möglichkeiten, die Netzwerke auch über große Entfernungen hinweg miteinander zu verbinden. *Router* sind Geräte, die verschiedene Netzwerke miteinander verbinden.

Ein solcher Router kann ein Computer oder auch ein ganz eigenes Gerät mit spezieller Software sein. Sogar Windows NT Server kann, wenn Sie die entsprechenden Dienste mitinstallieren, als Router fungieren.

Ein Host eines Netzwerkes ist nicht in der Lage, einen Adressaten zu finden, der sich in einem anderen Netzwerk befindet. Das Netzwerk wird am Netzwerkteil der IP-Adresse identifiziert. In diesem Fall werden die Daten an den *Standard-Router* geschickt. Dieser Router hat aufgrund von Tabellen die Möglichkeit, die Daten zum richtigen Netzwerk zu schicken.

Jeder Router kommuniziert immer nur mit den Maschinen des eigenen Netzwerks. Wenn eine IP-Adresse nicht zum eigenen Netzwerk gehört, nimmt der Router Verbindung zu einem anderen Router auf. Daher können Router untereinander kommunizieren. Erst wenn die Datenpakete beim Router des Zielnetzwerks angelangt sind, werden sie von jenem Router an den eigentlichen Adressaten geschickt, der Mitglied seines Netzwerkes ist.

Zu den Funktionen von Routern gehört nicht nur das Weiterschicken von Datenpaketen. Router kommunizieren miteinander auch, um Informationen über Wege bzw. die Qualität dieser Wege auszutauschen. Die sogenannten Routing-Tabellen werden gegenseitig aktualisiert. Das wird auch notwendig, wenn ein bestimmter Weg beispielsweise ausfällt, weil ein bestimmter Server etwa abgeschaltet wurde. Jener Router, der das als erster erkennt, schickt diese Information an die nächstliegenden Router, die den nicht mehr gültigen Weg aus ihrer Liste herausnehmen. Das gewährleistet, daß die Daten gleich über Wege geschickt werden, die noch funktionieren.

Solche Einrichtungen sind notwendig, weil ja das Internet nicht in einer Hand liegt und somit auch keinesfalls zentral verwaltet wird. Daß ein Server, der ein wichtiges Bindeglied auf einem Datenweg ist, abgeschaltet wird, kann schon mal vorkommen. Außerdem werden jeden Tag neue Geräte eingerichtet und stellen vielleicht bessere Verbindungsmöglichkeiten bereit. Das Internet ist so gesehen viel schnellebiger als eine Großstadt. Da niemand mehr den Überblick über das alles behalten könnte, sind die Routing-Protokolle heute bereits sehr intelligent und führen eine Reihe von Aufgaben völlig automatisch aus.

Welche Aufgaben Router wirklich ausführen und wieviel sie können, hängt immer vom verwendeten Protokoll ab. Routing-Protokolle sind RIP Version 1 und Version 2, Hello, IS-IS und OSPF.

Windows NT enthält in der Basisversion zwei verschiedene Arten von Routing. Erstens kann das *IP-Forwarding* eingeschaltet werden, das aus NT einen *multihomed computer* mit statischem Routing macht. Das bedeutet, daß die Routing-Tabelle nicht automatisch angepaßt wird. Dieses statische Routing ist also nur eine kleine Variante und sollte nur in kleinen Netzwerken eingesetzt werden, wenn nichts Besseres zur Verfügung steht.

Zweitens enthält Windows NT das RIP-Protokoll (Routing Information Protocol). Um es zu verwenden, müssen Sie den Dienst RIP FÜR TCP/IP installieren. Auch diese Maschine besitzt zumindest zwei IP-Adressen. Diese werden an eine oder mehrere Netzwerkkarten gebunden und gehören zu einem jeweils anderen Netzwerk. RIP vermittelt die Daten dann zwischen den beiden Netzen.

Standardmäßig unterstützt Windows NT nur RIP Version 1. Diese Version enthält eine eher unangenehme Einschränkung. Die Daten dürfen nämlich maximal 15 Hops weit reichen.

HOP? Was ist denn das schon wieder? Nein, es hat nichts mit *Hoppala* zu tun, sondern kann wörtlich mit *Sprung* übersetzt werden. Wenn Datenpakete auf die Reise gehen, haben sie nicht nur etwas zu erzählen, sondern sie werden von Routern weitervermittelt. Jedesmal wenn der Weg einen Router kreuzt, machen sie einen *hop*, weil sie sozusagen über den Router springen. RIP v1 begrenzt die Anzahl der Hops auf 15. Das bedeutet, daß die Datenpakete nur Wege beschreiten können, die maximal 15 Router enthalten.

Diese Einschränkung wird von der TTL (Time to Live) auferlegt. Am Beginn hat jedes Datenpaket eine TTL von 15. Jeder Router setzt die TTL um 1 herab. Langt bei einem Router ein Datenpaket ein, dessen TTL 0 hat, wird das Paket nicht mehr weitergeschickt, sondern eliminiert.

Der Sinn dahinter ist, daß Pakete mit falschen Adressen nicht ewig im Internet kreuzen. Der Nachteil ist, daß heute viele Wege einfach mehr als 15 Router benötigen.

RIP v2 und andere Protokolle haben diese Einschränkung nicht mehr. Sie sind allerdings nicht in Windows NT enthalten.

Microsoft entwickelte vor kurzem eine Erweiterung zu Windows NT Server, mit deren Hilfe ein leistungsfähiger Router eingerichtet werden kann. Diese Erweiterung hatte den Code-Namen *Steelhead* und wird nun als *Routing and Remote Access Services (RRAS) für Windows NT* bezeichnet.

Das Produkt kann kostenlos vom Internet heruntergeladen werden. RRAS arbeiten mit einer grafischen Benutzerschnittstelle. So paßt sich das Produkt ideal in die Windows NT-Umgebung ein.

RRAS enthält RIP v2 und das modernere OSPF-Protokoll (Open Shortest Path First). Beide haben keine Einschränkung mehr hinsichtlich der Anzahl der Hops.

OSPF besitzt darüber hinaus noch andere Erweiterungen. So kann hier die beste Route nicht nur anhand des kürzesten Weges, sondern auch anhand der niedrigsten Kosten ermittelt werden. OSPF ist ein sehr vielversprechendes Protokoll, das einen interessanten Leistungsumfang aufweist. Es wird heute noch nicht von allen Routern unterstützt (im Gegensatz zu RIP), ist aber auf dem besten Weg, diesen Status eines Tages zu erreichen.

Microsoft ROUTING AND REMOTE ACCESS SERVICES sind, gemessen an der Leistung, mit mittlerem Routing-Bereich anzusiedeln. Damit können viele Router auf Wunsch mit Windows NT betrieben werden, allerdings eignet sich das Produkt kaum für Router, die an den Hauptknoten der amerikanischen und europäischen Backbones sitzen.

Der Vollständigkeit halber sei noch erwähnt, daß auch andere Firmen Router-Erweiterungen zu Windows NT entwickelt haben und vermarkten.

Namensdienste

Eine NT-Maschine mit TCP/IP besitzt einen NetBIOS- und einen Host-Namen. Während der NetBIOS-Name dem *Maschinennamen* entspricht, stammt der Host-Name aus der UNIX-Welt. Host-Namen müssen den NetBIOS-Namen nicht entsprechen, obwohl dies bei der Installation von TCP/IP unter Windows NT standardmäßig so eingerichtet wird. Wenn Sie einen eigenen Host-Namen angeben, erhalten Sie die Warnmeldung, daß dieser bei der Änderung des Maschinennamens von NT automatisch überschrieben wird und die Verbindung damit unter Umständen nicht mehr klappt.

NetBIOS-Namen können bis zu 15 Zeichen haben, Host-Namen bis zu 256; ein Host kann auch mehrere Host-Namen besitzen. NetBIOS-Namen könnten Leerzeichen enthalten, Host-Namen jedoch nicht.

Ein *Fully Qualified Domain Name (FQDN)* ist ein hierarchischer Name. FQDNs, d.h. Domänennamen, werden in UNIX-Umgebungen üblicherweise mit einem Domain Name Server (DNS) verwendet. Ein typischer FQDN wäre etwa »www.microsoft.com«.

Host-Namen werden zur Erleichterung der Adressierung eingesetzt. Der Nachteil ist, daß diese Namen ausschließlich von TCP/IP-Dienstprogrammen, nicht aber von Windows NT-Anwendungen verwendet werden.

Werden Domänennamen international verwendet, also im öffentlichen Internet, so müssen diese Namen beim *Stanford Research Institute Network Information Center* (SRI NIC) registriert werden.

Der erste Teil des Domänennamens gibt die Bezeichnung der Firma oder der Organisation wieder. Der letzte Teil enthält ein international verständliches Kürzel und spiegelt zumeist die Art des Unternehmens wider. Bekannte Endungen sind COM oder ORG. Diese Endungen werden als *Internet Top-Level Domain Names* bezeichnet.

Die folgenden Top-Level Domain Names sind üblich:

COM	Kommerzielle Organisationen
EDU	Lehr-Institute (Education)
ORG	Andere Organisationen
GOV	Regierungseinrichtungen
MIL	Militär
NET	Große Netzwerkanbieter
INT	Internationale Organisationen
ARPA	ARPANET Domäne (heute nicht mehr)
AT	Österreich
DE	Deutschland
FR	Frankreich
US	USA (kaum verwendet)
Landes-Code	Geographische Zuordnung

Ein kompletter Gerätename kann durch den Hostnamen in Verbindung mit dem FQDN angegeben werden, also beispielsweise: »ebner.austria.provider.com«.

Für die Namensauflösung stehen mehrere Möglichkeiten unter Windows NT zur Verfügung:

1. Der lokale, also der eigene Host-Name wird erkannt. Die gewünschte Zieladresse wird mit dem lokalen Namen einfach verglichen, um festzustellen, ob es sich um den lokalen Computer handelt.
2. Host-Namen und entsprechende IP-Adressen werden in der Datei HOSTS gespeichert.
3. Eine Datenbank auf einem *DNS*- oder *WINS*-Server enthält die notwendigen Zuordnungen.
4. Ein Broadcast kann ausgesandt werden, um die IP-Adresse für den gewünschten NetBIOS-Namen herauszufinden. Die Maschine, die den NetBIOS-Namen besitzt, reagiert auf den Broadcast und gibt ihre IP-Adresse weiter.
5. NetBIOS-Namen und entsprechende IP-Adressen werden in der Datei LMHOSTS gespeichert.

HOSTS ist eine Textdatei, die lokal auf den Maschinen abgelegt wird. Diese Textdatei besitzt dasselbe Format wie die Datei UNIX/etc/hosts von Berkeley Software Distribution (BSD). In dieser Datei werden Host-Namen in IP-Adressen umgesetzt. Eine solche Datei wird üblicherweise von TCP/IP-Dienstprogrammen verwendet. Die Datei HOSTS setzt die Namen von lokalen und von entfernten Hosts in IP-Adressen um. Sobald ein Programm einen Host-Namen verwendet, wird dieser mit dem lokalen Host-Namen verglichen. Erst wenn der Name nicht mit dem des lokalen Computers übereinstimmt, wird die HOSTS-Datei durchsucht. Falls der Name eingetragen ist, wird die IP-Adresse ausgegeben. Falls kein Eintrag vorliegt, denn werden die anderen Möglichkeiten, nämlich DNS, WINS oder eine LMHOSTS-Datei in Anspruch genommen. Erst wenn der Name nirgendwo aufgelöst werden kann, wird die Suche abgebrochen, und es erfolgt eine Fehlermeldung an den Benutzer.

Auch LMHOSTS ist eine Textdatei, die lokal abgelegt wird. In diesem Fall handelt es sich jedoch um eine Datei, die nur von Windows NT bzw. vom Microsoft LAN Manager verwendet wird. In dieser Datei werden die NetBIOS-Namen entfernter Geräte in IP-Adressen umgesetzt.

Ein *DNS* (Domain Name Server) stellt eine eigene Datenbank für die Auflösung von Domänennamen in die jeweiligen IP-Adressen zur Verfügung. Unter UNIX handelt es sich dabei um einen »Daemon«, unter Windows NT um einen »Dienst«. Mit einem grafischen Programm können Sie einen DNS-Server unter NT verwalten. In UNIX-Umgebungen ist DNS weit verbreitet. Es gibt dort keine NetBIOS-Namen, doch die Umsetzung von Host-Namen in IP-Adressen muß natürlich durchgeführt werden.

Bei der Anfrage eines Programms wird die DNS-Datenbank durchsucht. Findet sich ein entsprechender Eintrag darin, dann wird der Host-Name in die IP-Adresse aufgelöst. Wird die Anfrage nicht beantwortet, so wird sie in Abständen von 5, 10, 20, 40, 5, 10 und 20 Sekunden wiederholt. Erst danach wird die Suche abgebrochen, und der Benutzer erhält eine Fehlermeldung.

DNS unter Windows NT arbeitet statisch. Das bedeutet, daß die Einträge der Maschinen manuell erstellt werden müssen. Es gibt zwar auch dynamische DNS-Implementierungen, aber nicht unter Windows NT. Es ist allerdings kein Problem, einen dynamischen DNS-Dienst unter UNIX oder OS/2 Warp auch für Windows NT zu verwenden. In zukünftigen Versionen wird DNS deutlich erweitert werden. Microsoft scheint sich dieser Technologie wieder zuzuwenden, und es ist zu erwarten, daß bei DNS in Windows NT 5.0 kaum mehr Wünsche unberücksichtigt bleiben.

WINS-Server (Windows Internet Name Service) sind für die Umsetzung von NetBIOS-Namen in IP-Adressen zuständig. Es handelt sich dabei um eine Microsoft Implementierung eines NetBIOS Name Servers. WINS ist eine Erweiterung zu RFC 1001/1002. Der Vorteil eines WINS-Servers ist, daß dieser dynamisch arbeitet. Der Verwaltungsaufwand ist somit minimal.

Clients melden sich beim Starten beim WINS-Server an und geben ihre NetBIOS-Adresse sowie die IP-Adresse bekannt. In bestimmten Zeitabständen muß diese Bekanntgabe erneuert werden. Anfragen an Namensauflösungen werden direkt an den Server gerichtet, das heißt, es rauschen keine Broadcasts durch das Netzwerk.

Bei WINS-Clients genügt die Aktivierung der entsprechenden Option im Netzwerkobjekt. Sie können dabei die IP-Adresse des WINS-Servers oder einen DHCP-Server definieren, der den WINS-Server automatisch konfiguriert.

Falls sowohl ein DHCP-Server als auch eine eigene Eintragung für einen WINS-Server existieren, werden die WINS-Einträge des DHCP-Servers vom Client im ersten Moment übernommen und dann lokal überschrieben. Die im Client eingetragene WINS-Adresse ist also stärker.

WINS wird von Microsoft in zukünftigen Versionen von Windows NT offensichtlich fallengelassen. Dieser Dienst wird heute nicht mehr weiterentwickelt, und Microsoft wendet sich deutlich der DNS-Namensauflösung zu. Da beide Dienste ohnehin parallel arbeiten und bei vielen Namen die Unterscheidung in NetBIOS- und Host-Name gar nicht notwendig ist, wird es bei der Umstellung wohl kaum zu Problemen kommen.

Unter Windows NT wird eine ganz bestimmte Reihenfolge bei der Namensauflösung eingehalten. Wenn alle Dienste verwendet werden, sieht das so aus:

1. Vergleich mit dem lokalen Namen
2. HOSTS-Datei
3. DNS Server
4. WINS Server
5. B-Node Broadcast
6. LMHOSTS-Datei

Funktioniert gar nichts, dann kann nur mehr mit Hilfe der IP-Adresse mit dem gewünschten Host kommuniziert werden. Die IP-Adresse müssen Sie in diesem Fall wissen. Mit dem Befehl *ping* können Sie überprüfen, ob die Verbindung zum Host funktioniert.

DHCP-Server

Das *Dynamic Host Configuration Protocol* dient der Vereinfachung der Konfiguration und Administration. Sie haben bereits gesehen, daß der Verwaltungsaufwand von TCP/IP doch recht unangenehm ausfällt, vor allem, wenn große Netzwerke zu warten sind.

Ein DHCP-Server besitzt einen ganzen Bereich von IP-Adressen, die an Clients auf deren Anfrage hin verliehen werden. Die zahlreichen IP-Konfigurationen entfallen somit. Ein DHCP-Server wird standardmäßig mit Windows NT Server ausgeliefert und ist erfrischend einfach zu bedienen. Windows NT stellt dazu ein grafisches Verwaltungsprogramm bereit. Auf dem Client muß lediglich eingestellt werden, daß ein DHCP-Server eingesetzt wird. Dieser wird dann beim Systemstart durch Broadcasts ermittelt.

Der DHCP-Server selbst benötigt eine fixe IP-Adresse und feste Einstellungen für Standard-Gateway (Router), DNS- und WINS-Server.

Die Anforderung einer IP-Adresse (Lease) erfolgt in mehreren Schritten.

1. Der Client schickt einen Broadcast aus, um DHCP-Server zu finden. Als eigene Adresse wird vorerst 0.0.0.0 angenommen.
2. DHCP-Server, die den Broadcast erhalten, antworten der Maschine mit dem Angebot einer IP-Adresse.
3. Der Client erhält das Angebot und wählt eine IP-Adresse aus.
4. Der Server sendet die Bestätigung.

Falls kein DHCP-Server gefunden wird, sendet der Client seinen Broadcast mehrmals in vordefinierten Zeitabständen. Erst danach erfolgt eine Fehlermeldung. Ohne IP-Adresse ist der Client zwar funktionsfähig, kann aber nicht auf das Netzwerk zugreifen.

Wird eine Maschine heruntergefahren und startet später oder am nächsten Tag neu, so erhält sie vom DHCP-Server wieder die ursprüngliche Adresse. Selbstverständlich ist das nur dann möglich, wenn die Adresse weder abgelaufen ist noch von einem anderen Gerät verwendet wird, das sie in der Zwischenzeit zugewiesen bekam.

DHCP-Server können nicht nur IP-Adressen vergeben, sondern eine gesamte IP-Konfiguration. Während IP-Adressen und die Netzwerkmaske in jedem Fall eingestellt werden müssen, haben Sie als Administrator die Aufgabe, die anderen Einstellungen zu treffen. Das betrifft den Standard-Router genauso wie DNS- und WINS-Server. Sogar Broadcast-Grundeinstellungen und ein Zeit-Server können definiert werden. Mit Hilfe der DHCP-Verwaltung ist diese Aufgabe jedoch recht einfach zu bewältigen.

Microsoft sagt, daß die Einrichtung von DHCP die Arbeit eines Systembetreuers ungemein vereinfacht. Das ist technisch gesehen zwar richtig, doch sollten Sie diese Feststellung mit Vorsicht genießen.

DHCP ist bequem, weil man sich um die Vergabe von IP-Adressen an die einzelnen Maschinen nicht zu kümmern braucht. Sobald der DHCP-Server eingerichtet ist, rufen startende Maschinen ihre Adreßanforderung ins Netz und erhalten eine IP-Adresse zugeteilt. Eine feine Sache. Problematisch wird es jedoch, wenn Sie das Netzwerk auf lange Sicht verwalten und überwachen wollen.

Nehmen wir einmal an, eine der Maschinen hat einen Fehler. Ihr System-Management-Programm zeigt diesen Fehler korrekt an, Sie kennen alle Daten und wissen bereits ganz genau, wo der Fehler steckt. Da Sie ein guter Systembetreuer sind, wissen Sie bereits, wie dieser Fehler beseitigt werden muß. Aber wissen Sie auch, wo sich die betroffene Maschine befindet?

Der Netzwerk-Monitor zeigt eine IP-Adresse an. Wenn Sie einen DHCP-Server verwenden, wissen Sie jetzt ganz genau, daß Sie eigentlich nichts wissen, denn jede Maschine könnte diese IP-Adresse verwenden.

Dieses Beispiel zeigt, daß mitunter eine fest vergebene IP-Adresse von Vorteil sein kann. Sammeln Sie Ihre statischen IP-Adressen in einer Datenbank, und Sie wissen immer, wo welche Maschine steht.

Einen sinnvollen Einsatz von DHCP-Servern gibt es in den folgenden Situationen:

1. Die Benutzer melden sich über den RAS-Dienst und das Telefonnetz an. Üblicherweise betrifft dies Außendienstmitarbeiter oder Mitarbeiter, die einen Teil ihrer Arbeit daheim verrichten. Hier werden hauptsächlich Notebooks zum Einsatz kommen.
2. »Gastmaschinen«, in der Regel werden das wiederum Notebooks sein, müssen sich im Netzwerk anmelden. Mit einem DHCP-Server braucht man sich nicht um deren IP-Konfiguration zu kümmern. Dasselbe trifft zu, wenn Sie sich mit Maschinen an verschiedene Netzwerke anmelden müssen.
3. Die Computer werden laufend ausgetauscht. Auch so etwas kann ein Grund für den Einsatz eines DHCP-Servers sein. Denken Sie etwa an Testzentren oder Reparaturwerkstätten.
4. Sie verfügen nur über eine beschränkte Anzahl von IP-Adressen und wissen ganz genau, daß Ihre Anwender nicht immer und nicht die ganze Zeit über den Zugriff auf das Netzwerk benötigen. Mit einem DHCP-Server stellen Sie den vorhandenen Adressen-Pool bereit, und die einzelnen Arbeitsmaschinen holen sich beim Starten ihre Adresse ab, die sie nach Abmeldung vom Netzwerk wieder freigeben können.

15.3.4 PPTP

In einem engen Zusammenhang mit TCP/IP steht das PPTP-Protokoll. Dieses Kürzel steht für *Point to Point Tunneling Protocol*. Ein Tunnelprotokoll verwendet ein anderes Netzwerkprotokoll, um einen sicheren Kanal, eben einen Tunnel, einzurichten, über den ganz andere Daten geschickt werden. Diese anderen Daten können mit einem anderen Netzwerkprotokoll fahren und verschlüsselt sein.

Ein RAS-Server ist normalerweise mit einem PSTN-, ISDN- oder X.25-Netzwerk verbunden und ermöglicht entfernten Benutzern den Zugriff auf einen Server über diese Netzwerke. RAS erlaubt entfernten Benutzern auch den Zugriff über das Internet mit Hilfe von PPTP.

PPTP unterstützt *Multi-Protokoll-VPNs (Virtual Private Networks)*, wodurch entfernte Benutzer auf Unternehmensnetzwerke über das Internet zugreifen können, indem sie sich bei einem Internet-Provider einwählen oder sich direkt mit dem Internet verbinden. PPTP bietet die folgenden Vorteile:

- Geringere Übertragungskosten
- Geringere Hardware-Kosten
- Geringerer Verwaltungsaufwand
- Höhere Sicherheit

PPTP bietet die Möglichkeit, PPP-Pakete über ein IP-Netzwerk weiterzuleiten. Da PPTP die Einkapselung von Paketen über mehrere Protokolle ermöglicht, können Sie jeden beliebigen Pakettyp über das Netzwerk übertragen. Dadurch können Sie etwa auch IPX-Pakete über das Internet senden.

Für PPTP ist das bestehende Unternehmensnetzwerk ein PSTN-, ISDN- oder X.25-Netzwerk. Dieses virtuelle WAN wird durch öffentliche Träger, wie beispielsweise das Internet, unterstützt.

Wenn Sie PSTN, ISDN oder X.25 verwenden, stellt ein RAS-Client eine PPP-Verbindung zu einem RAS-Server über ein Vermittlungsnetzwerk her. Nachdem die Verbindung hergestellt worden ist, werden PPP-Pakete über die durch die Vermittlung hergestellte Verbindung an die RAS-Server geschickt, welche die Weiterleitung an das gewünschte LAN gewährleisten.

Wenn Sie hingegen PPTP verwenden, um Pakete über das WAN zu verschicken, wird ein Transportprotokoll verwendet, wie etwa TCP/IP, um die PPP-Pakete über das virtuelle WAN an den RAS-Server zu senden.

Der eigentliche Vorteil liegt in der Einsparung von Übertragungskosten, wenn das Internet und nicht eine Telefonverbindung zum Ferntarif verwendet wird.

Die Kommunikations-Hardware für die Unterstützung von DFÜ-Anforderungen kann komplex und nicht einwandfrei integriert sein. In einem großen Unternehmen werden Modems, serielle Controller und mehrere Kabel für einen Windows NT-RAS-Server benötigt.

Viele Unternehmen wollen den DFÜ-Zugriff auf firmeneigene Backbones auslagern. Diese Auslagerung soll kostengünstig, problemlos, protokollunabhängig und sicher sein sowie keine Änderungen an bestehenden Netzwerkadressen verlangen. Virtuelle WAN-Unterstützung mit Hilfe von PPTP ist eine Möglichkeit, mit der eine solche Anforderung erfüllt werden könnte.

Durch die Trennung des Modem-Pools von einem RAS-Server können DFÜ-Dienste mit Hilfe von PPTP ausgelagert und der RAS-Server räumlich von der Hardware innerhalb eines Unternehmens getrennt werden. Eine Telefongesellschaft kann Modems und Telefonleitungen verwalten, damit die Benutzerkonten zentral auf dem RAS-Server verwaltet werden können. Ein Endbenutzer ruft dann zum Ortstarif die Telefongesellschaft an, die eine Verbindung zu einem Windows NT-RAS-Server mit Hilfe einer WAN-Verbindung herstellt. Der Client kann schließlich auf das Netzwerk des Unternehmens zugreifen.

Ein RAS-Client mit PPTP als WAN-Treiber kann auf Ressourcen in einem Remote-LAN zugreifen, indem er eine Verbindung zu einem Windows NT-RAS-Server über das Internet herstellt.

Durch den PPTP-Tunnel übertragene Daten werden in PPP-Pakete eingekapselt. Da RAS die Verschlüsselung unterstützt, werden diese Daten verschlüsselt. RAS unterstützt die Verschlüsselung von Massendaten mit Hilfe von RSA RC4 und eines 40-Bit-Sitzungsschlüssels, der bei der PPP-Verbindungszeit zwischen dem RAS-Client und dem Windows NT-RAS-Server ausgehandelt wird.

PPTP verwendet die Verschlüsselungsalgorithmen von *PAP (Password Authentication Protocol)* und *CHAP (Challenge Handshake Authentication Protocol)*.

Zusätzlich zu der Unterstützung von verschlüsselten PPP-Verbindungen über das Internet kann das Internet mit einer PPTP-basierten Lösung auch als Backbone für RAS sowie für IPX und NetBEUI verwendet werden. PPTP kann IPX-Daten übertragen, da es PPP-Pakete einkapselt und verschlüsselt, damit sie über TCP/IP weitergeleitet werden können.

Sowohl auf dem RAS-Server als auch auf dem Client oder dem Kommunikations-Server muß ein PPTP-Protokoll installiert sein, damit ein PPTP-Tunneling erfolgreich aufgebaut werden kann.

Wenn Sie einen PPTP-Filter aktivieren, können Sie die ausgewählte Netzwerkkarte für alle anderen Protokolle deaktivieren. Nur mehr PPTP-Pakete werden angenommen.

Filterfunktionen sollten bei einem mehrfach vernetzten Computer mit einer mit dem Internet verbundenen Netzwerkkarte und einer anderen Netzwerkkarte, die mit dem internen Unternehmensnetzwerk verbunden ist, aktiviert werden. Clients außerhalb des Unternehmensnetzwerks können PPTP verwenden, um eine Verbindung zu dem Computer vom Internet aus herzustellen und sicheren Zugriff auf das Unternehmensnetzwerk zu gewährleisten. Daher werden nur PPTP-Pakete von Clients, die durch die RAS-Echtheitsbestätigung autorisiert sind, in das Unternehmensnetzwerk weitergeleitet.

15.3.5 DLC und 802.2

DLC-Protokolle können mit den anderen Protokollen im Grunde nicht verglichen werden, weil sie nur einen Teil der Funktionalitäten eines Netzwerkprotokolls zur Verfügung stellen. In Blockdiagrammen zeigt sich ganz deutlich, daß DLC im unteren Bereich dessen angesiedelt ist, was NetBEUI, IPX oder TCP/IP zu bieten haben.

Im Klartext heißt das vor allem, daß Sie kein Netzwerk basierend auf DLC aufbauen können. Das würde schlichtweg nicht funktionieren.

Es gibt verschiedene Varianten von DLC-Protokollen. Das von Microsoft mitgelieferte heißt eben DLC (Data Link Control). Mit mehreren Programmen der IBM wird das Protokoll LLC2 mitgeliefert, und eine allgemeine Bezeichnung wäre IEEE 802.2. Darin ist die Funktionalität dieses Protokolls definiert worden.

DLC kommen innerhalb von Windows NT genau drei Funktionen zu:

1. DLC wird für die Adressierung von Netzwerkdruckern eingesetzt. Damit sind solche Drucker gemeint, die eine direkte Verbindung zum Netzwerk haben, aber nicht an einen Computer angeschlossen sind. Nur wenn Sie zur Gänze mit TCP/IP fahren, können Sie auf DLC verzichten.

Anhang 1: Netzwerk-Überblick 515

2. DLC ist eine der Grundlagen für die Verbindung zu Minis und Großrechnersystemen. Das Protokoll muß beispielsweise installiert sein, wenn Sie IBM Client Access oder Microsoft SNA Server verwenden. Mit IBM Personal Communications wird das eigene LLC2-Protokoll mitgeliefert.
3. DLC wird für den Fernstart von Diskless Workstations benötigt. Windows NT ist in der Lage, Geräte mit DOS, Windows 3.x oder Windows 95 fernzustarten. Dazu müssen Sie die Protokolle DLC und NetBEUI installieren.

In der Registrierungsdatenbank von Windows NT finden Sie einen eigenen Eintrag zum DLC-Protlkoll unter dem Schlüssel:

HKEY_LOCAL_MACHINE\System\CurrentControlSet\Services\DLC

DLC benötigt eine NDIS-Anbindung zur Netzwerkkarte. Dieser Eintrag befindet sich ebenfalls in der Registrierungsdatenbank.

15.3.6 AppleTalk

AppleTalk wurde von Apple Computer entwickelt. Es ist jenes Netzwerkprotokoll, das von Macintosh-Maschinen verwendet wird.

Apple wurde ja sehr früh dafür bekannt, daß ihre Computer praktisch ohne Zusatzaufwand miteinander vernetzt werden konnten. Grundsätzlich war lediglich ein Kabel dazu nötig. Die Tatsache, daß die komplette Netzwerkfähigkeit mit dem Betriebssystem mitgeliefert wurde, war neu.

Bereits in den 80er Jahren genügten also zwei Macs, ein LocalTalk-Verbindungskabel sowie minimale Systemkenntnisse, um Freigaben von Ordnern und Druckern zu aktivieren.

Als Verkabelungstechnik wurde LocalTalk eingesetzt, das noch heute in vielen Macintosh-Netzwerken anzutreffen ist.

Wo viele Daten über das Netz gehen, wird heute jedoch Ethertalk oder Tokentalk installiert, das sind Apples Implementationen von Ethernet (IEEE 802.3) und Token Ring (IEEE 802.5). Der Grund liegt in der geringen Übertragungsgeschwindigkeit von LocalTalk.

LocalTalk überträgt mit 256 Kbps. Ethernet bietet 10 Mbps, Token Ring 4 bzw. 16 MBps. Dieser Unterschied ist deutlich. In Netzwerken, wo viel mit Grafik- und Multimedia-Daten gearbeitet wird, arbeitet in der Regel sogar Token Ring zu langsam. Hier greifen viele zu 100 Mbps Ethernet-Verkabelungen, zumindest für die Backbones. Wo Grafiker 80 MB-Bilder von einem Rechner auf den anderen schaufeln, ist das auch dringend notwendig!

AppleTalk kann selbstverständlich bei allen Verkabelungen verwendet werden. Es setzt auf LocalTalk genauso auf wie auf Ethertalk und Tokentalk. Wichtig ist nur, daß das Apple-Betriebssystem (MacOS) für gewöhnlich AppleTalk verwendet.

Die einzige Alternative heißt – wie sollte es auch anders sein – TCP/IP. Diese Protokoll-Suite ist heute selbstverständlich auch für den Macintosh verfügbar. Somit können Macs in Intranets und ins Internet integriert werden. Außerdem stellen sie eine weitere Plattform in einer großen, heterogenen Netzwerkumgebung dar.

Windows NT liefert AppleTalk als Protokoll standardmäßig mit. Auf Windows NT Workstation kann das Protokoll über die Netzwerkumgebung installiert werden, wobei es auf Windows NT Server gar nicht in der Protokoll-Liste erscheint. Das mutet auf den ersten Blick seltsam an.

Windows NT Server enthält die Services für Macintosh. Diese sind als Dienst zu installieren und enthalten automatisch das AppleTalk-Protokoll, das jedoch auch bei installierten Services bei Macintosh nicht in der Protokoll-Liste angeführt wird. Das Protokoll alleine hätte auch keinen Sinn, weil Macs nicht in ein Peer-Netzwerk mit Windows- oder OS/2-Maschinen integriert werden können.

Windows NT Workstation enthält das AppleTalk-Protokoll, aber keinen eigenen Dienst. Damit alleine fängt auch die Workstation nichts an, da für die Verbindung zur Apple-Welt zumindest ein Server vorausgesetzt wird. Sie müssen das AppleTalk-Protokoll auf einer Workstation jedoch dann installieren, wenn innerhalb der Domäne nicht nur Ressourcen auf den Servern für Macintosh-Anwender freigegeben werden, sondern auch Ressourcen auf Workstations.

15.3.7 Streams

Unter »Streams« sind mehrfache Datenkanäle zu verstehen, die eine breitere Bandbreite für die Datenübertragung zur Verfügung stellen. Mit Hilfe von Streams ist es einfacher, bereits vorhandene Protokolle auf Windows NT zu portieren, und die Protokolle können sehr modular aufgebaut werden. Letzteres bringt die Protokollarchitektur dem OSI-Modell sehr nahe.

Wenn die Rede von Streams ist, dann dreht es sich fast immer um Windows NT 3.1. Streams sind somit eine recht alte Angelegenheit. Unter NT 3.1 waren sowohl TCP/IP als auch NWLink in einen Streams-Treiber eingepackt. Jeder Aufruf für TCP/IP oder NWLink mußte zuerst durch diese Streams-Schicht. Außerdem kommunizierten die Protokolle über Streams mit der NDIS-Schnittstelle.

Auf der Negativseite steht ein relativ großer Verwaltungsaufwand. Die Protokolle benötigen mehr Instruktionen, um ihre Aufgaben durchzuführen. Aus diesem Grund kam Microsoft von dem Konzept wieder ab, und bereits seit Version 3.5 werden Streams von TCP/IP und NWLink nicht mehr verwendet.

Auch heute noch ist es möglich, ein Streams-Protokoll über die Eigenschaften des Netzwerkobjektes zu installieren. Sie finden dieses Protokoll unter der Bezeichnung STREAMS-UMGEBUNG. Damit ist gewährleistet, daß Programme, die über Streams mit dem Netzwerk kommunizieren, auch heute noch eingesetzt werden können.

15.4 Netzwerk-Befehlszeile

Für einen Anwender mag die Befehlszeile eine grauenvolle Vorstellung sein, doch Netzwerkadministratoren können ihr eine ganze Menge abgewinnen.

Manche Funktionen arbeiten in der Befehlszeile rascher, und vereinzelt gibt es sogar Funktionen, die ausschließlich in der Befehlszeile ausgeführt werden können. Im manchen Fällen entscheidet freilich auch die Gewohnheit des Administrators. Wer zehn Jahre lang die Server per Befehlszeile gewartet hat, steigt nicht gern auf eine völlig andere Bedienung um.

Auf die Befehlszeile legt Microsoft bei Windows NT keinen besonderen Wert. Dennoch gibt es eine Reihe von Möglichkeiten, die dem Administrator zur Verfügung stehen. Vor allem die alten LAN Manager-Befehle sind noch immer vorhanden.

Diese Befehle gibt es beispielsweise auch in der OS/2-Umgebung, und gerade in dieser Kombination sind sie oft der einzige Ausweg, das jeweils andere System über das Netzwerk zu warten.

Anhang 1: Netzwerk-Überblick

Die folgenden Abschnitte sollen einen ausführlichen Überblick über die Befehle geben, die Sie in der Kommandozeile von Windows NT einsetzen können.

Besprochen werden die zahlreichen Varianten des NET-Befehls, andere Netzwerkbefehle, die zur Verfügung stehen, und schließlich die TCP/IP-Befehle.

Die Befehlsstruktur auf anderen Plattformen wird hier nicht besprochen, denn dies würde den Rahmen dieses Buches über alle Maßen sprengen. Soviel sei allerdings bemerkt: unter OS/2 sind die Netzwerkbefehle zahlreicher als unter NT, doch können jene Befehle, die Windows NT kennt, in der Regel unverändert übernommen werden, und UNIX verfügt normalerweise über zusätzliche TCP/IP-Befehle; auch hier gilt, daß jene Befehle, die Windows NT kennt, in der Regel auch unter UNIX bzw. anderen Systemen mit installiertem TCP/IP funktionieren.

15.4.1 Der Befehl NET

Zahlreiche Windows NT-Netzwerkbefehle beginnen mit dem Wort NET. Diese NET-Befehle besitzen gemeinsame Eigenschaften:

Um eine Liste aller verfügbaren NET-Befehle anzuzeigen, tippen Sie NET /? ein.

Um Hilfe zur Syntax für einen bestimmten NET-Befehl zu erhalten, geben Sie an der Befehlszeile NET HELP BEFEHL ein. Um beispielsweise die Hilfe für NET ACCOUNTS aufzurufen, geben Sie folgendes ein:

```
net help accounts
```

Für alle NET-Befehle stehen die Optionen /yes und /no (als Kurzform können /y und /n verwendet werden) zur Verfügung. Die Option /y antwortet automatisch 'yes' auf jede interaktive Aufforderung, die dieser Befehl bewirkt; /n antwortet 'no'.

Net Accounts

Aktualisiert die Benutzerkontendatenbank. Ändert Kennwort- und Anmeldebedingungen für alle Konten. Der Anmeldedienst muß auf dem Computer ausgeführt werden, dessen Kontenparameter geändert werden sollen.

```
net accounts [/forcelogoff:{Minuten | no}] [/minpwlen:Länge] [/maxpwage:{Tage | unlimited}] [/minpwage:Tage] [/uniquepw:Anzahl] [/domain]
net accounts [/sync] [/domain]
```

Parameter

keine
   Ohne Parameter zeigt NET ACCOUNTS die aktuellen Einstellungen für Kennwort, Anmeldebeschränkungen und Domäneninformationen an.

/forcelogoff:{Minuten | no}
   Gibt die Dauer in Minuten an, bevor eine Benutzersitzung an einem Server beendet wird, wenn das Benutzerkonto oder die gültige Anmeldezeit abgelaufen ist. Die Eingabe no bewirkt, daß das Abmelden nicht erzwungen wird; no ist Standardeinstellung.

Mit /FORCELOGOFF:MINUTEN wird die Abmeldung vom Netzwerk erzwungen und Minuten vorher eine Warnmeldung an den Benutzer gesendet. Wenn Dateien geöffnet sind, sendet Windows NT eine entsprechende Warnmeldung. Wenn für Minuten ein geringerer Wert als zwei angegeben wurde, wird der Benutzer aufgefordert, sich unverzüglich vom Netzwerk abzumelden.

/minpwlen:*Länge*
Legt die minimale Kennwortlänge für Benutzerkonten fest. Gültige Werte sind 0-14 Zeichen; die Standardeinstellung sieht 6 Zeichen vor.

/maxpwage:*{Tage | unlimited}*
Legt die maximale Gültigkeitsdauer von Kennwörtern für Benutzerkonten in Tagen fest. Bei der Eingabe von unlimited erhalten Kennwörter keine zeitliche Beschränkung. Der Wert für /maxpwage muß größer sein als der für /minpwage. Gültige Werte sind 1 bis 49710 Tage (unlimited); die Standardeinstellung sieht 90 Tage vor.

/minpwage:*Tage*
Legt fest, nach wie vielen Tagen ein Benutzer sein Kennwort frühestens ändern kann. Bei Eingabe des Wertes 0 wird kein Zeitminimum festgelegt. Gültige Werte sind 0 bis 49710 Tage (unlimited); die Standardeinstellung sieht 0 Tage vor.

/uniquepw:*Anzahl*
Läßt die Wiederholung desselben Kennworts erst nach einer bestimmten Anzahl von Kennwortänderungen zu. Gültige Werte sind 0-8 Kennwortänderungen; die Standardeinstellung sieht 5 Kennwortänderungen vor.

/domain
Führt die Operation auf dem primären Domänen-Controller der aktuellen Domäne aus. Anderenfalls wird die Operation auf einem lokalen Computer ausgeführt.

Dieser Parameter gilt nur für Windows NT Workstation-Computer, die Mitglieder einer Windows NT-Domäne sind. Computer unter Windows NT Server führen diese Operation standardmäßig auf dem primären Domänen-Controller aus.

/sync
Bei Verwendung auf dem primären Domänen-Controller bewirkt dieser Befehl eine Synchronisierung aller Sicherungs-Domänen-Controller der Domäne. Bei Verwendung auf einem Sicherungs-Domänen-Controller wird nur dieser Sicherungs-Domänen-Controller mit dem primären Domänen-Controller synchronisiert. Dieser Befehl gilt nur für Computer, die Mitglied einer Windows NT-Domäne sind.

Um die aktuellen Einstellungen für erzwungenes Abmelden, die Kennwortbedingungen und die Rolle eines Servers anzuzeigen, geben Sie folgendes ein:

```
net accounts
```

Um die minimale Kennwortlänge für Benutzerkonten auf sieben Zeichen festzulegen, geben Sie folgendes ein:

```
net accounts /minpwlen:7
```

Um festzulegen, daß ein Kennwort erst nach fünf Änderungen wiederverwendet werden darf, geben Sie folgendes ein:

```
net accounts /uniquepw:5
```

Um festzulegen, daß eine Kennwortänderung nach frühestens 7 Tagen und höchstens 30 Tagen erfolgen kann und daß nach Ablauf der Anmeldezeit die Abmeldung erzwungen wird, wobei 5 Minuten vorher eine Warnung ausgegeben wird, geben Sie folgendes ein:

```
net accounts /minpwage:7 /maxpwage:30 /forcelogoff:5
```

Um sicherzustellen, daß die oben genannten, auf einem Windows NT Workstation-Computer vorgenommen, Einstellungen für die gesamte Windows NT-Domäne gelten, an der der betreffende Computer angemeldet ist, geben Sie folgendes ein:

```
net accounts /minpwage:7 /maxpwage:30 /domain
```

Um die Benutzerkontendatenbank auf allen Mitglieds-Servern zu aktualisieren, geben Sie folgendes ein:

```
net accounts /sync
```

Net Computer

Bewirkt, daß Computer einer Domänendatenbank hinzugefügt bzw. entfernt werden. Dieser Befehl steht nur auf Computern unter Windows NT Server zur Verfügung.

```
net computer \\Computer_Name {/add | /del}
```

Parameter

\\Computer_Name
   Gibt den Computer an, der der Domäne hinzugefügt bzw. aus der Domäne entfernt werden soll.

/add
   Fügt den betreffenden Computer der Domäne hinzu.

/del
   Entfernt den betreffenden Computer aus der Domäne.

Um den Computer NTSRV03 der Domäne hinzuzufügen, an die Sie angemeldet sind, geben Sie folgendes ein:

```
net computer \\ntsrv03 /add
```

Net Config

Zeigt die konfigurierbaren Dienste an, die derzeit ausgeführt werden. Zeigt die Einstellungen für einen Dienst an oder ändert sie.

```
net config [server | workstation]
```

Parameter

keine
   Ohne Parameter zeigt net config eine Liste der konfigurierbaren Dienste an.

Dienst
   Ein Dienst, der mit dem Befehl NET CONFIG konfiguriert werden kann. Mögliche Eingaben für Dienst sind Server (Serverdienst) oder Workstation (Arbeitsstationsdienst).

Optionen
   Die Optionen sind dienstspezifisch.

Net Config Server

Zeigt die Einstellungen für den Serverdienst an oder ändert sie, während der Dienst ausgeführt wird.

net config server [/autodisconnect:Minuten] [/srvcomment:«Beschreibung«] [/hidden:{yes | no}]

Parameter

keine
    Ohne Parameter zeigt net config server die aktuelle Konfiguration des Serverdienstes an.

/autodisconnect:Minuten
    Gibt die maximale Dauer in Minuten an, nach der eine inaktive Benutzersitzung abgebrochen wird. Soll die Sitzung nicht abgebrochen werden, geben Sie -1 ein. Gültige Werte sind -1 bis 65535 Minuten; die Standardeinstellung sieht 15 vor.

/srvcomment:«Beschreibung«
    Fügt dem Server, der auf der Windows NT-Oberfläche und durch den Befehl net view angezeigt wird, eine Beschreibung hinzu. Die maximale Länge der Beschreibung beträgt 48 Zeichen. Die Beschreibung muß in Anführungszeichen («) stehen.

/hidden:{yes | no}
    Legt fest, ob der Computer-Name eines Servers bei der Anzeige von Server-Listen verborgen bleibt oder angezeigt wird. Das Verbergen des Computer-Namens ändert nichts an den Berechtigungen auf diesem Server. Die Standardeinstellung ist **no**.

Net Config Workstation

Zeigt die Einstellungen für den Arbeitsstationsdienst an oder ändert sie, während der Dienst ausgeführt wird.

net config workstation [/charcount:Bytes] [/chartime:Millisek.] [/charwait:Sekunden]

Parameter

keine
    Ohne Parameter zeigt net config workstation die aktuelle Konfiguration des lokalen Computers an.

/charcount:Bytes
    Gibt die Datenmenge in Byte an, die Windows NT ansammelt, bevor die Daten an ein DFÜ-Gerät gesendet werden. Wurde für /chartime:Millisekunden ebenfalls ein Wert angegeben, gilt jeweils die zuerst erfüllte Bedingung. Gültige Werte sind 0-65535 Byte; die Standardeinstellung sieht 16 Byte vor.

/chartime:Millisekunden
    Gibt die Zeitdauer in Millisekunden an, die Windows NT Daten sammelt, bevor diese an ein DFÜ-Gerät gesendet werden. Wurde für /charcount:Bytes ebenfalls ein Wert angegeben, gilt jeweils die zuerst erfüllte Bedingung. Gültige Werte sind 0-65535000 Millisekunden; die Standardeinstellung sieht 250 Millisekunden vor.

/charwait:Sekunden
    Gibt in Sekunden an, wie lange Windows NT auf die Verfügbarkeit eines DFÜ-Geräts wartet. Gültige Werte sind 0-65535 Sekunden; die Standardeinstellung sieht 3600 Sekunden vor.

Net Continue

Nimmt unterbrochene Dienste wieder auf.

`net continue Dienst`

Parameter

Dienst

Folgende Dienste können wiederaufgenommen werden: file server for macintosh (nur Windows NT Server), ftp publishing service, lpdsvc, net logon, network dde, network dde dsdm, nt lm security support provider, remoteboot (nur Windows NT Server), remote access server, schedule, server, simple tcp/ip services und workstation.

Net File

Zeigt die Namen aller geöffneten freigegebenen Dateien auf einem Server und die Anzahl der Dateisperren pro Datei an (falls vorhanden). Mit diesem Befehl können Sie außerdem einzelne freigegebene Dateien schließen und Dateisperren aufheben.

`net file [id [/close]]`

Parameter

keine
   Ohne Parameter zeigt net file eine Liste der geöffneten Dateien auf einem Server an.
id
   Identifikationsnummer einer Datei.
/close
   Schließt eine offene Datei und gibt gesperrte Datensätze frei. Der Befehl muß an dem Server eingegeben werden, von dem die Datei freigegeben wird.

Net Group

Fügt globale Gruppen in Windows NT-Domänen hinzu, zeigt sie an oder ändert sie. Dieser Befehl ist nur für Windows NT-Domänen verfügbar.

```
net group [Gruppenname [/comment:"Beschreibung"]] [/domain]
net group Gruppenname {/add [/comment:"Beschreibung"] | /delete} [/domain]
net group Gruppenname Benutzername[...] {/add | /delete} [/domain]
```

Parameter

keine
   Ohne Parameter zeigt net group den Servernamen und die Namen der Gruppen auf diesem Server an.
Gruppenname
   Der Name der Gruppe, die hinzugefügt, erweitert oder gelöscht werden soll. Geben Sie nur Gruppenname ein, wenn Sie eine Liste der Benutzer in dieser Gruppe anzeigen möchten.
/comment:»Beschreibung«
   Fügt einer neuen oder bestehenden Gruppe eine Beschreibung hinzu. Die maximale Länge der Beschreibung beträgt 48 Zeichen. Der eingegebene Text muß in Anführungszeichen stehen.

/domain
: Führt die Operation auf dem primären Domänen-Controller der aktuellen Domäne aus. Anderenfalls wird die Operation auf dem lokalen Computer ausgeführt.

Dieser Parameter gilt nur für Computer unter Windows NT Workstation, die Mitglieder einer Windows NT-Domäne sind. Windows NT Server-Computer führen Operationen standardmäßig auf dem primären Domänen-Controller aus.

Benutzername[...]
: Gibt einen oder mehrere Benutzernamen an, die einer Gruppe hinzugefügt oder aus ihr entfernt werden sollen. Werden mehrere Benutzernamen eingegeben, müssen zwischen den einzelnen Einträgen Leerzeichen stehen.

/add
: Fügt eine Gruppe hinzu oder fügt einen Benutzernamen einer Gruppe hinzu. Für Benutzer, die mit Hilfe dieses Befehls einer Gruppe hinzugefügt werden, muß ein Benutzerkonto eingerichtet werden.

/delete
: Entfernt eine Gruppe oder entfernt einen Benutzernamen aus einer Gruppe.

Um eine Liste aller Gruppen auf dem lokalen Server anzuzeigen, geben Sie folgendes ein:

```
net group
```

Um der lokalen Benutzerkontendatenbank eine Gruppe mit dem Namen »Buchhaltung« hinzuzufügen, geben Sie folgendes ein:

```
net group Buchhaltung /add
```

Um der Benutzerkontendatenbank der Windows NT-Domäne eine Gruppe mit dem Namen »Buchhaltung« hinzuzufügen, wenn Sie an einem Windows NT Workstation-Computer arbeiten, geben Sie folgendes ein:

```
net group Buchhaltung /add /domain
```

Um die vorhandenen Benutzerkonten »ossi«, »peter« und »christof« der Gruppe »Buchhaltung« auf dem lokalen Computer hinzuzufügen, geben Sie folgendes ein:

```
net group Buchhaltung ossi peter christof /add
```

Um die vorhandenen Benutzerkonten »ossi«, »peter« und »christof« der Gruppe »Buchhaltung« einer Windows NT-Domäne hinzuzufügen, wenn Sie an einem Windows NT Workstation-Computer arbeiten, geben Sie folgendes ein:

```
net group leit petrap ralphr klaust /add /domain
```

Net Help

Zeigt eine Liste von Netzwerkbefehlen und Themen an, zu denen Sie Hilfe erhalten können. Stellt Hilfe zu einem bestimmten Befehl oder Thema zur Verfügung. Die verfügbaren NET-Befehle werden außerdem im Fenster Befehle dieses Befehlsverzeichnisses aufgeführt.

```
net help [Befehl]
net Befehl {/help | /?}
```

Parameter

keine
  Ohne Parameter zeigt NET HELP eine Liste der Befehle und Themen an, zu denen Sie Hilfe erhalten können.

Befehl
  Der Befehl, zu dem Sie Hilfe benötigen. Geben Sie Befehl ohne NET ein.

/help
  Eine weitere Möglichkeit, den Hilfetext aufzurufen.

/?
  Zeigt die korrekte Befehlssyntax an.

Net Helpmsg

Zeigt Hilfe zu einer Windows NT-Fehlermeldung an.

```
net helpmsg Meldungs-ID
```

Parameter

Meldungs-ID
  Die vierstellige Zahl der Windows NT-Fehlermeldung, zu der Sie Hilfe benötigen.

Um Hilfe zur Windows NT-Fehlermeldung NET 2182 zu erhalten, geben Sie folgendes ein:

```
net helpmsg 2182
```

Es werden die Fehlermeldung und der Hilfetext angezeigt.

Net Localgroup

Fügt lokale Gruppen hinzu, zeigt sie an oder ändert sie.

```
net localgroup [Gruppenname [/comment:"Text"]] [/domain]
net localgroup Gruppenname {/add [/comment:"Text"] | /delete} [/domain]
net localgroup Gruppenname Name [...] {/add | /delete} [/domain]
```

Parameter

keine
  Ohne Parameter zeigt net localgroup den Servernamen und die Namen der lokalen Gruppen auf dem Computer an.

Gruppenname
  Der Name der lokalen Gruppe, die hinzugefügt, erweitert oder gelöscht werden soll. Geben Sie nur Gruppenname ein, wenn Sie eine Liste der Benutzer und globalen Gruppen in der lokalen Gruppe anzeigen möchten.

/comment:«Text«
  Fügt einer neuen oder vorhandenen Gruppe eine Beschreibung hinzu. Die maximale Länge einer Beschreibung beträgt 48 Zeichen. Er muß in Anführungszeichen stehen.

/domain
  Führt die Operation auf dem primären Domänen-Controller der aktuellen Domäne aus. Anderenfalls wird die Operation auf dem lokalen Computer ausgeführt.

Dieser Parameter gilt nur für Computer unter Windows NT Workstation, die Mitglieder einer Windows NT-Domäne sind. Windows NT Server-Computer führen Operationen standardmäßig auf dem primären Domänen-Controller aus.

Benutzername [...]
Gibt einen oder mehrere Benutzernamen oder Gruppennamen an, die einer lokalen Gruppe hinzugefügt oder aus ihr entfernt werden sollen. Werden mehrere Benutzernamen eingegeben, müssen zwischen den einzelnen Einträgen Leerzeichen stehen. Als Namen können lokale Benutzer, Benutzer anderer Domänen oder globale Gruppen angegeben werden, nicht jedoch andere lokale Gruppen. Wenn es sich um einen Benutzer einer anderen Domäne handelt, geben Sie vor dem Benutzernamen den Domänennamen ein (z.B. VERKAUF\ RALPHR).

/add
Fügt einer lokalen Gruppe einen globalen Gruppennamen oder Benutzernamen hinzu. Es muß bereits ein Benutzerkonto für Benutzer oder globale Gruppen eingerichtet sein, bevor es mit diesem Befehl einer lokalen Gruppe hinzugefügt werden kann.

/delete
Entfernt einen Gruppennamen oder Benutzernamen aus einer lokalen Gruppe.

Net Name

Fügt einen Nachrichtennamen (auch *Alias* genannt; nicht zu verwelchseln mit dem OS/2-Alias, der für eine Freigabe steht!) hinzu oder löscht ihn. Zeigt eine Liste aller Namen an, unter denen Nachrichten empfangen werden können. Der Nachrichtendienst muß gestartet sein, damit der Befehl net name verwendet werden kann.

```
net name [Name [/add | /delete]]
```

Parameter

keine
Ohne Parameter zeigt net name eine Liste der aktuellen Namen an.

Name
Der Name, unter dem Nachrichten empfangen werden sollen. Die maximale Länge eines Namens beträgt 15 Zeichen.

/add
Fügt einem Computer einen Namen hinzu. Sie können **/add** auch weglassen und nur net name Name eingeben.

/delete
Löscht einen Namen von einem Computer.

Net Pause

Unterbricht ausgeführte Dienste.

```
net pause Dienst
```

Parameter

Dienst
Sie können die folgenden Dienste einsetzen: file server for macintosh (nur Windows NT Server), ftp publishing service, lpdsvc, net logon, network dde, network dde dsdm, nt lm security support provider, remoteboot (nur Windows NT Server), remote access server, schedule, server, simple tcp/ip services oder workstation.

Um den Serverdienst zu unterbrechen, geben Sie folgendes ein:

```
net pause server
```

Um den Anmeldedienst zu unterbrechen, geben Sie folgendes ein:

```
net pause "net logon"
```

Net Print

Zeigt Druckaufträge und Druckerwarteschlangen an und verwaltet sie.

```
net print \\Computer_Name\Freigabename
net print [\\Computer_Name] Auftrags-ID [/hold | /release | /delete]
```

Parameter

Computer_Name
Der Name des Computers, der die Druckerwarteschlange(n) freigibt.

Freigabename
Der Name der Druckerwarteschlange. Wenn Sie FREIGABENAME und COMPUTER_NAME angeben, trennen Sie die beiden Namen durch einen umgekehrten Schrägstrich (\).

Auftrags-ID
Die Identifikationsnummer eines Druckauftrags in einer Druckerwarteschlange. Ein Computer mit einer oder mehreren Druckerwarteschlangen weist jedem Druckauftrag eine einmalige Nummer zu. Eine Auftragsnummer, die in einer freigegebenen Druckerwarteschlange eines Computers verwendet wird, kann nicht an einen anderen Druckauftrag vergeben werden, auch wenn dieser sich in einer anderen Druckerwarteschlange des Computers befindet.

/hold
Hält, in Verbindung mit Auftrags-ID, einen in der Druckerwarteschlange wartenden Druckauftrag an. Der angehaltene Druckauftrag bleibt in der Druckerwarteschlange, und andere Druckaufträge werden solange vorgezogen, bis der Druckauftrag freigegeben wird.

/release
Gibt einen angehaltenen Druckauftrag frei.

/delete
Löscht einen Druckauftrag aus einer Druckerwarteschlange.

Um Informationen zum Druckauftrag Nr. 3 auf dem Computer \\GRAFIK anzuzeigen, geben Sie folgendes ein:

```
net print \\graphik 3
```

Um den Druckauftrag Nr. 63 des Computers \\ GRAFIK anzuhalten, geben Sie folgendes ein:

```
net print \\graphik 63 /release
```

Um den Druckauftrag Nr. 63 des Computers \\ GRAFIK fortzusetzen, geben Sie folgendes ein:

```
net print \\graphik 63 /release
```

Um den Inhalt der Druckerwarteschlange MATRIX1 des Computers \\ GRAFIK anzuzeigen, geben Sie folgendes ein:

```
net print \\produktion\matrix1
```

Net Send

Sendet Nachrichten an andere Benutzer-, Computer- oder Nachrichtennamen im Netzwerk. Der Nachrichtendienst muß gestartet sein, damit Nachrichten empfangen werden können.

```
net send {Name | * | /domain[:Name] | /users} Nachricht
```

Parameter

Name
>Der Benutzer-, Computer- oder Nachrichtenname, an den die Nachricht gesendet werden soll. Handelt es sich um einen Computer-Namen, der Leerzeichen enthält, geben Sie den Alias-Namen in Anführungszeichen («») ein.

*
>Sendet die Nachricht an alle Namen in der Gruppe.

/domain[:Name]
>Sendet die Nachricht an alle Namen in der Domäne des Computers. In Verbindung mit Name wird die Nachricht an alle Namen in der angegebenen Domäne oder Arbeitsgruppe gesendet.

/users
>Sendet die Nachricht an alle mit dem Server verbundenen Benutzer.

Nachricht
>Der Text, der als Nachricht gesendet werden soll.

Um die Nachricht »Ich gehe essen. Kommst du mit?« an den Benutzer OSSI zu senden, geben Sie folgendes ein:

```
net send ossi Ich gehe essen. Kommst du mit?
```

Um eine Nachricht an alle mit dem Server verbundenen Benutzer zu senden, geben Sie beispielsweise folgendes ein:

```
net send /users Der Serverdienst wird in 5 Minuten beendet.
```

Um eine Nachricht zu senden, die einen Schrägstrich enthält, geben Sie beispielsweise folgendes ein:

```
net send christof "Diskette mit FORMAT /q formatieren!"
```

Net Session

Zeigt die Arbeitssitzungen von lokalen Computern und verbundenen Clients an oder unterbricht sie.

```
net session [\\Computer_Name] [/delete]
```

Parameter

keine
Ohne Parameter zeigt NET SESSION Informationen über alle Arbeitssitzungen am lokalen Computer an.

\\Computer_Name
Name des Computers, dessen Sitzungen angezeigt oder unterbrochen werden sollen.

/delete
Beendet die Sitzung zwischen dem Computer und \\COMPUTER_NAME und schließt alle Dateien auf dem Computer, die für die Arbeitssitzung geöffnet wurden. Wenn Sie \\COMPUTER_NAME weglassen, werden alle Sitzungen auf dem lokalen Computer abgebrochen.

Net Share

Erstellt freigegebene Ressourcen, löscht sie oder zeigt sie an.

```
net share Freigabename
net share Freigabename=Laufwerk:Pfad [/users:Anzahl | /unlimited] [/remark:"Beschreibung"]
net share Freigabename [/users:Anzahl | /unlimited] [/remark:"Beschreibung"]
net share {Freigabename | Laufwerk:Pfad} /delete
```

Parameter

keine
Ohne Parameter zeigt net share Informationen über alle auf dem lokalen Computer freigegebenen Ressourcen an.

Freigabename
Der Netzwerkname der freigegebenen Ressource. Der Befehl net share in Verbindung mit Freigabename zeigt Informationen über die betreffende Freigabe an.

Laufwerk:Pfad
Legt den absoluten Pfad des Verzeichnisses fest, das freigegeben werden soll.

/users:Anzahl
Legt die maximale Anzahl von Benutzern fest, die gleichzeitig auf die freigegebene Ressource zugreifen können.

/unlimited
Legt fest, daß eine unbegrenzte Anzahl von Benutzern gleichzeitig auf die freigegebene Ressource zugreifen kann.

/remark:»Beschreibung«
Fügt eine Beschreibung der Ressource hinzu. Der Text muß unter Anführungszeichen stehen.

/delete
Beendet die Freigabe der Ressource.

Um Informationen über freigegebene Ressourcen auf einem Computer zu erhalten, geben Sie folgendes ein:

```
net share
```

Um das Verzeichnis C:\BRIEFE auf einem Computer mit dem Freigabenamen ZETTEL und einer Beschreibung freizugeben, geben Sie beispielsweise folgendes ein:

```
net share zettel=c:\briefe /remark:"Gesamte Laufpost."
```

Um die Freigabe des Verzeichnisses C:\BRIEFE aufzuheben, geben Sie folgendes ein:

```
net share zettel /delete
```

Um das Verzeichnis C:\WINDOWS NT eines Computers unter dem Freigabenamen MS-NT freizugeben, geben Sie folgendes ein:

```
net share ms-nt="c:\Windows NT"
```

Net Start

Startet einen Dienst oder zeigt eine Liste der gestarteten Dienste an. Namen von Diensten, die aus mehr als einem Wort bestehen, müssen in Anführungszeichen stehen («»).

```
net start [Dienst]
```

Parameter

keine
    Ohne Parameter zeigt NET START eine Liste der gestarteten Dienste an.

Dienst
    Sie können die folgenden Dienste einsetzen: **alerter, client service for netware, clipbook server, computer browser, dhcp client, directory replicator, eventlog, ftp publishing service, lpdsvc, messenger, net logon, network dde, network dde dsdm, network monitor agent, nt lm security support provider, ole, remote access connection manager, remote access isnsap service, remote access server, remote procedure call (rpc) locator, remote procedure call (rpc) service, schedule, server, simple tcp/ip services, snmp, spooler, tcp/ip netbios helper, ups** und **workstation**.

Folgende Dienste sind nur unter Windows NT Server verfügbar: **file server for macintosh, gateway service for netware, microsoft dhcp server, print server for macintosh, remoteboot, Windows internet name service**.

Startet den DHCP-Client-Dienst. Dieser Befehl ist nur verfügbar, wenn das TCP/IP-Protokoll installiert wurde.

```
net start "dhcp client"
```

Startet den Gateway Service für NetWare. Dieser Befehl ist nur unter Windows NT Server verfügbar, wenn der Gateway Service für NetWare installiert wurde.

```
net start "gateway service for netware"
```

Startet den Serverdienst. Mit diesem Dienst kann ein Computer Ressourcen im Netzwerk freigeben.

```
net start server
```

Net Statistics

Zeigt das Statistikprotokoll des lokalen Arbeitsstations- oder Serverdienstes an.

```
net statistics [workstation | server]
```

Parameter

keine
   Ohne Parameter listet net statistics die ausgeführten Dienste auf, zu denen Statistiken angezeigt werden können.

workstation
   Zeigt die Statistik des lokalen Arbeitsstationsdienstes an.

server
   Zeigt die Statistik des lokalen Serverdienstes an.

Um die Statistik für den Serverdienst am Bildschirm seitenweise anzuzeigen, geben Sie folgendes ein:

```
net statistics server | more
```

Net Stop

Beendet einen Windows NT-Netzwerkdienst.

```
net stop Dienst
```

Parameter

Dienst

Sie können die folgenden Dienste einsetzen: **alerter, client service for netware, clipbook server, computer browser, directory replicator, ftp publishing service, lpdsvc, messenger, net logon, network dde, network dde dsdm, network monitor agent, nt lm security support provider, ole, remote access connection manager, remote access isnsap service, remote access server, remote procedure call (rpc) locator, remote procedure call (rpc) service, schedule, server, simple tcp/ip services, snmp, spooler, tcp/ip netbios helper, ups** und **workstation**.

Folgende Dienste sind nur unter Windows NT Server verfügbar: **file server for macintosh, gateway service for netware, microsoft dhcp server, print server for macintosh, Windows internet name service**.

Net Time

Synchronisiert die Systemzeit des Computers mit der eines anderen Computers oder einer Domäne. Ohne den Parameter /set zeigt net time die Systemzeit eines anderen Computers oder einer Domäne an.

```
net time [\\Computer-Name | /domain[:Name]] [/set]
```

Parameter

\\Computer_Name
   Der Name des Servers, dessen Zeit angezeigt oder übernommen werden soll.

/domain[:Name]
   Der Name der Domäne, mit der die Zeit synchronisiert werden soll.

/set
   Synchronisiert die Uhr des Computers mit der Zeit des angegebenen Computers oder der angegebenen Domäne.

Net Use

Verbindet einen Computer mit einer freigegebenen Ressource oder trennt die Verbindung. Zeigt Informationen über die Verbindungen eines Computers an. Der Befehl steuert außerdem ständige Netzwerkverbindungen.

```
net use [Gerätename | *] [\\Computer_Name\Freigabename[\Datenträger] [Kennwort |
*]] [/user:[Domänenname\]Benutzername] [[/delete] | [/persistent:{yes | no}]]
net use Gerätename [/home[Kennwort | *]] [/delete:{yes | no}]
net use [/persistent:{yes | no}]
```

Parameter

keine
: Ohne Parameter zeigt NET USE eine Liste der Netzwerkverbindungen an.

Gerätename
: Der Name der Ressource, zu der die Verbindung hergestellt werden soll, oder des Geräts, das getrennt werden soll. Es gibt zwei Arten von Gerätenamen: für Laufwerke (D: bis Z:) und für Drukker (LPT1 bis LPT3). Geben Sie ein Sternchen (*) anstelle eines Gerätenamens ein, um den nächsten verfügbaren Gerätenamen zuzuordnen.

\\Computer_Name\Freigabename
: Der Name des Servers und der freigegebenen Ressource. Wenn Computer_Name Leerzeichen enthält, müssen die beiden umgekehrten Schrägstriche (\\) und der Computer-Name in Anführungszeichen («») stehen. Die Länge des Computer-Namens kann 1-15 Zeichen betragen.

\Datenträger
: Gibt einen NetWare-Datenträger auf dem Server an. Voraussetzung für das Verbinden zu NetWare-Servern ist, daß Client Service für NetWare (Windows NT Workstation) oder Gateway Service für NetWare (Windows NT Server) installiert sind und ausgeführt werden.

Kennwort
: Das Kennwort, das für den Zugriff auf die freigegebene Ressource erforderlich ist.

*
: Die Eingabeaufforderung für das Kennwort wird angezeigt. Wenn Sie Ihr Kennwort hier eingeben, wird es bei der Eingabe nicht angezeigt.

/user
: Gibt einen anderen Benutzernamen an, mit dem die Verbindung hergestellt wird.

Domänenname
: Der Name einer anderen Domäne. Beispielsweise verbindet die Eingabe von NET USE D:\\SERVER_NAME\FREIGABENAME /USER:ADMIN\WOLFGANG den Benutzer Wolfgang auf dieselbe Weise, als ob die Verbindung von der Domäne Admin aus hergestellt würde. Ohne Eingabe eines Domänennamens gilt die aktuelle Domäne, an der der Benutzer angemeldet ist.

Benutzername
: Gibt den Benutzernamen an, unter dem die Anmeldung erfolgen soll.

/home
: Verbindet einen Benutzer mit seinem Basisverzeichnis.

/delete
: Bricht eine Netzwerkverbindung ab. Bei Angabe eines Sternchens (*) anstelle eines Gerätenamens werden alle Netzwerkverbindungen abgebrochen.

/persistent
    Steuert die Verwendung ständiger Netzwerkverbindungen. Die Standardeinstellung sieht die zuletzt verwendete Einstellung vor. Verbindungen ohne Gerätenamen können nicht als ständige Verbindungen fungieren.

yes
    Speichert alle hergestellten Verbindungen und stellt sie bei der nächsten Anmeldung wieder her.

no
    Aktuelle und nachfolgende Verbindungen werden nicht gespeichert. Bereits bestehende Verbindungen werden bei der nächsten Anmeldung wiederhergestellt. Mit der Option /delete können Sie ständige Verbindungen löschen.

Um dem freigegeben Verzeichnis BRIEFE auf dem Server \\VERKAUF den Laufwerks-Gerätenamen E: zuzuweisen, geben Sie folgendes ein:

    net use e: \\VERKAUF\briefe

Um dem Verzeichnis OSSI auf dem Datenträger BRIEFE auf dem NetWare-Server VERKAUF den Laufwerks-Gerätenamen X: zuzuweisen, geben Sie folgendes ein:

    net use x: \\VERKAUF\briefe\ossi

Um der freigegeben Druckerwarteschlange IBMLASER auf dem Server \\VERKAUF den Gerätenamen LPT1: zuzuweisen, geben Sie folgendes ein:

    net use lpt1: \\VERKAUF\ibmlaser

Um die Verbindung zu der Druckerwarteschlange LPT1 zu trennen, geben Sie folgendes ein:

    net use lpt1: /delete

Um einem Basisverzeichnis als Benutzer Ossi den Laufwerks-Gerätenamen H: zuzuweisen, geben Sie folgendes ein:

    net use h: /home /user:ossi

Um dem freigegeben Verzeichnis ANGEBOT des Servers \\VERKAUF den Gerätenamen F: zuzuweisen, wobei für den Zugriff das Kennwort ABCDEF erforderlich sein und es sich nicht um eine ständige Verbindung handeln soll, geben Sie folgendes ein:

    net use f: \\VERKAUF\angebot abcdef /persistent:no

Um die Verbindung zum Verzeichnis \\VERKAUF\ANGEBOT zu trennen, geben Sie folgendes ein:

    net use f: \\VERKAUF\angebot /delete

Um eine Verbindung zu einer freigegebenen Ressource auf dem Server \\VERKAUF 2 herzustellen, geben Sie folgendes ein:

    net use k: "\\VERKAUF 2"\daten

Servernamen mit Leerzeichen müssen in Anführungszeichen gesetzt werden, da andernfalls eine Fehlermeldung angezeigt wird.

Um die aktuellen Verbindungen unabhängig von vorgenommenen Änderungen bei jeder Anmeldung wiederherzustellen, geben Sie folgendes ein:

```
net use /persistent:yes
```

Net User

Fügt Benutzerkonten hinzu, ändert sie oder zeigt Informationen über Benutzerkonten an.

```
net user [Benutzername [Kennwort | *] [Optionen]] [/domain]
net user Benutzername {Kennwort | *} /add [Optionen] [/domain]
net user Benutzername [/delete] [/domain]
```

Parameter

keine
    Ohne Parameter zeigt NET USER eine Liste der Benutzerkonten auf dem Computer an.

Benutzername
    Der Name des Benutzerkontos, das hinzugefügt, gelöscht, geändert oder angezeigt werden soll. Die maximale Länge eines Benutzernamens beträgt 20 Zeichen.

Kennwort
    Weist dem Benutzerkonto ein Kennwort zu oder ändert es. Das Kennwort muß die mit der Option /minpwlen des Befehls net accounts festgelegte Mindestlänge aufweisen. Die maximale Länge beträgt 14 Zeichen.

*
    Die Eingabeaufforderung für das Kennwort wird angezeigt. Wenn Sie Ihr Kennwort hier eingeben, wird es nicht angezeigt.

/domain
    Führt die Operation auf dem primären Domänen-Controller der primären Domäne des Computers aus.

Dieser Parameter gilt nur für Computer unter Windows NT Workstation, die Mitglieder einer Windows NT-Domäne sind. Computer unter Windows NT Server führen diese Operation standardmäßig auf dem primären Domänen-Controller aus.

Anmerkung: Diese Operation wird auf dem primären Domänen-Controller der primären Domäne des Computers ausgeführt. Dies muß nicht die Domäne sein, an die sich der Benutzer angemeldet hat.

/add
    Fügt der Benutzerkontendatenbank ein Benutzerkonto hinzu.

/delete
    Löscht ein Benutzerkonto aus der Benutzerkontendatenbank.

Optionen:

/active:{no | yes}
    Aktiviert oder deaktiviert das Benutzerkonto. Ist ein Benutzerkonto deaktiviert, kann der Benutzer nicht auf Ressourcen auf dem Computer zugreifen. Die Standardeinstellung ist yes (aktiviert).

/comment:»Beschreibung«
Es kann eine Beschreibung zum Benutzerkonto eingegeben werden. Die maximale Länge einer Beschreibung beträgt 48 Zeichen. Schreiben Sie den Text unbedingt unter Anführungszeichen!

/countrycode:nnn
Verwendet die Ländereinstellungen des Betriebssystems, mittels derer die Dateien der Hilfe und der Fehlermeldungen in der jeweiligen Sprache angezeigt werden. Bei Eingabe des Wertes 0 wird die Standardländereinstellung gewählt.

/expires:{Datum | never}
Läßt ein Benutzerkonto zum angegebenen Datum ablaufen; bei Eingabe von NEVER wird keine zeitliche Beschränkung für das Benutzerkonto festgelegt. Ablaufdaten müssen je nach angegebener Ländereinstellung (/COUNTRYCODE) im Format TT/MM/JJ oder MM/TT/JJ etc. eingegeben werden. Die Gültigkeit eines Kontos läuft zu Beginn des angegebenen Datums ab. Monatsnamen können ausgeschrieben, mit drei Buchstaben abgekürzt oder als Zahlen geschrieben werden. Jahreszahlen können aus zwei oder vier Ziffern bestehen. Verwenden Sie als Trennzeichen zwischen Tages-, Monats- und Jahreseingabe Kommata oder Schrägstriche, jedoch keine Leerzeichen. Wenn keine Jahreszahl eingegeben wird, wird ausgehend von der Systemzeit das nächste Auftreten des angegebenen Datums angenommen. So sind folgende Schreibweisen des Datums gültig, sofern die Eingabe zwischen dem 10. Januar 1994 und dem 8. Januar 1995 erfolgt:

9.Jan9.1.959.Januar 19959.1

/fullname:«Name«
Ermöglicht die Eingabe des vollständigen Namens eines Benutzers. Geben Sie den Namen in Anführungszeichen ein.

/homedir:Pfad
Bezeichnet den Pfad für das Basisverzeichnis eines Benutzers. Der Pfad muß bereits existieren.

/homedirreq:{yes | no}
Legt fest, ob ein Basisverzeichnis vorhanden sein muß.

/passwordchg:{yes | no}
Legt fest, ob Benutzer ihr Kennwort ändern können. Die Standardeinstellung ist **yes**.

/passwordreq:{yes | no}
Legt fest, ob ein Benutzerkonto ein Kennwort benötigt. Die Standardeinstellung ist **yes**.

/profilepath:[Pfad]
Bezeichnet den Pfad für das Anmeldeprofil des Benutzers. Der eingegebene Pfadname verweist auf ein Registrierungsprofil.

/scriptpath:Pfad
Bezeichnet den Pfad für das Anmeldeskript des Benutzers. Der Pfad kann kein absoluter Pfad sein, er ist relativ zu WINNT\SYSTEM32\REPL\IMPORT\SCRIPTS.

/times:{Zeiten | all}
Legt fest, wann ein Benutzer den Computer verwenden darf. Die Werte für Zeiten werden in der Form Tag[-Tag][,Tag[-Tag]] ,Uhrzeit[-Uhrzeit][,Uhrzeit[-Uhrzeit]] angegeben, wobei die Angabe der Uhrzeit zu vollen Stunden im 12- oder 24-Stunden-Format erfolgen muß. Tage können ausgeschrieben oder abgekürzt werden (Mo, Di, Mi, Do, Fr, Sa, So). Beim 12-Stunden-Format muß nach der Uhrzeit AM, PM, oder A.M., P.M. stehen. Bei Eingabe des Wertes all kann der Benutzer sich jederzeit anmelden. Ein Nullwert (Leerzeichen) bewirkt, daß der

Benutzer sich überhaupt nicht anmelden kann. Tag und Uhrzeit werden mit einem Komma getrennt, mehrere aufeinanderfolgende Zeitangaben mit einem Semikolon (z.B. Mo,14:00-15:00;Di,11:00-13:00). Verwenden Sie bei den Angaben zu /TIMES keine Leerzeichen.

/usercomment:«Beschreibung«
Der Administrator kann eine Beschreibung zum jeweiligen Benutzerkonto eingeben oder ihn ändern. Schreiben Sie den Text unbedingt unter Anführungszeichen!

/workstations:{Computer_Name[,...] | *}
Es können maximal acht Arbeitsstationen eingegeben werden, von denen aus sich der Benutzer am Netzwerk anmelden kann. Trennen Sie mehrere Einträge durch Kommata. Wenn unter /WORKSTATIONS nichts oder * eingetragen ist, kann sich der Benutzer von jedem Computer aus anmelden.

Um eine Liste aller Benutzerkonten auf dem lokalen Computer anzuzeigen, geben Sie folgendes ein:

```
net user
```

Um Informationen über das Benutzerkonto Wolfgang anzuzeigen, geben Sie folgendes ein:

```
net user wolfgang
```

Um ein Benutzerkonto für Melania Karlsson mit Anmelderechten von Montag bis Freitag zwischen 8 und 17 Uhr (Zeitangaben ohne Leerzeichen), obligatorischer Kennworteingabe und Angabe des Eigennamens des Benutzers einzurichten, geben Sie folgendes ein:

```
net user karlsson karlsson /add /passwordreq:yes /times:Montag-Freitag,08:00-17:00 /fullname:"Melania Karlsson"
```

Der Benutzername (karlsson) wird beim zweiten Mal als Kennwort eingegeben.

Um für MARIA die Anmeldezeiten (zwischen 8 und 17 Uhr) im 24-Stunden-Format einzustellen, geben Sie folgendes ein:

```
net user maria /times:Mo-Fr,08:00-17:00
```

Um für MARIA die Anmeldezeiten (zwischen 8 und 17 Uhr) im 12-Stunden-Format einzustellen, geben Sie folgendes ein:

```
net user maria /times:Mo-Fr,8am-5pm
```

Um für klaus die Anmeldezeiten Montag zwischen 4 und 17 Uhr, Dienstag zwischen 13 und 17 Uhr und Mittwoch bis Freitag zwischen 8 und 17 Uhr festzulegen, geben Sie folgendes ein:

```
net user klaus /times:Mo,4-17;Di,13-17;Mi-Fr,8am-5pm
```

Um festzulegen, daß für peter ein Basisverzeichnis obligatorisch ist, und um \\SERVER\BENUTZER\PETER als Basisverzeichnis zu bestimmen, geben Sie folgendes ein:

```
net user peter /homedirreq:yes /homedir \\SERVER\BENUTZER\PETER
```

Net View

Zeigt eine Liste der Domänen, eine Liste der Computer oder die von dem angegebenen Computer freigegebenen Ressourcen an.

```
net view [\\Computer_Name | /domain[:Domänenname]]
net view /network:nw [\\Computer_Name]
```

Parameter

keine
Ohne Parameter zeigt NET VIEW eine Liste der Computer in der aktuellen Domäne an.

\\Computer_Name
Der Name des Computers, dessen freigegebene Ressourcen Sie anzeigen möchten.

/domain[:Domänenname]
Der Name der Domäne, deren verfügbare Computer Sie anzeigen möchten. Ohne Eingabe eines Domänennamens werden alle Domänen im Netzwerk angezeigt.

/network:nw
Zeigt alle verfügbaren Server auf einem NetWare-Netzwerk an. Bei Angabe eines Computer-Namens werden die Ressourcen angezeigt, die auf diesem Computer im NetWare-Netzwerk verfügbar sind. Werden andere Netzwerke zum System hinzugefügt, können sie ebenfalls mit diesem Parameter angegeben werden.

15.4.2 Andere relevante Befehle

At

Der Befehl at steuert den zeitlichen Ablauf von Befehlen und Programmen, die zu einem bestimmten Zeitpunkt und Datum auf einem Computer ausgeführt werden sollen. Dazu muß der Zeitplandienst ausgeführt werden.

```
at [\\Computername] [[id] [/delete] [/yes]]
at [\\Computername] Zeit [/interactive] [/every:Datum[,...] | /next:Datum[,...]]
"Befehl"
```

Parameter

Keine
Zeigt geplante Befehle an.

\\Computername
Gibt einen Remote-Computer an. Wenn dieser Parameter weggelassen wird, werden die Befehle auf dem lokalen Computer geplant.

id
Ist eine Kennummer, die einem geplanten Befehl zugewiesen wurde.

/delete
Löscht einen geplanten Befehl. Falls id nicht angegeben wird, werden alle geplanten Befehle auf dem Computer gelöscht.

/yes
Erzwingt eine positive Antwort auf alle Fragen vom System, wenn geplante Ereignisse gelöscht werden.

Zeit
Gibt die Uhrzeit an, wann der Befehl ausgeführt werden soll. Die Zeit wird angegeben in Stunden:
Minuten in 24-Stunden-Schreibweise (00:00 [Mitternacht] bis 23:59).

/interactive
: Ermöglicht dem Auftrag, mit dem Desktop des Benutzers zusammenzuarbeiten, der zu dem Zeitpunkt angemeldet ist, zu dem der Auftrag ausgeführt wird.

/every:Datum[,...]
: Führt den Befehl an jedem angegebenen Tag der Woche oder des Monats aus (beispielsweise jeden Donnerstag oder jeden dritten Tag des Monats). Geben Sie Datum als einen oder mehrere Wochentage (Mo, Di, Mi, Do, Fr, Sa, So) oder als einen oder mehrere Tage des Monats (mit Zahlen von 1 bis 31) an. Trennen Sie mehrere Einträge von Datum mit Kommata. Wird Datum nicht angegeben, wird der aktuelle Tag des Monats verwendet.

/next:Datum[,...]
: Führt den angegebenen Befehl beim nächsten Eintreten des Tages (beispielsweise am nächsten Donnerstag) aus. Geben Sie Datum als einen oder mehrere Wochentage (Mo, Di, Mi, Do, Fr, Sa, So) oder als einen oder mehrere Tage des Monats (mit Zahlen von 1 bis 31) an. Trennen Sie mehrere Einträge von Datum mit Kommata. Wird Datum nicht angegeben, wird der aktuelle Tag des Monats verwendet.

»Befehl«
: Ist der auszuführende Befehl von Windows NT, ein Programm (mit der Dateierweiterung .EXE bzw. .COM) oder ein auszuführendes Stapelverarbeitungsprogramm (mit der Dateierweiterung .BAT- bzw. .CMD). Wenn der Befehl einen Pfadnamen als Argument benötigt, verwenden Sie den absoluten Pfad. Der absolute Pfad besteht aus dem vollständigen Pfadnamen, beginnend mit dem Laufwerkbuchstaben. Falls der Befehl auf einem Remote-Computer ausgeführt wird, sollten Sie \\Server\Freigabe angeben, und nicht den Buchstaben eines Netzlaufwerks. Sie können den auszuführenden Befehl in Anführungszeichen schreiben (unabhängig davon, ob at von der Befehlszeile oder einer Stapeldatei aus ausgeführt wurde). Wenn der Befehl Optionen enthält, die sowohl vom Befehl selbst als auch von at verwendet werden, müssen Sie den Befehl in Anführungszeichen setzen. Wenn es sich bei dem Befehl nicht um eine ausführbare Datei (.EXE) handelt, stellen Sie dem Befehl cmd /c voran (Beispiel: cmd /c dir > c:\test.out).

Cacls

Zeigt die Zugriffskontrollisten (ACL – Access Control List) für Dateien an oder ändert sie.

```
cacls Dateiname [/t] [/e] [/c] [/g Benutzer:Berechtigung] [/r Benutzer [...]] [/p
Benutzer:
Berechtigung [...]] [/d Benutzer [...]]
```

Parameter

Dateiname
: Zeigt die ACLs der angegebenen Datei/en an.

/t
: Ändert die ACLs der angegebenen Dateien im aktuellen Verzeichnis und allen Unterverzeichnissen.

/e
: Bearbeitet die ACL, anstatt sie zu ersetzen.

/c
: Führt das Ändern der ACLs fort, ohne Fehler zu beachten.

/g Benutzer:Berechtigung
  Weist den angegebenen Benutzern Zugriffsberechtigungen zu. Mögliche Berechtigungen sind:

  r Lesen
  c Ändern (Schreiben)
  f Vollzugriff

/r Benutzer
  Hebt die Zugriffsrechte für den angegebenen Benutzer auf.

/p Benutzer:Berechtigung
  Ersetzt die Zugriffsrechte des angegebenen Benutzers. Mögliche Berechtigungen sind:

  n Keine
  r Lesen
  c Ändern (Schreiben)
  f Vollzugriff

/d Benutzer
  Lehnt angegebene Zugriffsrechte für Benutzer ab.

Es ist möglich, mehrere Dateien oder Benutzer in einem Befehl anzugeben.

Convert

Wandelt FAT- in NTFS-Datenträger um. Sie können das aktuelle Laufwerk nicht umwandeln. Falls CONVERT das Laufwerk nicht sperren kann, wird angeboten, es beim nächsten Neustart umzuwandeln.

NTFS-Datenträger sind die Grundlage der lokalen NTFS-Sicherheit sowie einer Reihe von Netzwerkfunktionalitäten. Verbindungsprogramme zu UNIX und das POSIX-Subsystem benötigen NTFS ebenso wie die SERVICES FÜR MACINTOSH.

```
convert [Laufwerk:] /fs:ntfs [/v] [/nametable:Dateiname]
```

Parameter

Laufwerk
  Gibt das Laufwerk an, das in das NTFS-Format umgewandelt werden soll.

/fs:ntfs
  Gibt an, den Datenträger in NTFS umzuwandeln.

/v
  Gibt den ausführlichen Anzeigemodus an. Alle Meldungen werden während der Umwandlung angezeigt.

/nametable:Dateiname
  Erstellt eine Namenübersetzungstabelle im Stammverzeichnis des umgewandelten Datenträgers unter Verwendung des angegebenen Dateinamens. Verwenden Sie diesen Parameter, wenn das Konvertieren von Dateien mit ungewöhnlichen Dateinamen Schwierigkeiten bereitet.

Ipxroute

Zeigt die Informationen über die Routing-Tabellen des IPX-Protokolls an oder ändert sie. Dieser Befehl besitzt verschiedene Optionen für IPX-Routing und für Quell-Routing. Alle Optionen müssen mit Leerzeichen getrennt werden.

IPX-Routing-Optionen

```
ipxroute servers [/type=x]
ipxroute stats [/show] [/clear]
ipxroute table
```

Parameter

servers [/type=x]
  Zeigt die SAP-Tabelle für den angegebenen Server-Typ an. x ist eine Ganzzahl. /type=4 zeigt beispielsweise alle Dateiserver an. Ist /type nicht angegeben, werden alle Typen von Servern angezeigt. Die Liste ist nach Servernamen sortiert.

stats [/show] [/clear]
  Zeigt die IPX-Router-Schnittstellenstatistik an oder setzt sie zurück. /show ist die Standardoption. /clear setzt die Statistik zurück.

table
  Zeigt die IPX-Routing-Tabelle an, sortiert nach der Netzwerknummer.

Quell-Routing-Optionen

```
ipxroute board=n [clear] [def] [gbr] [mbr] [remove=xxxxx]
ipxroute config
```

Parameter

board=n
  Gibt die Netzwerkkarte an, für die die Anfrage durchgeführt oder die Parameter gesetzt werden.

clear
  Löscht die Quell-Routing-Tabelle

def
  Sendet Pakete an die ALL ROUTES-Rundsendung. Wenn ein Paket an eine eindeutige Mac-Adresse übertragen wird, die nicht in der Quell-Routing-Tabelle vorhanden ist, wird das Paket standardmäßig zur SINGLE ROUTES-Rundsendung gesendet.

gbr
  Sendet Pakete an die ALL ROUTES-Rundsendung. Wird ein Paket zu der Übertragungsadresse (FFFFFFFFFFFF) gesendet, wird das Paket standardmäßig zur SINGLE ROUTES-Rundsendung gesendet.

mbr
  Sendet Pakete an die ALL ROUTES-Rundsendung. Wird ein Paket an eine Multicast-Adresse (C000xxxxxxxx) gesendet, wird das Paket standardmäßig zur SINGLE ROUTES-Rundsendung gesendet.

remove=xxxxx
  Entfernt die angegebene Knoten-Adresse aus der Quell-Routing-Tabelle.

config
  Zeigt Informationen für alle Bindungen an, für die IPX konfiguriert ist.

15.4.3 FTP

FTP steht für *File Transmission Protocol*. FTP ist ein Protokoll der TCP/IP-Familie und darüber hinaus fest ins Internet integriert. Mit Hilfe von FTP werden Daten übertragen. Sogar wenn Sie mit einem Web Browser eine Datei aus dem Internet herunterladen, kommt in Wirklichkeit das FTP-Protokoll ins Spiel.

FTP ist aber gleichzeitig auch ein Anwendungsprogramm, nämlich jenes Programm, mit dem man die Dateien herunter- oder hinaufladen kann.

Windows NT liefert ein einfaches FTP-Client-Programm mit. Es gibt zahlreiche Ersatzprogramme von anderen Firmen, die zum Teil sogar eine grafische Bedienungsoberfläche mitliefern. Außerdem ist FTP in der Regel in allen UNIX-Connectivity-Produkten enthalten.

Einen FTP-Server gibt es standardmäßig in Windows NT nur im Rahmen des INTERNET INFORMATION SERVER, und dieser kann nur auf Server-Maschinen installiert werden. Doch auch hier gibt es eine Reihe von Anbietern, die FTP-Serverdienste entweder einzeln anbieten oder mit größeren Produkten mitliefern. Zum Teil sind solche Serverdienste sogar als Freeware oder Shareware erhältlich.

Wenn Sie den INTERNET INFORMATION SERVER verwenden, um einen FTP-Server bereitzustellen, sollten Sie die Sicherheitseinstellungen sorgsam wählen.

Selbstverständlich ist es möglich, eine Anmeldung zu verlangen. Nur jene Benutzer, die in der Benutzerdatenbank von Windows NT ein gültiges Benutzerkonto besitzen, können dann auf den Dienst zugreifen. Die Sache hat allerdings einen Haken: Benutzername und das Kennwort werden als reiner Text über das Kabel geschickt. Für jemanden, der mit einem Sniffer oder Netzwerkmonitor umgehen kann, ist das ein gefundenes Fressen.

Vor allem wenn dieser FTP-Server auch eine Verbindung zum Internet hat, sollten Sie damit sehr vorsichtig umgehen. Eine Lösung wäre, ausschließlich anonyme Anmeldungen zuzulassen. In diesem Fall wird als Benutzername »anonymous« verwendet, und das Kennwort entfällt bzw. akzeptiert die Mail-Adresse des Benutzers (siehe Bild 15.28).

FTP ist ein recht wichtiger Dienst, wenn man Windows NT entweder mit UNIX verbindet oder wenn man Windows NT mit TCP/IP verwendet und alle anderen Systeme, die ins Netzwerk eingebunden sind, mit demselben Protokoll arbeiten. FTP gehört zum Standardumfang von TCP/IP, deshalb ist dieses Programm auf allen Plattformen verfügbar.

In der Folge werden die Befehle vorgestellt, die im standardmäßig mitgelieferten FTP-Client-Programm für Windows NT enthalten sind.

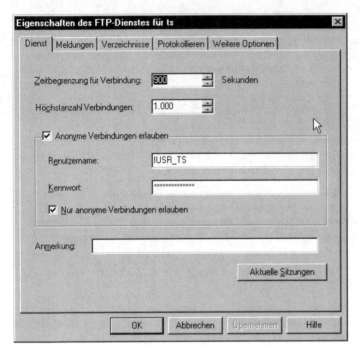

Bild 15.28:
Anmeldeeinstellungen
für FTP

Optionen für den Befehl FTP

FTP überträgt Dateien zu und von einem Knoten, der den FTP-Serverdienst, der unter UNIX als Daemon bezeichnet wird, ausführt. FTP kann interaktiv ausgeführt werden. Dieser Befehl ist selbstverständlich nur dann verfügbar, wenn das TCP/IP-Protokoll installiert wurde.

ftp [-v] [-d] [-i] [-n] [-g] [-a] [-w:Puffergröße] [-s:Dateiname] [Host]

Parameter

-v

Unterdrückt die Anzeige der Rückmeldungen des entfernten Servers.

-n

Unterdrückt die automatische Anmeldung beim Verbindungsaufbau.

-i

Schaltet bei der Übertragung mehrerer Dateien die interaktiven Eingabeaufforderungen ab.

-d

Aktiviert den Debug-Modus. Es werden alle FTP-Befehle angezeigt, die zwischen Client und Server ausgetauscht werden.

-g

Deaktiviert den Glob-Modus. Dieser Modus erlaubt das Verwenden von Stellvertreterzeichen in lokalen Datei- und Pfadnamen.

-s:Dateiname
: Gibt eine Textdatei an, die FTP-Befehle enthält. Die Befehle werden automatisch beim Start von FTP ausgeführt. Dieser Parameter darf keine Leerzeichen enthalten. Verwenden Sie diesen Parameter anstelle der Umleitung »>«.

-a
: Verwendet eine beliebige lokale Schnittstelle für die Bindung einer Datenverbindung.

-w:Puffergröße
: Überschreibt die Standardgröße von 4096 Bytes des Übertragungspuffers.

Host
: Gibt den Host-Namen oder die IP-Adresse des Remote-Hosts an, zu dem eine Verbindung hergestellt werden soll. Wenn der Host angegeben wird, muß er den letzten Parameter in der Befehlszeile bilden.

FTP-Befehle

Nach dem Verbindungsaufbau fragt FTP nach dem Benutzernamen und einem Kennwort. Jetzt kommt es auf die Einstellungen der Host-Maschine an. Es könnte sein, daß Sie einen eingerichteten Benutzernamen und dessen Kennwort kennen müssen.

Es könnte aber auch sein, daß *anonyme* Anmeldungen zugelassen sind. Diese funktionieren in der Regel mit dem Benutzernamen ANONYMOUS. Das Kennwort ist entweder leer oder besteht aus der Mail-Adresse. FTP hat allerdings keine Möglichkeit, die Mail-Adresse auf ihre Korrektheit hin zu überprüfen.

Bei anonymen Anmeldungen hat der Benutzer in der Regel nur Leserecht.

Nachdem die Anmeldung erfolgreich verlaufen ist, befindet man sich in einer FTP-Kommandozeile. Diese funktioniert so ähnlich wie die Kommandozeile von Windows NT oder anderen Systemen, verfügt jedoch über einen anderen Befehlssatz. Dieser Befehlssatz wird anschließend vorgestellt:

FTP: !

Mit dem Rufzeichen haben Sie die Möglichkeit, einen Befehl aufzurufen, der nicht zu den FTP-Befehlen gehört. Dieser Befehl wird auf dem lokalen Computer ausgeführt.

```
! Befehl
```

Parameter

Befehl
: Gibt den lokal auszuführenden Befehl an. Ohne Angabe von Befehl wird die lokale Eingabeaufforderung angezeigt. Geben Sie EXIT ein, um zu FTP zurückzukehren.

FTP: ?

Zeigt eine Beschreibung der FTP-Befehle. ? ist identisch mit HELP.

```
? [Befehl]
```

Parameter

Befehl
　Gibt den Namen des Befehls an, zu dem Sie eine Beschreibung ansehen möchten. Ohne die Angabe von *Befehl* zeigt FTP eine Liste aller Befehle an.

Ftp: append

Hängt eine lokale Datei an eine Datei auf dem entfernten Computer unter Verwendung der aktuellen Dateityp-Einstellungen an.

```
append Lokale_Datei [Remote_Datei]
```

Parameter

Lokale_Datei
　Gibt die lokale Datei an, die hinzugefügt werden soll.

Remote_Datei
　Bezeichnet die Datei auf dem entfernten Computer, an die die Datei *Lokale_Datei* angehängt wird. Ohne Angabe von *Remote_Datei* wird der lokale Dateiname für den Remote-Dateinamen verwendet.

Ftp: ascii

Stellt den Dateiübertragungsmodus auf ASCII ein.

```
ascii
```

FTP unterstützt zwei Dateiübertragungsmodi: ASCII und binär. Bei der Übertragung von Textdateien sollte der ASCII-Modus verwendet werden. Siehe auch BINARY.

Im ASCII-Modus werden Zeichen in den bzw. vom Netzwerk-Standardzeichensatz konvertiert. So werden zum Beispiel Zeilenendezeichen (End-Of-Line) konvertiert, wenn das für das Zielbetriebssystem notwendig ist.

Ftp: bell

Aktiviert/Deaktiviert ein akustisches Signal nach beendeter Dateiübertragung. Standardmäßig ist das akustische Signal ausgeschaltet.

```
bell
```

Ftp: binary

Stellt den Dateiübertragungsmodus *Binär* ein.

```
binary
```

FTP unterstützt zwei Dateiübertragungsmodi: ASCII und binär. Bei der Übertragung von ausführbaren Dateien sollte der Binärmodus verwendet werden. Im Binärmodus wird die Datei byteweise übertragen. Siehe auch ASCII.

Ftp: bye

Beendet die FTP-Sitzung mit dem Remote-Computer und das Programm FTP.

```
bye
```

Ftp: cd

Wechselt das Arbeitsverzeichnis auf dem entfernten Computer.

`cd Remote_Verzeichnis`

Parameter

Remote_Verzeichnis
    Gibt das Verzeichnis auf dem entfernten Computer an, zu dem gewechselt werden soll.

Ftp: close

Beendet die FTP-Sitzung mit dem Remote-Server und kehrt zum Befehlsinterpreter zurück.

`close`

Ftp: debug

Aktiviert/Deaktiviert den Debug-Modus. Im Debug-Modus wird jeder Befehl angezeigt, der an den entfernten Computer gesendet wird. Dem Befehl werden die Zeichen »--->« vorangestellt. Standardmäßig ist der Debug-Modus deaktiviert.

`debug`

Ftp: delete

Löscht Dateien auf dem entfernten Computer.

`delete Remote_Datei`

Parameter

Remote_Datei
    Gibt die Datei an, die gelöscht werden soll.

Ftp: dir

Zeigt eine Liste der in einem Verzeichnis auf dem entfernten Computer enthaltenen Dateien und Unterverzeichnisse an.

`dir [Remote_Verzeichnis] [Lokale_Datei]`

Parameter

Remote_Verzeichnis
    Gibt das Verzeichnis an, für das eine Liste angezeigt werden soll. Ohne Angabe eines Verzeichnisses wird das aktuelle Arbeitsverzeichnis auf dem entfernten Computer verwendet.

Lokale_Datei
    Gibt eine lokale Datei für das Speichern der Liste an. Ohne Angabe einer lokalen Datei wird die Liste auf den Bildschirm ausgegeben.

Ftp: disconnect

Trennt die Verbindung zum Remote-Computer und kehrt zur FTP-Eingabeaufforderung zurück.

`disconnect`

Ftp: get

Kopiert eine Remote-Datei auf den lokalen Computer. Dabei wird der aktuelle Dateiübertragungsmodus verwendet.

```
get Remote_Datei [Lokale_Datei]
```

Parameter

Remote_Datei
 Gibt die Remote-Datei an, die auf den lokalen Computer kopiert werden soll.

Lokale_Datei
 Gibt den Namen an, der auf dem lokalen Computer verwendet werden soll. Ohne Angabe einer lokalen Datei wird der Name der Remote-Datei verwendet.

Ftp: glob

Aktivieren/Deaktivieren des Glob-Modus für Dateinamen. Der Glob-Modus erlaubt die Verwendung von Platzhalterzeichen wie Fragezeichen und Asterisk in lokalen Datei- oder Pfadnamen. Standardmäßig ist der Glob-Modus aktiviert.

```
glob
```

Ftp: hash

Aktiviert oder deaktiviert die Ausgabe eines Nummernzeichens (#) für jeden übertragenen Datenblock. Die Größe eines Datenblocks beträgt 2048 Bytes. Standardmäßig ist die Ausgabe des Nummernzeichens deaktiviert.

```
hash
```

Ftp: help

Zeigt Beschreibungen zu den ftp-Befehlen an.

```
help [Befehl]
```

Parameter

Befehl
 Gibt den Namen des Befehls an, zu dem eine Beschreibung angezeigt werden soll. Ohne Angabe von Befehl zeigt FTP eine Liste aller Befehle an.

Ftp: lcd

Wechselt das Arbeitsverzeichnis auf dem lokalen Computer. Standardmäßig wird als Arbeitsverzeichnis das Verzeichnis verwendet, aus dem ftp gestartet wurde.

```
lcd [Verzeichnis]
```

Parameter

Verzeichnis
 Gibt das Verzeichnis auf dem lokalen Computer an, zu dem gewechselt werden soll. Ohne Angabe von Verzeichnis wird das aktuelle Arbeitsverzeichnis auf dem lokalen Computer angezeigt.

Ftp: literal

Sendet Argumente wortgetreu zum FTP-Server. Dafür wird ein einzelner FTP-Antwortcode erwartet.

```
literal Argument [...]
```

Parameter

Argument
    Gibt das Argument an, das an den FTP-Server gesendet werden soll.

Ftp: ls

Zeigt eine Kurzliste der in einem Verzeichnis auf dem entfernten Computer enthaltenen Dateien und Unterverzeichnisse an.

```
ls [Remote_Verzeichnis] [Lokale_Datei]
```

Parameter

Remote_Verzeichnis
    Gibt das Verzeichnis an, für das eine Liste angezeigt werden soll. Ohne Angabe eines Verzeichnisses wird das aktuelle Arbeitsverzeichnis auf dem entfernten Computer verwendet.

Lokale_Datei
    Gibt eine lokale Datei für das Speichern der Liste an. Ohne Angabe einer lokalen Datei wird die Liste auf den Bildschirm ausgegeben.

Ftp: mdelete

Löscht mehrere Dateien auf dem entfernten Computer.

```
mdelete Remote_Datei [...]
```

Parameter

Remote_Datei
    Gibt die entfernten Dateien an, die gelöscht werden sollen.

Ftp: mdir

Zeigt eine Liste der in einem Verzeichnis auf dem entfernten Computer enthaltenen Dateien und Unterverzeichnisse an. MDIR erlaubt die Angabe mehrerer Dateien.

```
mdir Remote_Verzeichnis [...] Lokale_Datei
```

Parameter

Remote_Verzeichnis
    Gibt das Verzeichnis an, für das eine Liste angezeigt werden soll. Die Angabe von *Remote_Verzeichnis* ist erforderlich. Geben Sie einen Bindestrich (-) ein, wenn das aktuelle Arbeitsverzeichnis auf dem entfernten Computer verwendet werden soll.

Lokale_Datei
    Gibt eine lokale Datei für das Speichern der Liste an. Geben Sie einen Bindestrich (-) zur Ausgabe auf dem Bildschirm ein.

Ftp: mget

Kopiert mehrere Remote-Dateien auf den lokalen Computer. Dabei wird der aktuelle Dateiübertragungsmodus verwendet.

```
mget Remote_Datei [...]
```

Parameter

Remote_Datei
    Gibt die Remote-Dateien an, die auf den lokalen Computer kopiert werden sollen.

Ftp: mkdir

Erstellt ein Remote-Verzeichnis.

```
mkdir Verzeichnis
```

Parameter

Verzeichnis
    Gibt den Namen des neuen Remote-Verzeichnisses an.

Ftp: mls

Zeigt in verkürzter Form eine Liste der in einem Verzeichnis auf dem entfernten Computer enthaltenen Dateien und Unterverzeichnisse an.

```
mls Remote_Verzeichnis [...] Lokale_Datei
```

Parameter

Remote_Verzeichnis
    Gibt das Verzeichnis an, für das eine Liste angezeigt werden soll. Die Angabe von Remote_Verzeichnis ist erforderlich. Geben Sie einen Bindestrich (-) ein, wenn das aktuelle Arbeitsverzeichnis auf dem entfernten Computer verwendet werden soll.

Lokale_Datei
    Gibt eine lokale Datei für das Speichern der Liste an. Geben Sie einen Bindestrich (-) zur Ausgabe auf dem Bildschirm ein.

Ftp: mput

Kopiert mehrere lokale Dateien auf den entfernten Computer. Dabei wird der aktuelle Dateiübertragungsmodus verwendet.

```
mput Lokale_Datei [...]
```

Parameter

Lokale_Datei
    Gibt die lokalen Dateien an, die auf den entfernten Computer kopiert werden sollen.

Ftp: open

Stellt eine Verbindung zum angegebenen FTP-Server her.

```
open Host [Anschluß]
```

Anhang 1: Netzwerk-Überblick   547

Parameter

Host
   Gibt den Remote-Computer an, zu dem eine Verbindung hergestellt werden soll. Die Angabe von Host kann als IP-Adresse oder als Host-Name erfolgen. Bei Angabe eines Hostnamens muß die Namensauflösung funktionieren. Falls die automatische Anmeldung aktiviert ist (Standardeinstellung), versucht FTP, den Benutzer am FTP-Server anzumelden (siehe auch FTP-N).

Anschluß
   Gibt eine Anschlußnummer (Port) für den Verbindungsaufbau zum FTP-Server an.

Ftp: prompt

Aktiviert und deaktiviert die interaktive Benutzerführung. Bei der Übertragung von mehreren Dateien kann der Benutzer einzeln auswählen, welche Dateien gesendet oder empfangen werden. MGET und MPUT übertragen alle Dateien, falls die interaktive Benutzerführung deaktiviert ist. Standardmäßig ist sie aktiviert.

```
prompt
```

Ftp: put

Kopiert eine lokale Datei auf den entfernten Computer. Dabei wird der aktuelle Dateiübertragungsmodus verwendet.

```
put Lokale_Datei [Remote_Datei]
```

Parameter

Lokale_Datei
   Gibt die lokale Datei an, die auf den entfernten Computer kopiert werden soll.

Remote_Datei
   Gibt den Namen an, der auf dem entfernten Computer verwendet werden soll. Ohne Angabe einer Remote-Datei wird der Name der lokalen Datei verwendet.

Ftp: pwd

Zeigt das aktuelle Verzeichnis auf dem entfernten Computer an. Sie erinnern sich? Das ist ein UNIX-Befehl!

```
pwd
```

Ftp: quit

Beendet die FTP-Sitzung mit dem Remote-Computer und das Programm FTP.

```
quit
```

Ftp: quote

Sendet Argumente wortgetreu zum FTP-Server. Dafür wird ein einzelner FTP-Antwortcode erwartet. Quote ist identisch mit literal.

```
quote Argument [...]
```

Parameter

Argument
    Gibt das Argument an, das an den FTP-Server gesendet werden soll.

Ftp: recv

Kopiert eine Remote-Datei auf den lokalen Computer. Dabei wird der aktuelle Dateiübertragungsmodus verwendet. RECV ist identisch mit GET.

```
recv Remote_Datei [Lokale_Datei]
```

Parameter

Remote_Datei
    Gibt die Remote-Datei an, die auf den lokalen Computer kopiert werden soll.

Lokale_Datei
    Gibt den Namen an, der auf dem lokalen Computer verwendet werden soll. Ohne Angabe einer lokalen Datei wird der Name der Remote-Datei verwendet.

Ftp: remotehelp

Zeigt Hilfeinformationen für Remote-Befehle an.

```
remotehelp [Befehl]
```

Parameter

Befehl
    Gibt den Namen des Befehls an, für den die Hilfe angezeigt werden soll. Ohne Angabe von Befehl zeigt FTP eine Liste aller Remote-Befehle an.

Ftp: rename

Benennt eine Remote-Datei um.

```
rename alter_Dateiname neuer_Dateiname
```

Parameter

alter_Dateiname
    Gibt den Namen der Datei an, die Sie umbenennen möchten.

neuer_Dateiname
    Gibt den neuen Dateinamen an.

Ftp: rmdir

Löscht ein Remote-Verzeichnis.

```
rmdir Verzeichnis
```

Parameter

Verzeichnis
    Gibt den Namen des Verzeichnisses an, das gelöscht werden soll.

Ftp: send

Kopiert eine lokale Datei auf den entfernten Computer. Dabei wird der aktuelle Dateiübertragungsmodus verwendet. Send ist identisch mit PUT.

```
send Lokale_Datei [Remote_Datei]
```

Parameter

Lokale_Datei
    Gibt die lokale Datei an, die auf den entfernten Computer kopiert werden soll.

Remote_Datei
    Gibt den Namen an, der auf dem entfernten Computer verwendet werden soll. Ohne Angabe einer Remote-Datei wird der Name der lokalen Datei verwendet.

Ftp: status

Zeigt den aktuellen Status der FTP-Verbindung und Schalter an.

```
status
```

Ftp: trace

Aktiviert und deaktiviert die Paketverfolgung. Bei der Ausführung eines FTP-Befehls zeigt TRACE die Route jedes Pakets an.

```
trace
```

Ftp: type

Legt den Dateiübertragungsmodus fest oder zeigt ihn an.

```
type [Typname]
```

Parameter

Typname
    Gibt den Dateiübertragungsmodus an. Standardmäßig ist ASCII aktiviert. Ohne Angabe von Typname wird der aktuelle Übertragungstyp angezeigt.

FTP unterstützt die Dateiübertragungsmodi ASCII und binär.

Bei der Übertragung von Textdateien sollte der ASCII-Modus verwendet werden. Im ASCII-Modus werden Zeichen in den Netzwerk-Standardzeichensatz konvertiert. So werden zum Beispiel Zeilenendezeichen (End-Of-Line) konvertiert, wenn dies für das Zielbetriebssystem erforderlich ist.

Bei der Übertragung von Programmdateien oder auch komprimierten Dateien sollte der Binärmodus verwendet werden. Im Binärmodus wird die Datei byteweise übertragen.

Ftp: user

Sendet Anmeldeinformationen eines Benutzers an den entfernten Computer.

```
user Benutzername [Kennwort] [Konto]
```

Parameter

Benutzername
   Gibt einen Benutzernamen für die Anmeldung an einen entfernten Computer an.

Kennwort
   Gibt das Kennwort für *Benutzername* an. Ohne Angabe von Kennwort fordert FTP, falls erforderlich, zur Eingabe eines Kennworts auf.

Konto
   Gibt ein Konto an, mit dem die Anmeldung an den entfernten Computer erfolgen soll. Ohne Angabe von *Konto* fordert FTP, falls erforderlich, zur Eingabe eines Kontos auf.

Ftp: verbose

Aktiviert und deaktiviert das ausführliche Anzeigeformat, den sogenannten *verbose mode*. Ist dieses Anzeigeformat aktiviert, werden alle FTP-Rückmeldungen angezeigt. Nach einer Dateiübertragung wird außerdem eine Übertragungsstatistik angezeigt. Standardmäßig ist das ausführliche Anzeigeformat aktiviert.

```
verbose
```

15.4.4 Wichtige TCP/IP-Befehle

Für die TCP/IP-Protokollfamilie ist die Befehlszeile ein wichtiges Werkzeug. Sehr viele Befehle arbeiten traditionellerweise in der Befehlszeile und sind oft in einer grafischen Version gar nicht verfügbar. Unter Windows NT arbeiten standardmäßig sogar FTP und TELNET in der Befehlszeile, allerdings gibt es für diesen beiden Programme Ersatz von anderen Herstellern.

Alle der folgenden Befehle funktionieren natürlich nur dann, wenn das TCP/IP-Protokoll installiert und korrekt konfiguriert wurde.

Grundsätzlich gibt es *Verbindungsbefehle*, welche die Verbindung zu anderen Computern aufbauen, und *Diagnosebefehle*, welche bei der Fehlersuche helfen.

Arp

ARP dient zur Anzeige oder Änderung der Übersetzungstabellen, die von ARP (Address Resolution Protocol) für die Umsetzung von IP-Adressen in physische Ethernet- oder Token-Ring-Adressen verwendet werden.

ARP ist gleichzeitig der Name für das Protokoll, das die Namensauflösung von IP-Adressen in Hardware-Adressen vornimmt.

```
arp -a [IP_Adr] [-N [Schnittst]]
arp -d IP_Adr [Schnittst]
arp -s IP_Adr Eth_Adr [Schnittst]
```

Parameter

-a (oder -g)
   Zeigt anhand einer TCP/IP-Abfrage alle aktuellen ARP-Einträge an. Bei Angabe von IP_Adr werden nur die IP-Adresse und die physische Adresse des betreffenden Computers angezeigt.

IP_Adr r
   Gibt eine IP-Adresse als Folge von vier Zahlen, getrennt durch Punkt (.) an.

Anhang 1: Netzwerk-Überblick

-N
    Zeigt die ARP-Einträge für die mit Schnittst angegebene Netzwerkschnittstelle an.

Schnittst r
    Gibt, falls verwendet, die IP-Adresse der Schnittstelle an, deren Adreßübersetzungstabelle geändert werden muß. Falls nicht angegeben, wird die erste verfügbare Schnittstelle verwendet.

-d
    Löscht den mit IP_Adr angegebenen Eintrag.

-s
    Fügt einen Eintrag zum ARP-Cache hinzu, der die IP-Adresse IP_Adr der physischen Adresse Eth_Adr zuordnet. Die physische Adresse wird angegeben als 6 hexadezimale Bytes, getrennt durch Bindestriche. Die IP-Adresse wird in punktierter Dezimalschreibweise angegeben. Der Eintrag ist permanent, d.h. er wird nach einer Zeitüberschreitung im Cache nicht automatisch gelöscht.

Eth_Adr
    Gibt eine physische Adresse an.

Finger

Finger zeigt Informationen über einen Benutzer an einem angegebenen System, das den Finger-Dienst ausführt. Die Ausgabe hängt von dem jeweiligen Remote-System ab. Im allgemeinen enthält sie den Anmeldenamen des Benutzers, seinen vollständigen Namen, die Anmeldedauer und weitere statistische Daten.

```
finger [-l] [Benutzer]@Host [...]
```

Parameter

-l
    Zeigt Informationen im langen Listenformat an.

Benutzer
    Bezeichnet den Benutzer, über den Sie Informationen anzeigen möchten. Ohne Angabe des Parameters Benutzer werden Informationen über alle Benutzer auf dem angegebenen Host angezeigt.

@Host
    Bezeichnet den Server des Remote-Systems, über dessen Benutzer Sie Informationen benötigen.

Host-Name

Zeigt den Namen des aktuellen Hosts an.

```
hostname
```

Ipconfig

Zeigt alle aktuellen TCP/IP-Netzwerkkonfigurationswerte an. Dieser Befehl ist insbesondere auf Systemen nützlich, die DHCP ausführen. Mit ihm können die Benutzer ermitteln, welche TCP/IP-Konfigurationswerte von DHCP konfiguriert wurden.

```
ipconfig [/all | /renew [Adapter] | /release [Adapter]]
```

Parameter

all
    Erstellt eine vollständige Anzeige. Ohne diesen Parameter zeigt ipconfig nur die IP-Adresse, die Subnet Mask und das Standard-Gateway für jede Netzwerkkarte an.

renew [Adapter]
    Aktualisiert die DHCP-Konfigurationsparameter. Dieser Parameter ist nur auf Systemen verfügbar, die den DHCP-Client-Dienst ausführen. Geben Sie als Adapternamen den Namen ein, der angezeigt wird, wenn Sie ipconfig ohne Parameter verwenden.

release [Adapter]
    Gibt die aktuelle DHCP-Konfiguration frei. Dieser Parameter deaktiviert TCP/IP auf dem lokalen System und ist nur auf DHCP-Clients verfügbar. Geben Sie als Adapternamen den Namen ein, der angezeigt wird, wenn Sie IPCONFIG ohne Parameter verwenden.

Ohne Angabe von Parametern zeigt das Dienstprogramm ipconfig alle aktuellen TCP/IP-Konfigurationswerte an, einschließlich IP-Adresse und Subnet Mask. Dieser Befehl ist insbesondere auf Systemen nützlich, die DHCP ausführen. Mit ihm können die Benutzer ermitteln, welche Werte von DHCP konfiguriert wurden.

Lpr

Lpr druckt eine Datei zu einem Host, der einen LPD-Server ausführt.

```
lpr -S Server -P Drucker [-C Klasse] [-J Auftrag] [-O Option] Dateiname
```

Parameter

-SServer
    Gibt den Namen des Hosts an, dem der Drucker zugeordnet ist.

-PDrucker
    Gibt den Namen des Druckers für die gewünschte Warteschlange an.

-CKlasse
    Gibt den Inhalt der Bannerseite für die Klasse an.

-JAuftrag
    Gibt den Namen dieses Auftrags an.

-O Option
    Gibt den Dateityp an. Der Standardtyp ist eine Textdatei. Verwenden Sie -Ol (kleines 'L') für eine Binärdatei (z.B. PostScript).

Dateiname
    Der Name der zu druckenden Datei.

Netstat

Zeigt Protokollstatistiken und aktuelle TCP/IP-Netzwerkverbindungen an.

```
netstat [-a][-e] [-n] [-s] [-p Protokoll] [-r] [Intervall]
```

Parameter

-a
: Zeigt alle Verbindungen und abhörende Anschlüsse an. Server-Verbindungen werden normalerweise nicht angezeigt.

-e
: Zeigt die Ethernet-Statistik an. Kann zusammen mit dem Parameter **-s** kombiniert werden.

-n
: Zeigt Adressen und Anschlußnummern in numerischer Form an (es wird nicht versucht, die entsprechenden Namen abzufragen).

-s
: Zeigt Statistik protokollweise an. Standardmäßig wird die Statistik für TCP, UDP, ICMP und IP angezeigt. Mit dem Parameter **-p** können Sie eine Teilmenge der Standardanzeige angeben.

-p Protokoll
: Zeigt die Verbindungen für das mit Protokoll angegebene Protokoll an. Mögliche Werte für Protokoll sind tcp oder udp. Wird dieser Parameter zusammen mit dem Parameter -s zur protokollweisen Statistikanzeige verwendet, kann für Protokoll TCP, UDP, ICMP oder IP angegeben werden.

-r
: Zeigt den Inhalt der Routing-Tabelle an.

Intervall
: Zeigt die gewählte Statistik nach der mit Intervall angegebenen Anzahl Sekunden erneut an. Drücken Sie STRG+C zum Beenden der Intervallanzeige. Ohne Angabe dieses Parameters gibt NETSTAT die aktuellen Konfigurationsinformationen nur einmal aus.

Ping

Überprüft die Netzwerkverbindung zu einem oder mehreren Remote-Hosts.

ping [-t] [-a] [-n Anzahl] [-l Länge] [-f] [-i TTL] [-v TOS] [-r Anzahl] [-s Anzahl] [[-j Host-Liste] | [-k Host-Liste]] [-w Zeitüberschreitung] Zielliste

Parameter

-t
: Sendet fortlaufend Ping-Signale zum angegebenen Host.

-a
: Wertet Adressen zu Host-Namen aus.

-n Anzahl
: Sendet die mit Anzahl angegebene Anzahl an ECHO-Paketen. Standardwert ist 4.

-l Länge
: Sendet ECHO-Pakete der mit Länge angegebenen Datenlänge. Standardwert ist 64 Bytes, Maximum ist 8192 Bytes.

-f
: Sendet ein *Nicht fragmentieren*-Flag im Paket. Das Paket wird dadurch von keinem Gateway in der Route fragmentiert.

-i TTL
: Setzt das Feld *Lebensdauer* auf den mit TTL angegebenen Wert.

-v TOS
: Setzt das Feld *Servicetyp* auf den mit TOS angegebenen Wert.

-r Anzahl
: Zeichnet die Route des gesendeten Pakets und des zurückkehrenden Pakets im Feld *Route aufzeichnen* auf. Mindestens 1 Host, höchstens aber 9 Hosts dürfen als Anzahl angegeben werden.

-s Anzahl
: Gibt den Zeiteintrag für die durch Anzahl angegebene Anzahl der Abschnitte an.

-j Host-Liste
: Routet Pakete gemäß der mit Host-Liste angegebenen Host-Liste. Aufeinanderfolgende Hosts dürfen durch dazwischenliegende Gateways getrennt sein (Loose Source Routed). Die maximal von IP erlaubte Anzahl ist 9.

-k Host-Liste
: Routet Pakete gemäß der mit Host-Liste angegebenen Host-Liste. Aufeinanderfolgende Hosts dürfen nicht durch dazwischenliegende Gateways getrennt sein (Strict Source Routed). Die maximal von IP erlaubte Anzahl ist 9.

-w Zeitüberschreitung
: Gibt ein Intervall für die Zeitüberschreitung in Millisekunden an.

Zielliste
: Gibt die Remote-Hosts an, für die Ping ausgeführt werden soll.

Rexec

Führt Befehle auf Remote-Hosts aus, auf denen der REXEC-Dienst aktiv ist. Rexec bestätigt die Echtheit des Benutzernamens mit einem Kennwort auf dem Remote-Host, bevor der angegebene Befehl ausgeführt wird.

```
rexec Host [-l Benutzername] [-n] Befehl
```

Parameter

Host
: Gibt den Remote-Host an, auf dem der Befehl ausgeführt werden soll.

-l Benutzername
: Gibt den Benutzernamen auf dem Remote-Host an.

-n
: Leitet die Eingabe von rexec auf NULL um.

Befehl
: Gibt den auszuführenden Befehl an.

Route

Route ermöglicht die Bearbeitung von Netzwerk-Routingtabellen.

```
route [-f] [Befehl] [Ziel] [mask Subnet Mask] [Gateway] [metric Kostenanzahl]]
```

Anhang 1: Netzwerk-Überblick   555

Parameter

-f
   Löscht alle Gateway-Einträge in den Routing-Tabellen. Wird dieser Parameter mit einem Befehl verwendet, werden die Tabellen vor der Befehlsausführung gelöscht.

-p
   Wird dieser Parameter mit dem ADD-Befehl verwendet, bleibt die Route nach dem Neustart des Systems erhalten. Standardmäßig werden zuvor existierende Routen beim Neustart des Systems entfernt. Wird dieser Parameter mit dem PRINT-Befehl verwendet, wird eine Liste aller registrierten gespeicherten Routen eingeblendet. Dieser Parameter wird ignoriert, wenn er mit anderen Befehlen verwendet wird, die sich immer auf die entsprechenden beständigen Routen auswirken.

Befehl
   Gibt einen von vier Befehlen an:

Befehl	Bedeutung
print	Gibt eine Route aus.
add	Fügt eine Route hinzu.
delete	Löscht eine Route.
change	Ändert eine bestehende Route.

Ziel
   Gibt den Host an, an den der Befehl gesendet werden soll.

mask Subnet Mask
   Gibt ein Subnet Mask an, die mit diesem Route-Eintrag verbunden wird. Sollte hier nichts eingetragen sein, wird 255.255.255.255 verwendet.

Gateway
   Gibt das Gateway an.

Alle symbolischen Namen für Ziel oder Gateway werden in den Netzwerk- und Host-Namendatenbankdateien NETWORKS bzw. HOSTS gesucht. Bei den Befehlen print oder delete können Stellvertreterzeichen für Ziel und Gateway verwendet werden, oder es kann auf die Angabe von Gateway verzichtet werden.

metric Kostenanzahl
   Ordnet eine ganzzahlige Kostenanzahl (zwischen 1 und 9999) zu, die zur Berechnung der schnellsten, zuverlässigsten und/oder kostengünstigsten Routen verwendet wird.

Rsh

Führt einen Befehl auf Remote-Hosts aus, auf denen der RSH-Dienst aktiviert ist.

```
rsh Host [-l Benutzername] [-n] Befehl
```

Parameter

Host
   Gibt den Remote-Host an, auf dem der Befehl ausgeführt werden soll.

-l Benutzername
   Gibt den Benutzernamen an, der auf dem Remote-Host verwendet werden soll. Ohne Angabe des Parameters wird der aktuelle Benutzername verwendet.

-n
: Leitet die Eingabe von rsh auf NULL um.

Befehl
: Gibt den auszuführenden Befehl an.

Tracert

```
tracert [-d] [-h Abschnitte_max] [-j Host-Liste] [-w Zeitüberschreitung] Zielname
```

Dieses Diagnose-Dienstprogramm ermittelt die Route zu einem Ziel, indem es ICMP-Echopakete (Internet Control Message Protocol) mit unterschiedlichen TTL-Werten (Time-To-Live) sendet. Von jedem Router auf dem Pfad wird erwartet, daß er den TTL-Wert für ein Paket vor dem Weiterleiten um mindestens 1 verkleinert. TTL ist also in Wirklichkeit ein Abschnittszähler. Wenn der TTL-Zähler für ein Paket den Wert Null erreicht, sendet der Router eine *ICMP-Zeitüberschreitung*-Nachricht zur Quelle zurück. TRACERT ermittelt die Route, indem es das erste Echopaket mit dem TTL-Wert 1 sendet und den TTL-Wert bei jeder folgenden Übertragung um eins erhöht, bis das Ziel antwortet oder der TTL-Höchstwert erreicht ist. Die Route wird durch Prüfen der *ICMP-Zeitüberschreitung*-Nachrichten ermittelt, die von den dazwischenliegenden Routern zurückgesendet werden. Beachten Sie, daß einige Router Pakete mit abgelaufenem TTL-Zähler entfernen, so daß sie für TRACERT unsichtbar sind.

Parameter

-d
: Gibt an, daß Adressen nicht zu Host-Namen ausgewertet werden sollen.

-h Abschnitte_max
: Gibt an, wie viele Abschnitte bei der Zielsuche höchstens durchlaufen werden sollen.

-j Host-Liste
: Gibt an, daß die Host-Liste im «Loose Source Routing» abgearbeitet wird.

-w Zeitüberschreitung
: Wartet die durch Zeitüberschreitung angegebene Anzahl von Millisekunden auf eine Antwort.

Zielname
: Name des Ziel-Hosts.

15.5 Server- und Peer-Netzwerke

Das Netzwerk ist ein Zusammenspiel von mehreren Computern. Das ist klar. In der Praxis gibt es jedoch zwei verschiedene Arten von Netzwerken.

Peer-to-Peer-Netzwerke sind solche, in denen jeder Computer gleichberechtigt ist. Es handelt sich also um einen lockeren Zusammenschluß mehrerer Maschinen. Wenn eine Firma klein ist und nur wenige Computer hat, kann dies eine ideale und unkomplizierte Lösung sein. Daten sind in einem Peer-Netzwerk üblicherweise nicht zentral, sondern auf allen Computern verteilt angelegt. Durch Freigaben, die durch den Benutzer einzurichten sind, können die Daten den Kollegen zur Verfügung gestellt werden.

Genauso funktioniert das mit den Druckern. An einem Computer wird der Drucker angeschlossen, und wenn er vom Benutzer dieses Gerätes freigegeben wird, dann können auch die Kollegen dort ausdrucken.

Peer-Netzwerke sind unkompliziert und benötigen keine zusätzliche Server-Software. Sie haben jedoch auch Nachteile. Erstens gibt es keine zentrale Verwaltung. Jeder Benutzer ist für seine Daten, seine Drucker und seine Freigaben verantwortlich. Vom einzelnen Benutzer werden daher auch tiefere Systemkenntnisse verlangt. Auch die Datensicherung erfolgt in diesem Fall nicht zentral; jedes Sicherheitskonzept könnte somit löchrig werden. Zweitens ist die Leistung begrenzt. Windows NT-Maschinen erlauben beispielsweise nur 10 Peer-Verbindungen gleichzeitig. Diese Grenze ist gut, da es untragbar wäre, wenn plötzlich vierzig Benutzer gleichzeitig auf die Arbeitsmaschine eines Mitarbeiters zugriffen. Dafür sind Arbeitsmaschinen in der Regel gar nicht dimensioniert. Drittens bieten Peer-Netzwerke nur sehr wenig Sicherheit. Es ist nicht möglich, Benutzer zentral zu verwalten, und die Freigaben erfolgen entweder ohne jede Sicherheit oder auf Kennwort-Ebene. Das bedeutet, daß alle Benutzer, die auf die Ressource zugreifen wollen, das Kennwort wissen müssen. Eine Authentifizierung über den Benutzernamen ist nicht gut möglich. Falls, wie bei Windows NT Workstation ja möglich, doch über Benutzernamen gearbeitet werden soll, muß jeder Benutzer auf jeder Maschine eingerichtet werden. Was dies für die Wartung von Benutzernamen und Paßwörtern bedeutet, kann sich jeder gut vorstellen.

Servergestützte Netzwerke gehen von einem anderen Ansatz aus. Hier gibt es einen Computer, der mehr Rechte und Möglichkeiten hat als die anderen. Ein Server enthält Ressourcen, Drucker und vor allem eine zentralisierte Benutzerverwaltung. In Windows NT hat man in diesem Fall gleich mit einer *Domäne* zu tun.

In einem servergestützten Netzwerk wird ein Netzwerkbetriebssystem benötigt. Dabei kommen sehr viele verschiedene in Frage, wie Sie im Laufe dieses Buches noch sehen werden.

Auf der anderen Seite haben servergestützte Netzwerke eine Reihe von Vorteilen. Erstens gibt es keine Einschränkungen beim Zugriff. Beliebig viele Benutzer können auf einen Server bzw. eine Domäne gleichzeitig zugreifen. Wie es mit der Systemleistung aussieht, steht freilich auf einem anderen Blatt! Windows NT hat übrigens eine Einschränkung bei RAS-Zugriffen. Auf Windows NT Server können maximal 256 RAS-Benutzer gleichzeitig zugreifen. Bedenken Sie jedoch, daß diese Grenze in Wirklichkeit sehr hoch liegt, denn 256 Modems bzw. Telefonleitungen funktionierend hinzustellen, ist ohnehin eine Kunst. Zweitens ist die Verwaltung zentralisiert. Die einzelnen Benutzer sind für Freigaben nicht zuständig, sondern die Domänen-Administratoren. Sie sind es, die Ressourcen auf den Servern einrichten und bereitstellen. Außerdem definieren sie die Zugriffssicherheit. Alle Benutzer werden in der Domäne angelegt und dort zentral verwaltet. Es gibt eine Reihe von Sicherheitseinrichtungen. Datensicherungen können ebenfalls zentral vorgenommen werden; dadurch wird der einzelne Benutzer nicht mehr mit dieser Problematik belastet.

Peer-Netzwerke werden in der Praxis nur in sehr kleinen Netzwerken eingesetzt, weil sie nur dort Sinn machen. In jedem größeren Netzwerk werden Server eingesetzt. Da große Netzwerke mitunter enorm groß werden können, kommt man bald zu einem Punkt, wo ein einzelner Server überfordert ist. Ab diesem Zeitpunkt gibt es mehrere Server, die verwaltungstechnisch wieder unter einen Hut gebracht werden müssen. Dafür gibt es verschiedene Konzepte.

15.6 Domänen und Verzeichnisdienste

Domänen sind eine Einrichtung von Microsoft und IBM. Sie wurden zum ersten Mal im Microsoft LAN Manager für OS/2 vorgestellt und dienen der gemeinsamen Verwaltung mehrerer Server.

Die einzelnen Server sind in der Domäne nur mehr Ressourcenträger. Die Verwaltung verläuft jedoch völlig zentral. Eine Domäne hat eine einzige Benutzerdatenbank. Dort werden alle Benutzer und deren Einstellungen gespeichert. Der *Primäre Domänen-Controller (PDC)* ist für die Verwaltung der Benutzerdatenbank zuständig. *Sicherungs-Domänen-Controller (BDC)* enthalten eine Sicherungskopie dieser Benutzerdatenbank und können zu Primären Domänen-Controllern werden, wenn der erste PDC ausfällt.

Pro Domäne können in Windows NT bis zu 15.000 Benutzer verwaltet werden. Dabei könnten in einer Domäne bis zu 1.000 Server stehen.

Wird die Umgebung noch größer, dann können NT-Domänen zusammengeschlossen werden. Man spricht dann von *vertrauten Domänen*. Mit deren Hilfe ist es sogar möglich, die Verwaltung von mehr als 15.000 Benutzern zu zentralisieren.

Das Domänenkonzept wird von Windows NT bis zu Version 4.0 ausschließlich, ab Version 5.0 alternativ verwendet. Außerdem kommt das Domänenkonzept im OS/2 LAN Server bzw. Warp Server von IBM zum Einsatz. Vertraute Domänen gibt es allerdings nur unter Windows NT.

Novell konnte bei den NetWare-Versionen 2.x und 3.x Server überhaupt nicht zusammenschließen, und ab Version 4.0 gibt es ein unterschiedliches Konzept, nämlich die *Novell Directory Services (NDS)*.

Diesen liegen die X.500-Verzeichnisdienste zugrunde. Das ist ein internationaler Standard. Im Rahmen einer Baumstruktur können riesige Netzwerke verwaltet werden. Die gesamte Benutzer- und Ressourcenverwaltung läuft zentral zusammen, und es ist sogar möglich, Administratoren zu definieren, die nur für einzelne Teilbäume zuständig sind.

Novell war die erste Firma, die solche Verzeichnisdienste implementierte. Eine zweite Lösung stellen die Directory Services für OS/2 von IBM dar, die auch für Windows NT entwickelt werden. Microsoft wird eine X.500-Verzeichnisstruktur in Windows NT 5.0 implementieren, die dann eine Alternative zu den Vertrauensstellungen sein wird. Bisher legte Microsoft bereits die Directory Services für NetWare vor, mit deren Hilfe Novell-Server in NT-Domänen eingebunden werden können.

Die X.500-Struktur ermöglicht die Verwaltung großer Netzwerke und folgt dabei einem hierarchischen Prinzip. Bisher stecken die Implementierungen erst in den Anfängen und sind oft nur auf ein einziges System beschränkt. Die NDS von Novell umfaßt nur NetWare-Server, allerdings können mit Hilfe eines Zusatzprogramms von Novell auch NT-Server in die NDS eingebunden werden. Die Directory Services für OS/2 enthalten bisher nur OS/2-Server und AIX.

Für die Zukunft ist zu erwarten, daß sich X.500-Verzeichnisdienste zu einer idealen Lösung für heterogene Server-Landschaften entwickeln.

15.7 Sicherheit mit Windows NT

Windows NT wurde von Microsoft als »sicheres« Betriebssystem angekündigt und positioniert. Die Sicherheitsmechanismen sind einerseits deutlicher sichtbar, als das in anderen PC-Betriebssystemen der Fall ist, und es gibt eine Reihe von Instanzen, die dieses System tatsächlich zu einem interessanten Element innerhalb einer großen Netzwerkumgebung machen.

Andererseits wurde in letzter Zeit auch Kritik laut, und vor allem im Zusammenhang mit Internet-Sicherheit und ActiveX-Controls mußte sich Microsoft im ersten Halbjahr 97 einige wütende Vorwürfe anhören.

Sicherheit ist auch einer der Punkte, die für Windows NT 5.0 gründlich überarbeitet werden. Microsoft ist sich bewußt, daß Windows NT in Netzwerken nur dann bestehen kann, wenn das Sicherheitssubsystem hieb- und stichfest arbeitet.

Da die Sicherheit einer der wichtigsten Aspekte in Netzwerken ist, möchte ich nachfolgend einen Überblick über Sicherheit und die Sicherheitseinrichtungen von Windows NT geben, über die Technologie, die Möglichkeiten, aber auch über die Probleme und Schwächen. Abschließend möchte ich einen kleinen Ausblick auf die zukünftige Entwicklung geben.

15.7.1 Sicherheits-Richtlinien

In den Vereinigten Staaten von Amerika werden Sicherheitsrichtlinien für Computersysteme von der amerikanischen Regierung vorgegeben. Das *National Computer Security Center* des amerikanischen Verteidigungsministeriums erstellte eine Publikation mit dem Titel *Computer System Evaluation Criteria*, das diese Richtlinien enthält. Diese Publikation ist besser unter der Bezeichnung *Orange Book* bekannt. Davon gibt es auch eine Netzwerkversion, die als *Trusted Network Interpretation* bezeichnet wird und unter dem Namen *Red Book* bekannt ist.

Im Orange Book werden grundsätzlich vier verschiedene Sicherheitsgruppen unterschieden. Jede dieser Stufen kann eine oder mehrere Sicherheitsstufen enthalten. Die Gruppen werden mit Buchstaben von A bis D bezeichnet, wobei A der höchsten und D der niedrigsten Stufe entspricht.

Damit ein System gemäß einer bestimmten Stufe zertifiziert werden kann, müssen alle Richtlinien, die für diese Stufe definiert sind, eingehalten werden. Deshalb ist es möglich, daß ein System nach einer bestimmten Sicherheitsstufe zertifiziert ist, aber trotzdem auch einzelne Merkmale einer höheren Stufe enthält.

Die zu erfüllenden Kriterien betreffen Sicherheit, Verhaltensrichtlinien, Meßbarkeit und Dokumentation. Mit allen Untergruppen beschreibt das Orange Book sieben Sicherheitsstufen:

- Class D1 – No Security
- Class C1 – Discretionary Protection
- Class C2 – Controlled Access
- Class B1 – Labeled Protection
- Class B2 – Structured Protection
- Class B3 – Security Domain
- Class A1 – Verified Design

D1 ist die niedrigste Stufe und enthält überhaupt keine Sicherheit. Hierher gehören praktisch alle Systeme, die keine speziellen Sicherheitseinrichtungen aufweisen. A1 ist die höchste Stufe.

Das Windows NT-Betriebssystem wurde gemäß C2 zertifiziert. Einzelne Merkmale des Betriebssystems stammen aber aus anderen Sicherheitsstufen. So werden beispielsweise die *Access Control Lists* erst in B3 definiert.

15.7.2 Das Sicherheits-Subsystem von Windows NT

Die Sicherheit ist ein eigenes Subsystem in Windows NT. Dieses Subsystem arbeitet einerseits mit dem Win32-Subsystem, andererseits mit den Komponenten des Kernel-Modes zusammen. Als Subsystem muß man es, technisch betrachtet, mit anderen Subsystemen wie dem Win32- oder dem POSIX-Subsystem vergleichen.

Den Begriff *Sicherheits-Subsystem* könnte man in Windows NT allerdings auch größer fassen. Die Komponenten der Sicherheit befinden sich nämlich an allen Stellen der Systemarchitektur. Vor allem gibt es Elemente, die im User Mode implementiert sind, wie das Sicherheits-Subsystem im engeren Sinn und die Windows-Anmeldung, während andere Elemente im Kernel Mode arbeiten und zu den Executive Services gehören.

Im Grunde spielt das Sicherheits-Subsystem bei Windows NT immer eine Rolle. Ganz egal, was Sie tun, die Sicherheit schaut Ihnen über die Schulter.

Bei jedem Zugriff auf ein Objekt läuft im Hintergrund eine Sicherheitsabfrage ab. Das System fragt, wer da eigentlich zugreift und vergleicht die Identität des Benutzers mit den eingestellten Berechtigungen im System. Je nach dem, welche Berechtigungen für diesen Benutzer existieren, wird der Zugriff zugelassen oder auch unterbunden.

Das Sicherheits-Subsystem ist einer der Gründe, warum Windows NT auf Computern praktisch immer eine Spur langsamer ist als andere Betriebssysteme. Sicherheit kostet eben Ressourcen.

15.7.3 Das Sicherheitsmodell

Das Sicherheitsmodell von Windows NT enthält die folgenden Komponenten:

Logon process: Hier wird die Anmeldung der einzelnen Benutzer angenommen. Es handelt sich um einen Eingangsbildschirm, der bei lokaler Anmeldung bzw. bei Anmeldungen über das Telefonnetz angezeigt wird. Zum Anmelden wird das Tastenkürzel `Strg`-`Alt`-`Entf` verwendet. Diese Tastenkombination löst eine bestimmte Prozessorreaktion aus und befindet sich auf einer derart tiefen Ebene der Prozessorarchitektur, daß es angeblich nicht möglich ist, diesem Tastenkürzel ein Fremdprogramm vorzuschalten, das den Benutzernamen und sein Kennwort stehlen könnte. Außerdem soll dieses Kürzel einen brauchbaren Schutz vor Bootsektor-Viren darstellen. Die bekannte Kerberos-Anmeldetechnik von MIT wird bisher noch nicht von Windows NT verwendet. Diese Technologien werden von Microsoft allerdings in Windows NT 5.0 integriert. Das Kerberos-Verfahren arbeitet mit derart ausgeklügelten Verschlüsselungsmechanismen, daß es unmöglich ist, ein Kerberos-geschütztes Kennwort innerhalb einer akzeptablen Zeit zu knakken. Bei der Windows-Anmeldung wird übrigens kein Kennwort übertragen. Man kann sich den Vorgang so vorstellen, daß der Server dem Client eine Art Rechenaufgabe aufgibt und das Ergebnis abfragt. Er führt mit dem Kennwort, das in der Benutzerdatenbank gespeichert wurde, die gleiche Berechnung durch, und wenn die Ergebnisse übereinstimmen, wird der Benutzer zugelassen. Diese Rechenaufgaben wechseln bei jeder Anmeldung gemäß einem Zufallsprinzip. Das und die Tatsache, daß es relativ schwierig ist, von einem Ergebnis auf die Ursprungswerte zu kommen, sorgen für eine ziemlich hohe Sicherheit.

Ausgenommen sind von diesen Dingen immer Programme, die eine eigene Anmeldung verlangen, in der Regel handelt es sich dabei um TCP/IP-Anwendungsprogramme. Beispiele dafür wären etwa FTP und Telnet. Beide Programme übertragen den Benutzernamen und das Kennwort als reinen Text über das Netzwerk. Beides könnte daher mit einem Netzwerkmonitor oder Sniffer herausgefiltert werden.

Local Security Authority: Dabei handelt es sich um den zentralen Bestandteil des Sicherheitsmodells. Durch die Local Security Authority wird überprüft, welche Rechte der jeweilige Benutzer im System hat. Dieser Teil kontrolliert auch Überwachungsvorgänge und jene Nachrichten, die vom Security Reference Monitor erzeugt werden.

Security Account Manager (SAM): Eine Datenbank, die Informationen über Benutzer und Gruppen, also über alle Konten enthält. Der SAM stellt die User Validation Services bereit, die wiederum von der Local Security Authority zur Überprüfung eines Benutzers in Anspruch genommen werden. Diese Sicherheitsdatenbank ist einer der wichtigsten Bestandteile von Windows NT. Sie befindet sich auf den Primären Domänen-Controllern. Zusätzlich wird sie automatisch auf alle Sicherungs-Domänen-Controller gespielt. Deshalb ist es auch möglich, mit Hilfe eines Sicherungs-Domänen-Controllers die gesamte Domänen-Verwaltung wiederherzustellen. Die Sicherheitsdatenbank kann und sollte mit zusätzlichen Dienst- oder Datensicherungsprogrammen von Zeit zu Zeit gesichert werden.

Security Reference Monitor: Diese Komponente ist für die laufende Überprüfung eines Kontos zuständig. Das heißt, daß bei jedem Zugriff auf ein beliebiges Objekt vom System überprüft wird, ob der Benutzer über die notwendigen Berechtigungen verfügt. Fehlen diese Berechtigungen, so wird der Zugriff bei Anzeige einer Fehlermeldung verweigert.

15.7.4 C2-Spezifikationen

Vom amerikanischen Verteidigungsministerium wurden verschiedene Sicherheits-Spezifikationen herausgegeben. Deren Bezeichnungen reichen von A1 bis C2, wobei C2 die unterste Stufe darstellt. Diese Spezifikationen betreffen Merkmale von Betriebssystemen und Programmen, aber auch Richtlinien, in welcher Weise ein Server aufzustellen ist, wie Büros und Maschinenräume abzusperren sind usw.

Interessanterweise verlangen C2-Richtlinien, daß das Netzwerk ausgeschaltet bleibt. Im Zusammenhang mit größeren Rechensystemen oder UNIX, bei denen Terminals möglich sind, mag das durchaus Sinn haben, doch bei Windows NT sieht diese Regelung äußerst seltsam aus. Sie bedeutet nämlich, daß Sie, wenn Sie mit Windows NT ein C2-sicheres System aufbauen wollen, keinerlei Netzwerkverbindungen unterhalten dürfen!

Nachfolgend finden Sie eine Zusammenstellung der wichtigsten Regelungen der C2-Spezifikation:

- ◆ Der Besitzer einer Ressource muß in der Lage sein, den Zugriff auf die Ressource zu regeln. Dazu gehört die Vergabe aller Zugriffsberechtigungen.
- ◆ Das Betriebssystem muß Objekte schützen, so daß diese nicht von anderen Prozessen verwendet werden. Beispielsweise müssen Speicherbereiche geschützt werden, so daß diese erst dann wieder verwendet werden können, wenn sie vom Prozeß freigegeben wurden. Ebenso muß verhindert werden, daß Benutzer auf Daten zugreifen, die von einem anderen Benutzer bereits gelöscht wurden.

- Jeder Benutzer muß sich durch Eingabe einer Benutzerkennung (User ID) und eines Kennwortes identifizieren. Das System muß in der Lage sein, die Tätigkeit eines Benutzers mit Hilfe dieser ID zu protokollieren.

- Systemadministratoren müssen in der Lage sein, sicherheitsrelevante Ereignisse aufzeichnen zu lassen. In diese Daten kann lediglich durch den Administrator eingesehen werden.

- Das System muß die Zugriffe von außen abwehren. So dürfen weder das aktive System noch gespeicherte Dateien von Unbefugten verändert werden.

- Da Netzwerk-Verbindungen als potentiell unsicher angesehen werden, sind Netzwerk-Verbindungen auszuschalten oder gar nicht zu installieren.

- Programme, die den Benutzernamen und das Kennwort enthalten, anzeigen oder als Text an andere Programme übermitteln, dürfen nicht verwendet werden.

C2-Richtlinien sind deshalb so wichtig, weil sie in den Vereinigten Staaten bei jeder öffentlichen Ausschreibung verlangt werden. Eine Firma, die ein Produkt auf den Markt bringt, das nicht C2-zertifiziert ist, hat keine Chance, dieses Produkt an Regierungsstellen zu verkaufen.

In Europa ist C2 wohl eher ein Schlagwort. Es wird zwar sehr viel Werbung damit betrieben, doch sollte man sich bewußt sein, was da eigentlich dahinter steckt. Und vor allem sollte man nicht vergessen, daß C2 keineswegs nur die Sicherheit einer Software bestimmt, sondern sehr viel mehr.

15.7.5 Verschlüsselung der Benutzerkontendatenbank

Mit dem Service Pack 3 für Windows NT 4.0 begann Microsoft in einem ersten Schritt, die vorhandenen Sicherheitsprobleme von Windows NT zu bereinigen.

Ein Problem war, daß die Paßwörter der Benutzer in einer relativ einfachen Form verschlüsselt und in die Registrierungsdatenbank geschrieben wurden. Einfache Benutzer hatten zwar ohnehin keine Chance, diese Paßwörter herauszuholen, doch Administratoren sind sehr wohl in der Lage, die Berechtigungen in der Registrierungsdatenbank so zu verändern, daß sie auf die geschützten Sicherheitsbereiche zugreifen können.

Die Paßwörter konnten von Administratoren also gelesen und eventuell entschlüsselt werden, vor allem, wenn es sich um einfache Paßwörter handelte.

Dieser Teil der Registrierungsdatenbank läßt sich seit dem Service Pack 3 mit einem zusätzlichen 128-Bit-Schlüssel kodieren. Das bedeutet, daß die Paßwörter nicht mehr innerhalb einer begrenzten Zeit entschlüsselt werden können.

Um die Verschlüsselung zu aktivieren, benötigen Sie das Programm SYSKEY.EXE, das mit dem Service Pack 3 mitgeliefert und automatisch installiert wird. Über die Startleiste werden Sie das Programm jedoch vergeblich suchen, denn es wird standardmäßig kein Objekt eingerichtet.

Rufen Sie das Programm somit über den Befehl START-AUSFÜHREN auf (siehe Bild 15.29).

Ein kleines Dienstprogramm zur Verschlüsselung der Benutzerkontendatenbank wird aufgerufen. Sie können darin sehen, daß die Verschlüsselung bisher nicht aktiv war.

Wichtig ist eine Warnung an dieser Stelle. Die Verschlüsselung kann nicht mehr zurückgenommen werden! Das ist durchaus sinnvoll, denn wenn man sie ausschalten könnte, dann hätten Administratoren nach wie vor die Möglichkeit, an die Paßwörter zu kommen, indem sie die Verschlüsselung einfach rückgängig machten (siehe Bild 15.30).

Anhang 1: Netzwerk-Überblick 563

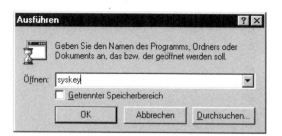

Bild 15.29:
Aufruf von SYSKEY.EXE (Service Pack 3)

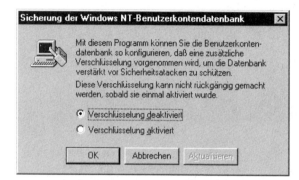

Bild 15.30:
Programm SYSKEY.EXE

Insgesamt stehen drei Möglichkeiten zur Verfügung. Es geht darum, in welcher Form der Schlüssel generiert und gespeichert werden soll, der zur Verschlüsselung der Paßwörter verwendet wird.

- Sie können den Schlüssel automatisch durch das Betriebssystem generieren lassen. Dieser Schlüssel wird lokal abgespeichert. Dazu wird ein sehr komplexer Algorithmus zum Verbergen des Schlüssels verwendet, damit Versuche, auf diesen Schlüssel zuzugreifen und ihn zu knacken, möglichst unterbunden bleiben.
- Sie können den Schlüssel wiederum automatisch vom Betriebssystem generieren lassen, ihn aber nicht lokal auf die Platte speichern, sondern auf eine Diskette. Diese Diskette müssen Sie beim Erstellen bereithalten. Wenn der Schlüssel auf eine Diskette gespeichert ist, bedeutet das, daß bei jedem Systemstart diese Diskette benötigt wird, da das System ausschließlich mit Hilfe des Schlüssels die Paßwörter überprüfen kann.
- Schließlich ist es möglich, ein eigenes Kennwort zu definieren. Basierend auf diesem Kennwort wird dann vom System der Schlüssel erstellt. In diesem Fall wird zwar keine Diskette benötigt, allerdings muß das Kennwort bei jedem Systemstart eingegeben werden (siehe Bild 15.31).

Nur wenn Sie das Kennwort lokal auf die Festplatte speichern, kann das Betriebssystem eigenständig, also ohne Zutun eines Administrators, starten. Wenn man sich Szenarien mit Stromausfällen oder sonstigen Fehlern überlegt, ist das durchaus sinnvoll.

Eine höhere Sicherheit hat man, wenn der Schlüssel auf eine Diskette gespeichert wird oder jedesmal eingetippt werden muß.

Die Nachteile liegen wiederum auf der Hand. Der Umgang mit einer Diskette ist zumindest mühsam. Die Diskette darf nicht verloren gehen, und es sollten Sicherheitskopien vorhanden sein. Diese Disketten könnte wiederum ein Benutzer in die Hände bekommen.

Bild 15.31:
Drei verschiedene Schlüssel-Arten

Beim Kennwort erspart man sich den Umgang mit der Diskette, allerdings muß es Mitarbeiter geben, die dieses Kennwort kennen. Angenommen, das Kennwort wissen nur zwei Administratoren; stellen Sie sich vor, ein Administrator ist auf Urlaub und der andere eben nicht erreichbar; und jetzt fällt der Server aus. Ein Neustart wird in diesem Szenario so lange hinausgezögert werden müssen, bis einer der Administratoren wieder verfügbar ist.

Und je mehr Mitarbeiter das Kennwort kennen, desto unsicherer ist die Angelegenheit wieder, denn wie leicht könnte einer es ausplaudern.

SYSKEY.EXE muß auf den Domänen-Controllern installiert werden. Auf den Primären Domänen-Controllern sowieso, damit diese Verschlüsselung überhaupt Sinn macht. Zusätzlich sollten Sie das Programm aber auch auf den Sicherungs-Domänen-Controllern installieren. Auf Workstations ist es in der Regel nicht notwendig. Es würde dort ohnehin nur die lokal angelegten Benutzer schützen.

15.7.6 Signierte Server Message Blocks

Server Message Blocks werden vom Microsoft-Netzwerk verwendet. Sie bilden die Basis für die Kommunikation zwischen Clients und Servern in einem Netzwerk.

Service Pack 3 liefert eine Erweiterung der Server Message Blocks. Ab diesem Service Pack unterstützten SMBs nämlich die Authentifizierung von SMB-Nachrichten. Dazu wird eine digitale Signatur in jeden Block eingefügt.

Von Microsoft wird diese Technologie als *SMB Signing* bezeichnet. Eine solche Signatur ist teilweise bereits von anderen Systemen her bekannt. Auch im IPX-Protokoll gibt es eine Signatur von Datenpaketen. Im kompatiblen NWLink-Protokoll von Microsoft wird dieses Merkmal jedoch nicht unterstützt.

Die Signatur kann verhindern, daß die Daten verändert werden. Unbefugte könnten die Daten vom Netzwerk saugen, sie verändern und wieder an den ursprünglichen Adressaten weiterschikken. Die Signatur verhindert dies, weil jeder Eingriff sie ändert. Damit paßt die Signatur nicht mehr zum ursprünglich ausgesandten Paket.

SMB SIGNING muß auf beiden Seiten, also auf dem Client und auf dem Server, aktiviert sein, damit die Kommunikation mit signierten SMBs stattfindet.

Auf Clients wird dieser Signatur-Mechanismus bei der Installation von Service Pack 3 automatisch installiert und aktiviert.

Auf den Servern sieht das jedoch anders aus. Die Funktionalität wird zwar installiert, ist aber inaktiv. Sie müssen sie manuell aktivieren, damit die SMBs signiert werden.

Im übrigen werden SMBs nur dann signiert, wenn der Mechanismus auf beiden Seiten, also wieder auf dem Client und dem Server, aktiv ist. Wenn sich ein Client an den Server wendet, der SMB SIGNING entweder ausgeschaltet hat oder noch gar nicht besitzt, weil Service Pack 3 noch nicht installiert ist, werden die Pakete, die zwischen diesem Gerät und dem Server ausgetauscht werden, nicht signiert.

Signierte und unsignierte Server Message Blocks arbeiten also problemlos parallel. Es gibt allerdings auch eine Möglichkeit, SMB SIGNING zwingend vorzuschreiben. In diesem Fall können nur mehr jene Clients mit dem Server kommunizieren, die Service Pack 3 installiert haben und die Funktion unterstützen.

Sinnvoll ist eine solche Konstellation, wenn ein Server für ein LAN und beispielsweise auch für das Internet zur Verfügung steht. Mit Hilfe der Signatur von SMBs können die Zugriffe abgesichert werden, weil nun niemand mehr, der mit anderen Systemen arbeitet, den Server per SMBs beeinflussen kann.

SMB SIGNING stellen Sie auf dem Server im folgenden Schlüssel ein:

HKEY_LOCAL_MACHINE\System\CurrentControlSet\Services\LanManServer\Parameters

Dort definieren Sie einen neuen Wert, ENABLESECURITYSIGNATURE:REG_DWORD:1. Falls Sie diesen Wert auf der Workstation verändern wollen, befindet er sich dort unter RDR\PARAMETERS.

Wenn Sie SMB SIGNING zwingend vorschreiben wollen, benötigen Sie auf dem Server den zusätzlichen Eintrag REQUIRESECURITYSIGNATURE:REG_DWORD:1.

15.7.7 X.509 Digitale Zertifikate

Digitale Zertifikate erlangen vor allem im Zusammenhang mit TCP/IP und dem Internet eine immer größere Bedeutung. Da das Internet immer mehr auch von kommerziellen Firmen eingesetzt wird, ist es notwendig, die Benutzer zu authentifizieren. Sicherheit wird ganz groß geschrieben, und die vielen kleinen Skandälchen, die im Umfeld verschiedenster Programme auftreten, leisten ihren Beitrag zur Sensibilisierung der Unternehmen.

Digitale Zertifikate entsprechen dem X.509-Standard. Dieser Standard wurde von der Telefongesellschaft ITU (vormals CCITT) definiert.

Ein Vorteil dieser Technologie ist, daß auf vorhandene Standards zurückgegriffen wird. X.509 arbeitet mit der sogenannten *Public-Key-Technologie*. Dabei wird ein Schlüsselpaar verwendet, das aus einem öffentlichen und einem privaten Schlüssel besteht.

Der private Schlüssel wird einzeln geschützt, während der öffentliche Schlüssel für alle zugänglich ist. Die Nachrichten können mit dem öffentlichen Schlüssel kodiert werden, doch dekodieren kann sie lediglich der private Schlüssel.

Wenn Nachrichten andererseits mit dem privaten Schlüssel kodiert werden, dann können sie mit dem öffentlichen Schlüssel dekodiert werden. In diesem Fall ist die Herkunft der Daten gesichert, weil der private Schlüssel nur an einer einzigen Stelle existiert.

Digitale Zertifikate werden beispielsweise schon bei EMail eingesetzt. Eine Nachricht wird mit dem öffentlichen Schlüssel des Empfängers kodiert. Man kann diese Nachricht zwar abfangen, aber nicht dekodieren, da man dazu den privaten Schlüssel benötigt.

Bei digitalen Unterschriften wird dieses Konzept umgedreht. Hier wird die Unterschrift mit dem privaten Schlüssel kodiert. Sie kann zwar mit dem öffentlichen Schlüssel, der für jedermann zugänglich ist, dekodiert werden, doch die Herkunft ist eindeutig, weil der private Schlüssel nur an einer Stelle existiert.

X.509 wirde 1988 erstmals definiert und liegt seit 1994 in der Version 3 vor. Es handelt sich dabei um die Definition eines Rahmens für die Authentifizierung bei einem Verzeichnisdienst, wozu digitale Zertifikate oder IDs verwendet werden.

Digitale Zertifikate können entweder von einer zentralen Organisation herausgegeben werden, von einer *Certification Authority*, oder eine Firma kann einen eigenen Zertifizierungsserver betreiben.

Bei der Schlüsselanforderung an die *Certification Authority* wird der vollständige X.500-Name angegeben. Das erlassene digitale Zertifikat muß dann auf den Clients bzw. auf den Servern installiert werden.

Wenn ein Client eine Verbindung zu einem Server aufbaut, kann er den Server authentifizieren, indem er dessen digitales Zertifikat mit dem öffentlichen Schlüssel der *Certification Authority* entschlüsselt. Damit ist gewährleistet, daß nicht ein falscher Server in die Verbindung geschoben wird.

X.509 bildet die Basis zu einer ganzen Reihe von Sicherheits-Standards. Zum Beispiel basieren SSL, S/MIME und SET auf X.509. SSL ist eine Sicherheitsschicht für sichere Übertragungen, die auch im Internet Information Server installiert werden kann, S/MIME dient der sicheren EMail-Übertragung, und SET ist für sichere Transaktionen gedacht.

15.8 OSF DCE Distributed Computing Environment

DCE ist heute bereits ein Defacto-Standard im Client-Server-Bereich. DCE wird von vielen Plattformen unterstützt, allen voran UNIX- und IBM-Plattformen. Für Windows NT gibt es einerseits Zusatzprodukte, die DCE-konform sind, andererseits entwickelt auch Microsoft selbst manche Teile des Betriebssystems immer mehr in Richtung DEC-Konformität.

Das *Distributed Computing Environment* ist kein eigenständiges Betriebssystem. DCE enthält eine Reihe von Standards und Elementen, die mit den verschiedensten Plattformen kombiniert werden können. Betriebssysteme sollten DCE-konform entwickelt werden, doch können auch Zusatzprogramme ein bestehendes System um DCE erweitern.

Auch zum Anwender hin ist DCE nicht direkt sichtbar. Es handelt sich nämlich keineswegs um ein Anwendungsprogramm.

Aus diesem Grund wird DCE in vielen Texten als *Middleware* bezeichnet. Das bedeutet, daß Sie für DCE einerseits ein komplettes Betriebssystem benötigen und andererseits die eigentlichen Anwendungsprogramme.

15.8.1 DCE-Architektur

OSF DCE ist eine komplette Architektur einer Client-Server-Umgebung. DCE umfaßt eine Reihe von Diensten und Programmierschnittstellen. Mit Hilfe dieser Richtlinien können verteilte Applikationen entwickelt werden sowie Management-Werkzeuge, mit denen die verteilte Umgebung verwaltet wird. Darüber hinaus ist DCE gedacht, mit anderen Systemen zusammenzuarbeiten.

Bis zu einem bestimmten Grad wird das Betriebssystem von DCE verboten. Die Benutzer bekommen lediglich die verteilte Client-Server-Applikation zu Gesicht, nicht jedoch die Feinheiten des Betriebssystems. Ob die Anwendung lokal abläuft oder auf einem anderen Rechner, der irgendwo in der Firma oder möglicherweise in einer ganz anderen Stadt steht, ist für den Benutzer nichtersichtlich. Im Grunde ist dies auch nicht von Bedeutung, denn für den Benutzer gilt lediglich die Möglichkeit, eine bestimmte Aufgabe erfüllen zu können.

15.8.2 Die Komponenten im einzelnen

DCE besteht aus einer Reihe von Diensten und Komponenten. Alle diese Komponenten wurden von der *Open Software Foundation* definiert.

DCE Threads

Threads sind, wie von Windows NT her bekannt, die kleinste Einheit eines Programms, die vom Prozessor bearbeitet werden kann. Mehrere Threads können innerhalb eines einzigen Prozesses, also eines Programms, existieren. Man spricht dann von *Multithreading*. Genau genommen ist ein Thread ein Stück Code, ein Stück Programmtext. Dieser Code kann vom Prozessor ausgeführt werden.

Die Programmierschnittstelle der DCE Threads basiert auf POSIX 1003.4 Draft 4. Wenn Threads in einem Betriebssystem vorhanden sind, was bei NT der Fall ist, können DCE Threads auf Systemthreads gelegt werden. Damit ist eine Art Verschmelzung der Mechanismen gewährleistet. Beachten Sie, daß diese Funktionalität bei der Entwicklung eines DCE-konformen Programms für Windows NT von den Programmierern vorgesehen werden muß.

Alle Grunddienste von DCE verwenden Threads. Selbstverständlich sorgt das System für die Erstellung, Verwaltung und Beendigung von Threads. Der Benutzer hat damit nichts zu tun. Dennoch hat die Qualität der Thread-Verwaltung etwas mit dem Benutzer zu tun, weil es auf die Verwaltung ankommt, ob der Benutzer kurze oder lange Antwortzeiten vom System zu erwarten hat. Programmentwickler müssen um Threads Bescheid wissen, weil sie über DCE RPC Runtime Services natürlich auf DCE Threads zugreifen.

Falls ein Betriebssystem keine Threads im Kernel Mode unterstützt, laufen diese im User Mode. Damit hat das Betriebssystem keinerlei Überwachungsmöglichkeiten und kann bei Fehlern auch nicht eingreifen. Ein solches Konzept könnte die Arbeit mit Threads relativ unsicher machen, weil Abstürze leichter möglich sind. Wichtig wird das, wenn Entwickler systemübergreifend entwickeln und auch auf Systeme abzielen, die keine Threads im Kernel Mode unterstützen. Zum Abfangen von Fehlern gibt es verschiedene Methoden und Tricks, doch sind diese im Zusammenhang mit Windows NT nur von zweitrangiger Bedeutung.

DCE Remote Procedure Call

Die Verwendung von DCE Remote Procedure Calls ermöglicht den Ablauf von Programmen auf einem anderen Rechner, der sich irgendwo im Netzwerk befindet. DCE erweitert den Standard-

RPC-Mechanismus durch die Möglichkeit, auf Prozeduren entfernter Systeme direkt zuzugreifen. RPC Presentation Services heben die Unterschiede der Datendarstellung auf, so daß Programme in heterogenen Systemen arbeiten können.

DCE RPC ist auf vielen Betriebssystemplattformen verfügbar. Das ist ein großer Vorteil gegenüber dem traditionellen ONC RPC. Außerdem werden sowohl Threads als auch Sicherheitsdienste integriert. DCE RPC-Richtlinien wurden von X/Open, ISIO und COSE übernommen.

Mit Hilfe von Threads kann eine Client-Applikation mehrere Server gleichzeitig aufrufen, um beispielsweise parallele Berechnungen laufen zu lassen. Umgekehrt kann ein Server mehrere Clients mit parallel ablaufenden Threads bedienen.

DCE Security Service

Die Daten sollen sich frei zwischen den verschiedenen Knoten bewegen können. Damit die Zusammenarbeit mit den Systemen erleichtert wird, darf es keinerlei Interferenzen oder Störungen geben. Vor allem wird *Sicherheit* in letzter Zeit immer größer geschrieben, und das zu Recht. DCE enthält eine Reihe von Sicherheits-Richtlinien. Die Sicherheit ist einer der Gründe für den großen Erfolg von DCE.

Worum geht es im einzelnen? Der Datenfluß im Netzwerk könnte abgesaugt und gelesen werden. Der Begriff *Sniffer* ist hier durchaus berüchtigt.

Ein Programm könnte so tun, als wäre es ein ganz anderes Programm, und dadurch Zugang zu sensiblen Daten erhalten. Beispielsweise könnte vor eine Anmeldung an ein Betriebssystem eine zusätzliche Anmeldung geschoben werden, in die der Benutzer dann Name und Kennwort eintippt; wenn es sich jetzt um ein vorgeschobenes Programm handelt, dann wurden Name und Kennwort dabei gestohlen.

Dienste könnten von unberechtigten Quellen verweigert werden. Damit ist das unbefugte Programm ein richtiger Störenfried.

Und zu guter Letzt könnten die Daten bei ihrem Fluß über das Netzwerk verändert werden. Die Daten könnten dabei beschädigt, verfälscht oder auch zerstört werden.

OSF bemühte sich beim DCE-Standard um klare Richtlinien für die Sicherheit. Mehrere Dinge müssen gewährleistet sein:

- Informationen dürfen nur von authorisierten Personen verändert werden.
- Nur authorisierte Personen sollen die Möglichkeit haben, Informationen zu lesen.
- Der Zugriff auf das System, Dienste und Programme darf authorisierten Benutzern unter gar keinen Umständen verweigert werden.
- Es muß eine Möglichkeit geben, sicherheitsrelevante Veränderungen zu überwachen und auf den Urheber zurückzuführen.

Sicherheit ist daher ein sehr wichtiger Bestandteil von DCE. Den Anfang macht gleich einmal die Anmeldung an ein System. Als Authentifizierung wird von DCE *Kerberos* verwendet. Diese Technologie wurde vom *Massachussetts Institute of Technology (MIT)* entwickelt. Mit Kerberos stehen mehrere Mechanismen zur Verfügung, nämlich die Verschlüsselung und die Art der Authentifizierung bei Ressourcenzugriffen.

Microsoft ist zur Zeit dabei, die Kerberos-Technologie auch in Windows NT 5.0 einzubauen. Das ist allerdings nur ein Element einer Annäherung von NT an DCE.

Wie funktioniert eine solche Anmeldung?

Ein eigener Authentifizierungsdienst ist mit der Überprüfung der Benutzer betraut. Der Benutzer erhält ein sogenanntes *Ticket-Granting Ticket*, das mit dem Kennwort des Benutzers verschlüsselt wird. Das Ticket kann nur dann entschlüsselt werden, wenn der Benutzer das korrekte Kennwort eintippt. In diesem Ticket ist ein Schlüssel enthalten, den der Benutzer für die Ver- und Entschlüsselung bei der Kommunikation mit dem Server benötigt.

Bei der Anmeldung wird eine Anfrage abgesetzt, damit der Benutzer überprüft wird. Ähnlich funktioniert auch der Zugriff auf Ressourcen. Dabei erfolgt ebenfalls eine Anfrage nach Überprüfung des Benutzers. In Windows NT werden dann die ACLs (Access Control Lists) durchgesehen. Die Rückantwort entscheidet dann, ob die Anmeldung bzw. der Zugriff in Ordnung geht oder nicht.

DCE Sicherheits-Dienste können repliziert werden. In diesem Fall gibt es einen *Security Slave Server*, der eine komplette Sicherheitsdatenbank erhält. Änderungen, die angebracht werden müssen, können natürlich nur auf dem *Master Security Server* gemacht werden. Dieser repliziert diese Änderungen dann wieder auf die Slave Servers.

Eine *Zelle* funktioniert nur dann, wenn der Sicherheitsdienst erreicht werden kann. Wenn mehrere Slave Server verwendet werden, verteilt dies die Anforderungen ans System. Engpässe können auf diese Art und Weise vermieden werden, außerdem verringern Sie die Antwortzeiten.

Auf der anderen Seite sollte man nicht vergessen, daß eine Vielzahl von Replikationsservern auch den Verwaltungsaufwand erhöht. Außerdem ist das Sicherheitsrisiko etwas größer, weil nun mehrere Server Angriffspunkte von digitalen Einbrechern sein können.

DCE Directory Services

Die Verzeichnisdienste sind vielleicht das augenfälligste Merkmal von DCE. Dieses Modell ermöglicht den Zugriff auf Ressourcen wie Server, Dateien, Laufwerke und Drucker, ohne daß der Standort der Ressource bekannt sein muß. Der Zugriff erfolgt also direkt über den Namen des Objektes, aber nicht über den Namen des Servers, der dem Benutzer möglicherweise gar nicht bekannt ist.

Ein weiterer Vorteil bei dieser Art der Zugriffsverwaltung ist, daß Benutzer weiterhin auf eine Ressource zugreifen können, wenn sich ihr Standort im Netzwerk geändert hat. Die Ressource wird nämlich ausschließlich über den Namen identifiziert, und der ist eindeutig.

Das *Global Distributed Computing Environment* besteht aus sogenannten *Zellen*. Dabei handelt es sich um Verwaltungseinheiten. Diese Verwaltungseinheit ist hierarchisch organisiert und bildet so etwas wie einen Strukturbaum. Sie können diesen Baum ruhig mit einem Verzeichnisbaum vergleichen. OSF spinnt diese Metapher allerdings noch weiter und spricht von Behälter- und Blatt-Objekten (*containers* und *leaf objects*).

Diese Verzeichnisstruktur ist global angelegt und besitzt ein Hauptverzeichnis. In diesem Hauptverzeichnis stehen die Namen aller Zellen. Diese Zellen bilden wiederum die Hauptverzeichnisse ihrer eigenen Struktur. Blatt-Objekte stehen für einzelne Ressourcen.

Das Namenssystem besteht aus den folgenden Komponenten:

- Cell Directory Service (CDS)
- Global Directory Service (GDS) X.500
- Global Directory Agent (GDA)
- Application Programming Interface

Ein lokales Namenssystem wird vom CDS zur Verfügung gestellt und kann repliziert werden. Es ist in das globale Namenssystem integriert oder auch in X.500 oder ins Domain Name System (DNS). Diese Integration erfolgt mit Hilfe des Global Directory Agent. Diese Komponente sorgt auch für die Kommunikation zwischen den verschiedenen Zellen.

Jeder CDS-Server besitzt eine eigene Datenbank. Bei der Replikation werden Verzeichnisse repliziert. Jedes Verzeichnis kann auf beliebig viele CDS-Server repliziert werden. Die Gesamtheit aller Replikationen eines Verzeichnisses werden als *replica set* bezeichnet.

Normalerweise funktioniert eine Zelle nur dann, wenn die Server-Adressen vom Cell Directory Service verfügbar sind. Diese Information wird eingeholt, damit auf die entsprechenden Ressourcen zugegriffen werden kann. Der Benutzer bekommt von diesem Aufwand zum Glück nichts mit.

DCE Distributed Time Service

Der DTS-Dienst sorgt für Zeitsynchronisierung von allen Computern, die zu einem DCE-Netzwerk gehören, das mittels LAN oder WAN verbunden ist. Auf diese Weise haben DCE-Applikationen die Möglichkeit, Zeiten korrekt zu errechnen und zu planen.

DTS ist nicht zwingend vorgeschrieben, da die Uhren auch mit Hilfe von anderen Zeitdiensten und Zeitservern aufeinander abgestimmt werden können. Dennoch wird DTS empfohlen. Die Geräte erhalten die Zeit von mindestens drei DTS-Servern im LAN. Wenn im LAN nicht genügend Zeitserver existieren, werden globale Zeitserver kontaktiert.

DCE-Zeitserver bieten eine gewisse Fehlertoleranz, da manche Fehlersituationen automatisch erkannt werden. Ein Server, dessen Uhr zu schnell geht oder der die Zeit plötzlich ändert, wird vom Synchronisierungsprozeß automatisch ausgenommen.

DTS basiert auf der *Coordinated Universal Time (CUT)*, einem internationalen Zeitstandard. Drei verschiedene Server-Arten stehen zur Verfügung:

- Lokale DTS Server befinden sich in einem LAN und synchronisieren ihre eigene Zeit mit jener der anderen DTS-Server im LAN.
- Globale DTS Server haben sozusagen die Oberhoheit. Zumindest ein globaler Server muß pro LAN existieren. Globale Server machen auf sich aufmerksam, so daß sie von anderen DTS-Servern im LAN kontaktiert werden können. Globale DTS Server passen ihre eigene Zeit nicht an.
- Courier DTS Server müssen globale DTS Server kontaktieren, auch wenn sie genügend Informationen von anderen Zeitservern erhalten. Deshalb werden Courier DTS Server für die Synchronisierung verschiedener LANs verwendet.

Die DCE Zeitdienste enthalten eine komplette Programmierschnittstelle, *Time Provider Interface (TPI)*. Über diese Schnittstelle kann die Stndardzeit CUT abgegeben werden. Diese Standardzeit wird von mehreren Organisationen über Radio, Telefon und Satellit verbreitet.

Distributed File System

Das verteilte Dateisystem DFS erlaubt dem Benutzer die Verwendung von Dateien, die sich auf Netzwerk-Computern befinden, mit derselben Einfachheit, als befänden sie sich auf der lokalen Maschine.

DFS verwendet ein Client-Server-Modell. Dieses Dateisystem stellt ein einheitliches Namensschema bereit sowie eine hohe Verläßlichkeit. Diese Verläßlichkeit wird durch ein physisches

Dateisystem unterstützt, das die Daten nach einem Ausfall des Gerätes rasch wiederherstellen kann. Dateien und Verzeichnisse können auf andere Maschinen repliziert werden; dies verbessert die Verfügbarkeit und die Arbeitsgeschwindigkeit.

Sicherheit wurde durch einen sicheren RPC-Dienst und Zugriffskontrollisten (ACLs) implementiert. Die ACLs entsprechen POSIX 1003.6.

DFS gehört zu den Extended Services von DCE und setzt auf den Kerndiensten auf. DFS verwendet DCE RPCs für die Kommunikation der Systeme. Mit Hilfe der Remote Procedure Calls werden Sicherheitsüberprüfungen, Zugriffsanforderungen, Daten und Synchronisierungsinformationen ausgetauscht.

Das Dateisystem verwendet eine Datenpufferung, um die Zugriffszeiten zu verbessern und den Netzwerkverkehr zu verringern.

15.8.3 Organisation von DCE-Netzwerken

Innerhalb eines *Distributed Computing Environments* wird mit sogenannten *Zellen* gearbeitet. Eine *Zelle* ist die kleinste Einheit von Ressourcen. Diese Ressourcen stehen für Systeme, Benutzer, Dienste und Netzwerkknoten. Alle diese Ressourcen werden gemeinsam verwaltet und arbeiten in der Regel auch zusammen.

Eine *Zelle* muß zumindest Threads, die RPC-Kommunikationsschicht und zumindest eine Instanz aller Basisdienste enthalten; dazu gehören ein *Cell Directory Server*, ein *Security Server* und zumindest drei *Distributed Time Servers*, die jedoch wahlfrei sind.

Sie können in einem Unternehmen eine einzige Zelle einrichten, allerdings haben Sie auch die Möglichkeit, mehrere Verwaltungseinheiten zu bilden, mehrere Zellen, die wiederum zusammenarbeiten können.

Für die Kommunikation zwischen verschiedenen Zellen sorgt der *Global Directory Agent*. Die DCE-Architektur unterstützt unterschiedliche Netzwerkprotokolle. Die momentane Referenz-Implementierung von OSF arbeitet mit TCP/IP, wobei sowohl TCP als auch UDP verwendet werden.

15.8.4 Implementierungen

DCE steht praktisch in den Anfängen. Es gibt erst sehr wenige Implementierungen, und bei diesen vorhandenen hat man das Gefühl, daß sie noch nicht plattformübergreifend arbeiten. Immer wieder werden auch nur Teile der DCE-Richtlinien eingehalten.

Novell implementierte mit der NDS, der *Novell Directory Structure*, die DCE Verzeichnisdienste. Microsoft spricht zwar im Zusammenhang mit Windows NT auch häufig von »Verzeichnisdiensten«, doch ist von DCE in Windows NT noch nicht viel zu merken; für Version 5.0 von Windows NT wurde jedoch eine Menge geplant, und man darf gespannt sein, wie viele der DCE-Richtlinien in Windows NT 5.0 verwirklicht sein werden.

Eine weitere Lösung von DCE sind die *Directory and Security Services* von IBM. Diese Implementierung scheint vollständig. Es gibt eine Version für IBM OS/2 Warp und eine andere für IBM AIX. Die OS/2-Version enthält noch keinen DFS-Server. Für andere Plattformen gibt es von IBM zumindest die Basisdienste. Dazu gehören Windows NT, OS/400 und VM/ESA. Auf OS/390 sieht die Implementierung wieder recht komplett aus, allerdings gibt es noch keinen Directory Server.

16 Anhang 2: Software und Internet-Adressen

16.1 Software von Microsoft

16.1.1 Betriebssysteme

MS Windows NT Server 4.0
MS Windows NT Server 4.0 Enterprise Edition
MS Windows NT Workstation 4.0
MS Windows 95
MS Windows für Workgroups
MS DOS 4.x bis 6.4

16.1.2 Zusatzprogramme

File and Print Services für NetWare
Routing und Remote Access Services (Steelhead)
Microsoft x86
Microsoft Web Administrator
MS Systems Management Server
MS SNA Server
Resource Kit zu Windows NT Server

16.2 Software von IBM

16.2.1 Betriebssysteme

IBM OS/2 Warp Connect
IBM OS/2 Warp 4
IBM OS/2 LAN Server 4.0
IBM OS/2 Warp Server
IBM AIX
IBM OS/400
IBM MVS

16.2.2 Zusatzprogramme

Client-Access für Windows 95/NT (AS/400-Zugriff)
Personal Communications für Windows NT (3270, 5250)
IBM Communications Server für Windows NT
Koordinierte Anmeldung für Windows NT
Primäre Anmeldung für Windows NT
Browser Service for Warp Server/Warp Server SMP
Tivoli TME 10 Netfinity Server und Client für Windows NT
IBM DCE für Windows NT
Digital DCE Runtime Services for Windows NT
DSS für OS/2 Warp
IBM Internet Connection Secure Server

16.3 Software von Novell

16.3.1 Betriebssysteme

Novell NetWare 3.x
Novell NetWare 4.x
Novell IntranetWare

16.3.2 Zusatzprogramme

Novell NetWare Client für Windows NT 3.x
Novell NetWare Client für Windows NT 4.0
Novell IntraNetWare Client für Windows NT 4.0
Novell Administrator für Windows NT
Novell Migration Windows NT zu NetWare

16.4 UNIX-Hersteller

16.4.1 Betriebssysteme

Banyan Vines
Sunsoft Solaris (SPARC und Intel)
Linux (Red Hat Distribution)
Linux (BDS Distribution)
FreeBSD
SCO OpenServer
SCO UnixWare
HP-UX
DEC UNIX
IBM AIX
Siemens/Nixdorf Sinix
Silicon Graphics Irix
NeXTStep

16.4.2 Zusatzprogramme

SCO Advanced File and Print Services
SCO VisionFS
SCO XVision Eclipse
Intergraph PC-NFS
Intergraph DiskAccess (NT-Clients auf UNIX-Server)
Intergraph DiskShare (UNIX-Clients auf NT)
Intergraph eXalt (X-Server)
Hummingbird Exceed (X-Server, NFS-Server)
Hummingbird Maestro NFS Client
Hummingbird Maestro Server
FastLane Flyte (Vines-NT-Migration)
Attachmate KEA! X 3.0 (X-Server)
Santa Cruz Operation AFPS 3.5.2
WRQ Reflection
Sunsoft Solstice (NFS-Client)
Softway OpenNT (POSIX 3001.2)
NetManage UNIXlink 97
Exodus NTerprise

16.5 Software von Apple und anderen Herstellern

16.5.1 Betriebssysteme

Apple MacOS 6.x
Apple MacOS 7.x
Apple MacOS 8.x

16.5.2 Zusatzprogramme

Apple TCP/IP Systemerweiterung
MacTCP (Freeware)
Apple Internet Connection Kit
Thursby DAVE
Gradient Mac-DCE
Citrix WinFrame
NCD WinCenter

16.6 Andere Programme

Citrix WinFrame für OS/2
Citrix WinFrame für UNIX
Lieberman and Associates Lan Server to NT Migration Wizard
Unicenter TNG
NetManage Chameleon Hostlink
NetManage Chameleon 3270LT

16.7 Internet-Adressen

http://service.software.ibm.com/os2ddpak/index.htm *(Treiber für OS/2)*
http://www.amdahl.com *(Clustering))*
http://www.apple.com
http://www.austin.ibm.com/software/Standards *(AIX Standards)*
http://www.banyan.com *(Vines)*
http://www.citrix.com *(WinFrame)*
http://www.cubix.com *(Clustering)*
http://www.dg.com *(NT Cluster-in-a-Box)*
http://www.digital.com
http://www.elink.ibmlink.ibm.com/pbl/pbl *(IBM Direct Publications Catalog)*
http://www.exodustech.com *(NTerprise)*
http://www.fastlane.com *(Flyte)*
http://www.first.org *(Sicherheitsorganisation)*
http://www.hummingbird.com *(NFS Software)*
http://www.ibm.com
http://www.intergraph.com *(NFS Software)*
http://www.iso.ch
http://www.lanicu.com *(Lieberman & Associates)*
http://www.linuxppc.org *(Linux auf PPC)*
http://www.microimages.com *(X-Server)*
http://www.microsoft.com
http://www.microsoft.com/Germany
http://www.microsoft.com/ntserver
http://www.microsoft.com/ntworkstation
http://www.ncd.com *(WinCenter)*
http://www.netmanage.com *(NFS Software)*
http://www.nist.gov
http://www.novell.com
http://www.ntinternals.com/ntfs13.htm *(NTFSDOS)*
http://www.octopustech.com *(Clustering)*
http://www.osf.org
http://www.redbooks.ibm.com *(Katalog und Bestellung von IBM Redbooks)*
http://www.software.ibm.com/nt *(Windows NT-Seite von IBM)*
http://www.softway.com/OpenNT *(POSIX.2)*
http://www.tewi.de *(TEWI-Verlag)*
http://www.vinca.com *(Standby Server – Clustering)*
http://www.winntmag.com *(Windows NT Magazine)*
http://www.wrq.com *(NFS Software)*
http://www.x.org *(X Consortium)*
http://www.xopen.org

16.8 Die CD-ROM zum Buch

Sie finden direkt auf der CD ein Inhaltsverzeichnis im HTML-Format zur gespeicherten Software, außerdem die Liste mit den Internet-Adressen, die Sie direkt anklicken können.

Um dieses Inhaltsverzeichnis anzusehen, benötigen Sie einen Web-Browser. Mit diesem laden Sie die Datei INDEX.HTM. Am einfachsten ist das, wenn Sie die Datei mit der Maus anklicken und bei gedrückter linker Maustaste in Ihren Browser ziehen oder einen Doppelklick auf das Objekt ausführen.

Sofern das automatische Öffnen von CDs nicht ausgeschaltet wurde, sollte Ihr Browser automatisch starten, sobald Sie die CD ins Laufwerk eingelegt haben.

Die CD-ROM sammelt eine Reihe von Freeware und Demo-Versionen, die von den jeweiligen Software-Produzenten zur Verfügung gestellt wurde.

Das Verzeichnis SOFTWARE enthält die kostenlosen Programme, die von den Herstellern bereitgestellt wurden. In diesem Verzeichnis hat jeder Hersteller ein Unterverzeichnis.

Das Verzeichnis DEMOS enthält Demoversionen. Auch hier hat jeder Hersteller ein Unterverzeichnis.

In einem eigenen Unterverzeichnis finden Sie alle RFCs, die Standardisierungsdokumente für TCP/IP. Diese Dateien sind ASCII-Texte, die Sie mit einem beliebigen Editor oder einer Textverarbeitung lesen können.

Da praktisch jede Woche neue Software für Windows NT-Netzwerke auf den Markt kommt, ist es unmöglich, eine solche CD aktuell zu halten. So sollten Sie sich an die Web-Adressen halten, die im Buch und auf der CD angegeben sind. Der Tewi-Verlag wird versuchen, Sie über seine eigene WebSite (*www.tewi.de*) über wichtige Neuigkeiten zu informieren.

Bei den Herstellern finden Sie die jeweils neuesten Versionen der Gratis-Software und der Demoversionen. Darüberhinaus gibt es immer wieder Querverweise auf andere Produkte.

Gute Angangspunkte sind die Web-Seiten von Microsoft (*www.microsoft.de*) und des Windows NT Magazine (*www.winntmag.com*) sowie die NT-Software-Seite von IBM (*www.software.ibm.com/nt*).

Index

!
.rhosts   431
32-Bit-Programme für Windows 95   59

A
ACLs   120, 205
Address Exhaustion   505
Admin   212
Administrator-Freigabe   79
Administratorfreigabe   131
Administratorzugriff auf Clients   34
AFPS   384
AIX   318
Alias   118
Alleinstehender Server   27
Anmeldeskript   139
Anwendungsprogramme   19
Apache   324
Apple   277
AppleShare-Kennwort   287
AppleTalk   515
AppleTalk-Drucker   304
AppleTalk-Netzwerk   282
AppleTalk-Routing   307
Arbeitsgruppe   27, 31
AS/400   441–442
AS/400 Operations Navigator   446
Auswahl   286
AUTOEXEC.BAT   30

B
Backup-Domänensteuereinheit   119
Banyan Vines   395
Basisverzeichnis   73, 140
Begrenzung des Basisverzeichnisses   141
Behälterobjekte   222
Benutzereintragsname   159
Benutzerprofile   43, 72
Benutzerverwaltung   422
Berkeley Software Distribution   325
Blattobjekte   222

C
C2   561
CA-Unicenter   47
CGI   436
Citrix WinFrame   117, 148, 313, 391
Client-Access   442
Client-Server-Modell   492
Client-Systeme   30
Clustering   48
Communications Server   451
Computername   61
Computer-Suchdienst   168
CONFIG.POL   67
CONFIG.SYS   30
Copland   280

D
Datei-Manager   98
Dateimaske   215
DAVE   310
DCE   566
Debian   323
DEC UNIX   327
Digitale Zertifikate   565
Directory and Security Services   118, 321
Directory Service Manager für NetWare   260
Disk Quota   141
DiskAccess   347
Distributed Computing Environment   566
Domäne   28–29, 118, 558
Domänensteuereinheit   119
DOS   399
DOS-Modus   60
DOS-Startdiskette   60
Druckdienste für TCP/IP   335
Druckserver   81

E
EFS   381
Enterprise Client for windows NT   395
Enterprise File System   381
Ereignisanzeige   37, 87
eXalt   369
Exceed   359
EXTRA!   455

F
FAT   59

FAT32 59
Fehlertoleranz-Clustering 41
ferne Verwaltung 78
Fernkonsole 223
Fernverwaltung 43
File and Print Services für Macintosh 281
File und Print Services für NetWare 242
Finder 277
FLyte 398
FreeBSD 325
Freigabe 64, 80
Freigabename 465
FSIOP 449
FTP 329

G
Gateway 381
Gateway-Dienst 239
getrennte Sitzung 148
Großrechner 17, 441
Gruppenverwaltung 424

H
HAL.DLL 40
Heimmarkt 59
Heterogenes Netzwerk 457
HPFS 116
HPFS386 120

I
IBM DSS 118
IBM LAN Server 117
IBM Peer 116, 122
IBM Warp Server 118
IBMlan.ini 150
ICAPI 436
ICS 439
IIS 436
INAPI 436
Installation 24
Internet 315
Internet Connection Secure Server 439
Internet Information Server 436
Interoperabilität 15–16, 19
IntraNetWare 209
IP-Adresse v6 505
IP-Adressen v4 504
IPCS 449
IPX/SPX 498
ISAPI 436

K
Kennwort 235
Kennwortänderung 36, 146, 177

Kennwort-Koordinierung 118
Knoten 284
Konnektivität 16
Kontorichtlinien 36
Kontrollfelder 280
Koordinierte Anmeldung 169

L
LAN Manager 114, 201
LAN Manager 2.2c für MS-DOS 401
LAN Manager 2.2c für OS/2-Client 200
LAN Requester 115
LAN Server 115, 117
LAN Server Migration Wizard 203
LAN Server Verwaltung 158
LAN Server-Migration 203
line printer daemon 335
Linux 323
LocalTalk 285
lokale Benutzerkonten 54
Lokale Sicherheit 120
Lokales Benutzerkonto 143

M
Macfile-Befehl 299
Macintosh 277
Macintosh-Anbindung 58
Macintosh-Datenträger 289
MacOS 277
Maestro NFS Client 343
Mainframe 17, 441
Maschinenname 31
Microsoft LAN Manager 114
Microsoft Netzwerk Client 3.0 406
Microsoft OS/2 1.x 199
Migration 271, 276
Migration Wizard 203
Mini 441
Miss Marple Utilities 47
MSBATCH.INF 79
MS-DOS TCP/IP 404
Multifinder 277
multihomed computer 507
Multimedia 59
Multiuser-Betriebssystem 315

N
Namensdienste 508
NDIS 493
NDS 209, 211
NDS-Objekte 235
NET 517
NetBEUI 497
NetBIOS 493

Index

Netscape 439
NetWare 209
NetWare Directory Services 221
NetWare für OS/2 220
Netzwerkbereich 284
Netzwerkdrucker 125
Netzwerknummer 282
Netzwerk-PC 51, 441
Netzwerksoftware 30
Netzwerkumgebung 463
Netzwerkverkabelung 56
NFS 342
NLM 242
Notebooks 58
Novell Administrator für Windows NT 267
Novell Directory Services 211, 221
Novell-Paßwort 214
NTCONFIG.POL 238
NTconfig.pol 181
NTFSDOS 415
NTFS-Sicherheit 415
NTGateway 240
NT-Plattformen 23
NTUSER.DAT 74
NTuser.dat 43
NTuser.man 44
NWLink 498

O

Open Transport 308
OpenNT 336
Orange Book 415
OS/2 114
OS/2-Subsystem 202

P

Paßwort 231, 235
PC Exchange 298
Peer-Dienste 32
Peer-to-Peer 556
Peer-Umgebung 95 63
Personal Communications 452
Positionierung von NT 20
POSIX 335
POSIX.2 336
PPTP 513
Presentation Manager 116
Primäre Anmeldung 169
Protokollinterferenzen 63
Public-Key-Technologie 565
PWL 406
PWL-Datei 67, 102

Q

QuickDraw 278
Quota Manager 141

R

Red Hat 323
Redirector 491
Referenzobjekt 129
regedit.exe 30
regedt32.exe 30
Registrierung 30, 79
Registrierungsdatenbank 30
Remote Administration 78
Remote Console 431
Replikation 67, 76
RISC 25
Router 507
rsh 431
Rshsvc 431

S

S/390 441
SCO Advanced File and Print Server 384
SCO OpenServer 321
SCO UnixWare 325
SCO VisionFS 346
SCO XVision Eclipse 363
Secure Sockets Layer 421
Seed-Router 306
Send to 43
Servergestützte Benutzerprofile 73
Servergestützte Netzwerke 557
Services für Macintosh 281
SFM 281
Sicherheit 65, 559
Slackware 323
SNA 450
SNA Server 449
SoftWindows 312
Solaris 326
Solstice 351
Spiele 59
Srvtools.inf 87
SSL 422
Standardbenutzer 76
Standardcomputer 76
Standardzone 284
strategische Plattformen 57
Streams 516
Streettalk 396
Stromsparmodus 58
Subnetting 506
Sun 326
SunOS 326

Supervisor 212
SYSTEM.INI 30, 103
Systemrichtlinien 75, 145, 181
Systemsteuerung 100

T
TCP/IP 85, 282, 315, 327, 501
Teilnetze 506
Telnet 328
Terra Flora 460
Trustees 238

U
UAM-Datenträger 287
UNC-Name 65, 125, 465
UNIX 315
UnixWare 325
USER.DAT 74
USER.MAN 74

V
verbindliche Benutzerprofile 74
verbindliches Profil 44
Verkabelung 56
Verknüpfungen 28
Vertrauensstellung 28, 36
Verwaltungsprogramme 37, 47, 87
Verzeichnisbaum 222
Verzeichnisdienste 558
Verzeichnisstruktur 30
VFAT 59
Vines 395
VxD 491

W
Wabi 390
Warp 4 115
Warp Connect 115
Warp Server 118
Web Administrator 36, 38, 88, 153, 389, 419–420
Web-Administration 419
WIN.INI 30
Win32c 59
Win32-Software 26
WinCenter Pro 314
Windows 3.x 409
Windows 95 57
Windows 95 Benutzerprofile 72
Windows 95-CD 62
Windows 95-Oberfläche 60
Windows für Workgroups 91, 112
Windows NT 27
Windows NT Server 4.0 Enterprise Edition 41
Windows Open Services Architecture 490
Wine 391
WinFrame 117, 148, 313, 391
WINS unter DOS 403
Workplace Shell 114
Workstation 316
Workstation-Server 27
WOSA 490
WPS-Programme 116

X
X.500 211, 558
X.509 565

Z
Zone 282, 284
Zugriffsrechte 70
Zusätzlicher Server 119

Weitere Betriebssystem-Bücher bei TLC Tewi

Projekt Intranet

Intranets sind mehr als die reine Verknüpfung bestehender Hardware – sie bieten die faszinierende Möglichkeit, unterschiedlichste Computertypen miteinander zu verbinden und interne Informationsangebote mit solchen aus dem Internet zu verzahnen. Anhand eines praktischen Beispiels können Sie sehen, was Sie alles zum Aufbau eines Intranets wissen müssen und wie Sie Problemen schon im Vorfeld aus dem Weg gehen.

(Erscheint im Dezember 1997)
ISBN 3-89362-568-2
DM 79,- / öS 584,- /sFr 73,-

UNIX System V Release 4

Dieses Buch liefert als komplettes Kompendium alles an Informationen, was Sie für die Arbeit mit UNIX System V Rel. 4 benötigen. Einsteiger und Umsteiger führt es vom ersten Zugang bis hin zur System-Administration und Programmierung. Kennern dient es als Nachschlagewerk. Die Autoren sind anerkannte Experten, die selbst an der Entwicklung von UNIX beteiligt sind.

1200 Seiten
ISBN 3-89362-558-5
DM 98,- / öS 715,- / sFr 89,-

Windows NT 4.0 Workstation

Verständlich aber kompetent bietet dieses Buch vor allem NT-Einsteigern und Anwendern den Zugang zu Ihrem Arbeitssystem – vom Internet-Zugriff bis hin zu Systemsteuerung und Zubehör. Mit vielen instruktiven Beispielen und einer thematisch sortierten Workshop-Leiste.

880 Seiten / CD-ROM
ISBN 3-89362-526-7
DM 79,- / öS 577,- / sFr 72,-

Andere Werke zu Betriebssystemen finden Sie im Katalog auf unserer Internet-Site http://www.tewi.de.

TLC Tewi im Internet

Angeblich ist das Internet ja die große Konkurrenz zu Buch und CD-ROM. Für Tewi ist es primär etwas anderes: Ein Medium, Kontakt zu halten, und zwar zu Ihnen – zu den Lesern und Programmanwendern.

Nach dem Kauf eines Buches oder Programms nämlich möchten wir Sie keineswegs im Stich lassen, sondern Ihnen Informationen und Hilfen rund um unsere Produkte so schnell und einfach wie möglich zur Verfügung stellen. Aus diesem Grund haben wir für Sie unsere Internet-Site renoviert und werden sie in der nächsten Zeit noch gründlich umgestalten.

Das haben wir vor

Information

Sie finden unseren gesamten Katalog auf der WebSite, praktisch zugänglich gemacht durch komfortable Suchfunktionen. Wo immer möglich, haben wir ausführliche Beschreibungen und Bilder zu den einzelnen Produkten gespeichert. Bei den Büchern werden Zug um Zug auch die Inhaltsverzeichnisse hinzukommen.

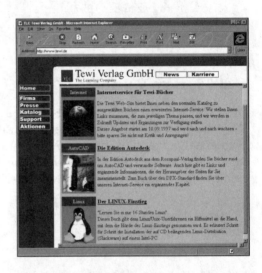

Kontakte

Besondere Aktionen des Verlages kündigen wir ebenfalls auf unserer WebSite an. Und Sie finden direkte eMail-Links zu den Mitarbeitern im Verlag.

Support

Unsere Hotline-Mitarbeiter mögen sich noch so anstrengen – manchmal ist die Leitung einfach besetzt, weil jemand ausführliche Ratschläge benötigt, oder es ist die Antwort auf eine Frage nicht sofort zu finden. Deshalb bieten wir Ihnen im Internet nun Lösungen für häufig auftretende Probleme und stellen ein Support-Anfrageformular zur Verfügung. Per eMail nämlich geht es schneller und weniger förmlich als per Brief oder Fax. Dateien können wir auf diesem Weg selbstverständlich ebenfalls zugänglich machen.

Spezieller Service für Bücher

Eigentlich dürfte ja kein Computerbuch je gedruckt werden, denn die Branche sorgt für täglich neue Informationen und technische Neuerungen. In Zukunft werden wir übers Internet deshalb ergänzende Kapitel, gegebenenfalls Programmdateien und Korrekturen anbieten. Links zu eventuellen Homepages der Autoren und Herausgeber sammeln wir dort ebenfalls. Jedes Buch, bei dem dies sinnvoll ist, bekommt eine Autostart-CD, die über Ihren Browser auf Wunsch direkt die Verbindung ins WorldWideWeb herstellt.

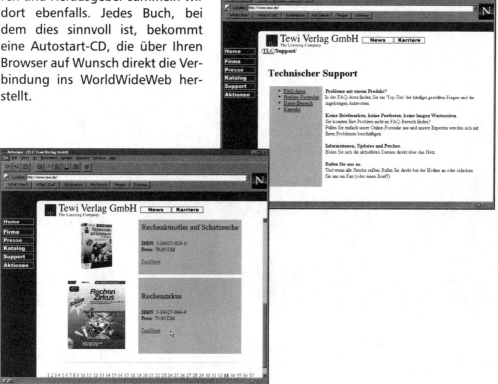

Für all diese Unternehmungen benötigen wir Ihre Mithilfe. Teilen Sie uns per eMail mit, was Sie von der Tewi WebSite erwarten. Wir bemühen uns, Ihre Wünsche so schnell wie möglich zu erfüllen.